公司法

COMPANY LAW

规范适用与裁判指引

朱海蛟　黄超／著

法律出版社 | LAW PRESS

自　序

一、写作的缘起及经过

“学以致用，用以促学，学用相长”，这一直是求学者的最高目标。从南京大学毕业后，利用自己研究生期间打下的理论功底，并结合实务热点，我曾连续研读多本公司法专业著作，公司法的理论基础得以悄然建立，体系架构逐步建立，这可以算是写作本书最初的铺垫。后来机缘巧合之下，我阅读了云闯律师的《一位公司法律师的自白：我的五年律师路》一文，读后一声感叹：法律人的专业价值原来可以经过著书立说来实现。之后为了公司法写作，我开始有意识地阅读并研究公司法实务案例，并结合理论加以分析，前前后后共阅读学习了数百个案例。

而真正着手公司法写作，已经是2018年7月。当时和同窗，也是在实务一线的黄超律师聊起过，希望能够通过写作搭建自己的公司法体系，慢慢建立体系框架，以后有新的材料或想法时，可以在这个搭建好的体系上进行修补调整。没料想两人一拍即合，合作著书的计划就提上了议程。之后，我们通过不断沟通交流，倾力合作，一篇篇奠基性质的文章纷纷出来——《股东出资相关法律问题探析》《有限责任公司股权法定移转：强制执行股权、股权继承、离婚分割股权》《公司法人人格否认之诉相关问题探析——兼析“深石规则”》……2019年1月底，我完成了当时既定目标中的最后一篇《公司法上的信义义务规则》。后经梳理盘点，我前前后后合计写了21篇文章，大体涵盖了公司法上的主要问题。

公司法初稿写完后不久，我们开始确定公司法全书的框架结构，将之前写完的初稿统筹编排，补充最高人民法院及地方法院较新以及较有代表性的案例，并结合团队的律师实务经历进行增删修改。这项工作又持续了将近两年，并在2021年1月最终完成。

二、本书的特色

本书分为六编，分别是公司设立编、公司资本编、公司股东编、公司治理编、公司变更编、公司终止编。每一编又有数个章节，对该编内容做细致分析。整体来看，这六编涵盖了公司从设立到终止各个阶段可能涉及的纠纷。

与传统公司法理论著作相比，本书尤为关注实务的发展，包括实务中的有效规范和生效裁判。

对于现行有效规范，本书全面涵盖了《公司法》及五部司法解释的内容，同时关注到《民法典》《全国法院民商事审判工作会议纪要》以及数个地方高级人民法院的司法意见等各类规范。此外，最高人民法院在2020年年底根据《民法典》修订并发布了一系列司法解释，本书也相应进行了调整。

对于实务上的生效裁判，本书搜集整理了众多实务案例，包括最高人民法院历年来的指导性案例、公报案例、最新的生效裁判以及地方法院作出的代表性案例。通过实务案例，我们不仅可以关注有效规范如何应用，也可以窥探法院在诸多问题上的裁判观点或裁判态度的转变。总体来说，这些较新的有效规范以及实务案例有助于读者了解当下最新的实务观点，这同时也是本书在时效性方面的亮点。

而与纯粹公司法实务著作相比，本书并非单纯的案例整理汇编，而是力求在学理观点基础上，在公司法领域内建立全面的体系。体系化的好处是，通过阅读本书，读者不仅可以了解具体公司法问题在实务上如何处理，也可以对公司法各项制度建立整体理解，进而理清公司法问题的来龙去脉。这种方式可以让读者“既见树木，又见森林”，是本书相较于一般实务著作的亮点。

三、本书阅读群体及阅读方法

本书阅读群体主要包括公司创始人、股东、董事、监事、高级管理人员，办理公司纠纷业务的诉讼律师，办理投融资等资本市场业务的非诉律师，从事公司纠纷业务审判或仲裁的法官及仲裁员，从事投融资等资本市场业务的专业人士，其他公司法领域内的研究人员等。

读者朋友可以通读全书，搭建公司法理论框架并了解公司法规范的实际运用；如没有通读全书的时间，读者朋友也可以就公司法实务中遇到的问题，通过翻阅本书相关章节，找到解决问题的思路或方法。

书既已上市，欢迎各位读者朋友就本书或公司法领域内的问题与我交流探讨，联系方式如下：微信号 zhuhaijiao0905，电子邮箱 shanhuhaijiao@126.com。

朱海蛟

2021 年 1 月 31 日于广州市太古汇

法律法规、司法解释、部门规章、司法意见缩略语表

简称	全称
法律法规	
《民法典》	《中华人民共和国民法典》
《公司法》	《中华人民共和国公司法》
《合伙企业法》	《中华人民共和国合伙企业法》
《企业所得税法》	《中华人民共和国企业所得税法》
《企业破产法》	《中华人民共和国企业破产法》
《土地管理法》	《中华人民共和国土地管理法》
《农村土地承包法》	《中华人民共和国农村土地承包法》
《公务员法》	《中华人民共和国公务员法》
《税收征收管理法》	《中华人民共和国税收征收管理法》
《刑法》	《中华人民共和国刑法》
《劳动合同法》	《中华人民共和国劳动合同法》
《民事诉讼法》	《中华人民共和国民事诉讼法》
《优先股试点指导意见》	国务院《关于开展优先股试点的指导意见》
《解放军内务条令》	《中国人民解放军内务条令》
《公司登记管理条例》	《中华人民共和国公司登记管理条例》
《城镇国有土地使用权出让和转让暂行条例》	《中华人民共和国城镇国有土地使用权出让和转让暂行条例》
《印章管理规定》	国务院《关于国家行政机关和企业事业单位社会团体印章管理的规定》

续表

简称	全称
《民法通则》	《中华人民共和国民法通则》
司法解释	
《公司法解释一》	最高人民法院《关于适用〈中华人民共和国公司法〉若干问题的规定（一）》
《公司法解释二》	最高人民法院《关于适用〈中华人民共和国公司法〉若干问题的规定（二）》
《公司法解释三》	最高人民法院《关于适用〈中华人民共和国公司法〉若干问题的规定（三）》
《公司法解释四》	最高人民法院《关于适用〈中华人民共和国公司法〉若干问题的规定（四）》
《公司法解释五》	最高人民法院《关于适用〈中华人民共和国公司法〉若干问题的规定（五）》
《九民会议纪要》	《全国法院民商事审判工作会议纪要》
《变更、追加当事人规定》	最高人民法院《关于民事执行中变更、追加当事人若干问题的规定》
《诉讼时效规定》	最高人民法院《关于审理民事案件适用诉讼时效制度若干问题的规定》
《〈民法典〉婚姻家庭编解释一》	最高人民法院《关于适用〈中华人民共和国民法典〉婚姻家庭编的解释（一）》
《〈民法典〉担保解释》	最高人民法院《关于适用〈中华人民共和国民法典〉有关担保制度的解释》
《执行程序解释》	最高人民法院《关于适用〈中华人民共和国民事诉讼法〉执行程序若干问题的解释》
《限制高消费规定》	最高人民法院《关于限制被执行人高消费及有关消费的若干规定》
《企业破产法解释一》	最高人民法院《关于适用〈中华人民共和国企业破产法〉若干问题的规定（一）》
《婚姻法解释二》	最高人民法院《关于适用〈中华人民共和国婚姻法〉若干问题的解释（二）》

续表

简称	全称
《破产法司法解释第六十八条的答复》	最高人民法院《关于如何理解〈最高人民法院关于破产法司法解释〉第六十八条的请示的答复》
《民事诉讼法解释》	最高人民法院《关于适用〈中华人民共和国民事诉讼法〉的解释》
《外商投资司法解释一》	最高人民法院《关于审理外商投资企业纠纷案件若干问题的规定（一）》
《执行案件移送破产审查指导意见》	最高人民法院《印发〈关于执行案件移送破产审查若干问题的指导意见〉的通知》
《刑法第一百五十八条、第一百五十九条解释》	全国人民代表大会常务委员会《关于〈中华人民共和国刑法〉第一百五十八条、第一百五十九条的解释》
《执行异议复议司法解释》	最高人民法院《关于人民法院办理执行异议和复议案件若干问题的规定》
《民间借贷规定》	最高人民法院《关于审理民间借贷案件适用法律若干问题的规定》
《加强金融审判工作意见》	最高人民法院《关于进一步加强金融审判工作的若干意见》
《买卖合同解释》	最高人民法院《关于审理买卖合同纠纷案件适用法律问题的解释》
《调整管辖第一审民商事案件标准的通知》	最高人民法院《关于调整部分高级人民法院和中级人民法院管辖第一审民商事案件标准的通知》
《执行程序解释》	最高人民法院《关于适用〈中华人民共和国民事诉讼法〉执行程序若干问题的解释》
《担保法解释》	最高人民法院《关于适用〈中华人民共和国担保法〉若干问题的解释》
部门规章	
《劳动法条文说明》	原劳动部《关于〈中华人民共和国劳动法〉若干条文的说明》
司法意见	
《长三角研讨会纪要》	《长三角区域“三省一市”劳动人事争议疑难问题审理意见研讨会纪要》

续表

简称	全称
《广西壮族自治区高院意见》	广西壮族自治区高级人民法院民二庭《关于审理公司纠纷案件若干问题的裁判指引》
《广东省高院意见》	广东省高级人民法院《关于公司企业法律审判实践中法律问题的内部意见》
《广东省高院解答意见》	广东省高级人民法院民二庭《关于民商事审判实践中有关疑难法律问题的解答意见》
《江苏省高院意见》	江苏省高级人民法院《关于审理适用公司法案件若干问题的意见（试行）》
《浙江省高院意见》	浙江省高级人民法院民事审判第二庭《关于公司法适用若干疑难问题的理解》
《山东省高院意见一》	山东省高级人民法院《关于审理公司纠纷案件若干问题的意见（试行）》
《山东省高院意见二》	山东省高级人民法院民二庭《关于审理公司纠纷案件若干问题的解答》
《北京市高院意见》	北京市高级人民法院《关于审理公司纠纷案件若干问题的指导意见》
《陕西省高院意见》	陕西省高级人民法院民二庭《关于公司纠纷、企业改制、不良资产处置及刑民交叉等民商事疑难问题的处理意见》
《江西省高院意见》	江西省高级人民法院《关于审理公司纠纷案件若干问题的指导意见》
《上海市高院研讨综述一》	上海市高级人民法院民二庭《关于公司法纠纷案件法律适用疑难问题的研讨综述（一）》
《上海市高院意见三》	上海市高级人民法院《关于审理涉及公司诉讼案件若干问题的处理意见（三）》
《上海市高院法人人格否认意见》	上海市高级人民法院民事审判第二庭《关于审理公司法人人格否认案件的若干意见》

说明：

本书中案例时间跨度较大，依据的法律规定以及相关机构名称、行政区划以案例作出时使用的为准，请读者参考适用。

目　　录

第三编　公司股东编

第四编 公司治理编

第五编　公司变更编

第六编　公司终止编

第一编

公司设立编

第一章　公司设立中的两个关键概念

公司设立涵盖了发起人为使公司成立而进行的一系列活动，包括订立发起协议、缴纳出资、制定公司章程、组成公司机构、申请设立登记等。

这其中涉及两个最重要的概念：发起人与设立中公司。厘清这两个概念有助于理解公司设立行为及公司设立中的争议问题。

一、发起人

《公司法解释三》第1条：为设立公司而签署公司章程、向公司认购出资或者股份并履行公司设立职责的人，应当认定为公司的发起人，包括有限责任公司设立时的股东。

关于设立公司时的发起人，从如下五点进行说明。

（一）发起人适用于有限责任公司设立时的股东

在《公司法解释三》颁布之前，发起人仅指股份有限公司从事设立活动的人，有限责任公司从事设立活动的人称为“股东”。但股东实际存在于公司成立后，在公司发起阶段使用股东称谓是不严谨的。最高人民法院意识到了这一问题，在《公司法解释三》中将有限责任公司设立时的股东也界定为发起人。

（二）发起人的判断

对于发起人的判断，《公司法解释三》规定了三个特征要件：“为设立公司而签署公司章程”“向公司认购出资或者股份”“履行公司设立职责”。

实务上有争议的是，判断某一个人是否为发起人时，究竟是三个特征要件要同时满足，还是满足部分要件即可认定为发起人？这一问题的重要性在于，如果被认定为发起人，其将要承担下文提及的发起人责任，这对相关当事人权益有重要影响。

关于发起人的判断问题，有四种不同的观点："形式说"观点认为，只要在公司章程上签名的人，即属于发起人，不管有没有参与公司设立。"实质说"观点认为，只要实际从事公司设立活动，即属于发起人，不管有没有在公司章程上签名。"综合考量说"观点认为，应从形式和实质两个方面来确定发起人的身份，凡是在公司章程上签名的人即可推定为发起人；虽未在章程上签名，但有证据表明确实以发起人身份实际参与公司设立的，也可以确认其发起人身份。"同时满足说"观点则认为，发起人应同时具备以上三个条件。

目前实务上主要采"同时满足说"，[①] 但"实质说"或"综合考量说"也是非常有力的裁判观点，从以下两个案例可窥一斑。

在"浙江耀日投资管理有限公司与中建投信托有限责任公司、宝业集团股份有限公司、精功集团有限公司股东出资纠纷案"［（2014）绍柯商初字第922号］中，浙江省绍兴县人民法院认为：本案原告、被告主要的争议焦点在于能否认定宝业集团股份有限公司（以下简称宝业公司）、精功集团有限公司（以下简称精功公司）系浙江金桥股份有限公司（以下简称金桥公司）发起人。第一，对于被告宝业公司的发起人身份。原告主张金桥公司1996年7月8日的公司章程上明确记载绍兴县第六建筑工程公司（被告宝业公司前身）为发起人，故应当认定宝业公司的发起人身份；被告宝业公司则抗辩称，依照《公司法解释三》第1条之规定，认定为公司的发起人应当满足三个要件：为设立公司而签署公司章程、向公司认购出资或者股份、履行公司设立职责，而金桥公司成立于1993年，1996年公司章程所载发起人并非设立公司时的发起人，该份章程也仅是为符合我国1993年《公司法》关于设立股份有限公司应当有五人以上发起人的规定而对金桥

① 最高人民法院相关著作中也支持"同时满足说"的观点，认为这三个要件构成了公司发起人同时具有的三个法律特征。同时，这三个特征也可以视为公司发起人的三个法定条件，依照《公司法》和司法解释追究公司发起人的法律责任时，该发起人应同时具备以上三个条件。可参见最高人民法院民事审判第二庭编著：《最高人民法院关于公司法解释（三）、清算纪要理解与适用》（第2版），人民法院出版社2016年版，第24页。

公司发起人组成情况进行了修改，因此该份章程所载的发起人名单不能作为认定设立时发起人的依据。对此，法院认为，根据《公司法解释三》的规定，发起人应同时具备上述三个要件。因此，被告宝业公司虽然签署了1996年金桥公司章程，但该章程签署在金桥公司设立以及我国1993年《公司法》施行以后，原告也未能提供证据证明被告宝业公司曾履行金桥公司的设立职责，据此宝业公司不符合发起人的法定三要件，不应认定其为金桥公司的发起人。第二，关于精功公司的发起人身份。对此，原告仅凭1998年11月11日绍兴稽山会计师事务所出具的验资报告中将浙江华能综合发展有限公司①的100万元股份列入发起人股范畴就主张精功公司系金桥公司发起人，依据显然不足，法院不予支持。综上，原告要求被告宝业公司、精功公司承担发起人责任，于法无据，法院未予支持。本案例中，审理法院采"同时满足"说。

而在"万载县凯佰旋精品主题酒店管理有限公司与万载县隆兴石材加工厂、曾某辉买卖合同纠纷案"［（2019）赣09民终50号］中，曾某辉虽未签署公司章程，但其在万载县凯佰旋精品主题酒店管理有限公司（以下简称凯佰旋公司）成立前负责凯佰旋精品主题酒店（以下简称凯佰旋酒店）的筹建，凯佰旋公司成立后，曾某辉又与郭某飚、彭某勇签订合伙协议书，约定曾某辉占凯佰旋酒店40%的份额。凯佰旋公司是为管理、运营凯佰旋酒店而成立，旗下只经营凯佰旋酒店，故曾某辉虽不是凯佰旋公司经工商登记的股东，但可以被认定为凯佰旋公司的发起人。本案例中，审理法院采"综合考量"说。

（三）发起人的限制：人数限制与资格限制

1. 人数限制

《公司法》没有限定有限责任公司发起人的人数，但《公司法》第24条规定有限责任公司股东人数不得超过50人，而股东往往由发起人直接转变而来，因此可理解为有限责任公司发起人不得超过50人。

---

① 根据法院查明的事实，2000年3月17日，浙江华能综合发展有限公司经工商登记核准注销。浙江精工集团有限公司作为该公司股东在向工商部门提交的《清算报告》中承诺"浙江华能综合发展有限公司经营期间发生的全部债权、债务和对外担保带来的风险均由浙江精工集团有限公司承担"。浙江精工集团有限公司后经工商核准变更公司名称为精功集团有限公司。

根据《公司法》第78条的规定，股份有限公司发起人人数在2人以上200人以下。

2. 资格限制

第一，住所限制。根据《公司法》第78条，股份有限公司须半数以上的发起人在中国境内有住所。

第二，行为能力限制。通说认为无民事行为能力或限制民事行为能力人不能作为公司的发起人。

第三，身份限制。党政机关、国家公务员、受竞业禁止义务限制的公司董事、高级管理人员等具有特殊身份的单位或人员不得担任发起人。①

（四）发起人的法律地位（性质）：兼及发起人协议的性质

《民法典》第967条：合伙合同是两个以上合伙人为了共同的事业目的，订立的共享利益、共担风险的协议。

《浙江省高院意见》第1条：设立中公司的法律性质、所从事的民事行为的效力及其民事责任如何承担？

……

根据《中华人民共和国公司登记管理条例》第十六条的规定，设立中的公司不得以预先核准的名称从事经营活动。因此，在公司设立失败后，因发起人之间的法律关系准用于合伙关系，设立中公司所从事的经营行为，其后果应由各发起人负连带责任。在公司设立成功后，设立中公司所从事的有关民事行为，则其后果由依法成立后的公司继受。

发起人的法律地位问题，涉及两个方面：第一，各个发起人之间的关系；第二，发起人与设立中公司的关系。第二个问题将在后文进行分析，此不赘述。

目前比较流行的观点认为发起人之间是合伙关系，而发起人协议属于民法上的合伙合同。当公司不能成立时，合伙关系解散。此时对外来讲，发起

① 参见最高人民法院民事审判第二庭编著：《最高人民法院关于公司法解释（三）、清算纪要理解与适用》（第2版），人民法院出版社2016年版，第29页；资格限制的理由可参见施天涛：《公司法论》（第4版），法律出版社2018年版，第107页以下。

人对设立中公司的所有对外债务和费用，承担连带清偿责任；对内来讲，要按照约定的份额承担责任。①

在“叶某与夏某平发起人责任纠纷案”［（2015）宁商终字第681号］中，江苏省南京市中级人民法院认为：公司设立之前，公司发起人之间首先是一种合伙关系，全体发起人均为合伙体的成员，在公司未设立成功的情况下，合伙体应对设立过程中产生的债权债务进行清理。

在“石某芳与刘某平、熊某跃、黄某、楚某辉、张某静买卖合同纠纷案”［（2014）永法民初字第06269号］中，重庆市永川区人民法院认为：各发起人之间协议的性质属于民法规定的合伙合同，发起人之间的关系是合伙关系，对其设立公司失败期间的债务，发起人要承担连带法律责任。

从“民法规定的合伙合同”表述来看，实务界认为发起人之间的合伙属于民法合伙范畴。我国《民法典》第27章规定了合伙合同，而《合伙企业法》规定了合伙企业的概念。民法上的合伙合同是一个契约，而合伙企业作为商事合伙，其本质上是一个社团。一般认为，前者重视各个合伙人的独立意思，各合伙人只是为了达成共同目的而在必要限度内联合起来；后者以一个社团的统一体形象出现，合伙人个人的独立性已经不重要。根据《合伙企业法》及相关法律规定，合伙企业需要经过登记并领取营业执照，必须有确定的经营场所，而且具有独立的诉讼主体资格。民法上的合伙合同不存在这些特征。

但应注意的是，民法上合伙合同与一般意义上的合同还是存在区别的。一般合同可以看出明显的两方对立，而合伙合同中各合伙人是为了“共同的事业”而订立了协议。从《民法典》“合伙事务由全体合伙人共同执行”“合伙人对合伙债务承担连带责任”等表述可以看出，民法上合伙其实具有组织体的特征，只不过这种组织体并未获得行政机关正式的登记认可，但我们不能在事实上否认这种特征的存在，学说上也认可民法上的合伙兼有契约

---

① 参见最高人民法院民事审判第二庭编著：《最高人民法院关于公司法解释（三）、清算纪要理解与适用》（第2版），人民法院出版社2016年版，第33页；最高人民法院民事审判第二庭编：《公司案件审判指导》（增订版），法律出版社2018年版，第170页。

和社团两种特征。[①]

（五）发起人的决议方式及执行方式

《民法典》第970条：合伙人就合伙事务作出决定的，除合伙合同另有约定外，应当经全体合伙人一致同意。

合伙事务由全体合伙人共同执行。按照合伙合同的约定或者全体合伙人的决定，可以委托一个或者数个合伙人执行合伙事务；其他合伙人不再执行合伙事务，但是有权监督执行情况。

合伙人分别执行合伙事务的，执行事务合伙人可以对其他合伙人执行的事务提出异议；提出异议后，其他合伙人应当暂停该项事务的执行。

发起人之间的合伙兼有社团特征，因此如发起人存在多人，须确定合伙事务的决议方式及执行方式。根据《民法典》第970条第1款的规定，合伙事务由全体合伙人以一致同意方式作出决定，但合伙合同可另作其他约定。根据《民法典》第970条第2款的规定，合伙事务由全体合伙人共同执行。但合伙合同可约定委托一个或者数个合伙人执行合伙事务。

二、设立中公司

"设立中公司"首次出现在《公司法解释三》中，在此之前，《公司法》中并无这一提法。

（一）设立中公司的性质、价值及其权利能力边界

1. 设立中公司的性质

《浙江省高院意见》第1条：设立中公司的法律性质、所从事的民事行为的效力及其民事责任如何承担？

设立中公司不具有独立的人格，但设立公司应当根据《中华人民共和国公司登记管理条例》第十四条第一款的规定，申请名称预先核准，说明设立中的公司是法律允许成立的组织；设立中的公司应当具有为设立所需的财产或经费，虽然其对该财产或经费不享有独立的所有权；设立中公司可以以公

---

① 参见［日］我妻荣：《我妻荣民法讲义·债权各论》（中卷2），周江洪译，中国法制出版社2008年版，第222页以下。

司的“名称”从事与设立有关的活动。可见，设立中的公司与非法人组织具有一些共同的特点。

……

《山东省高院意见一》第1条第2款：设立公司过程中，发起人以“公司”或“公司筹备组”名义从事民事行为的，人民法院不得因设立中的公司不具有民事主体资格而认定民事行为无效。

对于设立中公司的性质，目前主要有无权利能力社团说、合伙说、非法人团体说等。从最高人民法院相关著作观点来看，其支持无权利能力社团说①，但又认为设立中公司虽然不具有独立法人人格，但是已经具备民事主体的一些特征，如已具有事务执行机关、共同行为准则和一定的财产等。这些特点都使得设立中公司具备了一定的权利能力和行为能力，可以自己的名义对外从事与公司设立相关的行为。② 从《公司法解释三》第3条规定发起人可以设立中公司名义对外签订合同来看，司法解释其实也认为设立中公司是具有一定权利能力的民事主体。这样看来，认为设立中公司是无权利能力社团的观点是不正确的。③

本书认为，设立中公司的性质可界定为限制权利能力的特殊民事主体。所谓“限制权利能力”，指的是设立中公司仅在设立公司目的范围内享有权利能力，因此设立中公司不是无权利能力社团，这一点可与清算中公司相类比来理解。所谓“特殊民事主体”，指的是设立中公司虽具有社团性质的主体地位，但未经国家公权力机关登记注册确认，也无营业执照，这一点不同于合伙和非法人组织。

2. 设立中公司概念的价值

设立中公司概念主要是为了说明在公司设立过程中，发起人为了公司设

---

① 参见最高人民法院民事审判第二庭编著：《最高人民法院关于公司法解释（三）、清算纪要理解与适用》（第2版），人民法院出版社2016年版，第34页。

② 参见最高人民法院民事审判第二庭编著：《最高人民法院关于公司法解释（三）、清算纪要理解与适用》（第2版），人民法院出版社2016年版，第57页以下；最高人民法院民事审判第二庭编：《公司案件审判指导》（增订版），法律出版社2018年版，第170页以下。

③ 对上述无权利能力社团说、合伙说、非法人团体说的反驳观点，可参见范健、王建文：《公司法》（第5版），法律出版社2018年版，第115页以下。

立而取得的权利义务不归属于发起人，而归属于成立后的公司。若无设立中公司这一概念，那么在设立程序中发起人为设立公司而取得的财产（如缴纳的股款、移交的实物出资）应归到发起人名下，待设立登记完毕后，须经由发起人向公司转移财产的手续。这种程序不仅没有经济性，而且使得向公司出资的财产成为发起人个人债务的责任财产的一部分，从而会出现要服从发起人之债权人的强制执行问题。此外，通过设立中公司这一概念，有关在设立完成以前被选任的董事、监事可以不另经其他程序而成为成立后的公司的机关。①

3. 设立中公司权利能力范围的边界

设立中公司可以为与设立相关的法律行为，如签订办公场所租赁合同、委托代办公司登记注册合同等。但设立中公司权利能力边界在哪里？比如是否有诉讼主体资格，发起人预先缴纳的出资是否为设立中公司的财产等，这些问题还有待进一步研究。从目前实务裁判观点来看，不少法院已较为宽松地界定了设立中公司的权利能力范围。

在“季某与重庆华冠百货超市管理有限公司、甘某林借款合同纠纷案”［（2009）九法民初字第7232号］中，重庆市九龙坡区人民法院认为：设立中公司行为的主体是设立中公司本身，而非筹建人。筹建人是设立中公司之机关，是设立中公司行为的代表机关和执行机关。设立中公司行为的范围是以在法律上和经济上为公司设立和开业所必需为限。设立中公司行为是在公司设立阶段实施的行为，即设立中公司成立至设立中公司消灭期间所为的行为。因此，设立中公司是非法人组织，是为设立法人组织而存在的组织体，是准民商事法律主体，有自己的名称、自己的财产、自己的组织机构和场所，具有有限的法律人格，可以以自己的名义从事为公司设立和开业准备所必需的民商事活动，并就这些活动享有权利、承担义务，否则便不能开展筹建设立活动。筹建人为其行为的机关，以设立所必要的事项为限享有权利能力，以将来公司法人成立为条件享有权利能力，在公司设立范围内行为的法律后果归属于设立中公司，由其享有权利，承担义务和责任。公司不能成立时，

---

① 参见［韩］李哲松：《韩国公司法》，吴日焕译，中国政法大学出版社2000年版，第160页。

其权利能力溯及消灭，筹建人对设立中公司的债务负无限连带责任；公司成立时，此法律后果由设立中公司转归成立后的公司。

在“陆某明与黎某东民间借贷纠纷案”［（2014）黄中法民一终字第00269号］中，安徽省黄山市中级人民法院认为：黄山德锐包装有限公司于2011年8月1日正式登记成立，在此之前的6～7月，公司处于筹建阶段，依据《公司法》相关规定，筹建阶段的公司属设立中公司。设立中公司有公司章程，拥有与成立后公司相似或相同的组织机构和场所，已经有一个登记机关核准的未来公司的名称，具有一定的法律地位，可以从事一定法律行为。本案中，设立中公司已获准许以“黄山德锐包装有限公司”的名义加上“（筹）”字，从事以公司设立和开业为目的的一系列法律的、经济的活动，并在黄山太平农村合作银行甘棠支行开设了验资账户。2011年7月28日，陆某明向设立中的黄山德锐包装有限公司的验资账户转入款项，该款项一入账就转为设立中公司的财产，设立中公司可以对该款项以设立中公司名义进行处置。

（二）设立中公司与之后有效成立公司的关系：“同一体说”

《民法典》第77条： 营利法人经依法登记成立。

《民法典》第78条： 依法设立的营利法人，由登记机关发给营利法人营业执照。营业执照签发日期为营利法人的成立日期。

对于设立中公司与之后有效成立公司的关系，目前主流观点采“同一体说”，该说认为设立中公司为公司前身，就像母体中的胎儿，公司登记成立后，成为一个实体，就像一个新生婴儿。两者之间犹如胎儿和婴儿的关系，这种关系实质就是权利义务的承继关系，即设立中公司所产生的债权债务，在公司成立后，由有效设立的公司承继。① 将设立中公司视为特殊民事主体（社团）后，可在逻辑上自然得出这一结论。

（三）设立中公司与发起人的关系：“机关说”

根据设立中公司机关说，发起人是设立中公司的执行机关，对外代表设

---

① 参见最高人民法院民事审判第二庭编：《公司案件审判指导》（增订版），法律出版社2018年版，第170页。

立中公司进行相关创立活动，负责办理公司筹办的各项事务。①

在“中材装备集团有限公司与康某臻、河南顺康能源新材料有限公司买卖合同纠纷案”［（2018）豫0825民初3508号］中，河南省温县人民法院认为：发起人是设立中公司的机关，有权代表设立中公司对外从事公司设立活动。设立中的公司与正式成立后的公司系同一人格，发起人以设立中公司名义签订的合同，一般可认为是为了设立公司的利益。

有疑义的是，发起人对外代表公司签订合同时，是任一发起人都可以代表，还是必须所有发起人共同代表（或所有发起人授权某些发起人代表）？这一问题《公司法》及相关司法解释未作规定，本书认为，应适用《民法典》第970条第2款的规定，原则上由全体发起人共同代表，但合伙合同可约定授权一人或数人对外代表公司。

---

① 参见最高人民法院民事审判第二庭编著：《最高人民法院关于公司法解释（三）、清算纪要理解与适用》（第2版），人民法院出版社2016年版，第33页以下。

第二章　公司设立中的两个案由纠纷

与公司设立相关的两个案由分别是公司设立纠纷与发起人责任纠纷。这两个案由如何区分适用，是实务上的难点。

一、公司设立纠纷案由的适用范围：先公司合同

《民法典》第75条：设立人为设立法人从事的民事活动，其法律后果由法人承受；法人未成立的，其法律后果由设立人承受，设立人为二人以上的，享有连带债权，承担连带债务。

设立人为设立法人以自己的名义从事民事活动产生的民事责任，第三人有权选择请求法人或者设立人承担。

《公司法解释三》第2条：发起人为设立公司以自己名义对外签订合同，合同相对人请求该发起人承担合同责任的，人民法院应予支持；公司成立后合同相对人请求公司承担合同责任的，人民法院应予支持。

《公司法解释三》第3条：发起人以设立中公司名义对外签订合同，公司成立后合同相对人请求公司承担合同责任的，人民法院应予支持。

公司成立后有证据证明发起人利用设立中公司的名义为自己的利益与相对人签订合同，公司以此为由主张不承担合同责任的，人民法院应予支持，但相对人为善意的除外。

根据最高人民法院对公司设立纠纷案由的释义，该案由适用的对象为先公司合同。①

① 参见最高人民法院民事案件案由规定课题组编著：《最高人民法院民事案件案由规定理解与适用》（修订版），人民法院出版社2011年版，第388页。

所谓先公司合同，指的是在公司设立过程中，为了使公司得以有效成立，发起人需要对外进行交易，因这些交易发生在公司成立之前，所以称为先公司交易或先公司合同。

目前，先公司合同的主要适用依据是《公司法解释三》第 2 条和第 3 条。这两条将先公司合同区分为发起人以自己名义对外交易与发起人以设立中公司名义对外交易，并在坚持合同相对性原理的前提下，规定了例外情形。

实务上有如下三个问题需要进行着重说明。

（一）发起人以将来可能成立的公司名义对外签订合同的效力

从法院判决来看，多数法院类推适用了《公司法解释三》第 3 条的规定，即发起人以将来可能成立的公司名义对外签订合同，公司成立后由该公司承担合同责任。从原理来说，这其实是“同一体说”的具体体现。

在“云南广业酒业有限公司与昆明风飚娱乐有限公司、林某彬、林某华民间借贷纠纷案”［（2017）云 01 民终 1566 号］中，云南省昆明市中级人民法院认为：因买卖关系形成、履行并转化为借款关系时，昆明风飚娱乐有限公司（以下简称风飚公司）未依法成立，是发起人林某彬、林某华以风飚公司名义与云南广业酒业有限公司（以下简称广业公司）发生上述交易，依据《公司法解释三》第 3 条的规定，发起人林某彬、林某华以风飚公司名义与广业公司签订合同后，风飚公司依法成立，应当由风飚公司承担责任。

在“杭州鼎固混凝土有限公司与王某华买卖合同纠纷案”［（2014）绍柯商初字第 1774 号］中，浙江省绍兴市柯桥区人民法院认为：公司设立过程中，公司发起人以公司名义对外签订的合同，合同责任由设立后的公司承担；本案中，货值为 38 765.43 元的交易虽发生在原告公司设立之前，但被告在原告公司设立之后向原告出具对账单确认该笔 38 765.43 元的债务是被告欠原告的货款，可以认定该笔债务的债权人为原告，故对被告的该项辩称，法院不予采信。

（二）发起人以设立中公司名义对外签订合同的限制

设立中公司是限制权利能力的特殊民事主体，其权利能力限制在公司设立目的范围内，因此以设立中公司名义实施的交易限于“必要设立行为”，超出此一范围应认为发起人无权代理。此外，由于受权利能力限制，设立中公司或之后有效成立的公司都无权进行追认。因此，发起人超出设立目的而对外代表签订合同的，该合同无效。

这里可能存在的难点是对“必要设立行为”的判断问题。① 从定性角度来看，该行为必须是与设立公司相关的，比如租赁场地、购买机器设备、聘用人员等；从定量角度来看，该必要设立行为所花费的支出必须在合理范围内。这都需要结合实际情形来判断。

在“甘某卫与陕西培元信息技术有限公司公司设立纠纷案”［(2015）陕民二申字第01122号］中，陕西省高级人民法院认为：2014年5月，甘某卫与陕西培元信息技术有限公司（以下简称培元公司）经洽谈后就新设成立稀土功能材料公司达成合作意向，约定由培元公司提供资金、甘某卫提供其拥有的专有技术及自主研发设备，后因具体的公司设立条款双方未能达成一致，双方当事人并未签订书面协议。在此期间，培元公司为与甘某卫合作设立新公司，与咸阳彩联包装材料有限公司（以下简称彩联公司）签订房屋租赁合同，与陕西东泰装饰工程有限公司（以下简称东泰公司）签订装饰工程合同书，并依据上述合同向彩联公司、东泰公司支付租赁厂房押金及装修工程款，后因双方当事人合作不成，已付租赁厂房押金未予退还。甘某卫虽对培元公司支出的前述款项不予认可，但根据一审、二审法院查明的事实，可以认定其知晓培元公司为设立新公司而租赁房屋并进行装修，且双方当事人在达成的合作意向中亦表明培元公司的出资用于厂房租赁、附属设施建设等事宜，培元公司租赁厂房并进行装修的行为是为设立公司而进行的前期工作，其目的系为双方当事人设立公司的共同利益。故培元公司租赁厂房并进行装修而支付的款项应认定为为设立公司而支出的费用。

在“王某兰与李某翠、赵某平等民间借贷纠纷二审案”［(2014）鲁民一终字第406号］中，上诉人李某翠、赵某平主张，涉案借款均系葛某军个人出资款，不是发起人共同借款，不应由发起人承担还款责任。对此，山东省高级人民法院认为：第一，从借款协议的内容看，2012年5月18日的《借

---

① 参见李建伟：《公司法学》（第4版），中国人民大学出版社2018年版，第72页。

款协议》上载明了借款目的："乙方（五莲县天发油气有限公司）因业务需要向甲方（王某兰）借款两百万元……"五莲县天发油气有限公司作为借款人在合同上盖章确认。第二，从资金流向及借款用途看，2011年7月13日的50万元借款、2011年7月19日的100万元借款汇入了公司发起人秦某程的账户，2012年5月18日的41万元借款汇入了公司发起人李某翠的账户。葛某军及秦某程均认可上述借款用于公司基础建设，上诉人李某翠虽主张汇入公司款项的性质为个人出资款，但亦不否认上述款项已经投入公司。上述事实表明，王某兰出借的191万元款项均投入五莲县天发油气有限公司用于公司设立，且191万元的借款数额亦未超出设立公司的必要限度，由此应当认定此191万元款项系设立五莲县天发油气有限公司过程中产生的债务。

（三）相对人的选择权问题：对《公司法解释三》第2条、第3条的再思考

如果发起人为设立公司以自己名义对外签订合同，从合同相对性角度来看，合同相对人可以请求发起人承担合同；从实质享有权利、承担义务角度来看，合同相对人可请求成立后的公司承担合同责任。这是《公司法解释三》第2条的应有之义，也是《民法典》第75条的明文规定。

在"青岛海都集团有限公司与青岛中山巴黎春天百货有限公司、青岛四季春天百货有限公司等发起人责任纠纷二审案"［（2014）青民二商终字第979号］中，青岛市中级人民法院认为：《公司法解释三》第2条规定有两款，其中第1款规定："发起人为设立公司以自己名义对外签订合同，合同相对人请求该发起人承担合同责任的，人民法院应予支持。"第2款[①]规定："公司成立后对前款规定的合同予以确认，或者已经实际享有合同权利或者履行合同义务，合同相对人请求公司承担合同责任的，人民法院应予支持。"因此，合同相对人享有选择权，但发起人与成立后的公司在无明确约定的情况下，并不必然承担连带责任。上诉人青岛中山巴黎春天有限公司与原审被告青岛四季春天商业有限公司（以下简称四季商业公司）作为发起人成立了

① 2020年修正时，该条第2款与第1款合并，其中原第2款修改为"公司成立后合同相对人请求公司承担合同责任的，人民法院应予支持"。

原审被告青岛四季春天百货有限公司（以下简称四季百货公司），四季百货公司成立前，上诉人与四季商业公司给被上诉人海都集团公司出具了《承诺函》，承诺在四季百货公司成立6个月和12个月时分两次付清最多600万元的装修款；四季百货公司成立后，其与被上诉人签订了三份《协议书》，确认了装修款数额为600万元，确认四季百货公司分三次向被上诉人支付了装修款300万元，还有300万元未支付。被上诉人与四季百货公司的上述行为符合《公司法解释三》第2条第2款的“公司成立后对前款规定的合同予以确认”的条件，且四季百货公司也已实际“履行合同义务”，现被上诉人向四季百货公司主张权利，符合“合同相对人请求公司承担合同责任”的条件，青岛市城阳区人民法院判决四季百货公司向被上诉人支付装修款是正确的。被上诉人通过与四季百货公司签订协议的形式确认了在四季百货公司成立前被上诉人与上诉人签订的《承诺函》内容，且四季百货公司已向被上诉人履行了部分义务，即被上诉人已通过其行为选择了向四季百货公司主张权利，就不能再根据《公司法解释三》第2条第1款的规定要求发起人承担责任。上诉人认为，其不应与四季百货公司对被上诉人债务承担连带责任的上诉理由成立，应予以支持。

对于发起人以自己名义对外签订的合同，相对人享有选择权。如果发起人以设立中公司名义对外签订合同，合同相对人自然可以请求成立后的公司承担合同责任。但有疑问的是，合同相对人是否可以选择要求发起人承担合同责任？实务上有不少法院认为合同相对人也有选择权。

在“左某与郴州三联空调工程有限公司等买卖合同纠纷案”［（2015）郴民三终字第155号］中，湖南省郴州市中级人民法院认为：李某、左某签订《空调设备及工程安装合同》时，宜章县宜一商贸管理有限公司（以下简称宜一商贸公司）尚未成立，而宜一商贸公司成立后没有对《空调设备及工程安装合同》予以追认，也没有向郴州三联空调工程有限公司（以下简称三联公司）支付涉案工程设备欠款。即使左某、李某是为设立宜一商贸公司而与三联公司签订《空调设备及工程安装合同》，但根据《公司法解释三》第3条第1款“发起人以设立中公司名义对外签订合同，公司成立后合同相对人请求公司承担合同责任的，人民法院应予支持”的规定，三联公司也享有选择权，三联公司在本案中没有请求宜一商贸公司承担责任，是其对自身民事权利的处分，其选择要求左某、李某承担责任，亦不违反法律规定。

本书认为，湖南省郴州市中级人民法院的理解有误，发起人以设立中公司名义对外签订合同，公司成立后合同相对人原则上只能请求公司履行合同。发起人以设立中公司名义对外签订合同，实际上有两种情况：如果发起人是为了公司利益，根据合同相对性原理，由成立后公司承担合同责任自是理所当然；如果发起人是为了自己利益，《公司法解释三》第3条第2款规定公司可主张不承担合同责任，此时合同相对人可要求发起人承担相应责任，当然合同相对人善意除外。因此，法院赋予合同相对人选择权明显对其保护过度，而且也违背了合同相对性原理，是对该条司法解释的误读。

最高人民法院相关著作中也认为：设立中的公司与正式成立后的公司系同一人格，发起人以设立中公司名义签订的合同，一般可认为是为了设立公司（为公司利益），按照合同的相对性和名义主义原则，权利义务应当归属于设立中公司，公司成立后当然应当承继合同的权利义务。合同相对人只能请求成立后的公司承担合同责任，而不能请求发起人承担合同责任。[①]

二、发起人责任纠纷案由的适用范围

（一）公司设立失败时的发起人责任：设立相关费用偿还责任

《公司法》第94条：股份有限公司的发起人应当承担下列责任：

（一）公司不能成立时，对设立行为所产生的债务和费用负连带责任；

（二）公司不能成立时，对认股人已缴纳的股款，负返还股款并加算银行同期存款利息的连带责任；

……

《公司法解释三》第4条：公司因故未成立，债权人请求全体或者部分发起人对设立公司行为所产生的费用和债务承担连带清偿责任的，人民法院应予支持。

部分发起人依照前款规定承担责任后，请求其他发起人分担的，人民法

① 参见最高人民法院民事审判第二庭编著：《最高人民法院关于公司法解释（三）、清算纪要理解与适用》（第2版），人民法院出版社2016年版，第57页。

院应当判令其他发起人按照约定的责任承担比例分担责任；没有约定责任承担比例的，按照约定的出资比例分担责任；没有约定出资比例的，按照均等份额分担责任。

因部分发起人的过错导致公司未成立，其他发起人主张其承担设立行为所产生的费用和债务的，人民法院应当根据过错情况，确定过错一方的责任范围。

公司设立失败时，全体发起人应连带承担公司设立过程中所产生的费用和债务，对于股份有限公司而言，还要对认股人已缴纳的股款负连带返还责任。实务上的重点是前一项连带责任。

对于“费用和债务”，一般认为应存在目的性限制和合理性限制。目的性限制，是指必须是因设立公司行为所产生的费用和债务，凡是与设立公司无关的，应当由作出该行为的发起人承担责任。合理性限制，是指因设立公司行为所产生的费用和债务应当是在合理范围内的，不得超过必要的限度。[①]

下面从公司未成立的客观原因和发起人过错角度来区分两种不同的情形。

1. 客观原因导致公司设立失败时的发起人责任

第一，由全体发起人对费用和债务承担连带清偿责任。

第二，在对外清偿完费用和债务后，各个发起人按发起人协议约定比例分担费用和债务；如果发起人协议没有约定分担比例的，各发起人按照约定的出资比例分担费用和债务；如果没有约定出资比例的，各发起人等额分担费用和债务。

2. 发起人过错导致公司设立失败时的发起人责任

第一，由全体发起人对费用和债务承担连带清偿责任。

第二，全体发起人对外清偿完费用和债务后，对内按过错范围确定该过错发起人应承担的费用和债务。

关于第二点，仍有如下三点须深入说明：

（1）全体发起人可选择不向有过错发起人追偿。

① 参见最高人民法院民事审判第二庭编著：《最高人民法院关于公司法解释（三）、清算纪要理解与适用》（第2版），人民法院出版社2016年版，第75页。

其他无过错的发起人如一致同意不向有过错发起人追偿，则对于费用和债务的承担，各个发起人之间仍按照《公司法解释三》第4条第2款的方式分担。

（2）全体发起人可选择向有过错发起人追偿。

如有发起人要求向有过错发起人追偿，则应通过诉讼方式，由法院确定该过错发起人应终局承担费用和债务的责任范围。这里其实有两种结果：第一种是有过错发起人应终局承担部分费用和债务，第二种是有过错发起人应终局承担全部费用和债务。

后一种结果容易理解，主要是前一种结果下责任应如何分配？比如公司设立过程中对外负担了100万元必要的设立费用。现因某一发起人过错导致公司未成立，法院确定该过错发起人应承担40%的责任，那么其中的40万元费用由该发起人承担终局责任，而对于另外60万元费用，仍应由全体发起人按照《公司法解释三》第4条第2款约定的比例分担。

（二）公司设立成功时的发起人责任：瑕疵出资相关责任

本部分主要探讨与发起人身份相关的出资瑕疵责任，一般性的股东瑕疵出资责任将在“股东出资纠纷”章节部分系统说明。与发起人身份相关的出资瑕疵责任主要有如下三种。

1. 瑕疵出资发起人对公司的资本充实责任

《公司法》第28条第1款：股东应当按期足额缴纳公司章程中规定的各自所认缴的出资额。……

《公司法》第30条：有限责任公司成立后，发现作为设立公司出资的非货币财产的实际价额显著低于公司章程所定价额的，应当由交付该出资的股东补足其差额；公司设立时的其他股东承担连带责任。

《公司法》第93条：股份有限公司成立后，发起人未按照公司章程的规定缴足出资的，应当补缴；其他发起人承担连带责任。

股份有限公司成立后，发现作为设立公司出资的非货币财产的实际价额显著低于公司章程所定价额的，应当由交付该出资的发起人补足其差额；其他发起人承担连带责任。

发起人对公司的资本充实责任有两种：一是足额缴纳责任，二是差额补足责任。前者是指未缴纳出资情况下应足额缴纳出资，后者是指已缴纳的非货币财产实际价额显著低于公司章程所定价额时应补足差额。

这里的难点是如何理解“作为设立公司出资的非货币财产的实际价额显著低于公司章程所定价额”？最高人民法院法官认为：非货币财产出资中最普遍存在的问题就是该财产的实际价值低于公司章程所确定的价值。对此，虽然《公司法》第 30 条规定了非货币财产实际价额显著低于公司章程所定价额时，出资人及其他股东承担连带缴纳责任。但在适用该条时存在的问题是，应通过何种方式判断实际价额低于公司章程所定价额？实践中存在两种情况：第一，该非货币财产在公司设立时进行了评估作价，但公司成立后公司、其他股东等认为该财产价额被高估，故提起诉讼要求认定出资人未履行出资义务，此时法院需要采取一定的方式确定该财产是否被高估。第二，股东未就该非货币财产评估作价，该财产的实际价值是否与章程所定价额相符并不明确，此时当事人请求认定出资人未履行出资义务，法院实际上也无法作出判断。

可见，法院首先需要确定该财产的实际价值，在价值确定后才能相应地判断相关主体是否依法履行了出资义务。为了便捷地解决当事人之间的纠纷，尽快落实公司资本是否充实，《公司法解释三》第 9 条规定上述非货币财产未经依法评估作价的，法院应委托合法的评估机构进行评估，然后将评估所得的价额与章程所定价额相比较，以确定出资人是否完全履行了出资义务。

与之相关的问题是，如果非货币财产经过价值评估（包括出资时的价值评估和后来法院的委托评估），发现其实际价值与章程所定价额没有差别，只是后来在公司经营中由于市场环境变化导致财产贬值，使该财产价值与章程所定价额出现差距，那么此时该财产的贬值属于公司应承担的正常商业风险，出资人没有过错，除非当事人另有约定，否则出资人不应再承担责任。《公司法解释三》第 15 条也对以上内容作出了规定。①

---

① 参见宋晓明、张勇健、杜军：《〈关于适用公司法若干问题的规定（三）〉的理解与适用》，载《人民司法》2011 年第 5 期。

在“青海威德生物技术有限公司诉北京威德生物科技有限公司等公司增资纠纷二审案”［（2019）最高法民终959号］中，最高人民法院认为：根据《公司法》第27条的规定，股东可以用知识产权等可以用货币估价并可以依法转让的非货币财产作价出资，对作为出资的非货币财产应当评估作价，核实财产，不得高估或者低估作价。《公司法解释三》第15条亦规定，出资人以符合法定条件的非货币财产出资后，因市场变化或者其他客观因素导致出资财产贬值，该出资人不承担补足出资责任，除非当事人另有约定。据此，出资人以知识产权出资的，知识产权的价值由出资时所作评估确定，出资人不对其后因市场变化或其他客观因素导致的贬值承担责任，除非当事人另有约定。本案中，北京威德生物科技有限公司（以下简称北京威德公司）于2010年委托北京大正评估公司对其所有的知识产权价值进行了评估，并据此增资入股至青海威德生物技术有限公司（以下简称青海威德公司），双方未作其他约定。随后，青海威德公司召开股东会会议，决议同意北京威德公司以知识产权评估作价1300万元入股青海威德公司，并履行了股东变更工商登记手续。上述事实表明，北京威德公司的出资严格遵循了公司法对知识产权出资的要求。青海威德公司未能提交证据证明本案评估存在违法情形或者北京威德公司在评估时存在违法情形，现以案涉两项知识产权被确认无效，要求北京威德公司承担补足出资和赔偿损失的责任，缺乏事实和法律依据。

2. 其他发起人对瑕疵出资发起人资本充实义务的连带责任

《公司法》第30条：有限责任公司成立后，发现作为设立公司出资的非货币财产的实际价额显著低于公司章程所定价额的，应当由交付该出资的股东补足其差额；公司设立时的其他股东承担连带责任。

《公司法》第93条：股份有限公司成立后，发起人未按照公司章程的规定缴足出资的，应当补缴；其他发起人承担连带责任。

股份有限公司成立后，发现作为设立公司出资的非货币财产的实际价额显著低于公司章程所定价额的，应当由交付该出资的发起人补足其差额；其他发起人承担连带责任。

《公司法解释三》第13条第3款：股东在公司设立时未履行或者未全面履行出资义务，依照本条第一款或者第二款提起诉讼的原告，请求公司的发起人与被告股东承担连带责任的，人民法院应予支持；公司的发起人承担责任后，可以向被告股东追偿。

对于发起人的资本充实责任，其他发起人应承担连带责任。不过应注意如下四点：

第一，仅从《公司法》规定来看，在不同类型的公司，其他发起人的连带责任存在差别。在有限责任公司，其他发起人仅对发起人的差额补足责任承担连带责任；而在股份有限公司，其他发起人对发起人的足额缴纳责任和差额补足责任均要承担连带责任。不过《公司法解释三》第13条第3款将其他发起人的连带责任扩大到了有限责任公司中发起人的足额缴纳责任。[①]

第二，其他发起人并不是对发起人所有瑕疵出资行为都要承担连带责任，其他发起人的连带责任仅限于"公司设立时"的发起人资本充实责任。[②] 在"杭州吉奥汽车有限公司与杭州长江实业有限公司发起人责任纠纷案"［（2013）浙杭商终字第1376号］中，浙江省杭州市中级人民法院认为：关于杭州长江实业有限公司是否应当承担发起人的连带补充赔偿责任的问题，发起人的连带补充赔偿责任，属于资本充实责任。资本充实责任因公司设立行为而产生，其理论基础是设立公司行为的共同行为理论，其适用范围应限于股东在公司设立中的不当行为。我国《公司法解释三》第13条第3款将发起人承担连带补充赔偿责任的适用前提限定为股东在"公司设立时"未履行或者未全面履行出资义务，公司设立后的出资违约行为包括二期出资违约行为则未予涉及。同时，《公司法解释三》第14条规定，公司设立后股东有抽逃出资这一违反出资义务行为的，只有协助抽逃出资的股东等主体才需承担连带责任。可见，从《公司法解释三》的立法本意来看，发起人并非当然需要对股东的任何出资违约行为承担连带责任，其适用是有条件的。故基于现行法律，法院无法就杭州长江实业有限公司对其他股东在公司设立后的违

---

① 参见最高人民法院民事审判第二庭编著：《最高人民法院关于公司法解释（三）、清算纪要理解与适用》（第2版），人民法院出版社2016年版，第214页。

② 应当注意的是，其他发起人不仅要对瑕疵出资发起人的资本充实义务承担连带责任，而且还要对公司设立阶段非发起人的其他股东或认股人的瑕疵出资行为承担连带责任。因为发起人是设立中公司的机关，其地位类似于公司成立后的董事或高级管理人员，应认为其对设立中公司存在忠实勤勉义务。

反出资义务行为苛以连带责任。

第三，其他发起人能否以尽到对瑕疵出资发起人的督促或催缴义务为由，要求免除连带责任？在“中国投融资担保股份有限公司与无锡国联实业投资集团有限公司、中经信投资有限公司股东损害公司债权人利益责任纠纷二审案”［（2017京01民终6776号）］中，中国投融资担保股份有限公司（以下简称中投保公司）上诉称其已尽到自身的合理义务，一审判决其承担责任显失公平，对此，北京市第一中级人民法院认为：《公司法解释三》第13条第3款中对公司发起人对公司设立时未履行或者未全面履行出资义务的股东承担补充赔偿责任的内容作出了明确约定，体现了发起人的资本充实责任，是由公司设立者共同承担的相互担保出资义务履行的民事责任，是发起人的法定责任，也属无过错责任，只要存在资本不足的事实即可构成，公司设立者的全部或部分是否有过错在所不问。因此，中投保公司作为中经信投资有限公司的发起人应当对另外发起人——中国技术创新有限公司、北辰公司出资不实的法律责任承担补充赔偿责任，故中投保公司关于其已尽到自身合理的注意义务的主张不能免除其应当承担的法律责任。

第四，其他发起人对外承担责任后，可以向瑕疵出资的发起人追偿。

3. 发起人对其他按约出资发起人的违约责任

《公司法》第28条第2款：股东不按照前款规定缴纳出资的，除应当向公司足额缴纳外，还应当向已按期足额缴纳出资的股东承担违约责任。

《公司法》第83条第2款：发起人不依照前款规定缴纳出资的，应当按照发起人协议承担违约责任。

发起人瑕疵出资的，应当对其他已按约缴纳出资的发起人股东承担违约责任。这里的违约责任主要指损害赔偿责任。不过从实务角度来看，其他发起人股东很难举证前述发起人的瑕疵出资给己方造成了损失，因此建议在发起人协议或公司章程中事先约定相应的违约金条款。

（三）发起人的侵权责任

1. 发起人对公司的侵权责任

《公司法》第94条：股份有限公司的发起人应当承担下列责任：……

（三）在公司设立过程中，由于发起人的过失致使公司利益受到损害的，应当对公司承担赔偿责任。

本条规定虽适用于股份有限公司，但在解释上可类推适用于有限责任公司。

此外，对于发起人对公司的侵权责任，《公司法》或司法解释没有规定其他发起人对该责任承担连带责任。

2. 发起人对第三人的侵权责任

《公司法解释三》第5条：发起人因履行公司设立职责造成他人损害，公司成立后受害人请求公司承担侵权赔偿责任的，人民法院应予支持；公司未成立，受害人请求全体发起人承担连带赔偿责任的，人民法院应予支持。

公司或者无过错的发起人承担赔偿责任后，可以向有过错的发起人追偿。

这一条本质上是侵权法上职务侵权原理在公司法上的具体化。因此，这里发起人对第三人的侵权责任，指的是发起人因履行公司设立职责造成他人损害而应承担的责任。如不是此范围内的侵权责任，则应由侵权发起人直接承担侵权责任。

发起人对第三人的职务侵权责任承担方式如下：

第一，如公司成立的，第三人应请求公司承担侵权责任（公司成立前也可以请求设立中公司承担侵权责任）；如公司未成立的，第三人应请求全体发起人承担连带责任。

第二，公司或其他发起人承担责任后，可向该发起人追偿。

应注意的是，对于职务侵权行为，《公司法解释三》第5条规定了公司对发起人的追偿权，但一般认为只有在发起人故意或重大过失情形下，公司才可以向发起人追偿。

三、两个案由纠纷的管辖法院

（一）公司设立纠纷的管辖法院

目前，主流裁判观点认为公司设立纠纷由公司住所地法院管辖。

在“张某海与黄某涛、黄某年公司设立纠纷二审案”［（2016）粤01民辖终2655号］中，广东省广州市中级人民法院认为：本案为公司设立纠纷，根据《民事诉讼法》第26条的规定："因公司设立、确认股东资格、分配利润、解散等纠纷提起的诉讼，由公司住所地人民法院管辖。"本案诉争之公司预先核准登记地址位于广州市白云区，属于原审法院辖区范围内，原审法院对本案依法享有管辖权。至于协议合资设立的公司最终成立与否，不影响适用上述法条确定管辖。

（二）发起人责任纠纷的管辖法院

发起人责任纠纷并非由公司住所地法院管辖，而是由被告住所地法院管辖。这一点与公司设立纠纷不同。

在"王某国与徐州匠铸建设有限公司（原江苏九鼎环球建设科技集团有限公司）、钱某伟等管辖裁定二审案"［（2017）苏01民辖终651号］中，江苏省南京市中级人民法院认为：根据王某国的诉讼请求及事实理由，本案系发起人责任纠纷。根据法律规定，对公民、法人提起的民事诉讼，由被告住所地法院管辖。同一诉讼的几个被告住所地在两个以上人民法院辖区的，各该人民法院都有管辖权。因本案被告张某华的住所地在原审法院辖区，故原审法院作为被告住所地法院对本案有管辖权。

在"杜某及原审被告郭某雨、李某伟、贾某忠与刘某刚发起人责任纠纷二审案"［（2017）川01民辖终546号］中，四川省成都市中级人民法院认为：本案中，刘某刚诉请郭某雨、杜某、李某伟、贾某忠共同承担东方云（上海）科技有限公司设立失败导致的筹备费用损失等费用。本案系与公司有关的纠纷项下的发起人责任纠纷。本案并非因公司设立、确认股东资格、分配利润、解散以及因股东名册记载、请求变更公司登记等法律明确规定由公司住所地法院管辖的案件。根据《民事诉讼法》第21条的规定："对公民提起的民事诉讼，由被告住所地人民法院管辖；被告住所地与经常居住地不一致的，由经常居住地人民法院管辖。对法人或者其他组织提起的民事诉讼，由被告住所地人民法院管辖。同一诉讼的几个被告住所地、经常居住地在两个以上人民法院辖区的，各该人民法院都有管辖权。"因本案原审被告贾某忠住所地位于成都市双流区辖区内，即原审法院辖区内，故原审法院对本案具有管辖权。

第二编

公司资本编

第三章　公司资本原理

一、资本的概念

公司法上的资本指的是注册资本，即公司章程确定并载明的，由全体股东出资所构成的公司财产的总和。但应注意的是，注册资本有认缴出资与实缴出资两种。2014 年修改前的《公司登记管理条例》要求公司分别登记“注册资本”和“实收资本”，但修改后的条例不要求公司登记“实收资本”，公司营业执照也不用记载“实收资本”。目前公司仅在企业信用信息公示系统公示认缴出资、实缴出资、出资时间、出资方式等信息。①

此外，注册资本是从工商管理角度来理解一个概念，而财务报表中作为所有者权益组成部分的股本仅指实收资本（所有者权益还包括资本公积、盈余公积、未分配利润），即公司财务报表以实际到位的资本进行编制。这意味着，在认缴制语境下，公司股本通常低于注册资本；而在实缴制中，公司股本等于注册资本。

二、“资本三原则”的理解

因资本具有表征信用的功能，在公司法发展过程中逐渐形成了一系列资本管控原则，以确保公司对其债权人的清偿能力。就我国公司法理论而言，有“资本三原则”的共识，具体是指资本确定原则、资本不变原则、资本维持原则。

---

① 参见王军：《中国公司法》（第 2 版），高等教育出版社 2017 年版，第 106 页以下。

（一）资本确定原则

资本确定原则，是指公司资本必须在设立时由公司章程明确规定，由股东全部认足，并按期缴纳。[①] 与资本确定原则相关的还有法定资本制、认缴资本制两个概念。

1. 法定资本制

我国理论和实务上通常理解的法定资本制是指对资本形成过程中的管制，与授权资本制和折中资本制概念相对应。这意味着资本确定原则和法定资本制是同一概念。

而英美法和大陆法上理解的法定资本制泛指公司法对出资、分配、回购、减资等各种公司与股东间的资本性交易的管制，可以定义为"公司法律资本制度"，这种概念用法比我国理解得要更广泛。[②]

2. 认缴资本制

认缴资本制允许分期缴纳出资。所谓分期缴纳，是指出资人可以分期缴纳所认缴或者认购的资本。与认缴资本相对的概念是实缴资本，即在公司设立时，出资人的出资应一次性缴足。目前，我国公司法主要采认缴制。根据2014年国务院发布的《关于印发注册资本登记制度改革方案的通知》的规定，仍有27类公司实行实缴制，主要包括银行业金融机构、证券公司、期货公司、基金管理公司、保险公司、保险专业代理机构和保险经纪人、直销企业、对外劳务合作企业、融资性担保公司、募集设立的股份有限公司、劳务派遣企业、典当行、保险资产管理公司、小额贷款公司。

（二）资本不变原则

资本不变原则，是指注册资本未经法定程序，不得随意增减。这里的不变当然不是绝对地不可改变，而是在公司债权人利益获得保障前，资本不得随意变动。资本不变原则主要规制公司减资行为。

---

① 资本是否全部认足，涉及法定资本制、授权资本制与折中资本制的区分；资本是否分期缴纳，涉及实缴资本制和认缴资本制的区分。由于我国《公司法》没有规定授权资本制，因此前者区分目前仅有学理或比较法意义。

② 参见傅穹：《法定资本制：诠释、问题、检讨——从公司不同参与人的利益冲突与衡量观察》，载《南京大学法律评论》2002年第1期。

（三）资本维持原则

资本维持，是指公司应当维持与公司资本总额相当的财产。在公司存续期间，公司至少须经常维持相当于资本额度之财产，以具体财产充实抽象资本。①

资本维持原则的对象，有的理解为资产，有的理解为净资产。由于资产中有一部分是负债形成的，实践中可能资产远远超过注册资本，而公司净资产却是负数。从债权人保护角度来看，这是不合理的。因此资本维持原则的对象应是净资产。最高人民法院法官认为，资本维持原则是在公司净资产与静态的注册资本数字之间建立连接和纽带，使公司净资产数额始终维持在注册资本数字或其之上的水平。资本维持原则不仅要求净资产维持在零之上，以充分清偿既有的债权人的利益，而且还要求净资产维持在注册资本之上，以向潜在的债权人传递真实的净资产信息。②

（四）本书观点：资本维持原则的核心地位

从规制对象上来看，资本确定原则和资本不变原则针对的是注册资本，而资本维持原则的对象是净资产。从实际效果上来看，真正能够保障债权人利益的不是纸面上规定的注册资本，而是注册资本所对应的实际财产。从这个意义上来讲，资本维持原则在“资本三原则”中起到了核心作用。

三、资本维持原则的理论基础

在19世纪中期的公司法普遍承认股东的有限责任后，对债权人利益的保护成为资本制度发展的主要推动力。当代的法律经济学分析进一步强调资本对公司激励机制的影响，即充足的公司资本减少了股东及其代理人的道德风险：如果企业的所有者既无个人责任，又无个人财产投入企业之中，其商业决策很容易偏向承担过度风险，给公司相关利益人或者整个社会都带来负面效应。因此，公司资本对于保障企业经营、塑造股东以及公司的行为模式、

---

① 参见柯芳枝：《公司法论》，中国政法大学出版社2004年版，第127页。

② 参见杜军：《公司资本制度的原理、演进与司法新课题》，载《法律适用》2014年第11期。

保护债权人利益都有重大意义。①

资本维持原则的经典表述（1887 年英国 Whitworth 案判决书）如下：毫无疑问，资本会因为投入公司的正常业务范围而消耗掉；其中的一部分也可能在公司被授权经营的业务中损失掉。所有信赖公司并与公司进行交易的人们对于这些风险都知晓且愿意承担。但是，他们有权依赖，且公司立法也打算让他们依赖公司做出如下保证：公司资本不会超出上述商业目的而被消耗，也不会因返还给股东而减损。②

不过，理念的正确未必能保证规制方式的恰当。

从我国《公司法》的立法规定来看，资本维持原则体现了传统大陆法系着重保护债权人利益的立场。

从资产负债表角度来看，所有者权益栏有注册资本、资本公积、盈余公积、未分配利润等概念，它们共同构成了公司的净资产。而公司法之所以要仔细区分每一个净资产概念，就是为了限制分配，限制公司实际财产流向股东。注册资本虽然变成了一个抽象的数额，但划定了一条红线，即公司的净资产应经常性保持在注册资本之上。这是通过一系列制度来实现的，体现出对股东的抑制和以债权人为重心的立场。

四、资本维持原则的体系建构

资本维持原则下的具体规则包括禁止抽逃出资、法定减资程序、限制股份回购、利润分配规则、禁止折价发行股份等。

（一）股东与公司间交易类型：区分经营性交易和资本性交易

对于资本维持原则下具体规则之间的关系，学理和实务上少有讨论。本书赞同如下学理观点，将股东与公司间的交易类型区分为经营性交易和资本

---

① 参见陈实：《交易费用与公司资本制度的意义》，载《北京大学学报（哲学社会科学版）》2008 年第 6 期。

② 参见刘燕：《重构“禁止抽逃出资”规则的公司法理基础》，载《中国法学》2015 年第 4 期。

性交易。①

经营性交易，是指股东以普通第三人身份与公司发生的交易形态。常见如公司为股东提供借款、公司为股东提供担保。股东以第三人身份与公司交易，主要是通过关联交易等规则进行规制，典型如《公司法》第 16 条、第 21 条。

资本性交易，是指股东基于其股东身份而与公司发生的交易类型，比如增资、减资、利润分配、回购情形下的资本返还等。资本性交易主要由资本维持原则进行规制。

（二）资本性交易的四个层次：资本维持原则的体系建构

公司法对资本性交易的规制可分为如下四个层次，这也是对资本维持原则具体规则的体系建构。

第一层次：合法返还资本，即减资、股份回购。

第二层次：合法分配，即利润分配。

第三层级：违法分配，即违法分配公积金、违法分配利润、违反程序分配利润。

第四层次：抽逃出资，即取回资本。

这里简要说明一下违法分配相关的几个概念。所谓“违法分配公积金”，指的是公司将资本公积金中的其他资本公积、法定公积金或任意公积金用于向股东分配；所谓“违法分配利润”，指的是未弥补亏损或按规定提取公积金之前进行利润分配；所谓“违反程序分配利润”，指的是未经股东会或股东大会批准而分配利润。

如果将抽逃出资和合法分配视为两极，那么“违法分配公积金”“违法分配利润”“违反程序分配利润”这三个概念逐渐从抽逃出资一端走向合法分配一端，其危害性也在逐渐减小。“违法分配公积金”应禁止，而“违反程序分配利润”可经事后股东会或股东大会批准而消除程序瑕疵，变为合法

---

① 这种两分法的观点，可参见刘燕：《重构“禁止抽逃出资”规则的公司法理基础》，载《中国法学》2015 年第 4 期；刘燕：《“对赌协议”的裁判路径及政策选择——基于 PE/VC 与公司对赌场景的分析》，载《法学研究》2020 年第 2 期。

分配。

（三）资本性交易具体分析

1. 合法返还资本：减资[①]

根据《公司法》第46条及第108条之规定，公司董事会制定减资方案，提交股东会或股东大会决议。另根据第43条和第103条的规定，在有限责任公司，减资方案须经代表全体股东2/3以上表决权的股东通过；在股份有限公司，须经出席会议的股东所持表决权的2/3以上通过。

（1）减资程序中的债权人保护措施。

《公司法》第177条：公司需要减少注册资本时，必须编制资产负债表及财产清单。

公司应当自作出减少注册资本决议之日起十日内通知债权人，并于三十日内在报纸上公告。债权人自接到通知书之日起三十日内，未接到通知书的自公告之日起四十五日内，有权要求公司清偿债务或者提供相应的担保。

关于减资程序中对债权人的保护问题，我国《公司法》采传统大陆法系的“披露程序下的严格债权人保障模式”，其思路是设定严格的减资履行程序，并配合披露（减资通知、公告警示设计），实质性清偿或担保机制，来实现对债权人利益的终极保护。[②]

关于这一模式，实务中有两点疑问：

第一，可以主张清偿债务或者要求提供相应担保的债权人必须是已到期债权人还是全体债权人？

第二，如公司未履行通知公告义务，债权人如何主张救济？

对于第一个问题，本书认为应是全体债权人。如仅为到期债权人，公司可能有意规避即将到期的债权人而进行减资，诱发道德风险。《公司法》规定减资应向全体债权人履行通知公告义务，这抑制了公司不当减资的冲动。但从另一个角度看，也干预了公司的自主经营。

---

① 另一种合法返还资本方式——股份回购，因其在理论及实务上涉及众多问题，本书将在后续章节单独处理。

② 参见傅穹：《重思公司资本制原理》，法律出版社2004年版，第174页以下。

对于第二个问题，本书认为债权人无权主张减资无效，而应继续要求公司清偿债务或提供相应担保，如公司无法清偿或提供相应担保，则减资后退出公司的原股东以所获的返还资本为限，对公司债务承担补充清偿责任。这种处理方式既不妨碍公司减资决议的效力，又能够切实保护债权人利益。在"刘某辉诉白某榕等公司减资纠纷案"［（2011）一中民终字第10849号］中，北京市第一中级人民法院认为：如果有限责任公司在减资时，未按照《公司法》第177条规定通知债权人，或者未按照债权人的要求清偿债务或提供相应的担保即减少注册资本的，公司债权人可以要求股东在各自收回出资的范围内对减资前的公司债务连带承担补充赔偿责任。本案中，原告未得到被告公司的减资决议通知，且被告公司已资不抵债，原告的诉讼请求应得到支持。

（2）形式减资与实质减资。

实质减资，是指在净资产超过注册资本情况下，为避免公司资金闲置，公司调减注册资本数字，并将对应的净资产（一般是现金）返还给股东。

形式减资，是指在净资产低于注册资本情况下，公司调减注册资本数字，以使注册资本与当前净资产状态吻合。形式减资事实上没有导致公司净资产的减少，不会影响公司的偿债能力，如果法律同样要求履行债权人保护程序，则不但会给公司减资增加不必要的成本，而且可能使公司因畏惧烦琐的程序而怠于履行法定减资义务，从而使不实的注册资本误导债权人，给债权人带来损害。

而在实质减资中，公司净资产部分流向了股东，《公司法》第177条规制的对象应为实质减资。①

在"丰汇世通（北京）投资有限公司诉黑龙江省农业生产资料公司案外人执行异议之诉再审案"［（2019）最高法民再144号］中，最高人民法院认为：根据《变更、追加当事人规定》第18条②的规定，作为被执行人的企业法人，财产不足以清偿生效法律文书确定的债务，申请执行人申请变更、追加抽逃出资的股东、出资人为被执行人，在抽逃出资的范围内承担责任的，

① 参见杜军：《公司资本制度的原理、演进与司法新课题》，载《法律适用》2014年第11期。
② 2020年修正的《变更、追加当事人规定》第18条中"企业法人"改为"营利法人"。

人民法院应予支持。本案中，黑龙江寒地黑工农业物产集团有限公司（以下简称寒地黑土集团）在减少注册资本过程中，存在先发布减资公告后召开股东会、变更登记时提供虚假材料等违反《公司法》关于公司减资程序规定的情形，但作为寒地黑土集团股东的省农资公司并未利用寒地黑土集团减资实际实施抽回出资的行为。虽然省农资公司将其登记出资由5000万元减至3000万元，但寒地黑土集团的权益并未因省农资公司的行为受到损害，资产总量并未因此而减少、偿债能力亦未因此而降低。省农资公司的行为不属于《公司法解释三》第12条规定的情形，不存在抽逃出资的行为，不应当被追加为被执行人。二审法院判决不得追加省农资公司为被执行人，并无不当。丰汇世通（北京）投资有限公司的再审请求缺乏事实依据和法律依据，法院不予支持。

2. 合法分配：利润分配

《公司法》第166条：公司分配当年税后利润时，应当提取利润的百分之十列入公司法定公积金。公司法定公积金累计额为公司注册资本的百分之五十以上的，可以不再提取。

公司的法定公积金不足以弥补以前年度亏损的，在依照前款规定提取法定公积金之前，应当先用当年利润弥补亏损。

公司从税后利润中提取法定公积金后，经股东会或者股东大会决议，还可以从税后利润中提取任意公积金。

公司弥补亏损和提取公积金后所余税后利润，有限责任公司依照本法第三十四条的规定分配；股份有限公司按照股东持有的股份比例分配，但股份有限公司章程规定不按持股比例分配的除外。

股东会、股东大会或者董事会违反前款规定，在公司弥补亏损和提取法定公积金之前向股东分配利润的，股东必须将违反规定分配的利润退还公司。

公司持有的本公司股份不得分配利润。

《公司法》第168条：公司的公积金用于弥补公司的亏损、扩大公司生产经营或者转为增加公司资本。但是，资本公积金不得用于弥补公司的亏损。

法定公积金转为资本时，所留存的该项公积金不得少于转增前公司注册资本的百分之二十五。

大陆法系国家多实行法定公积金制度，其公司法中的“利润分配”不仅包括对股东支付的股利，而且包括按照法律规定的比例提取公积金。我国公司法上对利润用途的管制更加严格，涉及利润弥补亏损、提取法定公积金、提取任意公积金等。

（1）资本公积金的用途。

资本公积金可以用于扩大生产经营或转增资本，不得用于弥补亏损。这么做的原因在于，资本公积主要由资本溢价形成，因而其性质上属于附加资本或者准资本。以资本公积金弥补亏损，将会模糊资本和盈余的区别。

（2）盈余公积金可否用于利润分配?

从立法规定来看，盈余公积金设立的本意是为了巩固公司财产基础、加强公司信用或为了弥补亏损从而增强公司的经营积累和抗风险的能力而对公司利润分配作出的限制。如果允许盈余公积金用于利润分配的话，则前述目的显然将不能达成。[①]

（3）盈余公积金与利润概念的再思考。

由于法律上规定了“盈余公积”的用途，非会计专业人士常常以为提取盈余公积意味着单独将这部分资金从企业资金周转过程中抽出来，用于某个项目，比如扩大生产或者弥补亏损。其实，盈余公积作为资金来源项目，本身并不反映资金的任何实际占用形态。提取盈余公积或者按照法定用途使用盈余公积，都只涉及所有者权益内部结构的调整，不会引起公司资产数量或者状态的变动。这样的会计处理，只是为了限制“净利润”中可以向所有者分配的数额。[②] 同理，企业存在账上的利润，并不意味着有足够的现金予以支付股利，也并非必然能够支付到期债务，因为公司分配是从资产负债表的左侧科目而非右侧科目支付的。[③]

（4）弥补亏损的程序。

《企业所得税法》第18条：企业纳税年度发生的亏损，准予向以后年度

① 参见雷霆：《公司法实务应用全书——律师公司业务基本技能与执业方法》，法律出版社2016年版，第336页。

② 参见刘燕：《会计法》（第2版），北京大学出版社2009年版，第326页。

③ 参见傅穹：《重思公司资本制原理》，法律出版社2004年版，第186页以下。

结转，用以后年度的所得弥补，但结转年限最长不得超过五年。

根据《企业所得税法》的规定，当年度税前利润总额可以对之前五个年度未弥补亏损进行弥补。弥补亏损后仍有剩余的，才计算缴纳企业所得税。如果未完全弥补的，则当年度不计算缴纳企业所得税，也不用提取法定公积金和任意公积金，更不得进行利润分配。超过税法允许的五个年度仍未能弥补完毕的亏损，只能使用税后利润进行弥补。①

（5）利润分配的特殊情形：对赌失败时的现金补偿义务。

《九民会议纪要》第5条第1款【与目标公司“对赌”】：投资方与目标公司订立的“对赌协议”在不存在法定无效事由的情况下，目标公司仅以存在股权回购或者金钱补偿约定为由，主张“对赌协议”无效的，人民法院不予支持，但投资方主张实际履行的，人民法院应当审查是否符合公司法关于“股东不得抽逃出资”及股份回购的强制性规定，判决是否支持其诉讼请求。

《九民会议纪要》第5条第3款【与目标公司“对赌”】：投资方请求目标公司承担金钱补偿义务的，人民法院应当依据《公司法》第35条关于“股东不得抽逃出资”和第166条关于利润分配的强制性规定进行审查。经审查，目标公司没有利润或者虽有利润但不足以补偿投资方的，人民法院应当驳回或者部分支持其诉讼请求。今后目标公司有利润时，投资方还可以依据该事实另行提起诉讼。

在“对赌协议”经过多年实践后，最高人民法院通过《九民会议纪要》形成了初步的裁判共识，即将“对赌协议”区分为“对赌协议”的效力与“对赌协议”的履行。对于前者，如无法定无效事由，协议一般有效。对于后者，则要从公司资本角度来看是否履行，具体表现为如何保护公司债权人利益问题。

按照《九民会议纪要》的观点，对于现金补偿型对赌合同能否履行，须视公司是否有利润。有疑问的是，在公司有利润的情况下，投资人是直接要求公司支出利润还是需要公司先进行利润分配程序？结合股份回购型对赌合同履行来看，最高人民法院认为公司应先进行利润分配程序，即在公司存在

---

① 参见雷霆：《公司法实务应用全书——律师公司业务基本技能与执业方法》，法律出版社2016年版，第340页以下。

可分配利润的基础上，公司股东（大）会先作出利润分配决议，进而适用《公司法》第166条的利润分配流程，之后如还有利润的，才能对投资人作出现金补偿。

在“郭某辉、重庆京庆重型机械股份有限公司等公司增资纠纷再审案”［（2019）最高法民申6709号］中，最高人民法院认为：双方当事人签订的《补充合同》第2条约定，如公司未能实现该合同第1条规定的经营目标，即2011年完成净利润3000万元，2012年完成净利润4000万元，投资方有权要求原股东或公司支付现金补偿款并约定了计算公式，该条实质上是对公司利润的分配，第5条则约定了投资方可提出回购或收购股份的情形。因《补充合同》在郭某辉和其余24名自然人股东之间未生效，郭某辉不能基于该合同要求24名自然人股东支付股权回购款或补偿股权。虽然《补充合同》在重庆京庆重型机械股份有限公司（以下简称重庆京庆公司）和郭某辉之间生效，但是重庆京庆公司章程第66条载明，股东大会决议分为普通决议和特别决议，股东大会作出普通决议应当由出席股东大会的股东所持表决权过半数通过，普通决议事项中包含利润分配方案，且《公司法》第166条规定要求公司在弥补亏损和提取法定公积金后仍有利润的情况下才能分配利润。《补充合同》的利润分配条款既未经股东大会决议通过也不符合《公司法》的规定，郭某辉不能基于此请求重庆京庆公司对其进行股权或现金补偿。[①]

3. 违法分配与抽逃出资

（1）《公司法》及司法解释并不区分违法分配和抽逃出资。

《公司法解释三》第12条：公司成立后，公司、股东或者公司债权人以相关股东的行为符合下列情形之一且损害公司权益为由，请求认定该股东抽逃出资的，人民法院应予支持：

（一）制作虚假财务会计报表虚增利润进行分配；

（二）通过虚构债权债务关系将其出资转出；

（三）利用关联交易将出资转出；

（四）其他未经法定程序将出资抽回的行为。

① 本案是《九民会议纪要》颁布后最高人民法院作出的判决。

上述司法解释列举了多项不合法的资本性交易类型，即公司资产违法流向股东，从实践中看，这样的方式还有很多种。

学理上目前将公司资产违法流向股东再具体分为两种类型，一种是抽逃出资，另一种是违法分配。前者指的是股东从公司股本中对股东进行支付，以及特定情形下从资本公积中返还出资；后者又分为两种，一种是公司超出了法律规定的资金来源（但未损耗股本，若损及股本则构成抽逃出资），损害债权人利益的分配行为；另一种是仅违反利润分配的程序性规则，但未损害债权人利益的分配行为。①

最高人民法院法官同样认为在具体认定抽逃出资行为时，法院应当注意把握该行为是对公司资本的侵蚀这一要素，并从行为人的主观目的、过错程度以及行为对公司造成的影响等角度综合分析。不宜将股东从公司不当获得财产的所有行为都笼统认定为抽逃出资。②

但《公司法解释三》第 12 条并没有区分抽逃出资和违法分配。由于《公司法》及司法解释在这个方面的重大疏漏，使公司财产违法转移给股东但尚未侵蚀股本的行为无法作为“违法分配”被追究责任。这导致了债权人或其他股东都转而求助于抽逃出资规则来获得法律救济，客观上倒逼了“抽逃出资”认定的扩大化。③

在“方某涛与深圳市博世汽车电子科技有限公司等追收抽逃出资纠纷、股东出资纠纷再审案”［（2015）民申字第 1467 号］中，最高人民法院认为：股东是否构成抽逃出资，系以股东是否损害了公司的财产权益为认定标准，而与其他股东对抽逃出资行为是否知晓无关。因此，无论王某富是否知晓或同意方某涛从深圳市博世汽车电子科技有限公司（以下简称博世公司）账户中取出 100 万元，只要方某涛不能证明取出的款项用于了博世公司的生产经营，即不影响对方某涛构成抽逃出资的认定。而其他股东知晓并协助抽逃出资的，将产生承担连带责任的法律后果。本案一审、二审判决以方某涛未能

---

① 参见刘燕：《重构“禁止抽逃出资”规则的公司法理基础》，载《中国法学》2015 年第 4 期。

② 参见最高人民法院民事审判第二庭编：《公司案件审判指导》，法律出版社 2014 年版，第 161 页。

③ 参见刘燕：《重构“禁止抽逃出资”规则的公司法理基础》，载《中国法学》2015 年第 4 期。

就取款用于博世公司举出合理、充分的证据证明为由，认定方某涛的行为构成抽逃出资，并无不当。最终，最高人民法院认为方某涛关于一审、二审判决认定其构成抽逃出资错误的申请再审理由不能成立。

在“张某渠诉王某案外人执行异议之诉再审案”［（2019）最高法民申3194号］中，最高人民法院认为：根据本案查明事实，2010 年 6 月 10 日、18 日，蔡某、张某渠将 21 万元出资款、779 万元增资款转入河南捷成汽车贸易有限公司（以下简称捷成公司）验资账户，6 月 17 日、21 日上述款项共计 800 万元均转入蔡某的个人账户。蔡某将公司的上述注册款项直接转入个人账户，且没有证据表明股东会对此作出决议，上述行为属于《公司法解释三》第 12 条第 4 项规定的“其他未经法定程序将出资抽回的行为”。张某渠主张 20 万元出资款是借款给其他人，属于公司经营支出，但其并未提交相关证据证明该注册资金用于借款并经过法定程序转出。张某渠身为捷成公司持股 51% 的股东和监事，在验资账户注销、800 万元注册资本全部转入蔡某个人账户后，于 2010 年 11 月 10 日与蔡某召开股东会变更捷成公司经营范围，又于 2011 年 9 月 18 日与蔡某同时转让所持股权，且并未提交捷成公司实际由蔡某一人经营管理、自己并未参与的相关证据，张某渠有义务了解并有能力说明该款项转出的用途，但其未能作出合理解释，亦未提供证据证明该行为系基于公司正常经营业务往来所形成，更未提交证据证明该行为经过了公司法定程序。二审判决基于上述事实推定张某渠对该抽逃出资行为应该明知且存在与蔡某抽逃出资的合意，并无不妥，张某渠的相关申请理由不能成立。

张某渠提交证据欲证明实际股东张某勋与蔡某在 2011 年 9 月 6 日股权转让之前已向公司投资 13 037 716. 30 元，远超过 800 万元的注册资本，应认定其已履行并补足了出资义务，其并未损害公司利益。首先，张某渠提交的证据不足以证明该二人已向捷成公司投资 13 037 716. 30 元的事实。其次，张某渠该主张混淆了公司注册资本与公司资产的区别。公司系生产经营性单位，存在经营收益，会产生资产增值的部分，有使公司净资产不断增加的可能，故即使公司净资产超过注册资本数额也不能必然推导出股东已经履行了出资义务的结论。注册资本是企业在公司登记机关登记的资本总额，是已经缴纳或者承诺缴纳的出资额的总和，企业资产则是指企业在经营过程中投资所产生的收益。资产会随公司的生产经营活动而发生变化，而注册资本非经法定程序不得增减。足额向公司缴纳出资是股东的法定义务，股东非经法定程序将出资抽回的行为，导致公司资本缺失，降低了公司的履约能力和偿债能力，损害了公司权益，同时给债权人、投资人造成了公司资本充实的假象，使其无法尽相当的注意义务和作出正确的选择。故张某渠主张其虽然将注册资本转出但未损害公司利益的申请理由不能成立。

从上面两个最高人民法院裁判案例可以看出，如果股东将公司资产转移出公司，既不能说明该资产被用于公司经营，又不能举证公司经过减资流程，则可认定股东的资产转移行为属于抽逃出资。这种认定明显导致抽逃出资适用的宽泛化，违法分配与抽逃出资的法律性质不同，其法律后果也不应相同。从违法性程度上看，抽逃出资的法律后果应更为严重，立法上也是如此区分规定的。因此，实务上有必要加以区分。

（2）违法分配的民事责任。

《公司法》第166条第5款：股东会、股东大会或者董事会违反前款规定，在公司弥补亏损和提取法定公积金之前向股东分配利润的，股东必须将违反规定分配的利润退还公司。

上述规定情形仅仅是违法分配的一种形态，针对的是违法分配利润。实践中还可能发生违法分配公积金、未经股东会或股东大会审议批准而分配利润等违法分配形态，此时可类推适用《公司法》第166条第5款的规定。值得注意的是，如果仅仅是程序上未经批准而分配利润，股东会或股东大会可事后批准而变为合法分配，这一点前面已经说明。

违法分配因其危害性较小，故不存在刑事责任和行政责任。即使就民事责任而言，也没有抽逃出资那般复杂。

（3）抽逃出资的民事责任。

《公司法解释三》第14条：股东抽逃出资，公司或者其他股东请求其向公司返还出资本息、协助抽逃出资的其他股东、董事、高级管理人员或者实际控制人对此承担连带责任的，人民法院应予支持。

公司债权人请求抽逃出资的股东在抽逃出资本息范围内对公司债务不能

清偿的部分承担补充赔偿责任、协助抽逃出资的其他股东、董事、高级管理人员或者实际控制人对此承担连带责任的，人民法院应予支持；抽逃出资的股东已经承担上述责任，其他债权人提出相同请求的，人民法院不予支持。

《公司法解释三》第16条：股东未履行或者未全面履行出资义务或者抽逃出资，公司根据公司章程或者股东会决议对其利润分配请求权、新股优先认购权、剩余财产分配请求权等股东权利作出相应的合理限制，该股东请求认定该限制无效的，人民法院不予支持。

《公司法解释三》第17条第1款：有限责任公司的股东未履行出资义务或者抽逃全部出资，经公司催告缴纳或者返还，其在合理期间内仍未缴纳或者返还出资，公司以股东会决议解除该股东的股东资格，该股东请求确认该解除行为无效的，人民法院不予支持。

关于抽逃出资的民事责任，具体可分为如下三个层次：

第一，抽逃出资的股东应返还所抽逃出资的本息，协助抽逃出资的其他股东、董事、高级管理人员、实际控制人承担连带责任。

第二，抽逃出资的股东应在所抽逃出资本息范围内，对公司债务不能清偿部分承担补充赔偿责任，协助抽逃出资的其他股东、董事、高级管理人员、实际控制人承担连带责任。

第三，公司可以对抽逃出资股东股权中的财产权利进行限制；如股东抽逃全部出资，则在满足相关条件后，公司可以对其除名。

（4）抽逃出资的刑事责任与行政责任。

2014年4月，全国人民代表大会常务委员会对涉及资本犯罪的两个刑法条文进行立法解释，认为《刑法》第158条（虚报注册资本罪）、第159条（抽逃出资罪）的规定，只适用于依法实行注册资本实缴登记制的公司。因此，对于实行实缴制的公司来说，仍有适用抽逃出资罪的余地。但对大部分认缴制公司来说，抽逃出资行为不适用刑法规范。

此外，根据《公司法》第200条的规定，公司发起人、股东在公司成立后，抽逃其出资的，由公司登记机关责令改正，并处以所抽逃出资金额5%以上15%以下的罚款。

第四章 公司减资与增资

第一节 公 司 减 资

一、减资概述

减资是公司在存续过程中依照法定条件和程序减少注册资本的行为。

减资分为形式减资和实质减资。实质减资是指在净资产超过注册资本情况下，为避免公司资金闲置，公司调减注册资本数字，并将对应的净资产（一般是现金）返还给股东。形式减资是指在净资产低于注册资本情况下（亏损），公司调减注册资本数字，以使注册资本与当前净资产状态吻合。《公司法》第177条规制的对象应为实质减资。①

二、减资的流程

《公司法》第43条第2款：股东会会议作出修改公司章程、增加或者减少注册资本的决议，以及公司合并、分立、解散或者变更公司形式的决议，必须经代表三分之二以上表决权的股东通过。

《公司法》第103条第2款：股东大会作出决议，必须经出席会议的股东所持表决权过半数通过。但是，股东大会作出修改公司章程、增加或者减少注册资本的决议，以及公司合并、分立、解散或者变更公司形式的决议，必须经出席会议的股东所持表决权的三分之二以上通过。

《公司法》第177条：公司需要减少注册资本时，必须编制资产负债表

① 参见杜军：《公司资本制度的原理、演进与司法新课题》，载《法律适用》2014年第11期。

及财产清单。

公司应当自作出减少注册资本决议之日起十日内通知债权人，并于三十日内在报纸上公告。债权人自接到通知书之日起三十日内，未接到通知书的自公告之日起四十五日内，有权要求公司清偿债务或者提供相应的担保。

《公司法》第179条第2款：公司增加或者减少注册资本，应当依法向公司登记机关办理变更登记。

减资流程具体包括编制资产负债表及财产清单，召开股东（大）会进行决议，通知债权人及公告，为债权人清偿债务或提供担保，以及完成减资手续、变更公司章程并办理工商变更登记五个步骤。

（一）公司编制资产负债表及财产清单

这一流程可以让公司了解自身的财产状况，方便后续可能对公司债权人的清偿或向公司债权人提供担保。

（二）公司股东（大）会特别决议

减资方案由公司董事会制订，提交股东会或股东大会以特别决议方式通过。这是针对同比例减资的表决权比例要求。如果股东会或股东大会按照不同比例减资，则基于股东平等原则，减资决议须经全体股东一致同意。

在“江阴联通实业有限公司与陈某和公司决议效力确认纠纷再审案”［（2019）苏民申1370号］中，江苏省高级人民法院认为：本案中，江阴联通实业有限公司（以下简称联通公司）两次减少注册资本，均未依照公司章程规定通知陈某和参加相关股东会会议，与会的相关股东利用持股比例的优势，以多数决的形式通过了不同比减资的决议，直接剥夺了陈某和作为小股东的知情权、参与重大决策权等程序权利，损害了陈某和作为股东的合法权利。且从联通公司提供的资产负债表、损益表看，联通公司处于亏损状态，不同比减资改变了联通公司设立时的股权结构，导致陈某和持有的联通公司股权比例上升，增加了陈某和作为股东所承担的风险，损害了陈某和的合法利益。故尽管从形式上看联通公司仅仅是召集程序存在瑕疵，但从决议的内容看，联通公司股东会作出的关于减资的决议已经违反法律，原审认定相关股东会减资决议无效，并无不当。

该案二审法院在说理部分强调，根据《公司法》的规定，股东会会议作出减少注册资本的决议，必须经代表2/3以上表决权的股东通过。该规定中“减少注册资本”仅指公司减少注册资本，而并非涵括减资在股东之间的分配。由于减资存在同比减资和不同比减资两种情况，不同比减资会直接突破公司设立时的股权分配情况，如果只要经代表2/3以上表决权的股东通过就可以作出不同比减资的决议，则实际上是以多数决的形式改变公司设立时经发起人一致决所形成的股权架构，故对于不同比减资，应由全体股东一致同意，除非全体股东另有约定。

（三）公司通知债权人及公告

公司自作出减资决议之日起10日内通知债权人并在30日内在报纸上公告。

1. 公司不得以公告方式代替通知义务

公司不得以公告方式来替代单独通知公司债权人的义务，否则减资股东应在公司减资数额范围内对公司债务不能清偿部分承担补充赔偿责任。

在“上海德力西集团有限公司与江苏博恩世通高科有限公司、上海博恩世通光电股份有限公司等买卖合同纠纷二审案”① ［（2016）沪02民终10330号］中，上海市第二中级人民法院认为：根据《公司法》之规定，股东负有按照公司章程切实履行全面出资的义务，同时负有维持公司注册资本充实的责任。尽管《公司法》规定公司减资时的通知义务人是公司，但公司是否减资系股东会决议的结果，是否减资以及如何进行减资完全取决于股东的意志，股东对公司减资的法定程序及后果亦属明知，同时，公司办理减资手续需股东配合，对于公司通知义务的履行，股东亦应当尽到合理注意义务。江苏博恩世通高科有限公司（以下简称江苏博恩公司）的股东就公司减资事项先后在2012年8月10日和9月27日形成股东会决议，此时上海德力西集团有限公司（以下简称德力西公司）的债权早已形成，作为江苏博恩公司的股东，上海博恩世通光电股份有限公司（以下简称上海博恩公司）和股东冯某应当

① 本案为《最高人民法院公报》2017年第11期案例。

明知。但是在此情况下，上海博恩公司和冯某仍然通过股东会决议同意冯某的减资请求，并且未直接通知德力西公司，既损害江苏博恩公司的清偿能力，又侵害了德力西公司的债权，应当对江苏博恩公司的债务承担相应的法律责任。公司未对已知债权人进行减资通知时，该情形与股东违法抽逃出资的实质以及对债权人利益受损的影响，在本质上并无不同。因此，尽管我国法律未具体规定公司不履行减资法定程序导致债权人利益受损时股东的责任，但可比照公司法相关原则和规定来加以认定。由于江苏博恩公司减资行为上存在瑕疵，致使减资前形成的公司债权在减资之后清偿不能的，上海博恩公司和冯某作为江苏博恩公司股东应在公司减资数额范围内对江苏博恩公司债务不能清偿部分承担补充赔偿责任。

最高人民法院在上述案例中提取的裁判摘要特别强调，公司减资时对已知或应知的债权人应履行通知义务，不能在未先行通知的情况下直接以登报公告形式代替通知义务。

2. 公司有义务通知潜在的债权人

这一问题有争议，目前主流裁判观点认为公司有义务通知潜在的公司债权人。在“叶某航等诉朗豪贸易（上海）有限公司公司减资纠纷二审案”［（2015）沪一中民四（商）终字第675号］中，上海市第一中级人民法院认为：基于上诉人叶某航、叶某波、上海壹点广告传播有限公司（以下简称壹点公司）的上诉主张，本案的争议焦点在于在叶某航、叶某波办理减资的过程中，朗豪（贸易）上海有限公司（以下简称朗豪公司）是否应被视作壹点公司的债权人，叶某航、叶某波办理减资手续是否履行了对债权人的法定通知义务？法院认为，首先，审理查明的事实表明，叶某航、叶某波在通过股东会形式进行减资时，正值朗豪公司向壹点公司主张支付货款的案件审理中；在办理减资的工商变更过程中，上海市徐汇区人民法院业已作出了民事判决确认壹点公司与朗豪公司之间的债权债务关系。基于上述事实，法院有理由相信，叶某航、叶某波在办理减资过程中，理应知晓朗豪公司可能成为壹点公司的债权人，且在办理工商变更手续时，上海市徐汇区人民法院所作出的判决确认朗豪公司系壹点公司的债权人。虽然上海市徐汇区人民法院作出的判决在办理减资工商变更手续时尚未生效，但对前述办理减资手续时间段与两家公司诉讼进行的时间段进行比较分析，上海市第一中级人民法院认定叶某航、叶某波在办理减资时理应知晓朗豪公司系壹点公司的债权人，壹点公司在办理减资的过程中理应以书面形式通知朗豪公司。

（四）公司债权人可要求清偿债务或提供担保

公司债权人自收到通知之日起 30 日内，未收到通知的自公告之日起 45 日内有权要求公司清偿债务或提供担保。

（五）公司完成减资手续、变更公司章程并办理工商变更登记

完成前述流程后，公司须根据变更后的公司章程及其他相关材料，到工商机关办理变更登记手续。

第二节　公司增资

一、增资概述

增资是公司成立后依照法定条件、程序增加公司资本额的行为。

二、增资的流程

《公司法》第 43 条第 2 款：股东会会议作出修改公司章程、增加或者减少注册资本的决议，以及公司合并、分立、解散或者变更公司形式的决议，必须经代表三分之二以上表决权的股东通过。

《公司法》第 103 条第 2 款：股东大会作出决议，必须经出席会议的股东所持表决权过半数通过。但是，股东大会作出修改公司章程、增加或者减少注册资本的决议，以及公司合并、分立、解散或者变更公司形式的决议，必须经出席会议的股东所持表决权的三分之二以上通过。

《公司法》第 178 条：有限责任公司增加注册资本时，股东认缴新增资本的出资，依照本法设立有限责任公司缴纳出资的有关规定执行。

股份有限公司为增加注册资本发行新股时，股东认购新股，依照本法设

立股份有限公司缴纳股款的有关规定执行。

《公司法》第179条第2款：公司增加或者减少注册资本，应当依法向公司登记机关办理变更登记。

公司一般增资流程包括股东或投资人与公司达成增资合意，召开股东（大）会进行决议，缴纳股款，以及变更股东名册、公司章程及办理工商变更登记等四个步骤。①

（一）股东或投资人与公司达成增资合意

1. 增资合意的认定及投资人股东身份的判断

《广西壮族自治区高院意见》第25条【完成增资的必备前提】：公司完成增资扩股的必备前提是相关当事人之间存在增资合意的事实：一是公司或者股东具有增资意愿以及接纳或认可新股东身份的意思；二是投资人具有投资入股或认购股份的意思。只有当事人之间的表意、行为或相关事件能够体现出这两方面的表意事实，才算完成了公司增资的必备前提；反之，即使当事人与公司之间存在支付相关款项、交付转移财产、变更名册或工商登记等行为，若没有以明示或默示等方式体现这两项表意事实，则不应当认定当事人的新股东资格。

《广西壮族自治区高院意见》第26条【完成增资的判断方法】：在当事人具备增资合意事实的情况下，法律并未具体规定完成增资及新股东身份生效的时间点。公司增资并吸纳新股东通常表现出三个阶段：一是公司与投资人之间订立投资入股协议或股权认购协议；二是投资人向公司依法缴纳出资或股款，或交付、移转非货币财产；三是公司为投资人依法完成吸纳、认可新股东的法定程序。这些阶段中的法定程序具体包括：公司就增资事项通过代表2/3以上表决权或出席会议所持表决权2/3以上的股东会决议；向新股东出具出资证明书并修改公司股东名册；依法向公司登记机关办理变更登记；等等。单一的看，这些法定程序并非每一个都是增资并吸纳新股东的必备要件，但都是公司股东重要事项的实质变更，应结合这些程序或手续的办理情

---

① 在公司增资过程中可能产生的对赌回购问题及有限责任公司股东优先认股权问题，本书也将在其他章节另行分析。

况与认缴或实缴情况，综合判定公司是否在整体上完成增资效果。

《广西壮族自治区高院意见》第27条【完成增资的通常方式】：公司增资在实践中可能体现为四种完成方式：

（1）先由公司股东会作出对外增资的决议，公司再依此与具体的投资人订立投资入股协议或股权认购协议，随后双方依约履行认缴或实缴出资、出具出资证明书、修改股东名册以及办理变更登记等义务；

（2）投资人与公司先订立投资入股协议或投资意向书，公司股东会就该增资事项作出决议，随后双方依约认缴或实缴出资，并继续完成余下法定变更程序；

（3）控股股东或大股东代表公司与投资人订立投资入股协议后，该投资人即开始认缴或实缴出资，公司也随后履行增资的法定变更程序，但公司从未就增资事项召开股东会并作出决议；

（4）投资人既未与公司订立投资入股协议或相关意向书，该公司也从未就增资事项召开股东会并作出决议，但投资人与公司之间又存在支付与接受款项、交付与转移财产、变更名册或工商登记等符合增资程序的行为。

就（1）（2）类方式而言，投资人与公司股东会的表意事实可能互有先后地完成，就此应以在后发生的表意事实作为起始点，进而结合关于增资的履行行为或法定程序完成情况，具体判定投资人获得股权即股东身份的时间点。

就（3）（4）类方式而言，涉及对当事人默示表意的判断，公司、股东以及投资人可能在相关增资变更程序或公司内部治理过程中，体现出投资人意在出资入股、公司意在接纳新股东的客观表象，人民法院须就此结合相关事实综合认定。例如，公司股东会就公司章程的股东变动事项予以审议表决、投资人在支付款项时明确表达出资入股的用途、投资人开始参与公司股东会决议并依据相关股权比例行使共益权、公司开始依据投资人的相关股权比例对其分配股利，等等。总之，应在这类个案中找出体现默示表意的关键事实，进而结合相关履行行为来判定完成增资的时间点。

《广西壮族自治区高院意见》第28条【向公司投资行为的实质性判断】：股东或投资人直接向公司投资或向公司名下的项目投资，但又未经法定增资程序的，人民法院在认定该行为是否属于增资时，应注意以下参考要点：

（1）资金是否进入公司账下或财产是否转为公司名下，资金是否不记为公司负债，新增资金所投入的项目是否明显形成目标公司的新增财产外观，该项目是否以公司名义对外经营联系；

（2）新增投资的股东或投资人在事实上是否依新增的投资额及新的股比结构行使共益权或自益权；

（3）股东之间、投资人之间或股东会是否对新增投资的用途、性质、收益方式、风险承担等作出过协议、表态或决议。

当个案中越多地符合以上情形时，就越可以认定该股东或投资人已实际上完成对公司的增资，股东或投资人不能像收回借款那样直接从公司取出相应资产，若股东或投资人要收回相应投资就必须完成减资程序，否则可能构成抽逃出资。

当个案中较少符合以上情形并据此无法认定付款人对公司增资的，人民法院可以通过释明引导当事人依据借款关系或合伙关系诉请相关权利。

《广西壮族自治区高院意见》对增资过程中，第三人投入公司的财产究竟是增资款还是普通借款、如何判断第三人已经通过增资取得股东身份等问题进行了规定，实务中可以参考上述司法意见，本书在“股东身份纠纷”章节将进行详细的分析。

2. 增资协议解除后的法律效力

（1）公司解除增资协议情形。

在“北京承乾房地产开发有限责任公司诉 NEXTHILLINVESTMENTSLIMITED 股东资格确认纠纷再审案”［（2019）最高法民申 3945 号］中，最高人民法院认为：NEXTHILLINVES TMENTSLIMITED（以下简称历山公司）与北京荟宏房地产开发有限责任公司、北京兆泰集团股份有限公司等就历山公司受让北京承乾房地产开发有限责任公司（以下简称承乾公司）股权等事项，签订了《合资合同》《股权转让及增资扩股协议》等合同，并订立了承乾公司章程；之后，行政主管部门批复同意了历山公司受让上述股权以及承乾公司由内资企业变更为中外合资企业等事项，并向承乾公司颁发了相应证照；历山公司亦足额缴纳了其认缴的出资与增资等。以上事实可以证明历山公司已经取得了承乾公司的股东资格，故原判决关于历山公司股东资格的认定，理据充分。

后承乾公司股东之间发生争议并引发多起诉讼、仲裁案件，其中中国国际经济贸易仲裁委员会先后作出了三份仲裁裁决，内容为终止涉案《合资合同》《合资合同修改协议》，解除涉案《股权转让及增资扩股协议》《股权转让及增资扩股补充协议》中与历山公司有关的条款，以及解除《增资协议书》中与历山公司有关的条款等。对于上述合同终止、解除的后果，应当依据合同约定、履行情况和合同性质来综合判定。本案中，历山公司系根据合同所涉的股权转让、公司注册资本增加等约定内容，先后通过行政审批、工商变更以及缴纳出资等履约行为合法取得了股东资格，尚无证据证明该股东资格因法定或约定等事由被剥夺。而承乾公司提出的否定历山公司股东资格、退还出资款等主张将涉及公司设立、股东出资、确认股东资格等公司与股东之间的组织关系，可能引发公司资本减少、股东持股比例变化等重大事项的纠纷。故原判决就股东认缴出资等公司创设行为适用承乾公司作为中外合资企业并购设立当时施行的2004年8月28日第二次修正的《公司法》来调整，就承乾公司设立之后的股东与公司、股东与股东之间的关系准则适用公司章程规定来处理认定，并无不当，最终认定承乾公司以涉案合同终止、解除为由提出历山公司不再享有承乾公司股东资格的主张，不符合法律和章程规定，不予支持，亦无不当。承乾公司关于原判决认定基本事实缺乏证据证明、适用法律错误的主张不成立，法院不予支持。至于承乾公司主张涉案纠纷只能通过本案诉讼经司法程序判决历山公司退出承乾公司，无法通过公司内部治理程序、公司解散诉讼等其他方式来解决纠纷的主张，于法无据，法院亦不予支持。

（2）投资人解除增资协议情形。

在“上海富电科技有限公司与西北工业集团有限公司等公司增资纠纷二审案”［（2019）沪01民终11265号］① 中，上海市第一中级人民法院认为：关于争议焦点二，涉及增资协议书解除后果的处理。结合上诉人的上诉请求和各方的诉辩意见，又可以分为以下两个问题：一是在上诉人出资已经完成

① 本案系全国法院系统2020年度优秀案例。

认缴及工商变更登记的情况下，能否以《合同法》[1]关于合同解除的规定为依据，主张由合同相对方返还已实际缴付的出资款？二是上诉人主张由被上诉人西北工业集团有限公司（以下简称西北工业公司）、北方特种能源集团有限公司（以下简称北方能源公司）承担还款、赔偿责任，各小股东及目标公司承担连带责任，有无法律依据？

上海市第一中级人民法院认为，第一，系争增资协议书系各方当事人真实意思表示，并不违反法律、行政法规的强制性规定，对其合同效力应予认可。该协议中，各方当事人约定了合同解除条件，依据《合同法》第93条、第94条[2]的相关规定，该增资协议书可予解除。第二，《合同法》第97条[3]规定："合同解除后，尚未履行的，终止履行；已经履行的，根据履行情况和合同性质，当事人可以要求恢复原状、采取其他补救措施，并有权要求赔偿损失。"因此，本案中，上诉人虽主张恢复原状、返还钱款，但仍须基于系争合同的性质、钱款的性质，依照法律的具体规定处理解除后果。第三，从增资协议书的约定来看，上诉人投入的3250万元是其作为目标公司新股东所需缴纳的出资，并非对被上诉人西北工业公司、北方能源公司享有的普通债权。在经过公司章程修改及工商变更登记后，其股东身份、认缴数额、股权比例及公司注册资本均已对外公示，该3250万元转化为公司资本性质，已形成公司资产。第四，上诉人所谓因增资协议书解除而要求返还出资，从本质上说，系基于其股东身份的退出。但正如认缴、出资、登记等均需由各方当事人按照《公司法》关于公司增资的程序完成，股东退出公司，包括采取何种退出方式，资本、股权的处分等，亦应当适用《公司法》作为特别法的相关规定。第五，上诉人要求将其出资直接返还以"恢复原状"，实质上等同于股东未经法定程序任意抽回出资，将造成公司资产的不当减少，显然有违公司资本的确定、维持和不变原则，直接影响公司的经营能力和债权人利益保护。

综上所述，本案系争增资协议书的解除虽然适用《合同法》规定，但协

---

① 2021年1月1日《合同法》失效。

② 相关规定参见《民法典》第562条、第563条。

③ 相关规定参见《民法典》第566条第1款。

议解除的后果，实际系处理上诉人作为原增资股东的退出问题。在上诉人出资已转化为公司资本的情况下，应按照《公司法》的特别规定适用执行。现本案各方当事人虽均确认协议解除，但未予明确上诉人退出的具体方式，如通过股权转让、股权回购、公司减资、公司解散等，更未经相应的法定程序，上诉人仅就返还出资一节单独提出主张，不符合《公司法》的规定，法院不予支持。

关于上诉人诉请返还、赔偿的责任主体，上诉人提出根据增资协议书应由合同相对方承担，并主张适用《合同法》关于违约责任的相关条款。对此上海市中级人民法院认为，如前所述，系争增资协议书虽然受到合同相对性的约束，但该协议的解除并不当然发生股东退出、公司资本变更、股东出资返还的效果，此应属于《公司法》适用规制的范畴。系争的 3250 万元系上诉人缴付的增资款，与上诉人在目标公司的股东地位和占股比例直接对应，上诉人与被上诉人西北工业公司、北方能源公司同为物华公司股东，相互间并不存在给付、占用、返还增资款的权利义务和债权债务关系，而 10 名自然人作为小股东、物华公司作为目标公司，上诉人向其主张所谓连带还款责任，亦没有任何法律依据。至于上诉人同时主张相当于增资款的等额损失，对此一审判决已作充分阐释，法院予以认同对该主张不予支持。

从上述案例可以看出，站在公司的角度，如果投资人违反增资协议约定，在符合约定或法定解除条件的情形下，公司可以解除增资协议。但增资协议履行完毕并且公司完成工商变更登记后，即使增资协议被解除，投资人也并不会当然被解除股东资格，公司不能以增资协议解除为由直接要求工商登记机关恢复增资前登记状态。对于最为棘手的投资人的股东资格问题，公司仍然需要依据《公司法》和公司章程有关规定，通过合法的途径解除投资人的股东资格或者让其退出。对于常见的三种退出方式，本书分析如下：

第一，投资人除名。根据《公司法解释三》第 17 条的规定，有限责任公司的股东未履行出资义务或者抽逃全部出资，经公司催告缴纳或者返还，其在合理期间内仍未缴纳或者返还出资，公司可以以股东会决议解除该股东的股东资格。但这一规定适用要求较高，如投资人已履行部分出资义务，则公司无法将其除名。

第二，投资人转让股权。这个需要投资人同意配合，建议公司事先在增资协议中约定，投资人逾期不履行出资义务的，公司有权要求其将股权转让给其他股东或第三人。这种约定需要其他股东或第三人配合，其他股东或第三人也要在增资协议中签字或盖章确认。此外，如股权转让给公司外第三人的，最好取得其他股东放弃优先购买权的承诺。

第三，公司定向减资。这是指公司通过召开股东会，形成定向减资决议，对投资人进行减资，从而让其退出公司。但这种定向减资属于不同比例减资，需要包括投资人在内的全体股东一致同意。从实务角度来看，实施难度非常大。

（二）公司股东（大）会特别决议

增资方案由公司董事会制定，提交股东会或股东大会以特别决议方式通过。

（三）股东或投资人缴纳股款

公司增资时，有限责任公司股东认缴新增资本的出资，股份有限公司股东认购新股，分别依照《公司法》设立有限责任公司缴纳出资和设立股份有限公司缴纳股款的有关规定执行。

（四）公司变更股东名册、公司章程及办理工商变更登记

完成前述流程后，公司须根据变更后的股东名册、公司章程及其他相关材料，到工商机关办理变更登记手续。

第五章　股 权 回 购

一、股权回购概述

（一）股权回购的概念

股权回购是公司依法从股东手中买回自己股权的行为，其本质上是一种股权转让行为，股东是出让方、公司是受让方。①

（二）股权回购的分类

股权回购分为法定股权回购与意定股权回购。前者从不同主体角度，可分为三种法定股权回购类型，一是股东根据法定事由要求股权回购（股东评估权），二是公司根据法定事由可以进行股权回购，三是法院因强制执行进行法定股权回购；后者分为基于章程约定的股权回购与基于合同约定的股权回购。

（三）反对股权回购的理由

对于公司回购自己的股权，理论上一直有很强的反对声音，主要理由有逻辑矛盾、违反资本维持原则、易诱发不公平交易等。

1. 逻辑上的矛盾

公司因回购而持有自己公司的股权，使股东权利义务的行使主体与承受主体合二为一，公司同时具有了双重身份，这一现象在法理上和逻辑上都是自相矛盾的。

---

① 股份有限公司的提法是“股份回购”。本书主要以有限责任公司为例展开分析，具体理由在书中提及。

2. 违反资本维持原则

公司回购股权花费自有资金，结果可能造成变相偿还股东投资，有违“公司资本不得抽回”原则，事实上减少公司资本，有损债权人利益。

3. 诱发不公平交易的担忧

第一，公司可以借助于股份回购操纵自己公司股份价格或者进行内部交易。

第二，对不同股东进行区别对待。譬如，公司在进行回购时，仅针对部分股东而排除其他股东，或者对不同的股东实行不同的条件和价格。

第三，公司董事回购股份并借此操纵公司，巩固自己的地位。①

（四）域外公司法对股权回购的态度

首先，基于公司资本制度理念的巨大差异，两大法系关于股权回购的法律政策总体上相去甚远。英美法尤其是美国公司法采取自由回购立场，配合库存股，形成了灵活的股权回购制度。大陆法系公司法通常确定了“原则禁止，例外许可”的立法例，其背景是大陆法系公司法采用了法定资本制。值得关注的是日本公司法的立场，其已经从传统大陆法限制回购的立场转向了英美法上的自由回购立法，并对以往反对观点进行了逐一反驳 。②

其次，两大法系对公司资本维持原则及债权人保护立场不同。美国公司法以股东利益为中心，其对于债权人的保护，以灵活的财务指标为判断标准。而大陆法系公司法以公司债权人保护为中心，规定了“资本三原则”，从出资到公司资本运作的各个环节，都对公司资本设置了重重障碍，不利于彻底发挥公司制度的灵活性。而股权回购限制规定，正是“资本三原则”的具体体现，这明显对公司债权人利益保护过当。

---

① 参见李建伟：《公司法学》（第4版），中国人民大学出版社2018年版，第257页；类似理由可参见施天涛：《公司法论》（第4版），法律出版社2018年版，第288页以下；最高人民法院也有法官持反对观点，参见王东敏：《公司法审判实务与疑难问题案例解析》，人民法院出版社2017年版，第189页以下。

② 具体反驳观点可参见［日］前田庸：《公司法入门》，北京大学出版社2012年版，第110页以下。对于本书中提及的“反对股权回购的理由”，这些反驳观点恰好可以作为相应的回应。关于日本公司法立场改变的历史背景，可参见王保树、崔勤之：《中国公司法原理》，社会科学文献出版社2006年版，第235～236页。

最后，构建恰当的公司债权人保护机制。公司债权人利益不是不要保护，而是进行适当保护且不至于对公司管制过多。这方面日本公司法的相关经验值得借鉴，即通过“财源规制”来实现资本维持原则，公司用于回购股权的资金限于可分配额范围内。换句话说，就是从公司税后利润中支出 。[①]

二、股份（权）回购的事由[②]

（一）公司基于法定事由进行股份（权）回购

《公司法》第142条：公司不得收购本公司股份。但是，有下列情形之一的除外：

（一）减少公司注册资本；

（二）与持有本公司股份的其他公司合并；

（三）将股份用于员工持股计划或者股权激励；

（四）股东因对股东大会作出的公司合并、分立决议持异议，要求公司收购其股份；

（五）将股份用于转换上市公司发行的可转换为股票的公司债券；

（六）上市公司为维护公司价值及股东权益所必需。

公司因前款第（一）项、第（二）项规定的情形收购本公司股份的，应当经股东大会决议；公司因前款第（三）项、第（五）项、第（六）项规定的情形收购本公司股份的，可以依照公司章程的规定或者股东大会的授权，经三分之二以上董事出席的董事会会议决议。

公司依照本条第一款规定收购本公司股份后，属于第（一）项情形的，应当自收购之日起十日内注销；属于第（二）项、第（四）项情形的，应当在六个月内转让或者注销；属于第（三）项、第（五）项、第（六）项情形的，公司合计持有的本公司股份数不得超过本公司已发行股份总额的百分之十，并应当在三年内转让或者注销。

---

① 参见［日］前田庸：《公司法入门》，王作全译，北京大学出版社2012年版，第110页以下。

② 本章节不分析股东评估权和法院强制执行进行的股权回购，前者放在股东权利章节，后者因与股东评估权法律效果近似，附在股东评估权部分讨论。

上市公司收购本公司股份的，应当依照《中华人民共和国证券法》的规定履行信息披露义务。上市公司因本条第一款第（三）项、第（五）项、第（六）项规定的情形收购本公司股份的，应当通过公开的集中交易方式进行。

公司不得接受本公司的股票作为质押权的标的。

《公司法》第142条规定了股份有限公司可基于法定事由而进行股份回购的五种情形，分别是减少公司注册资本、与持有本公司股份的其他公司合并、将股份奖励给本公司职工、将股份用于转换上市公司发行的可转换为股票的公司债券及上市公司为维护公司价值及股东权益所必需。

关于《公司法》第142条，本书说明如下三点：

第一，《公司法》第142条应限缩适用于股份有限公司中的上市公司。① 根据该条，上市公司除特定五项事由外，其他情形下不允许再主动进行股份回购。该条采取了原则例外立法模式，即除了立法例外规定外，股份有限公司不得进行股份回购。首先，防止上市公司借股份回购操作股价、影响资本市场稳定，进而损害公众投资者利益；其次，上市公司股份可以自由流动，除了个别情况外，公司与股东间并无股份回购的理由。

第二，《公司法》上没有有限责任公司基于法定事由进行股权回购的规定，属于法律上的漏洞。从解释论角度来看，股份有限公司基于法定事由进行股份回购规定可类推适用于有限责任公司。在"新余甄投云联成长投资管理中心诉广东运货柜信息技术有限公司新增资本认购纠纷、买卖合同纠纷再审案"［（2020）最高法民申1191号］中，最高人民法院认为：虽然《公司法》第142条规定是在股份有限公司的标题项下，但并未禁止适用于有限责任公司。关于股权回购协议是否有效的司法态度也很明显。《九民会议纪要》第5条已明确，"投资方请求目标公司回购股权的，人民法院应当依据《公司法》第35条关于'股东不得抽逃出资'或者第142条关于股份回购的强制性规定进行审查。经审查，目标公司未完成减资程序的，人民法院应当驳

① 对于我国公司法上有限责任公司与股份有限公司二元划分合理性问题，本书认为，公司真正有意义的分类是封闭公司和公开公司，因为该二者具有不同的理论结构，因而才有逻辑分类的必要。而我国公司法关于有限责任公司和股份有限公司的分类，背后并无分类的理论基础。学理上的探讨可参见朱锦清：《公司法学》（增订本），清华大学出版社2019年版，第15页。

回其诉讼请求”。可以看出《九民会议纪要》在总结以往审判经验的基础上也认为《公司法》第142条可以适用于有限责任公司。

第三，与上市公司不同的是，除了基于上述法定事由进行股权回购外，有限责任公司还可以基于公司章程规定或与股东约定股权回购情形。因有限责任公司经营管理一般不涉及社会公共利益，故其原则上可进行股权回购。但应注意的是，有限责任公司在进行股权回购时，应坚持股东平等原则，不得损害股东尤其是小股东的利益，更不得损害公司债权人的利益，这是对有限责任公司自主进行股权回购的限制。

下文基于章程规定的股权回购和基于合同约定的股权回购仅存在于有限责任公司，因其他未上市的股份有限公司与有限责任公司同属于封闭公司，解释上也可以类推适用之。

（二）公司或股东基于章程约定的股权回购：以“人走股留”条款为例

在“宋某军诉西安市大华餐饮有限公司股东资格确认纠纷案”［（2014）陕民二申字第00215号］① 中，陕西省高级人民法院再审认为：本案的焦点问题如下：（1）西安市大华餐饮有限公司（以下简称大华公司）的公司章程中关于“人走股留”的规定，是否违反了《公司法》的禁止性规定，该章程是否有效；（2）大华公司回购宋某军股权是否违反《公司法》的相关规定，大华公司是否构成抽逃出资。

针对第一个焦点问题，首先，大华公司章程第14条规定，“公司股权不向公司以外的任何团体和个人出售、转让。公司改制一年后，经董事会批准后可以公司内部赠与、转让和继承。持股人死亡或退休经董事会批准后方可继承、转让或由企业收购，持股人若辞职、调离或被辞退、解除劳动合同的，人走股留，所持股份由企业收购”。依照《公司法》第25条第2款“股东应当在公司章程上签名、盖章”的规定，有限责任公司章程系公司设立时全体股东一致同意并对公司及全体股东产生一致约束力的规则性文件，宋某军在公司章程上签名的行为，应视为其对前述规定的认可和同意，该章程对大华公司及宋文军均产生约束力。其次，基于有限责任公司封闭性和人合性的特

① 本案为最高人民法院指导案例96号。

点，由公司章程对公司股东转让股权作出某些限制性规定，系公司自治的体现。在本案中，大华公司进行企业改制时，宋某军之所以成为大华公司的股东，其原因在于宋某军与大华公司具有劳动合同关系，如果宋某军与大华公司没有建立劳动关系，宋某军则没有成为大华公司股东的可能性。同理，大华公司章程将是否与公司具有劳动合同关系作为确定股东身份的依据继而作出“人走股留”的规定，符合有限责任公司封闭性和人合性的特点，亦系公司自治原则的体现，不违反《公司法》的禁止性规定。最后，大华公司章程第14条关于股权转让的规定，属于对股东转让股权的限制性规定而非禁止性规定，宋某军依法转让股权的权利没有被公司章程所禁止，大华公司章程不存在侵害宋某军股权转让的情形。综上，本案一审、二审法院均认定大华公司章程不违反《公司法》的禁止性规定，应为有效的结论正确，宋某军的此节再审申请理由不能成立。

针对第二个焦点问题，《公司法》第74条规定的异议股东回购请求权具有法定的行使条件，即只有在“公司连续五年不向股东分配利润，而公司该五年连续盈利，并且符合《公司法》规定的分配利润条件的；公司合并、分立、转让主要财产的；公司章程规定的营业期限届满或者章程规定的其他解散事由出现，股东会会议通过决议修改章程使公司存续的”三种情形下，异议股东有权要求公司回购其股权，对应的是公司是否应当履行回购异议股东股权的法定义务。而本案属于大华公司是否有权基于公司章程的约定及与宋某军的合意而回购宋某军股权，对应的是大华公司是否具有回购宋某军股权的权利，二者没有相同之处，《公司法》第74条不能适用于本案。在本案中，宋某军于2006年6月3日向大华公司提出解除劳动合同申请并于同日手书《退股申请》，提出“本人要求全额退股，年终盈利与亏损与我无关”，该《退股申请》应视为其真实意思表示。大华公司于2006年8月28日退还其全额股金2万元，于2007年1月8日召开股东大会审议通过了宋某军等三位股东的退股申请并决议“其股金暂由公司收购保管，不得参与红利分配”，大华公司基于宋某军的退股申请，依照公司章程的规定回购宋某军的股权，程序并无不当。另外，我国《公司法》所规定的抽逃出资专指公司股东抽逃其对于公司出资的行为，公司不能构成抽逃出资的主体，宋某军的此节再审申请理由不能成立。

最高人民法院提炼的裁判要点认为：国有企业改制为有限责任公司，其初始章程对股权转让进行限制，明确约定公司回购条款，只要不违反公司法等法律强制性规定，可认定为有效。有限责任公司按照初始章程约定，支付合理对价回购股东股权，且通过转让给其他股东等方式进行合理处置的，人民法院应予支持。①

在“杨某泉、山东鸿源水产有限公司请求公司收购股份纠纷再审案”［（2015）民申字第2819号］中，最高人民法院认为：本案争议焦点有：（1）再审申请人的股权是否已经被山东鸿源水产有限公司（以下简称鸿源公司）回购；（2）鸿源公司对再审申请人的股权进行回购是否合法。首先，关于申请人的股权是否已经被鸿源公司回购的问题。2004年1月申请人因企业改制，成为鸿源公司的股东。鸿源公司为了证明申请人已经退股，提供了由申请人本人签字的退股金领取凭条。申请人主张该退股金领取凭条属于变造，内容虚假，但未能提供直接证据包括司法鉴定结论等予以证明。鸿源公司还提供了申请人退股后公司关于减资的股东会决议、减资公告、工商变更登记记载事项等，鸿源公司提供的证据证明效力要大于申请人提供的证据证明效力，故对申请人已经退股的事实应予以认定。其次，关于鸿源公司对再审申请人的股权进行回购是否合法的问题。申请人于2004年1月成为鸿源公司股东时签署了“公司改制征求意见书”，该“公司改制征求意见书”约定“入股职工因调离本公司，被辞退、除名、自由离职、退休、死亡或公司与其解除劳动关系的，其股份通过计算价格后由公司回购”。有限责任公司可以与股东约定《公司法》第74条规定之外的其他回购情形。《公司法》第74条并未禁止有限责任公司与股东达成股权回购的约定。本案的“公司改制征求意见书”由申请人签字，属于真实的意思表示，内容上未违背公司法及相关法律的强行性规范，应属有效。故鸿源公司依据公司与申请人约定的“公司改制征求意见书”进行回购，并无不当。

依据上述两个最高人民法院的裁判观点，对于公司章程约定的股权回购，

---

① 该裁判要点并没有说明公司回购股权后，如将股权进行注销的，应进行什么样的程序。

只要满足约定的条件，公司或股东都可以要求进行回购。

（三）公司或股东基于合同约定的股权回购：以“对赌”失败回购为例

1.《九民会议纪要》前的实务观点：“对赌协议”效力存有争议

（1）“对赌协议”无效的实务观点。

在“甘肃世恒有色资源再利用有限公司、香港迪亚有限公司与苏州工业园区海富投资有限公司、陆某增资纠纷再审案”[（2012）民提字第11号]中，最高人民法院认为：2009年12月，苏州工业园区海富投资有限公司（以下简称海富公司）向一审法院提起诉讼时的诉讼请求是请求判令甘肃世恒有色资源再利用有限公司（以下简称世恒公司）、香港迪亚有限公司（以下简称迪亚公司）、陆某向其支付协议补偿款19 982 095元并承担本案诉讼费用及其他费用，没有请求返还投资款。因此二审判决判令世恒公司、迪亚公司共同返还投资款及利息超出了海富公司的诉讼请求，是错误的。

海富公司作为企业法人，向世恒公司投资后与迪亚公司合资经营，故世恒公司为合资企业。世恒公司、海富公司、迪亚公司、陆某在《增资协议书》中约定，如果世恒公司实际净利润低于3000万元，则海富公司有权从世恒公司处获得补偿，并约定了计算公式。这一约定使得海富公司的投资可以取得相对固定的收益，该收益脱离了世恒公司的经营业绩，损害了公司利益和公司债权人利益，一审、二审法院根据《公司法》第20条和《中外合资经营企业法》[①] 第8条的规定认定《增资协议书》中的这部分条款无效是正确的。但二审法院认定海富公司18 852 283元的投资名为联营实为借贷，并判决世恒公司和迪亚公司向海富公司返还该笔投资款，没有法律依据，最高人民法院予以纠正。

《增资协议书》中并无由陆某对海富公司进行补偿的约定，海富公司请求陆某进行补偿，没有合同依据。此外，海富公司称陆某涉嫌犯罪，没有证据证明，法院对该主张亦不予支持。

但是，在《增资协议书》中，迪亚公司对于海富公司的补偿承诺并不损害公司及公司债权人的利益，不违反法律法规的禁止性规定，是当事人的真

① 2020年1月1日《中外合资经营企业法》失效。

实意思表示，是有效的。迪亚公司对海富公司承诺了甘肃众星锌业有限公司（以下简称众星公司）2008年的净利润目标并约定了补偿金额的计算方法。在众星公司2008年的利润未达到约定目标的情况下，迪亚公司应当依约应海富公司的请求对其进行补偿。迪亚公司对海富公司请求的补偿金额及计算方法没有提出异议，最高人民法院予以确认。

最高人民法院在2014年第8期《最高人民法院公报》中选登了该案例，并提炼裁判摘要如下：在民间融资投资活动中，目标公司和投资者设置估值调整机制（投资者与融资方根据企业将来的经营情况调整投资条件或给予投资者补偿）时要遵守公司法和合同法的规定。若投资者与目标公司之间的补偿约定可使投资者取得相对固定的收益，则该收益会脱离目标公司的经营业绩，损害目标公司利益及其债权人利益，故应认定无效。但目标公司股东对投资者的补偿承诺不违反法律法规的禁止性规定，亦不损害目标公司利益及其债权人利益，是有效的。在合同约定的补偿条件成立的情况下，根据合同当事人意思自治、诚实信用的原则，引资者应信守承诺，投资者应当得到约定的补偿。①

在“天津硅谷天堂合盈股权投资基金合伙企业与曹某、山东瀚霖生物技术有限公司合伙协议纠纷案”［（2014）鲁商初字第25号］中，山东省高级人民法院认为：依照《公司法》第36条和第38条第1款第7项②之规定，有限责任公司注册资本确定后，未经法定程序，不得随意减少和抽回。《公司法》第75条第1款③规定：“有下列情形之一的，对股东会该项决议投反对票的股东可以请求公司按照合理的价格收购其股权：（一）公司连续五年不向股东分配利润，而公司该五年连续盈利，并且符合本法规定的分配利润条件的；（二）公司合并、分立、转让主要财产的；（三）公司章程规定的营业期限届满或者章程规定的其他解散事由出现，股东会会议通过决议修改章程使公司存续的。”因此，涉案的《增资协议》是合同当事人真实意思表示，

① 实务中将该案裁判规则总结为“投资人与公司对赌无效，与公司股东对赌有效”。应当注意的是，此后法院裁判如认为对赌协议无效，通常会援引该案中“取得固定收益”“脱离经营业绩”等表述。

② 现为《公司法》（2018年修正）第35条、第37条第1款第1项。

③ 现为《公司法》（2018年修正）第74条第1款。

但协议中关于山东瀚霖生物技术有限公司（以下简称瀚霖公司）回购股份的条款约定因违反《公司法》上述强制性规定无效。协议其他条款并不违反《公司法》规定，应为有效。因瀚霖公司在2011年未实现净利润16 000万元以上且在2013年年底未完成上市，故协议约定曹某购买股权条件已经成就，原告根据合同约定，诉请曹某购买其股权并承担相应的赔偿责任符合合同约定，山东省高级人民法院予以支持。原告诉请瀚霖公司回购其1.41%股权（《增资协议》约定的价值为700万元）违反《公司法》规定，不予支持。

在“新疆盘古大业股权投资有限合伙企业、梓昆科技（中国）股份有限公司与公司有关的纠纷再审案”［（2019）最高法民申4797号］中，最高人民法院认为：根据《补充协议》的约定，梓昆科技（中国）股份有限公司（以下简称梓昆公司）需要回购新疆盘古大业股权投资有限合伙企业（以下简称盘古企业）持有的梓昆公司的股份。但是，《公司法》第142条规定，公司不得收购本公司股份，以下六种情形除外：①减少公司注册资本；②与持有本公司股份的其他公司合并；③将股份奖励给本公司职工；④股东因对股东大会作出的公司合并、分立决议持异议，要求公司收购其股份的；⑤将股份用于转换上市公司发行的可转换为股票的公司债券；⑥上市公司为维护公司价值及股东权益所必需。本案中，盘古企业未能举证证实存在前述规定的梓昆公司可以收购本公司股份的法定情形，且盘古企业作为梓昆公司的股东，要求梓昆公司回购股份有违“资本维持”原则，将损害梓昆公司及梓昆公司债权人的利益，违反《公司法》第20条的规定。因此，二审判决认定盘古企业和梓昆公司达成的股份回购条款无效，并驳回盘古企业对梓昆公司的诉讼请求，并无不当。①

（2）“对赌协议”有效的实务观点。

在“陈某生等与北京安言信科投资有限公司申请撤销仲裁裁决案”［（2014）中国贸仲京裁字第0779号］中，中国国际经济贸易仲裁委员会认为：“对赌协议”或“对赌条款”，是私募股权投资市场常见的估值调整机制。估值调整机制存在的前提或基础是投资人通常以溢价方式投资入股目标

---

① 本案由最高人民法院于2019年12月24日作出生效判决，是《九民会议纪要》发布后的判决。

公司，同时对目标公司未来业绩（通常为税后净利润）指标进行设定；若目标公司实际业绩达标，则当初溢价投资交易作价公平，若目标公司实际业绩不达标，则表示当初溢价投资作价过高，应相应调低作价，具体方式是由目标公司和/或目标公司的控股股东给予投资人现金补偿或股份补偿。估值调整机制实质是投资领域交易作价的“多退少补”机制，是相关各方的自主利益平衡和调整机制。这种估值调整补偿安排即股权价格的“多退少补”机制，与被申请人（目标公司）所主张的“申请人可取得相对固定的收益，脱离了生之源的经营业绩”两者不是一回事；而且，这种补偿在性质上与目标公司的利润分配也不是一回事。尽管申请人（投资人）要求被申请人（目标公司）给予补偿时已经取得目标公司的股东身份，但是其要求补偿是基于《增资协议》和《补充协议》的相关合同条款约定，实际是以投资合同一方当事人的身份提出的合同项下的权利主张，与其股东身份并无实质关联，在性质上不应属于《公司法》所禁止的公司股东滥用股东地位损害公司利益或公司债权人利益，或滥用公司法人独立地位和股东有限责任损害公司债权人的利益之情形。公司股东依据投资合同可以形成对目标公司的债权或债务；反之亦然。投资人和被投资公司在法律上是平等的商事主体，目标公司并不享有特别的法律地位或应受特别的法律保护，只要投资补偿是基于自愿公平的安排，在法律上当属有效。即当目标公司的业绩未能达标时，目标公司和/或其控股股东就应当按照投资合同的约定给予投资人以补偿；反之，当目标公司超额实现业绩目标时，投资人则同样需按照投资合同的具体约定给予目标公司和/或其控股股东以补偿。据此，仲裁庭认定“对赌协议”合法有效。

在“江苏华工创业投资有限公司与扬州锻压机床股份有限公司、潘某虎等请求公司收购股份纠纷再审案”［（2019）苏民再62号］中，江苏省高级人民法院认为：案涉对赌协议效力应认定有效。案涉对赌协议签订时扬州锻压机床股份有限公司（以下简称扬锻集团公司）系有限责任公司，且该公司全体股东均在对赌协议中签字并承诺确保对赌协议内容的履行。该协议约定扬锻集团公司及其原全体股东应在江苏华工创业投资有限公司（以下简称华工公司）书面提出回购要求之日起30日内完成回购股权等有关事项，包括完成股东大会决议，签署股权转让合同以及其他相关法律文件，支付有关股权收购的全部款项，完成工商变更登记；扬锻集团公司的违约行为导致华工公司发生任何损失，扬锻集团公司及其全体股东承担连带责任。上述约定表明，扬锻集团公司及全部股东对股权回购应当履行的法律程序及法律后果是清楚的，即扬锻集团公司及全部股东在约定的股权回购条款激活后，该公司应当履行法定程序办理工商变更登记，该公司全体股东负有履行过程中的协助义务及履行结果上的保证责任。

我国《公司法》并不禁止有限责任公司回购本公司股份，有限责任公司回购本公司股份不当然违反我国《公司法》的强制性规定。有限责任公司在履行法定程序后回购本公司股份，不会损害公司股东及债权人利益，亦不会构成对公司资本维持原则的违反。在有限责任公司作为对赌协议约定的股份回购主体的情形下，投资者作为对赌协议相对方所负担的义务不仅限于投入资金成本，还包括激励完善公司治理结构以及以公司上市为目标的资本运作等。投资人在进入目标公司后，亦应依《公司法》的规定，对目标公司经营亏损等问题按照合同约定或者持股比例承担相应责任。案涉对赌协议中关于股份回购的条款内容，是当事人特别设立的保护投资人利益的条款，属于缔约过程中当事人对投资合作商业风险的安排，系各方当事人的真实意思表示。股份回购条款中关于股份回购价款约定为：华工公司投资额 +（华工公司投资额 ×8% ×投资到公司实际月份数 ÷12）– 扬锻集团公司累计对华工公司进行的分红。该约定虽为相对固定收益，但约定的年回报率为 8%，与同期企业融资成本相比并不明显过高，不存在脱离目标公司正常经营下所应负担的经营成本及所能获得的经营业绩的企业正常经营规律。华工公司、扬锻集团公司及扬锻集团公司全体股东关于华工公司上述投资收益的约定，不违反国家法律、行政法规的禁止性规定，不存在《合同法》第 52 条[①]规定的合同无效的情形，亦不属于《合同法》所规定的格式合同或者格式条款，不存在显失公平的问题。扬锻集团公司及潘某虎等关于案涉对赌协议无效的辩解意见，法院不予采信。扬锻集团公司变更为扬锻公司后，案涉“对赌协议”的权利义务应由扬锻集团公司承继，在案涉“对赌”条款激活后，扬锻集团公司应按照协

① 该法已失效，相关规定见《民法典》第 153 条、第 154 条等。

议约定履行股份回购义务，潘某虎等原扬锻集团公司股东应承担连带责任。

在《九民会议纪要》发布之前，各地裁判（仲裁）观点对于对赌协议效力，存在不同观点，反对理由最典型的是在上述“海富案”中，该案中的裁判观点此后经常出现在各个主张对赌协议无效的裁判中，即使在《九民会议纪要》发布后，最高人民法院还有秉持这一观点的判决。而主张对赌有效的裁判（裁决）则从商业交易角度，认为该协议是交易双方当事人的真实意思表示，不会损害公司及公司债权人的利益。

2.《九民会议纪要》后的实务观点：区分“对赌协议”效力与“对赌协议”履行

《九民会议纪要》第5条第1款【与目标公司“对赌”】：投资方与目标公司订立的“对赌协议”在不存在法定无效事由的情况下，目标公司仅以存在股权回购或者金钱补偿约定为由，主张“对赌协议”无效的，人民法院不予支持，但投资方主张实际履行的，人民法院应当审查是否符合公司法关于“股东不得抽逃出资”及股份回购的强制性规定，判决是否支持其诉讼请求。

在“对赌协议”经过多年实践后，最高人民法院通过《九民会议纪要》规定形成了初步的裁判共识，即将“对赌协议”区分为“对赌协议”的效力与“对赌协议”的履行（实施）。对于前者，如无法定无效事由，协议一般有效。对于后者，则要从公司资本角度来看能否履行（实施），具体表现为如何保护公司债权人利益问题。

三、股权回购的实施

股权回购在实务上最主要的问题是股权回购的实施，这要从股东与公司债权人两个角度来展开。

（一）对股东的保护问题

这一问题在上述“人走股留”情形中最为典型。如果股东同意该条款，在章程规定后，公司可基于该规定而向股东回购。如果股东没有同意，公司可以基于整体利益或发展而回购，但须符合股东平等原则，这里的股东平等原则主要是指回购条款不得区别对待不同股东，比如规定按照股权比例进行等比例的回购，或者设置的回购条款一体适用于任一股东。[1]

（二）对公司债权人的保护问题

关于公司债权人的保护问题，从逻辑上应按照如下顺序进行思考：债权人保护措施是否已进行（进行减资程序）、公司回购股东的股权、调减公司章程及工商登记中的注册资本数额。[2] 但在实务中，这一问题可能更加复杂。

1. 股权回购实施完毕：补充赔偿责任

如果公司与股东就股权回购达成了一致意见，但公司并没有完成减资流程，股东即从公司退出并取回了出资款。在这种情况下，如公司无法清偿到期债务，实务上法院通常会要求已退出公司的股东在取回的出资款范围内对公司到期无法清偿的债务承担补充赔偿责任。

在“江苏万丰光伏有限公司与上海广力投资管理有限公司、丁某焜等买卖合同纠纷二审案”[3] ［（2015）苏商终字第00140号］中，2010年2月1日，江苏万丰光伏有限公司（以下简称万丰公司）与上海广力投资管理有限公司（以下简称广力公司）签订《硅料销售合同》一份，约定万丰公司向广力公司供应原生多晶硅10吨，单价395 000元/吨，计人民币395万元，广力公司于合同签订后3个工作日内支付100万元，剩余货款应于2010年2月28日前支付。合同订立后，万丰公司履行供货义务，但广力公司只付款124万元。2012年10月26日广力公司出具《还款计划》一份，该计划中载明截至2012年10月25日，广力公司共计欠万丰公司本息380万元，由广力公司分期偿还；于2012年10月30日前付款10万元，2012年11月至2013年9月

① 公司法上股东平等分为绝对性平等和比例性平等。绝对性平等从公司与股东关系角度来看，公司平等对待每一股东；比例性平等是从股东与股东关系角度来看，股东之间按照股权比例享有相应的权利。这里所提及的股东平等原则，指的是绝对性平等。参见［韩］李哲松：《韩国公司法》，吴日焕译，中国政法大学出版社2000年版，第222页以下。

② 如果公司将股权回购后即将该股权转让给他人，可能就不涉及公司债权人利益保护问题。这里的讨论是以股权回购后，公司将该部分股权注销为对象来展开论述。但应注意的是，对于股东评估权或法院强制执行导致的股权回购，股东可基于法定权利或法院可基于强制执行程序直接要求公司回购股权，公司也无须采取债权人保护措施，公司回购股权后可将其转让给其他股东或第三人，或者直接调减公司章程及工商登记中的注册资本数额。不过这一问题尚未形成共识，实务上可能还是会要求公司先进行减资程序。

③ 本案为《最高人民法院公报》2018年第12期案例。

每月还款30万元，并于2013年10月底还清。若广力公司正常执行上述还款计划，万丰公司免除2012年10月26日以后的利息，如果广力公司未按上述还款计划执行，则向万丰公司按同期银行贷款利率的两倍支付利息，万丰公司有权一次性要求广力公司偿还全部本息。协议订立后，广力公司还款35万元，仍拖欠本金236万元。

广力公司设立于2009年1月，注册资本2500万元，其中丁某认缴额2000万元，实际出资400万元，持股比例80%，丁某焜认缴额500万元，实际出资100万元，持股比例20%。2010年11月19日，广力公司作出股东减资决定，注册资本由2500万元减少至500万元，丁某焜、丁某持股比例不变。广力公司作出减资决议后未通知万丰公司。2011年1月20日，广力公司存于工商档案的《有关债务清偿及担保情况说明》载明，该公司在上海商报刊登了减资公告，广力公司及丁某焜、丁某承诺，未清偿债务及担保债权，由公司继续负责清偿，并由全体股东在法律规定范围内提供相应担保。后广力公司办理了工商变更登记手续。

江苏省高级人民法院认为：《公司法》第3条规定，公司是企业法人，有独立的法人财产，享有法人财产权。公司以其全部财产对公司的债务承担责任。有限责任公司的股东以其认缴的出资额为限对公司承担责任；股份有限公司的股东以其认购的股份为限对公司承担责任。第177条规定，公司需要减少注册资本时，必须编制资产负债表及财产清单。公司应当自作出减少注册资本决议之日起10日内通知债权人，并于30日内在报纸上公告。债权人自接到通知书之日起30日内，未接到通知书的自公告之日起45日内，有权要求公司清偿债务或者提供相应的担保。据此，我国《公司法》在明确公司股东的有限责任制的同时，也明确应依法保护公司债权人的合法权益。公司注册资本既是公司股东承担有限责任的基础，也是公司的交易相对方判断公司的财产责任能力的重要依据，公司股东负有诚信出资以保障公司债权人交易安全的责任，公司减资时对其债权人负有根据债权人的要求进行清偿或提供担保的义务。本案中，在广力公司与万丰公司发生硅料买卖关系时，广力公司的注册资本为2500万元，后广力公司注册资本减资为500万元，减少的2000万元是丁某焜、丁某认缴的出资额。如果广力公司在减资时依法通知其债权人万丰公司，则万丰公司依法有权要求广力公司清偿债务或提供相应的担保，万丰公司作为债权人的上述权利并不因广力公司前期出资已缴付到位、实际系针对出资期限未届期的出资额进行减资而受到限制。但广力公司、丁某焜、丁某在明知广力公司对万丰公司负有债务的情形下，在减资时既未依法通知万丰公司，亦未向万丰公司清偿债务，不仅违反了《公司法》第177条的规定，也违反了《公司法》第3条“有限责任公司的股东以其认缴的出资额为限对公司承担责任”的规定，损害了万丰公司的合法权利。而基于广力公司的法人资格仍然存续的事实，原审判决广力公司向万丰公司还款，并判决广力公司股东丁某焜、丁某对广力公司债务在其减资范围内承担补充赔偿责任，既符合上述公司法人财产责任制度及减资程序的法律规定，又与《公司法解释三》第13条第2款关于“公司债权人请求未履行或者未全面履行出资义务的股东在未出资本息范围内对公司债务不能清偿的部分承担补充赔偿责任的，人民法院应予支持”的规定一致，合法有据。

2. 股权回购尚未实施：完成减资程序

《九民会议纪要》第5条第2款【与目标公司“对赌”】：投资方请求目标公司回购股权的，人民法院应当依据《公司法》第35条关于“股东不得抽逃出资”或者第142条关于股份回购的强制性规定进行审查。经审查，目标公司未完成减资程序的，人民法院应当驳回其诉讼请求。

《广西壮族自治区高院意见》第45条【回购条款的性质】：股权转让交易中采用对赌协议模式的，其设置回购条款通常旨在抽回投资，即收回“借款”或“融资款”，人民法院应当对此进行公司资本制层面的审查，即回购是否遵守法定减资程序，以保证抽回出资或收回“融资款”背后的各方利益得到公平保护。

但投资方请求目标公司回购其股份，同时诉请目标公司履行减资程序的，基于公司减资程序属于公司自治事项，司法不予介入，人民法院不予支持。

这种情况下往往是股东与公司无法就股权回购达成一致意见，股东无法通过回购退出公司，因此将公司诉至法院，要求公司完成股权回购流程。

根据《九民会议纪要》的观点，对于股权回购合同能否履行，须视公司是否履行了减资程序。如果公司履行了减资程序，则法院支持股权回购；如果未履行减资程序，则不支持回购。最高人民法院已在数个裁判观点中坚持了前述会议纪要的立场。

在“北京银海通投资中心与新疆西龙土工新材料股份有限公司股权转让纠纷再审案”［（2020）最高法民申2957号］中，最高人民法院认为：根据《公司法》第35条、第142条的规定，投资方北京银海通投资中心（以下简称银海通投资中心）与目标公司新疆西龙土工新材料股份有限公司（以下简称新疆西龙公司）“对赌”失败，请求新疆西龙公司回购股份，不得违反“股东不得抽逃出资”的强制性规定。新疆西龙公司为股份有限公司，其回购股份属减少公司注册资本的情形，须经股东大会决议，并依据《公司法》第177条的规定完成减资程序。现新疆西龙公司未完成前述程序，故原判决驳回北京银海通投资中心的诉讼请求并无不当。

在“新余甄投云联成长投资管理中心、广东运货柜信息技术有限公司新增资本认购纠纷、买卖合同纠纷再审案”［（2020）最高法民申1191号］中，最高人民法院认为：《九民会议纪要》第5条第2款规定：“投资方请求目标公司回购股权的，人民法院应当依据《公司法》第35条关于‘股东不得抽逃出资’或者第142条关于股份回购的强制性规定进行审查。经审查，目标公司未完成减资程序的，人民法院应当驳回其诉讼请求。”具体于本案而言，针对新余甄投云联成长投资管理中心要求运货柜公司回购股权这一事项，原判决还需围绕运货柜公司是否完成减资程序进行审查。事实上，公司股权是否可以回购应当分两方面进行审理：一是《补充协议》的效力问题，二是基于合同有效前提下的履行问题。原判决并未说明《补充协议》存在符合合同无效的法定情形，合同本身应当认定为有效。至于《补充协议》约定的股权回购实际上是不是可以履行存在多种可能性，而非一种必然性。股权回购是否经过2/3以上有表决权的股东通过、目标公司是否已完成减资程序、债权人是否同意等事项均具有不确定性。原判决在上述事实未经审理的情形下直接认定合同本身必然无效确有不当。但鉴于新余甄投云联成长投资管理中心并未主张运货柜公司已完成减资程序，也未提交有关减资的证据，故原判决从实体结果处理上来说并无不当。

从实践中来看，股权回购履行中可能会存在如下几个问题：

第一，公司能否先回购再减资？最高人民法院的观点认为从保护公司债权人利益角度出发，必须先进行减资程序，然后才能进行回购。

第二，既然要先履行减资程序，那公司恶意不履行减资程序怎么办？实务上，如果投资人与公司对赌失败，公司应该履行在对赌协议中的股权回购义务，但公司不履行减资承诺，恶意不召开股东会，不作出减资决议，不进行减资程序，此时投资人是否可以诉请法院强制公司作出减资决议并进行股权回购？最高人民法院的意见是公司减资程序属于公司自治事项，司法不宜介入，减资决议不具有可诉性，也不能强制执行。[①]

本书认为，《九民会议纪要》要求公司在进行实质性的减资程序后才能进行股权回购，这种做法对公司经营管理干预过深，对公司债权人保护过度，在公司净资产雄厚的情况下，要求对公司债权人提前清偿或提供担保并不合理。

此外，在股东要求股权回购的情形下，比如股东与公司对赌失败而要求公司进行回购，此时公司主动进行减资可能不具有切实可行性。《九民会议纪要》相关规定其实是在变相鼓励公司不诚信行为。在实务中，不少公司在投资人投资入股时曾以全体股东一致同意方式作出决议，承诺在对赌失败时公司应回购投资人的股权。但在“对赌”失败及投资人要求公司回购股权时，公司却以种种理由不履行前述承诺。而现在《九民会议纪要》规定公司在通过股东会作出减资决议后才能回购股权，这导致不少不诚信的公司借此不召开股东会，不通过相关决议。而根据最高人民法院的理解，对公司是否召开股东会并作出决议不可提起诉讼，也无法强制执行，这对投资人利益的保护是非常不利的。从结果角度来看，《九民会议纪要》不鼓励投资人与公司对赌。

3. 关于债权人保护标准的建议：分红标准

本书认为，在股权回购情形下，对公司债权人的保护应采分红标准，即

① 参见最高人民法院民事审判第二庭编著：《〈全国法院民商事审判工作会议纪要〉理解与适用》，人民法院出版社2019年版，第117页以下。有观点认为“一旦发生纠纷，公司肯定不走减资程序。《九民会议纪要》的规定是不是就是给投资方画了一个饼，但投资方吃不上”。最高人民法院回应，投资方对目标公司投资签协议时，就应在协议中把有关问题约定好，《九民会议纪要》就是给当事人提供规则、提供预期。

公司税后利润回购后仍足以清偿公司债务。这一标准对公司管制相对并不过重，且能契合传统的资本维持原则，兼顾了投资人、公司及公司债权人的利益，实务上已有法院采取这一做法。

在“叶某文诉沛县舜天房地产开发有限公司股权转让案”［（2008）苏民二终字第0048号］中，江苏省高级人民法院认为：《公司法》并非绝对禁止有限责任公司设立后股东以合法方式收回资本，而是禁止以逃避债务为目的、造成债权人利益受损的方式抽逃资本。《公司法》第36条[①]规定的“抽逃出资”，应当是指以逃避债务为目的的非法行为，其结果是导致公司法定资本的绝对减少和对公司债权人利益的损害。因此，判断公司与股东之间股权收购协议的效力，不应根据出资是否被抽回，而是应根据缔约时是否以损害债权人利益为目的、客观上是否给债权人利益造成损害等确认。江苏省高级人民法院还认为，本案当事人主观上并没有损害债权人利益的目的，从客观上看，公司回购股东股份后，公司剩余资金仍足以偿还债务，不会损害债权人利益。

在“江苏华工创业投资有限公司与扬州锻压机床股份有限公司、潘某虎等请求公司收购股份纠纷再审案”［（2019）苏民再62号］中，江苏省高级人民法院认为：案涉对赌协议具备履行可能性。2011年11月20日，扬州锻压机床集团有限公司（以下简称扬锻集团公司）股东一致表决通过新的公司章程，明确扬州锻压机床股份有限公司（以下简称扬锻公司）为股份有限公司。同年12月29日，扬锻集团公司经工商部门核准变更为扬锻公司。故案涉对赌协议约定的股份回购义务应由扬锻公司履行。扬锻公司作为股份有限公司，不同于原扬锻集团公司，故江苏华工创业投资有限公司（以下简称华工公司）诉请扬锻公司履行股份回购义务，尚需具备法律上及事实上的履行可能。

关于股份有限公司股份回购，《公司法》第142条第1款规定，公司不得收购本公司股份。但是，有下列情形之一的除外：（1）减少公司注册资本；（2）与持有本公司股份的其他公司合并……第2款规定，公司因前款第1项

① 现为《公司法》（2018年修正）第35条。

至第3项的原因收购本公司股份的，应当经股东大会决议。[①] 公司依照前款规定收购本公司股份后，属于第1项情形的，应当自收购之日起10日内注销。[②] 根据上述规定可知，《公司法》原则上禁止股份有限公司回购本公司股份，但同时亦规定了例外情形，即符合上述例外情形的，《公司法》允许股份有限公司回购本公司股份。本案中，扬锻公司章程亦对回购本公司股份的例外情形作出了类似的规定，并经股东一致表决同意，该规定对扬锻公司及全体股东均有法律上的约束力。《公司法》第37条、第46条、第177条、第179条，已明确规定了股份有限公司可减少注册资本回购本公司股份的合法途径。如股份有限公司应由公司董事会制定减资方案；股东会作出减资决议；公司编制资产负债表及财产清单；通知债权人并公告，债权人有权要求公司清偿债务或提供担保；办理工商变更登记。扬锻公司履行法定程序，支付股份回购款项，并不违反公司法的强制性规定，亦不会损害公司股东及债权人的利益。关于华工公司缴纳的冲入扬锻公司资本公积金部分的本金2000万元及相关利息损失。《公司法》第3条第1款规定，公司是企业法人，有独立的法人财产，享有法人财产权。公司以其全部财产对公司的债务承担责任。第2款规定，有限责任公司的股东以其认缴的出资额为限对公司承担责任；股份有限公司的股东以其认购的股份为限对公司承担责任。公司的全部财产中包括股东以股份形式的投资，以及其他由公司合法控制的能带来经济利益的资源，如借款等。公司对外承担债务的责任财产为其全部财产，也即上述资产均应作为对外承担债务的范围。对赌协议投资方在对赌协议中是目标公司的债权人，在对赌协议约定的股权回购情形出现时，当然有权要求公司及原股东承担相应的合同责任。在投资方投入资金后，成为目标公司的股东，但并不能因此否认其仍是公司债权人的地位。投资方基于公司股东的身份，应当遵守公司法的强制性规定，非依法定程序履行减资手续后退出，不能违法抽逃出资。而其基于公司债权人的身份，当然有权依据对赌协议的约定主张权利。《公司法》亦未禁止公司回购股东对资本公积享有的份额。案涉对

---

① 2018年修正时，该条款规定的“第1项至第3项”修改为“第1项、第2项”。

② 该部分现为《公司法》（2018年修正）第142条第3款。

赌协议无论是针对列入注册资本的注资部分还是列入资本公积金的注资部分的回购约定，均具备法律上的履行可能。

扬锻集团公司在投资方注资后，其资产得以增长，而且在事实上持续对股东分红，其债务承担能力相较于投资方注资之前得到明显提高。扬锻公司在持续正常经营，参考华工公司在扬锻公司所占股权比例及扬锻公司历年分红情况，案涉对赌协议约定的股份回购款项的支付不会导致扬锻公司资产的减损，亦不会损害扬锻公司对其他债务人的清偿能力，不会因该义务的履行构成对其他债权人债权实现的障碍。相反，华工公司在向扬锻集团公司注资后，同时具备该公司股东及该公司债权人的双重身份，如允许扬锻公司及原扬锻集团公司股东违反对赌协议的约定拒绝履行股份回购义务，则不仅损害华工公司作为债权人应享有的合法权益，亦会对华工公司股东及该公司债权人的利益造成侵害，有违商事活动的诚实信用原则及公平原则。案涉对赌协议约定的股份回购条款具备事实上的履行可能。

江苏省高级人民法院认为，扬锻公司应按约完成与股份回购有关的作出股东会决议、制定回购方案、完成工商登记变更等事项，但似乎认为这些程序性事项是公司内部事务，不管扬锻公司是否最终完成这些事项，在认定回购不会损害扬锻公司对其他债务人的清偿能力，不会因该回购的履行构成对其他债权人债权实现的障碍后，直接判决“扬州锻压机床股份有限公司于本判决生效之日起十日内支付江苏华工创业投资有限公司股份回购款25 199 135.81元及以2200万元为本金按每日0.5‰计算的逾期付款利息自2015年1月31日起计算至本判决生效之日止”。

具体来说，分红标准在实操中应做到如下两点：

第一，如果公司支付回购款后仍足以清偿公司全部债务，则投资人可以直接要求公司回购股权。在股权回购后，公司可以在一定期限内将该部分股权转让给其他股东或第三人,[1] 也可以直接调减注册资本，并修改公司章程、变更工商登记。

第二，如果公司支付回购款后不足以清偿公司全部债务，投资人可要求

---

① 这个期限可以参照《公司法》第142条的规定，发生争议时可以由法院确定合理期限。

公司在可以清偿公司全部债务范围内先部分回购股权，其他部分可在公司符合分红标准的情况下再进行回购。但如公司回购股权后完全不能清偿债务的，则投资人不能要求公司回购股权。但如果公司之后有利润可以用来清偿债务，投资人依然可以按照上述标准要求公司回购全部或部分股权。[①]

最后想说明的是，上述分红标准现只有学理探讨的意义。在《九民会议纪要》发布后，分红标准已无法获得法院支持。

附：与“对赌协议”相关的其他三个问题

（一）公司为投资人与第三人对赌提供担保的效力

对于这一问题，最高人民法院在2019年8月《九民会议纪要（征求意见稿）》第10条中规定，有限责任公司的股东之间相互转让股权，公司与转让股东签订协议，承诺对股权转让款支付承担担保责任，公司根据《公司法》第16条的有关规定履行了决议程序，如无其他影响合同效力的事由的，应当认定担保合同有效。

不过之后发布的正式纪要中删除了这一条。从最高人民法院之前的裁判观点来看，只要公司按照《公司法》第16条规定提供担保且无其他无效事由，就应认为公司为投资人与第三人对赌提供的担保有效。

在“河北华安生物医药股份有限公司与以岭医药科技有限公司新增资本认购纠纷、买卖合同纠纷再审案”［（2018）最高法民申5504号］中，最高人民法院认为：案涉《补充协议》中约定河北华安生物医药股份有限公司（以下简称华安公司）为井某敏、南某茹的回购义务承担担保责任，并载明二人持有华安公司100%的股权，华安公司和南某茹在《补充协议》上签字确认，井某敏虽未签字，但井某敏系华安公司的法定代表人，对华安公司的决策应当明知，在之后办理股权变更手续时以及给以岭医药科技有限公司（以下简称以岭公司）的复函中均未表示异议，原审判决认定《补充协议》系井某敏真实意思表示，并无不当。华安公司虽未就为股东提供担保事宜形

① 实务中对股份回购时债权人利益的保护问题，可参见虞政平：《公司法案例教学》（第2版），人民法院出版社2018年版，第889页以下。

成股东会决议，但井某敏、南某茹系公司全部股东及实际控制人，二人的决定即为全体股东决议。因此，华安公司为井某敏、南某茹提供担保并最终承担保证责任，不违反《公司法》第16条的规定。以岭公司的增资款并未交付给井某敏、南某茹二股东，而是全部进入华安公司账户，成为公司资产，华安公司因此获益，之后因井某敏、南某茹不能如约履行回购的合同义务，二审判决由华安公司承担保证责任，并不损害公司、其他股东、公司债权人的利益，不违反《公司法》第20条及其他法律规定。

在“强某延诉曹某波等股权转让纠纷再审案”［（2016）最高法民再128号］中，最高人民法院认为：案涉《补充协议书》所约定担保条款合法有效，山东瀚霖生物技术有限公司（以下简称瀚霖公司）应当依法承担担保责任，理由如下：

第一，强某延已对瀚霖公司提供担保经过股东会决议尽到审慎注意和形式审查义务。案涉《增资协议书》载明“瀚霖公司已通过股东会决议，原股东同意本次增资；各方已履行内部程序确保其具有签订本协议的全部权利；各方授权代表已获得本方正式授权”。《补充协议书》载明“甲方（瀚霖公司）通过股东会决议同意本次增资扩股事项”。因两份协议书约定内容包括增资数额、增资用途、回购条件、回购价格以及瀚霖公司提供担保等“一揽子”事项，两份协议书均由瀚霖公司盖章及其法定代表人签名。对于债权人强某延而言，增资扩股、股权回购、公司担保本身属于链条型的整体投资模式，基于《增资协议书》及《补充协议书》的上述表述，强某延有理由相信瀚霖公司已对包括提供担保在内的增资扩股“一揽子”事项通过股东会决议，曹某波已取得瀚霖公司授权代表公司对外签订担保条款，且瀚霖公司在本案审理中亦没有提交其他相反证据证明该公司未对担保事项通过股东会决议，故应当认定强某延对担保事项经过股东会决议已尽到审慎注意和形式审查义务，因而案涉《补充协议书》所约定担保条款对瀚霖公司已发生法律效力。

第二，强某延投资全部用于公司经营发展，瀚霖公司全体股东因而受益，故应当承担担保责任。《公司法》第16条之立法目的，系防止公司大股东滥用控制地位，出于个人需要、为其个人债务而由公司提供担保，从而损害公司及公司中小股东权益。本案中，案涉担保条款虽系曹某波代表瀚霖公司与强某延签订，但是3000万元款项并未供曹某波个人投资或消费使用，亦并非完全出于曹某波个人需要，而是全部投入瀚霖公司资金账户，供瀚霖公司经营发展使用，有利于瀚霖公司提升持续盈利能力。这不仅符合公司新股东强某延的个人利益，也符合公司全体股东的利益，瀚霖公司本身是最终的受益者。即使确如瀚霖公司所述并未对担保事项进行股东会决议，但是该担保行为有利于瀚霖公司的自身经营发展需要，并未损害公司及公司中小股东权益，不违反《公司法》第16条之立法目的。因此，认定瀚霖公司承担担保责任，符合一般公平原则。

综上所述，强某延已对瀚霖公司提供担保经过股东会决议尽到审慎注意和形式审查义务，瀚霖公司提供担保有利于自身经营发展需要，并不损害公司及公司中小股东权益，应当认定案涉担保条款合法有效，瀚霖公司应当对曹某波支付股权转让款及违约金承担连带清偿责任。一审、二审法院关于瀚霖公司担保无效的认定，应予纠正。

（二）第三人为投资人与公司对赌提供担保的效力

在“北京银海通投资中心与新疆西龙土工新材料股份有限公司股权转让纠纷再审案”［（2020）最高法民申2957号］中，最高人民法院认为：本案应围绕北京银海通投资中心（以下简称银海通投资中心）的再审申请理由，依据《民事诉讼法》第200条规定的情形进行审查。应审查的主要问题是：（1）原判决以完成减资程序作为银海通投资中心请求公司回购股份的前置条件有无法律依据；（2）原判决未判令奎屯西龙公司承担责任有无不当。

第一，关于股东请求公司回购股份是否应完成减资程序的问题。本案主要涉及股权性融资“对赌协议”。“对赌协议”又称估值调整协议，是指投资方与融资方在达成股权性融资协议时，约定由融资方根据企业将来的经营情况调整投资者的投资条件或给予投资者补偿的协议，估值调整手段主要包含股权回购、金钱补偿等。“对赌协议”主要分为投资方与目标公司的股东或者实际控制人的“对赌”、投资方与目标公司的“对赌”、投资人与目标公司的股东和目标公司同时“对赌”等形式。其中与目标公司“对赌”，指的是投资方与目标公司签订的协议约定，目标公司从投资方融资，投资方成为目标公司的股东，当目标公司在约定期限内实现双方预设的目标时，由投资方给予目标公司奖励；相反，由目标公司按照事先约定的方式回购投资方的股权或者向投资方承担金钱补偿义务。本案即符合投资方与目标公司“对赌”的情形，银海通投资中心为投资方，新疆西龙土工新材料股份有限公司（以下简称新疆西龙公司）为目标公司。在处理“对赌协议”纠纷案件时，不仅应适用《合同法》的相关规定，还应适用《公司法》的相关规定，依法平衡投资方、公司股东、公司债权人、公司之间的利益。

新疆西龙公司与银海通投资中心签订《增资扩股协议》，通过增资的方式向银海通投资中心融资900万元，并与奎屯西龙公司三方共同签订具有股权回购、担保内容的《补充协议》，均系各方当事人的真实意思表示，不违反法律、行政法规的强制性规定，不存在《合同法》第52条①所规定的合同无效的情形，应属合法有效，原判决对此认定准确。

根据《公司法》第35条、第142条的规定，投资方银海通投资中心与目标公司新疆西龙公司“对赌”失败，请求新疆西龙公司回购股份，不得违反“股东抽逃出资”的强制性规定。新疆西龙公司为股份有限公司，其回购股份属减少公司注册资本的情形，须经股东大会决议，并依据《公司法》第177条的规定完成减资程序。现新疆西龙公司未完成前述程序，故原判决驳回银海通投资中心的诉讼请求并无不当，银海通投资中心的该再审申请理由不成立，法院不予支持。

第二，关于原判决未判令奎屯西龙无纺土工制品有限公司（以下简称奎屯西龙公司）承担责任有无不当的问题。银海通投资中心针对奎屯西龙公司的诉讼请求为“在新疆西龙公司不能履行回购义务时向银海通投资中心支付股权回购价款13 275 000元”，其诉求的该义务属于担保合同义务，而担保合同义务具有从属性，即履行担保合同义务的前提条件是主合同义务履行条件已成就。现新疆西龙公司的减资程序尚未完成，股份回购的主合同义务尚未成就，故奎屯西龙公司的担保义务未成就，银海通投资中心要求判令奎屯西龙公司承担责任的再审申请理由不成立。

---

① 该法已失效，相关规定见《民法典》第153条、第154条等。

对于第三人为投资人与公司“对赌”提供担保的效力，本书根据最高人民法院的观点，说明如下：

第一，如“对赌协议”不违反法律、行政法规的强制性规定或无其他无效事由，最高人民法院已原则上认为其有效。那么作为从合同的担保合同也应当是有效的。

第二，关于“对赌协议”的履行，因涉及“股东抽逃出资”问题及保护公司债权人利益，最高人民法院依然贯彻了严格的资本维持原则，要求公司先履行减资程序或分红程序。如公司不履行减资程序或分红程序，则对赌协议无法履行。

第三，如“对赌协议”无法履行，根据最高人民法院在新近裁判中的观点，担保合同义务具有从属性，即履行担保合同义务的前提条件是主合同义务履行条件已成就。如公司的减资程序或分红程序尚未完成，对赌协议主合同义务尚未成就，那么担保人的担保义务未成就，投资人则无法要求担保人承担担保责任。对于这一裁判观点，本书并不赞同。囿于严格的资本维持原则，公司未进行减资程序或分红程序，法院无法判决履行对赌协议。但对赌协议中的主合同义务已经有效产生，只是无法判决履行或强制履行。从民法角度来说，因主合同义务已经实际产生并到期，如果投资人向公司要求履行对赌协议，公司明确表示拒绝履行或在一定合理期限内未作履行表示，则应视为公司“不履行”或“不能履行”,① 投资人即可要求担保人承担担保责任。

（三）“名为对赌，实为借贷”的认定

《广西壮族自治区高院意见》第46条【名为对赌实为借贷的认定】：若

① 对于连带责任保证来说，主债务人“不履行”到期主债务，担保人即应承担责任；而对一般保证来说，需要主债务人“不能履行”到期主债务，即在主合同纠纷未经审判或者仲裁并就债务人财产依法强制执行仍不能履行债务前，担保人有权拒绝承担担保责任。但对于对赌协议来说，投资人并非不想去强制申请执行主债务人的财产，只是因法院无法判决履行，导致不符合一般保证的要求担保人承担责任的要件。所以，本书倾向认为，只要公司明确表示拒绝履行或在一定合理期限内未作履行表示，则投资人即可要求保证人承担保证责任。但从实务适用角度来讲，对于连带责任保证还有解释说理的余地，对一般保证责任来说，应很难说服法官，要求一般保证人在公司不愿意履行对赌协议义务的情况下，承担担保责任。

对赌目标在客观上不可能或几乎不可能达成，则实质上消除了所附条件的“不确定性”，其约定的违约责任就成为必然发生的结果，该部分收益即为投资方获得的固定收益，该内容已不再符合“对赌”的性质，对此人民法院可以根据个案情况认定为借贷关系。

如果“对赌协议”不具有“赌”的成分，“对赌协议”中的条件根本无法成就，投资人必然可以从公司取回投资款及相应的收益，则对赌协议在实质上是借款协议，应根据实质标准来认定协议的性质。

第三编

公司股东编

第六章　股东出资纠纷

一、股东出资的性质

有了“设立中公司”概念，出资的法律性质便容易理解。对于公司设立阶段（公司尚未进行设立登记）的法律关系，本书将其分为两个层次展开：

第一，出资人是“设立中公司”的机关，他们以一致同意的意思表示达成了出资的计划，该一致同意的意思表示就成了“设立中公司”下一步的意思基础。

第二，就单个出资人而言，出资意味着出资人与设立中的公司就缴纳出资或者认购股份达成合意，具体内容是出资人向设立中的公司投入一定金额的财产，而设立中公司向出资人赋予股东资格及相应的股权。

但出资存在认缴制和实缴制的不同规定。在实缴制下，公司法对出资期限作出了强制性规定，出资人与“设立中公司”没有变更的余地。而认缴制下，出资人可就出资期限与“设立中公司”达成合意，确定具体的出资期限。

二、股东出资的期限

（一）“认缴制”和“实缴制”概念

注册资本产生于发起人之间，发起人同意以其财产投入公司，享有公司的所有权，即成为股东，获得相应的股权。

注册资本在公司登记机关登记后，始具有法律效果（涉及瑕疵出资的责任及对债权人的保护）。之后，注册资本将会出现在公司营业执照和企业信用信息公示系统。

“认缴制”（认缴出资）和“实缴制”（实缴出资）涉及的是出资期限问题，前者注册资本在公司成立后相应期间或时间点到位即可，后者注册资本必须在公司成立时就已经全部到位。

目前，一般有限责任公司和发起设立的股份有限公司实行“认缴制”（对应术语分别是“认缴的出资额”和“认购的股本总额”），募集设立的股份有限公司及商业银行等实行“实缴制”。

（二）“认缴制”中的特殊问题：股东出资加速到期制度

《九民会议纪要》第6条【股东出资应否加速到期】：在注册资本认缴制下，股东依法享有期限利益。债权人以公司不能清偿到期债务为由，请求未届出资期限的股东在未出资范围内对公司不能清偿的债务承担补充赔偿责任的，人民法院不予支持。但是，下列情形除外：

（1）公司作为被执行人的案件，人民法院穷尽执行措施无财产可供执行，已具备破产原因，但不申请破产的；

（2）在公司债务产生后，公司股东（大）会决议或以其他方式延长股东出资期限的。

关于股东出资加速到期制度，首先说明如下两点：

第一，股东出资加速到期制度适用的前提是公司不能清偿到期债务。但是债权人仅仅以这个理由要求股东出资加速到期的，法院不会支持。毕竟股东出资加速到期制度是股东出资制度的例外。

第二，在满足前提条件的情况下，再结合另外两个要件之一，可以适用股东加速到期制度。具体从以下三个方面进行分析。

1. 公司作为被执行人案件

在这种情况下要符合股东出资加速到期，须同时满足如下四个要件：

（1）公司不能清偿到期债务。

（2）法院已穷尽执行措施无财产可供执行。

有疑问的是，在实务中，如何判断“法院已穷尽执行措施无财产可供执行”？

在“林某忠与颜某江、白某股东出资纠纷案”［（2019）鲁1091民初876号］中，山东省威海市火炬高技术产业开发区人民法院认为：二被告的认缴出资余额320万元及480万元的认缴时间为2025年9月8日前，认缴期限尚未届满，在注册资本认缴制下，股东依法享有期限利益。债权人以公司不能清偿到期债务为由，请求未届出资期限的股东在未出资范围内对公司不能清偿的债务承担补充赔偿责任的，人民法院不予支持。但公司作为被执行人的案件，人民法院穷尽执行措施无财产可供执行，已具备破产原因，但不申请破产的情形除外。二被告作为股东的某公司在作为被执行人案件的执行中，法院通过司法专邮形式向被执行人某公司住所地邮寄送达执行通知书、财产申报令，被退回；法院通过网络查控和传统查控方式均未查询到某公司可供执行的财产，申请执行人林某忠亦无法提供财产线索，法院穷尽了执行措施，某公司无财产可供执行，故原告要求二被告在未出资范围内对某公司债务不能清偿部分承担补充赔偿责任，法院予以支持。

从上面法院裁判理由来看，“法院已穷尽执行措施无财产可供执行”意味着执行案件已经符合了终结本次执行的条件。当然，法院未必会出具终本的裁定。

（3）公司具备破产原因。

《企业破产法解释一》第2条：下列情形同时存在的，人民法院应当认定债务人不能清偿到期债务：

（一）债权债务关系依法成立；

（二）债务履行期限已经届满；

（三）债务人未完全清偿债务。

《企业破产法解释一》第3条：债务人的资产负债表，或者审计报告、资产评估报告等显示其全部资产不足以偿付全部负债的，人民法院应当认定债务人资产不足以清偿全部债务，但有相反证据足以证明债务人资产能够偿付全部负债的除外。

《企业破产法解释一》第4条：债务人账面资产虽大于负债，但存在下列情形之一的，人民法院应当认定其明显缺乏清偿能力：

（一）因资金严重不足或者财产不能变现等原因，无法清偿债务；

（二）法定代表人下落不明且无其他人员负责管理财产，无法清偿债务；

（三）经人民法院强制执行，无法清偿债务；

（四）长期亏损且经营扭亏困难，无法清偿债务；

（五）导致债务人丧失清偿能力的其他情形。

具备破产原因，是指符合《企业破产法》第2条第1款规定的情形。具体是指企业法人不能清偿到期债务，并且资产不足以清偿全部债务或者明显缺乏清偿能力，即“不能清偿到期债务+资不抵债”或“不能清偿到期债务+明显缺乏清偿能力”。

（4）债权人或债务人未申请破产。

我国《企业破产法》没有规定强制性移送破产制度，企业破产只能由债权人或债务人启动。而执行程序与破产程序不同，该程序并不需要平等保护每一个债权人。因此，某个债权人因债权到期而率先采取执行措施，在符合上述要件的情况下，可以得到单独受偿的机会。

但公司其他债权人在得知公司具备破产原因后，为了避免先到期的债权人获得单独受偿机会，会有动力去申请公司破产。作为债务人的公司在某些情况下可能也会主动申请自己破产。而一旦有人申请破产，那么未届出资期限的股东出资均会加速到期，并统一归入债务人财产，以实现所有债权人平等受偿。

有疑问的是，当先到期的债权人已申请股东出资加速到期，而其他债权人或债务人申请公司破产，此时已执行到法院账户的股东出资应用于偿还先到期的债权人还是应归入债务人财产？

在“安徽国信建设集团有限公司与安徽永禾置业有限公司建设工程合同纠纷案”［（2017）最高法执监422号］中，经申请执行人安徽国信建设集团有限公司（以下简称安徽国信公司）申请，2015年12月11日，安徽省合肥市中级人民法院收到被执行人安徽永禾置业有限公司（以下简称永禾公司）的一笔执行款项，并汇入该院执行款专户。而同年12月7日，安徽省合肥市中级人民法院就已知永禾公司涉及多起执行案件，2016年1月18日，安徽省合肥市中级人民法院发函通知永禾公司的其他债权人在收到通知书之日起30日内可向住所地法院申请破产。2016年1月22日，根据永禾公司一债权人的申请，安徽省肥西县人民法院受理了永禾公司破产清算申请并作出相应裁定。

作为执行法院的安徽省合肥市中级人民法院认为：国信公司提出该院未能将执行款项划转的问题，由于该案涉及执行程序转破产程序的衔接，在协助单位将土地出让金划转到该院执行款账户前，安徽省肥西县人民法院已向该院发出了参与分配函，造成该院无权处分已执行到法院账户的款项。

安徽省高级人民法院认为：人民法院依据生效法律文书和申请执行人的申请依法执行符合法律规定，对已执行到位的执行款应当及时交付债权人。执行法院在执行过程中，从安徽省肥西县财政局提取了属于永禾公司的土地出让金至执行法院执行款专户，该专户资金实质上已由执行法院为申请执行人代管，该款项已脱离了债务人的实际控制，视为已向权利人交付。

最高人民法院认为：本案的争议焦点是，在人民法院受理对被执行人的破产清算申请情况下，执行程序中已执行到法院账户但未发放给申请执行人的款项是应支付给申请执行人还是应移交给受理破产案件的法院处置。

《企业破产法》第 19 条规定，人民法院受理破产申请后，有关债务人财产的保全措施应当解除，执行程序应当中止。根据该规定精神，如果执行程序尚未终结，对被执行人财产的保全措施应当解除，执行程序应当中止，尚未清偿的不得进行清偿。对此，《破产法司法解释第六十八条的答复》[①] 明确了不应列入破产财产的两种具体情形："一、正在进行的执行程序不仅作出了生效的执行裁定，而且就被执行财产的处理履行了必要的评估拍卖程序，相关人已支付了对价，此时虽未办理变更登记手续，且非该相关人的过错，应视为执行财产已向申请人交付，该执行已完毕，该财产不应列入破产财产；二、人民法院针对被执行财产采取了相应执行措施，该财产已脱离债务人实际控制，视为已向权利人交付，该执行已完毕，该财产不应列入破产财产。"第一种情形主要针对需要变更登记手续的不动产，第二种情形主要从被执行财产是否已经脱离债务人实际控制角度明确是否列入破产财产，未具体区分

① 该答复已失效，相关规定参见最高人民法院《关于对重庆高院〈关于破产申请受理前已经划扣到执行法院帐户尚未支付给申请执行人的款项是否属于债务人财产及执行法院收到破产管理人中止执行告知函后应否中止执行问题的请示〉的答复函》。

财产类型。本案中，安徽省高级人民法院认定涉案款项已向权利人交付的主要理由就是涉案款项已经脱离了债务人的实际控制，与《破产：公司法解释第六十八条的答复》的精神基本一致。但《破产：公司法解释第六十八条的答复》作出时间为2004年12月22日，其以“脱离债务人实际控制”为界限将被执行财产视为已向权利人交付的观点，与自2015年2月4日起施行的《民事诉讼法解释》有关规定的精神及2017年1月20日最高人民法院印发的《执行案件移送破产审查指导意见》的精神并不完全一致。

依《民事诉讼法解释》第508条第1款规定及第513条规定，在被执行人为公民或者其他组织情况下，被执行人的财产不能清偿所有债权的，可以通过参与分配程序实现债权的公平清偿，而在被执行人为企业法人情况下，则通过破产程序实现债权的公平清偿。《执行案件移送破产审查指导意见》第16条规定，执行法院收到受移送法院受理裁定后，应当于7日内将已经扣划到账的银行存款、实际扣押的动产、有价证券等被执行人财产移交给受理破产案件的法院或管理人；第17条规定，执行法院收到受移送法院受理裁定时，已通过拍卖程序处置且成交裁定已送达买受人的拍卖财产，通过以物抵债偿还债务且抵债裁定已送达债权人的抵债财产，已完成转账、汇款、现金交付的执行款，因财产所有权已经发生变动，不属于被执行人的财产，不再移交。从第16条、第17条规定精神看，对已完成向申请执行人转账、汇款、现金交付的执行款，因财产权利归属已经发生变动，不属于被执行人的财产。已经扣划到执行法院账户的银行存款等执行款，但未完成向申请执行人转账、汇款、现金交付的，财产权利归属未发生变动，仍属于被执行人的财产，执行法院收到受移送法院受理裁定后，不应再支付给申请执行人，应当将其移交给受理破产案件的法院或管理人。《民事诉讼法解释》及《执行案件移送破产审查指导意见》有关规定均体现了对债权人进行公平清偿的精神。从价值衡量角度看，个别债权人和全体债权人利益冲突的衡量，应该要向全体债权人倾斜，以有利于矛盾纠纷的化解。

该案涉及执行行为异议、复议、申诉三级法院，可以得出如下两点裁判意见：

第一，执行款进入法院专户后，仍属于债务人或被执行人的财产，仍可由执行法院决定其去留。只有在该笔执行款向债权人或申请执行人完成转账、汇款或现金交付后，才算执行完毕。

第二，在执行法院知道被执行人已经进入执行转破产程序或存在这种可能性时，即使还没有法院作出受理破产申请裁定，执行法院也很可能不会再将执行专户中的执行款对任何债权人或申请执行人单独清偿。

2. 公司恶意延长股东出资期限

《民法典》第538条：债务人以放弃其债权、放弃债权担保、无偿转让财产等方式无偿处分财产权益，或者恶意延长其到期债权的履行期限，影响债权人的债权实现的，债权人可以请求人民法院撤销债务人的行为。

《民法典》第539条：债务人以明显不合理的低价转让财产、以明显不合理的高价受让他人财产或者为他人的债务提供担保，影响债权人的债权实现，债务人的相对人知道或者应当知道该情形的，债权人可以请求人民法院撤销债务人的行为。

《变更、追加当事人规定》第17条：作为被执行人的营利法人，财产不足以清偿生效法律文书确定的债务，申请执行人申请变更、追加未缴纳或未足额缴纳出资的股东、出资人或依公司法规定对该出资承担连带责任的发起人为被执行人，在尚未缴纳出资的范围内依法承担责任的，人民法院应予支持。

根据最高人民法院的理解，这种情形的理论基础是债权人的撤销权。但是《九民会议纪要》规定并没有将股东加速出资情形下的债权人撤销权要件规定清晰，应当将公司恶意延长股东出资期限导致公司债权人利益受损这一因果关系说明清楚。这种情形下的股东出资义务加速到期的构成要件如下：

（1）公司已不能清偿到期债务。

（2）公司决议延长该股东的出资期限导致公司债权人无法对其主张正常的出资到期义务。

这种行为的实质是公司放弃即将到期的对股东的出资债权，损害了公司债权人的利益，公司债权人有权请求撤销。如案件已进入执行程序，公司债权人可根据《变更、追加当事人规定》第17条的规定，申请追加恶意延长出资期限的股东为被执行人。

在“北京中石大能源技术服务有限公司、北京中科联华石油科学研究院再审案”［（2019）最高法民申1112号］中，最高人民法院经审查认为：第一，关于北京中石大新元投资有限公司（以下简称中石大公司）是否存在公司财产不足以清偿案涉债务的情形。根据一审法院查明的事实，北京中科联华石油科学研究院（以下简称中科研究院）因与中石大公司合同纠纷一案，经北京市仲裁委员会作出（2016）京仲裁字第1411号裁决，确认中石大公司向中科研究院支付合同价款及违约金等100余万元。中科研究院依据生效仲裁裁决向北京市第一中级人民法院申请执行。在该案执行程序中，中科研究院申请追加中石大公司的股东北京中石大新元投资有限公司（以下简称新元公司）作为被执行人，理由是中石大公司无可供执行的财产，新元公司应在其未对中石大公司认缴出资的范围内承担责任。北京市第一中级人民法院作出的（2018）京01执异45号执行裁定查明，2017年6月29日，（2017）京01执38号之一执行裁定载明，因被执行人中石大公司无财产可供执行，申请执行人中科研究院亦无法提供其他可供执行的财产线索，裁定终结针对案涉仲裁裁决的本次执行程序。经执行程序，中石大公司财产尚不足以清偿案涉债权。本案一审审理期间，新元公司提交了权利人为中石大公司的两份实用新型专利证书及四份计算机软件著作权登记证书，但无论是中石大公司还是新元公司，均不能提供证据证明上述实用新型专利和计算机软件著作权的实际价值，中科研究院亦不同意进行抵债，新元公司并未提供中石大公司有其他可供执行的财产线索，原审据此认定中石大公司财产不足以清偿案涉债务，并无不当。新元公司关于中石大公司有可供执行的财产的申请再审理由，缺乏证据支持，不能成立。

第二，关于新元公司应否对中科研究院承担责任的问题。《公司法》第28条第1款规定，“股东应当按期足额缴纳公司章程中规定的各自所认缴的出资额。股东以货币出资的，应当将货币出资足额存入有限责任公司在银行开设的账户；以非货币财产出资的，应当依法办理其财产权的转移手续”。股东对公司的出资是公司法人财产的重要组成部分，构成公司独立承担责任的基础。现行《公司法》确定的公司注册资本认缴制度，为股东出资赋予了更多的灵活性和自主性，但这并不意味着股东的出资义务可以当然或变相免除，特别是在可能存在公司股东利用注册资本认缴制逃避出资义务、损害债权人权益等道德风险时，应当对股东在宽泛条件下出资行为合法性、合理性严格审查、从严把握。本案中，根据北京市第一中级人民法院（2018）京01执异45号执行裁定及本案一审查明的事实，2014年3月7日，中科研究院与中石大公司签订案涉《技术服务合同书》时，中石大公司的工商登记显示该公司注册资本100万元，新元公司认缴10万元，实缴0元，出资时间截至2015年7月9日。2014年7月31日，即在案涉合同签订后的不到6个月，中石大公司公司章程修改，将中石大公司注册资本由100万元大幅增加至5000万元，其中，新元公司认缴出资额由10万元变更为500万元，出资时间延后至2034年12月6日。直至2016年3月22日，新元公司仍未实缴任何出资额。新元公司在修改前的公司章程规定的出资期限届满时不仅未缴纳出资，反而大幅增加认缴出资额并长期延长出资期限，在无证据证明中石大公司具有债务清偿能力的情况下，上述行为客观上对中科研究院债权的实现产生不利影响。中石大公司修改前的公司章程中规定的新元公司的相关出资信息经过工商登记确认，具有公示公信效力，原审认定债权人中科研究院基于公示公信效力产生的信赖利益应予保护，并无不当。案涉交易发生后，中石大公司修改公司章程对新元公司的注册资本及出资期限进行了调整，但在后发生的事实不能作为中石大公司在先交易主观认知的判断因素。况且，公司章程关于宽限公司股东自身相关义务及加大债权人潜在风险的修改，不足以对抗债权人中科研究院对债务人原章程产生的合理信赖。原审综合考虑中石大公司的履约能力、新元公司履行出资义务的实际情况、中科研究院的信赖利益应予保护等情形，认定新元公司关于其不应对中科研究院承担责任的主张不能成立，并无不当。

应当注意的是，如果仅仅“在公司债务产生后，公司股东（大）会决议或以其他方式延长股东出资期限的”，未必会损害公司债权人利益。比如，公司债权人A对公司有一笔借贷债权，债务到期日为2020年5月31日，但公司股东B对公司的出资义务到期日为2025年6月1日，现在公司决议将该笔出资义务到期日延长至2035年6月1日。此时这一情形虽符合《九民会议纪要》的规定，但债权人A不能或至少不能在债务到期日因公司无法清偿债务而要求股东B的出资义务加速到期。因为A在与公司发生借贷关系时已知晓B的出资期限事实，即使公司决议延长出资期限，至少在债务到期日这一时间节点上没有损害到其利益。

3. 股东（大）会能否通过股东出资加速到期的决议

《九民会议纪要》第6条仅规定了两种股东出资加速到期情形。应注意的是，这条规定适用前提是公司债权人在公司不能清偿到期债务情形下，例外要求股东出资加速到期。有疑问的是，股东（大）会能否通过股东出资加速到期的决议？

在“许某聿与江苏德力欣新能源有限公司股东出资纠纷二审案”［（2018）苏02民终4234号］中，一审法院认为：对于认缴制下的出资期限，股东具有一定的预期利益，故未经全体股东同意一般不应轻易修改。但当公司的经营状况发生变化时，应当根据公司情况予以判断此种修改是否必要。本案中，股东会决议明确载明是因公司目前面临巨大资金需求及经营障碍故需要股东提前出资。而许某聿本人在股东会决议上亦写道“目前公司经营状况恶化、持续下降”。江苏德力欣新能源有限公司（以下简称德力欣公司）在庭审中也自述公司上一年度亏损且目前存在多起诉讼、保全。据此判断，德力欣公司具有补充经营资金的迫切需要。在此情形下，股东会决议提前出资有利于公司利益，实质上也并不损害股东利益。因此，该项决议依法有效。后德力欣公司根据该项决议修改了公司章程。至于章程是否有许某聿的签字、是否经过备案，均并不影响章程的法律效力。许某聿应根据修改过的公司章程规定，及时向德力欣公司出资。股东未履行或者未全面履行出资义务，公司或者其他股东请求其向公司依法全面履行出资义务的，法院应予支持。二审江苏省无锡市中级人民法院维持了一审判决，重申：当公司的经营状况发生变化时，公司可以根据实际情况予以判断，并对章程进行修改。虽然德力欣公司原章程规定了各股东的出资时间，但该公司根据经营状况变化，已于2018年3月1日召开2018年度第二次临时股东会，并形成了全体股东提前出资的决议。该项决议程序合法，应依法有效。

本书认为：尽管股东会决议加速到期情形不符合《九民会议纪要》规定的精神，但上述法院的裁判观点值得赞同。基于股东平等原则，在公司有正当理由的情况下，公司股东会可以通过决议方式要求股东出资加速到期。上述案例中，案涉公司已经经营困难，缺乏现金流，股东会通过决议要求股东按出资比例提前到期一部分出资，这是有利于公司的行为，应认可股东会决议的合法性。

三、股东出资的财产类型

《公司法》第27条：股东可以用货币出资，也可以用实物、知识产权、土地使用权等可以用货币估价并可以依法转让的非货币财产作价出资；但是，法律、行政法规规定不得作为出资的财产除外。

对作为出资的非货币财产应当评估作价，核实财产，不得高估或者低估作价。法律、行政法规对评估作价有规定的，从其规定。

《公司法》第28条第1款：股东应当按期足额缴纳公司章程中规定的各自所认缴的出资额。股东以货币出资的，应当将货币出资足额存入有限责任公司在银行开设的账户；以非货币财产出资的，应当依法办理其财产权的转移手续。

《公司登记管理条例》第14条：股东的出资方式应当符合《公司法》第二十七条的规定，但股东不得以劳务、信用、自然人姓名、商誉、特许经营权或者设定担保的财产等作价出资。

《公司法解释三》第10条：出资人以房屋、土地使用权或者需要办理权属登记的知识产权等财产出资，已经交付公司使用但未办理权属变更手续，公司、其他股东或者公司债权人主张认定出资人未履行出资义务的，人民法院应当责令当事人在指定的合理期间内办理权属变更手续；在前述期间内办理了权属变更手续的，人民法院应当认定其已经履行了出资义务；出资人主张自其实际交付财产给公司使用时享有相应股东权利的，人民法院应予支持。

出资人以前款规定的财产出资，已经办理权属变更手续但未交付给公司使用，公司或者其他股东主张其向公司交付、并在实际交付之前不享有相应股东权利的，人民法院应予支持。

财产出资分为货币出资和非货币出资。非货币作为出资，须满足两个条件：一是可以用货币估价，二是可以依法转让。对这两个条件，有以下两点具体说明：

第一，对实缴制公司来说，因要履行验资手续，因此须经过专门评估机构进行作价评估。而对大多数认缴制公司而言，出资不再需要提供验资报告，非货币出资也就不再强制要求专业机构作价评估，全体股东可通过一致同意的方式，解决非货币出资的定价问题。

第二，对于非货币财产权属变更和实际占有使用的关系，《公司法解释三》第10条进行了规定，分为两种不同的情形：一种情形是该财产已转移到公司名下，但公司尚未能实际占有使用；另一种情形是财产尚未转移到公司名下，但公司已经实际占有使用。这两种情形又衍生出两个问题要分析：出资人是否已履行出资义务、出资人何时享有股东权利。

对于财产已转移到公司名下，但公司尚未能实际占有使用的情形，出资人已履行了出资义务，但公司或其他股东应要求出资人转移占有并支付占有使用费。出资人自财产转移给公司实际占有使用时才享有相应的股东权利。

对于财产尚未转移到公司名下，但公司已经实际占有使用的情形，出资人尚未履行出资义务，公司、其他股东或公司债权人可要求出资人办理权属变更手续。出资人办理完权属变更手续后，可主张财产实际交付公司占有使用时即享有相应的股东权利。

总结来说，在出资人是否享有股东权利认定上，司法解释采“实质重于形式”原则。

实务中，如下五种非货币财产出资易产生争议，本书分析如下。

（一）股权出资

《公司注册资本登记管理规定》第6条：股东或者发起人可以以其持有的在中国境内设立的公司（以下称股权所在公司）股权出资。

以股权出资的，该股权应当权属清楚、权能完整、依法可以转让。

具有下列情形的股权不得用作出资：

（一）已被设立质权；

（二）股权所在公司章程约定不得转让；

（三）法律、行政法规或者国务院决定规定，股权所在公司股东转让股权应当报经批准而未经批准；

（四）法律、行政法规或者国务院决定规定不得转让的其他情形。

《公司法解释三》第11条：出资人以其他公司股权出资，符合下列条件的，人民法院应当认定出资人已履行出资义务：

（一）出资的股权由出资人合法持有并依法可以转让；

（二）出资的股权无权利瑕疵或者权利负担；

（三）出资人已履行关于股权转让的法定手续；

（四）出资的股权已依法进行了价值评估。

股权出资不符合前款第（一）、（二）、（三）项的规定，公司、其他股东或者公司债权人请求认定出资人未履行出资义务的，人民法院应当责令该出资人在指定的合理期间内采取补正措施，以符合上述条件；逾期未补正的，人民法院应当认定其未依法全面履行出资义务。

股权出资不符合本条第一款第（四）项的规定，公司、其他股东或者公司债权人请求认定出资人未履行出资义务的，人民法院应当按照本规定第九条的规定处理。

《公司法解释三》第15条：出资人以符合法定条件的非货币财产出资后，因市场变化或者其他客观因素导致出资财产贬值，公司、其他股东或者公司债权人请求该出资人承担补足出资责任的，人民法院不予支持。但是，当事人另有约定的除外。

关于股权出资，有如下两点说明。

1. 股权出资的本质：股权转让

股权能否作为出资，理论上曾争议很大，反对的理由主要是股权出资的价值具有不稳定性。但司法解释及部门规章均认可了股权出资的合法性，并在《公司法解释三》第11条专门予以说明。[①]

股权出资本质属于股权转让，但对不同类型公司的股权转让，公司法上规定有不同的限制条件。根据《公司法》第71条的规定，有限责任公司的股权对外转让，先要保障公司其他股东的优先购买权，在其他股东均放弃了

---

① 股权出资与债权出资不稳定性之间的异同关系，本书将在债权出资部分讨论分析。

优先购买权后，该股权才能向股东外第三人转让；另根据《公司法》第141条的规定，在发起设立的股份有限公司中，发起人与公司董事、监事、高级管理人员的股份转让，均要受到时间上的限制。

2. 股权出资可能产生交叉持股现象

该现象可以如下假设情形为例：甲公司以某财产出资到乙公司，甲公司获得乙公司的股权。后乙公司通过相关途径受让了甲公司的股权，以前述财产作为对价。这样，甲公司与乙公司相互持有对方公司股权，但却没有对应的出资（财产），因此产生资本虚增的后果。

交叉持股如发生在关联公司之间，每个公司均有部分股份被关联公司持有，这部分股份的表决权实际上在关联公司管理层控制之下。此时各关联公司的管理层可能以互惠方式、为私利目的而操纵表决权。我国立法及司法解释尚无这方面的规定，域外立法有三种不同的规制方式：第一种是禁止相互持股，或者即使相互持股，该股份也没有表决权；第二种是限制相互持股的最高股份比例限制，如相互持股不得超过对方公司已发行股份的10%；第三种是限制相互持股的股份表决权，比如不限制相互持股，但持有对方公司股份所得行使的表决权，不得超过对方公司已发行有表决权股份总数的1/3。①

（二）债权出资

《江苏省高院意见》第40条：股东以其对第三人享有的债权作为出资的，应当认定为无效。但以转让不受限制的非记名公司债券等债权性质的有价证券用作出资的，或用以出资的债权在一审庭审终结前已经实现的，应当认定为有效出资。

《浙江省高院意见》第3条：对公司或第三人的债权作为公司注册资本投入，其效力如何？

《公司法》第二十四条和第八十条②对股东的出资方式作了列举性的规定，即股东可以用货币出资，也可以用实物、工业产权、非专利技术、土地

---

① 交叉持股问题可参见本书股东表决权部分的论述。

② 此为1999年《公司法》条文序号，特此说明。

使用权作价出资。债权出资不在此列。债权为请求权，而任何请求权的行使都有风险性。鉴于普通债权并不都具有始存性、普遍性和可变现性，如果容许其作为注册资本投入，将与我国公司资本确定原则和资本充实原则不符。因此，债权不宜作为公司的注册资本投入，但法律、行政法规和司法解释有特别规定的除外。

1. 债权出资的本质：债权转让

债权出资的本质与股权出资相同，都是权利的转让。但对债权出资合法性的争议，较股权出资更大。大陆法系中的德国、日本等国，明确禁止债权出资，其立法目的是确保公司资本的充实。

学理上的反对意见认为，债权的价值或债权金额是确定无疑的，但债权的实现却具有较大的或然性，债务人的商业信用或支付能力对债权的实现起着决定性的作用。除债务人对债权本身的存在和数额可能存有异议，必须通过司法或仲裁程序加以裁决的情形外，即使已经获得司法或仲裁胜诉裁决的债权，甚至已经处于法院强制执行之下的债权，也都可因债务人丧失客观的偿付能力或陷入破产而无法实现，在债务人恶意逃债成习的恶劣商业环境下，债权更具有很大的落空风险。①

《公司法》及司法解释未规定债权能否作为出资，本书赞同上述反对债权出资的理由，但认为可通过适当的规制方法，令债权可以作为出资财产，以促进财产权利的流通。

2. 债权出资的规制：债权出资人的补充赔偿责任

《公司法解释三》的征求意见稿曾有如下规定：出资人以其对第三人享有的债权出资，公司决议在该债权实现前相应限制出资人行使股权，出资人起诉请求认定限制无效的，人民法院不予支持。出资人以其对第三人的债权出资，因债权不能实现，给公司造成损失，利害关系人起诉主张出资人在债权出资数额的范围内承担赔偿责任的，人民法院应予支持。

上述征求意见稿的内容虽最终未出现在《公司法解释三》中，但其对债

---

① 参见宋良刚：《债权出资的法律问题与对策探析——兼评〈公司法〉司法解释（三）第16条》，载《政法论坛》2011年第6期。

权出资的规制方式，本书赞同。

本书认为，股权价值虽具有不稳定性，但在出资时点上，其价值可以通过评估方式得以确定并实现，此后因市场变化等原因而导致的股权价值波动，与股权出资人毫无关联，股权出资人不需要再承担任何责任，可适用《公司法解释三》第15条。

但对债权出资来说，往往并没有债权价值评估，即使进行评估，也仅能保证债权的真实性。因此，对债务期限尚未到期的债权来说，其债权能否实现，具有极大的不确定性。在出资的时点上，出资人对其用于出资的债权，当然要保证债权的真实性，但同时也应保证该债权数额的可实现性，否则在债务人无力清偿债务的情形下，用债权出资的出资人应承担补充赔偿责任，其不适用《公司法解释三》第15条的规定。此点与股权出资有很大的不同，用股权出资的出资人，其在出资的时点上，保证了股权的真实性和股权价值的可实现性。①

3. 债权出资与债转股的区分

《公司注册资本登记管理规定》第7条：债权人可以将其依法享有的对在中国境内设立的公司的债权，转为公司股权。

转为公司股权的债权应当符合下列情形之一：

（一）债权人已经履行债权所对应的合同义务，且不违反法律、行政法规、国务院决定或者公司章程的禁止性规定；

（二）经人民法院生效裁判或者仲裁机构裁决确认；

（三）公司破产重整或者和解期间，列入经人民法院批准的重整计划或者裁定认可的和解协议。

用以转为公司股权的债权有两个以上债权人的，债权人对债权应当已经作出分割。

债权转为公司股权的，公司应当增加注册资本。

债转股本质上也是一种债权出资方式，但有其特殊之处。具体如下：

第一，债转股中，因出资债权的债务人是公司，因此债权的可实现性不

① 类似观点可参见胡田野：《公司法律裁判》，法律出版社2012年版，第192页。

存在问题，可能有争议的是债权的真实性或者债权的具体数额，需要双方协商一致或经生效文书确定，这是债转股的前提。

第二，债转股意味着公司负债减少，而所有者权益增加。由于注册资本增加，公司应执行增资程序，须经公司股东（大）会特别决议通过增资方案，并经公司办理相关变更手续。公司债权人不得直接主张与公司抵销债务即完成出资手续。

下面这两个案例中，公司债权人较全面地进行了债转股程序。

在“苏州天沃科技股份有限公司与西宁华旺商贸有限责任公司股东出资纠纷再审案”［（2017）青民申 329 号］中，根据青海省高级人民法院查明的事实，2013 年 12 月 10 日，西宁华旺商贸有限责任公司（以下简称华旺公司）与第三人内蒙古鑫旺再生资源有限公司（以下简称鑫旺公司）根据包头德众资产评估事务所出具的包德众所评报字（2013）第 152 号《资产评估报告书》签订《债权转股权协议书》，约定华旺公司对鑫旺公司债权 1 120 000 000 元中确定转股债权总额为 900 000 000 元，华旺公司以 900 000 000 元的债权资产向鑫旺公司出资；同日鑫旺公司形成股东会决议，华旺公司以其对鑫旺公司的债权 900 000 000 元转增股权，注册资本由 400 000 000 元，增至 1 300 000 000 元，实收资本由 400 000 000 元增至 1 300 000 000 元；2013 年 12 月 26 日，包头高新会计师事务所对上述债权转股权出具了《验资报告》；2014 年 3 月 12 日，鑫旺公司办理了增加注册资本的变更登记；2014 年 4 月 21 日，中建华会计师事务所有限责任公司出具了《审计报告》。

在“日照雒嘉能源物资有限公司、江苏绿威环保科技有限公司股东出资纠纷二审案”［（2018）鲁 11 民终 2441 号］中，山东省日照市中级人民法院认为：关于江苏绿威环保科技有限公司（以下简称江苏绿威科技公司）是否已按期缴纳第二期注册资本金 300 万元的问题《公司注册资本登记管理规定》第 7 条规定：“债权人可以将其依法享有的对在中国境内设立的公司的债权，转为公司股权……债权转为公司股权的，公司应当增加注册资本。”从该规定内容看，江苏绿威科技公司对莒县绿威环保科技有限公司（以下简称莒县绿威科技公司）的债权仅可转为公司增资，而不能直接冲抵江苏绿威科技公司对莒县绿威科技公司的出资义务。而且江苏绿威科技公司对莒县绿威科技公司的债权与其所应缴纳的注册资本金性质不同，江苏绿威科技公司在向莒县绿威科技公司出借借款之后即享有要求莒县绿威科技公司按期还款权利，而江苏绿威科技公司对于注册资本金的缴纳受《股权转让协议》《莒县绿威环保科技有限公司章程》的约束，是否可以缓缴、免缴、抵销都要经过莒县绿威科技公司的公司股东会决议流程进行决定，故在江苏绿威科技公司不能举证证实其借款转注册资本金的意见已经莒县绿威科技公司股东会决议同意的情况下，其对莒县绿威科技公司的借款不能必然抵销其应向莒县绿威科技公司缴纳的注册资本金，江苏绿威科技公司关于其已按期缴纳第二期注册资本金300万元的上诉意见不能成立，法院不予支持。

（三）专利权出资

对公司来说，专利权人以专利出资入股存在较大的法律风险，本书从专利出资前的风险、专利出资后的风险和专利使用权出资的风险三方面分述如下。

1. 专利出资前的风险

（1）专利权人的法律风险。

专利权人的风险，是指准备以专利出资的出资人必须是专利的权利人。公司应要求专利权出资人提供专利权属证书、专利说明书、权利要求书、最新缴纳年费凭证等文件，以确定其用于出资的专利权归其所有。因经国家知识产权局登记后才能成为专利权人，所以也要通过国家知识产权局专利局对专利权人资格做进一步的核查。

（2）专利权的法律风险。

专利权风险是与专利相关的一系列风险，具体包括：专利权是否终止（未按规定缴纳年费等原因可导致专利被依法终止）、专利权到期日（根据《专利法》第42条规定，发明专利权的期限为20年，实用新型专利权和外观设计专利权的期限为15年，均自申请日起计算）、专利权是否对外许可（许可方式包括独占许可、排他许可和普通许可。独占许可和排他许可导致专利无法用于出资；普通许可将影响专利的商业价值）、专利权是否存在质押或其他法律争议（比如专利存在侵权行为）、专利权地域风险（依一国法律取得的专利权只在该国领域内受到法律保护，而在其他国家则不受该国家的法律保护，除非两国之间有双边保护协定，或共同参加了有关保护专利的国际公约）等。[①]

2. 专利出资后的风险

（1）专利权价值不稳定风险。

实践中不少出资入股的专利还没有实现商业化，因此出资阶段专利价值的评估带有很大的主观性，未来可能存在价值大幅度降低的可能。对于这种专利权价值不稳定风险，公司可以与专利权出资人约定在出资后一定年限内每年进行价值评估，如果以后的评估值超过出资时专利价值的一定比例，可以限制专利权出资人的分红权利，或者由专利权出资人履行资本补足义务。

（2）专利权出资人离职风险。

虽然专利技术的权属已经转移至公司名下，但有些专利只有专利权出资人知道该专利的相关使用技巧或秘密，如之后专利权出资人离职，可能导致专利相关的商业秘密外泄，降低专利商业化风险，因此公司可视需要与专利权出资人签订竞业禁止协议及保密协议。

3. 专利使用权出资的风险

上面两种风险是以专利所有权作为出资对象来分析的。因专利具有可复制性，故通过许可方式，可以形成专利的所有权和使用权的分离。实践中，存在专利使用权能否出资的争议。对此，本书建议公司尽量不要接受专利使用权作为出资，专利使用权虽然可以进行价值评估，但专利使用权转移到公司后，公司并不能自由地处分该项权利，许多地方仍需要专利权人进行协助，比如专利使用权出资后，缴纳专利权年费的义务仍然由专利权出资人承担，如果专利权出资人怠于缴纳年费，则存在专利权失效的风险。

（四）建设用地使用权、土地经营权出资

1. 建设用地使用权出资

《民法典》第353条：建设用地使用权人有权将建设用地使用权转让、互换、出资、赠与或者抵押，但是法律另有规定的除外。

---

① 对专利出资入股法律风险的具体探讨，可参见丁秋萍：《专利入股的法律风险》，载微信公众号“高杉LEGAL”2016年9月7日。

《土地管理法》第56条：建设单位使用国有土地的，应当按照土地使用权出让等有偿使用合同的约定或者土地使用权划拨批准文件的规定使用土地；确需改变该幅土地建设用途的，应当经有关人民政府自然资源主管部门同意，报原批准用地的人民政府批准。其中，在城市规划区内改变土地用途的，在报批前，应当先经有关城市规划行政主管部门同意。

《土地管理法》第60条：农村集体经济组织使用乡（镇）土地利用总体规划确定的建设用地兴办企业或者与其他单位、个人以土地使用权入股、联营等形式共同举办企业的，应当持有关批准文件，向县级以上地方人民政府自然资源主管部门提出申请，按照省、自治区、直辖市规定的批准权限，由县级以上地方人民政府批准；其中，涉及占用农用地的，依照本法第四十四条的规定办理审批手续。

按照前款规定兴办企业的建设用地，必须严格控制。省、自治区、直辖市可以按照乡镇企业的不同行业和经营规模，分别规定用地标准。

《土地管理法》第63条：土地利用总体规划、城乡规划确定为工业、商业等经营性用途，并经依法登记的集体经营性建设用地，土地所有权人可以通过出让、出租等方式交由单位或者个人使用，并应当签订书面合同，载明土地界址、面积、动工期限、使用期限、土地用途、规划条件和双方其他权利义务。

前款规定的集体经营性建设用地出让、出租等，应当经本集体经济组织成员的村民会议三分之二以上成员或者三分之二以上村民代表的同意。

通过出让等方式取得的集体经营性建设用地使用权可以转让、互换、出资、赠与或者抵押，但法律、行政法规另有规定或者土地所有权人、土地使用权人签订的书面合同另有约定的除外。

集体经营性建设用地的出租，集体建设用地使用权的出让及其最高年限、转让、互换、出资、赠与、抵押等，参照同类用途的国有建设用地执行。具体办法由国务院制定。

《城镇国有土地使用权出让和转让暂行条例》第44条：划拨土地使用权，除本条例第四十五条规定的情况外，不得转让、出租、抵押。

《城镇国有土地使用权出让和转让暂行条例》第45条：符合下列条件

的，经市、县人民政府土地管理部门和房产管理部门批准，其划拨土地使用权和地上建筑物、其他附着物所有权可以转让、出租、抵押：

（一）土地使用者为公司、企业、其他经济组织和个人；

（二）领有国有土地使用证；

（三）具有地上建筑物、其他附着物合法的产权证明；

（四）依照本条例第二章的规定签订土地使用权出让合同，向当地市、县人民政府补交土地使用权出让金或者以转让、出租、抵押所获收益抵交土地使用权出让金。

转让、出租、抵押前款划拨土地使用权的，分别依照本条例第三章、第四章和第五章的规定办理。

《公司法解释三》第8条：出资人以划拨土地使用权出资，或者以设定权利负担的土地使用权出资，公司、其他股东或者公司债权人主张认定出资人未履行出资义务的，人民法院应当责令当事人在指定的合理期间内办理土地变更手续或者解除权利负担；逾期未办理或者未解除的，人民法院应当认定出资人未依法全面履行出资义务。

建设用地使用权出资分为国有建设用地使用权出资和集体建设用地使用权出资。国有建设用地使用权分为出让方式取得和划拨方式取得两种。以出让方式取得的国有建设用地使用权可以任意进行出资，但以划拨方式取得的国有建设用地使用权，必须先向土地管理部门申请办理建设用地使用权出让手续，经同意后应补缴土地出让金，之后才可以用国有建设用地使用权出资。

集体建设用地使用权的范围本来很窄，能用于投资入股的主要是指农村集体经济组织以乡镇建设用地兴办企业或出资，并且还应当报经县级以上人民政府批准。2019年8月发布的修正后的《土地管理法》规定了集体经营性建设用地，这意味着社会上一般人也可以通过出让等方式取得集体经营性建设用地使用权，进而可自由决定投资入股，但目前还没有入市的配套实施细则。

在“增城荔港食品有限公司、增城市化工（集团）股份有限公司股东出资纠纷二审案”［（2018）粤01民终10635号］中，广州市中级人民法院认为：涉案出资土地系国有划拨用地，依据《土地管理法》等相关法律法规，划拨土地使用权只能用于划拨用途，不能直接用于出资。出资人欲以划拨土地使用权作为出资，应由国家收回直接作价出资或者将划拨土地使用权变更为出让土地使用权。但是，将划拨土地使用权变更为出让土地使用权，决定权在于土地所属地方政府及其土地管理部门。

在“北京治政工贸发展有限公司与北京市八大处农工商总公司股东出资纠纷二审案”［（2015）一中民（商）终字第7339号］中，北京市第一中级人民法院认为：《土地管理法》第60条规定：“农村集体经济组织使用乡（镇）土地利用总体规划确定的建设用地兴办企业或者与其他单位、个人以土地使用权入股、联营等形式共同举办企业的，应当持有关批准文件，向县级以上地方人民政府土地行政主管部门提出申请，按照省、自治区、直辖市规定的批准权限，由县级以上地方人民政府批准……”本案中，北京治政工贸发展有限公司（以下简称治政公司）并非乡镇企业，北京市八大处农工商总公司（以下简称八大处公司）以集体所有土地使用权出资的，应依照前述规定经相关部门批准。但从本案查明的事实来看，以该土地使用权出资实际上并未依法取得相关部门的批准。在未办理审批手续的情况下，治政公司直接要求八大处公司以实物进行出资，并要求将场地、房屋转移治政公司占有、使用，不符合《土地管理法》的上述规定。同时，根据房地一体的原则，土地使用权与房屋所有权在权利主体的归属上应保持一致，在土地使用权因违反法律规定而无法变更权利主体的情况下，该土地上所附着的建筑物的权利主体亦无法发生变更。

2. 土地经营权出资

《民法典》第339条：土地承包经营权人可以自主决定依法采取出租、入股或者其他方式向他人流转土地经营权。

《民法典》第342条：通过招标、拍卖、公开协商等方式承包农村土地，经依法登记取得权属证书的，可以依法采取出租、入股、抵押或者其他方式流转土地经营权。

《农村土地承包法》第36条：承包方可以自主决定依法采取出租（转包）、入股或者其他方式向他人流转土地经营权，并向发包方备案。

《农村土地承包法》第38条：土地经营权流转应当遵循以下原则：

（一）依法、自愿、有偿，任何组织和个人不得强迫或者阻碍土地经营权流转；

（二）不得改变土地所有权的性质和土地的农业用途，不得破坏农业综合生产能力和农业生态环境；

（三）流转期限不得超过承包期的剩余期限；

（四）受让方须有农业经营能力或者资质；

（五）在同等条件下，本集体经济组织成员享有优先权。

2018年修正的《农村土地承包法》将农村土地“三权分置”内容予以明文化，形成了农村集体土地所有权、承包权、经营权三权分置，经营权流转的格局。2020年5月通过的《民法典》吸收了《农村土地承包法》的该部分内容。不过目前尚无入市的配套实施细则。

虽然没有具体实施细则，不过对于土地经营权用于公司出资应有如下两个方面的限制：

第一，土地经营权出资入股后，不得改变土地的农业用途。

第二，土地经营权投资入股后，入股期限不得超过承包期的剩余期限。

（五）无权处分财产、犯罪所得财产出资

《公司法解释三》第7条：出资人以不享有处分权的财产出资，当事人之间对于出资行为效力产生争议的，人民法院可以参照民法典第三百一十一条的规定予以认定。

以贪污、受贿、侵占、挪用等违法犯罪所得的货币出资后取得股权的，对违法犯罪行为予以追究、处罚时，应当采取拍卖或者变卖的方式处置其股权。

以无权处分财产出资，司法解释以善意取得制度进行规制，以求平衡财产权利人与公司之利益。但在以犯罪所得财产出资情形下则主要保护公司利益，对违法犯罪所得财产，司法机关通过拍卖或变卖方式将获得的变价金额进行追缴。

四、股东瑕疵出资的法律问题

前面已经分析过发起人的出资瑕疵责任，那是基于发起人身份而特别规

定的出资瑕疵责任。本部分所谈的股东瑕疵出资，是普遍意义上与出资瑕疵相关的法律问题。

（一）股东瑕疵出资的类型

1. 未履行出资义务

主要包括出资义务到期后股东明示拒绝出资、默示不出资或者丧失出资能力等情形。

2. 未全面履行出资义务

主要包括出资义务到期后股东未足额认缴出资、非货币出资实际价额低于章程确定的价额、非货币出资财产存在质量瑕疵或权利瑕疵等情形。

3. 抽逃出资

主要指股东将其已经转移到公司名下的出资财产通过违法的途径取回，但仍保留股东身份或原有出资数额的行为。

（二）股东瑕疵出资的责任主体

1. 瑕疵出资股东及知情受让方

《公司法解释三》第18条第1款：有限责任公司的股东未履行或者未全面履行出资义务即转让股权，受让人对此知道或者应当知道，公司请求该股东履行出资义务、受让人对此承担连带责任的，人民法院应予支持；公司债权人依照本规定第十三条第二款向该股东提起诉讼，同时请求前述受让人对此承担连带责任的，人民法院应予支持。

如果股东瑕疵出资，应由该股东承担资本充实责任或返还抽逃的出资，这一点无异议。

应当注意的是，如果股东将其瑕疵股权转让，而受让方对该瑕疵出资知道或者应当知道的，则应对该股东的瑕疵出资义务承担连带责任。实务上的争议点是如何认定受让方“知道或者应当知道”？这一问题将在“股权移转纠纷”章节具体分析。

2. 协助瑕疵出资的其他股东

《公司法解释三》第14条：股东抽逃出资，公司或者其他股东请求其向公司返还出资本息、协助抽逃出资的其他股东、董事、高级管理人员或者实际控制人对此承担连带责任的，人民法院应予支持。

公司债权人请求抽逃出资的股东在抽逃出资本息范围内对公司债务不能清偿的部分承担补充赔偿责任、协助抽逃出资的其他股东、董事、高级管理人员或者实际控制人对此承担连带责任的，人民法院应予支持；抽逃出资的股东已经承担上述责任，其他债权人提出相同请求的，人民法院不予支持。

司法解释仅规定了协助抽逃出资的其他股东应承担连带责任，但在解释上可认为，如对股东未履行或未全面履行出资义务存在协助行为的，也可要求其承担连带责任。

3. 董事、高级管理人员、实际控制人

《公司法解释三》第13条第4款：股东在公司增资时未履行或者未全面履行出资义务，依照本条第一款或者第二款提起诉讼的原告，请求未尽公司法第一百四十七条第一款规定的义务而使出资未缴足的董事、高级管理人员承担相应责任的，人民法院应予支持；董事、高级管理人员承担责任后，可以向被告股东追偿。

《公司法解释三》第14条：股东抽逃出资，公司或者其他股东请求其向公司返还出资本息、协助抽逃出资的其他股东、董事、高级管理人员或者实际控制人对此承担连带责任的，人民法院应予支持。

公司债权人请求抽逃出资的股东在抽逃出资本息范围内对公司债务不能清偿的部分承担补充赔偿责任、协助抽逃出资的其他股东、董事、高级管理人员或者实际控制人对此承担连带责任的，人民法院应予支持；抽逃出资的股东已经承担上述责任，其他债权人提出相同请求的，人民法院不予支持。

在"斯曼特微显示科技（深圳）有限公司、胡某生损害公司利益责任纠纷再审案"［（2018）最高法民再366号］中，根据法院查明的事实，斯曼特微显示科技（深圳）有限公司（以下简称深圳斯曼特公司）成立于2005年1月11日，系外国法人独资的有限责任公司股东为SOUTAMOUN TAINTECHNOLOGIES，LTD.（中文译名为斯曼特微显示科技有限公司，以下简称开曼斯曼特公司），认缴注册资本额为1600万美元。2005年1月5日，开曼斯曼特公司签署深圳斯曼特公司章程，公司章程规定，开曼斯曼特公司应在2006年3月16日前缴清全部认缴出资额。开曼斯曼特公司于2005年3月16日至11

月 3 日分多次出资后，仍欠缴出资 5 000 020 美元。2011 年 8 月 31 日，在深圳市中级人民法院的一次强制执行后，股东开曼斯曼特公司仍欠缴出资 4 912 376. 06美元，后因开曼斯曼特公司没有其他可供执行的财产，深圳市中级人民法院于2012 年 3 月 21 日裁定终结该次执行程序。后深圳斯曼特公司被债权人申请破产清算，破产管理人代表深圳斯曼特公司向曾任或现任公司的六名董事提出损害公司利益责任之诉，要求该六名被告对开曼斯曼特公司欠缴出资 4 912 376. 06 美元承担连带责任。其中，3 名被告曾在 2005 年 1 月 11 日至 2006 年 12 月 29 日担任深圳斯曼特公司董事；另 3 名被告自 2006 年 12 月 30 日起，担任深圳斯曼特公司董事。应注意的是，该六名董事并非深圳斯曼特公司的股东。

一审、二审法院判决驳回了要求公司董事对瑕疵出资承担连带责任的诉请。

一审法院认为：本案争议的焦点是胡某生等六名董事作为深圳斯曼特公司董事，是否应当对深圳斯曼特公司股东开曼斯曼特公司欠缴出资所造成的损失承担连带赔偿责任。

对此，需要从三个方面分析：一是追缴股东出资是否属于董事勤勉义务的范围，二是胡某生等六名董事未追缴股东出资与股东欠缴出资之间是否存在因果关系，三是胡某生等六名董事未追缴出资是否导致深圳斯曼特公司损失。

关于追缴股东出资是否属于董事勤勉义务范围的问题。本案追缴股东欠缴出资事项属于深圳斯曼特公司事务，胡某生等六名董事作为深圳斯曼特公司的董事，应当积极通过董事会会议，就该事项作出决策。

关于胡某生等六名董事未追缴股东出资与股东欠缴出资的关系问题。在股东欠缴出资的情况下，董事会有权作出追缴出资的决定。但董事会未作出追缴股东欠缴出资的决定，与股东欠缴出资并无必然联系，也即股东是否履行全面出资义务，并不取决于董事会的决定。本案无证据显示胡某生等六名董事通过深圳斯曼特公司董事会作出了追缴股东欠缴出资的决定，也无证据显示胡某生等六名董事通过董事会作出了有碍于股东缴纳出资的决定。胡某生等六名董事消极未履行追缴股东应缴出资的勤勉义务，并不是股东欠缴出资的原因。

关于胡某生等六名董事未追缴出资是否导致深圳斯曼特公司损失的问题。董事对公司损失承担责任，系因董事作出了某种积极行为，并导致公司受到损失。在董事消极未履行某种勤勉义务，且该消极未履行与公司所受损失并无直接因果关系的情况下，董事不应当受到追责。此外，本案胡某生等六名董事作为深圳斯曼特公司董事，虽未通过董事会作出追缴股东欠缴出资的决定，但并不影响深圳斯曼特公司、其他利益相关方请求欠缴出资的股东承担相应责任。

二审法院认为，本案二审争议的焦点为胡某生等六名深圳斯曼特公司董事是否应对公司股东所欠出资承担连带赔偿责任问题。本案中，深圳斯曼特公司股东未按公司章程规定按时足额履行出资义务，深圳斯曼特公司有权请求股东向公司依法全面履行出资义务。出资义务是股东的基本义务，但非公司董事的法定义务。在股东未全面履行出资义务时，董事或因协助股东抽逃出资、或因负有监督职责而未履行、或因对增资未尽忠实勤勉义务等情形而承担相应责任，但不应将股东未全面履行出资义务的责任一概归因于公司董事。如果董事仅仅只是怠于向未全面履行出资义务的股东催缴出资，以消极不作为的方式未尽忠实勤勉义务，而该不作为与公司所受损失之间没有直接因果关系，那么要求董事对股东未履行全面出资义务承担责任，则缺乏事实和法律依据。深圳斯曼特公司股东开曼斯曼特公司未全面履行出资义务，深圳斯曼特公司可依法向其主张权利。6 名董事在不同时期分别担任深圳斯曼特公司股东中方董事，在公司章程没有明确规定其负有监督股东履行出资义务、没有证据显示其消极未向股东催缴出资与公司所受损失存在因果关系情况下，深圳斯曼特公司请求上述六名中方董事对股东欠缴的出资承担连带赔偿责任，于法无据，不予支持。

最高人民法院经过再审撤销了一审、二审判决，改判公司前后六位董事对股东瑕疵出资承担连带责任。

最高人民法院认为，本案争议的焦点是胡某生等六名董事是否应对深圳斯曼特公司股东所欠出资承担赔偿责任。

根据《公司法》第 147 条第 1 款的规定，董事、监事、高级管理人员应当遵守法律、行政法规和公司章程，对公司负有忠实义务和勤勉义务。上述规定并没有列举董事勤勉义务的具体情形，但是董事负有向未履行或未全面履行出资义务的股东催缴出资的义务；这是由董事的职能定位和公司资本的重要作用决定的。根据董事会的职能定位，董事会负责公司业务经营和事务管理，董事会由董事组成，董事是公司的业务执行者和事务管理者。股东全面履行出资是公司正常经营的基础，董事监督股东履行出资是保障公司正常经营的需要。《公司法解释三》第 13 条第 4 款规定：“股东在公司增资时未履行或者未全面履行出资义务，依照本条第一款或者第二款提起诉讼的原告，请求未尽公司法第一百四十七条第一款规定的义务而使出资未缴足的董事、高级管理人员承担相应责任的，人民法院应予支持；董事、高级管理人员承担责任后，可以向被告股东追偿。”上述规定的目的是赋予董事、高级管理人员对股东增资的监管、督促义务，从而保证股东全面履行出资义务、保障公司资本充实。在公司注册资本认缴制下，公司设立时认缴出资的股东负有的出资义务与公司增资时是相同的，董事、高级管理人员负有的督促股东出资的义务也不应有所差别。本案深圳斯曼特公司是外商独资企业，实行注册资本认缴制。参照《公司法解释三》第 13 条第 4 款的规定，在公司注册资本认缴制下，股东未履行或未全面履行出资义务，董事、高级管理人员负有向股东催缴出资的义务。根据《公司法》第 149 条的规定，董事、监事、高级管理人员执行公司职务时违反法律、行政法规或者公司章程的规定，给公司造成损失的，应当承担赔偿责任。

根据一审、二审判决查明的事实，深圳斯曼特公司股东开曼斯曼特公司应在 2006 年 3 月 16 日前缴清全部认缴出资额，其于 2005 年 3 月 16 日 ~ 11 月 3 日分多次出资后，欠缴出资 5 000 020 美元。一审法院（2010）深中法民四初字第 54 号民事裁定书裁定追加开曼斯曼特公司为被执行人，经强制执行，深圳斯曼特公司股东开曼斯曼特公司仍欠缴出资 4 912 376.06 美元。2005 年 1 月 11 日至 2006 年 12 月 29 日，胡某生、薄某明、史某文担任深圳斯曼特公司中方董事；2006 年 12 月 30 日起，贺某明、王某波、李某滨担任深圳斯曼特公司中方董事；本案胡某生等六名董事在股东开曼斯曼特公司认缴出资额期限届满即 2006 年 3 月 16 日之后均担任过深圳斯曼特公司董事。

胡某生等六名董事作为深圳斯曼特公司的董事，同时又是股东开曼斯曼特公司的董事，对股东开曼斯曼特公司的资产情况、公司运营状况均应了解，具备监督股东开曼斯曼特公司履行出资义务的便利条件。胡某生等六名董事未能提交证据证明其在股东出资期限届满即 2006 年 3 月 16 日之后向股东履行催缴出资的义务，以消极不作为的方式构成了对董事勤勉义务的违反。

一审法院依据（2012）深中法执恢字第 50 号执行裁定，强制执行了开曼斯曼特公司财产后，开曼斯曼特公司没有其他可供执行的财产，一审法院于 2012 年 3 月 21 日裁定终结该次执行程序。后深圳斯曼特公司被债权人捷普电子（苏州）有限公司申请破产清算。由此可见，股东开曼斯曼特公司未缴清出资的行为实际损害了深圳斯曼特公司的利益，胡某生等六名董事消极不作为放任了实际损害的持续。股东开曼斯曼特公司欠缴的出资即为深圳斯曼特公司遭受的损失，开曼斯曼特公司欠缴出资的行为与胡某生等六名董事消极不作为共同造成损害的发生、持续，胡某生等六名董事未履行向股东催缴出资义务的行为与深圳斯曼特公司所受损失之间存在法律上的因果关系。一审、二审判决认为胡某生等六名董事消极不作为与深圳斯曼特公司所受损失没有直接因果关系，系认定错误，应予纠正。

综上，最高人民法院认为胡某生等六名董事未履行向股东催缴出资的勤勉义务，违反了《公司法》第 147 条第 1 款规定，对深圳斯曼特公司遭受的股东出资未到位的损失，应承担相应的赔偿责任。胡某生等六名董事应向深圳斯曼特公司连带赔偿 4 912 376. 06 美元（以深圳斯曼特公司破产案件受理日 2013 年 6 月 3 日当日美元兑人民币汇率中间价折算，折合人民币 30 118 760. 10元）。

从上述最高人民法院近年判决观点来看，关于董事、高级管理人员对股东瑕疵出资的连带责任，应注意如下三点：

第一，由于董事及高级管理人员日常经营管理公司，其通常不会以公司的名义来起诉自己承担股东瑕疵出资的连带责任。如前述案例，在公司破产清算情况下，是公司破产管理人以公司的名义来诉请董事承担股东瑕疵出资的连带责任。

第二，司法解释仅规定在增资时股东瑕疵出资以及协助股东抽逃出资情形下，公司董事、高级管理人员须对该瑕疵出资承担连带责任。但从上述最高人民法院判决观点来看，在公司存续的任何阶段，只要有股东瑕疵出资事实存在，公司董事、高级管理人员都有义务催缴，如未履行该义务，则须对股东瑕疵出资承担连带责任。

第三，既然董事、高级管理人员有上述催缴义务，那么公司董事会、董事及高级管理人员应当适时、适当地进行催缴，比如通过相关决议、决定后以公司名义向瑕疵出资股东发送电子邮件或通过 EMS 邮寄书面催缴通知书并保存好相关发送证据。但是这样是否就能避免可能的追责风险，仍然存在很大疑问。

此外，应注意的是，发起人对公司设立阶段的其他发起人、股东或认股人的瑕疵出资行为要承担连带责任，如该瑕疵出资行为持续到公司成立后，此时会存在发起人与公司董事、高级管理人员对前述人员的瑕疵出资行为共同承担连带责任的可能。

（三）股东瑕疵出资的权利主体

1. 公司

《公司法解释三》第 13 条第 1 款：股东未履行或者未全面履行出资义务，公司或者其他股东请求其向公司依法全面履行出资义务的，人民法院应予支持。

《公司法解释三》第 14 条第 1 款：股东抽逃出资，公司或者其他股东请求其向公司返还出资本息、协助抽逃出资的其他股东、董事、高级管理人员或者实际控制人对此承担连带责任的，人民法院应予支持。

公司是股东出资义务的直接权利主体，如果股东未履行或未全面履行出资义务、抽逃出资，公司可以请求瑕疵出资股东履行出资义务。

2. 公司其他股东

《公司法解释三》第 13 条第 1 款：股东未履行或者未全面履行出资义务，公司或者其他股东请求其向公司依法全面履行出资义务的，人民法院应予支持。

《公司法解释三》第 14 条第 1 款：股东抽逃出资，公司或者其他股东请求其向公司返还出资本息、协助抽逃出资的其他股东、董事、高级管理人员或者实际控制人对此承担连带责任的，人民法院应予支持。

其他股东并非股东出资义务的直接权利主体，但司法解释规定其可以诉请瑕疵出资股东履行出资义务，请求根据在于股东协议或者发起人协议。

3. 公司债权人

《公司法解释三》第13条第2款：公司债权人请求未履行或者未全面履行出资义务的股东在未出资本息范围内对公司债务不能清偿的部分承担补充赔偿责任的，人民法院应予支持；未履行或者未全面履行出资义务的股东已经承担上述责任，其他债权人提出相同请求的，人民法院不予支持。

《公司法解释三》第14条第2款：公司债权人请求抽逃出资的股东在抽逃出资本息范围内对公司债务不能清偿的部分承担补充赔偿责任、协助抽逃出资的其他股东、董事、高级管理人员或者实际控制人对此承担连带责任的，人民法院应予支持；抽逃出资的股东已经承担上述责任，其他债权人提出相同请求的，人民法院不予支持。

对于上述司法解释，应说明的是，公司债权人要求瑕疵出资股东承担补充赔偿责任的前提是公司已经不能清偿到期债务，并且股东出资义务已到期。如果公司已经不能清偿到期债务，但股东出资义务尚未到期，则公司债权人无权要求相关股东提前履行出资义务，除非符合股东出资加速到期情形或公司已进入清算程序。

此外，实务上有法院认为，公司债权人请求瑕疵出资股东承担补充赔偿责任的范围是有限制的，应以公司债权人与公司交易时的股东认缴出资额为限。

在“缪某迪与陈某股东损害公司债权人利益责任纠纷二审案”［（2017）浙01民终624号］中，法院查明事实如下：2014年5月26日，缪某迪与杭州天禄汽车运动有限公司（以下简称天禄公司）签订《购销合同》与《补充协议》各一份，约定缪某迪向天禄公司购买游艇。合同签订后，缪某迪于2014年6月16日向天禄公司法定代表人陈某汇款393 000元。后双方因合同履行产生纠纷，缪某迪向原审法院起诉天禄公司。2015年9月11日，原审法院作出（2015）杭西商初字第1827号民事判决书，判决天禄公司于判决书生效之日起10日内返还缪某迪货款393 000元，并自2015年5月19日起以未返还货款为基数和年利率7.275%为标准计付利息至判决生效之日止。因天禄公司未履行返还货款及支付利息的义务，缪某迪于2015年10月15日向原审法院申请强制执行。2015年12月4日，原审法院作出（2015）杭西执民字第3671号民事裁定书，载明："经本院执行查明，现被执行人杭州天禄汽车运动有限公司名下暂无银行存款、房产、车辆等财产可供执行，本院已将被执行人杭州天禄汽车运动有限公司列入失信被执行人名单"，并裁定"终结本次执行程序"。另查明，天禄公司成立于2007年4月6日，注册资本为50万元，实收资本为50万元，股东为天禄投资有限公司、陈某，股东持股分别为45万元、5万元。2008年1月16日，经工商变更登记，天禄投资有限公司的45万元股份变更到天禄投资集团有限公司名下。2015年7月13日，经工商变更登记，天禄公司的注册资本由50万元变更为500万元，实收资本由50万元变更为0元，股东由天禄投资集团有限公司、陈某变更为天禄投资集团有限公司、叶某、莫某兰、陈某，股东持股分别为45万元、50万元、200万元、205万元。根据天禄公司《公司章程》的约定，各股东的出资于2027年4月4日前一次性到位。

浙江省杭州市中级人民法院认为：公司增加注册资金是扩张经营规模、增强责任能力的行为，原股东约定按照原出资比例承担增资责任，与公司设立时的初始出资是没有区别的。公司股东若有增资瑕疵，应承担与公司设立时的出资瑕疵相同的责任。但是，公司设立后增资与公司设立时出资的不同之处在于，股东履行交付资产的时间不同。正因为这种时间上的差异，导致交易人（公司债权人）对于公司责任能力的预期是不同的。股东按照其承诺履行出资或增资的义务是相对于社会的一种法定的资本充实义务，股东出资或增资的责任应与公司债权人基于公司的注册资金对其责任能力产生的判断相对应。本案中，缪某迪和天禄公司的交易发生在天禄公司变更注册资金之前，缪某迪对于天禄公司责任能力的判断应以其当时的注册资金50万元为依据，而天禄公司能否偿还缪某迪的债务与此后天禄公司的股东陈某增加注册资金是否到位并无直接的因果关系，故缪某迪要求陈某在天禄公司变更注册资本后陈某认缴的范围内对天禄公司债务承担赔偿责任不能成立，原审法院对缪某迪的相关诉讼请求未予以支持正确。

（四）股东瑕疵出资的法律后果

1. 民事责任

（1）资本充实责任。

股东对公司的资本充实责任也是两种：一是足额缴纳责任，二是差额补足责任。前者是指未缴纳出资情况下应足额缴纳出资，后者是指已缴纳的非货币财产实际价额显著低于公司章程所定价额情况下应补足差额。

（2）损害赔偿责任。

《公司法解释三》第6条：……认股人延期缴纳股款给公司造成损失，公司请求该认股人承担赔偿责任的，人民法院应予支持。

除上述司法解释外，公司法没有明确规定股东瑕疵出资的损害赔偿责任。理论上有学者认为，股东违反出资义务，给公司造成损失，应当承担侵权损害赔偿责任，包括现有利益的损失和可得利益的损失。即使瑕疵出资股东已经足额补缴出资或返还出资，但对公司造成损害的，仍需对公司进行赔偿。

不过，实务中较少看到要求瑕疵出资股东对公司承担损害赔偿责任的案例。

（3）其他民事责任：限制股权或股东除名。

《公司法解释三》第16条：股东未履行或者未全面履行出资义务或者抽逃出资，公司根据公司章程或者股东会决议对其利润分配请求权、新股优先认购权、剩余财产分配请求权等股东权利作出相应的合理限制，该股东请求认定该限制无效的，人民法院不予支持。

《公司法解释三》第17条第1款：有限责任公司的股东未履行出资义务或者抽逃全部出资，经公司催告缴纳或者返还，其在合理期间内仍未缴纳或者返还出资，公司以股东会决议解除该股东的股东资格，该股东请求确认该解除行为无效的，人民法院不予支持。

股东瑕疵出资的民事责任除了上述两个财产责任外，还会产生与股东身份相关的民事责任，具体有两个：一是限制瑕疵出资股东的股权，二是有限责任公司股东除名制度。这在“股东身份纠纷”和“股权行使纠纷”部分详细分析。

2. 行政责任

《公司法》第199条：公司的发起人、股东虚假出资，未交付或者未按期交付作为出资的货币或者非货币财产的，由公司登记机关责令改正，处以虚假出资金额百分之五以上百分之十五以下的罚款。

《公司法》第200条：公司的发起人、股东在公司成立后，抽逃其出资的，由公司登记机关责令改正，处以所抽逃出资金额百分之五以上百分之十五以下的罚款。

如果公司股东存在虚假出资、抽逃出资等瑕疵出资情形，除了要承担上述民事责任外，公司登记机关还可能对股东前述行为作出行政处罚。

3. 刑事责任

《刑法》第158条：申请公司登记使用虚假证明文件或者采取其他欺诈手段虚报注册资本，欺骗公司登记主管部门，取得公司登记，虚报注册资本数额巨大、后果严重或者有其他严重情节的，处三年以下有期徒刑或者拘役，并处或者单处虚报注册资本金额百分之一以上百分之五以下罚金。

单位犯前款罪的，对单位判处罚金，并对其直接负责的主管人员和其他直接责任人员，处三年以下有期徒刑或者拘役。

《刑法》第159条：公司发起人、股东违反公司法的规定未交付货币、实物或者未转移财产权，虚假出资，或者在公司成立后又抽逃其出资，数额巨大、后果严重或者有其他严重情节的，处五年以下有期徒刑或者拘役，并处或者单处虚假出资金额或者抽逃出资金额百分之二以上百分之十以下罚金。

单位犯前款罪的，对单位判处罚金，并对其直接负责的主管人员和其他直接责任人员，处五年以下有期徒刑或者拘役。

应注意的是，2014年4月24日发布的《刑法第一百五十八条、第一百五十九条解释》规定，前述两个条文仅适用于依法实行注册资本实缴登记制的公司。因此，有限责任公司与绝大多数的股份有限公司不适用虚报注册资本罪与虚假出资、抽逃出资罪。

（五）股东瑕疵出资的时效问题

《诉讼时效规定》第1条：当事人可以对债权请求权提出诉讼时效抗辩，但对下列债权请求权提出诉讼时效抗辩的，人民法院不予支持：

（一）支付存款本金及利息请求权；

（二）兑付国债、金融债券以及向不特定对象发行的企业债券本息请求权；

（三）基于投资关系产生的缴付出资请求权；

（四）其他依法不适用诉讼时效规定的债权请求权。

《公司法解释三》第19条：公司股东未履行或者未全面履行出资义务或者抽逃出资，公司或者其他股东请求其向公司全面履行出资义务或者返还出资，被告股东以诉讼时效为由进行抗辩的，人民法院不予支持。

公司债权人的债权未过诉讼时效期间，其依照本规定第十三条第二款、第十四条第二款的规定请求未履行或者未全面履行出资义务或者抽逃出资的股东承担赔偿责任，被告股东以出资义务或者返还出资义务超过诉讼时效期间为由进行抗辩的，人民法院不予支持。

1. 瑕疵出资股东的出资义务不适用诉讼时效

瑕疵出资股东的出资义务不适用诉讼时效的规定，公司、公司其他股东以及债权未过诉讼时效的公司债权人都有权在符合条件时向瑕疵出资股东请求补足出资或返还出资，这一点目前已没有任何疑问。

有疑问的是，由股东瑕疵出资责任衍生出的其他责任是否适用时效规定？

2. 瑕疵出资发起人的违约责任是否适用诉讼时效

在“广东粤林林产化工有限公司与精盈国际集团有限公司股东出资纠纷二审案”［（2012）桂民四终字第7号］中，广西壮族自治区高级人民法院认为：本案不属于基于投资关系产生的缴付出资请求权，非《诉讼时效规定》第1条第3项规定的不适用诉讼时效的情形。缴付出资请求权是基于股东的法定出资义务而由公司享有的法定债权请求权，不同于基于当事人合意产生的意定债权请求权，可以由当事人自由约定处置，故不适用诉讼时效的规定。而在本案中，并非亿能公司向其出资股东请求补足出资，而是已足额缴付出资的股东向其他未依约履行合同约定出资的股东按照合同约定追究违约责任，该股东的债权请求权不能适用该条文，所以，本案应适用诉讼时效的规定。经查明，精盈国际集团有限公司（以下简称精盈公司）于2006年提起的诉讼为（2006）梧市民初字第84号案件，该案的裁定书明确载明，精盈公司的诉请为要求确认其拥有三个电站的股份，并未涉及开设亿能公司的注册资本不足的违约问题。广西壮族自治区高级人民法院认为，该案与本案处理的是完全不同的法律关系，为两个独立的诉，该案诉讼的提起不符合《民法通则》第140条①规定的情形，不足以认定精盈公司向广东粤林林产化工有限公司（以下简称粤林公司）主张了本案争议的权利，对本案的诉讼并不产生诉讼时效中断的效果。因此，从合同约定的出资期限届满之日起（营业执照颁发之日2005年3月31日起一年，即2006年3月31日），到精盈公司就本案起诉的2011年2月21日，该期间已经过了2年的诉讼时效，故上诉人粤林公司上诉认为本案诉讼时效已过的主张成立，应予以支持，精盈公司的诉讼请求不应得到法院支持。

3. 发起人、协助抽逃出资的其他股东、董事或高级管理人员对瑕疵出资的连带责任是否适用诉讼时效

在“广东兴华实业有限公司、潘某荣股东出资纠纷再审案”［（2016）粤民申5766号］中，原审广东省广州市中级人民法院认为：本案审查的重点在于广东兴华实业有限公司（以下简称兴华公司）作为广东富华房地产开发有限公司（以下简称富华公司）设立时的股东，应否为香港富坚发展有限公司（以下简称富坚公司）在富华公司内未全面履行出资义务的行为向潘某荣承担连带责任。就本案现有证据看：第一，潘某荣对富华公司享有5 282 950.04元债权本金及相应利息，因富华公司被吊销营业执照及无可供执行的其他财产，涉案债权在强制执行程序中已被裁定终结执行，也即富华公司无法清偿其对潘某荣的上述债务。第二，富坚公司作为富华公司股东之一，按照其与兴华公司签订的《合作经营合同》及公司章程，应当履行9629.2万元港币的出资义务。但《验资报告》及工商登记资料显示，富坚公司的实际出资仅有

① 该法已失效，相关规定见《民法典》第195条。

8370 万元港币，尚有 1259. 2 万元港币的出资义务未完成。富坚公司应在未出资本息范围内对富华公司债务不能清偿的部分承担补充赔偿责任。第三，有限责任公司设立时的股东，应承担资本充实责任。资本充实责任是公司法上的法定责任，是违反出资义务股东以外的其他公司设立者应承担的连带责任，因公司设立行为而产生。全体公司设立者中的任何一人，对资本不足的事实均负全部充实责任，债权人可向任意一人主张权利，先行承担资本充实责任的公司设立者，可向违反出资义务的股东求偿。资本充实责任制度的设立，是出于维护债权人利益的考虑。公司设立者或发起人享有比其他股东更多的权利，往往能从设立公司中获取更多的利益，赋予其资本充实的义务，也是权利义务相统一的要求。具体到本案，富华公司组织形式为有限责任公司，兴华公司和富坚公司均为富华公司设立时的股东。兴华公司作为富华公司设立时的股东，应当对富坚公司未完全履行出资义务的行为履行资本充实义务。潘某荣要求兴华公司承担资本充实责任，于法有据，原审法院予以支持。兴华公司在承担责任后，有权向富坚公司追偿。

兴华公司不服原审判决，申请再审时称：原审法院已于 2011 年 7 月 5 日对潘某荣申请执行富华公司一案终结执行，从该日起富华公司已无法以自有资产清偿债务，但潘某荣于 2014 年 1 月 14 日才提起本案诉讼，已超过诉讼时效。

广东省高级人民法院经再审审理认为：关于诉讼时效问题，兴华公司未能举证证实潘某荣何时知悉富坚公司对富华公司出资不足的事实，其称潘某荣提起本案诉讼超过诉讼时效期间，理据不足。

在本案中，法院认为发起人对瑕疵出资所承担的连带责任应适用诉讼时效，该诉讼时效的起算点为公司债权人知道或者应当知道发起人或股东存在瑕疵出资事实之时。

第七章　股东身份纠纷

一、出资时的股东身份纠纷

对于股东资格的取得方式，理论上将其区分为原始取得和继受取得。原始取得包括两种情形：一是在公司设立时认购出资或者股份，二是在公司成立后认购公司新增资本而取得公司股东资格。继受取得是因转让、继承、法律文书或公司合并等方式而取得公司股份。①

出资是取得股东资格最常见的一种方式。实务的难点是如何确定向公司转移财产权利的行为是否构成出资？行为人是否取得股东资格？

（一）实质要件和形式要件的争论

《公司法解释三》第22条：当事人之间对股权归属发生争议，一方请求人民法院确认其享有股权的，应当证明以下事实之一：

（一）已经依法向公司出资或者认缴出资，且不违反法律法规强制性规定；

（二）已经受让或者以其他形式继受公司股权，且不违反法律法规强制性规定。

对于股东资格的判断，学理上通常认为包括实质要件和形式要件。前者指的是出资事实或继受事实，后者包括公司章程记载、股东名册记载、工商登记、公司签发的股权凭证等。而有争议的是，在认定股东身份争议过程中，

① 参见赵旭东主编：《公司法学》（第4版），高等教育出版社2015年版，第225页；最高人民法院民事审判第二庭编著：《最高人民法院关于公司法解释（三）、清算纪要理解与适用》（第2版），人民法院出版社2016年版，第356页以下。

实质要件与形式要件究竟哪个更重要？

从《公司法解释三》第22条及对应的条文理解来看，最高人民法院是从实质意义角度进行判断。①

在“金某生与吴某安、陈某民、休宁县新世纪房地产有限公司股权确认纠纷申请再审案”［（2013）民申字第517号］中，最高人民法院认为：综合本案相关证据，能够证明吴某安向休宁县新世纪房地产有限公司（以下简称新世纪公司）出资的事实。经查，新世纪公司没有设立单独的股东名册，也没有为每个股东出具单独的出资证明书。新世纪公司制作的“明细表”载明：陈某民投入款计94万元、金某生投入款计30万元、吴某安投入款14万元（其中，2002年11月15日建筑材料木材、机械电气等6万元，2003年6月3日4万元，2003年10月23日4万元）、煤厂投入款60万元。该“明细表”上有公司法人代表陈某民的签字和公司财务章。金某生主张该“明细表”为往来账目，吴某安14万元款项为债权，并以公司财务账册中将吴某安14万元记载为“其他应付款”佐证。但新世纪公司主张，金某生所称财务账册，由其妻子王某云保管，在一审中新世纪公司及其他当事人已经对该账册的真实性予以否定，故公司财务账册中“其他应付款”的记载并不足以推翻“明细表”的直接证明效力。除“明细表”之外，新世纪公司分别于2003年6月3日、10月20日和2004年10月11日向吴某安的妻子叶某华出具金额为4万元、4万元和6万元的三张收据，交款事由均载明为“投入款”，总计14万元。其中一份收据上，新世纪公司会计王某云亲笔将收款事由更正为“投入款”。金某生提出三张收据能证明该14万元款项的权利人应是吴某安的妻子叶某华，吴某安无权代替叶某华对新世纪公司主张权利。但叶某华对此已经明确表明投入款对应股权由吴某安享有。三张收据与新世纪公司向陈某民出具的股东出资手续基本相同，形式上均为“收据”，交款事由均载明为“投入款”。该收据与“明细表”相互印证，进一步证明吴某安出资的事实。金某生认为“明细表”上所盖为财务章以及没有其签字，均不足以否定

① 参见最高人民法院民事审判第二庭编著：《最高人民法院关于公司法解释（三）、清算纪要理解与适用》（第2版），人民法院出版社2016年版，第353页以下。

吴某安出资的事实。金某生还主张公司股东身份必须以登记为准，“明细表”不能产生确认公司股东身份的效力。但《公司法》第33条[①]所规定的未经登记不得对抗善意第三人，是就外部效力而言。本案虽股东登记未发生变更，但“明细表”和收据已经证明吴某安实际出资，新世纪公司及陈某民也认可吴某安的股东资格，故一审、二审法院确认吴某安为新世纪公司的股东并无不当。金某生关于吴某安出资14万元系与新世纪公司债权债务关系的申请再审理由不能成立。

本书赞同上述见解，在公司股东资格纠纷中，应当遵循实质要件优先的思路。实质要件其实是从当事人真实意思表示角度来判断股东资格，而形式要件只具有权利推定的效力。如外在形式与当事人真实的意思不符，依据私法自治原理，应以当事人的真意为准。

（二）对《公司法解释三》第22条的评判

《公司法解释三》第22条规定虽总体值得肯定。但从条文内容来看，仍有三点不足之处。

1.《公司法解释三》第22条未说明为何实质要件要优先进行判断

司法解释未能说明为何实质要件要优先进行判断，本书认为应从意思自治角度进行说明。学理上同样有观点认为，股东之间的真实意思表示和相关行为才是判断某人是否为公司股东的决定性证据，其中取得股东资格最核心的合意是投资人与公司之间的合意。股东资格是投资人与公司之间的身份关系，投资者须有成为股东的意思表示，该意思表示被公司接受和认可，双方达成合意。[②] 而实质要件是最能直接体现合意的证据。

2.《公司法解释三》第22条未说明形式要件在判断股东资格时的作用

《山东省高院意见一》第26条：当事人对股东资格发生争议时，人民法院应结合公司章程、股东名册、工商登记、出资情况、出资证明书、是否实际行使股东权利等因素，充分考虑当事人实施民事行为的真实意思表示，综合对股东资格作出认定。

---

① 现为《公司法》（2018年修正）第32条。

② 参见胡田野：《公司法律裁判》，法律出版社2012年版，第203～204页。

如果存在实质要件，并能够作出股东资格认定，自然依据实质要件进行判断。但在实质要件无法查明或存在争议的情形下，应结合形式要件来共同认定股东资格。

在下面这一案例中，最高人民法院详细分析了某笔投入公司的资金在认定出资时的各个要件的判断。此外，最高人民法院还说明，一旦某笔资金被认定为出资，则出资人与公司中任何一方或双方，都不得再将其性质变更为借款。

在“万某裕与丽江宏瑞水电开发有限公司股东资格确认纠纷再审案”［（2014）民提字第00054号］中，最高人民法院认为：本案再审争议的焦点问题是万某裕是否为丽江宏瑞水电开发有限公司（以下简称宏瑞公司）的股东。具体分析如下：

第一，万某裕是否取得了宏瑞公司的股东身份。

股东身份的确认，应根据当事人的出资情况以及股东身份是否以一定的形式为公众所认知等因素进行综合判断。根据本案查明的事实，法院认为万某裕已经取得了宏瑞公司的股东身份。

首先，万某裕已经向宏瑞公司实缴出资，万某裕打入宏瑞公司账户的510万元为出资款而非借款。2008年6月，代表宏瑞公司处理日常事务的唐某云及宏瑞公司股东张某云与万某裕协商，由万某裕向宏瑞公司出资510万元，占30%的股权。由此证明，万某裕在出资之前，已经与宏瑞公司及其股东就出资事宜达成了合意。2008年7月29日，万某裕向云南省丽江市古城区信用合作社贷款530万元，贷款用途明确约定为“电站投资”。2008年8月4日，万某裕将所贷的510万元打入了宏瑞公司的账户，实缴了出资，履行了先前约定的出资义务，宏瑞公司的会计凭证也将该510万元记载为“实收资本”。直至2011年3月15日，唐某云还认可万某裕投入宏瑞公司的510万元是投资款。2011年6月20日及23日，宏瑞公司作出的《账务自查结论》仍然注明“实收万某裕资本金510万元”。以上事实足以证明，万某裕已经按认缴的出资额向宏瑞公司实缴了出资，万某裕支付的510万元为出资款而非借款。

其次，万某裕的股东身份已经记载于《宏瑞公司章程》，万某裕也以股东身份实际参与了宏瑞公司的经营管理。2008年8月10日，唐某云、张某云和万某裕共同修订并签署了新的《宏瑞公司章程》。虽然在《宏瑞公司章程》上签字的自然人股东只有唐某云、张某云两人，但由于唐某云同时还代表宏瑞公司的另一法人股东博尔晟公司，故宏瑞公司章程的修改经过了代表2/3以上表决权的股东通过，符合法定的修改程序，宏瑞公司的另一股东双河电站在本案二审中也明确表示认可修订后的《宏瑞公司章程》，故其应为合法有效。《宏瑞公司章程》中载明，万某裕于2008年8月10日认缴出资510万元，占宏瑞公司注册资本的30%。其后，万某裕以宏瑞公司董事长的身份，出席了双河电站的复工典礼，并多次参加宏瑞公司的股东会，讨论公司经营管理事宜，实际行使了股东权利。

宏瑞公司主张，《宏瑞公司章程》第64条规定"本章程经公司登记机关登记后生效"，但该章程事实上并未在工商部门登记，因而没有生效。法院认为，该章程除第64条规定了章程的生效问题外，还在第66条同时规定"本章程于二〇〇八年八月十日订立生效"。这就出现了同一章程对其生效时间的规定前后不一致的情形，此时根据章程本身已经无法确定生效的时间，而只能根据相关法律规定和法理，对《宏瑞公司章程》的生效问题作出判断认定。公司章程是股东在协商一致的基础上所签订的法律文件，具有合同的某些属性，在股东对公司章程生效时间约定不明，而公司法又无明确规定的情况下，可以参照适用合同法的相关规定来认定章程的生效问题。参照合同生效的相关规定，最高人民法院认为，经法定程序修改的章程，股东达成修改章程的合意后即发生法律效力，工商登记并非章程的生效要件，这与公司设立时制定的初始章程应报经工商部门登记后才能生效有所不同。本案中，宏瑞公司的股东在2008年8月10日即按法定程序修改了原章程，修订后的《宏瑞公司章程》合法有效，因此应于2008年8月10日开始生效，宏瑞公司关于《宏瑞公司章程》并未生效的主张，法院不予支持。宏瑞公司章程的修改，涉及公司股东的变更，宏瑞公司应依法向工商机关办理变更登记，宏瑞公司未办理变更登记，应承担由此产生的民事及行政责任，但根据《公司法》第33条[①]的规定，公司股东变更未办理变更登记的，变更事项并非无效，而仅是不具有对抗第三人的法律效力。综上，宏瑞公司关于《宏瑞公司

① 现为《公司法》(2018年修正)第32条。

章程》未生效、无效的主张，无法律及事实依据，最高人民法院不予采信。

万某裕主张，以2010年1月3日所作的《股东会决议》为依据，确认其持有宏瑞公司53%的股权。但该《股东会决议》是为宏瑞公司对外转让股权这一特定事宜而作出，后来因未能找到受让方，股权转让事宜并没有付诸实施。《股东会决议》确定的股东持股比例是以各股东当时到账的出资数而非以股东认缴的出资数为依据计算出来的，主要目的在于分配股权转让款，《股东会决议》本身并没有对《宏瑞公司章程》中确定的各股东出资数及持股比例作出改变，也不涉及宏瑞公司的减资事项，在股东会决议事项并未实施，《宏瑞公司章程》依然合法有效，各股东仍应按其中所认缴的出资数额继续履行出资义务的情况下，应以《宏瑞公司章程》为依据确定万某裕持有宏瑞公司的股权比例，即万某裕持有宏瑞公司的股权比例为30%，其主张持有宏瑞公司53%的股权，最高人民法院不予支持。

第二，万某裕对宏瑞公司的股权是否转变为债权。

2010年11月20日，唐某云代表宏瑞公司给万某裕补写了一张“借条”，其中载明：“借到万某裕人民币510万元，此款已于2008年8月4日打入公司账户，由公司承担信用社利息和本金归还，期限为一年半，若到期未能偿还作为资本债转为公司股金。”“借条”出具之前，唐某云于2009年7月26日、2010年5月18日分两次向万某裕的账户共汇入110万元，“借条”出具之后，唐某云于2011年3月3日再次向万某裕的账户汇入400万元，合计510万元。宏瑞公司主张其与万某裕之间的投资关系已经因“借条”的出具而转变为借款关系，并且通过唐某云的还款行为而将借款进行了清偿，万某裕对此予以否认。因此，“借条”及唐某云的汇款，是否使万某裕对宏瑞公司的股权转变成了债权，是本案当事人争议的关键问题。根据既有的法律规定，综合考虑案件事实情况，最高人民法院认为万某裕对宏瑞公司的股权并未转变为债权。理由如下：

首先，股东不得抽逃出资是公司法的一项基本制度和原则，我国《公司法》对此作了明确规定。股东向公司出资后，出资财产即转变为公司的法人财产，其独立于股东个人的财产而构成公司法人格的物质基础。股东从公司抽回出资，则会减少公司资本，动摇公司的独立法人地位，侵害公司、其他股东和公司债权人的利益，因而为法律所严禁。本案中，万某裕打入宏瑞公司账户的510万元性质上为出资款，且为《宏瑞公司章程》所确认，该510万元进入宏瑞公司的账户后，即成为宏瑞公司的法人财产，无论是万某裕主动要求宏瑞公司将其出资转变为借款，还是唐某云代表宏瑞公司向万某裕出具“借条”并将出资作为借款偿还，抑或是万某裕与宏瑞公司协商一致，将出资转变为借款而归还，本质上都是根本改变万某裕对宏瑞公司出资性质的违法行为，都会导致万某裕抽回出资并退股的法律后果，这是有违公司法的禁止性规定的，因而上述行为均应无效，万某裕的股东身份自然也不应因此种无效行为而改变。最高人民法院尤为强调的是，抽逃出资并不限于抽逃注册资本中已经实缴的出资，在公司增资的情况下，股东抽逃尚未经工商部门登记，但已经成为公司法人财产的出资同样属于抽逃出资的范畴，亦在公司法禁止之列。故此，二审法院关于宏瑞公司并未将万某裕出资的510万元登记为公司注册资本，宏瑞公司或者万某裕将510万元转变为借款并非抽逃出资的认定不当，最高人民法院予以纠正。

其次，“借条”并不能证明万某裕对宏瑞公司的出资已经转变为借款。即便不考虑前述法律禁止性规定的因素，单纯从“借条”这一证据本身分析，亦不能得出万某裕对宏瑞公司的出资已经转变为借款的结论。“借条”对万某裕打入宏瑞公司账户的510万元规定了一年半的还款期限，在此期限内宏瑞公司如未能归还本息，则该510万元即转为股金。万某裕和宏瑞公司对一年半的借款期限究竟应从何时起算存在争议。最高人民法院认为，在当事人没有特别约定的情况下，按照交易惯例，借款期限应从款项实际交付给借款人时起算，具体到本案，即使将万某裕的出资当作借款，借款期限也应从510万元打入宏瑞公司账户的2008年8月4日起算，这与万某裕从丽江市古城区信用合作社贷款一年半的期限正好吻合。宏瑞公司主张借款期限应从“借条”出具的2010年11月20日起算，但此时万某裕已经将该款项打入宏瑞公司两年多，宏瑞公司实际占有和使用此款项却不属于借款，当然也无须支付借款的利息，而万某裕从银行贷款帮助宏瑞公司渡过难关，不但没有获得任何对价，还需要自行承担贷款的利息，这不但违背常理，也有失公平，故法院对宏瑞公司的此项主张不予支持。按2008年8月4日计算借款期限，至2010年2月4日一年半的期限届满，宏瑞公司并未归还全部借款，按“借条”的约定，万某裕支付的510万元也应转为出资而非借款。同时，“借条”载明应由宏瑞公司承担510万元贷款的利息归还义务，但事实上该项贷款的利息919 820.88元系由万某裕偿还，无论借款期限从何时起算，宏瑞公司均未在“借条”约定的一年半的借款期限内偿付利息，从这一角度考量，万某裕支付的510万元也应属于出资而非借款。因此，原一审、二审法院认定“借条”已将万某裕与宏瑞公司之间的投资关系转变为借款关系确有不当，最高人民法院予以纠正。在万某裕向宏瑞公司支付的510万元属于出资款，不应作为借款返还的情形下，唐某云可以另行向万某裕主张返还其所支付的510万元。

综上所述，万某裕已经取得了宏瑞公司的股东身份，“借条”的出具并不能将其对宏瑞公司的股权转变为债权，万某裕有权要求宏瑞公司确认其股东身份并办理股东变更登记。① 最终，最高人民法院判决确认万某裕为宏瑞公司的股东，出资510万元，持有30%的股权。宏瑞公司应于判决生效之日起15日内，配合万某裕办理股东变更登记手续。

3.《公司法解释三》第22条未说明各个形式要件在记载冲突时的效力顺序

《浙江省高院意见》第6条：在出资证明、股东名册、公司登记文件等对股权的记载有冲突时，何者证明力更强？

一般情况下上述文件对股东身份的记载是相同的，不会发生矛盾和冲突。但由于各种原因，也会经常出现相互间的不一致。例如，股权转让后，股东名册中已作记载但尚未办理股东变更登记，或已办理股东的变更登记但在股东名册中未作相应记载。究竟应以出资证明书、股东名册的记载还是以股东的变更登记作为股权权属变更的标志？我们认为，股权的变更登记具有更强的证明力，理由是：（1）在法律上，以登记获得的权利通常都以登记形式转移；（2）出资证明书和股东名册只是公司出具和控制的股权证明形式，易出

---

① 本判决是研究出资与股东资格确认纠纷的极佳素材。学理上的分析文章可参见王军：《解读万家裕出资纠纷案》，载微信公众号“法律那些事儿”2016年7月14日。

现不规范和随意行为，不具有登记所具有的公示力和公信力；（3）股权代表着十分重要的财产利益，为防止和减少可能的纷争，有必要规定与不动产转让类似的登记生效或登记对抗要件。

关于形式要件冲突时的效力顺序问题，《公司法解释三》第22条未予明确，《浙江省高院意见》认为变更登记优先于股东名册及出资证明书。本书赞同这一观点。

二、转让时的股东身份纠纷

《九民会议纪要》第8条【有限责任公司的股权变动】：当事人之间转让有限责任公司股权，受让人以其姓名或者名称已记载于股东名册为由主张其已经取得股权的，人民法院依法予以支持，但法律、行政法规规定应当办理批准手续生效的股权转让除外。未向公司登记机关办理股权变更登记的，不得对抗善意相对人。

（一）理论上关于股权移转生效的观点

股权何时移转是理论及实务上争议非常大的地方，本书将其概括为如下四种观点：

第一，意思主义。该观点认为，股权转让合同生效后，股权就在当事人间发生移转，股东名册变更则产生对抗公司的效力，工商登记变更产生对抗第三人的效力。

第二，通知主义。该观点认为，股权转让合同生效后，股权移转在通知公司后，受让人取得股权。①

第三，名册主义。该观点认为，股权转让合同与股权移转要区分对待，股权转让合同生效后，股权尚未移转，待公司完成股东名册变更后，受让人取得股权。工商登记变更产生对抗第三人的效力。

第四，登记主义。这种观点认为，有限责任公司股权自公司登记机关核

---

① 《山东省高院意见一》第35条第1款：股权转让合同生效后，受让人的股东资格自转让人或受让人将股权转让事实通知公司之日取得。但股权转让合同对股权的转让有特殊约定，或者股权转让合同无效、被撤销或解除的除外。

准变更登记之日起移转。公司登记机关变更登记是股权转让的法定要件，未经公司登记机关变更登记，股权转让不发生法律效力。

（二）对《九民会议纪要》观点的评判

《九民会议纪要》将股权移转分为三层法律关系：股权移转合同、股权移转生效和股权移转公示。除法律另有规定或合同另有约定外，股权移转合同自成立时生效，受让人未记载于股东名册或未向登记机关办理变更登记的，不影响股权转让合同的效力。在受让人姓名或名称记载于股东名册后，股权移转生效，此时股权移转到受让人名下。至于公司登记机关的变更登记则是股权移转的对抗要件，未经变更登记，不得对抗善意第三人。这意味着《九民会议纪要》采纳了"名册主义"的观点。

对于《九民会议纪要》中股权移转生效部分的观点，本书并不赞同，具体理由如下：

第一，干涉了当事人意思自治。根据《九民会议纪要》的观点，以股东名册的变更作为股权移转的标志。最高人民法院也考虑到虽然公司法中明确要求有限责任公司应当置备股东名册，但是目前实践中部分公司管理不规范，存在股东名册形同虚设甚至不设股东名册的情况。针对这一现实情况，考虑到股东名册记载变更的目的归根结底是公司正式认可股权转让的事实，最高人民法院认为审判实践中可以根据案件实际审理情况，认定股东名册是否变更。在不存在规范股东名册的情况下，有关的公司文件，如公司章程、会议纪要等，只要能够证明公司认可受让人为新股东的，都可以产生相应的效力。① 根据上述规定，实际是以公司同意的方式来决定股权移转的效力，这是对转让股东和受让人意思自治的不当干涉，何以由公司来决定股权移转的效力？

虽然股权与债权性质不同，但在权利移转方面，股权转让其实和债权转让应适用相同的原理，根据《合同法》第 80 条第 1 款，② 债权人转让权利

---

① 参见最高人民法院民事审判第二庭编著：《〈全国法院民商事审判工作会议纪要〉理解与适用》，人民法院出版社 2019 年版，第 135 页。

② 现为《民法典》第 546 条第 1 款。

的，应当通知债务人，未经通知，该转让对债务人不发生效力。这种通知生效方式才符合权利转让的要求，《九民会议纪要》的理解明显让义务人干涉权利移转，是没有道理的。

第二，不利于受让人的权利救济。最高人民法院也注意到，如果公司不变更股东名册，应为受让人提供救济途径。具体途径有两个：一是要求转让股东通知公司办理股东名册变更手续，如果转让股东怠于或拒绝履行该义务，受让人可以追究转让股东的违约责任；二是如果公司接到股权移转的通知后怠于或拒绝变更公司名册的，转让股东和受让人都可以以公司为被告起诉请求办理股东名册变更。

对于前一种救济途径，受让人虽可追究转让股东的违约责任，但却不能直接就股权提出权利主张，并不是直接或根本的权利保障途径。而后一种救济途径就存在难以理解的地方了，按照《九民会议纪要》的观点，公司股东名册变更后受让人才成为公司股东，此时公司拒绝变更股东名册，说明受让人还不是公司股东，这时受让人对公司提起诉讼的请求权基础是什么？根据最高人民法院的观点，似乎受让人根据股权转让合同就可以要求公司办理股东名册的变更，但公司并非股权转让合同的当事人，这种做法明显缺乏逻辑。①

本书认为，对于股权何时移转问题，《九民会议纪要》及最高人民法院相关观点缺乏合理性。股权转让应适用债权转让原理，也就是意思主义的观点，具体来说：股权转让合同生效后，股权即从转让人移转至受让人名下；转让人或受让人通知公司后，股权移转对公司发生效力，如公司怠于变更股东名册或申请变更登记，受让人可以公司为被告，要求其办理股东名册变更及工商变更登记。在工商变更登记前，股权转让不得对抗善意第三人。

在“马某、梁某武股权转让纠纷二审案”［（2019）川15民终1525号］中，四川省宜宾市中级人民法院认为：针对梁某武是否具有目标公司股东身份的问题，马某上诉认为梁某武通过股权转让已经获得股东身份，只是尚未

① 参见最高人民法院民事审判第二庭编著：《〈全国法院民商事审判工作会议纪要〉理解与适用》，人民法院出版社2019年版，第137页。

完善登记备案手续，一审法院认定梁某武不是目标公司股东错误。宜宾市中级人民法院认为，马某的该上诉理由不能成立，阐述如下：（1）股东身份获取分为原始取得与继受取得，股权转让属于继受取得股东身份。继受取得股东身份的核心要素在于基础法律关系，股权转让过程以股权转让协议的形式表现出来，即股东身份依协议的效力而定，协议系证明股东资格的原始证据。至于股东名册等内部凭证，仅是认定股东身份的有效证据，股东名册上记载的人可以推断为股东，没有记载的人并非当然不是股东。至于工商登记之类的外部记载，仅是对抗证据，对认定股东身份起辅助作用。股东名册、工商登记等内外部记载属于股权转让过程中的履行行为，如公司未予履行，股权受让人可依基础法律关系起诉公司要求将其记载于股东名册或登记于工商部门。（2）据此，公司未将梁某武的名字记载于股东名册或工商登记，并不构成梁某武股东身份的缺失。

（三）“一股多转”时的股东身份争议

《山东省高院意见一》第35条第2款：股东将同一股权多次转让的，人民法院应认定取得工商变更登记的受让人具有股东资格。

《山东省高院意见一》第35条第3款：股东将同一股权多次转让，且均未办理工商登记变更手续的，股权转让通知先到达公司的受让人取得股东资格。

“一股多转”与民法上的债权多重让与问题具有共通性。根据《民法典》第768条的规定，应收账款债权人就同一应收账款订立多个保理合同，致使多个保理人主张权利的，已经登记的先于未登记的取得应收账款；均未登记的，由最先达到应收账款债务人的转让通知中载明的保理人取得应收账款 。[①]

笔者认为，上述《山东省高院意见一》暗合现行民法权利多重让与原理，值得赞同。

① 关于债权多重让与问题，《民法典》仅在保理合同章节规定了登记＋让与通知的公示方式。实践中可能导致该条适用范围有限。学理上有观点认为，该条应广泛适用于债权让与问题中。具体可参见李宇：《民法典中债权让与和债权质押规范的竞合》，载《法学研究》2019年第1期。

三、除名时的股东身份争议

《公司法解释三》第17条第1款：有限责任公司的股东未履行出资义务或者抽逃全部出资，经公司催告缴纳或者返还，其在合理期间内仍未缴纳或者返还出资，公司以股东会决议解除该股东的股东资格，该股东请求确认该解除行为无效的，人民法院不予支持。

股东除名将导致股东失去股东身份，对股东权益影响非常大，因此在适用时须有严格的适用条件，以防止造成对个别股东不公正对待。最高人民法院在司法解释中规定了股东除名的前置程序，具体分为三步：股东未履行出资义务或抽逃全部出资、在公司催告后的合理期间内未缴纳或返还出资、股东（大）会以决议形式解除股东资格。

（一）股东除名第一步：股东未履行出资义务或抽逃全部出资

在“上海吾创园林建设有限公司诉黄某公司决议效力确认纠纷二审案”［（2014）沪一中民四（商）终字第2047号］中，上海市第一中级人民法院认为：根据2014年修改后的《公司法解释三》第17条的规定，通过股东会决议形式对股东进行除名的行为应具备相应的条件和程序，本案中系争协议第4条的约定并不符合一定的条件和程序，具体理由为：解除股东资格措施应适用于严重违反出资义务的情形，即“未出资”或“抽逃全部出资”，而未完全履行出资义务和抽逃部分出资不应包括在其中。审理查明的事实表明，本案中上海吾创园林建设有限公司的股东均已经履行了各自部分的出资义务。

（二）股东除名第二步：股东在公司催告后的合理期间内未缴纳或返还出资

司法解释并未规定合理期间究竟是多长时间。在“申某中诉上海中科网威信息技术有限公司请求变更公司登记纠纷二审案”［（2016）沪01民终9059号］中，上海市第一中级人民法院认为：北京中科网威信息技术有限公司（以下简称北京中科公司）是在合理期间内返还部分抽逃出资的。2015年9月29日，上海中科网威信息技术有限公司（以下简称上海中科公司）向北京中科公司发函，要求北京中科公司于同年10月9日前返还出资560万元。

申某中上诉认为，上海中科公司所发函件规定的期间即为《公司法解释三》（2014 年修正）第 17 条第 1 款规定的“合理期间”，北京中科公司只有在该期间内返还出资才能被认定不属于抽逃全部出资。对此，法院认为，上海中科公司在函件中规定的期间并不合理。因为，从 2015 年 9 月 29 日至 10 月 9 日一共才 11 天，其间内还有为期 7 天的“十一”国庆长假。显然，上海中科公司催告北京中科公司返还出资的时间过短。现北京中科公司归还 5000 元的时间为 2015 年 10 月 12 日，只比上海中科公司在函件中规定的时间晚了 3 天。而且，该还款行为发生在同年 10 月 19 日申某中发出股东会会议通知及 11 月 5 日股东会召开之前。另外，需要指出的是，《公司法解释三》第 17 条系借鉴德国法上的股东除名制度而来。尽管该司法解释没有如德国法那样明确规定催告的宽限期至少为一个月，但在文义表达上使用的是“合理期间”而非“公司催告的期间”。可见，公司催告的期间合理与否在判断解除股东资格行为的效力时至关重要。因此，上海市第一中级人民法院认定北京中科公司返还部分出资是在合理期间内。

在“张某萍、臧某存公司决议纠纷再审案”［（2018）最高法民再 328 号］中，最高人民法院认为：在股东抽逃全部出资的情况下，公司要想以股东会决议方式解除股东资格，还要催告股东返还抽逃的出资，并给其合理的期限。本案中，青岛凯发置业有限公司（以下简称凯发公司）先后通过手机短信、特快专递以及在相关媒体刊载公告等方式向张某萍发送《催告返还抽逃出资函》，尽管没有直接证据证明张某萍收到了前述函件，给其预留的 5 天还款期限也难谓合理。但考虑毕竟是张某萍抽逃出资在先，且凯发公司早在 2014 年就曾通过召开股东会决议方式解除张某萍的股东资格，张某萍通过诉讼方式撤销了该股东会决议，由此可以证明张某萍对凯发公司要求其返还出资并在其未及时返还情况下决议将其除名是知道的。在此情况下，对催告是否合法不宜过苛，故原审法院认为凯发公司已经履行合法的催告程序并无不当。

（三）股东除名第三步：股东会以决议形式解除股东资格

除了公司章程对股东除名表决方式另有规定外，以普通决议方式通过即可解除股东资格。实务中有争议的是对股东除名决议，拟被除名的股东是否有表决权?

在“上海万禹国际贸易有限公司、宋某与杭州豪旭贸易有限公司公司决议效力确认纠纷二审案”［（2014）沪二中民四（商）终字第1261号］中，上海市第二中级人民法院认为：根据法院审理查明的事实和对杭州豪旭贸易有限公司（以下简称豪旭公司）存在抽逃对万禹公司全部出资的情形，且在上海万禹国际贸易有限公司（以下简称万禹公司）向其催告后仍未返还的认定，万禹公司以股东会决议形式解除豪旭公司股东资格的核心要件均已具备，但在股东会决议就股东除名问题进行讨论和决议时，拟被除名股东是否应当回避，即是否应当将豪旭公司本身排除在外，各方对此意见不一。《公司法解释三》对此未作规定。法院认为，《公司法解释三》第17条中规定的股东除名权是公司为消除不履行义务的股东对公司和其他股东所产生的不利影响而享有的一种法定权能，是不以征求被除名股东的意思为前提和基础的。在特定情形下，股东除名决议作出时，会涉及被除名股东可能操纵表决权的情形。故当某一股东与股东会讨论的决议事项有特别利害关系时，该股东不得就其持有的股权行使表决权。本案中，豪旭公司是持有万禹公司99%股权的大股东，万禹公司召开系争股东会会议前通知了豪旭公司参加会议，并由其委托的代理人在会议上进行了申辩和提出反对意见，已尽到了对拟被除名股东权利的保护。但如前所述，豪旭公司在系争决议表决时，其所持股权对应的表决权应被排除在外。法院认为，本案系争除名决议已由除豪旭公司以外的其他股东一致表决同意系争决议内容，即以100%表决权同意并通过，故万禹公司2014年3月25日作出的股东会决议应属有效。此外需要说明的是，豪旭公司股东资格被解除后，万禹公司应当及时办理法定减资程序或者由其他股东、第三人缴纳相应的出资。①

该案中，上海市第二中级人民法院认为，在股东除名决议中，拟被除名股东不能行使表决权。因而该案案涉公司中仅占股1%的小股东得以100%表决权通过的方式作出了股东除名决议，占股99%的大股东被解除了股东资格。

---

① 理论上详细赞同观点可参见陈克：《再论股东除名制度中的表决权限制——从填补法律漏洞视角下展开》，载《法律适用》2015年第12期。

在“张某萍、臧某存公司决议纠纷再审案”［（2018）最高法民再328号］中，关于被除名的股东是否享有表决权这一问题，最高人民法院认为，被除名的股东不享有表决权，主要理由为：首先，股权来自出资，在拟被除名股东没有任何出资或者抽逃全部出资的情况下，其不应享有股权，自然也不享有表决权；其次，除名权是形成权，在符合一定条件时，公司即享有单方面解除未履行出资义务或抽逃全部出资股东的股东资格的权利。如果认为被除名的大股东仍然享有表决权的话，那么《公司法解释三》第17条的规定将会被虚置，失去其意义。

（四）股东除名制度与公司减资程序的衔接

公司股东会作出除名决议后，公司应当办理减资手续或者由其他股东、公司外第三人缴纳相应的出资。

如果股东除名后只能办理减资，因其并非正常的通过特别决议方式进行的减资，从理论角度来看，属于法定减资程序的一种，但同样适用《公司法》第177条。

（五）股东除名制度的类推适用：公司章程规定股东除名事由

《广东省高院解答意见》三、适用公司、企业法律疑难问题

（七）章程或股东会决议约定的除名情形发生时，被除权股东提起除名约定无效之诉的处理

《中华人民共和国公司法》对于股东除名并无规定，可以按照公司章程或股东之间的协议处理。被除名股东提起除名决议无效之诉的，程序上按照股东会决议无效之诉处理，实体处理原则尊重当事人意思自治，审查约定事由的适法性，不宜轻易认定违反公司法强制性规定。

学理上有观点认为，公司股东除名，存在下列三种情形：一是公司有关立法规定严重的瑕疵出资等公认的适用情形，二是公司章程关于除名事由的特定规定，三是将概括的“重大事由”作为有弹性的适用情形，留给司法的有弹性的适用。①

---

① 参见李建伟：《有限责任公司的股东除名制度研究》，载《法学评论》2015年第2期。

司法解释仅规定了第一种情形。德国公司法认为开除是消除不良状态最极端和最后的手段，而其立法上列举了诸多除名理由：年老、精神异常、长期患病卧床等由于生理因素从而影响其参与公司经营之可能，给公司运作带来严重困难；股东丧失了章程规定应具备的特定身份或资格；股东行为严重违反信义义务；等等。①

现在较为共识的观点认为，在不违反法律法规的强制性规定，不违背公共秩序和善良风俗、诚实信用原则的前提下，有限责任公司的章程可以规定股东除名事由。从已发生的除名纠纷来看，以解除劳动关系为由的股东除名事由最为常见，也有少部分因滥用股东权利，损害公司和其他股东利益而被除名的案例。

在“蒋某诉衡阳市天安客运发展有限公司公司盈余分配纠纷二审案”［（2014）衡中法民二终字第92号］中，湖南省衡阳市中级人民法院认为：衡阳市天安客运发展有限公司（以下简称天安公司）“以经营者员工持股的方式实行产权制度改革”的改制方案经衡阳市政府批准同意，其公司章程中有关“经员持股、股劳结合、以岗定薪、岗变薪变”的内容亦由天安公司全体股东共同讨论通过，是全体股东的真实意思表示，代表了全体股东的共同意志。“经员持股、股劳结合”是天安公司全体股东基于改制企业的特殊性，对股东资格的取得方式、股权结构所进行的特别约定，该约定对股东向股东以外的人转让股权进行了限制，实质上排除了职工以外的人成为公司股东的可能性。虽然我国《公司法》第71条第2款规定了有限责任公司股东可以向股东以外的人转让股权，但该条第4款同时规定“公司章程对股权转让另有规定的，从其规定”。因我国《公司法》并未禁止公司章程对股东对外转让股权作出限制性规定，故天安公司《公司章程》中有关“经员持股”的特别约定并不违反法律、行政法规的强制性规定，亦不损害全体股东的利益和公司利益，具有优先于《公司法》有关规定适用的效力。我国《公司法》及司法解释并未否定有限责任公司的股东除名制度，根据私法“法无明文禁止

---

① 参见［德］托马斯·莱塞尔、［德］吕迪格·法伊尔：《德国资合公司法》（第6版），高旭军等译，上海人民出版社2019年版，第645页。

即为许可”的原则，在不违反诚实信用原则与公序良俗的情形下，基于有限责任公司的自治性，公司股东可以在公司章程中对股东资格终止的事由作出约定。如果股东违反了公司章程中有关股东资格终止的条款，且穷尽内部救济程序无法解决，则有限责任公司股东会作为股东行使所有者权利的最高权力机构，有权依照法定程序对该股东作出终止股东资格的决议。本案中，蒋某辞职后，即不再具有天安公司劳动者的身份，丧失了公司章程约定的“经营者员工持股”的基础。在其已不具备人合性的情形下，继续保留其股东资格不利于对在职股东合法权益的保护，亦不利于维护公司的自身利益以及稳定与发展。天安公司第二次临时股东代表大会作为天安公司的最高权力机构，根据公司章程中有关“经员持股”的特别规定，作出终止蒋某股东资格的决议，程序合法，实体上亦不违反公司法的强制性规定以及诚实信用原则，合法有效。天安公司全体股东讨论通过的《股权管理办法》亦是公司约束股东之间权利义务的基本准则，体现了全体股东的共同意志，与《公司章程》具有同等的法律效力。因我国《公司法》未对有限责任公司股权回购作出禁止性规定，且《股权管理办法》中明确约定了股权回购后由公司进行代管，并对回购的股份作出了具体安排，亦不违反公司的资本维持、资本不变原则，同时也不损害公司股东和外部债权人的合法权益。因此，天安公司《股权管理办法》中有关股权回购的约定合法有效。蒋某辞职并经股东会决议终止股东资格后，天安公司可以根据《股权管理办法》的约定按原值回购蒋某的股权。该案中，法院判决认可了公司章程规定的除名事由，即员工股东离职后除名的规定。

在“某电子公司诉肖某、第三人郑某、马某确认公司股东决议效力纠纷案”［（2013）容民初字第14号］中，广西壮族自治区容县人民法院认为：原告公司是人资两合的有限责任公司，即不但具有公司股东通过各自对公司的出资取得相应股东权利的资合性，还应当具有以公司股东之间相互信任、共同维护公司利益作为合作基础的人合性。有限责任公司的章程，是公司全体股东依据我国《公司法》的规定经过自愿协商而设立的重要文件，公司章程一经登记机关备案登记，不但对公司股东具有合同性约束力，也具有对外的公信力。而有限责任公司依照法定程序召开股东会议作出的决议，只要其内容符合法律和公司章程的规定，全体股东就都应当执行，如个别股东对决议有异议，应当按照法定的程序提出意见和主张。所以，有限责任公司的股东都应当依照法律和公司章程的规定正确地行使股东权利和承担股东义务。我国《公司法》第 20 条规定，公司股东应当遵守法律、行政法规和公司章程的规定，依法行使股东权利，不得滥用股东权利损害公司、其他股东和公司债权人的利益。虽然我国《公司法》对滥用股东权利损害公司或者其他股东利益的股东没有作出可以除名的规定，但公司可以依照《公司法》有关减资的规定，结合股东在公司章程中的约定，通过召开股东会议，对滥用股东权利、损害公司或者其他股东利益，致使公司股东之间丧失人合基础的股东作出除名的决议。

本案被告是原告公司的股东，在处分自己持有的公司股权时，违反了法律和公司章程以及股东协议的规定和约定，一再坚持要将其股权仅转让给与公司控股股东存在重大矛盾的公司之外的人，甚至委托其参加股东会议，致使股东会无法正常召开。这显然是一种滥用股东权利、损害公司和其他股东利益的行为。此外，被告在对待公司重大决策的问题上，不但经常不参加经公司通知召开的股东会议，并且在未与公司和其他股东商议的情况下，滥用股东权利，随意否定经过自己表决作出的股东会决议，致使股东会议作出的重要决议不能正确实施，从而扩大了公司的经营成本，造成公司不必要的重大经济损失。综上所述，被告不正确行使股东权利的重大过错行为，不但已经直接损害了原告公司的利益，而且严重伤害了股东之间的信任感，公司其他股东与被告之间已经丧失了继续合作的基础。原告公司为了公司的正常经营管理和发展，维护公司其他股东的利益，依照法定程序召开股东会议，按照我国《公司法》和原告公司章程以及公司股东协议的相关规定，于 2012 年 11 月 14 日通过召开股东会议，作出对被告股东除名的决议，不但程序合法，事实和法律依据充分，返还被告的出资款金额及给予适当经济补偿合理（被告坚持要将其所占股权转让他人的价款是 111.5 万元），而且在对因被告被股东除名后造成减资的问题上，有了保证公司注册资本金不变的措施，不致损害公司债权人的利益，所以，依法应当确认为有效的股东会决议。对于被告提出原告公司于 2012 年 8 月 29 日作出修改《公司章程》的股东会决议没有经过其同意以及原告公司作出对其股东除名的决议缺乏事实、法律和公司章程依据的抗辩理由，因与本案查明的事实和相关的法律规定不符，法院不能采纳。

本书认为，如因公司章程规定股东除名事由发生争议，公司想要获得法院支持，须做到如下几点：

第一，公司章程规定的股东除名事由须具有法律上的正当性，不得违反法律法规的强制性规定，不违背公共秩序和善良风俗、诚实信用原则。

第二，公司须召开股东会，作出股东除名的一般决议。

第三，股东除名后，公司应返还被除名股东所持股权对应的出资款，同时办理减资手续或者由其他股东、公司外第三人缴纳相应的出资。

四、代持股时股东身份纠纷

《广西壮族自治区高院意见》第29条【隐名出资关系的定性及其理由】：关于名义股东与实际出资人之间关系定性问题，在理论和实务上的提法或定义大致有两种：即“隐名出资”关系或“代持股”关系，两者分别倾向于“形式要件说”与“实质要件说”，根本区别是：前者坚持主要以合同关系来定性隐名出资，认可的是名义股东的股东资格；后者则认可隐名股东才是真正的股权所有者且否定名义代持人的股东资格。

原则上应当坚持“形式要件说”与合同关系的定性。原因在于：(1)两种定义在实体结论上并无根本冲突。“代持股”的定义主要针对的是公司或其他股东知悉代持情况的案例或情形，且所涉纠纷主要涉及公司内部关系，而在这些情形中“隐名出资”定义下的相关形式要件也可以弱化，其实无论采取哪种定义，实体结论上就是要承认隐名出资关系或代持股关系在公司内部治理中的实质效力，且登记显名的外观不具有对内的对抗效力。(2)承认隐名人具有实质股东资格，并不一定完全符合实际出资人的真实意图。所谓间接出资，就是打算排除自己的股东资格，这既可能旨在合理避开行政管制对某类公司的股东身份的特殊要求，也可能是基于特定的投资目的或经营安排。总之，实际出资人可能本来就打算利用与显名人的私下关系来实现特定的投资安排，其本身也完全能够预见此种投资模式的风险，故坚持主要以合同关系来定性隐名出资，不仅是合同相对性原理的自然体现，同时也符合市场交易规律，反之还存在司法过度干预之嫌。(3)“实质要件说”实际上混淆了出资法律关系与一般合同关系，弊大于利。基于实际出资人的委托，名义股东与公司及其他股东所形成的公司法上的出资法律关系，与一般的合同关系所不同，不宜简单类比适用代理规则，否则即使仅在公司内部承认隐名股东的股东资格，这种股东资格的不确定性也极易泛化，这将严重削弱股东集体表意或公司法人意志的安定性，同时破坏公司内部运行机制与治理模式的稳定性。(4)隐名出资模式的现实样态较为多样，“代持股”的定义所着眼的案件类型仅为其中一种，即公司内部知悉的情形，该定义在其他情形或类型中可能形成不公平、不合情理的裁判结论；而“隐名出资”的定义不仅能解释公司内部知悉的类型，还可以涵盖公司或股东不知悉的情形，进而构建更为自洽、协调的规则体系。

《广西壮族自治区高院意见》第30条【隐名出资的一般性规则】：(1)合同效力问题。隐名出资合同（也可称为代持股协议）的当事人为实际出资人与名义出资人，双方约定以名义出资人为名义股东但由实际出资人出资并享有投资权益、承担投资风险。该合同为非要式合同，不以具备特定书面形式为要件。该合同生效不以获得其他股东之同意为条件；即使公司章程或股东内部协议禁止股东为公司外第三人持股，也只导致名义股东对公司或其他股东承担相应责任，名义股东与实际出资人间的合同效力仍可不受影响。

(2)股东资格问题。名义上的出资人实质上具有股东资格，其在公司中享有股东权益并承担股东义务与责任，其原则上不得以隐名出资关系对抗公司、其他股东及债权人向其主张相关股东义务与责任；而实际出资人实质上并非公司股东，其不享有公司股东权利，原则上不得凭借隐名出资关系直接向公司主张股东权利，其仅有权依据隐名出资合同或代持股协议向名义股东主张合同权利。

(3)公司治理问题。在公司内部治理中原则上只能由名义股东直接参与公司经营管理。实际出资人直接以自己名义在股东会决议等公司文件上签名的，可能会导致该公司文件的效力存在瑕疵。

(4)出资义务问题。实际出资人原则上应先将所出资财产转让给名义股东，再由名义股东转让给公司。实际出资人可以以第三人的身份代为履行，其以名义股东缴纳出资的名义直接向公司转让相应财产权利的，履行出资的效果可归于名义股东；但出资财产存在瑕疵而导致出资不足或不实的，仍应由名义股东直接承担补足义务。

（5）知情权问题。实际出资人不具备股东资格，表面上无权依据《公司法》第33条直接向公司主张查阅权与复制权；同理，行使了知情权的名义股东也不得直接将获取的公司内部信息转达给实际出资人。但至少在以下两种情况中，名义股东可向实际出资人转交查阅与复制结果：一是公司或其他股东多数同意的情况下，即公司形成法人意志，同意向特定第三人披露相关公司信息；二是隐名出资的投资模式已经为全体股东所知晓或认可，甚至实际出资人一直以登记股东的名义实际参与着公司经营管理。

（6）“隐转显”之问题。隐名出资法律关系并不当然包含实际出资人是否有权或如何成为显名股东的内容，隐名出资合同终止后并非意味着实际出资人当然地获得股东资格。实际出资人想要成为显名股东或真正的股东，实质上是要形成新的股权转让关系，即由名义股东将其股权转让给实际出资人。具体有两类情形：①若当事人在合同中约定隐名出资关系解除时名义股东应将股权转给实际出资人，则可视为双方已达成股权转让合意；其中，若实际出资人并非公司股东的，“隐转显”本质上属于股权的外部转让，故应取得其他股东的半数同意（《公司法解释三》第24条第3款），若实际出资人本身也是该公司股东的，则“隐转显”属于股权的内部转让，无须取得其他股东同意。②若当事人在隐名出资合同中没有约定关系解除时应如何处理名义股东的股权，双方在解除关系后也未就此达成补充协议的，原则上实际出资人不得直接以其隐名出资合同权利向名义股东或公司请求变更股权，名义股东仅向实际出资人承担隐名出资合同中的补偿或赔偿责任；但根据隐名关系存续中的相关约定或行为能够推定双方存在隐转显合意的除外。

（7）名义股东对股权的处分问题。名义股东处分股权的行为属于有权处分。人民法院在适用《公司法解释三》第25条时，不应直接引用物权善意取得的相关法条，而应当注意考察第三人的善意情况，若属于名义股东与第三人恶意串通利用出让、质押或以其他方式故意损害实际出资人利益的，可依据《民法典》第154条认定名义股东处分股权行为无效。

《广西壮族自治区高院意见》第31条【隐转显的要件辨析】：股权转让分为对内转让与对外转让，《公司法解释三》第24条第3款关于“实际出资人未经公司其他股东半数以上同意，请求公司变更股东、签发出资证明书、记载于股东名册、记载于公司章程并办理公司登记机关登记的，人民法院不予支持”之规定，实质上属于外部转让规则。若某一股东作为另一股东所持股权的实际出资人，其要自己成为该份股权的显名股东，应适用《公司法》第71条第1款关于股权内部转让规则的规定，而无须经其他股东同意，无须适用《公司法解释三》第24条第3款。

《广西壮族自治区高院意见》第32条【内部公开型隐名出资规则】：实际出资人与名义股东的关系已为公司及其他股东所熟知与认可的，应在不否认名义股东的股东资格的前提下，就相关公司内部规则进行一定调整：

（1）在公司内部治理中，要求实际出资人获得名义股东授权并以名义股东名义行动的规则应适当放宽，实际出资人参与股东会并行使股权的形式手续无须严苛，特别是纠纷仅涉及公司内部关系的，应尽可能以股权权益的实质归属来认可实际出资人直接参与公司内部治理的行为。

（2）就出资义务而言，实际出资人可以直接向公司转让相应的财产权利，履行完成的效力可归于名义股东；出资财产存在瑕疵而导致出资不足或不实的，公司或其他股东可直接向实际出资人主张权利。

（3）名义股东可以将行使知情权的结果直接向实际出资人转交或报告，而无须公司或其他股东的同意；反之，若公司或高管允许该实际出资人直接就相关资料或账册进行查阅复制的，人民法院也不应机械认定实际出资人因不具有股东知情权或公司高管因渎职行为而损害了公司或其他股东利益。

（4）实际出资人“隐转显”的过程可以简化，特别是过半数的其他股东知晓的，就此可以不再专门取得其他股东多数同意，也无须由其他股东明确表示放弃优先购买权。当实际出资人通过隐名出资关系的终止而将合同权益转为股东资格时，可推定其他股东在“隐转显”的过程中放弃其优先购买权。即使实际出资人与名义股东之间不存在关于显名化或隐转显的书面协议，个案中仍可鉴于双方在公司内部的实际关系、地位、态度以及默示行为等情形，认定双方之间事实上存在显名化或隐转显的合意约定，实际出资人有权诉请显名并变更登记。

（5）当公司直接向实际出资人给付相关利益时，名义股东不得以股东名册、公司章程等文件材料所登记、置备或公示的外观来对抗公司或否定公司行为。人民法院可以依据隐名出资合同或代持股协议在公司内部的实质效力，视情以隐名出资关系限制名义股东的权利行使。

（6）以上规则在适用时还应注意适用范围，例如发起股东与后加入股东的认知情况与态度可能存在差别，故名义股东之外的其他股东部分知道或应当知道的，注意区分对待不知道或不应当知道的其他股东。

《广西壮族自治区高院意见》对代持股时股东身份纠纷项下的问题进行了全面的规定，实务上可以参考。本书选取三个角度，对这一纠纷类型下相关问题作重点分析。

（一）实际出资人与名义股东纠纷：如何证明是实际出资人

《公司法解释三》第24条第1款：有限责任公司的实际出资人与名义出资人订立合同，约定由实际出资人出资并享有投资权益，以名义出资人为名义股东，实际出资人与名义股东对该合同效力发生争议的，如无法律规定的无效情形，人民法院应当认定该合同有效。

《公司法解释三》第24条第2款：前款规定的实际出资人与名义股东因投资权益的归属发生争议，实际出资人以其实际履行了出资义务为由向名义股东主张权利的，人民法院应予支持。名义股东以公司股东名册记载、公司登记机关登记为由否认实际出资人权利的，人民法院不予支持。

实际出资人与名义股东最主要的纠纷是实际出资人身份的证明，即代持股关系是否存在的判断问题。如果实际出资人与名义股东存在书面股权代持协议，法院通常认可实际出资人与名义股东存在股权代持关系，实际出资人自然可根据书面代持协议向名义股东主张投资收益等权利。但如果实际出资人与名义股东未签订书面协议，实际出资人虽能证明曾向名义股东转账或支付过款项，但名义股东基于不正当的目的，可能否认转账款是为了股权代持。这种情况下，如实际出资人不能证明股权代持关系，将无法取得包括投资收益在内的相关权利，可能只能主张借款返还或不当得利，对实际出资人非常不利。实务上的难点是如何确定股权代持关系？实际出资人举证到何种程度法院会认可其主张？这一问题主要涉及证据规则的适用。从下面这两个最高人民法院裁判案例可以看出，在无书面协议的情况下，实际出资人需要举出非常有力的证据，以证明代持股关系的存在。

在“许某宏诉泉州南明置业有限公司、林某与公司有关的纠纷二审案”[（2018）最高法民申1672号][①] 中，最高人民法院认为：许某宏并非泉州南明置业有限公司（以下简称泉州南明公司）的股东，其于本案系以泉州南明公司实际投资人身份，请求按照出资比例分配公司盈余。公司法上的实际投资人，是以出名股东的名义在该出名股东出资义务范围内投入资金、实物等并最终享有投资权益的民事主体。根据《公司法解释三》第24条第1款和《外商投资司法解释一》第15条第1款的规定，作为实际投资人的投资者，需与名义股东之间订立以名义投资人为名义股东、由实际投资人投资并享有投资权益的合同。据此，许某宏提出的有关其系泉州南明公司实际投资人的主张能否成立，需要审查其于本案提供的证据能否证明其与香港南明置业有限公司（以下简称香港南明公司）间就香港南明公司作为出名股东、许某宏作为实际投资人形成了委托投资合同关系。香港南明公司于1993年1月12日在香港注册成立，注册股东为许某棋、杨某嘉，各占1股。许某宏一审举示的1996年10月4日《香港南明置业有限公司第一次董事会记录》记载，由许某宏与刘某煌、林某龙、黄某阳、戴某民及香港南方纺织有限公司等六方，按照各自股份比例集资港币2500万元，合作组成香港南明公司。就许某宏等六方集资的目的是否专门用于香港南明公司履行对泉州南明公司的出资义务一节，该董事会决议中并无明确的记载，但从各方约定共同集资港币2500万元的数额来看，显然大于香港南明公司对泉州南明公司负有的认缴出资义务即人民币1400万元。本案现有证据并不能证明许某宏等六方与香港南明公司之间存在以香港南明公司作为名义股东向泉州南明公司进行投资的委托投资关系这一待证事实，故许某宏以其出资实际用于泉州南明公司这一嗣

① 本案例为《最高人民法院公报》2019年第7期案例。

后事实为由主张其系该公司的实际投资人，缺乏事实和法律依据，法院不予采信。

在“刘某诉王某股东资格确认纠纷二审案”［（2015）民二终字第96号］中，最高人民法院认为：刘某在本案诉讼中主张其为登记在王某名下的江苏圣奥化学科技有限公司（以下简称江苏圣奥公司）股权实际出资人，其与王某之间为代持股关系，请求确认其为股权所有人，王某配合办理相应的股权变更登记手续等。刘某提交的证据主要有银行资金划转凭证、证人证言、其他书面证据材料等。其中，银行资金划转凭证证明刘某于2008年5月13日和6月10日向王某银行账户两次汇款650.4万元和4487.76万元，王某在收到该两笔款项后于当日即汇入江苏圣奥公司银行账户，用于在该公司的股权出资及增资。刘某向王某汇款，但未说明汇款用途，也未能提交具有委托王某认购江苏圣奥公司股份内容的其他证据。王某以自己名义使用了汇款资金，认购了江苏圣奥公司股份，并以自己名义在江苏圣奥公司登记股东和行使股东权利。根据本案现有证据、双方当事人及代理人的诉辩意见，王某也有向刘某汇款的行为，刘某与王某在相当长一段时间内存在特殊关系，其间多笔高额资金往来未以人们通常习惯的方式留下建立法律关系性质的凭证。由于资金往来性质存在多种可能性，如委托投资、共同投资、赠与、借款、还款等，他人很难判断当时刘某和王某之间实际发生的事实及其真实意思表示。王某收到刘某汇款资金后已经将货币资金转换为股权财产，财产形态的转换是基于王某的意思表示和行为完成的，刘某没有提供其参与处分将其汇款货币资金转换为股权财产形态的证据，其可以依法向王某主张货币资金债权，但据此主张股权所有权没有法律依据。刘某提交的银行资金划转凭证能够证明存在资金流转关系，但仅凭其汇入王某账户的该两笔资金在数额和时间上与王某向江苏圣奥公司的投资相吻合的事实，难以认定刘某和王某对资金的用途形成了共同意思表示，不能根据资金流转的事实推定刘某委托王某并以王某名义向江苏圣奥公司投资。刘某上诉主张王某未提交证据证明其间存在借款关系，但原审法院却以不能排除王某借款出资为由作出否定委托投资关系的认定是错误的。因刘某向王某汇款未说明用途，故关于该笔资金的用途有多种可能，原审法院仅列举借款这一种可能，并同时作出刘某汇款的性质并不能必然、排他地认定为出资的论证，未进一步落实该笔款项是否为借款关系，并无不妥，原审法院关于仅凭往来资金款项不能推定委托出资关系的观点正确。

刘某提交的证人证言涉及的证人主要有江苏圣奥公司财务经理、法务总监、公司原股东，刘某另案委托代理人，兰溪公司原法定代表人等，王某均以存在利害关系为由否认上述证人证言的真实性。因刘某和王某均参与江苏圣奥公司及关联公司的经营管理，王某主张证人与刘某或者其本人有利害关系的理由合理。民事主体之间建立法律关系需要各方当事人本人自愿并达成共同意思表示，他人直接替代建立法律关系需要符合法律规定。根据本案查明的事实，上述证人没有直接参加王某与刘某设立法律关系的证据，故其证人证言属于传来证据，证明力相对较弱。本案中，刘某陈述其与王某之间为代持股关系，其为江苏圣奥公司股东，而在其与石某的纠纷案件中，刘某、王某、江苏圣奥公司一方的诉讼观点是否认其间存在代持股关系，刘某对此解释为诉讼策略的需要及系受王某主导影响。可见，人证属于言词证据，有易变的特点，证人或者当事人事后关于案件情节的描述，存在根据利害关系重新取舍的可能，故在没有其他种类证据予以佐证的情形下，对证人证言及当事人陈述原审法院不予采信正确。

刘某提交的其他书面材料包括一致行动函、董事会决议、全权委托书、股东会决议等书面材料，没有关于刘某与王某之间存在委托投资及代持股关系、王某名下股权属于刘某所有或者刘某为江苏圣奥公司股东等类似内容的记载，与刘某主张的代持股关系不具有关联性，这些书面证据材料不能支持刘某的主张，原审法院不予采信正确。

刘某主张其以股东身份在江苏圣奥公司担任董事长，为江苏圣奥公司的实际控制人，而王某对刘某的主张予以否认。根据《公司法》第 216 条第 3 项关于“实际控制人，是指虽不是公司的股东，但通过投资关系、协议或者其他安排，能够实际支配公司行为的人”的规定，能够实际控制公司的人，除股东外还可能存在其他关系人。现刘某以代持股份的唯一法律关系解释其在公司的实际控制地位，虽然有一定的合理成分，但并不能排除可能发生的其他合理情形，故其关于实际控制人地位系基于股东身份的观点，最高人民法院不予采纳。

在二审期间刘某追加提交新的证据材料——《股权转让协议》，该协议载明王某向刘某转让江苏圣奥公司股权，但该协议存在如下问题：第一，王某与刘某签名页是独立的，与合同其他内容不连接，不能确定是否为合同原件；第二，协议载明的签约日期为2008年1月16日，而江苏圣奥公司于2008年5月14日才设立，即上述协议签订时江苏圣奥公司尚未成立。基于该协议存在的上述问题及刘某不能说明一审未提交该证据材料的正当理由，最高人民法院难以认定该证据材料的真实性，对此不予采信。刘某提交的长春市公安局经济犯罪侦查支队证明和其他境外法院证据材料等，其内容与刘某在本案中的主张不具有关联性，最高人民法院不予采纳。刘某提交的其他证据材料为复印件，王某不予认可其真实性，因最高人民法院难以核实复印件的真实性，故所涉及的复印材料不能作为证据使用。

刘某上诉提出，本案系隐名股东请求确认股东资格纠纷，原审法院要求刘某提交股东会决议等证据存在举证责任分配及采信证据等方面适用法律错误的问题。因王某为江苏圣奥公司登记股东，刘某主张其与王某之间存在代持股份关系，应承担举证责任，在刘某未能提交书面合同的情况下，原审法院根据公司活动特点和股东行使权利可能留下证据的情形，列举记载股权事项的公司各类文件，拟在排除遗漏记载股东身份的可能性，并不存在安排举证责任及采信证据片面的问题，刘某的该上诉观点法院不予采纳。刘某上诉主张在法院征求相关股东意见未有反馈的情况下，原审法院即作出判决不妥。因原审法院对该调查事项的必要性在原审判决书中已经作出明确论证，未等反馈意见即作出判决不违反法律规定，刘某的该项主张最高人民法院不予支持。刘某上诉主张对其提交的经过公证的其与王某的电话录音证据，原审法院未回应违反法律规定。该电话通话内容反映，刘某与王某协商其间纠纷的处理，协商中刘某主动提出要求王某承认股权代持关系，王某对该问题未作回答。因为不能以王某对刘某提出的问题未回答，推定王某默认了其名下有重大价值的股权财产为刘某所有，所以，该电话录音不能支持刘某的主张，原审法院未采信该证据并无不妥。刘某上诉认为原审判决违背以事实为根据、以法律为准绳要求的观点不成立，最高人民法院不予采纳。

根据本案现有证据查明的案件事实，王某为江苏圣奥公司登记股东，以股东身份完成出资、增资、分红及股权转让行为等。王某取得的股东身份登记，具有公示效力。刘某在诉讼中主张其与王某之间存在代持股关系，证据不充分。代持股关系应当基于委托关系形成，委托关系为双方法律行为，需双方当事人有建立委托关系的共同意思表示，签订委托合同或者代持股协议，对未签订合同但双方当事人有事实行为的，也可以依法认定存在委托代持股关系，并以此法律关系确定双方当事人的民事权利和义务。单方法律行为不能建立委托代持股份关系。本案中，刘某未提交其与王某之间关于建立委托关系或者代持股关系的协议，其提交的其他证据也不能证明其与王某之间对委托关系或者代持股关系形成了共同意思表示或者其间实际形成了事实上的代持股份关系。因刘某在本案中未能提供直接证据证明其主张，提交的间接证据未能形成完整的证据链，不具有排他性，举证不具有优势，其在本案中的诉讼主张，最高人民法院不予支持。王某与刘某之间的资金往来实际存在，其资金关系可以另行解决。最高人民法院经审判委员会民事、行政审判专业委员会讨论决定，依照《民事诉讼法》第 170 条第 1 款第 1 项之规定，判决如下：驳回上诉，维持原判决。

在该案再审阶段［（2016）最高法民申 2519 号］，最高人民法院仍认为，刘某在原审中提交其向王某汇款的银行资金划转凭证，欲以证明其向江苏圣奥公司实际出资，但刘某向王某汇款时未注明汇款用途，也未能提交具有委托王某认购江苏圣奥公司股份内容的其他证据。在王某系以自己名义认购了江苏圣奥公司股份的情况下，原审认定刘某主张股权的依据不足并无不当。刘某原审提交的证人证言主要来自江苏圣奥公司财务经理、法务总监、公司原股东和刘某另案委托代理人等，因刘某和王某均参与江苏圣奥公司及关联公司的经营管理，二审认定王某关于证人与刘某或王某有利害关系的主张合理，进而结合证明力等因素不采信上述证言并无不当。本案系刘某起诉请求确认登记于王某名下的江苏圣奥公司的股权归刘某所有，但王某对代持关系予以否认，而刘某未能提交股权代持协议，原审在对刘某提交的证人证言等其他证据进行分析且认定不能形成完整证据链的基础上，对刘某的请求未予支持，并无不当。

（二）实际出资人与公司及公司债权人的纠纷：如何成为公司股东

1. 显名之前，实际出资人不得主张股东身份，行使股东权利

根据公司法理论及实务上的主流观点，实际出资人在显名之前并非公司股东，无权向公司主张股东身份及行使股东权利。

在“许某茂与苏州炭黑厂有限公司股东知情权纠纷案”［（2018）苏民申2014号］中，江苏省高级人民法院认为：苏州市平江区人民法院（2009）平民二初字第0203号民事判决虽确认许某茂系苏州炭黑厂有限公司（以下简称苏州炭黑厂）的股东，但该判决形成于《公司法解释三》颁布施行前，与《公司法解释三》第25条第3款[①]关于“实际出资人未经公司其他股东半数以上同意，请求公司变更股东、签发出资证明书、记载于股东名册、记载于公司章程并办理公司登记机关登记的，人民法院不予支持”的规定相悖。此后，许某茂诉至苏州市姑苏区人民法院，请求判令苏州炭黑厂将许某茂作为公司股东的姓名及出资额4万元向江苏省苏州市工商行政管理局办理变更公司登记。苏州市姑苏区人民法院（2015）姑苏商初字第00139号民事判决、江苏省苏州市中级人民法院（2015）苏中商终字第00679号民事判决及江苏省高级人民法院（2016）苏民申264号民事裁定均对许某茂的诉讼请求不予支持。许某茂提起本案诉讼的请求权基础系股东知情权，但苏州炭黑厂工商登记的全部股东中并不包含许某茂，许某茂以公司隐名股东的身份要求对公司行使股东知情权，缺乏依据，一审、二审裁定驳回许某茂的起诉，并无不当。

在“清远市大有瑞新五金电镀有限公司与李某展、梁某斌、梁某杰，一审第三人、二审上诉人冯某初、孔某群、姚某洪、徐某妹，一审第三人李某硕等股东资格确认纠纷再审案”［（2013）粤高法审监民提字第65号］中，广东省高级人民法院认为：根据李某硕与梁某庸签订的《确认书》、梁某庸立下的《遗嘱》和公司成立过程中的出资情况等事实，梁某庸的出资份额是李某硕持有的清远市大有瑞新五金电镀有限公司（以下简称大有瑞新公司）

---

① 现为《公司法》（2018修正）第24条第3款。

40%股份的50%份额，对此，李某硕在本案审理过程中也予以确认。因此，法院确认梁某庸是李某硕持有的大有瑞新公司40%的股权中50%份额的实际出资人。《公司法解释三》第25条第2款[①]规定："前款规定的实际出资人与名义股东因投资权益的归属发生争议，实际出资人以其实际履行了出资义务为由向名义股东主张权利的，人民法院应予支持。名义股东以公司股东名册记载、公司登记机关登记为由否认实际出资人权利的，人民法院不予支持。"为了保障公司的人合性，维护公司内部关系，上述司法解释对于实际出资人股东资格的确认给予一定的限制。在隐名投资的情形下，如果不加限制地认可实际出资人的股东资格，对于因信任显名股东而合作的其他股东而言是不公平的，因此，实际出资人未经公司其他股东半数以上同意，不具有显名股东资格。实际出资人的投资权益不同于股东权益，其股东权益只能由名义股东直接行使，通过名义股东来实现其投资权益。对此，检察机关抗诉理由成立，再审法院江苏省高级人民法院予以采纳。一审、二审判决认定李某展、梁某斌、梁某杰为大有瑞新公司的隐名股东，适用法律不当，法院予以纠正。本案中，李某展、梁某斌、梁某杰起诉请求大有瑞新公司及冯某初、孔某群、姚某洪、徐某妹向李某展提交公司成立至今由法定代表人及财务签名并加盖公章的年度财务会计报告以及分配2010年公司利润，没有法律依据，依法应予以驳回。李某展、梁某斌、梁某杰作为实际出资人，应向名义股东李某硕主张权利，鉴于李某硕在本案审理过程中认可和支持李某展、梁某斌、梁某杰的主张和请求，对于李某展、梁某斌、梁某杰和李某硕之间的投资关系，双方可另循法律途径解决。

2. 显名之前，公司及公司债权人不得请求实际出资人承担瑕疵出资补充赔偿责任

《公司法解释三》第26条：公司债权人以登记于公司登记机关的股东未履行出资义务为由，请求其对公司债务不能清偿的部分在未出资本息范围内承担补充赔偿责任，股东以其仅为名义股东而非实际出资人为由进行抗辩的，人民法院不予支持。

---

① 现为《公司法》（2018年修正）第24条第2款。

名义股东根据前款规定承担赔偿责任后，向实际出资人追偿的，人民法院应予支持。

《山东省高院意见二》第5条：隐名出资情形下，实际出资人未履行或未完全履行出资义务时，公司债权人主张名义股东或实际出资人承担责任的，能否支持？

答：可以区分三种情形予以处理。

第一种情形：债权人不知道实际出资人的情况下，只要求名义股东承担补充赔偿责任的，应予支持。名义股东关于其仅为登记股东，并非实际出资人，不应承担责任的抗辩不能成立。名义股东向公司债权人承担补充赔偿责任后，可以根据与实际出资人之间的协议约定，要求实际出资人赔偿损失。理由：基于商事外观主义原则，名义股东应当对于公开登记的事项承担相应责任。

第二种情形：债权人知道实际出资人的情况下，债权人参照《中华人民共和国合同法》第四百零三条第二款规定选择名义股东或者实际出资人主张权利，要求名义股东或者实际出资人承担补充赔偿责任的，应予支持。理由：第一，名义股东实际上可能并无承担责任的能力，赋予债权人选择权对债权人的保护更为周全。第二，如此处理，并未实质上损害名义股东及实际出资人的利益。因为名义股东本就依法应当对外承担股东责任，而实际出资人更是出资未到位的实际责任人。即便名义股东先行对外承担了出资不足的责任，也可以再向实际出资人主张权利，实际出资人仍然是责任的最终承担者。第三，赋予债权人选择权有利于减少隐名出资行为，促进公司规范治理，维护交易安全。

第三种情形：债权人知道实际出资人的情况下，债权人将名义股东和实际出资人列为共同被告，要求名义股东和实际出资人承担连带责任的，可以根据具体案情判决双方承担连带责任。如果名义股东和实际出资人通谋不履行或不完全履行出资义务，公司债权人主张双方承担连带责任的，应予支持。理由：根据《中华人民共和国侵权责任法》第八条规定，可以认定构成共同侵权。

《公司法解释三》第26条仅规定了公司债权人可以要求名义股东对公司

债务不能清偿的部分在未出资本息范围内承担补充赔偿责任，未说明是否可以向实际出资人主张补充赔偿责任。最高人民法院曾在《九民会议纪要（征求意见稿)》第31条规定，公司债权人以名义股东未履行或者未完全履行出资义务为由，请求实际出资人在未出资范围内对公司债务不能清偿的部分承担责任，公司债权人提供的股权代持协议等证据如足以证明其交易时即已明知名义股东仅是代实际出资人持股的，根据权利义务相一致的原则，人民法院应予支持。不过在正式公布的纪要中，该条被删除。

本书不赞同上述观点或意见。实际出资人在显名之前，公司或公司债权人不得请求其承担瑕疵出资补充赔偿责任。原因有二：第一，《公司法解释三》第26条没有规定实际出资人的补充赔偿责任，公司或公司债权人要求其承担责任，缺乏请求权基础；第二，既然实际出资人并非公司股东，无法享有股东的权利，那么根据权利义务相一致原则，公司及公司债权人也不得要求实际出资人对瑕疵出资义务承担补充赔偿责任。

在“武汉新睿途实业有限公司、武汉富拓包装技术有限责任公司公司增资纠纷二审案”［（2016）鄂民终875号］中，湖北省高级人民法院认为：从显隐名关系内部关系看，隐名投资中，名义股东与实际出资人之间一般应具有书面或口头代持股约定，并对股东权利行使作出安排，该约定安排仅应约束名义股东和实际出资人。公司无权援用两者内部安排向名义股东之外的实际出资人直接主张权利，只能要求名义股东履行股东义务，除非实际出资人在公司内部以自己名义实际行使了包括自益权或共益权在内的股东权利。《公司法解释三》第26条规定：“公司债权人以登记于公司登记机关的股东未履行出资义务为由，请求其对公司债务不能清偿的部分在未出资本息范围内承担补充赔偿责任，股东以其仅为名义股东而非实际出资人为由进行抗辩的，人民法院不予支持。名义股东根据前款规定承担赔偿责任后，向实际出资人追偿的，人民法院应予支持。”上述规定表明，就补缴出资义务向他方权利主体承担责任的仅系登记股东，并非实际出资人。参照该条款精神，即便行使该项请求权的主体为公司，其亦应受发起人协议、公司章程及工商登记信息所设定的义务主体相对性原则约束，无权直接向实际出资人请求瑕疵出资责任。

3. 实际出资人显名的条件

《公司法解释三》第24条第3款：实际出资人未经公司其他股东半数以上同意，请求公司变更股东、签发出资证明书、记载于股东名册、记载于公司章程并办理公司登记机关登记的，人民法院不予支持。

《九民会议纪要》第28条【实际出资人显明的条件】：实际出资人能够提供证据证明有限责任公司过半数的其他股东知道其实际出资的事实，且对其实际行使股东权利未曾提出异议的，对实际出资人提出的登记为公司股东的请求，人民法院依法予以支持。公司以实际出资人的请求不符合公司法司法解释（三）第24条的规定为由抗辩的，人民法院不予支持。

关于实际出资人显名问题，主要说明如下几点：

第一，实际出资人显名须经其他股东半数以上同意，这里的同意包括明示的同意与默示的同意，《九民会议纪要》第28条的规定属于默示的同意。

第二，对于实际出资人显名时其他股东默示同意的认定，主要包括两个方面，一是半数以上其他股东知道实际出资人的出资事实，二是半数以上其他股东未对实际出资人行使股东权利提出异议。

第三，其他股东知道实际出资人的出资事实，主要由实际出资人举证证明自己已经参与公司重要经营管理，比如通过参与制定或修改公司章程，列席股东会，委派董事、监事、高级管理人员等方式实际行使股东权利。

第四，其他股东对实际出资人行使股东权利提出异议，主要是指对实际出资人上述行使股东权利的行为提出反对意见。如果实际出资人持续实际行使股东权利，其他股东只在诉讼中或者诉讼前才表示反对意见，不应视为异议。至于其他股东在知道实际出资人行使股东权利多长时间内没有明确提出异议，即可推定为同意，应当进行个案判断。

在“上海奕晶金属科技有限公司与高某林股东资格确认纠纷案”［（2019）沪01民终13146号］中，上海市第一中级人民法院认为：首先，在本案中，高某林主张要求确认周某名下的股权为其所有，而非对投资权益的归属发生争议，根据《公司法解释三》第24条第3款之规定，高某林应当举证证明该请求已经公司其他股东半数以上同意。法院注意到，（2018）沪01民终12875号生效民事判决已经认定周某为上海奕晶金属科技有限公司（以下简称奕晶公司）在工商机关登记的股东，而一审法院以奕晶公司在设立筹备阶段及设立之后以及浙江昕泰金属科技有限公司（以下简称昕泰公司）均知晓高某林与周某之间的代持股关系为由，认为昕泰公司不能反对高某林成为奕晶公司股东之请求。对该阐述，上海市第一中级人民法院不予认同。其次，公司其他股东半数以上同意既包括明示的同意，也包括默示的同意，即公司其他半数以上股东在知晓实际出资人的存在，且实际行使股东权利的情况下，未曾提出过异议，即可推定为其认可实际出资人的股东身份，实际出资人即符合登记为公司股东的要件。综观本案，昕泰公司知晓高某林与周某之间的代持关系，但代持关系与隐名股东要求显名系两个不同的法律关系，在一审、二审中，昕泰公司明确反对高某林的主张，高某林亦未提供证明半数以上股东明示同意将其登记为公司股东的证据。因此，法院着重审查是否存在默示的同意，即高某林在奕晶公司实际以股东身份行使股东权利。再次，高某林应当举证证明自己行使股东权利的状态一直在持续，如正常地从公司分配利润、指派的人员仍在参与经营管理、仍参与公司的重大决策等。法院注意到，奕晶公司召开过董事会，参加人员中有周某和周某丈夫，会议记录上也有周某的签名，虽然高某林辩称周某丈夫系代其参加，周某的签名系假冒，但均未提供相应证据予以证明，故对高某林的该辩称，上海市第一中级人民法院难以采信。最后，高某林未举证证明其要求显明的主张已经奕晶公司其他股东半数以上同意，亦未举证证明其以股东身份行使过权利，如以实际出资人的名义担任或指派人员担任公司董事、法定代表人、财务负责人等超过一定的合理期限，因此，现有证据不足以证明高某林的诉讼请求具有事实依据，高某林应承担举证责任的不利后果。一审法院对此未能正确分配举证责任，上海市第一中级人民法院依法予以纠正。故奕晶公司的上诉理由，具有事实和法律依据，上海市第一中级人民法院予以认可。①

① 该案法官的案件评析可参见张坤、何建：《股权代持情形下的股东资格确认》，载《人民司法》2020 年第 23 期。

（三）实际出资人与名义股东债权人的纠纷：如何保护代持股利益

1. 名义股东债权人能否申请强制执行代持股权

在法院强制执行名义股东的股权时，实际出资人能否以其实际出资为由进行抗辩？《公司法》及相关司法解释对此问题没有规定，理论有“形式说”和“实质说”的不同观点，即使是采实质说，也有对善意取得制度中“第三人”范围的不同理解，比如有认为该“第三人”只能是交易关系中的第三人。

对于该问题，最高人民法院也存在争议。之前，最高人民法院有支持实际出资人提出的排除强制执行请求的案例。在“中国银行股份有限公司西安南郊支行、上海华冠投资有限公司申请执行人执行异议之诉再审案”［(2015）民申字第2381号］中，最高人民法院认为：关于公司股权实际权利人能否对抗该股权名义持有人的债权人对该股权申请司法强制执行的问题，在本案涉及的执行案件中，中国银行股份有限公司西安南郊支行（以下简称中行南郊支行）是申请执行人，西安成城经贸有限公司（以下简称成城公司）是被执行人，上海华冠投资有限公司（以下简称华冠公司）是提出执行异议的案外人，执行标的是成城公司名下登记的渭南市城市信用社股份有限公司（现更名为长安银行股份有限公司，以下简称长安银行）1000 万股份。根据陕西省高级人民法院（2009）陕民二终字第 00053 号生效民事判决，成城公司为该股权的名义持有人，华冠公司才是该股权的实际权利人。中行南郊支行在原审及申请再审时均主张，案涉执行标的长安银行 1000 万股份登记在成城公司名下，中行南郊支行已经信赖该登记并申请将涉案股权采取执行措施，根据商事外观主义原则，上述股权应执行过户给中行南郊支行。商事外观主义作为商法的基本原则之一，实际上是一项在特定场合下权衡实际权利人与外部第三人之间利益冲突所应遵循的法律选择适用准则，通常不能直接作为案件处理依据。外观主义原则的目的在于降低成本，维护交易安全，但其适用也可能会损害实际权利人的利益。根据《公司法解释三》第 26 条①

① 现为《公司法解释三》（2020 年修正）第 25 条。

的规定，股权善意取得制度的适用主体仅限于与名义股东存在股权交易的第三人。据此，商事外观主义原则的适用范围不包括非交易第三人。案涉执行案件申请执行人中行南郊支行并非针对成城公司名下的股权从事交易，仅仅因为债务纠纷而寻查成城公司的财产还债，并无信赖利益保护的需要。若适用商事外观主义原则，将实质权利属于华冠公司的股权用以清偿成城公司的债务，将严重侵犯华冠公司的合法权利。依照《民法通则》第75条第2款[①]之规定，中行南郊支行无权通过申请法院强制执行的方式取得案涉执行标的长安银行1000万股份。因此，二审判决适用法律正确，中行南郊支行基于商事外观主义原则要求强制执行取得案涉长安银行1000万股份的再审申请主张，依法不能成立。

但从最近两年最高人民法院的裁判观点来看，最高人民法院已倾向于不支持实际出资人排除强制执行的请求，除非名义股东债权人在债权发生前知道或者应当知道股权代持关系的存在。

最高人民法院司伟法官认为：案外人作为被执行的有限责任公司股权的实际出资人，能否排除名义出资人（又称名义股东）的其他债权人对该股权的强制执行，是执行异议之诉案件审理中的一个难点问题，实践中争议较大，存在两种针锋相对的观点。“否定说”认为，根据《公司法》第32条第3款和商法的外观主义原则，名义出资人和实际出资人（又称隐名股东）之间的股权代持协议，只能约束签订协议双方，对于合同以外的第三人没有约束力。第三人有权信赖工商登记对股东的形式记载，并据此请求法院强制执行登记的股东名下的股权。故对案外人提出的异议不应支持。“肯定说”则认为，应当恪守“事实标准”，公平是法律始终的价值追求，不能因维护执行效率而忽视实际权益保护，实际出资人是股权投资利益最终归属者，应当优先于名义出资人的一般债权人获得保护。该观点还认为，外观主义原则的目的是维护交易安全和对善意第三人的保护，其适用范围应局限于就相关标的从事交易的第三人。仅就特定股权主张清偿债务而非就该股权从事交易的第三人，不能依据外观主义原则寻求《公司法》第32条第3款的适用。故应当支持

① 该法已失效，相关规定见《民法典》第267条。

案外人的异议。应当讲，两种观点均有一定道理。法官在此中如何判断取舍，在本质上是一个利益衡量和价值判断的问题。就此，总体而言，“否定说”强调优先保护第三人信赖利益，但同时并不否认实际出资人对名义出资人所能主张的实体权利；“肯定说”直击权利真实归属，但过于偏重对实际权利人的保护，却有忽略对第三人利益考量之嫌。从正义后果看，“否定说”兼顾第三人和实际权利人利益，真正实现实质之正义，只是在权利主张方式上重新构建和分配；而“肯定说”过于强调实际权利人保护，忽略主体间的平衡。因此，倾向于赞同“否定说”。①

在“青海百通高纯材料开发有限公司、交通银行股份有限公司青海省分行二审案”［（2017）最高法民终100号］中，最高人民法院认为：本案的争议焦点是青海百通高纯材料开发有限公司（以下简称百通材料公司）关于其系案涉股权实际出资人的事实，能否排除人民法院的强制执行。最高人民法院认为，百通材料公司就案涉股权不享有足以排除强制执行的民事权益，不能排除人民法院的强制执行，主要有如下三个理由：

第一，根据公示公信原则，对股权的强制执行，涉及内部关系的，基于当事人的意思自治来解决。涉及外部关系的，根据工商登记来处理。《公司法》第32条第3款规定：“公司应当将股东的姓名或者名称公司登记机关登记；登记事项发生变更的，应当办理变更登记。未经登记或者变更登记的，不得对抗第三人。”据此，法院认为，工商登记是对公司股权情况的公示，与登记股东进行交易的善意第三人及登记股东的债权人有权信赖工商机关登记的股权情况，该信赖利益应当得到法律的保护。换言之，根据《公司法》该条款的规定，经过公示体现出来的权利外观，导致第三人对该权利外观产生信赖，即使真实状况与第三人的信赖不符，只要第三人的信赖合理，第三人的信赖利益就应当受到法律的优先保护。这里所说的优先保护，就本案而言，是指在案涉股份的实际出资人与公示出来的登记股东不符的情况下，法律优先保护信赖公示的与登记股东进行交易的善意第三人及登记股东的债权

① 具体分析理由可参见司伟：《有限责任公司实际出资人执行异议之诉的裁判理念》，载《人民法院报》2018年8月22日，第7版。

人的权利，而将实际投资人的权利保护置于这些人之后。据此，由于股权的实际出资人在对外关系上不具有登记股东的法律地位，所以其不能以其与登记股东之间的内部约定，来对抗与登记股东进行交易的善意第三人及登记股东的债权人。因此，当登记股东因其未能清偿到期债务而成为被执行人时，该股份的实际出资人不得以此对抗登记股东的债权人对该股权申请强制执行。也就是说，登记股东的债权人依据工商登记中记载的股权归属，有权申请对该股权强制执行。本案中，百通材料公司虽然是案涉股权的实际出资人，但是青海鑫通矿业有限公司（以下简称鑫通公司）却是案涉股权的登记股东，交通银行股份有限公司青海省分行（以下简称交通银行青海省分行）是鑫通公司的债权人，基于上述法律规定，百通材料公司就案涉股权不享有对抗交通银行青海省分行申请强制执行的权利。

第二，实际出资人百通材料公司让登记股东鑫通公司代持股权，其一定获得某种利益。根据风险与利益相一致的原则，百通材料公司在获得利益的同时，也应当承担相应的风险，包括登记股东代持的股权被登记股东的债权人申请强制执行，本案就属于这种情况。当然，该风险还包括登记股东转让代持的股权或者将该股权出质。

第三，从司法的引导规范功能来看，案涉股权登记在被执行人鑫通公司名下，依法判决实际出资人百通材料公司不能对抗被执行人鑫通公司的债权人对该股权申请强制执行，还有利于净化社会关系，防止实际出资人违法让他人代持股份或者规避法律。

在“河南寿酒集团有限公司、韩某案外人执行异议之诉案”[（2019）最高法民再99号]① 中，一审、二审和再审查明，河南寿酒集团有限公司（以下简称河南寿酒公司）是河南三力炭素制品有限公司（以下简称河南三力公司）名下500万股股权的实际出资人（其中100万元股份被另案查封，河南寿酒公司另行主张）。关于河南寿酒公司对涉案400万股股权享有的权利，是否可以阻却强制执行中作为被执行人的显名股东河南三力公司的普通债权人

① 实际出资人不能对抗名义股东债权人强制执行之规则可参照适用于股份有限公司股权代持情形，参见“庹某伟与刘某、李某、李某光案外人执行异议之诉案”[（2019）最高法民再46号]。

韩某的申请执行行为问题，最高人民法院认为，河南寿酒公司尚不享有足够排除法院强制执行的民事权利。

第一，商业银行股权的委托代持协议不应肯定。河南辉县农村商业银行股份有限公司（以下简称辉县农商行）是商业银行，而对于商业银行股权的代持行为有单独的部门规章予以规制。2018 年 1 月 5 日原中国银行业监督管理委员会公布的《商业银行股权管理暂行办法》（2018 年第 1 号）明确对商业银行的股权代持行为予以了否定。该办法第 10 条规定："商业银行股东应当严格按照法律法规和银监会规定履行出资义务。商业银行股东应当使用自有资金入股商业银行，且确保资金来源合法，不得以委托资金、债务资金等非自有资金入股，法律法规另有规定的除外。"第 12 条第 1 款规定："商业银行股东不得委托他人或接受他人委托持有商业银行股权。"该规定虽然是部门规章，但是该规定中明确对商业银行的股权代持行为持否定态度，要求商业银行股东不得委托他人或接受他人委托持有商业银行股权。如果在对外关系中轻易保护实际出资人，会发出不恰当的信号，会导致非正常的公司持股现象大增，徒增交易成本，不利于交易安全。如果一概承认实际出资人排除执行的权利，则会让股权代持协议成为实践中规避执行、逃避义务的工具，导致被执行人无论是股权的实际出资人，还是名义持有人，都无法执行的局面。代持股可能成为一种规避监督制约的方式，使实际出资人规避了原本应当承担的责任。因此，对于商业银行股权代持行为，人民法院不应肯定和支持。

第二，河南寿酒公司的权利并不优先于河南三力公司。河南寿酒公司并未取得涉案 400 万股股份的股东地位，无主张股东资格的法律依据。从《公司法》第 32 条规定看，依法登记的股东对外具有公示效力，实际出资人在公司对外关系上，不具有股东的法律地位和对外公示效力。《公司法解释三》第 24 条第 1 款①规定："有限责任公司的实际出资人与名义出资人订立合同，约定由实际出资人出资并享有投资权益，以名义出资人为名义股东，实际出

① 2020 年修正时，该条款中"合同法第五十二条规定的情形"修改为"法律规定的无效情形"。

资人与名义股东对该合同效力发生争议的，如无合同法第五十二条规定的情形，人民法院应当认定该合同有效。前款规定的实际出资人与名义股东因投资权益的归属发生争议，实际出资人以其实际履行了出资义务为由向名义股东主张权利的，人民法院应予支持。名义股东以公司股东名册记载、公司登记机关登记为由否认实际出资人权利的，人民法院不予支持。实际出资人未经公司其他股东半数以上同意，请求公司变更股东、签发出资证明书、记载于股东名册、记载于公司章程并办理公司登记机关登记的，人民法院不予支持。”上述法律规定和司法解释虽是针对有限责任公司，但本案中，辉县农商行为封闭性股份公司，可以参照上述法律和司法解释的规定。即使河南寿酒公司可以依据股权代持关系享有股东的权利，但也并不因此就享有股东的地位，其要取得股东地位仍需符合一定的条件。河南寿酒公司基于股权代持关系对名义股东河南三力公司和辉县农商行享有的请求确认为股东等权利，在性质上属于请求权范畴，本质上是一种债权，河南寿酒公司的权利并不优先于韩某的权利。由上述《公司法解释三》第 24 条规定可知，实际出资人与名义股东之间的纠纷采用合同机制解决，故实际出资人与名义股东之间的股权代持关系，本质上仍为债权债务关系，实际出资人基于股权代持协议获得实际权益，是基于合同关系取得，而非基于《公司法》及相关司法解释的规定取得。而韩某对河南三力公司所享有的权利亦为债权。在执行活动中，河南寿酒公司的债权并不优先于韩冬的债权，故河南寿酒公司并不能以其与河南三力公司之间的代持关系来对抗河南三力公司的债权人韩某。

第三，从信赖利益角度分析，应当保护执行程序中债权人的信赖利益。商事法律具有公示原则和外观主义原则，公司公示的对外效力具有一定强制性。《公司法》第 32 条第 3 款规定得非常明确，公司应当将股东的姓名或者名称向公司登记机关登记，登记事项发生变更的，应当变更登记，未经登记或者变更登记的，不得对抗第三人，依法登记的股东对外具有公示效力。就本案而言，韩某是借款人，河南三力公司是担保人，韩某在对新乡市泓锡金属制品有限公司（以下简称泓锡公司）出借款项时，河南三力公司作为保证人的财产支付能力必然是韩某的考虑范围，在泓锡公司不能偿还借款的情况下，泓锡公司及河南三力公司名下的所有财产均存在承担还款责任的可能，韩某对泓锡公司及河南三力公司名下的财产均存有信赖利益。股权代持的风险不应由债权人负担，债权人对名义股东的财产判断只能通过外部信息，股权信息是可获得的，但代持关系却无从得知，属于债权人无法预见的风险，不能苛求债权人尽此查询义务，风险分担上应向保护债权人倾斜。此外，实际出资人既然选择隐名，固有其商业利益考虑，既然通过代持关系获得了这种商业上的利益，或者在显名的情形下不能获得的利益，则也必须承担此种代持所带来的固有风险。在本案中，并无证据证明韩某在河南寿酒公司提出执行异议之前即知晓河南寿酒公司与河南三力公司之间的股权代持关系，可以确定韩某并不能预见此执行的风险。

2. 名义股东是否有权转让股权

《公司法解释三》第25条：名义股东将登记于其名下的股权转让、质押或者以其他方式处分，实际出资人以其对于股权享有实际权利为由，请求认定处分股权行为无效的，人民法院可以参照民法典第三百一十一条的规定处理。

名义股东处分股权造成实际出资人损失，实际出资人请求名义股东承担赔偿责任的，人民法院应予支持。

《民法典》第311条：无处分权人将不动产或者动产转让给受让人的，所有权人有权追回；除法律另有规定外，符合下列情形的，受让人取得该不动产或者动产的所有权：

（一）受让人受让该不动产或者动产时是善意；

（二）以合理的价格转让；

（三）转让的不动产或者动产依照法律规定应当登记的已经登记，不需要登记的已经交付给受让人。

受让人依据前款规定取得不动产或者动产的所有权的，原所有权人有权向无处分权人请求损害赔偿。

当事人善意取得其他物权的，参照适用前两款规定。

在股权代持关系中，名义股东转让股权与名义股东债权人申请强制执行股权本质上应适用同一法理，两者都涉及实际出资人的地位认定，因此有“形式说”和“实质说”的不同观点。与名义股东债权人申请强制执行股权问题不同，《公司法解释三》第25条规定了名义股东转让股权的处理办法，从内容来看，该司法解释明显采纳了“实质说”的观点，即在股权转让问题上将实际出资人视为股东，未经实际出资人同意，名义股东转让股权行为无效。

在“霍某锋、殷某股权转让纠纷二审案”［（2019）最高法民终992号］中，最高人民法院认为：霍某锋作为代张某元持股的名义股东，其向殷某转让美中公司的股权，属于无权处分。《公司法解释三》第25条第1款[①]规定：“名义股东将登记于其名下的股权转让、质押或者以其他方式处分，实际出资人以其对于股权享有实际权利为由，请求认定处分股权行为无效的，人民法院可以参照物权法第一百零六条的规定处理。”根据《物权法》第106条[②]的规定，受让人受让该不动产或者动产时是善意系善意取得的构成要件之一。亦即，善意取得的受让人须是善意的，不知出让人是无权处分人，否则不构成善意取得。

殷某在受让美中公司股权时是否属于物权法上的善意第三人，其受让美中公司股权是否构成善意取得。法院注意到如下事实：

第一，殷某自述，2012年10月，其与张某元、霍某锋相识，并知道张某元为美中公司股东。第二，2014年11月15日，受殷某委托，上海市××律师事务所向殷某出具《关于殷某先生收购太仓美中科技发展有限公司100%股权之尽职调查报告》。该报告对美中公司的土地面积、使用权现状、厂房面积等内容作了说明，同时提示委托人殷某：“三、目标公司名下土地虽已领取国有土地使用权证但尚未提供土地使用权出让金的付款凭证，委托人需进一步审慎核查。四、目标公司名下在建工程虽已取得三证，但尚未取得工程竣工验收及相关材料，是否能通过验收办理房地产权利证书存在不确定性。”第三，在霍某锋与殷某签订《太仓美中科技发展有限公司股权转让协议》的2014年12月1日之前，霍某锋即于2014年11月24日将太仓美中科技发展有限公司（以下简称美中公司）法定代表人张某元变更为殷某的表

① 2020年修正时，该条款中“物权法第一百零六条”修改为“民法典第三百一十一条”。
② 该法已失效，相关规定见《民法典》第111条。

哥王某根。第四，2015 年 7 月 16 日江苏省太仓市法院审理张某元诉霍某锋、殷某刑事自诉案件的开庭笔录中，对于殷某为何在与霍某锋的股权转让之前变更法定代表人，殷某称："股权变更本身风险很大，土地溢价有很大空间，我是感兴趣的。我就分两步走，想降低风险。"第五，2014 年 12 月 1 日，霍某锋与殷某签订《太仓美中科技发展有限公司股权转让协议》，以约定较低股权转让款的协议用于工商登记备案，同日又签订一份包含较高股权转让款的协议用于实际履行。第六，殷某自认，2014 年 12 月 30 日晚，即案涉交易发生后不久，张某元即给殷某电话宣称霍某锋无权出让 100% 股权，霍某锋的股权是非法取得。

考虑美中公司的土地系目标公司的重要资产，殷某亦自称"股权变更本身风险很大，土地溢价有很大空间，我是感兴趣的"。尽管《关于殷某先生收购太仓美中科技发展有限公司 100% 股权之尽职调查报告》提示委托人殷某需进一步审慎核查相关风险，但在本次股权转让前后，殷某在多次向霍某锋索要土地使用权证无果，并自称找蒋某芳索要亦未果的情况下，一方面并未与持有土地使用权证及出让金付款凭证的张某元进行任何联系和核实，另一方面在与霍某锋签订股权转让协议之前就将美中公司法定代表人张某元变更为殷某的表哥王某根，并在其后就股权转让事宜以"黑白合同"的方式签署股权转让合同。综合全案事实，一审判决认定殷某对美中公司的股权不构成善意取得，并无不当。

在"张某岩、盖某雪与李某善股权转让纠纷再审案"［（2013）鲁民提字第 221 号］中，山东省高级人民法院认为，张某岩与李某善均为青岛哈莫尼公司的名义股东，公司的实际出资人是韩国人金某允。2009 年 8 月 31 日张某岩与李某善签订股权转让"和解协议"，处分该公司股权，应征得实际出资人金某允的同意，在事先未征得金某允的同意，事后未经金某允追认的情况下，李某善、张某岩对公司的股权并不拥有实际的处分权利，权利主体均为金某允或金某允投资设立的青岛哈莫尼公司，与张某岩并无直接关系，张某岩无占用该资金的合法事由。金某允 2009 年 10 月 1 日的《陈述书》证明"金某允从未授权或委托张某岩，处理与李某善的事情或进行协议，达成的协议与金某允的意思完全无关，没有任何效力，张某岩到 2009 年 9 月初之后，不到公司上班，无法取得联系，李某善、张某岩或是同谋，或者是李某善上了张某岩的当，作出了与金某允完全无关的行为”。该《陈述书》证实金某允知晓二人签订和解协议之后，明确拒绝追认张某岩的无权处分行为。朴某珠的陈述及证人证言，不能对金某允已完成的民事法律行为进行变更，金某允已明确未授权和拒绝追认的事实。应认定李某善与张某岩所签订的和解协议无效。青岛哈莫尼公司的股权应恢复至原来的状态，张某岩基于该协议所得李某善一次性支付给张某岩的75万元款项应予返还。

应当注意的是，《公司法解释三》第25条的立场与第24条规定存在矛盾，《公司法解释三》第24条在股东资格认定上采“形式说”观点，强调名义股东的股东地位。但在股权转让情形下，司法解释却吸收了“实质说”的观点。[①] 此外，目前最高人民法院在名义股东债权人申请强制执行股权问题上也遵循“形式说”观点，两者也存在逻辑上的冲突。

不过，实务中也有部分判决在审理时没有根据《公司法解释三》第25条作出裁判，在名义股东转让股权问题上坚持了“形式说”的观点。这种裁判观点值得赞同。[②]

在“崔某珍与王某英、陈某峰股权转让纠纷再审案”［（2015）鲁民提字第201号］中，山东省高级人民法院认为：股权转让是民事法律行为，股权转让合同在双方当事人意思表达真实一致的情形下合法有效，除非有法律的强制性或禁止性规定。2009年5月7日陈某峰与崔某珍签订的股权转让合同和2009年7月28日陈某峰与王某英签订的股权转让协议，均是各方当事人的真实意思表示，均未违反国家法律及行政法规的强制性规定。本案中，海南鲁泉实业有限公司（以下简称鲁泉公司）的股东为崔某珍、陈某峰、王某英三人，涉案的两份股权转让合同仅是在三股东之间两两转让，两份股权转让合同经过了过半数股东同意，也符合章程的规定，故原审判决认定两份股

---

① 这种不一贯的法律或司法解释规定，在学理上引发争议，可参见张双根：《论隐名出资——对〈公司法解释（三）〉相关规定的批判与发展》，载《法学家》2014年第2期。

② 《山东省高院意见一》第52条规定，名义出资人未经实际出资人同意处分股权，实际出资人由此主张股权处分行为无效的，人民法院不予支持。此外，《广西壮族自治区高院意见》第30条也实质上否定了《公司法解释三》第25条。

权转让合同均合法有效正确，山东省高级人民法院依法予以支持。陈某峰称其是名义股东，其转让的30%股份中有李某20%的股份，有张某荣10%的股份，主张其无权处分名下30%的股份，股权转让行为无效。山东省高级人民法院认为，鲁泉公司依法登记，工商登记中载明的股东是陈某峰，陈某峰对其名下所持有的股份具有处分权，至于陈某峰是否为名义股东，其处分股权是否取得隐名股东同意，均不影响涉案两份股权转让合同的效力，陈某峰的主张山东省高级人民法院依法不予支持。

第八章　股权行使纠纷

第一节　股东知情权纠纷

《公司法》第33条：股东有权查阅、复制公司章程、股东会会议记录、董事会会议决议、监事会会议决议和财务会计报告。

股东可以要求查阅公司会计账簿。股东要求查阅公司会计账簿的，应当向公司提出书面请求，说明目的。公司有合理根据认为股东查阅会计账簿有不正当目的，可能损害公司合法利益的，可以拒绝提供查阅，并应当自股东提出书面请求之日起十五日内书面答复股东并说明理由。公司拒绝提供查阅的，股东可以请求人民法院要求公司提供查阅。

《公司法》第97条：股东有权查阅公司章程、股东名册、公司债券存根、股东大会会议记录、董事会会议决议、监事会会议决议、财务会计报告，对公司的经营提出建议或者质询。

一、股东知情权概述

股东知情权是法律赋予公司股东了解公司信息的权利。

由于股东知情权主要是以查阅公司文件和账簿的方式行使，所以股东知情权主要表现为股东的查阅权。理论或实务上常常以股东查阅权来指代股东知情权。

（一）一般知情权和特殊知情权

一般知情权是指股东对公司章程、股东会会议记录、董事会会议决议、监事会会议决议以及财务会计报表等进行查阅或复制的权利。

特殊知情权是指会计账簿查阅权。我国《公司法》仅规定了有限责任公司股东享有会计账簿查阅权。

（二）股东知情权的限制方法

应注意的是，股东知情权并不是绝对的，不受约束地查阅公司文件和账簿将会给公司带来极大的负担，而且可能发生股东滥用权利的情形，因此有必要从法律上对股东知情权的行使给予一定的限制。从比较法来看，限制的方法主要有三种："正当目的"要求、限制股东资格或者对查阅文件区别对待。[①] 目前，我国《公司法》主要采纳了第一种与第三种方式。

（三）"股东知情权纠纷"案由

"股东知情权纠纷"是一个独立案由，该案由涉及的知情权法律关系中，权利主体是公司股东，义务主体是公司。因此，涉及股东知情权纠纷的诉讼，应当以公司为被告。

二、股东知情权的内容

股东知情权规定在《公司法》第33条与第97条。两个法条对比可以看出，有限责任公司与股份有限公司的股东知情权内容是不同的。关于股东知情权的内容及两类公司的差异，从如下五个方面进行具体分析。

（一）"会计账簿"的解释：是否包括会计凭证

《广东省高院意见》第9条第1款：根据《中华人民共和国公司法》第三十四条和第九十八条的规定，股东可以查阅的范围包括：公司章程、股东会记录、董事会监事会记录、股东名册、财务会计报告。会计账簿和会计凭证（原始凭证和记账凭证）应当允许查询，但有正当目的限制。

《北京市高院意见》第19条：有限责任公司股东有权查阅的公司会计账簿包括记账凭证和原始凭证。

《江苏省高院意见》第66条第2款：有限责任公司股东除有权查阅前款规定所列材料外，还可以查阅董事会决议，公司账簿及相关原始凭证。但股

① 参见施天涛：《公司法论》（第4版），法律出版社2018年版，第265页以下。

东出于损害公司利益的不正当目的的除外。

《山东省高院意见二》第10条：股东查阅会计账簿时，是否可以一并查阅会计凭证？

答：股东对公司经营状况享有知情权，股东查阅会计账簿时，可以一并查阅会计凭证。理由：股东知情权是股东了解公司经营状况、监督管理层的重要方式，是股东行使其他股东权的重要基础。根据《中华人民共和国公司法》第三十三条的规定，根据查阅内容的不同，股东享有的知情权亦有所区别。对于章程、股东会会议记录、董事会会议决议、监事会会议决议和财务会计报告，股东不仅有权查阅，还可要求复制，且行使该权利时不负有目的说明义务。但是，对于会计账簿，股东只能查阅，不能复制，且行使该权利时必须以书面方式说明查阅目的，如公司有合理根据证明股东存在不正当目的，可能损害公司合法权益的，还可拒绝提供查阅。股东查阅会计账簿时，可以一并查阅会计凭证。根据《中华人民共和国会计法》规定，会计账簿登记必须以经过审核的会计凭证为依据。因此，会计凭证可以视为会计账簿的附件。虽然《中华人民共和国公司法》第三十三条第二款在规定股东可以查阅公司会计账簿时，对于能否一并查阅原始会计凭证未予明确。但是，基于原始会计凭证才是公司经营情况最真实的反映，如果将小股东查阅权的范围仅限于会计账簿，将难以确保通过会计账簿了解公司的真实经营情况，在会计账簿虚假记载大量存在的情况下，造成股东知情权落空。

《山东省高院意见一》第63条第2款：股权有权查阅的会计账簿包括记账凭证和原始凭证。

《公司法》仅规定有限责任公司股东可以查阅公司会计账簿。根据《会计法》第15条的规定，会计账簿是由一定格式的账页组成的、系统记录企业各项经济业务信息的簿籍，具体包括总账、明细账、日记账和其他辅助性账簿。而会计凭证包括原始凭证和记账凭证。前者是在经济业务发生时取得或填制的，进行会计核算的初始资料和依据，如发票、收料单、领料单、差旅费报销单等。后者是会计人员根据审核无误后的原始凭证或原始凭证汇总表填制的，据以登记会计账簿的会计凭证。由于会计凭证多而分散，必须对其运用登记账簿的方法进行汇总整理，形成统一而清晰的会计账簿，进而作为编制财务报表的基础。[1]

由此可见，会计凭证是制作会计账簿的依据，但并非会计账簿的组成部分。从财务会计角度来看，会计账簿与会计凭证不同，两者也容易区分。

目前实务中争议较大的是有限责任公司股东能否查阅会计凭证？对此，地方法院司法意见多持肯定性态度。

从实务案例来看，之前法院判决也以肯定性意见占主流。在“李某君、吴某、孙某、王某兴诉江苏佳德置业发展有限公司股东知情权纠纷案”[2] 中，四上诉人请求查阅、复制被上诉人江苏佳德置业发展有限公司（以下简称佳德公司）的会计账簿、议事录、契约书、通信、纳税申报书等（含会计原始凭证、传票、电传、书信、电话记录、电文等）所有公司资料。被上诉人佳德公司辩称其已向四上诉人提交了自公司成立起的全部工商设立、变更、年检登记文件及审计报告等资料，履行了配合股东行使知情权的法定义务。对此，二审法院江苏省宿迁市中级人民法院认为，股东知情权是股东享有对公司经营管理等重要情况或信息真实了解和掌握的权利，是股东依法行使资产收益、参与重大决策和选择管理者等权利的基础性权利。从立法价值取向上看，其关键在于保护中小股东合法权益。《公司法》第 34 条第 2 款[3]规定，“股东可以要求查阅公司会计账簿”。账簿查阅权是股东知情权的重要内容。股东对公司经营状况的知悉，最重要的内容之一就是通过查阅公司账簿了解公司财务状况。《会计法》第 9 条第 1 款规定：“各单位必须根据实际发生的经济业务事项进行会计核算，填制会计凭证，登记会计账簿，编制财务会计报告。”第 14 条规定：“会计凭证包括原始凭证和记账凭证。办理本法第十条所列的经济业务事项，必须填制或者取得原始凭证并及时送交会计机构。……记账凭证应当根据经过审核的原始凭证及有关资料编制。”第 15 条第 1 款规定：“会计账簿登记，必须以经过审核的会计凭证为依据，并符合有关法律、行政法规和国家统一的会计制度的规定。……”因此，公司的具体经营活动只有通过查阅原始凭证才能知晓，不查阅原始凭证，中小股东可能

---

① 参见刘桔主编：《会计学基础》，大连出版社 2009 年版，第 130 页以下。

② 本案为《最高人民法院公报》2011 年第 8 期案例。

③ 现为《公司法》（2018 年修正）第 33 条第 2 款。

无法准确了解公司真正的经营状况。根据会计准则，相关契约等有关资料也是编制记账凭证的依据，应当作为原始凭证的附件入账备查。据此，四上诉人查阅权行使的范围应当包括会计账簿（含总账、明细账、日记账和其他辅助性账簿）和会计凭证（含记账凭证、相关原始凭证及作为原始凭证附件入账备查的有关资料）。对于四上诉人要求查阅其他公司资料的诉请，因超出了《公司法》第34条[①]规定的股东行使知情权的查阅范围，不予支持。

此外，2016年《公司法解释四》（征求意见稿）第16条第1款曾规定：有限责任公司的股东起诉请求查阅公司会计账簿及与会计账簿记载内容有关的记账凭证或者原始凭证等材料的，应当依法受理。该款规定虽最后没有纳入司法解释中，但却一定程度上反映了最高人民法院的倾向性态度。[②]

但最高人民法院新近判决又推翻了前述公报案例观点，导致这一问题又处于争议状态。在"富巴投资有限公司、海融博信国际融资租赁有限公司股东知情权纠纷再审案"［（2019）最高法民申6815号］中，最高人民法院认为，本案系股东知情权纠纷再审审查案件，应当围绕再审申请进行审查。根据富巴投资有限公司（以下简称富巴公司）的申请理由，本案重点审查富巴公司是否有权查阅海融博信国际融资租赁有限公司（以下简称海融博信公司）的原始会计凭证。

《公司法》第33条规定："股东有权查阅、复制公司章程、股东会会议记录、董事会会议决议、监事会会议决议和财务会计报告。股东可以要求查阅公司会计账簿。股东要求查阅公司会计账簿的，应当向公司提出书面请求，说明目的。公司有合理根据认为股东查阅会计账簿有不正当目的，可能损害公司合法利益的，可以拒绝提供查阅，并应当自股东提出书面请求之日起十五日内书面答复股东并说明理由。公司拒绝提供查阅的，股东可以请求人民法院要求公司提供查阅。"据此，查阅、复制公司章程、股东会会议记录、董事会会议决议、监事会会议决议和财务会计报告是股东的权利，股东查阅公司会计账簿应以没有不正当目的，并不会损害公司合法利益为前提。富巴

---

① 现为《公司法》（2018年修正）第33条。

② 最高人民法院虞政平法官同样持肯定见解，参见虞政平：《公司法案例教学》（第2版），人民法院出版社2018年版，第763页。

公司系海融博信公司的股东，股东对于公司的运营状况享有知情权，有权查阅公司的相关资料。《会计法》第13条第1款规定：“会计凭证、会计账簿、财务会计报告和其他会计资料，必须符合国家统一的会计制度的规定。”第14条第1款规定：“会计凭证包括原始凭证和记账凭证。”根据前述法律规定，会计账簿不包括原始凭证和记账凭证。股东知情权和公司利益的保护需要平衡，故不应当随意超越法律的规定扩张解释股东知情权的范畴。《公司法》仅将股东可查阅财会资料的范围限定为财务会计报告与会计账簿，没有涉及原始凭证，二审判决未支持富巴公司查阅海融博信公司原始凭证的请求，并无不当。《会计法》第9条未赋予股东查阅公司原始凭证的权利，北京市高级人民法院的指导意见不具有司法解释的效力，富巴公司依据以上规定请求再审本案之主张，不能成立。

（二）有限责任公司股东可否复制公司会计账簿

在前述“李某君、吴某、孙某、王某兴诉江苏佳德置业发展有限公司股东知情权纠纷案”中，关于四上诉人要求复制被上诉人佳德公司会计账簿及其他公司资料的诉讼请求，二审法院认为，《公司法》赋予了股东获知公司运营状况、经营信息的权利，但同时也规定了股东行使知情权的范围。《公司法》第34条[①]第1款将股东有权复制的文件限定于公司章程、股东会会议记录、董事会会议决议、监事会会议决议和财务会计报告。第2款仅规定股东可以要求查阅公司财务会计账簿，但并未规定可以复制，而佳德公司章程亦无相关规定，因此四上诉人要求复制佳德公司会计账簿及其他公司资料的诉讼请求既无法律上的规定，又超出了公司章程的约定，不予支持。

本书认为，股东不可复制公司会计账簿，但在查阅基础上可进行部分摘抄。最高人民法院认为，应对“查阅”文义适当进行广义理解。会计资料包括大量数据信息，除非具备过目不忘的本领，否则，若仅允许股东查看会计账簿而绝对禁止其摘抄，经胜诉判决所救济的股东查阅权很可能会再次落空，生效判决的司法执行也将面临“走过场”的尴尬境地。因此，对于民事判

① 现为《公司法》（2018年修正）第33条。

决主文所表述的"查阅"，民事执行应准许权利人将之落实到包括查看、摘抄。[①]

（三）股份有限公司股东能否复制公司章程等文件、查阅会计账簿

从《公司法》规定来看，股份有限公司股东只能查阅公司章程等资料，不得复制。对未上市的股份有限公司来说，其与有限责任公司在本质上并无实际区别，仅规定股东查阅权是不合理的，应类推适用《公司法》第33条的规定。

对于上市公司而言，上述资料都是公开的，所以立法规定查阅以及复制都没有太大意义。有疑问的是，上市公司股东能否查阅公司会计账簿？

本书认为，上市公司股东身份极易在公开市场获得，如其可直接查阅公司会计账簿乃至会计凭证，极容易导致公司商业秘密泄露，因此不应允许上市公司股东查阅公司的会计账簿。

（四）股东能否查阅、复制公司董事会会议记录、监事会会议记录

从内容上来看，董事会会议记录又称为董事会会议纪要，其记载内容一般比较详细，可能包含相关议题的决定性意见、所述事项的执行指导意见、其他议题的意见、决议过程、出席会议董事的意见和表态，以及董事会会议闭会期间的重要工作安排等内容。而董事会会议决议主要记载董事会会议对相关议题的决定性意见，而无须详细记录决议产生的过程和理由。

最高人民法院相关著作观点认为，可类推适用查阅会计账簿的规则，如果董事会有证据证明申请查阅董事会会议记录的股东使用董事会会议记录目的不正当的，有权拒绝提供，但董事会方面应当承担举证责任。[②]

当然，上述规则应仅适用于封闭公司，对上市公司股东来说，仍无权进行查阅。此中理由上文已经提及。

---

① 参见杜万华主编：《最高人民法院公司法司法解释（四）理解与适用》，人民法院出版社2017年版，第227页。

② 参见杜万华主编：《最高人民法院公司法司法解释（四）理解与适用》，人民法院出版社2017年版，第176页以下；王东敏：《公司法审判实务与疑难问题案例解析》，人民法院出版社2017年版，第181页以下。

（五）股东能否查阅公司法规范范围之外的公司文件

《公司法》第33条的列举为有限列举，即法律规定有限责任公司股东行使知情权的范围限于公司章程、股东会会议记录、董事会会议决议、监事会会议决议、财务会计报告和公司会计账簿这六种，超出这六种的其他材料均不属于法定的有限责任公司股东知情权范围，人民法院一般不予支持。

在"李某君、吴某、孙某、王某兴诉江苏佳德置业发展有限公司股东知情权纠纷案"中，四上诉人请求查阅、复制被上诉人佳德公司的会计账簿、议事录、契约书、通信、纳税申报书等（含会计原始凭证、传票、电传、书信、电话记录、电文等）所有公司资料。二审法院认为，对于四上诉人要求查阅其他公司资料的诉请，因超出了《公司法》第34条①规定的股东行使知情权的查阅范围，不予支持。

在"季某安等与南京凯德实业有限公司股东知情权纠纷二审案"［（2014）宁商终字第160号］中，江苏省南京市中级人民法院认为：股权变更情况、现有股东名单和持股数、董监高收入情况、公积金存放银行、公司房屋出租收入情况、公司向特定股东分红金额、接受股权激励的股东名单和原始出资凭证、历年净资产和分红情况均不属于股东知情权的范围。

三、股东知情权的行使

（一）查阅、复制程序：诉前阶段

1. 一般知情权的行使程序

为保证公司信息安全及知情权行使便利，股东对公司信息之查阅应当在公司内进行，且应当选择在公司正常营业时间内，以免给公司及其执行人员带来不便。

2. 特殊知情权的行使程序：查阅会计账簿的前置程序

根据《公司法》第33条第2款的规定，股东要求查阅公司会计账簿的，应当向公司提出书面请求，说明目的。公司有合理根据认为股东查阅会计账

① 现为《公司法》（2018年修正）第33条。

簿有不正当目的，可能损害公司合法利益的，可以拒绝提供查阅，并应当自股东提出书面请求之日起15日内书面答复股东并说明理由。

对于该条款，有如下几点须说明：

第一，仅有限责任公司的股东可以查阅公司会计账簿，股份有限公司的股东不能查阅。[①]

第二，有限责任公司的股东仅能查阅会计账簿，不能复制。

第三，仅在股东查阅会计账簿时，公司才可以“不正当目的”为由拒绝股东行使知情权，股东查阅或复制公司章程等其他资料时，均不必向公司说明目的，公司也无权以股东有“不正当目的”为由不提供查阅或复制。

第四，查阅会计账簿必须先履行前置程序，否则法院可驳回股东的知情权诉请。

（二）股东知情权诉讼：诉讼阶段

1. 主体争议

《公司法解释四》第9条：公司章程、股东之间的协议等实质性剥夺股东依据公司法第三十三条、第九十七条规定查阅或者复制公司文件材料的权利，公司以此为由拒绝股东查阅或者复制的，人民法院不予支持。

根据《公司法》第33条、第97条及《公司法解释四》第9条的规定，股东只要具有股东资格就可以行使知情权，无论持股比例或持股时间。从实务上看，除了查阅会计账簿有前置程序外，其他情形下，股东享有的是“绝对知情权”。这表明，我国公司法并未从股东资格角度来限制股东知情权的行使。下面这一案例代表了这一立场。

在“张某禄与北京禄颖兰釉艺工艺品有限公司股东知情权纠纷二审案”［（2012）一中民终字第2247号］中，关于张某禄要求查阅北京禄颖兰釉艺工艺品有限公司（以下简称工艺品公司）相关财务会计报告的请求，北京市第一中级人民法院认为：工艺品公司系有限责任公司，张某禄作为其股东，有权要求查阅公司的财务会计报告。需要明确的是，该项查阅权系股东的法

① 其实应从封闭公司和上市公司角度进行区别，理由前文已有说明。

定权利，公司不得剥夺和限制。并且，是否查阅取决于股东的意志，查阅目的适当与否、是否可能损害公司利益等理由均不能构成拒绝股东查阅公司财务会计报告的有效抗辩。一审法院在排除了张某禄具有严重损害工艺品公司利益的可能性的前提下，方才支持了张某禄要求查阅公司财务会计报告的诉讼请求，属于对股东法定权利的限缩，与《公司法》的规定不符，二审法院对此予以纠正。

在实务上，仍有如下特殊情形须单独讨论股东是否享有知情权：

（1）出资瑕疵股东的知情权。

《北京市高院意见》第14条：股东知情权案件中，被告公司以原告股东出资瑕疵为由抗辩的，人民法院不予支持。

《公司法解释四（征求意见稿）》第14条曾规定，公司不得以股东出资存在瑕疵为由而拒绝股东行使知情权。

最高人民法院虞政平法官认为：《公司法解释三》中所列出的允许公司对出资瑕疵股东予以限制之权利，主要指的是利润分配请求权、新股优先认购权、剩余财产分配请求权等这些以财产利益为直接目的所行使的权利。但知情权却并非直接源于公司之经营收益，其权利行使也并非由出资比例确定，作为股东最为根本之权利，作为固有权之一种，知情权原则上不应被剥夺，即便股东未作实际出资，一般亦不影响其知情权之行使。[①]

（2）实际出资人（隐名股东）的知情权。

《北京市高院意见》第16条：公司的实际出资人在其股东身份未显名化之前，不具备股东知情权诉讼的原告主体资格，其已诉至法院的，应裁定驳回起诉。

实际出资人（隐名股东）不记载于公司股东名册，不属于公司股东，主流实务观点认为其不享有股东知情权。

（3）原股东的知情权。

《公司法解释四》第7条第2款：公司有证据证明前款规定的原告在起诉时不具有公司股东资格的，人民法院应当驳回起诉，但原告有初步证据证

---

① 参见虞政平：《公司法案例教学》（第2版），人民法院出版社2018年版，第789页。

明在持股期间其合法权益受到损害，请求依法查阅或者复制其持股期间的公司特定文件材料的除外。

《北京市高院意见》第15条：已退出公司的股东对其任股东期间的公司经营、财务情况提起知情权诉讼的，因其已不具备股东身份，人民法院应裁定不予受理。

股权转让后，原股东不再是公司股东，一般不享有知情权，但《公司法解释四》规定了一种例外情形，即原股东有初步证据证明在持股期间其合法权益受到损害的，有权请求依法查阅或者复制其持股期间的公司特定文件材料。

（4）新股东的知情权。

实务中的主流观点认为，新股东享有对公司全部的知情权。公司运营是个持续过程，比如公司合同的履行、股东大会决议的执行等，如果公司拒绝后加入股东查阅加入公司前的公司信息，可能导致新股东获得的相关信息不全，从而减损股东知情权的制度价值。

（5）股东委托他人行使知情权。

《公司法解释四》第10条第2款：股东依据人民法院生效判决查阅公司文件材料的，在该股东在场的情况下，可以由会计师、律师等依法或者依据执业行为规范负有保密义务的中介机构执业人员辅助进行。

《北京市高院意见》第17条：有限责任公司股东可以委托律师、注册会计师代为行使公司会计账簿查阅权。

《公司法解释四》第10条规定股东可以委托他人行使知情权，但有三个限制条件：

第一，必须有法院生效判决同意股东查阅公司文件材料。

第二，股东必须在场。

第三，委托对象仅限于会计师、律师等中介机构执业人员。

当然，如果公司同意第三人辅助股东查阅公司文件材料的，则不在此限。

（6）母公司股东对子公司的知情权：双层知情权问题。

所谓双层知情权，是指母公司的股东不仅能对母公司本身行使知情权，还可以对母公司控制的子公司行使知情权。

理论上有观点认为，双层知情权应具有适用的空间，比如母公司管理层或大股东为了规避中小股东对公司业务的监督，而特意将某些业务分离而设立子公司。这种情形下，母公司中小股东对特定业务的知情权被刻意剥夺了。再如母公司设立全资子公司，但是子公司受母公司控制，很难具有独立性。在母公司的业务就是管控子公司，并无其他业务的情形下，母公司股东对子公司的知情权就更显得必要。①

由于立法上并无双层知情权的规定，法院主流裁判观点不认可母公司股东对子公司的知情权，进而会驳回母公司股东的知情权诉请。

在“卢某、宜昌山水投资有限公司公司决议效力确认纠纷再审案”［（2017）鄂民再57号］中，关于股东会决议第三项内容是否合法的问题，该项决议的具体内容为：股东可直接查阅宜昌山水投资有限公司（以下简称山水投资公司）的财务状况，山水开发公司应按季向母公司山水投资公司提交财务报表经营状况。湖北省高级人民法院认为，该项决议对山水投资公司股东查阅本公司财务状况未作限定，符合法律规定和公司章程约定，未损害卢某对山水投资公司享有的知情权。决议的另一项内容即山水开发公司应按季向母公司山水投资公司提交财务报表经营状况，该规定系母公司山水投资公司为及时了解并掌握子公司山水开发公司的财务、经营状况而设，并未涉及卢某对山水开发公司是否享有知情权问题。卢某主张前述决议侵害了其对山水开发公司应享有的知情权，与事实不符。故对卢某的此项再审主张，法院亦不予支持。

在“蔡某标与真功夫餐饮管理有限公司股东知情权纠纷二审案”［（2017）粤01民终5896号］中，广东省广州市中级人民法院认为：关于真功夫餐饮管理有限公司（以下简称真功夫公司）对提供合并会计报表提出的异议，蔡某标诉请要求真功夫公司提供合并财务报表，并未要求提供合并会计报表。“财务报表”与“会计报表”为不同的概念，一审判非所请，应予纠正。蔡某标要求真功夫公司提供合并财务报表，缺乏事实和法律依据，法院不予支持。

---

① 参见胡田野：《公司法律裁判》，法律出版社2012年版，第384页以下。

目前有可能可行的方法是母公司章程规定股东可以对子公司享有知情权，但实务上认为应限制为全资子公司。在“CROWNCANOPYHOLDINGSSRL 与上海和丰中林林业股份有限公司股东知情权纠纷二审案”［（2013）沪二中民四（商）终字第 S1264 号］中，上海市第二中级人民法院认为：关于 CROWNCANOPYHOLDINGSSRL（以下简称科朗公司）主张查阅上海和丰中林林业股份有限公司（以下简称和丰公司）子公司的财务报表以及和丰公司及其分公司、子公司的会计账簿问题，由已查明的和丰公司章程第 144 条及第 146 条的规定可见，章程载明和丰公司应向股东提交子公司财务报表、股东享有检查公司及其子公司的会计账簿、记录和管理账目的权利。前述章程的规定确已超过《公司法》列举的股东知情权内容，考虑和丰公司虽为股份有限公司，但股东仅有五名，只要股东合理地行使知情权，一般不会对公司的经营造成重大影响，故前述公司章程的相关规定不致无效。何况科朗公司系因和丰公司在申请上市过程中经审计发现财务问题后而主张行使知情权，理由正当，故法院认为科朗公司请求查阅和丰公司子公司的财务报表并查阅和丰公司及其分公司、子公司的会计账簿，应获支持。据此，上海市第二中级人民法院对于原审判决未予支持科朗公司的此部分诉讼请求依法予以改判。需要指出的是，一般而言，子公司是指有一定比例以上的股份被另一家公司所拥有或通过协议方式受到另一公司实际控制的公司，鉴于和丰公司章程中未对子公司的范围作出明确界定，审理中当事人双方也未能就此达成一致意见，考虑子公司本系依法独立享有民事权利、承担民事责任的法人，为避免可能损害子公司其他股东的权利，故法院对章程中所涉子公司界定为系和丰公司的全资子公司，包括上海银和林业发展有限公司、西昌银和林业发展有限公司、东阿银和林业发展有限公司、东明银和林业发展有限公司、东平银和林业发展有限公司、上海禾生林业科技有限公司、古蔺县银和林业发展有限公司、云南正和林业发展有限公司。

（7）公司破产清算期间股东的知情权。

从学理上看，公司虽在破产清算期间，但股东的知情权不应受到影响。从知情权范围来看，破产清算公司股东的知情权不仅包括《公司法》规定的公司章程、股东名册、公司债券存根、股东大会会议记录、董事会会议决议、监事会会议决议、财务会计报告等材料，还应包括破产债权申报材料、债权审核结果及依据资料、债权人会议表决记录等破产清算程序产生的文件材料。

在“安徽大蔚置业有限公司、汪某卫股东知情权纠纷二审案”［（2019）皖民终291号］中，安徽省高级人民法院认为：二审争议焦点是对进入破产程序的安徽大蔚置业有限公司（以下简称大蔚置业公司），其股东汪某卫是否享有知情权；如汪某卫享有股东知情权，则汪某卫如何行使股东知情权，股东知情权的范围如何确定。

第一，关于汪某卫是否享有股东知情权的问题。股东知情权，是指股东获取公司信息、了解公司情况的权利，是股东行使资产收益权和参与公司经营管理权的基本前提。在现代公司治理“所有权与管理权”分离的模式下，通过查阅或者复制公司文件资料来行使知情权，是股东对公司行使“所有者”权利的重要途径和体现。一般而言，公司正常经营且股东资格存续的，股东即享有股东知情权。根据《民法总则》第72条①的规定，大蔚置业公司虽然处于破产程序，其民事行为能力限于清算目的范围之内，但是该公司的法人资格并不当然消灭，也不能据此否定汪某卫的股东地位。公司股东依法享有资产收益、参与重大决策、监督知情权等权利，公司破产后，股东当然不享有参与重大决策权等权利，但并非不能享有监督知情权。况且，现行有效的法律法规并无明文规定公司进入破产程序后，其股东不再享有股东知情权。因此，大蔚置业公司在进入破产程序后，汪某卫仍然享有股东知情权。大蔚置业公司上诉认为其进入破产程序后，汪某卫不再享有股东知情权的理由，没有法律依据，法院不予支持。

第二，关于汪某卫如何行使知情权的问题。根据《公司法》第33条第2款的规定，股东可以要求查阅公司会计账簿。股东要求查阅公司会计账簿的，应当向公司提出书面请求，说明目的。公司有合理根据认为股东查阅会计账簿有不正当目的，可能损害公司合法利益的，可以拒绝提供查阅，并应当自股东提出书面请求之日起15日内书面答复股东并说明理由。公司拒绝提供查阅的，股东可以请求人民法院要求公司提供查阅。本案中，鉴于大蔚置业公

① 该法已失效，相关规定见《民法典》第72条。

司已进入破产程序，汪某卫向该公司管理人公证邮寄《股东查账申请函》，并说明其目的在于充分了解大蔚置业公司的债权情况、公司破产后运营和财务状况，维护其股东权益。但大蔚置业公司管理人在收到该书面申请后并未准许，汪某卫提起本案诉讼，符合《公司法》的规定。大蔚置业公司虽上诉认为汪某卫申请查阅相关资料存在不正当目的，但其没有提供充分的证据予以证明，法院对该上诉理由不予支持。

第三，关于汪某卫的知情权范围如何确定的问题。根据汪某卫向大蔚置业公司管理人公证邮寄送达的《股东查账申请函》的内容，汪某卫不仅要求查阅、复制大蔚置业公司成立之日至今的会计账簿和会计凭证，而且也要求查阅、复制大蔚置业公司自2014年4月8日至今的债权申报材料、债权审核结果及依据资料、四次债权人会议表决记录。对此，评判如下：

其一，关于大蔚置业公司的会计账簿。《公司法》第33条第2款规定，股东可以要求查阅公司会计账簿，而会计账簿包括总账、明细账、日记账和其他辅助性账簿。所以，一审判决对汪某卫要求查阅大蔚置业公司成立之日至今的会计账簿的诉讼请求予以支持，于法有据。

其二，关于大蔚置业公司的会计凭证。尽管《公司法》第33条第2款对此没有明文规定，但《会计法》第15条第1款规定，会计账簿登记，必须以经过审核的会计凭证为依据，并符合有关法律、行政法规和国家统一的会计制度的规定。由此可见，会计凭证系记账的重要依据，对会计账簿内容的真实性和完整性有异议时，会计凭证是必不可少的判断依据，而不查阅原始凭证，股东可能无法准确了解公司的真正经营状况。故一审判决对汪某卫要求查阅大蔚置业公司成立之日至今的会计凭证的诉讼请求予以支持，并无不当。

其三，关于大蔚置业公司的债权申报材料、债权审核结果等资料。首先，大蔚置业公司在管理人管理期间仍然会产生清算目的范围之内的相关资料，如债权申报材料、债权审核依据资料、债权人会议表决记录等，由此，汪某卫在大蔚置业公司破产期间有行使知情权的可能。其次，股东作为公司的投资人，其对公司的破产清算更加关注。而股东知情权是股东的固有权利，在公司破产程序中的体现就是股东对管理人基于清算目的形成的相关资料享有知悉的权利。所以，汪某卫在大蔚置业公司破产期间有行使知情权的必要。最后，根据最高人民法院《关于审理企业破产案件若干问题的规定》第99条的规定，大蔚置业公司在破产程序期间形成的相关账册、文书等资料，在破产程序终结后将移交该公司的股东保存。也就是说，汪某卫作为大蔚置业公司的股东，其最终对上述相关资料享有知悉的权利。只是该条规定是股东在破产程序终结后的保管职责，而股东在破产程序中行使股东知情权，有利于在破产程序中平衡保护公司股东与债权人的合法权益，从而最大限度发挥破产程序的功能与价值。因此，一审判决对汪某卫要求查阅、复制大蔚置业公司的破产债权申报材料、债权审核结果及依据资料、四次债权人会议表决记录的诉讼请求予以支持，亦无不当。

2. “不正当目的”争议

《公司法解释四》第8条：有限责任公司有证据证明股东存在下列情形之一的，人民法院应当认定股东有公司法第三十三条第二款规定的“不正当目的”：

（一）股东自营或者为他人经营与公司主营业务有实质性竞争关系业务的，但公司章程另有规定或者全体股东另有约定的除外；

（二）股东为了向他人通报有关信息查阅公司会计账簿，可能损害公司合法利益的；

（三）股东在向公司提出查阅请求之日前的三年内，曾通过查阅公司会计账簿，向他人通报有关信息损害公司合法利益的；

（四）股东有不正当目的的其他情形。

《广西壮族自治区高院意见》第14条【股东知情权与公司利益冲突时实质性竞争关系的判定方法】：股东向公司主张知情权，而公司认为股东行使该权利会损害公司利益的，人民法院应当注意在双方之间分配举证责任。首先，股东应举证证明自己的股东身份及有权行使知情权。其次，公司一方在拒绝股东行使知情权时应就公司合法利益是否受损进行举证，其中一种受损情形是股东自营或者为他人经营与公司主营业务有实质性竞争关系，公司一方应当就此提供证据予以证明。再次，当公司一方已初步证明双方经营业务存在实质性竞争关系且公司利益可能受损时，应转由主张知情权的股东承担反证义务，就其不具有不正当目的以及行使查阅权不会损害公司利益进一步举证，以自证清白。

根据《公司法》第33条第2款的规定，公司以不正当目的为由，拒绝股东查阅会计账簿的，股东可以请求人民法院要求公司提供查阅。但《公司法》并没有规定何为“不正当目的”，直到《公司法解释四》才列举了“不正当目的”的具体类型。关于“不正当目的”的判断，本书说明如下几点：

第一，不正当目的仅适用于查阅公司会计账簿的情形。[①]

第二，不正当目的的举证责任在公司一方，从过往实务裁判来看，不正当目的的证明难度较大，多数情况下法院不支持公司的主张。[②] 在“宁波智高投资有限公司、宁波智慧物流软件园区开发有限公司股东知情权纠纷再审案”［（2017）浙民再212号］中，浙江省高级人民法院认为：本案中宁波智高投资有限公司（以下简称智高公司）作为宁波智慧物流软件园开发有限公司（以下简称智慧公司）占股20%的小股东，其已经提交《律师函》要求查阅公司会计账簿和会计凭证，未获智慧公司准许。而智慧公司在诉讼中始终未能提供证据证明智高公司具有自我交易、竞业禁止以及股东查阅是为了向他人通报等不正当目的。《公司法》设置股东的知情权是为了保障股东对公司享有的决策、经营管理的监督、分红等权利。故智高公司为保障自身权益，在无证据证明其具有不正当目的的情形下，法院应准许其对智慧公司的会计凭证进行查阅。

第三，不正当目的的判断须结合个案来分析。目前的有力观点将可能实质损害公司商业秘密作为不正当目的的核心衡量标准。[③] 在“邢某菲与北京

---

① 这是《公司法》的规定。但从立法角度而言，公司董事会、监事会决议与公司会计账簿一样关涉公司的商业秘密，应当受到同样的限制。但从司法角度而言，由于《公司法》并未限定股东查阅公司董事会、监事会决议以正当目的为必要，因此不得对股东加以该项限制。不过，对上市公司而言，可作例外理解，因为上市公司的董事会、监事会决议特别是尚未公开的会议决议，不但关涉公司的商业秘密，而且属于公司内幕信息，应当予以目的限制，防止内幕信息泄露以符合证券交易和《证券法》最基本的公平原则。

② 参见王军：《中国公司法》（第2版），高等教育出版社2017年版，第323页。该书引述了一篇实证研究文章的调查结论，表明在153起股东查阅目的不正当案例中，公司的主张仅在一起案例中获得了法院支持。

③ 参见虞政平：《公司法案例教学》（第2版），人民法院出版社2018年版，第766页。

瑞华基业科技有限公司股东知情权纠纷二审案”［（2019）京02民终4059号］中，北京市第二中级人民法院认为：股东知情权是法律赋予股东通过查阅公司的财务会计报告、会计账簿等有关公司经营、管理、决策的相关资料，实现了解公司的经营状况和监督公司高管人员活动的权利。股东知情权是法律规定的股东享有的一项重要的、独立的权利。但是为了对公司商业秘密进行保护和避免恶意干扰公司经营的行为，对于股东知情权的行使同样应当给予适当的限制。会计账簿记载公司经营管理活动，为了平衡股东与公司之间的利益，避免股东知情权的滥用，股东在查阅公司会计账簿时，应当以正当目的为限制，亦应当遵循诚实信用原则，合理地行使查阅权利。在公司有理由相信股东查阅公司会计账簿会对公司利益造成损害时，公司可以拒绝其进行查阅。《公司法解释四》第9条规定：“公司章程、股东之间的协议等实质性剥夺股东依据公司法第三十三条、第九十七条规定查阅或者复制公司文件材料的权利，公司以此为由拒绝股东查阅或者复制的，人民法院不予支持。”此条规定是为了保障股东行使股东知情权而规定的，需要说明的是，此条规定是要求股东之间的协议存在实质性剥夺股东知情权的情形，而本案中邢某菲与其他股东之间签订的《避免同业竞争承诺函》实质是依据公司法中对公司股东、高管的职责规定而签订的避免竞业承诺协议，不存在实质性剥夺股东知情权的情形，属于北京瑞华基业科技有限公司（以下简称瑞华公司）股东对自我权利义务的共同约定，是股东之间对《公司法解释四》第8条中“不正当目的”第1款内容的进一步具体明确，不违反法律规定，《避免同业竞争承诺函》对瑞华公司所有股东都具有约束力。作为瑞华公司的股东，邢某菲应该在签订此协议时就明白自己需要履行的股东义务，应将其母亲已经在其他存在竞争关系的公司里担任法定代表人和控股股东的情况向其他股东进行说明，而不是继续隐瞒。同时，《公司法》第33条第2款规定的内容并未要求公司证明股东的查阅已实际产生了损害的后果，公司只需证明股东一旦行使上述权利可能会产生损害公司利益的情形即可拒绝查阅。本案中，瑞华公司已经举证证明朱某友系邢某菲之母，其经营公司的情况系《避免同业竞争承诺函》中明确约定的同业竞争情况，瑞华公司的会计账簿包括原始凭证中，必然会涉及瑞华公司销售产品或经营业务的销售渠道、客户群、价格等商业秘密，而邢某菲在一审时故意隐瞒其母亲朱某友系其母亲及担任案外公司法定代表人的事实，已经违背了最基本的诚实信用原则，必然引起瑞华公司的合理怀疑。虽然朱某友在本案审理期间不再担任华恒公司的股东和法定代表人，但该事实发生在2018年10月，是在邢某菲起诉本案之后、一审诉讼期间发生的，不能因此否认邢某菲起诉本案要求行使股东知情权时可能存在的不正当目的。关于邢某菲二审提交的2018年瑞华公司审计报告，法院认为，此证据不足以消除瑞华公司对邢某菲起诉本案要求行使股东知情权时目的不正当性的合理怀疑，因此，对此证据的证明目的，法院不予采信。瑞华公司在本案中确有合理理由认为股东邢某菲行使知情权可能损害公司合法利益，瑞华公司拒绝邢某菲查阅、复制公司会计账簿等存在合理根据。一审法院处理并无不妥，二审法院予以维持。

3. 审计争议：股东能否发起独立审计

《北京市高院意见》第20条：股东在知情权诉讼中要求对公司账目进行审计的，人民法院不予支持。但公司章程规定了公司年度审计义务的除外。

《公司法》及司法解释并未规定股东享有发起审计的权利。在审判实践中，股东发起对公司之独立审计的权利通常须事先在公司章程或者股东协议中予以约定。如未经过约定，股东独立审计请求通常难以得到法院支持。

在“CROWNCANOPYHOLDINGSSRL与上海和丰中林林业股份有限公司股东知情权纠纷二审案”［（2013）沪二中民四（商）终字第S1264号］中，上海市第二中级人民法院认为：关于CROWNCANOPYHOLDINGSSRL（以下简称科朗公司）所提审计问题，《公司法》虽未明确股东可通过审计方式行使知情权，但本案中该方式已通过记载于和丰公司章程的形式予以确定，且审计亦系股东了解公司经营状况的方式之一，该规定对于公司及股东均具有约束力，故科朗公司请求判令上海和丰中林林业股份有限公司配合其审计，可予支持。

在“ROONEYLIMITED与常州雍康置业有限公司股东知情权纠纷二审案”［（2015）苏商外终字第00035号］中，江苏省高级人民法院认为：审计系指由接受委托的第三方机构对被审计单位的会计报表及其相关资料进行独立审查并发表审计意见。注册会计师审计工作的基础包括：接触与编制财务报表相关的所有信息以及审计所需的其他信息，注册会计师在获取审计证据时可以不受限制地接触其认为必要的内部人员和其他相关人员。但常州雍康置业有限公司（以下简称雍康公司）公司章程第12.2条（f）项仅载明："任何一方可以在任何时间，雇用一名审计人员或派其内部审计人员检查合资公司的财务记录和程序，并自行承担相关费用。合资公司和其他方必须尽最大努力予以配合协助审计人员。"因此，该条款并未赋予股东单方委托第三方机构进行审计的权利，而是约定了股东行使知情权的具体方式。且在一审判决中已经明确ROONEYLIMITED享有股东委派审计人员检查公司财务记录和程序的权利。而ROONEYLIMITED在一审中明确其主张的是审计权，其主张没有事实和法律依据，一审法院不予支持并无不当。

在"蔡某标与真功夫餐饮管理有限公司股东知情权纠纷二审案"［（2017）粤01民终5896号］中，广东省广州市中级人民法院认为：关于真功夫餐饮管理有限公司（以下简称真功夫公司）是否应配合安排蔡某标指定的会计师（审计师）事务所，对真功夫公司自2011年1月1日起至审计开始之日的账目进行审计的问题，依据真功夫公司章程第8.6条规定，蔡某标享有该项权利，法院予以支持。

关于股东知情权中的独立审计权利，最高人民法院虞政平法官认为：公司经营过程中，很多会计账簿等资料具有相当大的专业性，如果不具备一定的知识基础，股东查阅后并不能真正发现问题，这样对于股东知情权的保障显然是不足的。但是，如果允许股东自己聘请会计、审计等专业人员帮助查阅公司财务状况，又有对股东查阅权过分扩大之嫌。这样一来势必会导致股东查阅权的滥用，而且允许股东随意请求公司以外的人协助查阅相关资料，极易导致对公司商业秘密的泄露，这就走向了问题的另一个极端。所以，虞政平法官认为可以借鉴日本关于检查人制度的启动条件，允许特定条件下由法院指定人员对公司经营状况和资产进行审计和评估。[①]

4. 具体判决

《公司法解释四》第10条：人民法院审理股东请求查阅或者复制公司特

---

① 参见虞政平：《公司法案例教学》（第2版），人民法院出版社2018年版，第777页。

定文件材料的案件，对原告诉讼请求予以支持的，应当在判决中明确查阅或者复制公司特定文件材料的时间、地点和特定文件材料的名录。

股东依据人民法院生效判决查阅公司文件材料的，在该股东在场的情况下，可以由会计师、律师等依法或者依据执业行为规范负有保密义务的中介机构执业人员辅助进行。

法院如果支持股东知情权的诉请，应当在判决内容中具体明确查阅或者复制公司特定文件材料的时间、地点和特定文件材料的名录。

四、股东知情权中的赔偿责任

（一）股东或中介机构的赔偿责任：泄露公司商业秘密

《公司法解释四》第11条：股东行使知情权后泄露公司商业秘密导致公司合法利益受到损害，公司请求该股东赔偿相关损失的，人民法院应当予以支持。

根据本规定第十条辅助股东查阅公司文件材料的会计师、律师等泄露公司商业秘密导致公司合法利益受到损害，公司请求其赔偿相关损失的，人民法院应当予以支持。

股东或者中介机构通过股东知情权诉讼后，了解了公司的商业秘密，对此应承担保密义务。如泄露公司商业秘密导致公司利益受损，相关主体应承担侵权责任。

（二）董事、高级管理人员的赔偿责任

1. 未制作或保存公司相关材料

《公司法解释四》第12条：公司董事、高级管理人员等未依法履行职责，导致公司未依法制作或者保存公司法第三十三条、第九十七条规定的公司文件材料，给股东造成损失，股东依法请求负有相应责任的公司董事、高级管理人员承担民事赔偿责任的，人民法院应当予以支持。

董事、高级管理人员通常是公司实际经营主体，对公司经营、财务等文件材料负有制作和保管义务，如未履行前述义务，导致股东利益受损，应对股东承担民事赔偿责任。

2. 恶意阻挠股东行使知情权

从比较法上来看，公司不当或恶意阻挠股东行使知情权，导致股东不得不通过诉讼方式来实现的，股东因此而产生的损失也可向公司控股股东或管理层要求赔偿。但我国尚无这方面的立法，司法实务中也较少见到这方面的裁判案例。有学者主张借鉴美国公司法的规定，对公司控股股东或管理层施以惩罚性责任，比如向股东支付罚金、承担股东的诉讼费用等。①

五、股东知情权的权利行使期间

对于股东知情权的权利行使期间，理论上存在不同观点，有的主张适用诉讼时效，也有的主张不适用诉讼时效。本书认为，股东知情权不适用诉讼时效。该权利是股东权利体系中的子权利，是以权利主体享有真实股东身份为前提 ，故应属于身份权范畴，不应受到诉讼时效限制。

从审判实践来看，法院也存在不同的观点。目前认为股东知情权诉讼不适用诉讼时效的裁判意见占主流，主要理由如下：第一，股东知情权系基于股东身份而产生的固有权利，具有身份属性，具备股东身份即可行使，不应受时效限制，不适用《诉讼时效规定》第 1 条；第二，现行法律、司法解释均未对股东行使知情权作出时间限制。而认为股东知情权适用诉讼时效的主要理由是股东知情权诉讼系因股东对于公司的经营状况的知情权被侵害而发起，故本质上属于侵权，因此，应适用诉讼时效。

在“上海中山汽车出租公司与薛某股东知情权纠纷二审案”［（2019）沪 02 民终 1660 号］中，上海市第二中级人民法院认为：关于股东知情权诉讼是否适用诉讼时效制度的问题，《民法总则》第 196 条②规定：“下列请求权不适用诉讼时效的规定：（一）请求停止侵害、排除妨碍、消除危险；（二）不动产物权和登记的动产物权的权利人请求返还财产；（三）请求支付抚养费、赡养费或者扶养费；（四）依法不适用诉讼时效的其他请求权。”《诉讼时效规定》第 1 条规定：“当事人可以对债权请求权提出诉讼时效抗辩，

① 参见王军：《中国公司法》（第 2 版），高等教育出版社 2017 年版，第 326 页。

② 该法已失效，相关规定见《民法典》第 196 条。

但对下列债权请求权提出诉讼时效抗辩的，人民法院不予支持：（一）支付存款本金及利息请求权；（二）兑付国债、金融债券以及向不特定对象发行的企业债券本息请求权；（三）基于投资关系产生的缴付出资请求权；（四）其他依法不适用诉讼时效规定的债权请求权。”由此可知，股东知情权系股东基于其股东资格所享有的一种法定权利，具有明显的身份属性，原则上只要股东身份存续，股东知情权就不因此归于消灭或罹于时效。故上海中山汽车出租公司关于薛某诉讼请求已过诉讼时效的上诉理由，法院不予支持。

第二节　股东表决权纠纷

一、股东表决权概述

（一）股东表决权的概念

股东在公司治理中并非直接管理公司，而是通过其表决权来发表意见。股东表决权是股东就股东会议案的决议权。[①]

股东表决权体现了《公司法》第4条所规定的股东参与公司重大决策和选择管理者的权利。

（二）股东表决权的意义：关涉公司控制权

在我国公司法上，根据《公司法》第37条、第99条的规定，股东（大）会享有的职权非常广泛，不仅包括选择或更换董事、监事的权利，[②] 还有决定公司重大决策的权利，如修改章程等。

从现实意义上看，股东的表决权与公司控制权密切相关，在股东（大）会享有多数表决权（可能要求绝对多数，也可能相对多数即可），也就意味

---

① 参见施天涛：《公司法论》（第4版），法律出版社2018年版，第262页。

② 有观点认为这是最重要的一项权限，因为这是人事权，而控制了人事权，也就控制了整个公司。典型例子如公司收购的核心就是夺取董事选举权。参见朱锦清：《公司法学》（增订本），清华大学出版社2019年版，第274页。

着控制了公司。因而，与公司表决权相关的规则，在理论上和实务中都具有重大的研究价值。

二、股东独立行使表决权规则

《公司法》第42条：股东会会议由股东按照出资比例行使表决权；但是，公司章程另有规定的除外。

《公司法》第103条第1款：股东出席股东大会会议，所持每一股份有一表决权。但是，公司持有的本公司股份没有表决权。

《九民会议纪要》第7条【表决权能否受限】：股东认缴的出资未届履行期限，对未缴纳部分的出资是否享有以及如何行使表决权等问题，应当根据公司章程来确定。公司章程没有规定的，应当按照认缴出资的比例确定。如果股东（大）会作出不按认缴出资比例而按实际出资比例或者其他标准确定表决权的决议，股东请求确认决议无效的，人民法院应当审查该决议是否符合修改公司章程所要求的表决程序，即必须经代表三分之二以上表决权的股东通过。符合的，人民法院不予支持；反之，则依法予以支持。

（一）一般行使规则

关于股东表决权行使的一般规则，本书根据《公司法》及《九民会议纪要》的规定，从股份有限公司和有限责任公司两个角度分述如下。

1. 股份有限公司：一股一权

股份有限公司严格按照“一股一权”行使表决权，《公司法》没有例外规定股份有限公司可以另行约定其他表决权行使方式，此点与有限责任公司不同。

2. 有限责任公司

《公司法》第42条规定，股东会会议由股东按照出资比例行使表决权。有疑问的是，这里的“出资比例”应理解为“认缴出资比例”还是“实缴出资比例”？

对这一问题，本书区分如下三种情形分别讨论：

（1）股东出资未届履行期限情形。

根据《九民会议纪要》第7条的规定，分为如下三种情况：

第一，如果公司章程有规定，按公司章程规定处理。

第二，如果公司章程没有规定，按股东认缴出资比例处理。

第三，如果公司章程没有规定，公司股东会还可以绝对多数决的方式作出不按认缴出资比例而按实缴出资比例确定表决权的决议。应注意的是，根据《九民会议纪要》的观点，股东会上述决议是绝对多数决而不是一般多数决通过。

（2）股东出资已届履行期限情形。

对于这一情形，《九民会议纪要》没有进行规定。目前主流的裁判观点认为，公司可以根据章程或股东会决议来限制瑕疵出资股东的表决权。但如无前述章程规定或股东会决议，公司或其他股东不得直接主张瑕疵股东的表决权受限制。

在“梁某力与南京云帆科技实业有限公司、俞某根等股东会决议效力纠纷案”［（2012）宁商终字第991号］中，江苏省南京市中级人民法院认为：表决权作为股东参与公司管理的经济民主权利，原则上属于共益权，但又具有一定的特殊性，股东通过资本多数决的表决权机制选择或罢免董事、确立公司的运营方式、决策重大事项等，借以实现对公司的有效管理和控制，其中也包括控制公司财产权，故表决权实质上是一种控制权，同时亦兼有保障自益权行使和实现之功能，具有工具性质。如果让未尽出资义务的股东通过行使表决权控制公司，不仅不符合权利与义务对等、利益与风险一致的原则，也不利于公司的长远发展。因此，公司通过公司章程或股东会决议对瑕疵出资股东的表决权进行合理限制，更能体现法律的公平公正，亦符合《公司法》和司法解释有关规定之立法精神，可以得到支持。

在“潘某、冯某勇与公司有关的纠纷二审案”［（2018）闽02民终1736号］中，福建省厦门市中级人民法院认为：关于表决方式问题，因厦门盛健医疗器械有限公司在工商登记部门备案的《章程修正案》等资料载明公司现股东冯某勇（出资比例51%）、潘某（出资比例49%），在公司章程未作另行规定的情况下，冯某勇有权根据《公司法》第42条的规定按照出资比例行使表决权。至于潘某主张冯某勇抽逃公司注册资金或未实际出资到位，故不得行使表决权或表决权应受限制的问题，与本案不属于同一法律关系，不属于本案审理范围。且即便存在抽逃出资或未履行出资义务的行为，根据《公司法解释三》第16条的规定，在公司章程或股东会决议未对抽逃出资或未履行出资义务的股东的表决权作出限制规定的情况下，亦无法直接认定股东对公司决议无表决权或表决权应受限制。

在“上海乐控贸易有限公司、沈某妍与姚某、沈某木请求变更公司登记纠纷二审案”［(2017)沪02民终10948号］中，上海乐控贸易有限公司(以下简称乐控公司)、沈某妍上诉另称姚某存在抽逃出资情况，故其股东权利应受到限制。上海市第二中级人民法院对此认为，暂且不论姚某是否存在抽逃出资的情况，根据《公司法解释三》第16条的规定，如果乐控公司决定限制姚某的部分股东权利，必须依据章程的直接规定或通过股东会决议作出，然而根据在案证据，乐控公司章程并未有相关规定，乐控公司也并未就此作出过股东会决议，故乐控公司和沈某妍在本案中直接主张姚某的股东表决权应当受到限制，并不具备事实及法律依据。

最高人民法院对这一问题没有明确的态度，一方面认为出资虽然是股权的基础，但股权的权能却丰富多样，其中自益权和出资的联系比较紧密，在出资瑕疵的情况下，原则上应当限制，而股东共益权与出资的关系相对较远，在出资瑕疵的情况下，原则上不应限制。另一方面又认为如果让没有出资的股东通过表决权的行使控制公司，将不符合利益风险一致原则，也不利于公司的长远发展。最后留了个悬念，“对未出资股东的表决权是否应予以限制，是有待进一步探索和研究解决的问题”。①

(3)出资比例的例外：公司章程规定非按出资比例行使表决权问题。

根据《公司法》第42条的规定，有限责任公司章程可以规定其他表决权行使规则，比如规定按照人头行使表决权或约定不同于出资比例的其他表决权行使方式。

在“贺某庆、吴某欣股权转让纠纷二审案”［(2016)鄂民终314号］中，案涉公司章程记载了每位股东的出资比例和表决权比例：金石公司出资

---

① 最高人民法院民事审判第二庭编著：《最高人民法院关于公司法解释(三)、清算纪要理解与适用》，人民法院出版社2016年版，第268页以下。

2800万元，占公司注册资本的35%，在股东会表决权比例为51%；龙佑公司出资2720万元，占公司注册资本的34%，在股东会表决权比例为26%；昊润公司出资2480万元，占公司注册资本的31%，在股东会表决权比例为23%。上述章程规定得到了湖北省高级人民法院的认可。

在“夏某中与贵州省黔西交通运输联合有限公司、何某阳、潘某华公司决议效力确认纠纷案”［（2015）黔高民商终字第10号］中，案涉公司章程规定了每一股东有一表决权。在认定该公司股东会决议效力时，贵州省高级人民法院认可了该规定。这其实就是规定公司股东会按“人头”数进行表决。

在“奇虎三六零软件（北京）有限公司与蒋某文、上海老友计网络科技有限公司、胡某请求变更公司登记纠纷二审案”［（2014）沪二中民四（商）终字第330号］中，公司章程规定股东奇虎三六零软件（北京）有限公司（以下简称奇虎三六零公司）对案涉公司数项经营决策享有一票否决权。上海市第二中级人民法院认为，赋予奇虎三六零公司对一些事项，包括股权转让的一票否决权，系奇虎三六零公司认购新增资本的重要条件。这种限制是各方出于各自利益需求协商的结果，符合当时股东的真实意思表示，未违反《公司法》的强制性规定，应认定符合公司股东意思自治的精神，其效力应得到认可。

有疑问的是，公司章程规定非按出资比例行使表决权时，需要全体股东一致同意还是按照特别决议作出即可？

初始章程是全体股东一致的意思表示，对此并无疑问，争议主要出现在章程后续修正时。本书认为，修改章程仅须按照股东会特别决议即可，但如另行规定非按出资比例行使表决权，则该规定须经权利受限制的股东的同意或者有特别正当的理由，否则该章程的另行规定对权利受限制股东无效。[1]

（二）不统一行使规则

表决权不统一行使，指的是同一股东将其所持有的表决权拆分，一部分表决权比例投赞同票，而另一部分表决权比例投反对票或弃权票。如持有10

① 参见钱玉林：《公司法实施问题研究》，法律出版社2014年版，第55页以下。

股的股东，可以投5个赞成票和5个反对票。

表决权不统一行使问题在股份有限公司和有限责任公司中均可能存在。实务中典型有如下两种情形：第一种情形，甲、乙、丙为某公司股东，对于某项股东（大）会的议案，甲股东赞成、乙股东反对，丙股东为了公司人合性考虑，希望将其一半表决权投赞成票，另一半表决权投反对票；第二种情形，甲代乙持有某公司30%的股权，甲自己持有该公司20%的股权，现就某项股东会议案，乙表示反对，甲表示赞成。基于此，甲希望登记于其名下的50%股权分开行使，30%的表决权投反对票，20%的表决权投赞成票。

学理上对此有正反不同的观点。反对观点认为表决权不统一行使将扰乱股东（大）会的正常运转，且违背了意思表示应为确定性的要求；肯定观点则强调股东就每一股份应各有一意思表示存在，股东不统一行使表决权仅表示该股东的各表决权之间的意思表示相互矛盾。①

大陆法系国家或地区的主流态度是：原则上，股东可以不统一行使表决权，但应在股东（大）会开会日前3天通知公司；除了股东承受股份信托或为他人持有股份外，公司有权拒绝股东表决权的不统一行使。②

对于上述反对观点，本书并不认同。针对扰乱股东（大）会正常秩序的理由，本书认为只要股东在股东（大）会召开前一定期间通知公司即可；至于对“违背了意思表示确定性要求”的指责，本书认为在不同表决权上，股东的意思表示其实是确定的。此外，即使以相互矛盾的方式行使表决权，只要不对公司或其他股东造成误导，反对观点中要求股东意思表示一致就不成理由了。

我国《公司法》对表决权是否能够不统一行使未作规定。本书基于私法自治原则，赞同表决权不统一行使的观点，但应有两个限制，一是应在程序上事先通知公司，二是不得损害公司及其他股东的权益。③

应注意的是，实务上尚未见到此方面的案例，法院的态度有待观察。

---

① 参见钱玉林：《公司法实施问题研究》，法律出版社2014年版，第57页。

② 参见［韩］李哲松：《韩国公司法》，吴日焕译，中国政法大学出版社2000年版，第372页以下；钱玉林：《公司法实施问题研究》，法律出版社2014年版，第57页以下。

③ 类似观点可参见李建伟：《公司法学》（第4版），中国人民大学出版社2018年版，第290页。

三、他人代理行使表决权规则：表决权与股权的分离

表决权通过第三人行使，意味着表决权与股权的分离，具体有如下四种形式。

（一）表决权代理

《公司法》第106条：股东可以委托代理人出席股东大会会议，代理人应当向公司提交股东授权委托书，并在授权范围内行使表决权。

表决权代理，是指享有表决权的股东授权他人进行投票表决，但由该股东承受相应法律后果的一项制度。

上述《公司法》第106条规定虽然承认了表决权代理的合法性，但内容过于简单，远远无法回答实务中可能出现的问题。

此外，虽然该条规定在股份有限公司部分，但有限责任公司的股东同样可能有运用表决权代理制度的需要，因而表决权代理制度应同样适用于有限责任公司。

应当说明的是，股东表决权代理行使问题只在记名股份的情形下产生。无记名股份的股东也可以委托他人代理行使，但这仅仅是股东和代理人之间的法律关系，在和公司的关系中不具有代理的意思。因为无记名股份的占有人即被推定为股东，代理人无须证明其代理权。[①]

1. 代理人资格问题

在表决权代理中，代理人的资格是否应有所限制？域外立法有不同规定，有的限定代理人必须是公司股东，有的限定为必须是公司的管理层，还有的限定为公司外的第三人。

我国《公司法》第106条未作限制，理论和实务主流观点认为不应缩减代理人范围，无论是公司股东或者高管人员，还是公司外第三人，股东得自由决定委托何人来代理行使表决权。但公司本身不得代理行使股东的表决权。[②]

---

① 参见［韩］李哲松：《韩国公司法》，吴日焕译，中国政法大学出版社2000年版，第374页。
② 参见施天涛：《公司法论》（第4版），法律出版社2018年版，第263页。

2. 代理人人数问题

关于表决权代理中，被代理人只能委托一人还是可以同时委托数人行使代理权，立法上没有规定，理论上存在分歧。

目前，理论和实务主流观点认为，代理人的人数可以是一人，也可以是数人。在代理人为数人时，为共同代理，由代理人共同统一行使表决权；如果表决权为不统一行使的，则可以分开代理，数个代理人各自代理一部分，这和表决权不统一行使规则相呼应。[①]

3. 代理权的期限问题：一次一授权

《公司法》第106条对表决权代理期限没有作任何规定。理论和实务主流观点认为，表决权代理应注明有效期，每次表决权代理授权只能用于本次股东（大）会，下次股东（大）会包括临时会议都要重新进行授权。[②]

4. 代理权的撤销：例外情形下的不可撤销性

原则上，表决代理权是可以被随时撤销的，无论是以明示的方式，还是以行为来表示撤销代理权。

但在一些特殊情形下，表决代理权具有不可撤销性，主要存在于两种情形：

第一，股东明示表决代理权具有不可撤销性。由于一次一授权的代理期限规定，这种不可撤销性不会对股东造成过分压迫。

第二，表决权代理人与公司存在利益关系。这里是指代理人在表决权投票中不会为对被代理股东不利益的事情，此时优先顾及股东会议顺利举行的程序利益。理论上列举的利益关系情形有：表决权代理人是公司股权质押权人、表决权代理人是公司股权受让人、表决权代理人是公司债权人等。[③]

5. 代理权的效力：违背被代理股东意思的表决后果

正常情况下，代理人按照被代理股东的意思行使表决权，该表决的法律

---

① 参见施天涛：《公司法论》（第4版），法律出版社2018年版，第263页；［韩］李哲松：《韩国公司法》，吴日焕译，中国政法大学出版社2000年版，第376页。

② 参见施天涛：《公司法论》（第4版），法律出版社2018年版，第344页；［韩］李哲松：《韩国公司法》，吴日焕译，中国政法大学出版社2000年版，第376页。

③ 参见施天涛：《公司法论》（第4版），法律出版社2018年版，第345页。

后果由被代理股东承受。

但代理人可能会违背代理股东的意思进行表决，比如放弃表决权或作出与授权指示相反的表决权等，此时代理表决的效力如何？

对此，理论上主流观点认为，代理人对被代理股东承担损害赔偿责任，但股东（大）会决议本身的效力不受影响。①

（二）表决权征集：表决权招揽或表决权劝诱

《上市公司章程指引》第78条第4款：公司董事会、独立董事和符合相关规定条件的股东可以公开征集股东投票权。征集股东投票权应当向被征集人充分披露具体投票意向等信息。禁止以有偿或者变相有偿的方式征集股东投票权。公司不得对征集投票权提出最低持股比例限制。

《上市公司治理准则》第16条：上市公司董事会、独立董事和符合有关条件的股东可以向公司股东征集其在股东大会上的投票权。上市公司及股东大会召集人不得对股东征集投票权设定最低持股比例限制。

投票权征集应当采取无偿的方式进行，并向被征集人充分披露具体投票意向等信息。不得以有偿或者变相有偿的方式征集股东投票权。

《上市公司股东大会规则》第31条第4款：公司董事会、独立董事和符合相关规定条件的股东可以公开征集股东投票权。征集股东投票权应当向被征集人充分披露具体投票意向等信息。禁止以有偿或者变相有偿的方式征集股东投票权。公司不得对征集投票权提出最低持股比例限制。

《上市公司股权激励管理办法》第40条：上市公司召开股东大会审议股权激励计划时，独立董事应当就股权激励计划向所有的股东征集委托投票权。

表决权征集，是指征集人（代理人）为了控制公司的经营活动而劝诱其他股东授权自己代理行使表决权的行为。

如果说前文所述的“表决权代理”是从狭义角度来理解表决权代理，那么这里的“表决权征集”就是广义角度的表决权代理。狭义角度的表决权代理往往是股东在不受影响的情况下，主动委托他人代其行使表决权。而在表决权征集情形下，征集人通常要对股东做大量的宣传和游说工作，股东受到

① 参见李建伟：《公司法学》（第4版），中国人民大学出版社2018年版，第291页。

各种利害关系的影响而作出委托行为。

在公众公司，少数股东常放弃表决权，且不主动委托他人代理投票，所以这些零星的表决权散票就成了各派争取的对象。本质上讲，表决权征集是为了争夺公众公司的控制权，就是公司中的各种利益集团力争获得足够股份的支持，从而获得对公司的控制。对被征集表决权代理的广大股东而言，他们实际上是在各个竞争控制权的利益集团之间作出选择，以维护其在公司的权益。①

表决权征集的方式是将已被格式化的委托书向股东发送，股东在委托书上签字或盖章之后返送过来，征集者持委托书统一行使表决权。

1. 征集的主体

中国证券监督管理委员会（以下简称证监会）规定的征集主体是“公司董事会”“独立董事”“符合相关规定条件的股东”。前两个易理解，但何为“符合相关规定的股东”？从证监会规定“公司不得对征集投票权提出最低持股比例限制”的要求来看，似不应对股东资格作出限制。本书认为，为了实现中小股东对抗和制约大股东，增进对股东大会的约束和监督的目的，不应对股东持股数量和持股时间作出额外限制。

2. 征集中的其他问题

征集中的其他问题主要包括征集中的信息披露、征集的程序和征集费用，以及征集中的法律责任尤其是征集人虚假陈述等。对于这些问题，立法上还没有规定，证监会的规定过于笼统，不能为表决权征集制度提供完善的理论指导，有待理论和实务的进一步深化。②

（三）表决权信托

表决权信托，是指股东在一定期间内以不可撤销的方法将表决权转移给受托人，由受托人持有并集中行使，股东只享有股份收益权的制度。

---

① 参见雷霆：《公司法实务应用全书——律师公司业务基本技能与执业方法》，法律出版社2016年版，第237页。

② 理论上讨论可参见施天涛：《公司法论》（第4版），法律出版社2018年版，第346页以下；雷霆：《公司法实务应用全书——律师公司业务基本技能与执业方法》，法律出版社2016年版，第238页以下。

表决权信托是公司法和信托法相结合的领域，我国《公司法》尚未规定表决权信托制度，但实践中同样有对表决权信托制度的需求。从通过“中国裁判文书网”检索到的信息来看，目前仅发现如下这一个案例。在“罗某沛与高某设民事信托纠纷二审案”［（2016）宁01民终1435号］中，银川市中级人民法院认为：本案争议的焦点在于委托人的股权是否发生了变更，是否达到了解除《信托持股协议》的条件。本案中，《信托持股协议》上载明：“委托方：刘某勇等陆拾壹人（以下简称甲方），受托方：高某设（以下简称乙方）”，在其后的委托方名单上有包括上诉人在内的61名职工的签名。上述记载表明，委托方是包括上诉人在内的61名职工，即61名职工是作为一个整体与被上诉人签订的《信托持股协议》，现该61名职工中，除上诉人外，其余职工均将自己的股份转让给了他人，委托方的股权已经发生了变更。根据《信托持股协议》第12.2条的规定，已经达到了可以解除《信托持股协议》的条件，上诉人请求解除与被上诉人之间的《信托持股协议》，法院予以支持。

在上案中，作为表决权信托的委托人可以直接处分股权，转让信托财产，这并不符合信托法的原理。从这一孤案中也可以发现，表决权信托理论还有待理论和实务上进一步深入研究探索。

结合域外立法和学说，表决权信托主要涉及如下几个问题：表决权信托设立的正当目的、表决权信托合同的期限（从域外立法来看，表决权信托的期限一般比较长，大多为10年）、表决权信托合同的书面形式、表决权信托的公示等。①

表决权信托和上述表决权代理（包括表决权征集）的区别主要有两处：

第一，表决权信托中表决权的分离是相对彻底的、长期的、稳定的、不可撤回的；表决权代理（包括表决权征集）中表决权的分离是短暂的、一次性的、可撤回的。②

---

① 相关详细分析可参见梁上上：《论表决权信托》，载《法律科学（西北政法学院学报）》2005年第1期。

② 例外情形下确实存在不可撤回的表决权代理，但仍是一次性的，而非如表决权信托一般是长期性的分离。可参见李建伟：《公司法学》（第4版），中国人民大学出版社2018年版，第291页。

第二，表决权信托中，受托人以自主的意思行使表决权；但在表决权代理中，受托人须接受被代理股东的意思行使表决权。

（四）表决权拘束协议：一致行动协议

《上市公司收购管理办法》第83条：本办法所称一致行动，是指投资者通过协议、其他安排，与其他投资者共同扩大其所能够支配的一个上市公司股份表决权数量的行为或者事实。

在上市公司的收购及相关股份权益变动活动中有一致行动情形的投资者，互为一致行动人。如无相反证据，投资者有下列情形之一的，为一致行动人：

（一）投资者之间有股权控制关系；

（二）投资者受同一主体控制；

（三）投资者的董事、监事或者高级管理人员中的主要成员，同时在另一个投资者担任董事、监事或者高级管理人员；

（四）投资者参股另一投资者，可以对参股公司的重大决策产生重大影响；

（五）银行以外的其他法人、其他组织和自然人为投资者取得相关股份提供融资安排；

（六）投资者之间存在合伙、合作、联营等其他经济利益关系；

（七）持有投资者30%以上股份的自然人，与投资者持有同一上市公司股份；

（八）在投资者任职的董事、监事及高级管理人员，与投资者持有同一上市公司股份；

（九）持有投资者30%以上股份的自然人和在投资者任职的董事、监事及高级管理人员，其父母、配偶、子女及其配偶、配偶的父母、兄弟姐妹及其配偶、配偶的兄弟姐妹及其配偶等亲属，与投资者持有同一上市公司股份；

（十）在上市公司任职的董事、监事、高级管理人员及其前项所述亲属同时持有本公司股份的，或者与其自己或者其前项所述亲属直接或者间接控制的企业同时持有本公司股份；

（十一）上市公司董事、监事、高级管理人员和员工与其所控制或者委托的法人或者其他组织持有本公司股份；

（十二）投资者之间具有其他关联关系。

一致行动人应当合并计算其所持有的股份。投资者计算其所持有的股份，应当包括登记在其名下的股份，也包括登记在其一致行动人名下的股份。

投资者认为其与他人不应被视为一致行动人的，可以向中国证监会提供相反证据。

表决权拘束协议，又称为“表决权协议”，是指两个或两个以上的股东之间所达成的他们将集体或者联合投票或作为一个单位投票的协议。

我国《公司法》尚未规定该制度。证监会在《上市公司收购管理办法》中规定了一致行动协议（一致行动人），这是表决权拘束协议的典型情形。无论是在主板上市还是在新三板挂牌，公司均须详细披露公司的实际控制人，并说明公司控制权的稳定性，而一致行动协议便是确定公司控制权稳定的参考因素之一。

实务中的难点是如果参加一致行动协议的股东违反该协议，其表决权行为效力如何？

理论上有观点认为，一致行动协议仅具有股东之间的债权性效力。股东违反一致行动协议的，仅承担赔偿责任（只承担违约责任），但其自行表决行为有效。①

但实务中有采强制履行的观点。在“张某庆、周某康公司决议撤销纠纷再审案”［（2017）赣民申367号］中，江西省高级人民法院查明，2009年12月29日，江西华电电力有限责任公司（以下简称华电公司）与张某庆签订《股份认购协议》和《期权授予协议》，两份协议约定：华电公司向张某庆定向增发股权，在公司股份上市交易前，张某庆承诺其所持华电公司股份的投票与胡某保持一致。胡某作为华电公司的法定代表人在两份协议上签字，并加盖了华电公司公章。两份协议约定的事项，在2010年4月27日至28日董事会上商议，在2010年6月10日董事会上形成董事会决议。上述协议是

① 参见［德］托马斯·莱塞尔、［德］吕迪格·法伊尔：《德国资合公司法》（第6版），高旭军等译，上海人民出版社2019年版，第319页；［韩］李哲松：《韩国公司法》，吴日焕译，中国政法大学出版社2000年版，第379页。

当事人真实意思表示，不违反法律法规禁止性规定，经董事会决议通过，未损害华电公司及其他股东合法权益，内容合法有效，且当事人已经实际履行了协议，张某庆应当受协议条款约束。2015 年 8 月 20 日，华电公司董事会召集主持 2015 年度第四次股东大会，就华电公司进行增资扩股的议案等事项进行投票表决，胡某对股东大会的各项议案均投同意票，虽然张某庆投的是反对票，但华电公司根据《股份认购协议》和《期权授予协议》，将张某庆所投票计为同意票，形成华电股东会股字（2015）第 6 号股东会决议，华电公司的行为符合两份协议的约定。张某庆主张即使两份协议有效，也只能追究张某庆违约责任，不能强行将其反对票统计为赞成票的申请再审理由不能成立。2015 年 8 月 20 日华电公司股东大会形成股东会决议的程序符合华电公司章程及《公司法》的规定，张某庆、周某康要求撤销股东会决议的请求没有事实和法律依据。

本书认为，对违反一致行动协议的表决效力，应区分来看。一种情形是该协议仅存在股东之间，并未通知公司，此时股东违反一致行动协议的，该违约股东主要承担赔偿责任，除非在股东（大）会决议前将协议提交公司；另一种情形是一致行动协议已通知公司，此时股东违反一致行动协议的，该违约股东主要承担强制履行责任，除非股东（大）会已通过并着手执行。①

四、股东表决权的限制

（一）法定限制

1. 利益冲突

《公司法》第 16 条第 2 款： 公司为公司股东或者实际控制人提供担保的，必须经股东会或者股东大会决议。

《公司法》第 16 条第 3 款： 前款规定的股东或者受前款规定的实际控制

① 学理上有种以股东是否已行使表决权来分别确定违约股东责任方式的观点，认为如果违约股东尚未行使表决权，公司还没有作出相关的决议，那么对违约股东采取强制其履行合同义务的方式是可行的，也是合适的。在股东已经行使表决权，公司决议也已经作出之后，此时就应慎重，法律应该采取损害赔偿等其他途径对守约的人给予补偿。具体可参见梁上上：《表决权拘束协议：在双重结构中生成与展开》，载《法商研究》2004 年第 6 期。

人支配的股东，不得参加前款规定事项的表决。该项表决由出席会议的其他股东所持表决权的过半数通过。

《上市公司章程指引》第79条：股东大会审议有关关联交易事项时，关联股东不应当参与投票表决，其所代表的有表决权的股份数不计入有效表决总数；股东大会决议的公告应当充分披露非关联股东的表决情况。

表决权行使的最终目的在于实现公司和全体股东的利益。但如果股东偏重个人利益而行使表决权，将害及决议的共益性本质。限制有特别利害关系股东的表决权的目的是通过预防股东为私益而滥用表决权，维持决议的公正性。因此，对于股东（大）会的决议有特别利害关系的股东，不得行使表决权。

对于“利益冲突”的判断，目前理论上主要采“个人法说”，即利害关系指的是特定股东与其股东地位无关，从个人的地位上持有利害关系。①

本书赞同上述观点，但进一步认为，所谓利害关系，指的是股东（大）会决议仅与个别股东有关，且该个别股东将从决议内容中获得与其股东身份无关的财产性权益，比如获得权利或利益、免除义务或责任等。关于“利益冲突”问题，本书具体分述如下：

第一，股东与其股东地位无关而与公司产生的经营性交易，如公司对股东借款、为股东担保、免除股东的侵权责任等，股东将从中获得财产性利益，因而该股东表决权应受限制（这是“个人法说”中的观点）。

第二，股东与其股东地位有关而与公司产生的资本性交易，此时如果单个股东从中获得财产性利益，如延长个别股东的出资期限、仅对个别股东进行利润分配等，因有资本维持规则的约束，其他股东或公司债权人可通过诉请确认股东（大）会决议无效或撤销决议等事后救济手段予以解决。

第三，股东与其股东地位有关而行使的管理性权利（主要是固有权），此时即使单个股东从中获益，也不得排除其表决权，比如选举某股东担任公司董事。

---

① 参见［韩］李哲松：《韩国公司法》，吴日焕译，中国政法大学出版社2000年版，第370页；钱玉林：《公司法实施问题研究》，法律出版社2014年版，第48页。

第四，表决权限制时的表决权计算方法如下：有利益冲突的股东所持的表决权，应记入出席股东（大）会的法定数，但不计算在已出席会议股东的表决权数中（记入出席数，不记入表决数）。

第五，域外公司法目前对利益冲突情形下的股东表决权，并不采表决权限制这一事前预防制度，而是采事后救济制度，即不限制任何情形下的表决权，但因利益冲突导致决议显著不当（通常指违反信义义务规则）时，相关当事人可直接诉请撤销决议或确认决议无效。我国《公司法》目前主要选择了事前预防的表决权限制方式。①

2. 股东除名

在“上海万禹国际贸易有限公司、宋某祥与杭州豪旭贸易有限公司公司决议效力确认纠纷二审案”［（2014）沪二中民四（商）终字第1261号］中，上海市第二中级人民法院认为，拟被除名的股东与股东会讨论的决议事项有特别利害关系，因此该股东不得就其持有的股权行使表决权。②

3. 公司自身的股份

《公司法》第103条第1款：……公司持有的本公司股份没有表决权。

这一规则具体包含两层意思，一是公司自己股份不得交由他人代理行使表决权，二是公司也不得代理其他股东行使表决权。学理上认为，这样规定的目的是防止管理层直接或间接参与股东（大）会的决策，扩大其影响力。③

4. 交叉持股公司的表决权限制

所谓交叉持股，是指两个公司通过直接或间接方式互相持有对方股份，相互成为对方股东的股权结构。

现行《公司法》对交叉持股问题无明确规定，一些部门规章、规范性文件，比如《期货公司监督管理办法》、《证券公司设立子公司试行规定》、深圳证券交易所《关于修改〈深圳证券交易所股票上市规则〉〈深圳证券交易所创业板股票上市规则〉有关条款的通知》（2019）等作出了一些规定。从

---

① 参见钱玉林：《公司法实施问题研究》，法律出版社2014年版，第48页。

② 这一问题已经在第七章“股东身份纠纷”作详细分析，本部分不赘述。

③ 参见［德］托马斯·莱塞尔、［德］吕迪格·法伊尔：《德国资合公司法》（第6版），高旭军等译，上海人民出版社2019年版，第316页。

规章文件的内容来看，主要针对的是金融类企业以及上市公司。

一般认为，交叉持股有利有弊。从优点方面来看，有利于稳定股权结构、加强企业控制、融通资金及分散风险。但这种行为同样存在很多弊端，比如虚增公司注册资本、管理层操纵控制公司、诱发内幕交易及关联交易。[①]

正因为交叉持股存在较大的弊端，学理上总结域外立法经验，总结出限制交叉持股的三种方式：一是禁止相互持股，或者即使相互持股，该股份也没有表决权；二是限制相互持股的最高股份比例限制，如相互持股不得超过对方公司已发行股份的10%；三是限制相互持股的股份表决权，如不限制相互持股，但所持对方公司股份所得行使的表决权，不得超过对方公司已发行有表决权股份总数的1/3。[②]

从我国实务角度来看，一般公司（非金融类企业、非上市公司）都可以进行交叉持股，这方面没有法律规范限制。但如果两公司之间没有做好财务、业务、人员等方面的隔离，交叉持股的两公司极容易被认定为“人格混同”，进而被否定法人独立人格，相互对对方公司的债务承担连带清偿责任。

在“贵阳市南明区云关乡云关村民委员会、贵州云开投资有限公司股权转让纠纷二审案”［（2020）黔民终381号］中，一审法院认定，贵州云开投资有限公司（以下简称云开公司）与贵州和拓商贸有限公司（以下简称和拓公司）存在人格混同，和拓公司受让云开公司股权之后，云开公司股东经过多次变更，其间与和拓公司的股东均有重合，且从工商登记情况来看，云开公司出具承诺书之时，已经成为和拓公司95%的股东，云开公司与和拓公司具有很强的关联关系，二者在人员、业务、办公地点等方面存在混同，导致各自财产无法区分，故应共同承担连带责任。二审贵州省高级人民法院认为，云开公司2012年12月13日至今，一直是和拓公司的持股95%的大股东，包某祥、杨某、陈某、杨某1等人在两公司存在交叉混同。云开公司与和拓公司还存在登记的住所地一致。云开公司与和拓公司的业务、财产也无法严格区分，故应共同承担连带责任。

---

① 参见王军：《中国公司法》（第2版），高等教育出版社2017年版，第317页。

② 具体可参见李燕：《公司相互持股的法律问题探讨》，载《现代法学》2003年第1期。

5. 其他情形

域外公司法上还有其他法定限制表决权的情形，如限制大股东选举监事（理由是监事的存在是以监督董事及董事会为目的的，如果连监事都依大股东意思选任，那么就很难期待监事发挥有效的牵制功能）、信托股份的表决权限制等。[①]

（二）意定限制

1. 优先股：全部排除表决权

《优先股试点指导意见》第5条：表决权限制。除以下情况外，优先股股东不出席股东大会会议，所持股份没有表决权：(1) 修改公司章程中与优先股相关的内容；(2) 一次或累计减少公司注册资本超过百分之十；(3) 公司合并、分立、解散或变更公司形式；(4) 发行优先股；(5) 公司章程规定的其他情形。上述事项的决议，除须经出席会议的普通股股东（含表决权恢复的优先股股东）所持表决权的三分之二以上通过之外，还须经出席会议的优先股股东（不含表决权恢复的优先股股东）所持表决权的三分之二以上通过。

2013年11月30日，国务院发布了《优先股试点指导意见》。2014年3月21日，证监会发布了《优先股试点管理办法》，对上市公司公开发行优先股和上市公司、非上市公众公司非公开发行优先股进行了试点管理规定。

根据《优先股试点指导意见》第1条第1款的规定，优先股是指依照公司法，在一般规定的普通种类股份之外，另行规定的其他种类股份，其股份持有人优先于普通股股东分配公司利润和剩余财产，但参与公司决策管理等权利受到限制。

优先股有两个特征：一是优先于普通股股东分配公司利润和剩余财产，二是表决权受到限制。除了一些公司特殊决议事项外，优先股股东原则上没

① 参见［韩］李哲松：《韩国公司法》，吴日焕译，中国政法大学出版社2000年版，第371页以下。

有表决权。[①]

2. 双重股权结构：部分排除表决权

双重股权结构又称为“AB 股”，实务中也有称为“同股不同权”，指的是将公司的普通股分为两个组别，持有第一组股票的股东，其每股拥有的表决权超过持有第二组股票的股东。以美国的经验为例，这两组股票每股的表决权数之比通常是 10∶1。[②]

本书在本节中将优先股与双重股权结构以全部还是部分限制表决权为标准，进行了区分。这只是一种粗略的划分方法，有两点需要特别说明：其一，在双重股权结构中，通常 B 类股的表决权只是被部分限制，但在极端情形下，存在 B 类股的表决权被完全限制，这从表决权角度来说，和优先股无甚差异。其二，双重股权结构和优先股的本质区别不在于表决权是被部分还是全部限制，两者的本质区别在于股权中的经济性权利的不同。优先股股东仅能获得固定股息，不再对公司剩余财产享有分配权，其更类似于公司的债权人；而双重股权结构中的 B 类股和 A 类股一样，同属于普通股，其经济性权利通常相同，仅表决权配比上存在差异。

关于双重股权结构的合法性问题，域外公司法上存在激烈的争议，有予以采纳的，有坚决不承认的。从理论上看，双重股权结构各有利弊，学理上尚未能取得一致的见解。[③] 2018 年 4 月，港交所发布了新兴及创新产业公司上市新规，允许双重股权结构的公司申请上市。小米科技是运用这一新规而登录港交所的第一股。在小米科技的招股说明书中，A 类股投票权是 B 类股的 10 倍，小米科技创始人雷军拥有 A 类股，其持股比例虽仅有 31.41%，但其投票权比例却占 53.79%，掌握了小米科技的控制权。

我国《公司法》及相关司法解释尚未明确承认双重股权结构。《公司法》第 126 条明确规定股份有限公司同种类的每一股份应当具有同等权利。但根

---

① 对优先股较为详细的分析，可参见雷霆：《公司法实务应用全书——律师公司业务基本技能与执业方法》，法律出版社 2016 年版，第 109 页。

② 参见张巍：《资本的规则》，中国法制出版社 2017 年版，第 216 页。

③ 对双重股权结构利弊的分析，可参见张巍：《资本的规则》，中国法制出版社 2017 年版，第 217 页。

据《公司法》第42条的规定，似可认为有限责任公司在事实上建立双重股权结构。

目前，资本市场上的科创板、创业板注册制等已经规定了“同股不同权”。证监会在2019年1月30日发布了《关于在上海证券交易所设立科创板并试点注册制的实施意见》，明确提出允许特殊股权结构的企业上市。与之相配套的《上海证券交易所科创板股票上市规则》对“同股不同权”作详细的规定，比如公司股份分为了特别表决权股份和普通股份，每份特别表决权股份不得超过每份普通股份的表决权数量的10倍。2019年12月24日，证监会批准了优刻得科创板IPO申请，这是国内第一家AB股上市公司。该公司章程第77条规定，每一A类股份享有的表决权数量应当与每一B类股份的表决权数量相同，即除均可投一票以外，A类股份及B类股份持有人就所有提交公司股东大会表决的决议案进行表决时，A类股份持有人每股可投五票，而B类股份持有人每股可投一票。

在科创板之后，深交所创业板注册制也落实了“同股不同权”的原则。2020年12月，深交所发布了《深圳证券交易所创业板股票上市规则（2020年12月修订）》，通过“表决权差异安排”，对创业板注册制支持“同股不同权”作了详细规定。

深圳市人民代表大会常务委员会在2020年8月26日表决通过《深圳经济特区科技创新条例》（2020年11月1日施行），该条例在第99条第1款允许所有在深圳注册的科技企业“设置特殊股权结构，在公司章程中约定表决权差异安排，在普通股份之外，设置拥有大于普通股份表决权数量的特别表决权股份”。

第三节　股东利润分配请求权纠纷

《公司法》第4条：公司股东依法享有资产收益、参与重大决策和选择管理者等权利。

《公司法》第34条：股东按照实缴的出资比例分取红利；公司新增资本

时，股东有权优先按照实缴的出资比例认缴出资。但是，全体股东约定不按照出资比例分取红利或者不按照出资比例优先认缴出资的除外。

《公司法》第166条第4款：……股份有限公司按照股东持有的股份比例分配，但股份有限公司章程规定不按持股比例分配的除外。

《公司法解释四》第13条：股东请求公司分配利润案件，应当列公司为被告。

一审法庭辩论终结前，其他股东基于同一分配方案请求分配利润并申请参加诉讼的，应当列为共同原告。

《公司法解释四》第14条：股东提交载明具体分配方案的股东会或者股东大会的有效决议，请求公司分配利润，公司拒绝分配利润且其关于无法执行决议的抗辩理由不成立的，人民法院应当判决公司按照决议载明的具体分配方案向股东分配利润。

《公司法解释四》第15条：股东未提交载明具体分配方案的股东会或者股东大会决议，请求公司分配利润的，人民法院应当驳回其诉讼请求，但违反法律规定滥用股东权利导致公司不分配利润，给其他股东造成损失的除外。

一、股东利润分配请求权概述

股东利润分配请求权是股东基于其公司股东身份，依法享有的请求公司向自己分配税后利润的权利。

股东利润分配请求权分为抽象利润分配请求权和具体利润分配请求权。

所谓抽象利润分配请求权，是指股东基于获取利润分配的固有权利就能享有的要求公司进行利润分配的权利；而具体利润分配请求权，是指当公司存有可分配的利润时，股东根据股东（大）会分配利润的决议而享有的请求公司按其持股类别和比例向其支付特定利润的权利。[①]

主流观点认为，前者属于期待权，后者属于债权，因而前者又称为盈余分配请求权，后者又称为盈余分配给付请求权。两者的区别在于利润分配是

---

① 参见蒋大兴：《公司法的展开与评判——方法·判例·制度》，法律出版社2001年版，第327页。

否已经过股东（大）会的决议。从实践中来看，区分两者具有重要意义：具体利润分配请求权是公司利润分配的常态，利润分配的程序设计也是围绕这种权利展开的。抽象利润分配请求权易于陷入干预公司商业判断的争议，有违公司意思自治原理，故通常不被法院所认可。仅在公司大股东滥用股东权利即符合股东压迫理论构成情形下，《公司法解释四》例外认可了抽象利润分配请求权，以救济小股东的权益。

二、利润分配的程序：针对具体利润分配请求权

（一）利润分配的前置程序：弥补亏损与提取法定公积金

《公司法》第166条：公司分配当年税后利润时，应当提取利润的百分之十列入公司法定公积金。公司法定公积金累计额为公司注册资本的百分之五十以上的，可以不再提取。

公司的法定公积金不足以弥补以前年度亏损的，在依照前款规定提取法定公积金之前，应当先用当年利润弥补亏损。

公司从税后利润中提取法定公积金后，经股东会或者股东大会决议，还可以从税后利润中提取任意公积金。

公司弥补亏损和提取公积金后所余税后利润，有限责任公司依照本法第三十四条的规定分配；股份有限公司按照股东持有的股份比例分配，但股份有限公司章程规定不按持股比例分配的除外。

股东会、股东大会或者董事会违反前款规定，在公司弥补亏损和提取法定公积金之前向股东分配利润的，股东必须将违反规定分配的利润退还公司。

公司持有的本公司股份不得分配利润。

公司当年度有利润时，须先用于弥补亏损和提取法定公积金（包括盈余公积金和任意公积金），完成前述步骤后仍有税后利润的，公司方可进行利润分配程序。①

（二）董事会制订利润分配方案

《公司法》第46条：董事会对股东会负责，行使下列职权：……（五）制

① 对《公司法》第166条详细的分析，可参考本书第三章。

订公司的利润分配方案和弥补亏损方案……

《公司法》第108条第4款：本法第四十六条关于有限责任公司董事会职权的规定，适用于股份有限公司董事会。

在英美法上，分红或者利润分配是董事会的职权，与股东（大）会无涉。但我国《公司法》规定董事会仅有权制订利润分配方案，最终由股东（大）会来决定是否进行利润分配。

（三）股东（大）会作出利润分配决议

《公司法》第37条：股东会行使下列职权：……（六）审议批准公司的利润分配方案和弥补亏损方案……

《公司法》第99条：本法第三十七条第一款关于有限责任公司股东会职权的规定，适用于股份有限公司股东大会。

上述三步是一般利润分配必不可少的程序。实务中法院将利润分配前置程序和股东（大）会决议作为利润分配程序中缺一不可的两个要件（前提）。

在“北京蓝色假日国际旅行社有限公司与北京嘉年华旅行社有限公司公司盈余分配纠纷二审案”［（2012）一中民终字第2476号］中，一审法院认为：结合上述法律规定内容，公司合法进行利润分配的前提有二，即一方面应由公司股东会或者股东大会作出合法有效的利润分配决议，另一方面该利润分配决议的内容应符合《公司法》强制性规定的要求。此两方面内容缺一不可，否则将导致公司的利润分配过程衍生潜在法律风险。本案中，涉诉股东会会议纪要与重组及股权转让协议两份文件中，虽体现有北京嘉年华旅行社有限公司（以下简称嘉年华公司）各股东关于按持股比例分配利润的共同意思表示，且对嘉年华公司的盈利数额有所提及，但结合双方当事人对案件事实的陈述，上述利润分配数额的确定方式与法律强制规定的利润分配程序并不相符。在并无证据显示嘉年华公司有权合法分配的利润数额的情况下，如径行依各方股东预估的盈利数额判令嘉年华公司向股东分配利润，显属不当。现嘉年华公司于本案并无违约行为，北京蓝色假日国际旅行社有限公司（以下简称假日公司）要求嘉年华公司依重组及股权转让协议赔偿其律师费之主张并无依据。据此，假日公司在本案中的各项诉讼请求，缺乏必要的事实和法律依据，故一审法院均不予支持。二审北京市第一中级人民法院维持了一审的判决。

在“郑某凤诉淮安第一钢结构公司盈余分配纠纷案”［（2011）淮中商终字第0002号］中，江苏省淮安市中级人民法院认为：公司分配股利必须符合公司法规定的实质要件和形式要件。实质要件要求公司不能用公司资本向股东分配股利，所以用于分配的股利必须来源于公司利润，即公司股东会决议用于分配的利润应扣除税款、提取法定公积金等；而股东会决议分配年度利润是公司分配股利的形式要件。

（四）利润分配的规则

《公司法》第34条：股东按照实缴的出资比例分取红利；……但是，全体股东约定不按照出资比例分取红利或者不按照出资比例优先认缴出资的除外。

《公司法》第166条第4款：……股份有限公司按照股东持有的股份比例分配，但股份有限公司章程规定不按持股比例分配的除外。

股东（大）会通过利润分配决议后，涉及如何进行具体的利润分配的问题。对此，实务上仍有诸多争议之处。

1. 不同“全体股东约定”方式在适用上的争议

关于有限责任公司利润分配的比例，总体可分为两种：一是“全体股东约定”比例，二是股东实际出资额。而“全体股东约定”又有多种表现形式，可以在一致同意通过的公司章程中作出规定（这种规定往往适用于公司每一次分红），可以在一致通过的股东会决议中作出（这种决议往往是一事一议），还可以是在公司章程与股东会决议外的其他协议中作出一致的约定（可能适用于每一次分红，也可能适用于某一次分红）。[①]

但在实务中，不同的“全体股东约定”方式，可能产生适用上的争议。在“叶某源诉厦门华龙兴业房地产开发有限公司公司盈余分配权纠纷案”［（2007）厦民终字第2330号］中，就发生了公司章程规定的分配比例和股

① 参见谢秋荣：《公司法实务全书》，中国法制出版社2018年版，第267页以下。

东间协议另行约定的比例不同而产生的争议。

对此，最高人民法院虞政平法官认为，有限责任公司利润分配有层级关系：股东之间有约定的，在相关股东内部按照约定的比例分配；没有约定的，则按照章程规定的比例分配；章程没有约定的，则按照实际出资比例分配利润。①

本书赞同虞政平法官的观点，但仍有两点须特别说明：其一，“全体股东约定”方式必须经全体股东一致同意，如一致通过的公司章程、一致通过的股东会决议、一致同意的股东协议；其二，对于确实存在的不同“全体股东约定”方式，应以最新的方式作为判断利润分配比例的标准，因为最新的方式代表了全体股东最新的一致意思，理应获得优先适用。

2. 未出资股东或瑕疵出资股东的利润分配请求权

未出资股东或瑕疵出资股东，只要未被除名，其股东资格应获得认可。但具体到利润分配上，根据《公司法》第34条的规定，有约定的按照约定分配，没有约定的，按照实缴的出资比例分配。这意味着在没有约定情形下，对出资瑕疵的股东来说，其利润分配比须和其实缴出资比相匹配，而未出资股东也就不能分配利润。

3. 原股东的利润分配请求权：针对股权转让情形

《山东省高院意见一》第71条：股权转让前，公司股东会、股东大会已经形成利润分配决议的，转让人在转让股权后有权向公司要求给付相应利润。

转让人因股权转让丧失股权后，股东会、股东大会就转让前的公司利润形成分配决议，转让人要求公司给付相应利润的，人民法院不予支持。

转让人或受让人不得以其相互之间的约定对抗公司。

在股权转让情形下，原股东的利润分配请求权须分两种情况讨论。第一，抽象利润分配请求权随股权转让而一并转让。第二，对于具体利润分配请求权，当事人约定优先。如无约定，则要具体分析：在股权转让之前，股东（大）会已通过利润分配决议的，原股东享有利润分配请求权；如在股权转

① 参见虞政平：《公司法案例教学》（第2版），人民法院出版社2018年版，第824页以下。

让之后，股东（大）会通过利润分配决议的，原股东不享有利润分配请求权。①

在“戴某林诉四川威远三益商业广场开发有限公司、成都市双流县双远商贸部、何某、王某债权纠纷案”［（2010）成民再终字第32号］中，四川省成都市中级人民法院认为：关于戴某林诉请是股利分配请求权还是股利给付请求权的问题。股利分配请求权是股东具有的按其出资或者所持股份取得股利，向公司要求分配公司盈余的权利。股利分配请求权是股东的自益权，股东能否实际分配到利润则要看公司是否盈利以及股东会是否作出分配决议。股利分配请求权是股东基于其股东资格和地位而固有的一项权利，是与股东身份密不可分的。但一旦股东会通过了利润分配方案，股东的股利分配请求权就具体化为股利给付请求权，该股利给付请求权性质为股东对公司享有的债权。该债权可以与股权分离而独立存在，不当然随同股权而转移。因此，针对股权转让前股东会已经决定分配的利润，转让股东虽然丧失股东资格，但仍然可以要求公司给付。

4.“固定收益”条款的效力

股东间的“固定收益”约定，一般指的是股东之间达成利润分配协议，约定一方获得对公司的管理权限，而另一方在放弃管理的基础上从公司获得一固定比例的分红。

对于该种“固定收益”条款的效力，本书赞同如下观点：如果按照这种约定领取的盈余不超过当年公司弥补亏损、提取公积金后的可分配利润余额，则该条款有效；如不符合前述条件仍领取固定比例的分红，则该行为可构成抽逃出资，应认定为无效。

从实务中来看，对于公司当年度未达到预期的可分配利润部分，为了确保“固定收益”的实现，可在相关协议中约定其他股东对差额部分承担补足义务。这样可避免违反资本维持原则，不会被认定为抽逃出资。

在“四川正银投资股份有限公司、中盛万吉文化投资集团有限公司与公

---

① 参见杜万华主编：《最高人民法院公司法司法解释（四）理解与适用》，人民法院出版社2017年版，第285页。

司有关的纠纷二审案”［（2018）最高法民终765号］中，关于《投资协议》中四川正银投资股份有限公司（以下简称四川正银公司）和中盛万吉文化投资集团有限公司（以下简称中盛万吉公司）补足成都金控财富投资利润以及回购其所持中盛正银公司股权条款的效力问题。四川正银公司、中盛万吉公司主张，上述条款违反了《公司法》第20条第1款的规定，应认定为无效。对此，最高人民法院认为：第一，根据已经查明的事实，2011年2月21日，中盛万吉公司和四川正银公司设立中盛正银公司，在引入新的投资者成都金控旅游和成都金控财富后，该公司的所有股东即为中盛万吉公司、四川正银公司、成都金控旅游和成都金控财富，该四位股东均为案涉《投资协议》的当事人，中盛万吉公司和四川正银公司不属于该条款规定的“其他股东”。第二，成都金控财富作为增资入股后的股东，已经按照公司章程规定，通过债转股的方式完成出资义务，不存在滥用公司法人独立地位和股东有限责任的情形。第三，《投资协议》第3条第3款约定：“根据项目测算，在正常经营情况下，中盛正银在此次增资后5年内应实现净利润不少于2.6亿元且中盛正银应该每年向股东分配红利。鉴于甲、乙两方此次增资时支付的溢价以及丙、丁两方负责中盛正银的实际经营等因素，各方同意，中盛正银的利润按以下方式分配：3.1增资后5年内，中盛正银每年的可分配利润应分配给甲方、乙方以下金额：……如果中盛正银公司每年的可分配利润超过预期利润，则各方应按照股权比例分配利润。如果甲方和乙方在增资后5年内总计获得的利润少于10 114万元和4789万元，则丙方和丁方应在收到甲方、乙方书面通知后10个工作日内分别一次性向甲方和乙方补足差额。”可见，上述约定是基于对公司预期利润的估算以及成都金控财富参与增资支付的溢价等因素，此为商事主体的自主交易安排，应予以尊重，商事主体亦应当自行承担由此产生的市场风险。从具体文字表述看，成都金控财富参与分配的是中盛正银公司每年的“可分配利润”，而享有可分配利润是股东资产收益权的内容，不违反法律规定。正是因为考虑到预期利润并不一定真正实现，该条同时对可分配利润超过预期利润和低于约定利润时各方的权利义务进行了明确约定，即在成都金控财富5年分得的总利润少于4789万元的情况下，原股东负有补足责任。享有固定数额的可分配利润与原股东补足责任，相辅相成，相互补充，不能割裂，应作一体解读。因此，虽然协议明确约定了成都金控财富应分得的固定利润数额，但该数额是以公司有可供分配的利润为前提，并以原股东承诺对预期利益进行补足为保障的，该约定不损害公司和公司债权人利益。在上述交易安排中，原股东承担的为补充责任，并非担保责任，四川正银公司和中盛万吉公司关于主债务不成立故而担保从债务亦不成立的主张，依据不足。第四，根据《投资协议》第 3 条第 5 款之约定，负有股权回购义务的主体为中盛正银公司的原股东四川正银公司和中盛万吉公司，而非中盛正银公司本身，该约定本质上系目标公司股东与投资者之间对投资风险及投资收益的判断与分配，属于当事人意思自治范畴。且中盛正银公司章程第 15 条第 4 项明确约定，中盛万吉公司和四川正银公司购买成都金控财富所持有的股权时，按《投资协议》第 3 条、第 6 条和第 9 条约定执行。该约定已通过章程予以明示，并不损害公司及公司债权人利益，不违反法律、行政法规的禁止性规定，合法有效。第五，股东以其认缴出资额为限对公司承担责任，是针对公司债权人而言，主要规范公司外部关系，与股东之间的利润补足和股权回购约定并不矛盾。第六，根据《公司法》第 34 条的规定，全体股东可以对不按照出资比例分取红利作出特别约定。因此，所谓股东同权同利原则并非强制性规定，全体股东之间可以通过约定进行变更。综上所述，《投资协议》为中盛正银公司的全体股东所签，公司章程第 13 条第 4 项再次明确，“股东可以不按出资比例分取红利，按股东各方及公司于 2012 年 2 月 2 日签署的《投资协议》约定执行”。该约定不违反法律规定，对全体股东具有约束力。综上，《投资协议》中四川正银公司和中盛万吉公司补足成都金控财富投资利润以及回购其所持中盛正银公司股权条款合法有效，中盛万吉公司和四川正银公司该项上诉主张，依据不足，法院不予支持。

（五）利润分配的时限

《公司法解释五》第 4 条：分配利润的股东会或者股东大会决议作出后，公司应当在决议载明的时间内完成利润分配。决议没有载明时间的，以公司章程规定的为准。决议、章程中均未规定时间或者时间超过一年的，公司应当自决议作出之日起一年内完成利润分配。

决议中载明的利润分配完成时间超过公司章程规定时间的，股东可以依据民法典第八十五条、公司法第二十二条第二款规定请求人民法院撤销决议中关于该时间的规定。

为防止实践中公司已作出分配决议，但迟迟不进行利润分配的行为，上述司法解释规定了公司利润分配的时限，即原则上由公司决议或章程来约定，但最长不得超过决议作出之日起一年。

三、股东利润分配请求权受侵害时的救济方式

（一）侵害抽象利润分配请求权的救济方式

《公司法解释四》第15条：股东未提交载明具体分配方案的股东会或者股东大会决议，请求公司分配利润的，人民法院应当驳回其诉讼请求，但违反法律规定滥用股东权利导致公司不分配利润，给其他股东造成损失的除外。

从目前的公司法实务来看，公司或大股东通常不愿意分红，理由有三：一是基于税务上的考虑，不分配盈余有利于节约税负成本；二是大股东可以担任公司董事或高管等职务，领取高额的薪酬，变相进行了盈余分配；三是大股东可以通过关联交易进行利益输送，即使不分配盈余，也可以获得丰厚的利益。

如果存在后两个理由，可能会符合公司法上的股东压制理论。对此，理论上对小股东有如下三种常见的救济：一是强制进行利润分配，二是强制解散公司，三是认可小股东的股权回购请求权。[①] 这里主要谈谈抽象利润分配请求之诉。

本书已经指出，抽象利润分配请求之诉因易于陷入干预公司商业判断的争议，有违公司意思自治原理，故通常不被法院所认可。但实务中确有公司大股东滥用股东权利的情形，故《公司法解释四》例外认可了抽象利润分配请求权，以救济小股东的权益。但司法解释并没有说明如何认定大股东滥用

---

① 股东压制理论仅适用于封闭公司，因为公开公司有公开交易市场，小股东有自由退出途径。对此参见胡田野：《公司法律裁判》，法律出版社2012年版，第461页。股东压制理论是美国公司法实践中发展出的理论，其判断标准是合理期待的丧失，本书在后续章节具体分析这一问题。

股权。

1. 抽象利润分配请求权的构成条件

一般认为，抽象利润分配请求权有两个主要的构成条件：大股东滥用股东权利，使小股东事实上受到了压榨；公司具有盈利且符合公司法规定的利润分配条件。

在“庆阳市太一热力有限公司、李某军与甘肃居立门业有限责任公司公司盈余分配纠纷二审案”[①]［（2016）最高法民终528号］中，庆阳市太一热力有限公司（以下简称太一热力公司）、李某军上诉主张，因没有股东会决议故不应进行公司盈余分配。甘肃居立门业有限责任公司（以下简称居立门业公司）答辩认为，太一热力公司有巨额盈余，法定代表人恶意不召开股东会、转移公司资产，严重损害居立门业公司的股东利益，法院应强制判令进行盈余分配。最高人民法院认为，公司在经营中存在可分配的税后利润时，有的股东希望将盈余留作公司经营以期待获取更多收益，有的股东则希望及时分配利润实现投资利益，一般而言，即使股东会或股东大会未形成盈余分配的决议，对希望分配利润股东的利益也不会发生根本损害，因此，原则上这种冲突的解决属于公司自治范畴，是否进行公司盈余分配及分配多少，应当由股东会作出公司盈余分配的具体方案。但是，当部分股东变相分配利润、隐瞒或转移公司利润时，则会损害其他股东的实体利益，已非公司自治所能解决，此时若司法不加以适度干预则不能制止权利滥用，亦有违司法正义。虽目前有股权回购、公司解散、代位诉讼等法定救济路径，但不同的救济路径对股东的权利保护有实质区别，故需司法解释对股东的盈余分配请求权进一步予以明确。为此，《公司法解释四》第15条规定：“股东未提交载明具体分配方案的股东会或者股东大会决议，请求公司分配利润的，人民法院应当驳回其诉讼请求，但违反法律规定滥用股东权利导致公司不分配利润，给其他股东造成损失的除外。”在本案中，第一，太一热力公司的全部资产被整体收购后没有其他经营活动，一审法院委托司法审计的结论显示，太一热力公司清算净收益为75 973 413.08元，即使扣除双方有争议的款项，太一热

① 本案例为《最高人民法院公报》2018年第8期案例。

力公司也有巨额的可分配利润，具备公司进行盈余分配的前提条件。第二，李某军同为太一热力公司及其控股股东太一工贸公司法定代表人，未经公司另一股东居立门业公司同意，没有合理事由将5600万余元公司资产转让款转入兴盛建安公司账户，转移公司利润，给居立门业公司造成损失，属于太一工贸公司滥用股东权利，符合《公司法解释四》第15条但书条款规定应进行强制盈余分配的实质要件。第三，前述司法解释规定的股东盈余分配的救济权利，并未规定需以采取股权回购、公司解散、代位诉讼等其他救济措施为前置程序，居立门业公司对不同的救济路径有自由选择的权利。因此，一审判决关于太一热力公司应当进行盈余分配的认定有事实和法律依据，太一热力公司、李某军关于没有股东会决议不应进行公司盈余分配的上诉主张不能成立。

（1）“大股东滥用股东权利”的举证。

关于“大股东滥用股东权利”的认定，最高人民法院将实务中可能遇到的情形列举如下：给在公司任职的股东或者其指派的人发放与公司规模、营业业绩、同行业薪酬水平明显不符的过高薪酬，变相给该股东分配利润的；购买与经营不相关的服务或者财产供股东消费或者使用，变相给该股东分配利润的；为了不分配利润隐瞒或者转移公司利润的；其他行为。[①]

（2）“公司具有盈利且符合公司法规定的利润分配条件”的举证。

这一要件由发起诉讼的原告小股东承担举证责任。通常情况下，小股东不参与公司经营管理，为了证明公司有可分配的利润，可向法院申请审计，以审计报告作为申请利润分配的基础。但如果公司不配合审计或无法进行审计，法院可能无法查明公司利润情况。这种情况下法院不能推定公司有利润，进而让公司承担不利举证后果。这是原告小股东可能会面临的诉讼风险。

在“张某丽、贵阳金蝶苑市场管理有限公司再审案”［（2019）最高法民申305号］中，最高人民法院认为：公司进行盈余分配的前提条件是有可分配利润，进行强制盈余分配的实质条件是存在《公司法解释四》第15条但

---

① 参见杜万华主编：《最高人民法院公司法司法解释（四）理解与适用》，人民法院出版社2017年版，第328页。

书条款规定的要件事实。同时，由于法条对于举证责任并未作出特殊规定，故应当适用“谁主张，谁举证”的一般规则，即主张利润分配请求权被侵害的股东应当提供有效证据证明公司有可分配利润且存在滥用股东权利的事实，否则应当承担举证不能的不利后果。

本案中，张某丽未提交载明贵阳金蝶苑市场管理有限公司（以下简称金蝶苑公司）利润具体分配方案的股东会或者股东大会决议，原审判决适用《公司法解释四》第15条规定，并无不当。

张某丽在一审过程中申请对金蝶苑公司的利润进行审计，人民法院予以准许，但审计因送审鉴定资料不完整、不充分而终止。根据贵州正方司法鉴定所出具的《意见回复》，审计终止既因无完整会计凭证、会计账簿、会计报表及合同收据发票，又因当事人对对方提交的鉴定材料争议较大。鉴于上述情况，原审法院无法查明金蝶苑公司利润情况，也不能采信张某丽依据不完整的送审鉴定材料自行计算的利润数额，由此未认定金蝶苑公司有可分配利润，认为本案不满足进行公司盈余分配的前提条件，并无不当。

张某丽主张王某贵隐瞒金蝶苑公司经营状况将公司收入存入个人账户，并转移资产至观山湖农贸中心，但未提供有效证据予以证明，本案不符合对金蝶苑公司进行强制盈余分配的实质条件。原审判决依据《民事诉讼法解释》第90条之规定，不予支持张某丽要求金蝶苑公司支付公司盈余的诉讼请求，亦无不当。

2. 抽象利润分配请求之诉的实现方式

法院如认可小股东的抽象利润分配请求权，有两种实现抽象利润分配请求权的判决：要么判决直接分配利润，要么判决公司在合理期限内作出分配利润的决议。法院通常采后一种方式，但法院在综合判断后认为直接作出具体分配判决更为合适的，则不需要以限期股东会作出分配决议为前置条件，此时法院可以对分配的金额作出裁判。[①] 如法院直接判决分配利润，目前主流做法是在经过会计师事务所审计后，以确定的税后利润为基础，在扣除法

① 参见杜万华主编：《最高人民法院公司法司法解释（四）理解与适用》，人民法院出版社2017年版，第331页以下。

定公积金、一定比例的任意公积金及其他运营开支后，将剩余的利润分配给股东。

在“庆阳市太一热力有限公司、李某军与甘肃居立门业有限责任公司公司盈余分配纠纷二审案”［（2016）最高法民终528号］中，最高人民法院第一次对抽象利润分配请求之诉作出判决。最高人民法院认为：在未对盈余分配方案形成股东会或股东大会决议情况下司法介入盈余分配纠纷，系因控制公司的股东滥用权利损害其他股东利益，在确定盈余分配数额时，要严格公司举证责任以保护弱势小股东的利益，但还要注意优先保护公司外部关系中债权人、债务人等的利益。居立门业公司应分得的盈余数额，以一审判决认定的太一热力公司截至2014年10月31日可分配利润51 165 691.8元为基数，扣减存在争议的入网“接口费”1038.21万元，再按居立门业公司40%的股权比例计算，即为16 313 436.72元。最终，最高人民法院判决太一热力公司于该判决生效后10日内给付居立门业公司盈余分配款16 313 436.72元。

在上案中，最高人民法院分析了抽象利润分配请求权的法律构成，并作出了直接分配利润的判决。但应注意的是，上案还有一个特殊情况，案涉公司实际上已经处于停止经营状态。有观点认为，尽管司法慎重干预公司自治依然是此类诉讼的基本原则，但存在如上案般的特殊情形时，便不宜在司法干预和公司自治的平衡尺度上反复踌躇。上案核心意义恰恰在于揭示了司法既决意干预公司自治，便当考虑其干预实效性的裁判理念。既然判决公司在一定期限内作出决议的结果无法强制执行又或可以被轻易规避，便应当选择更直接的处理方式，从而不致使《公司法解释四》设定的保护机制落为空谈。①

（二）侵害具体利润分配请求权的救济方式

《山东省高院意见一》第68条第1款：公司股东会、股东大会形成利润分配决议，但未向股东实际支付的，股东有权提起诉讼要求公司履行支付义务。

股东（大）会已通过了利润分配的方案，公司须按照方案内容向股东支付利润。但在实务中，存在虽然股东（大）会批准了年度利润分配方案，但

---

① 对该案的评释，可参见曹玉龙：《股东抽象利润分配请求权的行权思路和裁量规则——兼释（2016）最高法民终528号案》，载微信公众号“天同诉讼圈”2018年7月6日。

公司其后以无力支付为由，拒绝执行该分配方案或者直接撤销了之前利润分配的股东会决议的情况。

有观点认为，公司股东会或者股东大会作出载明具体分配方案的利润分配决议后，公司即对股东负有分配利润的债务，一般情况下，人民法院应当判决公司按照决议载明的具体分配方案向股东分配利润。但是，如果公司出现的确无法分配利润的情形且又重新作出不分配利润的新决议的，人民法院应当按照新决议驳回原告的诉讼请求。

上述观点，本书并不认同。在经过股东（大）会决议形成利润分配方案后，股东抽象利润分配请求权就转变成了具体利润分配请求权，这是股东对公司“应付股利或利润”的请求权，其实质为债权性质，可比照债权进行处理。如果允许公司通过某种方式撤销分配决议，无异于允许债务人撤销债权，显然不合逻辑。①

在“刘某恩与常州市新东方电缆有限公司公司盈余分配纠纷案”［（2016）苏04民初444号］中，江苏省常州市中级人民法院认为：公司股东依法享有分取公司红利的权利。公司权力机关对公司的分红方案审议通过或作出分红决议，则享受分红的公司股东与公司之间就已确定的分红金额确立了债权债务法律关系，享受分红的公司股东为债权人，公司为债务人。根据常州市新东方电缆有限公司（以下简称新东方公司）2016年4月9日第三届董事会第三次会议通过的第七项《常州市新东方电缆有限公司关于二〇一五年度分红的议案》，新东方公司2015年度对股东分红金额为550万元，刘某恩在新东方公司的出资占公司注册资本的26%，因此刘某恩可获得分红143万元。依据上述分红议案，新东方公司应当于2016年10月30日前向刘某恩支付分红款143万元，刘某恩与新东方公司之间确立了债权债务法律关系，刘某恩为债权人，新东方公司为债务人。

新东方公司作为一个独立法人，其权力机关有权对公司内部事务进行自治。关于新东方公司2016年12月18日的第三届董事会第五次会议第五项议

---

① 参见虞政平：《公司法案例教学》（第2版），人民法院出版社2018年版，第830页；杜万华主编：《最高人民法院公司法司法解释（四）理解与适用》，人民法院出版社2017年版，第309页。

案——《新东方公司暂缓分红议案》：第一，公司对股东的分红金额确定后，公司股东与公司之间就确定的分红金额形成了债权债务法律关系，公司股东对公司享有给付请求权，该法律关系不再属于公司内部事务，公司权力机关作出决议对该债权债务关系进行调整缺少事实和法律依据。因此，新东方公司2016年12月18日的第三届董事会第五次会议以公司决议方式调整刘某恩与新东方公司之间的案涉分红债权债务，缺乏依据。第二，新东方公司2016年12月18日的第三届董事会第五次会议对《新东方公司暂缓分红议案》的决议，虽然名为公司决议，但是，其性质不符合公司法规定的公司决议。第三，如前所述，公司股东与公司之间就已确定的分红金额属于债权债务法律关系，2016年12月18日的第三届董事会第五次会议第五项议案——《新东方公司暂缓分红议案》，其实质是新东方公司决定暂缓分红，新东方公司部分股东处分自己的权利，同意新东方公司延缓履行债务。刘某恩未同意本议案的内容，即刘某恩未同意新东方公司延缓分红，故《新东方公司暂缓分红议案》对刘某恩没有约束力。

根据法律规定，债的消灭可以通过按照约定履行、债务相互抵销、债权人免除债务、债权债务同归于一人等方式。刘某恩对新东方公司享有案涉143万元分红款给付请求权，新东方公司对刘某恩负有债务，新东方公司应当按2016年4月9日第三届董事会第三次会议决议第七项议案，于2016年10月30日前向刘某恩支付分红款143万元。新东方公司未按决议履行，应当承担逾期付款责任，刘某恩主张自2016年11月1日起按同期银行贷款利率计算利息损失，不违反法律规定，法院予以支持。

第四节　股东优先认股权纠纷

一、股东优先认股权概述

《公司法》第34条：股东按照实缴的出资比例分取红利；公司新增资本时，股东有权优先按照实缴的出资比例认缴出资。但是，全体股东约定不按照出资比例分取红利或者不按照出资比例优先认缴出资的除外。

根据《公司法》第 43 条的规定，增资是股东会的特别决议事项。只有在增资决议通过后，才会衍生出股东优先认股权问题。

（一）概念及立法目的

股东优先认股权，是指公司股东享有优先于股东之外第三人认缴公司增资的权利。

增资优先认股权的目的主要是保持股东的股权比例不被稀释，维持其在公司中原有的地位，不因增资而改变现有的股权比例。除此之外，优先认股权还有维护有限责任公司人合性的目的。

但要说明的是，股东优先认股权是现有股东对股东之外的投资者的一种优先地位。这一点可以通过对《公司法》第 34 条的文义解释得出结论。从比较法上来看，优先认股权也是股东相对于公司外第三人而言的。所以，优先认股权规则处理的是公司接受外部投资者增资时股东与外部投资者之间的关系。只有在公司拟向股东外的投资者增资扩股时，才有优先认股权的发生；如果只是公司全体或部分股东追加投资（所谓的“内部增资”），则不适用《公司法》第 34 条规定。[①]

（二）案由

最高人民法院在《民事案件案由规定》中规定有“新增资本认购纠纷”的案由。该案由适用于有限责任公司新增资本认购、股份有限公司发行新股认购产生的纠纷。

实践中，新增资本认购纠纷可能发生在新出资人与公司之间，也可能发生在原股东与公司之间。

二、股东优先认股权的性质及其权利行使期限

在“绵阳市红日实业有限公司、蒋某诉绵阳高新区科创实业有限公司

---

① 参见陈润平、张弘毅：《先缴权案例讨论之一》，载微信公众号“公司法研学所”2018 年 1 月 22 日。

股东会决议效力及公司增资纠纷案"[①]［（2010）民提字第48号］中，最高人民法院认为：虽然绵阳高新区科创实业有限公司（以下简称科创公司）2003年12月16日股东会决议因侵犯了绵阳市红日实业有限公司（以下简称红日公司）和蒋某按照各自的出资比例优先认缴新增资本的权利而部分无效，但红日公司和蒋某是否能够行使上述新增资本的优先认缴权还需要考虑其是否恰当地主张了权利。股东优先认缴公司新增资本的权利属形成权，虽然现行法律没有明确规定该项权利的行使期限，但为维护交易安全和稳定经济秩序，该权利应当在一定合理期间内行使，并且由于这一权利的行使属于典型的商事行为，对于合理期间的认定应当比通常的民事行为更加严格。本案红日公司和蒋某在科创公司2003年12月16日召开股东会时已经知道其优先认缴权受到侵害，且作出了要求行使优先认缴权的意思表示，但并未及时采取诉讼等方式积极主张权利。在此后科创公司召开股东会，决议通过陈某高将部分股权赠与固生公司提案时，红日公司和蒋某参加了会议，且未表示反对。红日公司和蒋某在股权变动近两年后又提起诉讼，争议的股权价值已经发生了较大变化，此时允许其行使优先认缴出资的权利将导致已趋稳定的法律关系遭到破坏，并极易产生显失公平的后果，四川省绵阳市中级人民法院（2006）绵民初字第2号民事判决认定红日公司和蒋某主张优先认缴权的合理期间已过并无不妥。故最高人民法院对红日公司和蒋某行使对科创公司新增资本优先认缴权的请求不予支持。

根据最高人民法院的观点，股东优先认股权属于形成权，其权利行使期限性质上属于除斥期间。由于形成权强大的效力作用，立法应明确该期间的长度，但《公司法》及司法解释未予规定。在这起公报案例中，最高人民法院虽强调股东优先认股权应当在一定合理期间内行使，但这个期间究竟为多长，最高人民法院并没有说清楚，只是认为近两年的期限不属于合理期间。

---

① 本案为《最高人民法院公报》2011年第3期案例。

三、侵犯股东优先认股权的法律后果

（一）股东会决议的效力

在“徐某华等诉东方建设集团有限公司股东权纠纷案”［（2007）浙民二终字第287号］中，法院认为：被告在2006年7月17日所作的股东会决议包含了两方面内容：一是确定公司增加注册资本2888万元，二是新增的出资全部由股东郦某敏、祝某华认缴。关于股东会作出的增加注册资本的决议，根据《公司法》第104条①之规定，股东会作出增加注册资本的决议必须经出席会议的股东所持表决权的2/3以上通过。虽然两原告并未出席股东会议，但公司其他出席会议股东所持的表决权已超过2/3以上，故被告股东会所作的关于增加注册资本2888万元的决议符合法律规定，应属有效。关于股东会作出的新增出资全部由郦某敏、祝某华认缴的决议，根据《公司法》第35条②之规定，除全体股东另有约定外，公司新增资本时，股东有权优先按照实缴的出资比例认缴出资，故被告的股东会决议在未经两原告同意的情况下，确认将本应由两原告优先认缴的出资由郦某敏、祝某华认缴，违反了《公司法》的规定，故股东会决议中侵犯了两原告优先认缴新增资本权利的部分应属无效。但除郦某敏、祝某华及两原告外的其他三股东（倪某森、石某伟、戚某雷）在股东会决议中已承诺放弃优先认缴新增资本的权利，并同意由郦某敏及祝某华来认缴，应视为对其权利的处分，故股东会决议中该部分内容未违反法律规定，应属有效。综上，被告于2006年7月17日召开的股东会，除了将本应由两原告优先认缴的新增资本决议由郦某敏、祝某华认缴部分应属无效外，其他决议内容并未违反法律规定，应认定有效。

有限责任公司股东会违反《公司法》第34条，侵犯股东优先认股权的，依据《公司法》第22条规定，股东会该决议无效。

（二）增资协议等相关行为的效力

股东会决议侵犯股东优先认股权固然无效，但公司根据该无效决议已经

---

① 现为《公司法》（2018年修正）第103条。

② 现为《公司法》（2018年修正）第34条。

和其他股东或公司外第三人签订了增资协议，并已增资完毕的，此时应如何来认定这些行为的效力？

本书认为，应从民法物债二分的角度，区分负担行为和处分行为。作为负担行为的增资协议是有效的。而作为处分行为的增资行为，其效力应为相对无效，仅权利受侵害的股东可以主张增资行为无效。这与侵犯有限责任公司股东优先购买权的原理相同。从结果上来看，这一处理方式没有武断否定增资协议的效力，同时也能维护股东优先认股权，值得肯定。

在受侵害股东主张优先认股权后，虽然增资协议仍为有效，但违约一方应承担违约责任。如果因此导致合同目的无法实现，当事人一方可以解除合同并要求赔偿损失。但当事人双方都违反合同的，应当各自承担相应的责任。

四、股东放弃优先认股权的处理：其他股东超额优先认股权问题

所谓超额优先认股权，是指在有限责任公司增资时，如果有股东未行使优先认股权，从而导致部分新增资本未被认缴，此时其他已经行使优先认股权的股东可以在其已经行使了《公司法》第 34 条规定的优先认股权的基础上，要求对这部分未被优先认缴的新增资本，继续主张行使优先认缴的权利。

股东超额优先认股权建立在其他股东放弃（未行使）优先认股权的基础上。对于某一股东放弃优先认股权的行为，本书认为应分如下三种情形讨论：

第一种情形：某股东放弃优先认股权，但同意其他不特定股东对其放弃优先认缴出资部分进行超额优先认缴的，其他股东可以行使超额优先认股权。

第二种情形：某股东放弃优先认股权，但将其转让给其他特定股东，由该特定股东行使超额优先认股权。股权对内转让不需要经过其他股东同意，而转让优先认股权类似于股东认缴出资后再行转让，因而也不需要其他股东同意，其他股东也不得主张超额优先认股权。①

第三种情形：某股东放弃优先认股权，并且反对其他股东行使超额优先认股权，即只同意将其优先认缴增资部分由外部投资者行使；或者某股东只是单纯放弃优先认股权，并未表态是否同意其他股东行使超额优先认股权

① 参见王军：《中国公司法》（第 2 版），高等教育出版社 2017 年版，第 327 页。

（单纯沉默）。此时其他股东是否享有超额优先认股权，实务中争议很大。

在“聂某英诉天津信息港电子商务有限公司、天津信息港发展有限公司、天津市银翔经济发展中心、天津市朗德信息服务有限公司公司决议侵害股东权纠纷案”［（2006）津高民二终字第0076号］中，天津市高级人民法院认为：有限责任公司的人合性是有限责任公司与股份有限公司之间最根本的区别。法律规定有限责任公司增资时，原股东对增资有优先认缴的权利，也是基于有限责任公司的人合属性。有限责任公司股东之间是否合作，同谁合作，以及共同出资组建公司是以股东之间相互信任为基础的。基于股东之间的相互信任，公司得以成立。也基于股东之间的相互信任，公司的经营能够正常开展。因此，法律规定了在公司新增资本时，各股东有优先于其他人认缴增资份额的权利。对于其他股东不能按持股比例认缴的部分，股东是否可以较股东之外的人优先认缴的问题，《公司法》的规定并不明确。但是，对此可以从《公司法》对有限责任公司股权转让的有关规定去分析和判断。《公司法》第72条[①]规定，股东之间可以转让股权，但向股东之外的他人转让股权应当经其他股东过半数同意，经股东同意转让的出资，在同等条件下，其他股东对该出资有优先购买权。法律这样规定的目的，就是要维护有限责任公司的人合属性，使公司股份维持在原股东之间，不轻易向外扩散。公司股份是一个整体，由各股东按比例分享。他人想取得公司的股份，只能来自公司原有股东的让与。如果允许股东以外的他人向公司增资，无疑是公司的原股东向增资人转让股权。在公司增资的情形下，如果由股东之外的人向公司增资，公司原有股东的股份比例必定下降，也就是这部分下降的比例由公司的原有股东让与了新股东。在此情形下，如果公司的原有股东愿意自己出资购买这部分股份，其应比他人有优先购买的权利。只有公司原股东均不能认缴增资时，才可以由股东之外的人向公司增资。因此，认定公司原股东对其他股东不能认缴的增资享有优先于他人认缴的权利，是符合公司法的立法本意和基本精神的。当原有股东能够满足公司的增资需要时，就不能由股东之外的人认缴这部分增资。否则，就违反了我国《公司法》关于股东对转让

① 现为《公司法》（2018年修正）第71条。

的股权有优先购买权的规定。从本案的实际情况看，上诉人聂某英明确表示其对公司的增资有权优先认缴，且不同意新股东加入公司，在其有能力认缴公司需要增资的注册资本的情况下，应当允许其向公司进行增资。

但在“贵州捷安投资有限公司与贵阳黔峰生物制品有限责任公司、重庆大林生物技术有限公司、贵州益康制药有限公司、深圳市亿工盛达科技有限公司股权确权及公司增资扩股出资份额优先认购权纠纷案”［（2009）民二终字第3号］中，一审贵州省高级人民法院认为：关于贵州捷安投资有限公司（以下简称捷安公司）是否对其他股东承诺放弃的认缴新增出资份额享有优先认购权的问题，捷安公司对其他股东放弃的份额没有优先认购权。理由如下是：首先，优先权对其相对人权利影响甚巨，必须基于法律明确规定才能享有。根据我国《公司法》第35条①的规定，有限责任公司新增资本时，股东有权优先按照其实缴的出资比例认缴出资。但是，对当部分股东欲将其认缴出资份额让与外来投资者时，其他股东是否享有同等条件下的优先认购权的问题，《公司法》未作规定。2004年修正的《公司法》第33条规定，“公司新增资本时，股东可以优先认缴出资”，而现行《公司法》第35条将该条修改为“公司新增资本时，股东有权优先按照实缴的出资比例认缴出资”，对股东优先认缴出资的范围作了限定。由此可以推知，现行《公司法》对股东行使增资优先认购权范围进行了压缩，并未明确规定股东对其他股东放弃的认缴出资比例有优先认缴的权利。其次，公司股权转让与增资扩股不同，股权转让往往是被动的股东更替，与公司的战略性发展无实质联系，故要更加突出保护有限责任公司的人合性；而增资扩股，引入新的投资者，往往是为了公司的发展，当公司发展与公司人合性发生冲突时，则应当突出保护公司的发展机会，此时若基于保护公司的人合性而赋予某一股东优先认购权，该优先权行使的结果可能会削弱其他股东特别是控股股东对公司的控制力，导致其他股东因担心控制力减弱而不再谋求增资扩股，从而阻碍公司的发展壮大。因此，不能援引《公司法》第72条关于股权转让的规定精神来解释《公司法》第35条规定。最后，贵阳黔峰生物制品有限责任公司（以下简称

---

① 现为《公司法》（2018年修正）第34条。

黔峰公司）股东会在决议增资扩股时，已经按照《公司法》第35条关于“公司新增资本时，股东有权优先按照实缴的出资比例认缴出资”的规定，根据捷安公司的意思，在股东会决议中明确其可以按其实缴出资比例认购180万股出资，且捷安公司已按比例缴纳了认股出资，故该股东会决议没有侵害捷安公司依法应享有的优先认购权。因此，黔峰公司股东会以多数决通过的增资扩股及引入战略投资者的决议有效，捷安公司对其他股东放弃的新增出资份额没有优先认购权，捷安公司所提确认其对黔峰公司其他股东放弃的1820万股出资份额享有优先认购权的诉讼请求不能成立，予以驳回。

二审最高人民法院认为，股份对外转让与增资扩股的不同，原审判决对此已经论述得十分清楚，法院予以认可。我国《公司法》第35条规定“公司新增资本时，股东有权优先按照实缴的出资比例认缴出资”，直接规定股东认缴权范围和方式，并没有直接规定股东对其他股东放弃的认缴出资比例增资份额有无优先认购权，也并非完全等同于该条但书或者除外条款即全体股东约定不按照出资比例优先认缴出资的除外所列情形，此款所列情形是完全针对股东对新增资本的认缴权而言的，这与股东在行使认缴权之外对其他股东放弃认缴的增资份额有无优先认购权并非完全一致。对此，有限责任公司的股东会完全可以有权决定将此类事情及可能引起争议的决断方式交由公司章程规定，从而依据公司章程规定方式作出决议，当然也可以包括股东对其他股东放弃的认缴出资有无优先认购权问题，该决议不存在违反法律强制性规范问题，决议是有效力的，股东必须遵循。只有当股东会对此问题没有形成决议或者有歧义理解时，才有依据公司法规范适用的问题。即使在此情况下，由于公司增资扩股行为与股东对外转让股份行为确属不同性质的行为，意志决定主体不同，因此二者对有限责任公司人合性要求不同。在已经充分保护股东认缴权的基础上，捷安公司在黔峰公司此次增资中利益并没有受到损害。综上所述，捷安公司上诉请求和理由不能成立，法院不予支持。捷安公司应当按照黔峰公司此次增资股东会有关决议内容执行，对其他股东放弃认缴的增资份额没有优先认购权。

对于股东超额优先认股权问题，天津市高级人民法院认为应类推适用《公司法》第71条规定，认可其他股东在同等条件下享有超额优先认股权。

但最高人民法院以立法未规定等为由，不认可股东享有超额优先认股权。

本书赞同天津市高级人民法院的观点，但认为应区分两种情形分别讨论：

第一，如果向公司外第三人进行增资并无任何特殊目的，比如仅是将公司控股股东某个亲戚引入公司，此时某些股东放弃优先认股权的，其他股东在同等条件下享有超额优先认股权。这里的“同等条件”可参考有限责任公司股东优先购买权部分的规定。

第二，如果向公司外第三人进行增资是为了公司的整体发展战略或利益，则其他股东不享有超额优先认股权。

五、股东优先认股权之排除

（一）全体股东另行约定

根据《公司法》第34条但书条款，全体股东可以约定不按照出资比例优先认缴出资。这是排除或改变优先认股权的例外。对于该种例外，有两点说明：

第一，必须是全体股东一致同意的另行约定，不适用多数决原则。

第二，另行约定的方式有全体股东一致通过的章程条款、一致通过的股东会决议或股东协议等。

此外，该但书条款为有限责任公司的投资人采取灵活的反稀释制度留下了空间，在特定领域尤其是私募股权投资或风险投资领域，这些投资人可引入超额优先认股权条款，不仅不会因后续增资而被摊薄股权比例，甚至还可以实现进一步增持。①

（二）为了公司整体发展战略（利益）

这种排除情形，公司法未予规定。但在实务中已获认可。常见的为了公司整体发展战略（利益）的理由有：为了引进特殊管理人才而增资，为了获得某项专利或技术而增资，为了与其他公司合并而增资等。

最高人民法院虞政平法官认为：就公司而言，其发行新股的目的主要是

---

① 参见刘乃进：《私募股权基金筹备、运营与管理：法律实务与操作细节》，法律出版社2015年版，第32页。

筹集资金，扩大公司经营规模，开拓市场以获得更多效益回报，甚至即便原有股东有能力认购出资，但基于公司发展战略之考虑，也有必要吸纳新的不仅是有资本实力的投资者参加到公司中来。当然，因公司利益而排除股东优先认股权为例外立法考虑，这种例外须满足如下条件：为公司筹资或其他为公司利益所必需；在客观合理的基础上按照股东平等原则，不构成对股东之歧视；按照合法之程序进行，一般要由股东大会以特别多数决通过。①

由于立法并没有此种排除股东优先认股权的规定，加之“为了公司整体发展利益”的认定将造成股东行使优先认股权的实质障碍，因此应予严格认定。在德国法上，法律对排除优先认股权的行为进行严格的控制，主要是通过程序性的规定来实现这一目的。如排除股东优先认股权的申请必须订入股东会的议事日程；董事会必须就此提交书面报告，报告中必须相信说明公司排除优先认股权的原因，并且提供相应的可以证明的信息。因此，如公司未能说明或未合理说明排除优先认股权的理由，在股东与公司发生争议后，可以诉请法院对相关股东会的决议进行实质性的法律审查，以确定是否应该撤销相关的决议。②

总结来说，本书认为，为了公司发展利益而增资时，原则上所有股东对增资都不享有优先认股权。当然，公司为了协调可能存在的矛盾，可以保障部分股东仍享有优先认股权，以维持反对立场股东的持股比例。但是，这些反对股东的超额优先认股权肯定不能获得认可。这一点前文已做说明。

第五节　股东评估权纠纷

《公司法》第74条：有下列情形之一的，对股东会该项决议投反对票的股东可以请求公司按照合理的价格收购其股权：

（一）公司连续五年不向股东分配利润，而公司该五年连续盈利，并且

---

① 参见虞政平：《公司法案例教学》（第2版），人民法院出版社2018年版，第880页以下。

② 参见［德］托马斯·莱塞尔、［德］吕迪格·法伊尔：《德国资合公司法》（第6版），高旭军等译，上海人民出版社2019年版，第409页。

符合本法规定的分配利润条件的；

（二）公司合并、分立、转让主要财产的；

（三）公司章程规定的营业期限届满或者章程规定的其他解散事由出现，股东会会议通过决议修改章程使公司存续的。

自股东会会议决议通过之日起六十日内，股东与公司不能达成股权收购协议的，股东可以自股东会会议决议通过之日起九十日内向人民法院提起诉讼。

《公司法》第142条：公司不得收购本公司股份。但是，有下列情形之一的除外：

（一）减少公司注册资本；

（二）与持有本公司股份的其他公司合并；

（三）将股份用于员工持股计划或者股权激励；

（四）股东因对股东大会作出的公司合并、分立决议持异议，要求公司收购其股份；

（五）将股份用于转换上市公司发行的可转换为股票的公司债券；

（六）上市公司为维护公司价值及股东权益所必需。

公司因前款第（一）项、第（二）项规定的情形收购本公司股份的，应当经股东大会决议；公司因前款第（三）项、第（五）项、第（六）项规定的情形收购本公司股份的，可以依照公司章程的规定或者股东大会的授权，经三分之二以上董事出席的董事会会议决议。

公司依照本条第一款规定收购本公司股份后，属于第（一）项情形的，应当自收购之日起十日内注销；属于第（二）项、第（四）项情形的，应当在六个月内转让或者注销；属于第（三）项、第（五）项、第（六）项情形的，公司合计持有的本公司股份数不得超过本公司已发行股份总额的百分之十，并应当在三年内转让或者注销。

上市公司收购本公司股份的，应当依照《中华人民共和国证券法》的规定履行信息披露义务。上市公司因本条第一款第（三）项、第（五）项、第（六）项规定的情形收购本公司股份的，应当通过公开的集中交易方式进行。

公司不得接受本公司的股票作为质押权的标的。

一、股东评估权概述

股东评估权又称“评估权”“异议股东股权回购请求权”，是当公司发生根本性变化时，法律赋予异议股东要求公司以公平价格收购其股权（份）的权利。

从股东评估权制度原理来看，当公司发生根本性变化或重大交易时，有可能存在大股东滥用权利欺压小股东，也有可能改变了股东在加入公司时的合作预期，因此给予股东（主要是小股东）在发生前述变化或交易时的退出途径。

应说明的是，股东评估权主要存在于封闭公司（有限责任公司与非上市股份有限公司）中。公开公司股份有自由流通市场，股东若对公司根本性变化或特定交易持有异议，可以通过股份流通市场转让股份，不必经过相对复杂的评估权行使程序。而封闭公司潜在买主有限、定价困难，导致股东退出特别困难，因此有设置股东评估权制度的必要。

从《公司法》规定来看，第 74 条规定了有限责任公司股东享有评估权的三种情形，而第 142 条规定了股份有限公司股东享有评估权的一种情形。两者存在重合，因此本书主要以第 74 条为对象来分析股东评估权。

二、股东评估权的实务适用

《公司法》第 74 条规定了三种股东评估权适用事由。对于该条，实务适用上须解决如下五点疑难问题。

（一）异议股东是否一定要在股东会上投反对票

在“袁某晖与长江置业（湖南）发展有限公司请求公司收购股份纠纷再审案”[①]［（2013）湘高法民二终字第91 号］中，最高人民法院认为：关于袁某晖是否有权请求长江置业（湖南）发展有限公司（以下简称长江置业公司）回购股权的问题，2010 年 3 月 5 日，长江置业公司形成股东会决议，明确由沈某、钟某光、袁某晖三位股东共同主持工作，确认全部财务收支、经

① 本案为《最高人民法院公报》2016 年第 1 期案例。

营活动和开支、对外经济行为必须通过申报并经全体股东共同联合批签才可执行，对重大资产转让要求以股东会决议批准方式执行。但是，根据长江置业公司与袁某晖的往来函件，在实行联合审批办公制度之后，长江置业公司对案涉二期资产进行了销售，该资产转让从定价到转让，均未取得股东袁某晖的同意，也未通知其参加股东会。根据《公司法》第 74 条之规定，对股东会决议转让公司主要财产投反对票的股东有权请求公司以合理价格回购其股权。从形式上看，袁某晖未参加股东会，未通过投反对票的方式表达对股东会决议的异议。但是，《公司法》第 74 条的立法精神在于保护异议股东的合法权益，之所以对投反对票作出规定，意在要求异议股东将反对意见向其他股东明示。本案中袁某晖未被通知参加股东会，无从了解股东会决议，并针对股东会决议投反对票，况且，袁某晖在 2010 年 8 月 19 日申请召开临时股东会，明确表示反对二期资产转让，要求立即停止转让上述资产，长江置业公司驳回了袁某晖的申请，并继续对二期资产进行转让，已经侵犯了袁某晖的股东权益。因此，二审法院依照《公司法》第 74 条之规定，认定袁某晖有权请求长江置业公司以公平价格收购其股权，并无不当。

从最高人民法院的观点来看，非因自身过失未能参加股东会会议并投反对票的，只要该股东对该决议事项明确提出了反对意见，也是有权请求公司以合理的价格收购其股权的。

而对《公司法》第 74 条第一个事由来说，由于不分配利润往往不会召开股东会，因此是否召开股东会也不是必要条件，只要符合“连续五年盈利”和“连续五年不向股东分配利润”两个条件，异议股东就可以主张评估权。①

（二）公司“转让主要财产”如何来认定

在“薛某与京卫医药科技集团有限公司请求公司收购股份纠纷二审案”[（2012）二中民终字第 02333 号]中，关于京卫医药科技集团有限公司（以下简称京卫公司）转让的其持有的国康公司 51% 的股权是否为京卫公司的主要财产的问题，一审法院认为，公司转让的财产是否为主要财产，取决于公

① 参见王军：《中国公司法》（第 2 版），高等教育出版社 2017 年版，第 354 页以下。

司转让该财产是否影响了公司的正常经营和盈利，导致公司发生了根本性变化。京卫公司的经营范围为销售医用高分子材料及制品、卫生材料及敷料、医用电子仪器设备、包装食品，自营和代理各类商品及技术的进出口业务等，现有证据表明，京卫公司转让其持有的国康公司51%的股权的行为并未影响公司的正常经营和盈利，亦没有证据表明公司发生了根本性变化，故京卫公司转让的其持有的国康公司51%的股权不能视为京卫公司的主要财产。薛某主张，国康公司的资产总额、营业收入、归属于母公司所有者权益、归属于母公司所有者的净利润分别占京卫公司资产总额、营业收入、归属于母公司所有者权益、归属于母公司所有者的净利润的72%、93%、53%和125%，国康公司51%的股份相对应的资产总额、营业收入、归属于母公司所有者权益、归属于母公司所有者的净利润分别占京卫公司（不含少数股东权益）资产总额、营业收入、归属于母公司所有者权益、归属于母公司所有者的净利润的51%、75%、27%和127%，因此，京卫公司转让的其持有的国康公司51%的股权系京卫公司的主要财产。对此，一审法院认为，上述比例仅是衡量国康公司股权价值的标准之一，并不能表明京卫公司转让其所持有的国康公司的51%的股权导致京卫公司发生了根本性变化，亦不能证明转让的该部分财产系京卫公司的主要财产，故对于薛某的该项主张，一审法院不予支持。

二审北京市第二中级人民法院同样认为：薛某主张国康公司51%股权属于京卫公司主要财产，但并未提交充分证据加以证明，薛某亦不能证明其股东权益在转让后将受到损害，且转让国康公司51%股权后，京卫公司的正常经营亦未发生根本性变化，故对其该项上诉主张，不予主持。

在“中山市捷龙厨具有限公司、彭某涛请求公司收购股份纠纷二审案”［（2016）粤20民终4064号］中，广东省中山市中级人民法院认为：我国《公司法》并未对有限责任公司“转让主要财产”的范围作出明确的法律界定。公司转让的财产是否为主要财产，取决于公司转让的财产是否影响了公司的正常经营和盈利，导致公司发生了根本性变化。中山市捷龙厨具有限公司（以下简称捷龙公司）的经营范围为：生产、加工、销售厨具、卫生洁具，而2015年5月16日会议决议的内容显示，捷龙公司“将涉案设备以170 518.46元的价格出售给张某梅”，转让的是折弯机、剪板机、冲床、氩弧焊机、空压机、拉丝机等主要生产经营设备，而不是其经营范围中的产品，该转让行为也未涉及公司生产设备更新换代的内容；且捷龙公司在二审中确认，涉案设备于2015年5月出售给张某梅后，捷龙公司已经停止正常经营。显然，捷龙公司转让的财产影响了公司的正常经营和盈利，导致公司发生了根本性变化，已构成我国《公司法》第75条规定中的公司“转让主要财产”的情形。

对于公司“主要财产”的认定，目前主要有两种标准：一种标准是从转让财产相关占比指标角度（比如转让财产占公司资产总额、营业收入、净利润的比重等），另一种标准是从转让财产盈利角度。

目前实务上相对主流的裁判观点采纳了后一种标准，即公司转让的财产是否为其主要财产，取决于公司转让该财产是否影响了公司的正常经营和盈利，进而导致公司发生了根本性变化。

（三）股权回购价格如何确定

《公司法》第74条认为股权回购价格应为“合理的价格”，但并未说明其具体标准。从实务角度来看，股权回购价格通过如下方式确定：

第一，由异议股东与公司直接协商确定，该协商确定的价格应优先适用。

在“中国信达资产管理股份有限公司与太西集团有限责任公司请求公司收购股份纠纷二审案”［（2016）最高法民终34号］中，最高人民法院认为：在股东之间对股权回购有明确约定的情况下，《公司法》第74条[①]有关股东请求公司以合理的价格收购其股权的规定，并非能够完全脱离原出资协议约定而另行确定。依据太西集团有限责任公司（以下简称太西集团）公司章程第71条的规定，中国信达资产管理股份有限公司（以下简称信达公司）所持股权按《债权转股权协议》和《债权转股权补充协议》实施。信达公司于2000年5月29日及6月9日与石炭井矿务局及华融公司三方签订的《债权转股权协议》和《债权转股权补充协议》，不仅对上述三方股东共同设立太西集团的出资形式和比例作了约定，亦对各股东股权的退出及收购方式作了特别约定。股权退出方式及价格，是三方股东根据自愿原则自由商定的，对当

① 现为《公司法》（2018年修正）第74条。

事人具有法律约束力。至于成立的新公司后来资产发生了变化，并非必然导致股权价值的变化，股权价值还取决于公司其他因素。不能因股权回购时企业财产的实际状况已经发生减少，约定的股权收购价值就必须相应减少，当事人对此亦没有明确约定。况且信达公司债权转为股权作为对太西集团的出资，为太西集团减负，支持其经营，所起作用是显然的，要求相应减少股权回购款，对信达公司亦有不公。

第二，在没有协商价格时，由异议股东和公司均认可的第三方机构对公司当时的资产负债情况进行审计，以审计报告确定的净资产值为基础来确定回购价格。[①] 从可操作性角度来看，目前法院通常直接就以净资产值来计算回购价格。

在“杭州久大置业有限公司、章某力请求公司收购股份纠纷再审案”［(2018) 浙民申2047号］中，一审法院查明，1998年7月22日，被告杭州久大置业有限公司（以下简称久大公司）的前身杭州千岛湖物业开发有限公司成立，2000年11月7日被告变更企业名称为杭州千岛湖久大置业有限公司，2001年4月25日公司注册资本经核准增至1000万元，由包括原告在内的11名自然人股东出资，原告出资25万元，持有久大公司2.5%的股份。2002年，公司名称变更为杭州久大置业有限公司沿用至今，此后公司经营期限延长至2013年7月21日。2014年1月4日，久大公司召开股东会，形成《关于延长公司经营期限的决议》等决议。2014年1月7日，公司经营期限经核准延长至2033年7月21日。原告对2014年1月4日形成的股东会决议明确提出反对意见，在表决时投反对票。2014年2月20日，原告使用邮政快递向被告邮寄《关于要求杭州久大置业有限公司回购股权之请求》，被告未予回应。2014年2月28日，原告又通过杭州市西湖公证处向被告邮寄《关于要求杭州久大置业有限公司回购股权之请求》，要求被告按合理价格回购原告在久大公司2.5%的股权。2017年6月26日，司法鉴定机构按已收集的鉴定资料评定被告公司在2013年12月31日的净资产估值为21 000.09万元。

---

① 参见谢秋荣：《公司法实务全书》，中国法制出版社2018年版，第517页。

一审法院认为原告的上述行为符合《公司法》第74条的规定，依法享有请求被告以合理价格收购其股份的权利。因此酌情按鉴定机构评定的净资产估值确定回购款，即判决久大公司于判决生效之日起10日内给付章某力股权回购款5 250 022.50元（5 250 022.50 = 210 000 900 × 2.5%）。

二审浙江省杭州市中级人民法院认为，因久大公司章程规定的营业期限即将届满时该公司通过股东会决议修改章程使公司存续，作为对该决议投反对票的股东，章某力有权依据《公司法》的规定要求久大公司按照合理的价格收购其股权。在双方当事人未能协商一致的情况下，原审法院通过对股权价值进行司法评估的方式确定收购价格，符合公平原则，法院亦予认同。

再审浙江省高级人民法院同样认为，关于一审、二审确定的股权回购价格是否存在错误的认定问题。根据《公司法》第74条的规定，原审法院在支持章某力请求久大公司收购其股权的情况下，按评估机构评定的净资产估值确定收购价款，应有相应的事实和法律依据。

在"上海协力卷簧制造有限公司、蔡某丁请求公司收购股份纠纷二审案"[（2017）沪02民终6963号]中，一审法院认定事实如下：2000年9月20日，上海协力卷簧制造有限公司（以下简称协力公司）经工商部门核准设立，注册资本为300万元。2009年6月18日，蔡某丁、陈某立、陈某娟、蔡某敏与协力公司股东罗某华等20人共同签订《股权转让协议书》一份，明确罗某华等20名股东合计持有协力公司60%的股权，现愿意将其中的30%股权作价270万元转让给蔡某丁、陈某立、陈某娟、蔡某敏。其中蔡某丁受让19%股权（对应转让价款171万元）、陈某立受让3%股权（对应转让价款27万元）、陈某娟受让3%股权（对应转让价款27万元）、蔡某敏受让5%股权（对应转让价款45万元）。2016年1月29日，协力公司召开临时股东会，决议通过公司营业期限变更为40年，并通过公司章程第42条的修正案。该次股东会参加表决的股东人数为27人，实际参加表决的股东人数为27人，其中22票同意，占公司股权比例为68.78%；5票反对，占公司股权比例为31.22%。蔡某丁对该次股东会决议投了反对票。2016年3月9日，蔡某丁委托律师发函给协力公司，要求协力公司按照合理价格收购其股权，未果。后蔡某丁诉至一审法院。

一审法院认为，本案中，蔡某丁要求以协力公司的资产负债表记载的所有者权益及未分配利润为基数来确定股权的价格，蔡某丁就其诉请的金额已经提供了初步的证据材料。现协力公司不同意以该资产负债表作为评判股权价格的依据，则其应当对此承担举证责任，即在此种情况下，协力公司负有提起司法鉴定申请的义务。根据相关规定，对需要鉴定的事项负有举证责任的当事人，在法院指定的期限内无正当理由不提出鉴定申请或者不预交鉴定费用或者拒不提供相关材料，致使对案件争议的事实无法通过鉴定结论予以认定的，应当对该事实承担举证不能的法律后果。现协力公司明确表示无法预缴相关鉴定费用，则由此导致的无法通过司法审计及评估的方式来确定公司股权价格的后果，应由协力公司自负。综上，根据本案实际情况，鉴于协力公司无法提供相反证据来否定蔡某丁主张的依据，故应当以协力公司截至2015 年 12 月 31 日资产负债表所记载的企业所有者权益 19 502 056. 72 元为基数，并结合蔡某丁所持有的协力公司的股份比例折算相应股权回购价格。

据此，一审法院判决协力公司应于判决生效之日起 10 日内给付蔡某丁上述第一项股权对应的收购价款 3 705 390. 78 元（3 705 390 = 19 502 056. 72 × 19%）。

二审上海市第二中级人民法院认为，公司在其营业期限届满后，通过股东会决议修改公司章程延长经营期限以使公司继续存续的，对此决议投反对票的股东可在法律规定的期间内要求公司以合理价格收购其股权。由此可知，符合前述规定的股东向公司提出回购权系法定权利。结合本案，蔡某丁即合法向协力公司提出回购请求。至于回购的金额，蔡某丁系以协力公司营业期限届满当年，同时也是蔡某丁明确提出回购请求当年的公司资产负债表数据作为计算依据，具有参考价值。协力公司认为资产负债表不能反映公司的真实财务状况，则其应当提供反证，即向法院提出委托审计、评估的申请，并配合预缴相关费用，以使法院具备参考判断的明确依据。现协力公司在一审、二审中均明确拒绝预缴审计、评估费用，致使本案无法启动审计、评估程序进一步核实事实，由此造成的不利后果应由协力公司自行承担。基于此，一审判令协力公司以其 2015 年年底资产负债表中记载的所有者权益为基数，向蔡某丁回购相应股权，合法有据，可予支持。

目前在美国特拉华州，最常使用的股权价值评估方法是折现现金流估值法（Discounted Cash How，即DCF估值法），该法是最严谨的对企业和公司股票估值的方法，[①] 能够反映公司未来收益能力。但从实务角度来看，净资产法便于执行，且有可操作性。通过审计可确定公司净资产，再通过股权比例可以快速计算出回购价格，因此目前法院主流裁判观点采纳了这一做法。

（四）股东行使评估权的时间限制

《公司法解释一》第3条： 原告以公司法第二十二条第二款、第七十四条第二款规定事由，向人民法院提起诉讼时，超过公司法规定期限的，人民法院不予受理。

根据《公司法》第74条第2款的规定，异议股东行使评估权的法定期限为90天，自股东会通过相关决议之日起算。但因异议股东起诉须先经过60天与公司协商的期限，这导致异议股东实际能够主张评估权的期限可能只有30天。

实务上有争议的是，如果异议股东和公司在短于60天之内确定无法达成股权回购协议的，此时是否一定要坚持60天经过后，股东才可以起诉主张评估权？

实务上有观点认为，《公司法》对于公司股东行使股份收购请求权有具体的时间限制，有限责任公司股东自股东会会议决议通过之日起满60日，与公司不能达成股权收购协议的，方可向法院起诉。如果有限责任公司股东虽然履行了与公司的协商程序，但是自股东会会议决议通过之日起尚未满60日，无权向法院起诉。

本书认为，一般情况下，确实要先经过60天的协商期。但如果异议股东确有证据证明公司不可能与其达成股权回购协议的，则无理由一定要等60天经过后，才能向法院起诉。

此外，根据《公司法解释一》第3条的规定，原告以《公司法》第74条第2款规定事由，向人民法院提起诉讼时，超过《公司法》规定期限的，

① 参见胡田野：《公司法律裁判》，法律出版社2012年版，第482页以下。

人民法院不予受理。由此可见，90 天的起诉时间（通常只有 30 天）应理解为除斥期间，这与股东评估权的形成权属性是相对应的。

（五）公司回购的股份如何处理

《公司法》并没有规定有限责任公司股东行使评估权后公司如何处理回购的股份。从相关司法解释来看，这一问题可类推适用《公司法》第 142 条的相关规定，即公司应当自回购之日起六个月内转让或者注销回购的股份。

如果公司注销股份，实际上相当于公司进行了减资。有疑问的是，股东行使评估权与公司减资程序是什么样的关系？这一问题尚未见有讨论的案例。学理上对此问题亦缺少讨论。本书认为，股东主张评估权后，如公司在回购股权后将此部分股份注销，则其效果与公司减资并无不同。而减资依据《公司法》第 43 条的规定，须经“代表三分之二以上表决权的股东通过”。但异议股东主张的评估权，从民法角度来看，属于一项形成权，在符合构成要件的情形下，可直接强制要求公司回购其股权，因而不需要经过股东会特别决议。从这个角度来看，本书认为，股东行使评估权后将产生一种法定的减资后果，即不用经过一般减资过程中对债权人的特别保护程序。

三、股东评估权的类推适用

《公司法》第 74 条规定了三种股东评估权的情形，理论上一直有主张扩大适用的观点。

（一）“重大变更”的内涵：《公司法》第 74 条第 1 款第 2 项、第 3 项类推适用

对于公司“重大变更”的类型，《公司法》第 74 条仅规定了“合并、分立、转让主要财产”和“股东会修改章程继续使公司存续”这两种情形。但从概念内涵来看，公司发生“重大变更”的事项应远远不止于此，比如有学者认为，公司法应将以下事项作为股东行使评估权的法定情形：公司组织形式发生变更（如股份有限公司转变为有限责任公司）、公司经营方式的重大变化（如公司委托、租赁或者承包给他人经营）、公司出售或出租一半以上营业或者资产、修改公司章程主要内容，以及其他变更公司基本结构、影响

股东根本利益的情况。①

本书认为，《公司法》第74条第1款第2项、第3项规定确实过于狭隘，应对其进行类推适用，上述学者观点可以借鉴，但在具体实务中如何操作，仍有不少难题，目前实务上尚难有突破第74条的裁判。

（二）“股东压制”情形：《公司法》第74条第1款第1项类推适用

《上海市高院意见三》第7条【处理少数股东要求退股、解散公司或者解除合作协议等公司僵局类纠纷的问题】：根据资本维持与公司维持原则的要求，股东一般不能单方要求退股或者解散公司；但对于确实已经陷入表决僵局和经营僵局、控制股东严重压制小股东利益以及严重违背设立公司目的等情况的有限公司，如果少数股东起诉要求退股、解散公司或者解除合作协议的，人民法院应慎重受理。在具体的救济过程中，应坚持适度行使释明权原则、利益平衡原则和用尽内部救济的原则，即应该要求当事人首先尽量进行内部救济，包括采取内部和外部转让股份解决；即便最终需要判决处理，也要对当事人进行释明，应该尽量通过要求公司或者控制股东收购股份而退出，一般不能采取解散公司的做法。在上述诉讼中，被告应为公司，同时应列控制股东为共同被告或者第三人；当事人未列入的，应告知其追加。

从立法规定来看，《公司法》第74条第1款第1项不属于“重大变更”情形，而更符合学理上所谓的“股东压制”构成，即公司大股东或控股股东利用股东会上的表决权优势或者董事会的多数席位而实质性的剥夺小股东参与公司经营管理等各方面的权益。与小股东单个权益受侵害相比，股东压制往往意味着小股东权益全方位受到侵害。②

有学者认为，一般情况下，闭锁公司的股东无法通过对外出让股份退出公司。如果股东想要退出，除了解散公司本身之外，基本也只能是由公司或其他股东购买其股份。那么，在大股东对小股东实施压制行为时，该小股东是否可以请求公司或者大股东以合理价格收购自己的股份呢？如果小股东没

---

① 参见刘俊海：《新公司法的制度创新：立法争点与解释难点》，法律出版社2006年版，第218页。

② 如股东单个权利受损，如被拒绝分配红利、被剥夺知情权等，可通过对应的救济渠道获得救济，尚不涉及股东压制，这也是《公司法解释二》第1条第2款的态度。

有主动请求的权利，最后的结局很可能就是被迫以不利的价格将股份转让给大股东。那么，这样的结果反过来是否愈加助长了大股东的压制行为的动机呢?①

最高人民法院虞政平法官也赞成存在股东压制情形时，小股东可主张评估权。其认为：如果一个主体在某个公司购买了股权，那么这个主体就有权利期望自己投资者的身份得到延续，无论谁都不能强迫他变成另外一个完全不同企业之投资者。但在一些特殊情况下，当股东期待落空却无相应的转让机制时，中小股东将被迫忍受压制，而公司亦可能陷入僵局。这种现象的产生与公司的治理结构息息相关。股东会资本多数决原则可能带来资本压制现象，即大股东通过资本多数决的表决机制挤压、排挤、压制中小股东，损害中小股东之利益。在此种情形下，法律即需要为中小股东提供一种退出的机制。退出机制无外乎三类：向外部转让股权，其他股东收购其股权，公司回购其股权。有限责任公司通常缺乏有效的外部市场，受压制股东无法通过“用脚投票”的方式自由转让其股权，进而退出公司。在公司存在严重冲突的情况下，股东之外的人通常也不愿意受让股权进入公司。收购股权并非其他股东的义务，如果双方不能协商，法院通常不能强迫股东收购其股权。于此情况下，股东只有诉请解散公司。但解散公司的诉请通常只能于公司陷入僵局时提请，且存在一定持股比例的限制要求。对于司法解散公司，法院通常是谨慎的。维持一个公司的存在远比解散一个公司好得多，除非这个公司确实“无药可救”，且通常解散公司成本高昂。前两种退出机制上的缺陷即是催生股权回购机制的重要因素。②

从立法规定来看，《公司法》第74条第1款第1项的规定确实过于狭窄，且在实际中容易为大股东所规避，如公司连续四年不分红，第五个年度进行少量分红。

本书赞同将《公司法》第74条第1款第1项类推适用于其他“股东压制”行为，作为此情形下小股东的一种救济手段。上海市高级人民法院曾在

---

① 参见徐进：《闭锁公司的治理：大股东、经营者的责任》，浙江大学出版社2013年版，第25页以下。

② 参见虞政平：《公司法案例教学》(第2版)，人民法院出版社2018年版，第1149页以下。

2004年发布的司法意见中支持在“股东压制”情形下，小股东享有评估权。但应注意的是，与“重大变更”概念类似，“股东压制”属于法律上的不确定概念，加之《公司法》及相关司法解释并未直接规定股东可基于股东压制主张评估权，这种类推适用目前还很难得到法院裁判的认可。

第六节　股东代表诉权纠纷

《公司法》第149条：董事、监事、高级管理人员执行公司职务时违反法律、行政法规或者公司章程的规定，给公司造成损失的，应当承担赔偿责任。

《公司法》第151条：董事、高级管理人员有本法第一百四十九条规定的情形的，有限责任公司的股东、股份有限公司连续一百八十日以上单独或者合计持有公司百分之一以上股份的股东，可以书面请求监事会或者不设监事会的有限责任公司的监事向人民法院提起诉讼；监事有本法第一百四十九条规定的情形的，前述股东可以书面请求董事会或者不设董事会的有限责任公司的执行董事向人民法院提起诉讼。

监事会、不设监事会的有限责任公司的监事，或者董事会、执行董事收到前款规定的股东书面请求后拒绝提起诉讼，或者自收到请求之日起三十日内未提起诉讼，或者情况紧急、不立即提起诉讼将会使公司利益受到难以弥补的损害的，前款规定的股东有权为了公司的利益以自己的名义直接向人民法院提起诉讼。

他人侵犯公司合法权益，给公司造成损失的，本条第一款规定的股东可以依照前两款的规定向人民法院提起诉讼。

股东代表诉讼，又称为股东代位诉讼、股东派生诉讼或衍生诉讼，是指公司的利益受到侵害而公司不能或怠于起诉时，股东为了公司的利益以自己的名义代表公司提起诉讼。

一、股东代表诉讼的前置程序

《公司法解释四》第23条：监事会或者不设监事会的有限责任公司的监事依据公司法第一百五十一条第一款规定对董事、高级管理人员提起诉讼的，应当列公司为原告，依法由监事会主席或者不设监事会的有限责任公司的监事代表公司进行诉讼。

董事会或者不设董事会的有限责任公司的执行董事依据公司法第一百五十一条第一款规定对监事提起诉讼的，或者依据公司法第一百五十一条第三款规定对他人提起诉讼的，应当列公司为原告，依法由董事长或者执行董事代表公司进行诉讼。

（一）前置程序的意义

对于他人侵害公司利益的行为，本来应由公司自行诉讼。但公司内部控股股东或高管因为利益冲突或其他种种原因不愿意起诉时，须通过其他途径对公司利益予以救济。

股东代表诉讼制度就是这样的一种设计，但为了尽可能穷尽公司内部救济途径，《公司法》规定了股东代表诉讼的前置程序。

从前置程序的内容来看，应将其列入“公司直接诉讼”范畴，指的是他人侵害公司利益给公司造成损失的，由符合条件的公司股东向董事会（执行董事）或监事会（监事）提出书面请求，经公司内部机构决议后，由董事长（执行董事）或监事会主席（监事）以公司名义直接提起诉讼。由此来看，《公司法》第151条其实规定了两种诉讼类型。

（二）前置程序的内容

股东代表诉讼的前置程序是公司直接诉讼。但这里的公司直接诉讼与一般意义上的公司直接诉讼不同，其内容或者说构成要件包括如下三个方面。

1. 存在侵害公司权益的事实

这个和股东代表诉讼的适用范围一致，下文会进行详述。

2. 股东向董事会（执行董事）或监事会（监事）提出书面请求

关于这一点，有如下三个特殊之处须注意：

（1）在他人侵犯公司利益需要起诉时，股东是向董事会（执行董事）还是监事会（监事）提出书面请求，抑或是两者皆可？

之前有观点认为，无论股东是向董事会还是监事会提出书面请求，都可视为在进行前置程序。① 不过根据《公司法解释四》第 23 条第 2 款规定，董事会或者不设董事会的有限责任公司的执行董事依据《公司法》第 151 条第 3 款规定对他人提起诉讼的，应当列公司为原告，依法由董事长或者执行董事代表公司进行诉讼。据此，最高人民法院认为股东应向董事会或执行董事提出书面请求。②

（2）在公司清算期间，股东应向哪个机构提出书面请求？

根据《公司法解释二》第 10 条的规定，公司依法进行清算结束并办理注销登记前，有关公司的民事诉讼，应当以公司的名义进行。公司成立清算组的，由清算组负责人代表公司参加诉讼；尚未成立清算组的，由原法定代表人代表公司参加诉讼。根据这一规定，本书将这一问题分为三个阶段讨论：

第一阶段，公司解散但尚未成立清算组阶段。在“大连金星房屋开发公司金石滩度假区分公司、青岛愚者房地产开发有限公司、大连国际娱乐有限公司与中国金石滩发展有限公司损害公司利益责任纠纷再审案”［（2014）民申字第 678 号］中，最高人民法院认为：本案的特殊之处在于大连宝通公司于 2002 年 5 月 16 日被吊销了企业法人营业执照，根据《公司法》第 181 条第 4 项③的规定，公司因被吊销营业执照而处于解散状态，此时公司董事会和监事会无法再正常行使职权。《公司法》对于公司解散后，股东是否可以提起代表诉讼以及是否应当履行前置程序，没有作出具体规定，故应当理解为公司解散后股东仍有权提起代表诉讼并应履行前置程序。《公司法解释二》第 10 条规定：“公司依法清算结束并办理注销登记前，有关公司的民事诉讼，应当以公司的名义进行。公司成立清算组的，由清算组负责人代表公司参加

① 参见胡田野：《公司法律裁判》，法律出版社 2012 年版，第 446 页以下。

② 参见杜万华主编：《最高人民法院公司法司法解释（四）理解与适用》，人民法院出版社 2017 年版，第 522 页以下；最高人民法院民事审判第二庭编著：《〈全国法院民商事审判工作会议纪要〉理解与适用》，人民法院出版社 2019 年版，第 214 页。

③ 现为《公司法》（2018 年修正）第 180 条第 4 项。

诉讼；尚未成立清算组的，由原法定代表人代表公司参加诉讼。”据此，在公司解散但未成立清算组的情形下，股东如认为他人侵犯公司合法权益造成公司损失的，应当直接向原法定代表人提出请求，在原法定代表人怠于起诉时，方有权提起股东代表诉讼。

第二阶段，公司正处于清算阶段。在“江苏星源房地产综合开发有限公司与扬州同基房地产开发有限公司与南通东江房地产开发有限公司、南通开发区东江建筑安装工程有限公司、扬州天一投资发展有限公司合资、合作开发房地产合同纠纷再审案”［（2016）最高法民申字663号］中，最高人民法院认为：公司清算期间，甚至公司已经清算完毕注销后，符合条件的股东仍可依法提起股东代表诉讼。且根据《公司法》第151条第3款之规定，他人侵犯公司合法权益，给公司造成损失的，符合条件的股东均得提起股东代表诉讼，其中，“他人”并不以清算组成员为限。唯应注意的是，股东代表诉讼的提起应以竭尽内部救济为前提。公司清算期间，甚至公司已经清算完毕注销后，符合条件的股东仍可依法提起股东代表诉讼。公司清算期间，董事会和监事会的职能基本丧失，由清算组代表公司行使内外职权，应由清算组作为内部救济机关。

第三阶段，公司清算完毕已注销阶段。在“张某萍等与盛趣信息技术（上海）有限公司损害公司利益责任纠纷二审案”［（2014）一中民终字第5729号］中，北京市第一中级人民法院认为：损害公司利益责任纠纷，是指公司股东滥用股东权利或者董事、监事、高级管理人员违反法定义务，损害公司利益而引发的纠纷。就本案而言，张某萍、许某、李某和盛趣信息技术（上海）有限公司（以下简称盛趣公司）均为时代公司股东，在张某萍未能就时代公司的解散清算事宜行使表决权以及未实际参与时代公司清算工作时，并且在张某萍与时代公司尚有未决诉讼的前提下，许某和李某将时代公司注销，张某萍以许某、李某擅自注销时代公司的行为损害了时代公司的利益，进而损害其股东利益为由提起本案诉讼。法院认为，因时代公司已经注销，其主体资格已灭失，故张某萍无法履行股东代表诉讼的前置程序，因此张某萍基于其股东资格提起本案诉讼，主张许某、李某和盛趣公司承担赔偿责任于法有据。①

（3）监事会（监事）在公司法上并无独立的诉权，通常也不能以公司名义代表公司起诉。

作为例外，仅当董事、高级管理人员违反《公司法》第149条而无法对公司进行正当代表时，并且在符合条件的股东为书面请求的前提下，监事会主席或监事才可以公司名义，代表公司进行直接诉讼。②

3. 公司为原告，董事长（执行董事）或监事会主席（监事）为诉讼代表人

因前置程序本属公司直接诉讼范畴，故以公司为原告，但司法解释特别规定股东在向监事会提出书面请求时，以监事会主席（监事）为诉讼代表人；股东向董事会提出书面请求时，以董事长（执行董事）为诉讼代表人。这与一般公司直接诉讼中，由公司法定代表人代表公司进行诉讼不同。

二、股东代表诉讼的法律构成

（一）股东的起诉条件

1. 前置程序已经过或被豁免

（1）立法规定的“前置程序已经过或被豁免”的情形。

根据《公司法》第151条第2款的规定，如发生以下三种情况，前置程序视为已经过或被豁免：

第一，公司相关机构收到书面请求后拒绝提起诉讼。

第二，公司相关机构收到书面请求之日起30日内未提起诉讼。

第三，情况紧急，不立即提起诉讼将会使公司利益受到难以弥补的损害。

实务上的争议点在于“情况紧急”的认定。目前尚无统一的标准，一般认为，如下情形可属于“情况紧急”：权利的行使期间或者诉讼时效即将经

---

① 实务上赞同的观点另可参见（2012）梅中法民二终字第94号判决（案例评析文章载于《人民司法》2013年第12期），反对观点可参见（2015）宁行终字第24号裁定。

② 参见杜万华主编：《最高人民法院公司法司法解释（四）理解与适用》，人民法院出版社2017年版，第524页以下。

过；被告企图转移非法财产；其他紧急情形，若履行前置程序必将给公司造成不可弥补的损失。

在“青岛市化学石油供销有限责任公司与于某春股东代表诉讼纠纷二审案”［（2008）鲁民四终字第103号］中，山东省高级人民法院认为：于某春在原有财务章和合同章未丢失的情况下虚构事实，重新刻制财务章和合同章的行为，违反了印章管理的有关规定。青岛市化学石油供销有限责任公司（以下简称青岛化学公司）为瀛海公司的股东，且本案符合情况紧急、不立即提起诉讼将会使公司利益受到难以弥补的损害的情况，青岛化学公司有权就于某春损害公司利益的行为提起诉讼，其关于判令于某春将公章等物品归还瀛海公司的诉讼请求应予支持。

（2）《九民会议纪要》规定的“前置程序已经过或被豁免”的情形。

《九民会议纪要》第25条【正确适用前置程序】：根据《公司法》第151条的规定，股东提起代表诉讼的前置程序之一是，股东必须先书面请求公司有关机关向人民法院提起诉讼。一般情况下，股东没有履行该前置程序的，应当驳回起诉。但是，该项前置程序针对的是公司治理的一般情况，即在股东向公司有关机关提出书面申请之时，存在公司有关机关提起诉讼的可能性。如果查明的相关事实表明，根本不存在该种可能性的，人民法院不应当以原告未履行前置程序为由驳回起诉。

除了立法规定的三种情形外，实务中还有不少免于进行前置程序的案例，这些案例的共同特征在于原告股东无法进行前置程序或者进行前置程序已无意义。《九民会议纪要》在吸收实践做法的基础上，对该种情形进行了规定。但纪要规定仍较为原则，须结合实务案例来分析。

在“周某春与庄士中国投资有限公司、李某慰、彭某傑及第三人湖南汉业房地产开发有限公司损害公司利益责任纠纷案”[①]［（2019）最高法民终1679号］中，最高人民法院认为：股东先书面请求公司有关机关向人民法院提起诉讼，是股东提起代表诉讼的前置程序。一般情况下，股东没有履行前置程序的，应当驳回起诉。但是，该项前置程序针对的是公司治理的一般情

① 本案为《最高人民法院公报》2020年第6期案例。

况，即在股东向公司有关机关提出书面申请之时，存在公司有关机关提起诉讼的可能性。如果不存在这种可能性，则不应当以原告未履行前置程序为由驳回起诉。具体到本案中，分析如下：

第一，根据《公司法》第151条的规定，董事、高级管理人员有《公司法》第149条规定的情形的，有限责任公司的股东可以书面请求监事会或者不设监事会的有限责任公司的监事提起诉讼。本案中，李某慰、彭某傑为湖南汉业房地产开发有限公司（以下简称湖南汉业公司）董事，周某春以李某慰、彭某傑为被告提起股东代表诉讼，应当先书面请求湖南汉业公司监事会或者监事提起诉讼。但是，在二审询问中，湖南汉业公司明确表示该公司没有工商登记的监事和监事会。周某春虽然主张周某科为湖南汉业公司监事，但这一事实已为另案人民法院生效民事判决否定，湖南汉业公司明确否认周某科为公司监事，周某春二审中提交的证据也不足以否定另案生效民事判决认定的事实。从以上事实来看，本案证据无法证明湖南汉业公司设立了监事会或监事，周某春对该公司董事李某慰、彭某傑提起股东代表诉讼的前置程序客观上无法完成。

第二，《公司法》第151条第3款规定："他人侵犯公司合法权益，给公司造成损失的，本条第一款规定的股东可以依照前两款的规定向人民法院提起诉讼。"庄士中国投资有限公司（以下简称庄士中国公司）不属于湖南汉业公司董事、监事或者高级管理人员，因湖南汉业公司未设监事会或者监事，周某春针对庄士中国公司提起代表诉讼的前置程序应当向湖南汉业公司董事会提出，但是，根据查明的事实，湖南汉业公司董事会由李某慰（董事长）、彭某傑、庄某农、李某心、周某春组成。除周某春以外，湖南汉业公司其他四名董事会成员均为庄士中国公司董事或高层管理人员，与庄士中国公司具有利害关系，基本不存在湖南汉业公司董事会对庄士中国公司提起诉讼的可能性，再要求周某春完成对庄士中国公司提起股东代表诉讼的前置程序已无必要。

本案系湖南汉业公司股东周某春以庄士中国公司和李某慰、彭某傑为被告代表公司提起的损害公司利益责任纠纷诉讼，诉请三原审被告承担共同赔偿责任。综合以上情况，最高人民法院认为，周某春主张可以不经股东代表诉讼前置程序直接提起本案诉讼的上诉理由成立。一审裁定驳回起诉不当，应予纠正。

在“李某与周某峰、刘某芝损害公司利益责任纠纷案”［（2015）民四终字第54号］中，最高人民法院认为，通常情况下，只有经过了前置程序，公司有关机关决定不起诉或者怠于提起诉讼，股东才有权提起代位诉讼。但中兴公司的三名董事，分别是原审原告李某与原审两被告周某峰、刘某芝，周某峰还兼任中兴公司监事，客观上，中兴公司监事以及除李某之外的其他董事会成员皆为被告，与案涉纠纷皆有利害关系。从《公司法》第151条之规定来看，起诉董事需向监事会或监事而非董事会提出书面请求，起诉监事则需向董事会或执行董事而非监事会或监事本人提出书面请求，此规定意在通过公司内部机关的相互制衡，实现利害关系人的回避，避免利益冲突。在本案的特殊情况下，已无途径达成该目的。中兴公司被告董事会成员和监事在同一案件中，无法既代表公司又代表被告。为及时维护公司利益，在本案的特殊情况下，应予免除李某履行前置程序的义务。

2. 股东享有代表诉权

《九民会议纪要》第24条【何时成为股东不影响起诉】：股东提起股东代表诉讼，被告以行为发生时原告尚未成为公司股东为由抗辩该股东不是适格原告的，人民法院不予支持。

（1）有限责任公司的股东。

在有限责任公司中，因其人数有限，所以《公司法》没有限制股东的资格，有限责任公司任一股东都能成为股东代表诉讼的适格原告。

（2）股份有限公司连续180日单独或合计持有公司1%以上股份的股东。

《公司法解释一》第4条：公司法第一百五十一条规定的180日以上连续持股期间，应为股东向人民法院提起诉讼时，已期满的持股时间；规定的合计持有公司百分之一以上股份，是指两个以上股东持股份额的合计。

根据上述司法解释的规定，对“连续一百八十日以上”持股的理解，应是提起诉讼的股东截至提起诉讼之日已经连续180日以上持有股份有限公司的股份。

（3）对《公司法》股东起诉资格的评判。

与英美公司法相比，我国股东代表诉讼制度中的股东起诉资格，主要有如下三点不同：

第一，英美公司法强调股东起诉资格须符合“同期所有权”规则。

所谓“同期所有权”规则，是指从被告对公司实施侵害行为时开始，直至诉讼终结，原告股东在此期间都持续拥有公司股权。这样规定的目的是防止公司之外的人恶意“购买股权”，即有人在获知公司遭受侵害后故意买入股票以通过诉讼牟利。

我国地方法院指导意见中有借鉴英美公司法“同期所有权”规则的规定，例如《江苏省高院意见》第73条规定，股东对其成为公司股东之前的他人侵害公司的行为，不能提起股东代表诉讼。提起代表诉讼的股东在诉讼中丧失股东资格的，法院应裁定终结诉讼。控制公司的董事或者其他人的原因恶意促使该起诉股东丧失股东资格的除外。

但《九民会议纪要》没有采用“同期所有权”规则。该纪要第24条明确表示，何时成为股东不影响股东提起代表诉讼。结合最高人民法院实务裁判观点来看，最高人民法院只对原告在起诉阶段与诉讼过程中的股东资格有要求，并不要求原告在被告侵害公司行为发生时的股东资格。

在“北京金伦多资源技术有限公司与上海迈卡尔得工贸有限公司、孙某等损害公司利益责任纠纷案”［（2015）民二终字第38号］中，最高人民法院认为：股东代表诉讼的适格原告为公司股东。北京金伦多资源技术有限公司（以下简称金伦多公司）在起诉后将其享有的永鑫汇公司的股份转让给沈某骧并办理了股权变更登记，已经不再是永鑫汇公司的股东。经法院释明，金伦多公司在二审时未在规定期限内提交沈某骧或者永鑫汇公司其他股东同意其作为原告继续诉讼的证据，故金伦多公司作为股东代表永鑫汇公司主张权利的事实基础已不存在，无权再以股东身份继续进行本案诉讼。[1]

第二，英美公司法要求股东提起代表诉讼时，须向法院提供一定的担保，

---

[1] 参见最高人民法院民事审判第二庭编著：《最高人民法院关于公司法司法解释（一）、（二）理解与适用》（第2版），人民法院出版社2015年版，第15页以下。

以有利于其可能对公司或被告承担的赔偿责任。①

我国《公司法》及相关司法解释无此方面要求，实务上通常也不会要求原告股东提供担保。

第三，英美公司法要求针对侵害公司利益的行为，原告股东没有同意、默认或者追认过该行为，这就是所谓的“洁手原则”。

我国《公司法》及相关司法解释没有规定“洁手原则”，不过基于诚实信用原则，应认为原告股东资格受到该原则的限制。②

从以上三点来看，英美公司法对股东起诉资格规定的较为严格，以防止不当干预公司经营管理。而我国公司法更有利于少数股东提起代表诉讼。不过从实务看，产生代表诉讼的公司绝大多数是有限责任公司，股份有限公司的股东极少通过代表诉讼追究董事、监事或高管的法律责任。这一方面可能是因为涉及股份有限公司时，高昂的法院诉讼费用伴随的诉讼风险令人望而却步③；另一方面，对于上市公司来说，公司法规定原告股东起诉时须有1%以上的持股比例，这仍属于较高的要求。④

3. 股东自身诉权排除股东代表诉权

《公司法解释三》第13条第1款：股东未履行或者未全面履行出资义务，公司或者其他股东请求其向公司依法全面履行出资义务的，人民法院应予支持。

《公司法解释三》第14条第1款：股东抽逃出资，公司或者其他股东请求其向公司返还出资本息、协助抽逃出资的其他股东、董事、高级管理人员或者实际控制人对此承担连带责任的，人民法院应予支持。

股东代表诉讼制度设置的基础在于股东本身没有诉权而公司有诉权却基于种种原因拒绝诉讼或怠于诉讼，股东在穷尽内部救济情况下才能以自己的

---

① 参见施天涛：《公司法论》（第4版），法律出版社2018年版，第459页；李建伟：《公司法学》（第4版），中国人民大学出版社2018年版，第371页以下。

② 参见最高人民法院民事审判第二庭编著：《〈全国法院民商事审判工作会议纪要〉理解与适用》，人民法院出版社2019年版，第207页。

③ 参见王军：《中国公司法》（第2版），高等教育出版社2017年版，第361页。

④ 实务上对股东代表诉讼功能之反思，可参见虞政平：《公司法案例教学》（第2版），人民法院出版社2018年版，第907页以下。

名义为了公司的利益提起股东代表诉讼。如果股东和公司就同一事项均有诉权，则可能出现股东既能够通过自身起诉的途径获得救济，又因公司拒绝或怠于起诉而符合提起股东代表诉讼的条件。比如在股东瑕疵出资情形下，其他股东和公司均享有诉权。

在股东和公司同时具有诉权的情况下，从股东代表诉讼设置基础以及其构造的复杂性和特殊性来看，不应允许采取股东代表诉讼的方式。例如，提起股东代表诉讼将会使得被告本可以提起的反诉无法提起，实质上限制了被告的诉讼权利。故只要股东能够通过自身起诉的途径获得救济，就不应允许其提起股东代表诉讼，否则就违背了股东代表诉讼制度设置的初衷。①

（二）股东代表诉讼的适用范围

根据《公司法》第151条的规定，股东代表诉讼适用于他人侵害公司利益的情形，具体包括如下两种类型。

1. 董事、监事、高管执行公司职务时违法违规违章而给公司造成损失的

这是提起股东代表诉讼最典型的情形，董事、监事与高管是公司实际经营管理人员，其违反忠实义务和勤勉义务而给公司造成损失时，通常没有动力以公司名义对自己提起诉讼。此时应发挥股东代表诉讼制度的价值。

2. 他人侵犯公司合法权益而给公司造成损失的

除了上一典型适用情形外，《公司法》扩大了股东代表诉讼制度的适用范围，任何第三人只要侵犯了公司合法权益，都有适用股东代表诉讼制度的余地。本书将实务上常见的情形总结如下：

（1）控股股东或实际控制人违反信义义务的行为。

控股股东或实际控制人违反信义义务，给公司造成损失的，股东可以提起代表诉讼。

（2）股东瑕疵出资行为。

在“香港帕拉沃工业有限公司与北京昆泰房地产开发集团有限公司与公司有关的纠纷二审案”［（2013）民四终字第46号］中，最高人民法院认为：

---

① 参见最高人民法院民事审判第二庭编著：《〈全国法院民商事审判工作会议纪要〉理解与适用》，人民法院出版社2019年版，第220页。

关于香港帕拉沃工业有限公司（以下简称帕拉沃公司）是否依法享有诉权的问题，根据《民事诉讼法》第119条的规定，原告是与本案有直接利害关系的公民、法人和其他组织。本案中，帕拉沃公司系富裕达公司的股东。帕拉沃公司认为富裕达公司的另一股东北京昆泰房地产开发集团有限公司（以下简称昆泰集团）对合作公司富裕达公司实施了未足额投资及挪用公司资金等侵权行为，从而侵害了合作公司的权益，源于此，帕拉沃公司提起本案股东代表诉讼。根据《公司法》第152条[①]的规定，他人侵犯公司合法权益，给公司造成损失的，有限责任公司的股东可以请求公司权力机关向人民法院提起诉讼，而公司权力机关拒绝或者怠于通过诉讼手段追究有关侵权人责任时，具有法定资格的股东有权以自己的名义代表公司对侵权人提起诉讼，追究其法律责任。这个法律规定的“他人”应该包括公司股东和公司之外的任意第三人，即凡是对公司实施了不当行为而致公司利益受损的人都可能成为股东代表诉讼的被告。因此，昆泰集团为本案的适格被告。

（3）公司债务人的债务不履行行为。

在“中融国际信托有限公司、广西建设燃料有限责任公司买卖合同纠纷二审案”［（2020）最高法民终208号］中，最高人民法院认为：股东代表诉讼的对象既包括公司董事、监事、高级管理人员，也包括侵犯公司合法权益的他人。关于股东代表诉讼的诉因范围问题，从条文文义看，上述规定并未排除合同之诉，不能当然认为股东代表诉讼的诉因仅限于侵权之诉。本案诉讼中，广西建设燃料有限责任公司（以下简称广西燃料公司）和广西通达公司均对《煤炭买卖合同》签订及部分货款未支付事实予以认可。在中融国际信托有限公司（以下简称中融信托公司）提供初步证据证明，经中融信托公司书面请求，广西通达公司未提起诉讼，可能导致《煤炭买卖合同》项下债权受损，继而损害公司利益的情况下，原裁定未经实体审理即认为本案属于一般买卖合同纠纷，涉及广西通达公司这一独立法人的正常生产经营行为，继而认定中融信托公司作为广西通达公司股东，依据《公司法》第151条规定代表广西通达公司提起本案诉讼理据不足，属于适用法律错误，法院予以

---

① 现为《公司法》（2018年修正）第151条。

纠正。

在“安徽甲地置业有限公司与徐某刚、江苏甲地置业有限公司借款合同纠纷二审案”［（2012）苏商终字第0166号］中，江苏省高级人民法院认为：股东代表诉讼并非仅适用于董事、监事、高级管理人员执行公司职务时违反规定给公司造成损失的情形，同样适用于他人侵犯公司合法权益给公司造成损失的情形。本案中，安徽甲地置业有限公司（以下简称安徽甲地公司）欠江苏甲地置业有限公司（以下简称江苏甲地公司）高额借款未还，损害了江苏甲地公司的合法权益，江苏甲地公司股东徐某刚请求监事起诉遭拒后提起本案诉讼，符合相关规定。安徽甲地公司关于徐某刚提起股东代表诉讼不符合法定实质要件的上诉理由，不能成立。

（4）清算组成员的不当行为。

《公司法解释二》第23条：清算组成员从事清算事务时，违反法律、行政法规或者公司章程给公司或者债权人造成损失，公司或者债权人主张其承担赔偿责任的，人民法院应依法予以支持。

有限责任公司的股东、股份有限公司连续一百八十日以上单独或者合计持有公司百分之一以上股份的股东，依据公司法第一百五十一条第三款的规定，以清算组成员有前款所述行为为由向人民法院提起诉讼的，人民法院应予受理。

公司已经清算完毕注销，上述股东参照公司法第一百五十一条第三款的规定，直接以清算组成员为被告、其他股东为第三人向人民法院提起诉讼的，人民法院应予受理。

清算组成员在清算过程中存在不当清算行为，给公司造成损失的，股东同样可以提起代表诉讼。

（5）政府机关的不当行为。

在“张某强、施某国诉慈溪市政府、掌起镇政府不履行行政协议再审案”［（2015）行监字第1774号］中，最高人民法院认为：在本案中，涉案《房屋拆迁补偿协议》及其补充协议均由掌起镇政府与云柱公司签订。张某强、施某国作为云柱公司的股东，认为其有权以自己名义提起本案行政诉讼的依据为《公司法》第151条第3款关于“他人侵犯公司合法权益，给公司造成损失的，本条第一款规定的股东可以依照前两款的规定向人民法院提起诉讼”的规定。《公司法》第151条第3款的规定赋予了公司股东在他人侵犯公司合法权益，给公司造成损失而公司怠于行使诉权的情况下以自身名义向人民法院提起诉讼的权利。但该规定并未将股东代表诉讼限制在民事诉讼范围内，公司股东亦有权提起行政诉讼。且本案系行政协议争议，行政协议本身即具有行政和协议的双重属性，作为公司股东如果在民事诉讼中可以作为原告提起诉讼，那么并不因为相关争议被纳入行政诉讼而丧失其作为行政诉讼的原告主体资格。本案中，云柱公司系有限责任公司，张某强、施某国作为云柱公司的股东，在慈溪市政府、掌起镇政府不履行与云柱公司签订的一系列协议，云柱公司不仅怠于起诉且与张某强、施某国达成允许其起诉协议的情况下，依据《公司法》第151条第3款的规定，为了公司利益有权提起行政诉讼。

（三）股东代表诉讼的案由

最高人民法院发布的《民事案件案由规定》并未将股东代表诉讼单列为一个案由。从股东代表诉讼的内容来看，股东实际上是代位公司提起诉讼，其诉权源于公司诉权。因此，凡是公司在直接诉讼中可以行使的诉权，股东都可以代位行使。基于此，股东代表诉讼的案由也应根据原告股东所主张的具体案件事实及提出的诉讼请求灵活确定，并不限于民事领域，更不局限于侵权之诉。实务上不少案例认为股东代表诉讼属于侵权之诉，这是不正确的。虽然多数情况下，他人侵害公司利益的行为确实是通过侵权之诉来救济，但并不限于此一诉讼类型，此点特为注意。

（四）各个主体的诉讼地位

1. 原告：股东

《公司法解释四》第24条第2款：一审法庭辩论终结前，符合公司法第一百五十一条第一款规定条件的其他股东，以相同的诉讼请求申请参加诉讼的，应当列为共同原告。

股东代表诉讼中，股东是以自己名义起诉的，因此股东作为原告。这与前置程序下，相关主体以公司名义提起诉讼不同。

此外，根据《公司法解释四》第 24 条第 2 款的规定，一审法庭辩论终结前，符合《公司法》第 151 条第 1 款规定条件的其他股东，以相同的诉讼请求申请参加诉讼的，应当列为共同原告。因此，其他股东可以申请参加已经开始的股东代表诉讼。

2. 被告

从股东代表诉讼制度的设立背景来看，该种诉讼应适用于董事、高管或控股股东，因为他们是公司实际经营者或控制者，当他们违反信义义务而侵害公司时，很难指望他们以公司名义起诉自己。

但在现代公司法上，股东代表诉讼的被告范围扩大了，任何危害公司利益的主体都可作为股东代表诉讼的被告。我国《公司法》第 151 条也遵循了这一立法趋势，这一点前文已经说明。

3. 公司的诉讼地位

《公司法解释四》第 24 条第 1 款：符合公司法第一百五十一条第一款规定条件的股东，依据公司法第一百五十一条第二款、第三款规定，直接对董事、监事、高级管理人员或者他人提起诉讼的，应当列公司为第三人参加诉讼。

在我国民事诉讼法框架下，股东代表诉讼中的公司，其诉讼地位类似于无独立请求权第三人。实务操作上可由法院通知公司参加诉讼，公司大体保持中立立场，不主张任何实体权利，可以提供证据协助法院查清事实，并承受诉讼结果。

下面这一案例对公司诉讼地位进行了较为清晰的说明。在“大连天河大厦有限公司与合肥百盛逍遥广场有限公司、狮贸控股有限公司（SERBADAGANG HOLDINGS SDN. BHD.）、原审第三人大连天河百盛购物中心有限公司、原审第三人深圳市鑫辉实业有限公司股权转让纠纷二审案”［（2014）辽民三终字第 125 号］中，辽宁省高级人民法院认为：大连天河百盛购物中心有限公司（以下简称大连百盛公司）在本案诉讼中为无独立请求权的第三人，大连百盛公司的请求权已被其股东大连天河大厦有限公司（以下简称大连天河公司）代为行使，大连百盛公司在该诉讼中已经丧失了独立的请求权，不能放弃、变更诉讼请求。大连百盛公司因其与案件的处理结果具有法律上的利害关系而参加诉讼并发表意见的行为，并不能改变其怠于行使诉权的法律状态或法律后果。其以无独立请求权第三人的身份参加诉讼发表意见，不影响本案股东代表诉讼的成立。

4. 股东代表诉讼的反诉

《九民会议纪要》第26条【股东代表诉讼的反诉】：股东依据《公司法》第151条第3款的规定提起股东代表诉讼后，被告以原告股东恶意起诉侵犯其合法权益为由提起反诉的，人民法院应予受理。被告以公司在案涉纠纷中应当承担侵权或者违约等责任为由对公司提出的反诉，因不符合反诉的要件，人民法院应当裁定不予受理；已经受理的，裁定驳回起诉。

根据《九民会议纪要》的规定，对于股东代表诉讼的反诉问题，应注意如下两点：

第一，如股东代表诉讼中的被告是公司董事、监事、高级管理人员，则作为被告的董事、监事、高级管理人员无论在何种情况下，都不能提起反诉。可以提起反诉的被告只能是上述三类人之外的其他人。

第二，股东代表诉讼中被告只能以原告诉讼为恶意诉讼这一程序性事由提起反诉，对原告股东或公司主张实体权利的反诉请求不能得到支持。

（五）诉讼时效期间及管辖法院

1. 诉讼时效期间

虽然股东代表诉讼被规定为一独立诉讼类型，但其并没有统一的诉讼原因或诉讼请求，原告股东可能是基于侵权而提起诉讼，也可以是基于违约而起诉，甚至可能是因为受到行政行为的侵害而提起行政诉讼。基于此，股东代表诉讼的诉讼时效期间分别适用民法或行政法等法律法规的具体规定，而无统一的诉讼时效期间。

至于诉讼时效的起算点，由于是股东作为原告，因此可统一为自股东知道或应当知道公司权利被侵害之日起算。

2. 管辖法院

对于股东代表诉讼的管辖法院，《公司法》及司法解释并无规定。理论及实务上争议较大，争议点在于该诉讼究竟是由被告住所地管辖还是公司住所地管辖。

目前，实务上相对主流观点认为按照民事诉讼法的规定确定管辖法院即可，并无必要适用公司纠纷的专属管辖。

在“张某、林某与北京新中凯投资有限公司、林某群等损害公司利益责任纠纷二审案”［（2015）民一终字第221号］中，最高人民法院认为：《民事诉讼法》第21条规定的是一般地域管辖原则，而本案系张某、林某作为北京新中凯投资有限公司（以下简称中凯联公司）股东代表中凯联公司对林某群、吴某朝、新中凯公司提起的侵权之诉，应根据《民事诉讼法》第28条规定的特殊地域管辖原则，确定管辖，即“因侵权行为提起的诉讼，由侵权行为地或者被告住所地人民法院管辖”。根据《民事诉讼法解释》第24条的规定，“民事诉讼法第二十八条规定的侵权行为地，包括侵权行为实施地、侵权结果发生地”。

在“刘某磊与高某忠、杨某等管辖裁定书”［（2014）鲁民辖终字第393号］中，2005年5月18日，刘某磊、闫某亭、高某忠、杨某共同设立杭州诚达电器有限公司（以下简称杭州诚达公司），闫某亭为法定代表人。2009年至本案诉讼时，高某忠、杨某在实际控制杭州信多达电子科技有限公司（以下简称杭州信多达公司）、山东信多达电子科技有限公司（以下简称山东信多达公司）并经营与其任职的杭州诚达公司同类业务期间，转移杭州诚达公司的客户和同类业务给上述公司，造成杭州诚达公司经营业绩下降、利润减少。但杭州诚达公司和其董事会未依法提起诉讼。为维护杭州诚达公司的合法权益不受侵害，刘某依据《公司法》第152条和《民事诉讼法》第119条的规定向法院主张权利，请求判令高某忠、杨某停止在山东信多达公司、杭州信多达公司的同业经营行为；判令高某忠、杨某、山东信多达公司、杭州信多达公司共同赔偿杭州诚达公司经济损失1900万元。山东省高级人民法院认为，该案系损害公司利益责任纠纷，被控侵权行为地及原审被告住所地均不在原审法院辖区，原审法院将该案移送被侵权公司杭州诚达公司及原审被告高某忠、杨某住所地的浙江省杭州市中级人民法院管辖并无不当。

（六）股东代表诉讼的裁判结果

1. 调解结案

《九民会议纪要》第27条【股东代表诉讼的调解】：公司是股东代表诉讼的最终受益人，为避免因原告股东与被告通过调解损害公司利益，人民法院应当审查调解协议是否为公司的意思。只有在调解协议经公司股东（大）会、董事会决议通过后，人民法院才能出具调解书予以确认。至于具体决议机关，取决于公司章程的规定。公司章程没有规定的，人民法院应当认定公司股东（大）会为决议机关。

这条规定了股东代表诉讼中调解结案须经公司相关决议机关批准。公司章程可以规定具体的决议机关，如无规定，由股东（大）会批准。

有疑问的是，相关决议机关批准调解方案时，是经相对多数决、绝对多数决还是全体一致同意通过？这一点《九民会议纪要》没有进行规定。按最高人民法院相关著作的理解来看，应当是经全体成员一致同意通过，最高人民法院的表述如下："除一般调解书中应当写明的内容外，还应当在调解书中写明调解协议经公司股东会或者股东大会、董事会决议通过，或者征求了公司其他股东意见，其他股东均表示同意的情况"；"该调解协议还关系着公司其他股东的利益。故尽管没有经过股东会召开会议并作出决议的过程，但是如果有证据证明全体股东均对该调解协议表示同意，或者全体股东实际参与调解，而不表示反对的情况下，也可以认为符合公司与股东的利益，法院也可以出具相应的调解书"。①

在"浙江和信电力开发有限公司、金华市大兴物资有限公司与通和置业投资有限公司、广厦控股创业投资有限公司、上海富沃企业发展有限公司、第三人通和投资控股有限公司损害公司权益纠纷案"② ［（2008）民二终字第123号］中，最高人民法院提取的裁判摘要认为：有限责任公司的股东依照《公司法》第152条③的规定，向公司的董事、监事、高管人员或者他人提起股东代

---

① 最高人民法院民事审判第二庭编著：《〈全国法院民商事审判工作会议纪要〉理解与适用》，人民法院出版社2019年版，第226～227页。

② 本案为《最高人民法院公报》2009年第6期案例。

③ 现为《公司法》（2018年修正）第151条。

表诉讼后，经人民法院主持，诉讼各方达成调解协议的，该调解协议不仅要经过诉讼各方一致同意，还必须经过提起股东代表诉讼的股东所在公司和该公司未参加诉讼的其他股东同意后，人民法院才能最终确认该调解协议的法律效力。

2. 判决结案

（1）原告胜诉。

《公司法解释四》第25条：股东依据公司法第一百五十一条第二款、第三款规定直接提起诉讼的案件，胜诉利益归属于公司。股东请求被告直接向其承担民事责任的，人民法院不予支持。

《公司法解释四》第26条：股东依据公司法第一百五十一条第二款、第三款规定直接提起诉讼的案件，其诉讼请求部分或者全部得到人民法院支持的，公司应当承担股东因参加诉讼支付的合理费用。

关于原告胜诉后的胜诉利益及相关费用负担，上述司法解释已进行规定。胜诉利益归属于公司，诉讼费用由被告负担，原告股东因诉讼而产生的律师费、差旅费、调查费等合理费用由公司承担。

之前较有争议的是原告股东部分胜诉情形下，各项合理费用应如何负担。有观点主张按比例确定费用的承担。① 不过上述司法解释确定了与胜诉相同的承担方式，这意味着不仅原告股东支出的合理费用由公司承担，原告股东应分担的诉讼费用，也应由公司承担。这样不仅有助于激励股东积极维护公司利益，也是对公司怠于起诉维权的一种惩罚。

（2）原告败诉。

对于原告败诉后的法律后果，《公司法》及相关司法解释完全没有规定。实务上有如下处理意见：

第一，如果原告股东起诉出于恶意，或者原告股东虽非恶意但其根本是在没有任何证据的情况下贸然起诉，则原告承担全部费用。此外，原告还要对公司及被告因股东代表诉讼所遭受的损失承担赔偿责任。

第二，如果原告股东起诉主观并非恶意，只是由于法律依据不足或者其他原因导致败诉的，原告最多承担一半费用。

---

① 《江苏省高院意见》第78条规定，法院部分支持的，按比例负担诉讼发生的合理费用。

第三，如果原告股东败诉主要是因为公司不配合，或者应当由公司掌握管理的证据而公司不提供的，原告股东不承担费用。①

（七）股东代表诉讼的类推适用：股东代为提出执行异议

1. 代为申请强制执行

在“内蒙古环成汽车技术有限公司侵权责任纠纷执行裁定案”［（2016）最高法执复28号］中，最高人民法院认为：关于东风公司与内蒙古环成汽车技术有限公司（以下简称汽修厂）是否具备合法的申请执行主体资格的问题。首先，本案属于股东代表诉讼在执行阶段的自然延伸。在股东代表诉讼中，股东个人的利益并没有直接受到损害，只是由于公司的利益受到损害而间接受损，因此，股东代表诉讼是股东为了公司的利益而以股东的名义直接提起的诉讼，相应地，胜诉后的利益归于公司。本案执行依据（2007）民一终字第49号判决正是参照《公司法》中关于股东代表诉讼的规定，认定东风公司、汽修厂具备提起诉讼的主体资格，并依其主张判令涉案《土地使用权转让协议书》和《房屋买卖合同书》无效。同样，当股东代表诉讼进入执行程序后，股东代表出于继续维护公司利益的目的，向人民法院申请执行生效法律文书，符合股东代表诉讼这一制度设计的内在逻辑。因此，东风公司、汽修厂在联合公司怠于主张自身权利时，有权向法院申请执行。

2. 代为提出执行异议

在“珠海市保利三好有限公司、珠海市进安商行等与珠海市中广置业有限公司、珠海市三好房地产开发有限公司房屋买卖合同纠纷执行案”［（2014）粤高法执复字第167号］中，广东省高级人民法院认为：关于珠海市保利三好有限公司（以下简称保利三好公司）的主体资格问题。第一，珠海市中广置业有限公司（以下简称中广置业）的商事登记信息显示其总投资额1000万元，其中保利三好公司的投资额为850万元，占比85%，保利三好公司对中广置业享有投资收益，中广置业名下本次被拍卖财产的评估价高达7.6亿元，拍卖价格的高低对保利三好公司的收益影响重大。第二，虽然按

① 参见杜万华主编：《最高人民法院公司法司法解释（四）理解与适用》，人民法院出版社2017年版，第614页以下。

照《公司法》的公司自治原则和竭尽内部救济原则，如果股东认为法院拍卖公司名下财产的执行行为违反法律规定，首先应当请求公司向执行法院提出异议，但本案被执行人中广置业已提交书面答辩状明确表态反对其股东保利三好公司的异议，保利三好公司事实上已不可能通过请求中广置业向执行法院提异议。第三，《公司法》第151条规定了股东代位诉讼制度，即当公司利益受损而公司监事会、不设监事会的有限责任公司的监事，或者董事会、执行董事拒绝提起诉讼时，有限责任公司的股东可以自己的名义直接向法院提起诉讼。在执行过程中，当有限责任公司股东觉得执行行为有损公司利益，而有限责任公司拒绝提出执行异议时，股东应可以参照股东代位诉讼制度，向执行法院提出执行异议。因此，保利三好公司是本案的利害关系人，其对执行行为不服，有权依据《民事诉讼法》第225条向执行法院提出执行异议。保利三好公司提出其对本案执行标的享有利害关系，有权提出执行异议的复议理由成立，法院予以支持。珠海市中级人民法院认定保利三好公司无权以其名义直接向珠海市中级人民法院提出执行异议不当，广东省高级人民法院予以纠正。

（八）排除股东代表诉讼的情形：仲裁条款（协议）

在“佛山市顺德区南华投资有限公司与佛山市天然气高压管网有限公司买卖合同纠纷二审案”［（2016）粤民终468号］中，广东省高级人民法院认为：本案为股东代表诉讼案件。针对原审裁定驳回佛山市顺德区南华投资有限公司（以下简称南华公司）起诉的理由，本案二审阶段审查的焦点问题主要有两个：一是佛山市天然气高压管网有限公司（以下简称佛山天然气高压管网公司）与港华公司签订的《天然气分销售合同》中约定的仲裁条款是否有效？二是南华公司提起本案股东代表诉讼是否要受《天然气分销售合同》中约定的仲裁条款约束？

第一，《天然气分销售合同》第17.1条明确约定：“本合同项下引起的、或与本合同相关的需要仲裁的争议，应提交佛山仲裁委员会仲裁。”经查，佛山市目前只有一个商事仲裁委员会即佛山仲裁委员会，故该仲裁条款符合《仲裁法》第16条的规定，应认定为有效仲裁条款。

第二，南华公司在本案诉请判令佛山天然气高压管网公司继续履行《天然气分销售合同》，该诉请事项应属于涉案仲裁条款所约定的“本合同项下引起的争议”，即属于仲裁事项。虽然南华公司不是《天然气分销售合同》的合同当事人，但港华公司就《天然气分销售合同》主张相关权益的权利是源于基础合同，现南华公司根据《公司法》第151条的规定，代表港华公司依据《天然气分销售合同》提起本案诉讼主张合同权益，只是在形式上代位行使港华公司所享有的请求权，其代位起诉所获得的诉讼利益直接归于港华公司。因此，南华公司代位提起本案诉讼，应受被代位人港华公司与佛山天然气高压管网公司签订的《天然气分销售合同》中约定的仲裁条款约束，即本案所主张的事项应提交仲裁解决。

最终，广东省高级人民法院裁定驳回南华公司的上诉，维持原裁定。

三、双重股东代表诉讼在实务上的适用

从股东代表诉讼的立法目的可以合理地引申出双重代表诉讼的概念及存在空间。在子公司利益受到损害的情况下，有权提起直接诉讼的应该是子公司本身；有权提起股东代表诉讼的则应该是包括母公司在内的所有子公司的股东。此时，如子公司的股东母公司不愿意提起股东代表诉讼，则基于股东代表诉讼的立法目的，母公司的股东即有权提起第二层次的股东代表诉讼——因为启动股东代表诉讼的前提就是公司不行使诉权。至此，股东双重代表诉讼也就证成了。双重代表诉讼可以形象地比喻为股东的股东提出的代表诉讼，这是企业集团法的重要制度设计之一，美国等国的公司法都明确支持双重代表诉讼，甚至在日本公司法上允许提出多重代表诉讼。①

在《公司法解释四》起草过程中，曾有限度地规定了双重代表诉讼，仅承认全资母公司股东提起的股东代表诉讼，② 但最终该条款没有获得通过。

---

① 参见李建伟：《公司法学》（第4版），中国人民大学出版社2018年版，第370页。

② 《公司法解释四（征求意见稿）》第34条曾规定，全资子公司的董事、监事、高级管理人员有《公司法》第149条规定情形的，母公司的股东可以依据《公司法》第151条规定的条件和程序请求全资子公司的监事会或者监事、董事会或者执行董事，或者以自己名义直接向人民法院提起诉讼。人民法院依法受理后，全资子公司应当作为第三人参加诉讼。

母公司的股东提起前款规定的诉讼时，应当请求被告向全资子公司承担民事责任，请求被告向母公司承担民事责任的，不予支持。

人民法院审理前款规定的案件，参照适用本规定第29条至第33条的规定。

实务上对于是否支持股东双重代表诉讼存在不同的观点，从最高人民法院近年来的裁判观点来看，目前主流态度是不支持双重代表诉讼。

（一）少部分支持双重代表诉讼的案例①

在“海航酒店控股集团有限公司与赵某海、陕西海航海盛投资有限公司、陕西皇城海航酒店有限公司损害公司利益责任纠纷案”［（2016）陕民终228号］中，陕西省高级人民法院认为：关于本案赵某海作为原告提起诉讼主体资格是否适格的问题，依照《公司法》第151条的规定，公司董事、高级管理人员执行公司职务时违反法律、行政法规或者公司章程的规定，给公司造成损失的，或者他人侵犯公司合法权益，给公司造成损失的，有限责任公司的股东，在履行了相关前置程序后，有权为了公司的利益以自己的名义直接向人民法院提起诉讼。在母公司对子公司形成绝对资本控制的情形下，母公司的股东为了子公司的利益以自己的名义直接向人民法院提起诉讼，亦不违反《公司法》规定。在本案中，陕西海航海盛投资有限公司（以下简称海航投资公司）系陕西皇城海航酒店有限公司（以下简称皇城酒店公司）的唯一股东，海航投资公司是母公司、皇城酒店公司是子公司，海航投资公司与皇城酒店公司之间形成了绝对的资本控制关系。在海航投资公司内部，海航控股公司持有其60%股权，赵某海系持有其40%股权的股东。赵某海于2014年1月24日致函海航投资公司监事会并主席（召集人）王某华，请求海航投资公司监事会诉请侵害公司利益的股东即海航酒店控股集团有限公司（以下简称海航控股公司）承担损失赔偿责任，但海航投资公司监事会在收到该请求后30日内并未作为皇城酒店公司股东向海航控股公司提起该诉讼，此时否定赵某海作为海航投资公司股东提起本案诉讼的原告主体资格，则无法保护皇城酒店公司的利益，进而导致海航投资公司利益受损，亦与《公司法》第151条的立法本意相悖。故赵某海作为原告提起本案损害公司利益责任纠纷诉讼主体适格。

本案是近年来少有的明确承认股东可以提起双重代表诉讼的案例，这种

① 其实最高人民法院曾在“林某恩与李某山等损害公司利益纠纷案”（《最高人民法院公报》2014年第11期）中，通过法律解释方法，非常隐晦地认可了股东双重代表诉讼。

判决非常契合《公司法解释四（征求意见稿）》的精神，但并非实务上的主流裁判观点。

（二）主流不支持双重代表诉讼的案例

对于删除“双重代表诉讼”条文的理由，最高人民法院在《公司法解释四》相关释义中认为，司法解释不宜对既有法律作出突破性的规定。此外，这类型案件较少，相关审理经验还不足。[①] 在这一精神的指引下，即使股东发起双重代表诉讼，最高人民法院近年来的裁判观点也会以主体不适格的理由，驳回股东的起诉或上诉。

在“广东南博教育投资有限公司、LEILieYingLimited 损害公司利益责任纠纷二审案”［（2019）最高法民终 521 号］中，最高人民法院认为：本案二审争议焦点为广东南博公司是否系本案的适格原告。本案系广东南博教育投资有限公司（以下简称广东南博公司）主张猎鹰实业公司全资举办的涉外经济学院的权益，受到 LEILieYingLimited 及其关联公司劳瑞德公司的侵害而提起的诉讼。首先，根据《民事诉讼法》第 119 条的规定，原告必须是与本案有直接利害关系的公民、法人和其他组织。本案中，涉外经济学院由猎鹰实业公司全资举办，广东南博公司作为猎鹰实业公司的股东，虽然涉外经济学院的利益受损可能间接影响其利益，但并不构成法律上的直接利害关系。其次，根据《公司法》第 151 条的规定，提起股东代表诉讼的适格主体应为公司股东。涉外经济学院系民办非企业单位，如参照适用《公司法》及相关司法解释的规定，以涉外经济学院利益受损为由提起股东代表诉讼的适格主体应为其举办者，即猎鹰实业公司。而本案中，广东南博公司与 LEILieYingLimited 均为猎鹰实业公司的股东，而非涉外经济学院的举办者，故广东南博公司无权依据《公司法》第 151 条的规定代表涉外经济学院提起股东代表诉讼。因此，一审法院以广东南博公司作为本案原告的主体身份不适格为由，裁定驳回其起诉，并无不当。如广东南博公司认为猎鹰实业公司作为涉外经济学院的举办者，对于其股东 LEILieYingLimited 的相关行为导致

① 参见杜万华主编：《最高人民法院公司法司法解释（四）理解与适用》，人民法院出版社 2017 年版，第 588 页以下。

猎鹰实业公司遭受损失，进而致使广东南博公司遭受损失，其未采取措施而存在过错，可以猎鹰实业公司股东的身份，依照《公司法》等法律法规及相关司法解释的有关规定，依法向猎鹰实业公司主张权利。

在“新佰益（香港）投资有限公司与金某英与公司有关的纠纷案二审案”［（2018）最高法民终113号］中，最高人民法院认为：根据《公司法》第149条、第151条的规定，董事、监事、高级管理人员执行公司职务时违反法律、行政法规或者公司章程的规定，给公司造成损失以及他人侵犯公司合法权益给公司造成损失时，符合法定条件的股东有权提起股东代表诉讼。新佰益公司认为中天公司原高级管理人员侵害中天公司权益，并以维护中天公司利益为目的提起本案诉讼。山风公司作为中天公司的唯一股东，在中天公司合法权益受到董事、监事、高级管理人员或他人侵害而中天公司怠于提起诉讼的情况下，有权依据上述法律规定以中天公司股东身份提起股东代表诉讼。本案中，新佰益公司系山风公司的股东，并非中天公司的股东，其提起维护中天公司利益的股东代表诉讼，缺乏法律依据。

在“乔某与王某斌、南京广厦（集团）万杰置业有限公司管辖案”［（2016）苏民终568号］中，江苏省高级人民法院认为：乔某在本案指令审理期间变更后的诉讼请求为要求王某斌向南京广厦（集团）万杰置业有限公司（以下简称广厦万杰公司）赔偿款项，王某斌、广厦万杰公司赔偿乔某利息损失，其另陈述其行使请求权系依据股东代表诉讼的法律规定。故其诉讼主张实质是认为广厦万杰公司的合法权益受损而提起股东代表诉讼，但《公司法》第151条仅规定股东可为维护自己直接出资的公司利益提起股东代表诉讼，而本案中，乔某仅系兆润公司的股东，并非广厦万杰公司的股东。如兆润公司的合法权益可能受到他人侵害，在兆润公司拒绝提起诉讼的情况下，从维护兆润公司利益角度出发，乔某有权依法以兆润公司股东身份提起股东代表诉讼。但不能当然据此认定在广厦万杰公司权益可能受损，而其股东兆润公司拒绝行使诉讼权利的情形下，乔某亦有权以兆润公司股东身份、为维护广厦万杰公司利益而提起股东代表诉讼。因乔某不具备广厦万杰公司股东身份，其提起本案诉讼，应认定其诉讼主体不适格。如广厦万杰公司的合法利益可能受到损害，应当由具备诉讼资格的合法权利人依照法律规定另行处理。

第九章　股权移转纠纷

股权移转分为股权意定移转和股权法定移转，前者是当事人协商达成股权移转合意，后者是非基于当事人合意而移转股权，包括法院强制执行股权、股权继承、离婚分割股权等情形。

第一节　股权意定移转

对上市公司而言，其股份可在证券交易市场自由流动，故其移转较为便捷（除非《公司法》对某些股份移转有特别限制）。但有限责任公司股权移转则需要平衡人合性和流动性两方面利益，故立法对其限制较多，值得深入研究。至于股份有限公司中的非上市公司，其公司结构整体上与有限责任公司更类似，故可类推适用有限责任公司的股权移转规则。

一、股权转让概述

本书前面相关章节已经对股权转让环节股东身份纠纷问题进行了分析。本章节主要说明股权转让限制问题。

在民法上，权利移转过程区分负担行为和处分行为，这种分析法同样适用于股权转让。股权转让中的负担行为是引起股权移转的法律事实（通常是书面股权转让合同），处分行为是股权的实际转让。应注意的是，《公司法》对股权转让限制主要通过规制处分行为来实现，与负担行为无关。在“张某平诉王某股权转让合同纠纷案”[①]［（2005）苏民二初字第0009号］中，江苏省高级人民法院认为：“股份转让”区分为“订立转让合同”和“实际转让/交付”（办理股份变更手续）两个阶段，《公司法》对股份有限公司发起人转让股份的限制仅约束股份的“实际转让/交付”，而不约束发起人订立转让合同的行为。

本书赞同上述公报案例观点，其虽然是对股份有限公司发起人转让股份的限制，但背后原理同样适用于有限责任公司对外转让股权的情形。

二、股权转让的限制

《公司法》第71条： 有限责任公司的股东之间可以相互转让其全部或者部分股权。

股东向股东以外的人转让股权，应当经其他股东过半数同意。股东应就其股权转让事项书面通知其他股东征求同意，其他股东自接到书面通知之日起满三十日未答复的，视为同意转让。其他股东半数以上不同意转让的，不同意的股东应当购买该转让的股权；不购买的，视为同意转让。

经股东同意转让的股权，在同等条件下，其他股东有优先购买权。两个以上股东主张行使优先购买权的，协商确定各自的购买比例；协商不成的，按照转让时各自的出资比例行使优先购买权。

公司章程对股权转让另有规定的，从其规定。

（一）对内转让：没有限制

根据《公司法》第71条第1款的规定，股东内部之间相互转让股权的，不需要经过其他股东的同意，其他股东也没有优先购买权。

（二）对外转让：其他股东的优先购买权

1.《公司法》第71条第2款、第3款评判：没有实质意义上的同意程序

《公司法解释四》第17条： 有限责任公司的股东向股东以外的人转让股权，应就其股权转让事项以书面或者其他能够确认收悉的合理方式通知其他

① 本案为《最高人民法院公报》2007年第5期案例。

股东征求同意。其他股东半数以上不同意转让，不同意的股东不购买的，人民法院应当认定视为同意转让。

经股东同意转让的股权，其他股东主张转让股东应当向其以书面或者其他能够确认收悉的合理方式通知转让股权的同等条件的，人民法院应当予以支持。

经股东同意转让的股权，在同等条件下，转让股东以外的其他股东主张优先购买的，人民法院应当予以支持，但转让股东依据本规定第二十条放弃转让的除外。

《公司法解释四》第17条是对《公司法》第71条第2款、第3款作出的解释，但整体上没有多少新意，本书仍对《公司法》的条款规定进行分析。

仅从文义角度，有学者将股权对外转让的同意程序构建了双层结构：《公司法》第71条第2款是第一层结构，股权对外转让未获得其他股东过半数同意时，不同意转让的股东应当购买拟转让股权；《公司法》第71条第3款是第二层结构，股权对外转让获得其他股东过半数同意时，同意与不同意转让的股东均享有同等条件下的优先购买权。①

沿着这个思路，这里有两个问题待解决：第一，为何第一层结构中的同意股东没有购买拟转让股权的权利，而第二层结构中的同意股东可以购买拟转让的股权？第二，第一层结构中的不同意股东在购买拟转让股权时，是否类推适用第二层结构中的优先购买权比例行使规则？

对于第一个问题，本书认为，既然部分股东已经同意股权对外转让，其再享有优先购买权，于理不合。退一步讲，至少在两个结构中，同意转让股东的权利应相同。对于第二个问题，本书认为应类推适用优先购买权比例行使规则，否则内部协议不成的情况下，转让股东无法将其股权转让出去。

如对《公司法》这两款条文进一步分析可以发现，真正对股权对外转让有限制的是其他股东的优先购买权。对于上述双层结构而言，不管股权转让是否获得其他股东过半数同意，不同意转让的股东都享有优先购买权（后一

---

① 参见王军：《中国公司法》（第2版），高等教育出版社2017年版，第416页；安建主编：《中华人民共和国公司法释义》（第2版），法律出版社2013年版，第122页。

层结构中甚至同意转让的股东也享有优先购买权），但不同意转让又不行使优先购买权，则视为同意对外转让，也就不会构成对股权对外转让的限制。

综上，转让股东与其询问其他股东是否同意对外转让股权，不如直接询问其他股东是否行使优先购买权。目前实务上已经有许多这样的案例，它们直接跳过同意程序，而在通知其他股东股权转让事实时，给定一个其他股东是否行使优先购买权的期限，如在此期限内不主张优先购买权，视为同意转让并放弃优先购买权。

在“林同炎中国公司与上海同济资产经营有限公司等股权转让纠纷案”［（2013）沪二中民四（商）初字第S6号］中，上海市第二中级人民法院归纳的第二个争议焦点是上海同济资产经营有限公司（以下简称同济资产公司）在转让股权过程中有无就股权转让事宜告知过林同炎中国公司（以下简称林同炎公司）并且获得林同炎公司明确放弃优先购买权的意思表示？对此，《公司法》第71条规定：“有限责任公司的股东之间可以相互转让其全部或者部分股权。股东向股东以外的人转让股权，应当经其他股东过半数同意。股东应就其股权转让事项书面通知其他股东征求同意，其他股东自接到书面通知之日起满三十日未答复的，视为同意转让。其他股东半数以上不同意转让的，不同意的股东应当购买该转让的股权；不购买的，视为同意转让。经股东同意转让的股权，在同等条件下，其他股东有优先购买权。……”就该规定而言，出让股权的股东负有通知其他股东的义务，但对于通知的具体方式法律未予明确。本案中，同济资产公司虽非直接发函通知其他股东，但其在2010年10月8日已致函林李公司表达了若不同意其所提增资方案则将挂牌转让所持林李公司股权的意思，并希望林李公司其他股东书面回复意见。2010年10月26日，林李公司回函称已征询其他股东意见均不同意增资方案。该回函令同济资产公司有理由相信，通过林李公司通知的渠道是畅通的。2010年11月24日，林李公司又回函转交了公司股东沈某忠及世越公司同意股权转让的书面文件，并称林同炎公司的函件正在联系中，收到后即转达。之后，林李公司形成同意同济资产公司挂牌转让股权并对该股权进行资产评估审计的董事会决议。鉴于林某某代表林同炎公司董事已在该决议上签字，同济资产公司确有理由认为有关股权转让事宜已通知到了包括林同炎公司在内的其他股东。及至2011年7月29日，同济资产公司再次致函林李公司，告知其已于2011年7月21日通过上海联合产权交易所公开挂牌转让系争股权，挂牌截止日为2011年8月17日，并请林李公司及时通知公司及其他股东。该函性质实为公开挂牌交易的股权转让中，为保障其他股东优先购买权而进行的通知。该次通知方式与同济资产公司告知拟股权转让的方式一致。林李公司收到该函后并未在截止日期内就无法通知到林同炎公司事宜告知过同济资产公司。相反，在股权转让的产权交易完成后，林李公司还配合办理股权变更报批及备案手续，林某某代表林同炎公司签署了关于林李公司股东变更的公司章程修正案，同济资产公司和同济工程公司并取得了林某某代表林同炎公司签署的放弃优先购买权的声明。即便是2012年4月6日，林李公司在向同济资产公司的复函中也仅提到系因各方股东就董事长人选的确定产生争议而导致股权变更登记未能办理，未就股权转让本身提出异议，亦未提及其未将股权转让事宜通知到林同炎公司。上述过程足以认定，林李公司接受同济资产公司委托，就股权转让及行使股东优先购买权事宜已通知到了林同炎公司。鉴于林同炎公司并未在合理的期间内行使优先购买权，应视为其放弃优先购买权。据此，现林同炎公司以同济资产公司未尽通知义务，侵犯了其优先购买权为由，诉请撤销系争股权转让协议，缺乏事实和法律依据，不予支持。

在上案中，法院认定的事实、归纳的争议焦点及理由阐述部分均未有股权转让应先征求其他股东同意（以及在未获半数同意时要求不同意股东“应当购买，不购买视为同意”），后由其他股东行使优先购买权的表述，而是认可了当事人直接通知并征求其他股东是否行使优先购买权的简化做法。

从比较法上看，法国与日本的股权对外转让单层结构简洁且有效，值得参考，其要点如下：如果公司多数股东同意某股东股权对外转让的，则其他任何股东均不再享有优先购买权；如公司多数股东不同意某股东股权对外转让的，则公司或者公司指定的人有义务以公平的价格购买拟转让的股权。[①]

---

① 对《公司法》第71条的反思及域外比较法的介绍，可参见王军：《实践重塑规则：有限公司股权转让限制规范检讨》，载《中国政法大学学报》2017年第6期。

2. 优先购买权的行使

（1）行使优先购买权的前提：股权对外转让合意。

《公司法解释四》第18条：人民法院在判断是否符合公司法第七十一条第三款及本规定所称的“同等条件”时，应当考虑转让股权的数量、价格、支付方式及期限等因素。

行使优先购买权的前提是转让股东与第三人达成了股权对外转让的合意，这实质上也确定了其他股东行使优先购买权的“同等条件”。

在“瞿某建诉丁某明、李某、冯某琴优先认购权纠纷案”［（2012）民抗字第31号］中，最高人民法院认为：股东行使优先购买权的前提是拟出让股东与股东以外的人已经就股权转让达成合意，该合意不仅包括对外转让的意思表示，还应包括价款数额、付款时间、付款方式等在内的完整对价。而在本案中，虽然在股东会前全体股东均被通知，将于下午与股东以外的受让人签约，但在股东会上，受让人并未到场，也没有披露他们的身份或者与他们签订的合同，因此，直至股东会结束签署决议时，对外转让的受让方仍未确定，股东行使优先购买权的前提也未成就。

如股权对外转让合意已经形成，转让股东应通知其他股东，告知其转让股权的数量、价格、支付方式及期限等条件。其他股东须根据这些条件来决定是否行使优先购买权。实务上争议较大的是“同等条件”的具体内容。

根据最高人民法院的见解，不应采用“绝对同等说”的观点，而应采用“相对同等说”，“相对同等说”要求其他股东与第三人的购买条件大致相当即可。[1] 实务上法院通常根据司法解释规定，着重考察支付价格、支付方式、履行期限及数量四个因素。

同等的价格意味着其他股东应以高于或与第三人相同的价格行使优先购买权。同等的支付条件是指其他股东与第三人均为一次性付款或分期付款。同等的履行期限是指其他股东原则上不应迟于转让股东与第三人转让合同约定的履行期限。至于数量条件，其他股东不得要求对部分拟转让的股权行使

---

① 参见杜万华主编：《最高人民法院公司法司法解释（四）理解与适用》，人民法院出版社2017年版，第397页以下。

优先受偿权。①

在“广州金旸企业管理有限公司、广州君源置业有限公司与公司有关的纠纷二审案”［（2020）粤01民终883号］中，一审法院查明：2019年1月20日，王某与豪佳公司签订《广州君源置业有限公司股权转让合同》，约定王某将原认缴出资1950万元（占公司注册资本的39%）转让给豪佳公司，转让金1950万元。豪佳公司同意在2019年2月20日前，向王某支付上述股权转让款等。2019年1月20日，王某与祥瑞公司签订《广州君源置业有限公司股权转让合同》，约定王某将原认缴出资2550万元（占公司注册资本的51%）转让给祥瑞公司，转让金2550万元。祥瑞公司同意在2019年2月20日前，向王某支付上述股权转让款等。二审法院查明：《股权转让协议书》的主要内容为：王某将其持有的广州君源置业有限公司（以下简称君源公司）51%的股权、39%的股权，分别以2550万元、1950万元转让给祥瑞公司、豪佳公司。本次股权转让所支付的资金50%以上为自有资金，如使用自然人或金融机构借贷款项的，应当出示相关文件并备案。

针对广州金旸企业管理有限公司（以下简称金旸公司）主张的股东优先购买权受到侵害的问题，广东省广州市中级人民法院认为：根据《公司法解释四》第18条的规定，人民法院在判断股东转让的同等条件时，应当考虑转让股权的数量、价格、支付方式及期限等因素。本案中，在工商部门备案的《股权转让合同》与君源公司主张在2018年8月24日邮寄的《股权转让协议》在形式上存在差异，王某和君源公司对此解释为“备案合同是工商部门规定的统一合同范本”，并提供了空白范本予以佐证。同时，备案的《股权转让合同》与君源公司主张在2018年8月24日邮寄的《股权转让协议》在转让股权的数量、价格和支付方式方面均相吻合。且在支付期限方面，备案合同约定的实际是在合同签订后一个月内支付，相较于《股权转让协议》更加严苛。金旸公司主张王某要求股权转让资金50%为自有资金，但该协议并未排除向金融机构或个人融资的方式，只是要求出示相应文件。因此，广东

① 《山东省高院意见一》第49条规定，股东向非股东转让股权时，其他股东主张优先购买部分股权的，视为放弃优先购买权。但转让人同意其他股东部分购买，且受让人同意继续购买剩余股权的除外。

省广州市中级人民法院认定两者转让条件属于同等。

在“苏州建设房屋开发有限公司与南京科顺投资管理有限公司股权转让纠纷二审案”［（2017）苏01民终10249号］中，江苏省南京市中级人民法院认为：根据《公司法》第71条第3款、《公司法解释四》第18条规定，有限公司股东向股东以外的人转让股权，应当以书面或者其他能够确认收悉的合理方式通知其他股东转让股权的同等条件；人民法院在判断是否符合“同等条件”时，应当考虑转让股权的数量、价格、支付方式及期限等因素。本案中，苏州建设房屋开发有限公司（以下简称苏建公司）作为持有星河公司82.1%股权的股东，就拟向湿丰公司转让全部股权的事宜，其已通过书面方式函告南京科顺投资管理有限公司（以下简称科顺公司）并征求科顺公司是否行使优先购买权的意见，该书面函件明确载明了转让股权的数量、价格、支付方式及期限，科顺公司收到该函件后，未在法定期限内作出同意按照函告条件优先购买该股权的意思表示，应当视为放弃优先购买权。科顺公司在其回函中提出仅优先购买前述股权中的一部分，系对苏建公司转让股权数量条件的变更，该主张已不符合前述规定中的“同等条件”。

（2）优先购买权的性质：形成权还是请求权？

《公司法解释四》第20条：有限责任公司的转让股东，在其他股东主张优先购买后又不同意转让股权的，对其他股东优先购买的主张，人民法院不予支持，但公司章程另有规定或者全体股东另有约定的除外。其他股东主张转让股东赔偿其损失合理的，人民法院应当予以支持。

对于优先购买权的性质，理论上曾争议很大。学理上有不少观点认为优先购买权是形成权，一旦其他股东符合条件并主张优先购买权，其就能与转让股东之间按同等条件形成股权转让合同关系，而无须拟转让股东承诺。①

但最高人民法院在《公司法解释四》中采请求权观点，转让股东可在其他股东主张优先购买权后，反悔而不同意再转让股权。②

---

① 参见常鹏翱：《论优先购买权的法律效力》，载《中外法学》2014年第2期；赵旭东：《股东优先购买权的性质和效力》，载《当代法学》2013年第5期。

② 参见杜万华主编：《最高人民法院公司法司法解释（四）理解与适用》，人民法院出版社2017年版，第444页以下。

关于转让股东“反悔”转让股权问题，说明如下三点：

第一，转让股东“反悔权”的限制。根据上述司法解释的规定，公司章程或全体股东可以另行约定类似股东不允许“反悔”转让股权，这在效果上与形成权说就一致了。另外，在“楼某君与方某荣、毛某财、王某明、陈某强、王某满、张某兴、徐某梅、吴某灯股权转让与优先购买权纠纷案”［（2011）民提字第113号］中，最高人民法院认为：根据本案在一审、二审及再审程序中查明的事实，方某荣等8名股东因转让股权，有两次签订合同的行为，第一次是在受理本案之前与伍某红等三人，第二次是在再审程序中与楼某君，又先后选择放弃合同，对其股权是否转让及转让条件作了多次反复的处理。方某荣等8名股东虽然合法持有天山公司股权，但其不能滥用权利，损害相对人的合法民事权益。作为公司其他股东的楼某君为受让方某荣等8名股东股权，继续经营公司，两次按照方某荣等8名股东的合同行为准备价款，主张行使优先购买权，但方某荣等8名股东均以各种理由予以拒绝。尤其是在法院再审期间，方某荣等8名股东已经同意将股权转让给楼某君，并将公司与股东及公司以外的其他债务均一并进行了处理，但方某荣等8名股东在签订协议后又反悔。在此情形下，最高人民法院认为，如果支持了方某荣等8名股东的再审主张，允许方某荣等8名股东多次随意变更意思表示，不顾及对交易相对人合理利益的维护，对依法享有优先购买权的公司其他股东明显不公平，同时也纵容了不诚信的行为。

这说明，除了章程另有规定或全体股东另有约定外，如转让股东滥用“反悔权”，多次任意反悔，损害其他股东利益的，法院会限制其“反悔权”，这是限制转让股东“反悔权”的第三种情形。

第二，转让股东“反悔权”的期限。转让股东在什么时点前可以主张“反悔权”，司法解释及最高人民法院相关观点没有明确说明。本书认为，根据合同法相关原理及优先购买权的请求权性质，在转让股东与其他股东签订书面股权转让合同前，转让股东可以主张“反悔权”，一旦双方签订书面合同，转让股东不得再主张“反悔权”。同理，在双方签订书面合同前，主张行使优先购买权的其他股东也可以“反悔”，放弃行使优先购买权。

第三，转让股东“反悔”后的损害赔偿责任。如其他股东已相信转让股东会按照自己提出的条件履行合同，其为履行合同所做的准备而造成的损失，转让股东应予赔偿，从性质上来说，这属于缔约过失责任中的信赖利益赔偿。

但应注意的是，因为有《公司法解释四》第 20 条的规定，主张优先购买权的其他股东应知道转让股东有“反悔”的权利，其在签订书面股权转让合同前仍为履行合同做了准备，应当证明其准备履行合同行为的正当性、合理性，否则其为履行合同所支出的费用可能得不到赔偿。

（3）转让股东与第三人股权转让关系的效力分析。

《公司法解释四》第 21 条：有限责任公司的股东向股东以外的人转让股权，未就其股权转让事项征求其他股东意见，或者以欺诈、恶意串通等手段，损害其他股东优先购买权，其他股东主张按照同等条件购买该转让股权的，人民法院应当予以支持，但其他股东自知道或者应当知道行使优先购买权的同等条件之日起三十日内没有主张，或者自股权变更登记之日起超过一年的除外。

前款规定的其他股东仅提出确认股权转让合同及股权变动效力等请求，未同时主张按照同等条件购买转让股权的，人民法院不予支持，但其他股东非因自身原因导致无法行使优先购买权，请求损害赔偿的除外。

股东以外的股权受让人，因股东行使优先购买权而不能实现合同目的的，可以依法请求转让股东承担相应民事责任。

《九民会议纪要》第 9 条【侵犯优先购买权的股权转让合同的效力】：审判实践中，部分人民法院对公司法司法解释（四）第 21 条规定的理解存在偏差，往往以保护其他股东的优先购买权为由认定股权转让合同无效。准确理解该条规定，既要注意保护其他股东的优先购买权，也要注意保护股东以外的股权受让人的合法权益，正确认定有限责任公司的股东与股东以外的股权受让人订立的股权转让合同的效力。一方面，其他股东依法享有优先购买权，在其主张按照股权转让合同约定的同等条件购买股权的情况下，应当支持其诉讼请求，除非出现该条第 1 款规定的情形。另一方面，为保护股东以外的股权受让人的合法权益，股权转让合同如无其他影响合同效力的事由，应当认定有效。其他股东行使优先购买权的，虽然股东以外的股权受让人关于继续履行股权转让合同的请求不能得到支持，但不影响其依约请求转让股东承担相应的违约责任。

关于转让股东与第三人股权转让关系的效力分析，分如下三点展开：

第一，转让股东与第三人的股权转让合同有效。

本书前面已经说明，股权对外转让应区分负担行为和处分行为两个角度来分别观察。但在实务中似乎不区分两者。如其他股东主张行使优先购买权，对转让股东与第三人之间股权转让合同的效力，实务上有各种各样不同效力类型的判决，如判决有效、未生效、可撤销、效力待定、无效等,[①] 显得较为混乱。

在“朱某景与修水县新龙电力有限责任公司股权转让纠纷案”［（2014）修民二初字第96号］中，江西省修水县人民法院认为：本案被告修水县新龙电力有限责任公司（以下简称新龙公司）在向原告朱某景转让股权前未经龙潭峡公司其他股东过半数同意，也未书面通知其他股东征求他们的意见，其行为侵害了其他股东优先购买权。由此可见，被告新龙公司股权转让的行为违反了《公司法》强制性规定，致使其与原告签订的《关于江西修水龙潭峡水电站股金转让的协议书》无效。

在“李某贤、刘某安与王某华、彭水县大地煤炭有限责任公司等公司决议撤销纠纷案”［（2014）彭法民初字第00897号］中，重庆市彭水苗族土家族自治县人民法院认为：被告谢某胜、刘某军签订股权转让协议前没有履行相应的通知程序，侵犯了二原告作为该公司股东对股权的优先购买权。原告刘某安、李某贤的第三项诉讼请求表明二原告愿意行使优先购买权，但本案中所涉股权转让协议已经履行，被告大地公司的股东已经发生变更，二原告因其优先购买权受到侵害，对该股权转让协议享有撤销权，被告刘某军与被告谢某胜2014年1月9日签订的《彭水县大地煤炭有限责任公司股权转让协议》应当予以撤销。

《九民会议纪要》为改变之前实务上不统一的裁判观点，通过第9条规定来规范实务裁判。根据该会议纪要的规定，除了转让股东与第三人恶意串

---

① 参见杜万华主编：《最高人民法院公司法司法解释（四）理解与适用》，人民法院出版社2017年版，第472页以下。

通损害其他股东优先购买权订立的合同无效外，一般情况下，即使转让股东没有履行《公司法》第71条第2款、第3款的义务，侵犯了其他股东的优先购买权，其与第三人签订的股权转让合同也是有效的。

本书赞同这一观点，理由可概括如下：其一，通过优先购买权已足以保障其他股东的权利，没有必要否定转让股东与第三人的股权转让合同的效力；其二，有效的股权转让合同有利于第三人向转让股东主张违约责任，这可充分尊重双方达成的合意。

因转让股东与第三人达成的股权转让合同原则上有效，由此衍生出另外两点值得注意的问题：

首先，因第三人可以向转让股东主张违约责任，从转让股东角度来说，为了避免承担该违约责任，转让股东可与第三人协商，将双方的股权转让合同约定为附生效条件的合同，以其他股东全部放弃优先购买权为生效条件，或者约定如其他股东主张优先购买权导致股权转让合同无法履行的，第三人免除转让股东的违约责任，以此减少转让股东的法律风险或损失。

其次，如无上述约定安排，在第三人向转让股东主张违约责任时，实务上的难点是如何计算违约赔偿数额。从实务角度来看，第三人可能主张的违约损失主要包括两方面：一是交付股权转让款所产生的利息损失，二是第三人投入公司的资金、经营管理、技术或产品给公司带来的资产增值。

对于前者，法院通常会要求转让股东支付按照同期银行贷款利率计算的利息损失。在"北京新奥特公司诉华融公司股权转让合同纠纷案"［（2003）民二终字第143号］中，最高人民法院认为：股权转让款如何筹集是实业公司自身的行为，资金的来源可能有多种，资产公司可以预见的合理损失只应是其实际占有资金期间的利息损失，而不应包括实业公司对外融资所产生的实际费用，故该部分损失应以资产公司实际占有资金的实际、金额，按照中国人民银行同期存款利率计算。在"西藏唐蕃投资有限公司、曲某与西藏林芝嘉龙建筑房地产开发有限公司股权转让纠纷案"［（2015）民一终字第169号］中，最高人民法院法官认为：违约金作为当事人事先约定的一方违约时应向另一方支付的金钱或其他财产，其金额确定与违约行为造成的损失密切相关，既包括当事人遭受的资金占用等实际损失，也包含符合可预见性要求的可得利益损失。合同无法履行或非正常履行后，受让方就其占用出让方资金所造成损失而应向后者承担的赔偿责任，基于资金占用损失特点，该部分赔偿数额以利息方式计算，故该部分利息当作为出让方违约损失，并为双方当事人在股权转让合同中约定的违约金所涵盖。违约金性质既具有补偿性，又具有赔偿性，在守约方不能举证证明其除利息损失外还存在其他损失，违约金能足以涵盖其利息损失情况下，另行主张赔偿其利息损失的，应不予支持。①

对于后者，在“深圳市朗矩实业集团有限公司与甘肃天昱置业有限公司股东出资及公司盈余分配纠纷案”［（2012）民二终字第28号］中，最高人民法院认为：本案当事人之间通过签订《股权转让合同》《股东出资协议》，确立了股权转让法律关系，转让标的系实业公司股权而非该公司资产。股权转让合同履行期间，实业公司名下资产仍属其法人财产，即使其土地等资产价值因市场变化而产生增值，如未依法定经营程序对其进行处置，未表现为公司经营利润的增加，则该“增值”对股东收益分配便不具有实际意义。因投资公司未能提出相关证据证明在其经营实业公司期间存在“公司实施过利润分配，但其未获得相应收益”的事实，或存在“公司虽未进行分配，但确有相应的利润收入且符合规定的分配条件，应当进行分配”情形，故本案投资公司主张实业公司应返还其管理公司期间“该公司资产增值中其持有的51%股权对应的9180万元款项”诉请无事实和法律依据，应予驳回。

由该案可以看出，对于第三人投入的资金、管理、技术或产品，第三人如想要获得对应的公司资产增值，不仅要证明其对于公司增值的贡献，而且要证明公司有利润分配的过程，这其实比较困难。

第二，转让股东与第三人的股权移转行为相对无效。

在转让股东与第三人的股权转让合同原则有效的前提下，如其他股东主张优先购买权，对转让股东与第三人的关系真正有影响的是股权移转行为的效力，这一点在《九民会议纪要》中并没有提及。目前实务上相对主流的观点认为转让股东与第三人之间的行为可撤销。但本书认为可撤销的观点并不

---

① 参见陈亚、王毓莹：《利息损失能否与违约金一并适用西藏唐蕃投资有限公司、曲珍与西藏林芝嘉龙建筑》，载杜万华主编：《民事审判指导与参考》总第70辑，人民法院出版社2017年版，第101页以下。

能准确厘清当事人之间的法律关系。本书认为，在其他股东主张优先购买权后，转让股东与第三人之间的股权移转行为相对无效。相对无效的经典表述是“对于标的所作处分违反专为保护特定人之法定让与禁令者，处分行为仅对该特定人无效”。①

简单来说，相对无效的效力特点是针对特定的法律行为，法律授予受保护的特定人可主张该法律行为对其无效力。从本质上来说，法律行为相对无效并非根本否定法律行为的有效性，而仅仅是受保护的特定人可不受该法律行为的约束。

与相对无效相比，绝对无效是因法律行为损害了社会公共利益或善良风俗，不特定的社会秩序遭到了侵犯，因此法律行为自始、当然、确定无效，且没有转换为有效的可能性，法院可以依据职权进行认定，任何人也都可以主张无效。这与相对无效明显存在区别。

而可撤销表明法律行为处于悬而未决的有效状态，一旦有撤销权的当事人行使撤销权，则该法律行为仍终局性的确定无效。可撤销确实与相对无效存在相似的地方，但本书认为，可撤销的着眼点依然是法律行为的效力，而相对无效的着眼点已非法律行为的效力，而是受保护的特定人是否受法律行为的约束，其并不能主张法律行为终局无效。②

回到股权转让问题，转让的股权从根本上属于转让股东所有，但立法上为了保障公司的人合性，特别赋予公司其他股东优先购买权，为了平衡转让股东与其他股东的利益，适用法律行为效力中的相对无效规则是最合理的选择。应注意的是，根据相关司法解释的规定，其他股东仅提出相对无效而不主张优先购买权的，法院应驳回其相对无效的主张。这是因为仅提出相对无效而不主张优先购买权，其他股东的权利并未受到损害，其提出的相对无效主张就没有依据和意义。

---

① 关于民法上相对无效规则的理解，参见朱庆育：《民法总论》（第2版），北京大学出版社2016年版，第312页以下。

② 关于相对无效与可撤销须区分的观点，可参见常鹏翱：《等同论否定说：法律行为的可撤销与相对无效的关系辨析——以〈民法通则〉到〈民法典〉的规范发展为基点》，载《法学家》2020年第5期。但本书并不认同该文对相对无效特征或效力的阐述。

第三，转让股东与第三人恶意串通时股权转让合同无效。

转让股东侵害其他股东的优先购买权，主要有两种方式：一种是违反《公司法》及司法解释的规定，未就股权转让事项通知其他股东并征求其是否行使优先购买权的意见；另一种是转让股东与第三人恶意串通，通过欺诈、法律规避等手段侵害其他股东的优先购买权。在构成恶意串通的情形下，根据《民法典》第154条行为人与相对人恶意串通，损害他人合法权益的，该合同无效。在这种情况下，不仅转让股东与第三人的股权移转行为无效，两人之间的股权转让合同也一并无效。

（4）侵害优先购买权的类型。

前面已经提及，转让股东侵害其他股东的优先购买权，主要有两种方式：

一种是违反《公司法》及相关司法解释的规定，未就股权转让事项通知其他股东并征求其是否行使优先购买权的意见，实际就是隐瞒了股权对外转让的事实。

在“蒙某、邬某则与梁某文、梁某升、广西厦安建设工程有限公司股权转让纠纷案”［（2017）桂1002民初995号］中，广西壮族自治区百色市右江区人民法院认为：根据《公司法》第72条第2款“股东向股东以外的人转让股权，应当经其他股东过半数同意”的规定，本案中，梁某文向梁某升转让股权，马某锋向梁某升、蒙某转让股权，既未通知其他股东，更未经过全体股东过半数同意，因此该股权转让行为无效。

另一种是转让股东与第三人恶意串通，通过通谋虚伪表示、法律规避等手段侵害其他股东的优先购买权。

所谓通谋虚伪表示，是指转让股东与第三人虚构远高于股权转让合同中约定的价格条款，并通知其他股东，以阻遏其他股东行使优先购买权，通常是通过实务上常见的阴阳合同来实现。在“周某某与姚某某等股权转让纠纷案”［（2011）沪一中民四（商）终字第883号］中，上海市第一中级人民法院认为：2006年协议书中周某某、周某受让甲公司全部股权的价格为1440万元，而2007年12月12日姚某某将其95%股权以95万元转让给姚某，很显然，姚某并不是以“同等条件”受让姚某某所持的股份。鉴于姚某某与姚某间的兄弟关系、姚某某的代签行为以及姚某受让股权的价格与2006年协议书所约定价格的悬殊程度等情况，上海市第一中级人民法院认为，姚某某与姚某在签订2007年12月12日的股权转让协议书时有恶意串通损害周某某利益的行为，故2007年12月12日的股权转让协议书应认定为无效。

所谓法律规避，是指虽以形式上合法的方式出现，但实际通过规避优先购买权规则来侵害其他股东优先购买权。这种方式在实务中有数种不同的表现类型。

第一类法律规避方式，是指转让股东与第三人先以高价转让少部分股权，打消其他股东同等条件下行使优先购买权的意愿，在第三人取得股东资格后，再完成剩余部分的股权转让。在“吴某崎与吴某民确认合同无效纠纷再审案”［（2015）苏商再提字第00068号］中，江苏省高级人民法院认为：吴某民与吴某磊之间的涉案两份股权转让协议存在《合同法》第52条第2项[①]规定的恶意串通损害第三人利益的情形，属于无效协议。吴某民和吴某磊在7个月的时间内以极其悬殊的价格前后两次转让股权，严重损害吴某崎的利益。吴某民和吴某磊第一次转让1%的股权价格为15万元，第二次转让59%的股权实际价格为62万元（以此测算第二次股权转让价格约为每1%价格1.05万元），在公司资产没有发生显著变化的情形下，价格相差达14倍以上，其目的在于规避公司法关于其他股东优先购买权的规定，从而导致吴某崎无法实际享有在同等条件下的优先购买权，即首次转让抬高价格，排除法律赋予其他股东同等条件下的优先购买权，受让人取得股东资格后，第二次完成剩余股权转让。吴某民在一审庭审中亦明确表示“第一次股权转让吴某磊不是公司股东，吴某民必须考虑同等条件的优先权”“（第一次）比后面的要价要高，目的是取得股东身份”。这表明吴某民对其与吴某磊串通损害吴某崎利益的意图是认可的。如果认可上述行为的合法性，公司法关于股东优先购买权的立法目的将会落空。综上，民事活动应当遵循诚实信用的原则，民事主体依法行使权利，不得恶意规避法律，侵犯第三人利益。吴某民与吴某磊之间的两份股权转让协议，目的在于规避公司法关于股东优先购买权制度的规定，剥夺吴某崎在同等条件下的优先购买权，当属无效。

---

① 该法已失效，相关规定见《民法典》第154条。

第二类法律规避方式，是指公司股东以自己名义代股东之外第三人购买其他股东股权并代持。这种股权代持行为形式上是股权内部转让，实际上是向股东外第三人转让。在“泸州鑫福矿业集团有限公司与葛某文等股权转让纠纷案”［（2013）川民申字第1771号］中，四川省高级人民法院认为：泸州鑫福矿业集团有限公司（以下简称鑫福矿业公司）委托刘某安以其内江南光有限责任公司股东的身份收购该公司其他股东股权的行为，意为规避《公司法》第72条第2款、第3款规定[①]鑫福矿业公司的规避行为属损害内江南光有限责任公司其他股东的合法权益，为恶意规避。刘某安受鑫福矿业公司委托收购股权的行为名为名义上的股东间股权转让行为，实为隐瞒王某玉等62人对外转让股权，刘某安与王某玉等62人间的股权转让行为违反了《公司法》第72条的强制性规定，应属无效。

第三类法律规避方式，是指第三人通过收购目标公司股东或目标公司股东母公司的股权，间接达到入股乃至控制目标公司的目的，这也被认为是规避了其他股东优先购买权。在“浙江复星商业发展有限公司诉上海长烨投资管理咨询有限公司等财产损害赔偿纠纷案”［（2012）沪一中民四（商）初字第23号］中，上海市第一中级人民法院认为：本案中，被告绿城公司、证大五道口公司共同出让其合计持有的海之门公司50%股权的意思表示是清晰完整的，并由被告证大置业公司代表被告绿城公司、证大五道口公司作为联合方发函询问原告是否决定购买之一节事实，亦充分证明了被告绿城公司、证大五道口公司明知法律赋予股东优先购买权的履行条件和法律地位。但嗣后，被告绿城公司、证大五道口公司并未据此继续执行相关股东优先购买的法定程序，而是有悖于海之门公司的章程、合作协议等有关股权转让和股东优先购买的特别约定，完全规避了法律赋予原告享有股东优先购买权的设定要件，通过实施间接出让的交易模式，达到了与直接出让相同的交易目的。据此，上海市第一中级人民法院认为，被告绿城公司、证大五道口公司实施上述交易行为具有主观恶意，应当承担主要的过错责任。上述交易模式的最终结果，虽然形式上没有直接损害原告对于海之门公司目前维系的50%权益，但是经

① 现为《公司法》（2018年修正）第71条第2款、第3款。

过交易后，海之门公司另50%的权益已经归于被告长烨公司、被告长昇公司所属的同一利益方，客观上确实剥夺了原告对于海之门公司另50%股权的优先购买权。目前双方对于海之门公司的董事会成员改组事宜已经发生争议，各持50%的股权结构的不利因素已经初见端倪，海之门公司未来的经营管理和内部自治的僵局情形也在所难免。显然，上述交易后果的发生，不利于海之门公司以及项目公司的实际经营和运作，也难以保障外滩8－1地块项目的正常开发。《合同法》第52条第3项[①]规定，“有下列情形之一的，合同无效：（三）以合法形式掩盖非法目的”。依据上述法律规定并结合本案基本法律事实，上海市第一中级人民法院认为，被告绿城公司、证大五道口公司系海之门公司的直接股东，被告嘉和公司、被告证大置业公司又系被告绿城公司、被告证大五道口公司的唯一出资人，被告嘉和公司、被告证大置业公司与被告长昇公司之间实际实施的关于被告嘉和公司、被告证大置业公司持有的被告绿城公司、被告证大五道口公司股权的转让行为，旨在实现一个直接的、共同的商业目的，即由被告长烨公司、被告长昇公司所归属的同一利益方，通过上述股权收购的模式，完成了对被告绿城公司、被告证大五道口公司的间接控股，从而实现对海之门公司享有50%的权益，最终实现对项目公司享有50%的权益。综上所述，被告之间关于股权交易的实质，属于明显规避了《公司法》第72条[②]之规定，符合《合同法》第52条第3项规定之无效情形，应当依法确认为无效，相应的《框架协议》及《框架协议之补充协议》中关于被告嘉和公司、证大置业公司向被告长烨公司转让被告绿城公司、证大五道口公司100%股权的约定为无效，被告嘉和公司与被告长昇公司、证大置业公司与被告长昇公司签署的《股权转让协议》亦为无效。[③]

（5）优先购买权的行权期限。

《公司法解释四》第19条：有限责任公司的股东主张优先购买转让股权

① 该法已失效，相关规定见《民法典》第146条。

② 现为《公司法》（2018年修正）第71条。

③ 该种方式如果被认为是规避了其他股东优先购买权，则意味着股东优先购买权规则被类推适用于间接收购领域，此种类推适用是否正当，是否过度维护了公司人合性要求？学理上对该案裁判结果多有批评，可参见彭冰：《股东优先购买权与间接收购的利益衡量——上海外滩地王案分析》，载《清华法学》2016年第1期；吴建斌：《上海外滩“地王”案的二维解析》，载《法学》2013年第7期。

的，应当在收到通知后，在公司章程规定的行使期间内提出购买请求。公司章程没有规定行使期间或者规定不明确的，以通知确定的期间为准，通知确定的期间短于三十日或者未明确行使期间的，行使期间为三十日。

《公司法解释四》第21条：有限责任公司的股东向股东以外的人转让股权，未就其股权转让事项征求其他股东意见，或者以欺诈、恶意串通等手段，损害其他股东优先购买权，其他股东主张按照同等条件购买该转让股权的，人民法院应当予以支持，但其他股东自知道或者应当知道行使优先购买权的同等条件之日起三十日内没有主张，或者自股权变更登记之日起超过一年的除外。

前款规定的其他股东仅提出确认股权转让合同及股权变动效力等请求，未同时主张按照同等条件购买转让股权的，人民法院不予支持，但其他股东非因自身原因导致无法行使优先购买权，请求损害赔偿的除外。

股东以外的股权受让人，因股东行使优先购买权而不能实现合同目的的，可以依法请求转让股东承担相应民事责任。

关于优先购买权的行权期限，分如下三点说明：

第一，行权期限长度。司法解释规定了两个计算方式，这与《合同法》（已失效）中债权人撤销权规定相类似，一是章程规定或通知确定一个行权期限，如果没有规定或规定短于30日的，行权期限为30天，自其他股东知道或应当知道同等条件之日起计算；二是自股权变更登记之日起超过一年的，其他股东不得再主张优先购买权。这意味着，受侵害的其他股东超出上述任一权利行使期间，其优先购买权主张将不受保护。司法解释这一规定是为了尽快确定法律关系，以有利于公司稳定经营。

第二，行权期限性质。根据最高人民法院的解释，司法解释中规定的“三十日”和“一年”，属于不变期间，不适用中止、中断和延长的规定。① 在“冀某义与孙某晓、遵义桦坤节能设备有限公司股权转让纠纷案”

---

① 参见杜万华主编：《最高人民法院公司法司法解释（四）理解与适用》，人民法院出版社2017年版，第464页。本书作者认为，这里的不变期间性质上可理解为除斥期间，既然优先购买权适用除斥期间的规定，那么优先购买权在逻辑上应推断为形成权，不过这与司法解释的请求权规定存在冲突。

［（2017）黔0303民初3257号］中，贵州省遵义市汇川区人民法院认为：根据《公司法解释四》第21条之规定，该条法律规定的“自股权变更登记之日起超过一年”系除斥期间，不能因任何事由而中止、中断或者延长。现股权变更登记已超过一年，根据本条规定，冀某义即使非因自身原因导致无法行使优先购买权也仅能请求损害赔偿，而不能主张股权转让无效并行使优先购买权。故对冀某义的诉讼请求，因超过法律规定的除斥期间，法院不予支持。

第三，行权期限经过后优先购买权人的权利救济。根据司法解释规定，如果其他股东非因自身原因导致无法行使优先购买权，可请求损害赔偿。这里的难点是如何举证证明损害的发生。由于其他股东并没有因主张优先购买权而存在直接支出，因此其他股东要证明的损失主要是间接损失，比如股权的时间差价、公司利润分配损失等。

三、章程另有规定的含义

《公司法》第71条第4款：公司章程对股权转让另有规定的，从其规定。

对于该款，实践中产生了不少争议问题，典型如章程规定股权不得转让（章程锁死股权转让）；章程规定满足一定条件时，股权可被强制转让。

（一）章程规定限制或禁止股权转让条款

《山东省高院意见二》第7条：如何认定公司章程中禁止或者严格限制股权（股份）转让条款的法律效力？

答：公司章程是一种具有契约属性的公司自治规则。公司章程不得与公司法的强制性规范及公司法的基本精神、原则相冲突，如有冲突，所制定的条款无效。

（1）有限责任公司的章程可以限制股权转让但不得禁止股权转让。理由：《中华人民共和国公司法》第七十一条第四款规定“公司章程对股权转让另有规定的，从其规定”。该项规定根据意思自治原则，赋予了公司股东自主决定股权转让事项的权利。公司章程可以约定，排除其他股东的优先购买权或者规定更为宽松的股权转让条件。关于公司章程对股权转让事项的限制比公司法规定更为严格是否合法的问题，基于有限责任公司的人合性，公司法认可根据公司利益对股东股权转让进行一定限制。但，任何财产权皆具有处分权能，公司章程对股权转让的限制不得违反财产权的本质，比如，约定“股权转让应经其他所有股东同意”，则属于无效条款。

……

2016年《公司法解释四》（征求意见稿）第29条曾规定，有限责任公司章程条款过度限制股东转让股权，导致股权实质上不能转让，股东请求确认该条款无效的，应予支持。

在实务上，典型案例是2018年7月发生的“宝鼎科技股份有限公司与茂名石化实华股份有限公司股权转让纠纷案”，该纠纷中，茂名石化实华股份有限公司（以下简称茂化实华）、宝鼎科技股份有限公司（以下简称宝鼎科技）与天津飞旋科技有限公司（以下简称飞旋科技）是亿昇（天津）科技有限公司的三方股东，占股分别是36%、34%与30%。公司章程规定，“公司成立后，未经其他股东书面同意，任何一方不得转让其持有的公司全部或部分股权”。因宝鼎科技经营困难，面临退市风险，故希望将其34%的股权转让给飞旋科技，但同时通知茂化实华，说明茂化实华和飞旋科技可按持股比例购买自己34%的股权。茂化实华不同意购买，也不同意宝鼎科技将其转让给飞旋科技。该纠纷发生后，引起了理论和实务上的广泛讨论。

本书不赞同司法解释征求意见稿及《山东省高院意见二》的观点，其直接规定股权限制或禁止转让条款无效的做法，理论上稍显粗暴。

本书关于章程限制或禁止股权转让条款效力的观点，分为如下三个层次：

第一，该条款既然订入了章程，必是经过全体股东一致同意或者以多数决方式通过，是当事人意思的体现，也符合股东会决议通过方式，其效力值得肯定。

第二，区分该条款是以一致同意方式达成还是以多数决方式通过。通过股东一致同意方式达成的股权限制条款，对全体股东有拘束力，任何股东不得随意以该条款限制股权流转等理由主张其无效；而通过股东会多数决方式达成的股权限制条款，持反对意见的股东可以其固有权利受损为由，主张该条款对其无效。这并不是说该条款绝对无效，而是仅反对股东可主张该条款对其无效或不适用。

第三，不管是一致通过方式还是多数决通过方式达成的股权限制条款，对同意股东而言，当其有正当理由要求转让时，也可以主张股权限制条款对其无效。应予注意的是，同意股东一般无权主张股权限制条款无效或对其不适用，但有正当理由除外。此处的正当理由须严格认定，以防权利滥用。对正当理由的认定，可借鉴英美法上的“股东预期理论”或大陆法上的“情势变更制度”。在德国公司法上，公司章程可以完全禁止股份的转让，但如果股东继续留在公司已成为不合理的强求的时候，股东有退出公司的权利。①

（二）章程规定强制股权转让条款

公司章程可能会规定在满足一定条件时，股东股权必须强制转让或由公司回购。常见的理由包括职工股东离职、股东死亡等。

在“杨某泉、山东鸿源水产有限公司请求公司收购股份纠纷案”［（2015）民申字第2819号］中，最高人民法院认为：关于山东鸿源水产有限公司（以下简称鸿源公司）对再审申请人的股权进行回购是否合法的问题，申请人于2004年1月成为鸿源公司股东时签署了“公司改制征求意见书”，该“公司改制征求意见书”约定“入股职工因调离本公司，被辞退、除名、自由离职、退休、死亡或公司与其解除劳动关系的，其股份通过计算价格后由公司回购”。有限责任公司可以与股东约定《公司法》第74条规定之外的其他回购情形。《公司法》第74条并未禁止有限责任公司与股东达成股权回购的约定。本案的“公司改制征求意见书”由申请人签字，属于真实的意思表示，内容上未违背公司法及相关法律的强行性规范，应属有效。故鸿源公司依据公司与申请人约定的“公司改制征求意见书”进行回购，并无不当。

本书认为，这一问题可比照章程限制或禁止股权转让条款效力的观点，也分为如下三个层次：

第一，该条款既然订入了章程，必是经过全体股东一致同意或者以多数

① 参见［德］托马斯·莱塞尔、［德］吕迪格·法伊尔：《德国资合公司法》（第6版），高旭军等译，上海人民出版社2019年版，第644页。

决方式通过，是当事人意思的体现，也符合股东会决议通过方式，其效力值得肯定。

第二，区分该条款是以一致同意方式达成还是以多数决方式通过。通过股东一致同意方式达成的股权强制转让条款，对全体股东有拘束力；而通过股东会多数决方式达成的股权强制转让条款，持反对意见的股东可以其固有权利受损为由，主张该条款对其无效。① 但是公司仍可以以为了公司整体利益，比如为了公司发展战略或者为了维护公司的人合性等正当理由来进行抗辩。

第三，不管是一致通过方式还是多数决通过方式达成的股权强制转让条款，对同意股东而言，当其有正当理由要求留在公司时，也可以主张股权强制转让条款对其无效。但这种以正当理由要求留在公司的抗辩，似较罕见。

四、特殊情形下的股权转让问题

（一）瑕疵出资中的股权转让问题

《公司法解释三》第18条：有限责任公司的股东未履行或者未全面履行出资义务即转让股权，受让人对此知道或者应当知道，公司请求该股东履行出资义务、受让人对此承担连带责任的，人民法院应予支持；公司债权人依照本规定第十三条第二款向该股东提起诉讼，同时请求前述受让人对此承担连带责任的，人民法院应予支持。

受让人根据前款规定承担责任后，向该未履行或者未全面履行出资义务的股东追偿的，人民法院应予支持。但是，当事人另有约定的除外。

《江苏省高院意见》第58条：当事人仅以转让方未出资、出资不足或抽逃出资为由请求认定股权转让合同无效的，不予支持。

订立合同时转让方隐瞒未足额出资或抽逃出资的事实的，受让方可以请

① 理论上有区分初始章程制定和后续章程修订两分的观点，前者是以全体一致通过方式制定章程，后者通常是以多数决方式通过章程修正案。值得注意的是，对章程制定后或章程修正案通过后加入公司的股东来说，其进入公司本身就表明接受了章程条款的规定，否则可以选择不进入，在这一点上视其为同意股东。参见虞政平：《公司法案例教学》（第2版），人民法院出版社2018年版，第1093页。

求撤销合同。

1.《公司法解释三》第18条适用前提：瑕疵出资股权转让

《公司法解释三》第18条适用前提是股东转让股权时，其出资义务已经到期，但未履行或未全面履行出资义务即将瑕疵出资股权转让给受让人，此时转让股东与知情受让人对公司或公司债权人承担出资补足义务。实务上曾有裁判不区分转让股东出资是否到期，只要股东没有实缴完毕，法院均会适用《公司法解释三》第18条。这种裁判观点是错误的，应予注意。

在"湖南中格建设集团有限公司、聂某斌建设工程施工合同纠纷再审案"［（2020）最高法民申2285号］中，最高人民法院认为：《公司法解释三》第13条第2款规定，公司债权人请求未履行或者未全面履行出资义务的股东在未出资本息范围内对公司债务不能清偿的部分承担补充赔偿责任，人民法院应予支持。第18条第1款规定，有限责任公司的股东未履行或者未全面履行出资义务即转让股权，受让人对此知道或者应当知道，公司请求该股东履行出资义务、受让人对此承担连带责任的，人民法院应予支持；公司债权人依照本规定第13条第2款向该股东提起诉讼，同时请求前述受让人对此承担连带责任的，人民法院应予支持。原审已查明，聂某斌作为中以光通信公司设立时的股东，认缴出资1000万元，实缴出资200万元。按照中以光通信公司《公司章程》的规定，聂某斌认缴部分的剩余800万元应于2014年12月9日缴纳。2013年1月21日，聂某斌将其持有的中以光通信公司全部股权转让给符某文，并于同年1月29日办理了工商变更登记手续。湖南中格建设集团有限公司（以下简称中格公司）主张聂某斌系中以光通信公司的发起人，身份有别于其他股东，应当以认缴额对公司承担责任。然而，中格公司起诉请求并未明确主张聂某斌承担发起人的出资违约责任。且中以光通信公司成立后，聂某斌系中以光通信公司占比10%的股东，原判决认定聂某斌在出资义务尚未到期的情况下转让股权，不属于出资期限届满而不履行出资义务的情形，不构成前述司法解释规定的"未履行或者未全面履行出资义务即转让股权"的情形，并无不当。中格公司主张聂某斌承担中以光通信公司对中格公司债务的补充赔偿责任，依据不足。中格公司关于原判决适用法律确有错误的再审申请事由不能成立。

2. 转让股东的责任

瑕疵出资情形下，转让股东即使已转让股权，仍应对公司或公司债权人承担补足出资的责任，该责任并不因其股权转让行为而免除。

在“谢某与西安庆南贸易有限公司股东出资纠纷再审案”［（2017）陕民申591号］中，陕西省高级人民法院认为：2009年10月16日，西安庆南贸易有限公司（以下简称庆南公司）登记成立，公司注册资本100万元。庆南公司《章程》第11条载明：贺某凯认缴33万元，实缴33万元，出资方式为货币出资，出资到位时间为2009年10月9日。谢某认缴33万元，实缴33万元，出资方式为货币出资，出资到位时间为2009年10月9日。邱某杰认缴34万元，实缴34万元，出资方式为货币出资，出资到位时间为2009年10月9日。《公司法》第28条第1款规定：“股东应当按期足额缴纳公司章程中规定的各自所认缴的出资额。股东以货币出资的，应当将货币出资足额存入有限责任公司在银行开设的账户；以非货币财产出资的，应当依法办理其财产权的转移手续。”一审、二审法院已经查明，谢某应缴出资33万元，实缴出资3.5万元，还有29.5万元没有向庆南公司缴纳，本案一审、二审法院认定谢某没有全面履行向庆南公司的出资义务正确。

谢某申请再审称，其于2013年3月1日与庆南公司另一股东邱某杰签订《股东转让出资协议》，将其30%的股权转让给了邱某杰，邱某杰在受让股权时对其实际出资情况系明知，故30%股权的出资义务应由邱某杰承担。对此，陕西省高级人民法院认为，谢某与邱某杰签订的《股东转让出资协议》，系将谢某在庆南公司所持有的30%股权转让给邱某杰，该转让协议系双方真实意思表示，内容不违反法律、行政法规的强制性规定，协议合法有效。《公司法》第3条第2款规定：“有限责任公司的股东以其认缴的出资额为限对公司承担责任；股份有限公司的股东以其认购的股份为限对公司承担责任。”依法全面向公司履行出资义务系公司股东对公司的法定义务，未全面履行出资义务即转让股权的股东，其出资义务不因股权转让而消灭。谢某作为庆南公司的股东，应以其认缴的出资额33万元为限对公司承担出资责任，向庆南公司缴纳剩余出资款29.5万元。一审、二审法院认定事实清楚，谢某的申请再审理由不能成立。

3. 受让人的地位：区分受让人对瑕疵出资是否知情

受让人是否承担出资补足义务是瑕疵出资股权转让问题中的难点，上述司法解释对这一问题规定的并不全面。[①] 本书认为，这两层法律关系可以通过“受让人对此知道或者应当知道”这一要件连接起来，即受让人对转让股东瑕疵出资事实是否知情。本书将这一问题具体整理如下：

（1）受让人对瑕疵出资不知情。

受让人对转让股东瑕疵出资不知情的，无须对公司或公司债权人承担出资补足义务。这种情况下主要分析受让人与转让股东的关系。

当转让股东隐瞒出资瑕疵事实，则受让方可以受欺诈为由，请求撤销股权转让合同。或者受让人可以股权存在瑕疵为由，向转让股东主张违约责任。

在“黄某孚与邓某铨股权转让纠纷二审案”［（2016）粤20民终894号］中，广东省中山市中级人民法院认为：本案的争议焦点是黄某孚要求撤销涉案股权转让协议，理据是否充分。盛丰公司的注册资本为1000万元，邓某铨的认缴出资额为380万元（占股38%）。截至2007年12月31日，邓某发已实缴出资76万元，但已从盛丰公司累计借出715 439元，之后邓某发于2008年3月6日将盛丰公司股权38%出让给邓某铨。截至2009年12月31日，邓某铨已实缴出资380万元，但已从盛丰公司累计借出362万元。邓某铨并无证据证明其于此后向盛丰公司归还该362万元。综合上述事实，法院认定邓某铨的上述行为已构成抽逃注册资本，邓某铨抽逃的出资额占其实缴出资额的95.26%（362万元÷380万元），邓某铨并无证据证明其在签订涉案股权转让协议之时即2009年8月13日或之前已向黄某孚披露邓某铨的上述抽逃注册资本的事实，构成欺诈，黄某孚有权请求法院或仲裁机构撤销涉案股权转让协议。

（2）受让人对瑕疵出资知情。

《公司法解释三》第18条对这一情形有明确规定，受让方明知或应当知

① 对这一问题，各地司法处理意见曾有很大分歧，参见最高人民法院民事审判第二庭编著：《最高人民法院关于公司法解释（三）、清算纪要理解与适用》（第2版），人民法院出版社2016年版，第290页以下。

道转让股东将出资瑕疵股权转让的事实，仍与转让股东签订股权转让合同的，则股权转让合同有效。此时，受让方须与转让股东对公司或公司债权人在补足出资问题上承担连带责任。

在受让人承担完前述责任后，可以向转让股东追偿，但双方另有约定的除外。

（3）受让人知情的判断标准。

在“常某英、濮阳市广建建设集团有限公司建设工程施工合同纠纷再审案”［（2017）最高法民申 1433 号］中，最高人民法院认为：两国电公司通过与常某英等老股东签订《股权转让协议书》的形式受让了路桥公司的全部股权，而并非路桥公司初设时的原始股东，因此并不存在常某英所称的补缴注册资金的问题。本案所涉工程款纠纷发生于两国电公司受让股权之后，常某英据此事实提出，两国电公司作为现任股东应当对濮阳市广建建设集团有限公司（以下简称广建公司）的工程款承担相应责任。《公司法解释三》第 18 条第 1 款规定：“有限责任公司的股东未履行或者未全面履行出资义务即转让股权，受让人对此知道或者应当知道，公司请求该股东履行出资义务、受让人对此承担连带责任的，人民法院应予支持；公司债权人依照本规定第十三条第二款向该股东提起诉讼，同时请求前述受让人对此承担连带责任的，人民法院应予支持。”依据该条规定，公司债权人享有与公司同样的诉权，即当转让股东未履行或者未全面履行出资义务即转让股权，受让人对此知道或者应当知道的，公司债权人有权请求转让股东在未出资本息范围内对公司债务不能清偿的部分承担补充赔偿责任、受让人承担连带责任。由此，两国电公司是否与常某英等未全面出资的股东对广建公司的债权承担连带责任，取决于其在受让股权时是否知道或者应当知道常某英等老股东未出资或者未全面出资的事实。原判决已查明，现有证据不能证明两国电公司受让路桥公司股权时知道或者应当知道转让人未履行或者未全面履行出资义务，因此未支持广建公司要求两国电公司对本案债务承担连带责任的诉请，该认定并无不当。

常某英申请再审时提交了其作为甲方与乙方两国电公司于 2009 年 12 月 5 日签订的《股权转让协议书》，欲证实两国电公司在受让股权时完全知道原股东未全面出资的事实。《股权转让协议书》约定："一、甲方同意将本人在公司的股权全部转让给乙方。二、甲方同意配合乙方办理相关手续，乙方保证在7~10天内把所有转让手续完成并保证公司运营平稳过渡。三、股权转让后，乙方必须保证原股东的股份在一个月时间内如数付清，甲方原股份按月息2分利息在三个月内由乙方付清。四、本协议一式四份，签订后即生效。如乙方不能按期兑换上述股份，该协议自动失效。仍恢复甲方原股权架构(同时工商变更登记也随之失效)。"从上述协议内容看，并不能得出常某英主张的两国电公司知道其未全部出资的事实，因此该协议不能推翻原判决的前述认定。

而在"王某超与信某菊执行异议之诉二审案"[(2019)京民终1464号]中，北京市高级人民法院认为：王某超在受让股权时有义务了解公司的资产情况，知悉公司财产去向，在原股东未出资范围内承继出资义务，故王某超不能以其没有相关专业背景，不具备知晓出资瑕疵的能力为由拒绝承担清偿债务的责任。

实际上，该案更为精彩的论证分析是在一审法院的判决中。一审法院归纳争议焦点为：在黄某、中泰泓瑞公司构成抽逃出资的情况下，作为股权受让人的王某超是否应当承担责任。一审法院认为，王某超应对黄某、中泰泓瑞公司的出资义务承担连带责任，对晋商长泓公司的债权人在黄某、中泰泓瑞公司抽逃出资的范围内承担补充赔偿责任。

第一，根据《公司法解释三》第18条第1款的规定，有限责任公司的股东未履行或者未全面履行出资义务即转让股权，受让人对此知道或者应当知道，公司请求该股东履行出资义务、受让人对此承担连带责任的，人民法院应予支持；公司债权人依照该规定第13条第2款向该股东提起诉讼，同时请求前述受让人对此承担连带责任的，人民法院应予支持。该规定第13条第2款为"公司债权人请求未履行或者未全面履行出资义务的股东在未出资本息范围内对公司债务不能清偿的部分承担补充赔偿责任的，人民法院应予支持；未履行或者未全面履行出资义务的股东已经承担上述责任，其他债权人提出相同请求的，人民法院不予支持"。出资是股东最基本、最重要的法定义务，虽然抽逃出资与未履行出资和未全面履行出资在字面含义上有所不同，但其行为后果并无差异，即均侵害了公司的财产权和其他股东合法权益，也损害了公司债权人利益。一般而言，股东瑕疵出资行为即股东违反出资义务，包括未履行出资和未完全履行出资两种，未履行出资是指股东根本没有履行出资行为，即实际出资金额为零，包括履行不能、拒绝履行、虚假出资和抽逃出资等形式。故抽逃出资后的股权转让行为属于未履行出资即转让股权，其所涉的法律责任应适用《公司法解释三》第 18 条的规定。本案中，黄某、中泰泓瑞公司在抽逃出资后转让股权，即属于上述行为。因李某伟受让黄某、中泰泓瑞公司的瑕疵股权，并在未补足出资的情况下又将股权转让给王某超，而王某超亦未补足出资，故李某伟和王某超均属于瑕疵股权的受让人。

第二，关于王某超受让股权时是否知道或应当知道黄某、中泰泓瑞公司存在抽逃出资行为的问题。虽然王某超在庭审中辩称其并不认识黄某与中泰泓瑞公司，对其抽逃出资更不知情，但一审法院认为，对于"知道或应当知道"情形应作如下理解："知道"应是指股东与受让人签订股权转让协议时，公司或者股东已将出资瑕疵的事实告知受让人，但受让人仍然受让转让人的股权。"应当知道"则需要根据受让人受让股权时的具体情况进行判定。如在大额股权转让时，受让人应负谨慎的注意义务，对公司资产情况进行尽职调查等。如受让人未采取必要、基本的审查措施，未尽到审慎的注意义务，应推定其"应当知道"公司资产状况。本案中，王某超称其并不知道存在抽逃出资的事实，但其受让 1 亿元股权，数额巨大，应对股权是否真实负有审慎的注意义务，特别是王某超系晋商长泓公司的法定代表人，对晋商长泓公司应更为熟悉，其辩称接手晋商长泓公司时没有账册，账上也没有钱，不知晓原始股东存在抽逃出资的主张有违常理。故一审法院对于王某超的上述答辩意见不予采信，推定王某超受让股权时主观上应当知道黄某、中泰泓瑞公司存在抽逃出资的行为。

综上，一审法院认为王某超在应当知道前股东存在抽逃出资行为的情况下受让股权，且未补足出资，应对黄某、中泰泓瑞公司的出资承担连带责任，在黄某、中泰泓瑞公司未出资本息范围内对晋商长泓公司债务不能清偿的部分承担补充赔偿责任。因黄某、中泰泓瑞公司抽逃出资金额为 1 亿元，李某伟受让了黄某、中泰泓瑞公司持有的全部股权，并在未补足任何款项的情况下将股权全部转让给了王某超，故王某超应在黄某、中泰泓瑞公司抽逃出资1亿元的范围内对公司债务不能清偿的部分承担补充赔偿责任。

本书认为，受让人知情的判断标准是上述所有问题的根本，也是这类问题在实务上的争议焦点。从证据规则来看，受让人不知道或者不应知道股权存在出资瑕疵属于消极事实，因此这一问题的举证责任在公司或公司债权人。一般来说，公司或公司债权人可从如下几个角度来举证主张受让人对瑕疵出资知情。

角度一：转让股东与受让人在股权转让协议中明确约定由受让人代替转让股东履行出资义务。或者受让人向公司作出承诺，将代转让股东履行出资义务。

角度二：受让人支付的股权转让款明显远低于股权正常转让价格。

角度三：公司章程或公司工商登记信息中显示转让股东的认缴出资尚未到期。

但应注意的是，这一问题远没有取得共识。实务中也有案例认为受让人有主动调查瑕疵出资的义务。有法官认为，受让人在受让股权时，有义务去核实出让人转让的股权是否存在瑕疵，法律没有必要对其加以特别保护。事实上，当前企业的注册资本、出资期限等公示信息完全可以借助多种互联网查询渠道便捷地获取，因此除非受让人能够举证证明在合同订立过程中存在重大误解或者出让人存在欺诈行为，否则可以推定受让人知道或者应当知道公司股权的瑕疵出资事实。① 这种观点对受让人课以更高的注意义务，对受让人明显不利，应予注意。

（4）执行程序中能否追加知情受让人为被执行人？

在“彭某、天津富鼎贸易有限公司再审案”［（2019）最高法民申3848号］中，最高人民法院认为：关于一审法院依据《变更、追加当事人规定》第17条追加被执行人是否正确的问题。该规定第17条仅规定了瑕疵出资股东在申请人的申请下如何承担责任，并没有规定瑕疵出资股东转让股权之后

① 相关案例可参见“蒋某军、段某美股权转让纠纷二审案”［（2017）粤19民终9068］，该案主审法官的案件评析文章可参见何飞：《股权转让合同纠纷中的瑕疵担保责任》，载《人民司法》2020年第8期。

的责任承担问题，解决瑕疵出资股东转让股权后的责任承担问题应当适用《变更、追加当事人规定》第19条之规定，即“作为被执行人的公司，财产不足以清偿生效法律文书确定的债务，其股东未依法履行出资义务即转让股权，申请执行人申请变更、追加该原股东或依公司法规定对该出资承担连带责任的发起人为被执行人，在未依法出资的范围内承担责任的，人民法院应予支持”。故一审法院适用法律存在错误，二审予以纠正并无不当。

在“王某超与信某菊执行异议之诉二审案”［（2019）京民终1464号］中，北京市高级人民法院认为：一审法院在晋商长泓公司现无财产可供执行，不能履行生效仲裁裁决的情况下，判决追加王某超（股权受让人）为被执行人，并对晋商长泓公司的债务承担补充赔偿责任与事实相符，于法有据，应予维持。而一审判决认为：根据《变更、追加当事人规定》第17条①的规定，“作为被执行人的企业法人，财产不足以清偿生效法律文书确定的债务，申请执行人申请变更、追加未缴纳或未足额缴纳出资的股东、出资人或依公司法规定对该出资承担连带责任的发起人为被执行人，在尚未缴纳出资的范围内依法承担责任的，人民法院应予支持”。因黄某、中泰泓瑞公司在未履行出资的情况下转让股权，王某超作为股权受让人对黄某、中泰泓瑞公司的出资义务承担连带责任，亦属于未缴纳出资的股东。在晋商长泓公司的财产不足以清偿信某菊依据生效仲裁裁决书确定的债务时，王某超应当被追加为被执行人。

本书认为，目前没有法律或司法解释规定在股东瑕疵出资情形下，知情受让人可以被追加为被执行人。因此，根据执行追加法定原则，执行程序中不能追加知情受让人为被执行人。如执行申请人想要知情受让人对瑕疵出资承担补足义务，应另行起诉取得执行依据，进而将知情受让人作为被执行人，要求其承担相应的责任。

（二）夫妻共同财产出资后股权登记在一方名下，配偶对另一方转让股权时如何主张权利

实务中，夫妻双方共同财产投资设立了公司，但公司股权全部登记在一

① 2020年修正的《变更、追加当事人规定》第17条中“企业法人”改为了“营利法人”。

方名下（通常是丈夫名下），现登记方股东未经配偶同意，将全部或部分股权转让给第三人，此时配偶如何主张权利？

从诉讼角度看，配偶一般可有如下四种权利救济途径，本书将一一进行分析。

1. 配偶主张债权人撤销权的可行性

《民法典》第538条：债务人以放弃其债权、放弃债权担保、无偿转让财产等方式无偿处分财产权益，或者恶意延长其到期债权的履行期限，影响债权人的债权实现的，债权人可以请求人民法院撤销债务人的行为。

《民法典》第539条：债务人以明显不合理的低价转让财产、以明显不合理的高价受让他人财产或者为他人的债务提供担保，影响债权人的债权实现，债务人的相对人知道或者应当知道该情形的，债权人可以请求人民法院撤销债务人的行为。

本书认为，因配偶并非债权人，登记方股东也不是债务人，配偶诉请不符合债权人撤销权构成要件，因此这条权利救济途径行不通。

2. 配偶主张合同撤销权的可行性

《民法典》第147条：基于重大误解实施的民事法律行为，行为人有权请求人民法院或者仲裁机构予以撤销。

《民法典》第148条：一方以欺诈手段，使对方在违背真实意思的情况下实施的民事法律行为，受欺诈方有权请求人民法院或者仲裁机构予以撤销。

《民法典》第150条：一方或者第三人以胁迫手段，使对方在违背真实意思的情况下实施的民事法律行为，受胁迫方有权请求人民法院或者仲裁机构予以撤销。

《民法典》第151条：一方利用对方处于危困状态、缺乏判断能力等情形，致使民事法律行为成立时显失公平的，受损害方有权请求人民法院或者仲裁机构予以撤销。

本书认为，配偶并非股权转让合同的当事人，无权主张合同撤销权。因此，这条权利救济途径也行不通。

3. 配偶主张无权处分的可行性

《民法典》第597条：因出卖人未取得处分权致使标的物所有权不能转

移的，买受人可以解除合同并请求出卖人承担违约责任。

法律、行政法规禁止或者限制转让的标的物，依照其规定。

在“艾某、张某田与刘某平、王某、武某雄、张某珍、折某刚股权转让纠纷二审案”[（2014）民二终字第48号]中，最高人民法院认为：本案二审的争议焦点是张某田与刘某平签订的股权转让协议的效力认定问题。原审判决驳回艾某、张某田主张股权转让协议无效的诉讼请求，艾某、张某田为此向最高人民法院提起上诉，其理由之一是：夫妻一方擅自转让其名下的股权，另一方诉请确认无效，实际上是家庭财产纠纷，首先应当适用民法、婚姻法的规定，作为调整商事行为的公司法处于适用的次要地位。最高人民法院认为，艾某、张某田提起本案诉讼，所依据的是张某田与刘某平签订的两份股权转让协议，并提出确认协议无效、返还股权的诉讼请求。因此，在双方当事人之间形成的是股权转让合同法律关系，本案案由亦确定为股权转让纠纷。故对本案的处理应当适用我国《合同法》（已失效）、《公司法》相关调整股权转让交易的法律规范，而不应适用调整婚姻及其财产关系的法律规定。艾某、张某田的该项上诉理由不能成立，最高人民法院不予支持。

关于艾某、张某田提出的股权转让未经艾某同意，股权转让协议无效的上诉理由，最高人民法院认为，股权作为一项特殊的财产权，除其具有的财产权益内容外，还具有与股东个人的社会属性及其特质、品格密不可分的人格权、身份权等内容。如无特别约定，对于自然人股东而言，股权仍属于商法规范内的私权范畴，其各项具体权能应由股东本人独立行使，不受他人干涉。在股权流转方面，我国《公司法》确认的合法转让主体也是股东本人，而不是其所在的家庭。本案中，张某田因转让其持有的工贸公司的股权事宜，与刘某平签订了股权转让协议，双方从事该项民事交易活动，其民事主体适格，意思表示真实、明确，协议内容不违反我国《合同法》《公司法》的强制性规定，该股权转让协议应认定有效。艾某、张某田的该项上诉理由没有法律依据，最高人民法院不予支持。

在“谢某琴、福建省泉州市华兴集团有限公司第三人撤销之诉二审案”[（2017）最高法民终281号]中，最高人民法院重申了前述裁判观点，认为股权作为一项特殊的财产权，除具有财产权益内容外，还具有与股东个人的社会属性及其特质、品格密不可分的人格权、身份权等内容。如无特别约定，对于自然人股东而言，股权仍属于商法规范内的私权范畴，其各项具体权能应由股东本人独立行使，不受他人干涉。在股权流转方面，我国《公司法》确认的合法转让主体也是股东本人，而不是其所在的家庭。

在“李某祥与罗某芳申请执行人执行异议之诉再审案”［（2018）最高法民申6275号］中，最高人民法院经审查认为，根据原审查明的事实，廖某声取得嘉拓公司股权的时间以及后续两次增资的时间、两次向融达公司出资的时间均在其与罗某芳的婚姻关系存续期间，一审、二审判决据此认定廖某声名下嘉拓公司和融达公司的股权是廖某声和罗某芳的夫妻共同财产，根据股权的特点，应指案涉股权的财产权益部分，并没有认定罗某芳在嘉拓公司和融达公司的股东资格。后续是确定罗某芳在嘉拓公司和融达公司的股东资格，还是对廖某声名下嘉拓公司和融达公司出资的转让所得进行分割，应根据《婚姻法解释二》第16条[①]等的相关规定，结合实际情况处理。因此，一审、二审判决依照《民事诉讼法解释》第313条等的规定，判决驳回李某祥的诉讼请求，适用法律并无根本不当。

退一步讲，即使考虑到股权除具有财产权属性外，还包括一定的身份权、人格权等内容，对于以夫妻共同财产认缴有限责任公司出资但登记在夫或妻一方名下的股权，是否属于夫妻共同财产，存在一定争议，但对于该股权转让后所得价款为夫妻共同财产是无争议的。本案中，廖某声名下嘉拓公司、融达公司的股权即便全部被拍卖，所得价款中也应先析出罗某芳所享有的财产份额，李某祥并不能就全部股权拍卖所得受偿。

从最高人民法院数个案例裁判结果来看，目前最高人民法院倾向于认为，未登记为股东的配偶如主张股权转让系无权处分，因未经其本人同意而无效的观点，无法得到支持。登记方股东转让股权系有权处分，配偶仅能主张股权转让后的价款利益。

4. 配偶主张合同无效可行性

《民法典》第154条：行为人与相对人恶意串通，损害他人合法权益的

① 该解释已失效，相关规定见《〈民法典〉婚姻家庭编解释一》第73条。

民事法律行为无效。

在“傅某、常某华确认合同无效纠纷再审案”［（2017）最高法民申2350号］中，最高人民法院认为：常某华在本案的诉讼请求涉及确认傅某、殷某英转让新食派公司股权的行为无效，理由是傅某、殷某英恶意串通转让傅某、常某华的夫妻共同财产，损害常某华的利益，因此，本案纠纷为侵犯夫妻共同财产权引发的侵权纠纷。根据一审、二审查明的事实，新食派公司是在傅某和常某华婚姻关系存续期间傅某作为股东出资成立的，没有证据证明傅某是以其个人财产出资设立，故应认定系夫妻共同财产出资设立。2013年1月7日傅某因涉嫌重婚犯罪被胶南市公安局刑事拘留，1月18日被逮捕；1月14日，傅某将新食派公司的股权全部转让给殷某英；1月16日，常某华向一审法院提起离婚诉讼；4月22日，常某华向一审法院提起本案诉讼。二审判决认为通过以上事实可以看出，傅某在与常某华婚姻关系恶化期间，擅自将新食派公司的全部股权转让给其母亲殷某英，且无证据证明殷某英对傅某转让的股权支付了对价，殷某英对婚姻关系恶化事宜应当知晓。根据《民法通则》第58条①关于“恶意串通，损害第三人利益的民事行为无效”的规定，判决认定傅某将新食派公司股权转让给殷某英的行为侵犯了常某华的夫妻财产平等处分权，转让行为无效。该认定依据充分，适用法律正确。夫妻对共同财产的共有为共同共有，并非按份共有。处分共同共有的财产须经全体共有人同意，在共有财产分割之前，不能按份额转让。傅某关于其有权将自己所有的股权份额转让的主张不能成立。

在“张某华、天津鑫意祥工贸有限公司确认合同无效纠纷二审案”［（2018）最高法民终851号］中，最高人民法院认为：张某华、天津鑫意祥工贸有限公司（以下简称鑫意祥公司）主张双方之间存在《定做买卖合同》项下的真实交易关系的事实，其依法应当就该主张承担举证证明责任。一审法院依法认定张某华、鑫意祥公司应当就案涉交易关系真实存在的主张承担举证证明责任，并无不当。张某华、鑫意祥公司主张一审法院对当事人之间举证责任分配不当，于法不符，法院不予支持。张某华、鑫意祥公司提交的

---

① 该法已失效，相关规定见《民法典》第154条。

《定做买卖合同》《订货产品明细表》及送货单等证明双方之间交易关系真实发生的关键证据均为复印件，并称原件已丢失，无法提供；其提交的一组家具照片，亦无法证明照片上的家具就是双方《定做买卖合同》项下的标的物。因此，张某华、鑫意祥公司提供的现有证据明显不足以证明其主张的双方之间存在真实交易关系的事实。邱某运为反驳张某华、鑫意祥公司的主张，提交了鑫意祥公司2012年度年检报告书等证据。其中，鑫意祥公司2012年度年检报告书中并未对案涉定做合同交易相关财务情况作任何记载，明显不符合企业的财务规范与一般做法。根据天津市津南区国家税务局稽查局对张某华、鑫意祥公司法定代表人高某义所作的询问笔录，张某华、高某义均陈述双方之间的红木家具定做买卖合同项下实际的交易金额仅为300万元或400万元，而非双方《定做买卖合同》及《抵债协议》约定的4700万元。一审法院援用《会计法》第25条关于如实记录财务数据的规定，认定张某华、鑫意祥公司所称定做买卖交易缺乏真实性，并无不当。邱某运提交的证据以及其申请本院调取的证据相对于张某华、鑫意祥公司提交的证据明显更具证明优势，张某华、鑫意祥公司主张双方之间存在金额达4700万元的定做买卖交易关系，缺乏证据支持，法院不予认定。由于张某华、鑫意祥公司不能证明双方之间发生真实的定做买卖交易关系，双方签订的《抵债协议》明显缺乏事实依据，现有证据亦不能证明鑫意祥公司作为案涉股权的受让方已经支付了合理对价。鉴于双方签订案涉《抵债协议》《股权转让协议》及其股权变更登记等行为均发生于张某华与邱某运离婚诉讼期间，案涉股权系张某华与邱某运的夫妻共同财产，张某华在鑫意祥公司未支付合理对价的情况下，将其所持有的兰德玛克公司股权全部转让并变更登记于鑫意祥公司名下，且其虚假交易行为在客观上也对邱某运的合法权益造成了损害。因此，一审法院依照《合同法》第52条第2项[①]的规定，认定张某华、鑫意祥公司签订的《股权转让协议》无效并无不当。

综上，前三种权利救济途径大概率无法得到法院的支持。目前来看，比较可行的途径是配偶方主张股权转让合同无效，主要依据是“恶意串通，损

① 该法已失效，相关规定见《民法典》第154条。

害第三人利益”条款。

不过在坚持登记方股东转让股权是有权处分这一前提下，配偶主张无权处分问题仍有进一步讨论的必要。本书在这里区分股权转让过程中第三方是否知情及交易对价的合理性：

第一，如果第三方不知情，且交易对价合理，则股权转让合同有效，配偶只能向登记方主张股权转让价款的分割。

第二，如果第三方不知情，且交易对价不合理（无偿或低价），则应认为股权转让合同有效。不过此时配偶方将会与第三方在是否知情甚至恶意串通要件上进行举证。从现有裁判观点来看，大概率对第三方不利。

第三，如果第三人知情，且交易对价合理，则股权转让合同有效，配偶只能向另一方主张股权转让价款的分割。

第四，如果第三人知情，且交易对价不合理（无偿或低价），则股权转让合同肯定无效。

简单来说，先看交易对价是否合理。如果交易对价合理，不管第三人是否知情（恶意），股权转让合同都应认为有效；如果交易对价不合理，才会在第三人是否知情乃至恶意串通要件上来回攻击防御，这才是实践中发生争议最大的地方。

（三）股权转让未完成变更登记，受让人能否排除法院强制执行

在“贵州雨田集团实业有限公司、逸彭（上海）投资管理合伙企业二审案”［（2020）最高法民终844号］中，最高人民法院认为：根据本案一审判决和贵州雨田集团实业有限公司（以下简称贵州雨田公司）上诉的事实与理由，本案的主要争议焦点为贵州雨田公司对案涉股权是否享有足以排除强制执行的民事权益。

《执行异议复议司法解释》第25条第1款第4项规定，“对案外人的异议，人民法院应当按照下列标准判断其是否系权利人：（四）股权按照工商行政管理机关的登记和企业信用信息公示系统公示的信息判断”。《公司法》第32条第3款规定：“公司应当将股东的姓名或者名称向公司登记机关登记；登记事项发生变更的，应当办理变更登记。未经登记或者变更登记的，不得

对抗第三人。”公司的工商登记对社会具有公示公信效力，善意第三人有权信赖公司登记机关的登记文件，工商登记表现的权利外观应作为认定股权权属的依据。本案中，2016 年 8 月 10 日，贵州雨田公司与付某签订《代持股协议书》，约定付某代贵州雨田公司持有雨田投资公司 10% 的股权。雨田投资公司《企业信用信息公示报告》显示，付某持有雨田投资公司 10% 股权。贵州雨田公司在二审中提交两组证据，证明其与付某之间存在股权转让关系，贵州雨田公司按照股权转让协议的安排支付了对价。法院认为，该两组证据仅能证明贵州雨田公司与付某之间进行了股权转让，但双方关于股权转让的约定和案涉《代持股协议书》均仅在协议签订双方之间具有法律效力，对外不具有公示效力，不能对抗第三人。在诉争股权仍然登记在付某名下的情形下，逸彭企业作为申请执行人有理由相信工商行政管理机关的登记和企业信用信息公示系统公示的信息是真实的。因此，不论贵州雨田公司是否支付对价，均不能以其与付某之间的代持股关系排除人民法院的强制执行行为。故法院对贵州雨田公司二审中提交的两组证据的关联性不予认定。贵州雨田公司关于逸彭（上海）投资管理合伙企业并非本案善意相对人，对工商登记不存在信赖利益的主张，缺乏事实和法律依据，不予支持。综上，一审认定贵州雨田公司对案涉股权不享有足以排除强制执行的民事权益，该认定并无不当，最高人民法院予以维持。

从近年最高人民法院的裁判观点看，最高人民法院非常重视公司工商变更登记的公示对抗效力。在股权转让情形下，受让方因未完成工商变更登记手续，善意的转让方债权人有权申请法院强制执行。与此问题类似，在股权代持情形下，实际出资人也无法排除善意的名义股东债权人的强制执行申请。

（四）股权让与担保问题

1. 股权让与担保与股权转让的区分

在“陆某梅、广州市泛美房地产开发有限公司合同纠纷再审案”［（2020）最高法民申 4636 号］中，最高人民法院认为：关于原审法院认定广州市泛美房地产开发有限公司（以下简称泛美公司）与陆某梅之间不构成股权让与担保是否正确的问题，根据案涉《协议书》约定内容并结合履行情况，最高人民法院认为案涉双方交易不构成股权让与担保法律关系，具体理由如下：

第一，案涉的股权转让不符合让与担保中的“财产形式转让”的特征。让与担保是在实务中被多数人采用的担保方式，在法律所列举的担保类型范围之外，一般指债务人或第三人与债权人订立合同，约定将财产形式上转让至债权人名下，债务人到期清偿债务，债权人将该财产返还给债务人或第三人，债务人到期没有清偿债务，债权人可以请求人民法院对财产拍卖、变卖、折价偿还债权，是一种非典型担保。案涉目标公司银建公司已经进入破产重整程序，泛美公司作为重整投资方以受让股权及出借资金的方式加入。案涉《协议书》第6条第3.2款“董事会”以及第3.3款“经营管理机构”的相关内容中均明确泛美公司派员出任银建公司执行董事和总经理，说明泛美公司参与银建公司的经营决策及管理，是通过共同合作为银建公司创造利润的方式获取收益和保障利益，与让与担保关系中担保权人享有的权利及仅通过实现股权的交换价值保障利益的方式并不相同。且实际上泛美公司自2007年起至转让股权给博睿祥公司前均在经营银建公司，综合以上因素，交易双方并非仅在形式上转移股权，泛美公司实质上亦已享有及行使股东权利。

第二，本案中，陆某梅向泛美公司出让的银建公司51%的股权，泛美公司已经支付1.5亿元股权价款。案涉《协议书》第7条第5.1款约定：“泛美确认在持有银建公司51%的股权期间，不得出让、抵押和设定任何第三者权益，以保证在符合本协议约定的条件时，陆某梅可以回购股权，但超过5年未达到回购条件时，泛美有权不按本协议约定的股权转让条件，根据股权价值处置该股权，处置所得归泛美所有。”结合《协议书》第7条第4.3款的内容，陆某梅若选择回购，则泛美公司可以获得回购款及其他债务的清偿；若不回购，则泛美公司所受股权处分的限制得以解除。换言之，泛美公司已经支付的1.5亿元股款并非出借款项，陆某梅对此不负有还款义务。

另外，案涉双方并未在《协议书》中约定将所交易的股权作为担保物以保障泛美公司债权清偿，陆某梅亦没有提供证据证明双方就该内容形成其他约定。结合本案实际情况，原审法院认定案涉双方未构成让与担保关系，并无不当。

在“修水县巨通投资控股有限公司、福建省稀有稀土（集团）有限公司合同纠纷二审案”［（2018）最高法民终119号］中，关于案涉《股权转让协议》的性质。修水县巨通投资控股有限公司（以下简称修水巨通）上诉称，《股权转让协议》的性质为担保合同，修水巨通转让股权的目的系向福建省稀有稀土（集团）有限公司（以下简称稀土公司）提供反担保，由稀土公司就修水巨通所负债务向中铁信托提供质押担保和连带责任保证。修水巨通在依约偿还债务后有权解除《股权转让协议》，将所涉股权回复至其名下。稀土公司则辩称，《股权转让协议》的性质为股权转让，协议条款内容、股权变更登记及其已经实际行使股东权利等事实均可佐证。

最高人民法院认为，就立法例考察，让与担保是大陆法系德日等国经由判例、学说所形成的一种非典型的担保方式。我国经济活动和担保实务中亦多有运用。2015年9月1日施行的《民间借贷规定》第24条[①]关于“当事人以签订买卖合同作为民间借贷合同的担保，借款到期后借款人不能还款，出借人请求履行买卖合同的，人民法院应当按照民间借贷法律关系审理，并向当事人释明变更诉讼请求。当事人拒绝变更的，人民法院裁定驳回起诉。按照民间借贷法律关系审理作出的判决生效后，借款人不履行生效判决确定的金钱债务，出借人可以申请拍卖买卖合同标的物，以偿还债务。就拍卖所得的价款与应偿还借款本息之间的差额，借款人或者出借人有权主张返还或补偿”的规定，系在司法解释层面上对让与担保制度的规范和调整。

本案中，修水巨通与稀土公司之间关于《股权转让协议》是担保合同抑或股权转让的性质之争，系让与担保司法认定中的常见争议。通常所谓的让与担保，是指债务人或第三人为担保债务人的债务，将担保标的物的所有权等权利转移于担保权人，而使担保权人在不超过担保之目的范围内，于债务清偿后，担保标的物应返还于债务人或第三人，债务不履行时，担保权人得就该标的物优先受偿的非典型担保。作为一种权利移转型担保，让与担保是

① 2020年12月23日修正时，该条修改为第23条，其中“并向当事人释明变更诉讼请求。当事人拒绝变更的，人民法院裁定驳回起诉”修改为“当事人根据法庭审理情况变更诉讼请求的，人民法院应当准许”。

以转让标的物权利的方式来达成债权担保的目的，包含让与和担保两个基本要素。这两个基本要素的存在，使司法实践中对让与担保的定性争议集中在担保抑或转让的性质之争上，存在区分困难。法院认为，案涉《股权转让协议》在性质上应认定为让与担保。理由如下：

第一，稀土公司与修水巨通之间存在债权债务关系。2013 年 9 月 5 日，修水巨通与稀土公司签订《股权转让协议》，该协议第 2. 3. 1 条“背景情况”约定，中铁信托与修水巨通签订《借款合同》，向修水巨通提供 8 亿元的融资贷款；为担保修水巨通履行《借款合同》项下的义务和责任，稀土公司与中铁信托签订《质押合同》《保证合同》，向中铁信托提供股权质押担保和连带责任保证；同时，修水巨通、刘某平、邹某英与稀土公司签订《担保和反担保协议》，向稀土公司提供反担保。前述所涉协议均已签订并实际履行，稀土公司作为修水巨通所负借款债务的担保人及反担保权人，对修水巨通享有将来债权。如修水巨通将来未依约偿还借款债务，稀土公司作为担保人承担担保责任后，对修水巨通享有追偿权。需要指出的是，虽该债权系具有不特定性的将来债权，但在让与担保的设定中，被担保债权不以已经存在的现实债权为必要，将来变动中的不特定债权，亦可成为担保对象。

第二，债务人修水巨通与债权人稀土公司之间具有转让案涉股权的外观。《股权转让协议》标题中采用了“转让”的用语，并在第 2 条、第 3 条、第 4 条中分别约定了转让安排、转让价款和变更登记等事项。2013 年 9 月 5 日，修水巨通作出《股东会决议》，全体股东一致同意转让其在江西巨通的 48% 股权。同日，江西巨通作出《股东会决议》，全体股东一致同意修水巨通的股权对外转让，其他股东书面确认放弃优先购买权。虽修水巨通上诉主张，其股东在《股东会决议》上签字，目的系提供担保而非转让，但并未否定《股东会决议》上签字的真实性。2013 年 9 月 6 日，目标公司江西巨通完成股权变更登记，案涉 48% 股权变更登记在稀土公司名下。案涉股权转让，在转让人和受让人等各方当事人之间已经达成合意，符合公司法上有限责任公司股权转让的条件和程序，并已经公示、变更登记至受让人名下，在外观上实现了权利转移。

第三，案涉股权虽已变更登记至稀土公司名下，但该转让系以担保债权实现为目的，稀土公司作为名义上的股权受让人，其权利范围不同于完整意义上的股东权利，受担保目的等诸多限制。（1）案涉股权转让与借款债务是否清偿、担保责任承担与否密切关联。《股权转让协议》第2.3.1条约定，该协议应与《借款合同》、《质押合同》、《保证合同》以及《担保和反担保协议》作整体考量。（2）案涉股权转让附有解除条件，无论条件满足与否，均有目标股权回复至修水巨通名下的可能。《股权转让协议》第2.3.2条、第2.3.3条约定，案涉股权转让附有解除条件，在修水巨通按时足额向中铁信托清偿了《借款合同》项下的债务，未发生稀土公司为修水巨通承担质押担保责任或保证责任的情况，修水巨通向稀土公司按时足额付清了《担保和反担保协议》项下的担保费，且《担保和反担保协议》及其附件所述应付款项本息已经付清时，修水巨通、稀土公司均享有合同解除权，将目标股权恢复至本协议生效之前的状态。在上述解除条件未满足时，稀土公司作为受让人仍有权要求终止或解除本协议的全部或者部分内容，其拒绝受让目标股权的，修水巨通应返还相应转让价款，并清偿所欠相应债务。（3）案涉股权转让价款受合同是否解除、稀土公司是否承担保证责任代为清偿借款本息等因素影响，并未确定。《股权转让协议》第3.1.1条、第3.1.2条约定，案涉股权的转让价款在协议签订时并未确定，须待修水巨通未清偿债务、合同解除条件未满足，且稀土公司决定受让目标股权后，委托具备资质的资产评估机构对目标股权价值进行评估。且评估价值并非就是目标股权的转让价款，尚需依据评估价值是否超出10亿元、稀土公司是否代修水巨通垫付《借款合同》项下利息等情形予以确定。（4）稀土公司作为受让人，其股东权利的行使受到诸多限制。《股权转让协议》第2.3.4条约定，在合同解除条件满足之前，目标股权对应的未分配利润不作实际分配；第4.3条约定，协议生效后，目标公司的高级管理人员中原由修水巨通委派、推荐或者选任的人士，暂时保持不变，在修水巨通未清偿债务、合同解除条件未成就且稀土公司选择受让股权后，才改由稀土公司依其持股比例选派。

综上，《股权转让协议》在转让目的、交易结构以及股东权利等方面，均具有不同于单纯的股权转让的特点，其权利义务内容及实际履行情况，符合让与担保的基本架构，系以股权转让的方式实现担保债权的目的，其性质应认定为股权让与担保。

2. 股权让与担保的效力

在“黑龙江闽成投资集团有限公司、西林钢铁集团有限公司民间借贷纠纷二审案”[①]［（2019）最高法民终133号］中，关于黑龙江闽成投资集团有限公司（以下简称闽成公司）是否有权就翠宏山公司64%股权优先受偿问题。2014年6月20日，西林钢铁集团有限公司（以下简称西钢公司）为甲方、刘某平为乙方签订《协议书》，约定：“甲方向乙方借款用于银行短期倒贷，本息合计723 606 136.82元（股权比例计算说明见附件一）。现由于甲方无力偿还，西钢公司同意将其持有翠宏山公司64%股权转让给刘某平，乙方。现甲乙双方经协商一致，就未尽事宜达成协议如下：……二、甲乙双方签订的股权转让协议的目的是以股权转让的形式保证乙方债权的实现，督促甲方按本协议的约定偿还乙方的借款。本协议约定的还款期限为：2014年6月21日至2015年6月20日。……四、在本协议约定的还款期限内，甲乙双方应保证：1. 甲方应积极筹措资金偿还乙方借款，每偿还一笔借款，按还款数额相应核减乙方的持股比例。当投入逊克县翠宏山矿业有限公司的借款本息723 606 136.82元、投入西钢集团哈尔滨龙郡房地产开发有限公司借款490 753 923.74元、西林钢铁集团有限公司借款100 000 000.00元全部还清时，乙方应将受让的逊克县翠宏山矿业有限公司的股权份额全部转回甲方或甲方指定的公司，并配合甲方办理工商变更登记手续。……五、如甲方在本协议约定的还款期限内未能偿还乙方的借款时：……利息按原借款合同约定的税后年息18%计算，按月支付。”为履行上述约定内容，2014年6月13日，翠宏山公司股东会决议同意西钢公司将其所持有的翠宏山公司64%股权转让给刘某平，其他股东放弃优先购买权。西钢公司与翠宏山公司在工商部门办理了翠宏山公司股东变更登记。

2015年8月13日，西钢公司为甲方、刘某平为乙方，签订《补充协议书》，约定：“甲、乙双方于2014年6月20日签订逊克县翠宏山矿业有限公司股权转让协议书，甲方将持有的翠宏山矿业公司64%的股权未按对价原则

---

① 本案为《最高人民法院公报》2020年第1期案例。

阶段性转让给乙方，以保证乙方债权的安全和实现。鉴于现阶段甲方尚无力偿付对乙方的债务并回购翠宏山矿业公司64%的股权，且乙方也没有实质持有翠宏山矿业公司股权的意愿，为此，甲、乙双方基于实际考虑，经协商一致，达成补充协议如下：……二、甲乙双方1年内引进战略投资商投资翠宏山时，战略投资商用于购买乙方阶段性持有的翠宏山矿业公司股权的价款，首先用于偿还甲方对乙方的借款本息，乙方按还款比例相应减持64%股权比例，同时对已偿还借款停止计息。……四、若从补充协议签订之日起，1年内甲方不能全部还清债务，乙方有权对外出售翠宏山矿业公司股权，出售价格以评估价格为基础下浮不超过10%；出售股权比例变现的额度，不得超过未清偿借款本息和。同等条件甲方有优先回购权。五、截至2015年6月20日，甲方向乙方借款本息合计849 232 648.54元。若6个月内清偿，按年税后利率12%付息；若还款期限超过6个月部分，按年税后利率18%付息。利息一年一结算。六、乙方在哈尔滨龙郡房地产有限公司债权未清偿部分转入翠宏山矿业公司64%股权中，在翠宏山矿业公司股权变卖所得价款中清偿。"

最高人民法院认为，西钢公司与刘某平签订的《协议书》约定："双方签订的股权转让协议的目的是以股权转让的形式保证乙方债权的实现，督促甲方按本协议的约定偿还乙方的借款。""甲方应积极筹措资金偿还乙方借款，每偿还一笔借款，按还款数额相应核减乙方的持股比例。""……全部还清时，乙方应将受让的逊克县翠宏山矿业有限公司的股权份额全部转回甲方或甲方指定的公司，并配合甲方办理工商变更登记手续。"《补充协议书》再次明确，该股权转让是为了"保证乙方债权的安全和实现"，且双方确认"乙方也没有实质持有翠宏山矿业公司股权的意愿"。可见，双方签订股权转让协议的目的是以股权转让形式保证刘某平债权的实现，担保西钢公司按协议约定偿还借款。上述《协议书》《补充协议书》约定将西钢公司名下翠宏山公司64%股权变更至刘某平名下，并非真正的股权转让，而是将翠宏山公司64%股权作为对刘某平债权实现的非典型担保，即让与担保。对此，各方不持异议。如前所述，有关让与担保的约定内容真实、自愿、合法，不具有合同无效情形，应为有效合同。一审判决认定，双方于2014年6月13日签订《协议书》、2015年8月13日签订《补充协议书》的真实目的并非真正实现股权转让，而是为了对案涉债务提供担保，符合本案当事人在相关系列合同中作出的连贯的、一致的真实意思表示，法院予以确认。西钢公司主张，上述《协议书》《补充协议书》系本案各方通谋虚伪意思表示，依据《民法总则》第146条[①]规定和《企业破产法》相关规定，应属无效。对西钢公司提出的该项诉请，不予支持。

法院认为，应认定以翠宏山公司64%股权设立的让与担保约定有效。《民法总则》第146条规定，行为人与相对人以虚假的意思表示实施的民事法律行为无效。以虚假的意思表示隐藏的民事法律行为的效力，依照有关法律规定处理。是否为“以虚假的意思表示实施的民事法律行为”，应当结合当事人在主合同即借款合同和从合同即让与担保合同中作出的真实意思表示，统筹作出判断。约定将债务人或第三人股权转让给债权人的合同目的是设立担保，翠宏山公司64%股权转让至闽成公司代持股人刘某平名下是为西钢公司向闽成公司的巨额借款提供担保，而非设立股权转让民事关系。对此，债权人、债务人明知。从这一角度看，债权人、债务人的真实意思是以向债权人转让翠宏山公司股权的形式为债权实现提供担保，“显现的”是转让股权，“隐藏的”是为借款提供担保而非股权转让，均为让与担保既有法律特征的有机组成部分，均是债权人、债务人的真实意思，该意思表示不存在不真实或不一致的瑕疵，也未违反法律、行政法规的效力性强制性规定。

西钢公司上诉主张，以翠宏山公司股权设定的让与担保违反物权法定及物权公示原则，违反法律禁止流押流质的规定。法院认为，首先，根据物权和债权区分原则，物权法定原则并不能否定上述合同的效力，即使股权让与担保不具有物权效力，股权让与担保合同也不必然无效。其次，让与担保虽非《物权法》等法律规定的有名担保，但属在法理及司法实践中得到广泛确认的非典型担保。法院认为，《物权法》第186条[②]规定，抵押权人在债务履行期届满前，不得与抵押人约定债务人不履行到期债务时抵押财产归债权人所有；第211条[③]规定，质权人在债务履行期届满前，不得与出质人约定债

① 该法已失效，相关规定见《民法典》第146条。
② 该法已失效，相关规定见《民法典》第401条。
③ 该法已失效，相关规定见《民法典》第428条。

务人不履行到期债务时质押财产归债权人所有。前述《物权法》禁止流押、禁止流质之规定，旨在避免债权人乘债务人之危而滥用其优势地位，压低担保物价值，谋取不当利益。如约定担保权人负有清算义务，当债务人不履行债务时，担保权人并非当然取得担保物所有权时，并不存在流押、流质的问题。本案中，西钢公司与刘某平 2015 年 8 月 13 日签订的《补充协议书》约定，如西钢公司不能还清债务，乙方有权对外出售翠宏山矿业公司股权，出售价格以评估价格为基础下浮不超过 10%；出售股权比例变现的额度，不得超过未清偿借款本息。可见，西钢公司与刘某平就以翠宏山公司 64% 股权设定的让与担保，股权出售价格应以“评估价格为基础下浮不超过 10%”的清算方式变现。法院认为，上述约定不违反禁止流质流押的法律规定，应当认定上述约定有效。

闽成公司上诉主张，让与担保是已为《民间借贷规定》所认可的非典型担保，设定担保的目的在于确保债权人就担保标的物优先受偿。案涉翠宏山公司 64% 股权已在工商部门变更登记至刘某平名下，具有物权公示作用及对抗第三人效力，能够限制该股权转让或其他处分。故闽成公司就翠宏山公司 64% 股权具有排除第三人的优先物权效力。西钢公司主张，依据物权法定原则，只有法律明确规定的物权种类，才具有法律认可和保护的物权效力，让与担保并非法律明确规定的物权种类，仅具有债权效力，不具有与法定物权同样的物权效力，不能对抗第三人，无法取得优先于其他债权人的受偿权；从合同内容看，本案就以该股权设定让与担保的《协议书》《补充协议书》均未约定刘某平享有优先受偿权。法院认为，闽成公司与西钢公司上述主张，实质争议焦点在于：以翠宏山公司 64% 股权设定的让与担保是否具有物权效力，让与担保权人是否可因此取得就该股权价值优先受偿的权利。最高人民法院《关于进一步加强金融审判工作的若干意见》第 3 条规定，依法认定新类型担保的法律效力，扩宽中小微企业的融资担保方式。除符合《合同法》第 52 条[①]规定的合同无效情形外，应当依法认定新类型担保合同有效；符合《物权法》有关担保物权规定的，还应当依法认定其物权效力。对于前述股

① 该法已失效，相关规定见《民法典》第 153 条、第 154 条等。

权让与担保是否具有物权效力，应以是否已按照物权公示原则进行公示，作为核心判断标准。本案讼争让与担保中，担保标的物为翠宏山公司64%股权。《公司法》第32条第3款规定，公司应当将股东的姓名或者名称向公司登记机关登记；登记事项发生变更的，应当办理变更登记。未经登记或者变更登记的，不得对抗第三人。可见，公司登记机关变更登记为公司股权变更的公示方式。《物权法》第208条第1款、第226条第1款及第229条[①]规定，在股权质押中，质权人可就已办理出质登记的股权优先受偿。举轻以明重，在已将作为担保财产的股权变更登记到担保权人名下的股权让与担保中，担保权人形式上已经是作为担保标的物的股份的持有者，其就作为担保的股权享有优先受偿的权利，更应受到保护，原则上具有对抗第三人的物权效力。这也正是股权让与担保的核心价值所在。本案中，西钢公司与刘某平于2014年6月就签订《协议书》以翠宏山公司64%股权设定让与担保，债权人闽成公司代持股人刘某平和债务人西钢公司协调配合已依约办妥公司股东变更登记，形式上刘某平成为该股权的受让人。因此，刘某平依约享有的担保物权优于一般债权，具有对抗西钢公司其他一般债权人的物权效力。闽成公司主张，刘某平享有就翠宏山公司64%股权优先受偿的权利，法院予以支持。西钢公司以让与担保非法定物权，以合同当事人未约定刘某平有优先受偿权为由，否定其优先受偿主张，法院不予支持。一审判决认定该让与担保不具有物权效力和对抗第三人的效力有误，法院予以纠正。

闽成公司主张，一审判决以《企业破产法》第16条有关禁止个别清偿之规定为由不予支持其就翠宏山公司64%股权优先受偿，属适用法律错误，应根据《企业破产法》第109条规定认定其享有优先受偿的权利。西钢公司主张，只有《物权法》《担保法》[②] 规定的法定担保物权人，才可依《企业破产法》第109条规定在破产程序中享有优先受偿权；如判定刘某平享有对翠宏山公司64%股权的优先受偿权，将损害其他债权人利益，对西钢公司等40家公司破产重整造成不利影响。法院认为，认定刘某平对讼争股权享有优

① 该法已失效，相关规定见《民法典》第425条第1款、第443条、第446条。

② 2021年1月1日《担保法》失效。

先受偿权，不构成《企业破产法》第16条规定所指的个别清偿行为。《企业破产法》第16条之所以规定人民法院受理破产申请后的个别清偿行为无效，一是因为此种个别清偿行为减少破产财产总额，二是因为此类个别清偿行为违反公平清偿原则。在当事人以股权设定让与担保并办理相应股权变更登记，且让与担保人进入破产程序时，认定让与担保权人就已设定让与担保的股权享有优先受偿权利，是让与担保法律制度的既有功能，是设立让与担保合同的目的。

本案中，翠宏山公司64%股权已经变更登记至刘某平名下，刘某平就该股权享有优先受偿权利。根据在案证据，尽管案涉一系列借款合同、抹账协议、以翠宏山公司股权设定让与担保的协议及补充协议均以刘某平名义与西钢公司等签订，但银行转账记录等相关证据显示，除关某吉与卢某国提供的借款外，其他借款均由闽成公司或其关联公司（铭祺公司、闽龙公司）账户汇出，关某吉、卢某国先后将其债权转让给刘某平，刘某平本人亦承认真正的权利人为闽成公司，其名下翠宏山公司的股份只是为闽成公司代持。鉴于此，在闽成公司与西钢公司之间存在真实的债权债务关系、闽成公司与刘某平之间对于股权代持关系并无争议的情况下，闽成公司主张就翠宏山公司64%股权优先受偿，应予支持。

在上述这一公报案例中，对于实务上常见的股权让与担保无效的观点，最高人民法院给出了详尽的反驳理由，肯定了股权让与担保合同的效力以及股权让与担保人优先受偿的权利。本书将最高人民法院的裁判摘要分为如下三点：

第一，关于让与担保合同的效力。当事人以签订股权转让协议方式为民间借贷债权进行担保，此种非典型担保方式为让与担保。在不违反法律、行政法规效力性强制性规定的情况下，相关股权转让协议有效。

第二，关于让与担保合同的履行。签订股权让与担保协议并依约完成股权登记变更后，因借款人未能按期还款，当事人又约定对目标公司的股权及资产进行评估、抵销相应数额债权、确认此前的股权变更有效，并实际转移目标公司控制权的，应认定此时当事人就真实转让股权达成合意并已实际履行。

第三，关于股权让与担保权利人是否享有优先受偿权。对于股权让与担保是否具有物权效力，应以是否已按照物权公示原则进行公示作为核心判断标准。在股权质押中，质权人可就已办理出质登记的股权优先受偿。在已将作为担保财产的股权变更登记到担保权人名下的股权让与担保中，担保权人形式上已经是作为担保标的物的股权的持有者，其就作为担保的股权所享有的优先受偿权利，更应受到保护，原则上享有对抗第三人的物权效力。

五、股权转让合同的限制解除问题

《民法典》第634条：分期付款的买受人未支付到期价款的数额达到全部价款的五分之一，经催告后在合理期限内仍未支付到期价款的，出卖人可以请求买受人支付全部价款或者解除合同。

出卖人解除合同的，可以向买受人请求支付该标的物的使用费。

在“汤长龙诉周士海股权转让纠纷案”① ［（2015）民申字第2532号］中，原告汤长龙与被告周士海于2013年4月3日签订《股权转让协议》及《股权转让资金分期付款协议》。双方约定：周士海将其持有的青岛变压器集团成都双星电器有限公司6.35%股权转让给汤长龙。股权合计710万元，分四期付清，即2013年4月3日付150万元，2013年8月2日付150万元，2013年12月2日付200万元，2014年4月2日付210万元。此协议双方签字生效，永不反悔。协议签订后，汤长龙于2013年4月3日依约向周士海支付第一期股权转让款150万元。因汤长龙逾期未支付约定的第二期股权转让款，周士海于同年10月11日，以公证方式向汤长龙送达了《关于解除协议的通知》，以汤长龙根本违约为由，提出解除双方签订的《股权转让资金分期付款协议》。次日，汤长龙即向周士海转账支付了第二期150万元股权转让款，并按照约定的时间和数额履行了后续第三、四期股权转让款的支付义务。周士海以其已经解除合同为由，如数退回汤长龙支付的四笔股权转让款。汤长龙遂向人民法院提起诉讼，要求确认周士海发出的解除协议通知无效，并责令其继续履行合同。

---

① 本案为最高人民法院指导案例67号。

另查明，2013 年 11 月 7 日，青岛变压器集团成都双星电器有限公司的变更（备案）登记中，周士海所持有的 6.35% 股权已经变更登记至汤长龙名下。

法院生效判决认为：本案争议的焦点问题是周士海是否享有《合同法》第 167 条①规定的合同解除权。

第一，《合同法》第 167 条第 1 款规定，“分期付款的买受人未支付到期价款的金额达到全部价款的五分之一的，出卖人可以要求买受人支付全部价款或者解除合同”。第 2 款规定，“出卖人解除合同的，可以向买受人要求支付该标的物的使用费”。《买卖合同解释》第 38 条②规定，“合同法第一百六十七条第一款规定的‘分期付款’，系指买受人将应付的总价款在一定期间内至少分三次向出卖人支付。分期付款买卖合同的约定违反合同法第一百六十七条第一款的规定，损害买受人利益，买受人主张该约定无效的，人民法院应予支持”。依据上述法律和司法解释的规定，分期付款买卖的主要特征为：一是买受人向出卖人支付总价款分三次以上，出卖人交付标的物之后买受人分两次以上向出卖人支付价款；二是多发、常见在经营者和消费者之间，一般是买受人作为消费者为满足生活消费而发生的交易；三是出卖人向买受人授予了一定信用，而作为授信人的出卖人在价款回收上存在一定风险，为保障出卖人剩余价款的回收，出卖人在一定条件下可以行使解除合同的权利。

本案系有限责任公司股东将股权转让给公司股东之外的其他人。尽管案涉股权的转让形式也是分期付款，但由于本案买卖的标的物是股权，因此具有与以消费为目的的一般买卖不同的特点：一是汤长龙受让股权是为参与公司经营管理并获取经济利益，并非满足生活消费；二是周士海作为有限责任公司的股权出让人，基于其所持股权一直存在于目标公司中的特点，其因分期回收股权转让款而承担的风险，与一般以消费为目的分期付款买卖中出卖人收回价款的风险并不同等；三是双方解除股权转让合同，也不存在向受让人要求支付标的物使用费的情况。综上特点，股权转让分期付款合同，与一

① 该法已失效，相关规定见《民法典》第 634 条。

② 2020 年修正时，该条修改为第 27 条，其中“合同法第一百六十七条”修改为“民法典第六百三十四条”。

般以消费为目的分期付款买卖合同有较大区别。对案涉《股权转让资金分期付款协议》不宜简单适用《合同法》第167条规定的合同解除权。

第二，本案中，双方订立《股权转让资金分期付款协议》的合同目的能够实现。汤长龙和周士海订立《股权转让资金分期付款协议》的目的是转让周士海所持青岛变压器集团成都双星电器有限公司6.35%股权给汤长龙。根据汤长龙履行股权转让款的情况，除第二笔股权转让款150万元逾期支付两个月，其余三笔股权转让款均按约支付，周士海认为汤长龙逾期付款构成违约要求解除合同，退回了汤长龙所付710万元，不影响汤长龙按约支付剩余三笔股权转让款的事实的成立，且本案一审、二审审理过程中，汤长龙明确表示愿意履行付款义务。因此，周士海签订案涉《股权转让资金分期付款协议》的合同目的能够得以实现。另查明，2013年11月7日，青岛变压器集团成都双星电器有限公司的变更（备案）登记中，周士海所持有的6.35%股权已经变更登记至汤长龙名下。

第三，从诚实信用的角度，《合同法》第60条[①]规定，“当事人应当按照约定全面履行自己的义务。当事人应当遵循诚实信用原则，根据合同的性质、目的和交易习惯履行通知、协助、保密等义务”。鉴于双方在股权转让合同上明确约定“此协议一式两份，双方签字生效，永不反悔”，因此周士海即使依据《合同法》第167条的规定，也应当首先选择要求汤长龙支付全部价款，而不是解除合同。

第四，从维护交易安全的角度，一项有限责任公司的股权交易，关涉诸多方面，如其他股东对受让人汤长龙的接受和信任（过半数同意股权转让），记载到股东名册和在工商部门登记股权，社会成本和影响已经倾注其中。本案中，汤长龙受让股权后已实际参与公司经营管理，股权也已过户登记到其名下，如果不是汤长龙有根本违约行为，动辄撤销合同可能对公司经营管理的稳定产生不利影响。

综上所述，本案中，汤长龙主张的周士海依据《合同法》第167条之规定要求解除合同依据不足的理由，于法有据，应当予以支持。

---

① 该法已失效，相关规定见《民法典》第7条等。

最高人民法院在该案中提取的裁判要点认为：有限责任公司的股权分期支付转让款中发生股权受让人延迟或者拒付等违约情形，股权转让人要求解除双方签订的股权转让合同的，不适用《合同法》第 167 条关于分期付款买卖中出卖人在买受人未支付到期价款的金额达到合同全部价款的 1/5 时即可解除合同的规定。

六、股权转让纠纷的管辖法院

关于股权转让纠纷的管辖法院，在股权转让合同未作约定的情况下，如争议对象为支付股权转让价款的，则管辖法院为被告住所地或者接受转让价款一方所在地的法院；如争议对象为股权转让登记的，则管辖法院为公司住所地的法院。

在“中国长城资产管理股份有限公司上海市分公司、王某平股权转让纠纷二审案”［（2019）最高法民辖终 18 号］中，最高人民法院认为：本案系股权转让纠纷，依据《民事诉讼法》第 23 条关于“因合同纠纷提起的诉讼，由被告住所地或者合同履行地人民法院管辖”的规定，本案应由被告住所地或者合同履行地人民法院管辖。《民事诉讼法解释》第 18 条第 2 款规定：“合同对履行地点没有约定或者约定不明确，争议标的为给付货币的，接收货币一方所在地为合同履行地；交付不动产的，不动产所在地为合同履行地；其他标的，履行义务一方所在地为合同履行地。即时结清的合同，交易行为地为合同履行地。”本案中，经审理查明，金海公司已受让天邑公司 100% 的股权，且已经办理股权变更登记等相关手续。王某平等三人的一审诉请仅为主张金海公司、中国长城资产管理股份有限公司上海市分公司按照合同约定支付相应的股权转让款，故案涉股权转让合同中合同履行地应为接受货币一方所在地。

在“广州滔记实业发展集团有限公司、恒大地产集团贵阳置业有限公司股权转让纠纷二审案”［（2019）最高法民辖终 103 号］中，最高人民法院认为：《民事诉讼法解释》第 22 条规定：“因股东名册记载、请求变更公司登记、股东知情权、公司决议、公司合并、公司分立、公司减资、公司增资等纠纷提起的诉讼，依照民事诉讼法第二十六条规定确定管辖。”《民事诉讼法》第26条规定：“因公司设立、确认股东资格、分配利润、解散等纠纷提起的诉讼，由公司住所地人民法院管辖。”本案恒大地产集团贵阳置业有限公司的主要诉讼请求为要求广州滔记实业发展集团有限公司将遵义晟滔公司49%股权转移登记至恒大地产集团贵阳置业有限公司名下，属于“变更公司登记”的范畴，依据前述规定，本案应由目标公司即遵义晟滔公司所在地人民法院管辖。本案诉讼标的额在1亿元以上，贵州省高级人民法院受理本案符合《调整管辖第一审民商事案件标准的通知》的规定。

第二节　股权法定移转

有限责任公司股权法定移转情形较多，实务上较为常见的有法院强制执行股权、股权继承、离婚分割股权等情形。

一、法院强制执行股权

《公司法》第72条：人民法院依照法律规定的强制执行程序转让股东的股权时，应当通知公司及全体股东，其他股东在同等条件下有优先购买权。其他股东自人民法院通知之日起满二十日不行使优先购买权的，视为放弃优先购买权。

法院强制执行股权时，仍须征求公司其他股东在同等条件下，是否行使优先购买权的意见，此点与股权转让部分相同。区别在于，法院强制执行股权情形下，其他股东行使优先购买权的期限为20日。

二、股权继承

《公司法》第75条：自然人股东死亡后，其合法继承人可以继承股东资格；但是，公司章程另有规定的除外。

关于股权继承，实务中衍生出了许多有争议的问题，《公司法》上述规定远不能满足实践要求，须结合学理与法院裁判观点对这一问题作深入分析。

（一）章程没有另行约定的情形：自动继承

当被继承人股东死亡时，继承人仅依据个人意愿，在章程没有其他特别约定的情形下，不用经过其他股东或股东会的同意，便自动取得股东资格，公司其他股东并不享有优先购买权。①

在“上海哲野印刷有限公司等与杨某股东资格确认纠纷二审案”［（2013）沪二中民四（商）终字第988号］中，上海市第二中级人民法院认为：《公司法》第76条②规定：“自然人股东死亡后，其合法继承人可以继承股东资格；但是，公司章程另有规定的除外。”本案中，上海哲野印刷有限公司（以下简称哲野公司）的章程规定，股东之间可以相互转让全部或部分出资，股东的出资额可以依法继承、转让。该章程并未禁止或限制股东资格继承，故被继承人杨某甲死亡时，其继承人杨某可以继承股东资格，即通过继承取得股权。只要公司的其他股东没有相反证据证明继承人为非法继承，死亡股东的合法继承人自该股东死亡之日起当然取得股东资格。因此，杨某有权作为原告提起本案诉讼，其诉请应予支持。

在继承人自动继承股东资格的情形下，尚有如下七个方面问题须具体分析。

1. 数个继承人获得一个股东资格还是数个股东资格

如果被继承人有数个继承人，那么应该是数个继承人都能获得股东资格（股权份额不变的前提下），还是只有一个股东资格能够被继承？

在德国法上，为防止因为继承而无限制增加公司股东人数，《德国有限责任公司法》第17条规定，如果公司章程中没有对股份分割进行规定，那么继承股份时对股份的分割必须获得其他股东的同意。在公司章程中也可以禁止对公司股份进行分割。如果一个股份为几个继承人共同继承，他们必须共同行使该股份的权利。③

我国工商行政管理实务中有类似见解，如认为：数个继承人所继承的股

---

① 当然，有观点认为，继承人须将其名字记载于公司股东名册时才取得股东资格。

② 现为《公司法》（2018年修正）第75条。

③ 参见［德］托马斯·莱塞尔、吕迪格·法伊尔：《德国资合公司法》（第6版），高旭军等译，上海人民出版社2019年版，第631页。

权在法律上仍然只是一个完整的股权，因而该股权上所体现的股东资格也只有一个，并不因继承人有数人而出现数个股东。各继承人只能通过“继承人共同体”间接行使对公司的经营管理权，而不能直接以股东身份向公司主张股权。全部继承人作为一个整体股东，在依照《公司法》规定行使股东权利时，其所表达的意见只能是一个，也就是说，共同继承人首先应当在内部召开继承人会议，形成一个统一的意见，然后再推举某一继承人代表将统一意见带至公司股东会，而不能把所有继承人的不同意见分散带至股东会。各继承人由于不具有股东资格而无权独立参与公司股东会，也不能直接向公司股东会表达其个人意见。全体继承人因行使所继承股权而获得的利益和风险，均由各继承人共同享有和共同承担。[①]

但我国法院实务上倾向于认为数个继承人都能获得股东资格。在“梁某航、陈某与北京善能科技有限公司股东资格确认纠纷二审案”［（2016）京03民终1927号］中，北京市第三中级人民法院认为：《公司法》第75条规定：“自然人股东死亡后，其合法继承人可以继承股东资格；但是，公司章程另有规定的除外。”本案中，因北京善能科技有限公司（以下简称善能公司）公司章程中未对股东去世后的继承问题作出规定，故对于股东陈某某去世后的股权继承问题应当依照《公司法》的规定予以确定。根据梁某航、陈某提交的公证书，陈某某第一顺位的继承人有其母李某某、其妻梁某航、其女陈某，三人有权继承陈某某的股东资格。现李某某自愿放弃继承权，并不违反法律、行政法规的强制性规定。一审法院据此确认梁某航、陈某有权共同继承陈某某的股东资格，并确认梁某航、陈某二人是善能公司的股东，共同持有善能公司21%的股权即10.5万元的出资于法有据，依法应予维持。

最高人民法院的观点同样如此，其认为：继承即是对遗产的分割，不仅是对财产份额的分别取得，而且包括各继承人对股东资格的分别取得，否则，如果允许多个继承人共有一个股东资格，在股权行使上将产生许多不必要的麻烦。当继承人为多数时，公司应变更股东名册，按照继承人的继承份额析

---

① 参见周海燕：《股权继承中的几个法律问题》，载《中国工商报》2007年10月13日。作者原系江苏省盐城市东台工商局工作人员。

分各人的持股份额，将他们分别登记为股东。这样，每位继承人均可以依照《公司法》的规定，分别独立地行使自益权和共益权。由于有限责任公司实行的是资本多数决。基于继承而增加股东人数也不会对其他股东的权益造成实质性影响。不过，由于有限责任公司股东人数最多不能超过 50 人，当多个继承人分别取得股东资格会突破有限责任公司人数上限时，应当由各继承人协商转让其继承份额，以使公司股东人数符合法定要求。

本书不赞同上述法院立场，数个继承人应只能继承一个股东资格。在资本决事项上，数个继承人都获得股东资格尚不构成问题；但在人头决事项上，数个继承人都获得股东资格将明显对其他股东不公平，如果章程规定了较多人头决事项将越发不公平。此外，从民法原理看，任何人不得将大于其所有的权利让与他人，因继承而获得的权利，不应超过被继承人原有的权利。因此，除非章程另行约定或股东会同意，否则数个继承人只能继承一个股东资格。

2. 继承人继承股东资格后，股东人数超 50 人的处理

对于因死亡股东继承人加入，使有限责任公司股东人数突破 50 人的上限的问题，在现有法律框架内可优先给予公司一定期限自行解决人数超额问题，或者通过股权转让、代持等方式使其符合法律对于人数上限的限定，或者在合理期限内进行公司形式的变更等。

3. 继承人的特殊身份：公务员或现役军人

《公务员法》第 59 条：公务员应当遵纪守法，不得有下列行为：……（十六）违反有关规定从事或者参与营利性活动，在企业或者其他营利性组织中兼任职务；……

《解放军内务条令》第 105 条：军人不得经商，不得从事本职以外的其他职业和网络营销、传销、有偿中介活动，不得参与以营利为目的的文艺演出、商业广告、企业形象代言和教学活动，不得利用工作时间和办公设备从事证券期货交易、购买彩票，不得擅自提供军人肖像用于制作商品。

根据上述规定，公务员、现役军人等具有特定身份的继承人不得依据《公司法》第 75 条规定继承有限责任公司的股东资格，但可依据《民法典》继承编相关规定继承与原自然人股东所拥有的股权相对应的财产权益。该特定身份继承人或者可以通过转让股权方式获得股权项下的财产权益，或者可

以由没有特定身份的其他继承人获得股东资格，该股东通过代持股方式获得股权项下财产权益。

不过对于公务员代持股这一情形，须说明如下三点：

第一，代持股协议一般有效，公务员可依据协议要求代持人返还股权所对应的财产利益，比如分红款。

第二，即使公司或其他股东都同意，公务员也不得要求工商登记机关将其登记为股东，因为这违反了相关法律规定。

第三，公务员可能会因为代持股而遭到行政处分或党纪处分，因此本书建议公务员谨慎交由他人代持股，尽量将继承所得的股权转让给其他人。

在“上海弓展木业有限公司、陈某斌等股东资格确认纠纷二审案”［（2014）沪二中民四（商）终字第489号］中，上海市第二中级人民法院认为：首先，《公务员法》第53条第14项①关于公务员不得“从事或者参与营利性活动，在企业或者其他营利性组织中兼任职务”的规定，属管理性禁止性规范，并不属于效力性强制性规范。公务员若违反了该规范，应由其管理机关追究其相应责任，但并不能以此影响合同效力。故上海弓展木业有限公司（以下简称弓展公司）以陈某斌、张某霞违反前述规定为由，认为涉案股东协议无效的观点，法院不予采纳。其次，原审判决以涉案股东协议以及各方当事人在原审审理中对于出资事实的认可为依据，并结合由各方当事人签署的领取年度分红的收条、付款凭证、交涉短信等相互印证证据，认定陈某斌、张某霞在弓展公司中享有相应比例的权益，并无不当。最后，《公务员法》的前述管理性禁止性规范，是与当事人的“市场准入”资格有关，该类规范目的之一在于由特定管理机关依法履行其管理职能，以维护社会秩序。有鉴于此，陈某斌、张某霞上诉提出请求成为具有公示效力的工商登记股东的主张，与前述法律规定相悖，不能成立，法院不予支持。尽管陈某斌、张某霞不能成为工商登记股东，但是其在涉案股东协议项下相应股权所对应的财产权益应当可以享有。

---

① 现为《公务员法》（2018年修订）第59条第16项。

4. 继承人能否是无民事行为能力人或限制民事行为能力人

我国《公司法》并没有要求股东具有完全民事行为能力，且《公司法》第75条规定继承人可以继承股东身份，因此，取得股东身份的人，可以是完全民事行为能力人，也可以是无民事行为能力人或者限制民事行为能力人。继承人如果是无民事行为能力人或者限制民事行为能力人，其股权的行使可以由其法定代理人代理。

5. 继承人能否继承被继承人生前担任的公司职务

股权可以继承，但是与股东人身专属性质不可分离的公司职务不能继承，例如公司董事职位。因这些公司职务具有人身专属性质，故继承人不能直接继承。

6. 继承人中的外国籍人士

根据注册资本来源地原则，外国人继承内资公司股权不改变公司的注册资本来源地，不导致公司的性质变更为外商投资公司，因此该公司股东的变更无须外资审批机构的审批。

在“金某等与上海维克德钢材有限公司股权确认纠纷案”［（2009）沪一中民五（商）终字第7号］中，上海市第一中级人民法院认为：本案系因外国人继承公司股权、股东资格而发生的涉外股权确认纠纷，该公司是依中国法律设立的有限责任公司，故本案争议应当适用中国法律处理。根据《公司法》第76条[①]规定，自然人股东死亡后，其合法继承人可以继承股东资格；但是，公司章程另有规定的除外。本案两上诉人出具的上海市《继承权公证书》证明其为公司股东金某甲的合法继承人，而公司章程亦未对股东资格继承另作约定，故两上诉人在继承了金某甲在上海维克德钢材有限公司（以下简称维克德公司）的股权的同时，亦应继承相应的股东资格，而无须公司过半数股东的同意。法院注意到，两上诉人是外国国籍，维克德公司是内资公司，但这并不影响两上诉人依法继承股东资格。由于两上诉人系因继承取得维克德公司股东资格，并未改变该公司注册资金来源地，该公司的性质仍为内资公司，故无须国家外商投资管理部门批准。

① 现为《公司法》（2018年修正）第75条。

7. 夫妻共同财产出资后股权登记在一方名下，一方死亡后，配偶能否直接取得一半价值的股权

《民法典》第1153条：夫妻共同所有的财产，除有约定的外，遗产分割时，应当先将共同所有的财产的一半分出为配偶所有，其余的为被继承人的遗产。

遗产在家庭共有财产之中的，遗产分割时，应当先分出他人的财产。

在涉及夫妻一方以夫妻共同财产对有限责任公司进行出资，而配偶不是该公司股东的情形时，如果作为股东的一方死亡的，配偶方应先获得该股权的一半价值。有疑问的是，配偶直接能够获得该一半股权价值所对应的股东资格，还是由其他股东先行使优先购买权？立法上并无规定。

实务上，法院通常倾向于前一种理解，即配偶可以直接取得死亡的自然人股东名下的一半股权价值，并可据此直接登记为公司的股东，无须适用其他股东优先购买权程序。①

在“谭某、韩某乙等与韩某甲、程某继承纠纷二审案”［（2015）柳市民一终字第208号］中，被继承人韩某刚生前未留有遗嘱，其死亡时遗留的个人合法财产按照法定继承办理。被继承人韩某刚的法定继承人有谭某、韩某乙、韩某丙及韩某甲、程某。现谭某、韩某乙、韩某丙诉至法院要求依法对被继承人韩某刚在福兴公司的90%出资进行继承分配。广西壮族自治区柳州市中级人民法院认为：根据《婚姻法》（已失效）的规定，被继承人韩某刚出资设立福兴公司系在其与谭某婚姻关系存续期间，故被继承人韩某刚在福兴公司90%的出资为其二人的夫妻共同财产，现被继承人韩某刚死亡，其在福兴公司90%的出资的一半即福兴公司45%的出资为其个人合法遗产，对此应当依照法定继承予以处理，而福兴公司90%的出资的另一半即福兴公司45%的出资属于谭某的个人财产。被继承人韩某刚的继承人有谭某、韩某乙、韩某丙、韩某甲、程某共五人。根据《继承法》（已失效）的规定，同一顺序的继承人对继承遗产的份额，一般应当均等。因此，被继承人韩某刚的遗产即福兴公司45%的出资应当均等分成5份由上述五位继承人继承，即谭

① 参见谢秋荣：《公司法实务全书》，中国法制出版社2018年版，第527页。

某、韩某乙、韩某丙、韩某甲、程某各自继承福兴公司9%的出资。又因为福兴公司出资中有45%的出资系谭某个人所有，因此谭某总共应该持有福兴公司54%的出资。

韩某甲辩称，应当按照《公司法》第71条的规定以股权转让的方式来处理被继承人韩某刚在福兴公司90%的出资，而不是按照继承来处理该股份。法院认为，《公司法》第71条的规定适用的情形应该是股东在世时可以依其个人的意思自治转让其股份，而不应该扩大解释为股东死亡后股权的变动也适用股权转让。股东死亡后股权的处理已经由《公司法》第75条作出了规定。根据75条的规定："自然人股东死亡后，其合法继承人可以继承股东资格；但是，公司章程另有规定的除外。"本案中，福兴公司的公司章程并没有对股东死亡后股权如何处理作出规定，因此，本案不适用第75条但书部分的规定，而应由被继承人的合法继承人继承股东资格，继承的分配应依照法定继承处理。因此，对于韩某甲的上述辩称，法院不予采信。据此，法院最终判决：谭某拥有福兴公司54%的出资（出资额为54 000元，占注册资本的54%）。

（二）章程另有约定的情形

首先应说明的是，章程仅能限制股东资格，不得剥夺股权中的财产利益。

1. 章程另有约定的内容

（1）禁止继承股东资格。

章程可以约定，当自然人股东死亡后，其股权不得被继承，而是由公司回购或由公司其他股东按照出资比例以合理价格受让，继承人取得股权回购款或转让款。

《公司法》第74规定的公司回购情形虽未明确列明因继承引发的回购，但在"杨某泉与山东鸿源水产有限公司请求公司收购股份纠纷案"［（2015）民申字第2819号］中，最高人民法院审理并提取的裁判要旨认为：有限责任公司可以与股东约定《公司法》第74条规定之外的其他回购情形。《公司法》第74条并未禁止有限责任公司与股东达成股权回购的约定，属于真实的意思表示且内容上未违背公司法及相关法律的强行性规范的约定应属有效。

依据公司与申请人约定的“入股职工因调离本公司，被辞退、除名、自由离职、退休、死亡或公司与其解除劳动关系的，其股份通过计算价格后由公司回购”进行回购并无不当。

（2）限制继承股东资格的人数。

本书赞同理论上死亡股东应该只有一个股东资格能够被继承，但实务上并不这样处理，当死亡股东有多个继承人时，如无特别约定，数个继承人基于平等的继承权利都能获得公司的股东资格。

但随着股东人数的增加，将对公司的决策效率、经营成本产生影响，甚至可能突破《公司法》规定的股东人数上限。因此，章程可以作出限制继承股东资格人数的规定，比如要求数位继承人共同指定一人继承股东资格。

（3）限制继承股东的权利。

如果章程允许死亡股东数个继承人继承股东资格，但对该股东权利进行限制，如不享有表决权等，这样的章程规定内容是否有效？

在“童某芳等诉上海康达化工有限公司股东权纠纷案”［（2007）沪一中民三（商）终字第172号］中，上海康达化工有限公司公司章程中规定：自然人死亡后，合法继承人只继承部分股东权利和所有义务，合法继承人可以出席股东会，但必须同意由股东会作出的各项有效决议。对此，一审上海市浦东新区人民法院与二审上海第一中级人民法院均认为：对于因继承这种继受取得公司股东资格的情况，有法律的明文规定，同时也有授权公司章程中另行约定相结合的方式。在此，允许公司章程另行规定的是对已故股东的继承人成为公司股东设置一定的限制条件，即基于公司所具有的人合性，来规定股东资格的继承办法。一旦约定继承人可以继承死亡股东的股东资格，则该继受取得资格的股东就应当依法享有法律所赋予的股东权利，如了解公司经营状况及财务状况，查阅股东会会议记录和公司财务会计报告等基本权利，而不应当对其股东权利加以随意限制。《公司法》第43条①规定：“股东会会议由股东按照出资比例行使表决权；但是，公司章程另有规定的除外。”即股东会会议是股东表达自己意志的场所，股东在股东会上有表决权，这是股

---

① 现为《公司法》（2018年修正）第42条。

东基于投资人特定的地位对公司的有关事项发表意见的基本权利。同时法律赋予公司章程自治权，即公司章程可以规定另外的行使表决权的方式，但并不能因此剥夺股东行使表决权的权利。现被告公司章程第 24 条第 2 项、第 3 项显然剥夺了继承股东的上述权利，违反法律的规定，应当确认无效。

2. 章程另有约定的时点

（1）死亡股东生前章程另有约定。

如果死亡股东生前，章程即作出有关限制股权继承的规定，此时对同意股东来说，章程相关规定当然对其适用。而对反对股东来说，公司能以为了维护人合性等正当理由加以抗辩，因此章程相关条款亦应对该股东及其继承人适用。

（2）死亡股东死后章程另有约定。

如果股东死亡后，公司其他股东为了限制股权继承，才作出股东会决议，修改公司章程相关条款。对该行为的效力，有法院的观点是不得溯及过往；还有法院则认定章程修改无效。

在“常州化工设备有限公司与丁某梅股东资格继承纠纷二审案”［（2007）常民二终字第 1 号］中，丁某梅之夫周某玉生前系常州化工设备有限公司股东，周某玉死亡时留有遗嘱，将公司股权交由丁某梅继承。但常州化工设备有限公司在明知周某玉已经死亡，且未通知其继承人的情况下作出修改公司章程的决定，将原先章程中同意股权继承的内容修改为“股东死亡的，其所持出资应予转让”。双方协商未果，丁某梅起诉到法院。二审江苏省常州市中级人民法院认为：本案应适用继承事实发生时的常州化工设备有限公司的章程，故丁某梅可以依照遗嘱以及公司法的规定继承周某玉的股权。常州化工设备有限公司相关章程条款是在继承事实发生后修订的，其效力如何与本案无关，不属于本案审查范围，因此原审法院在本案中直接认定其为无效章程应属不当。

本书赞同上述法院的判决立场。根据《继承法》第 2 条[①]的规定，继承从被继承人死亡时开始，也就是自股东死亡之时，其合法继承人即拥有继承

① 该法已失效，相关规定见《民法典》第 1121 条第 1 款。

股东资格的权利。而公司在股东死亡后再修改公司章程，对股权继承作出限制，该限制对前述被继承人不产生法律效力。至于公司事后修改章程条款的效力问题，只要内容不违反法律规定，程序合法，就应为有效。法院直接认定章程修改无效的做法，虽是为了救济被继承人的权利，但如此判决显属不当。

三、离婚分割股权

《〈民法典〉婚姻家庭编解释一》第73条：人民法院审理离婚案件，涉及分割夫妻共同财产中以一方名义在有限责任公司的出资额，另一方不是该公司股东的，按以下情形分别处理：

（一）夫妻双方协商一致将出资额部分或者全部转让给该股东的配偶，其他股东过半数同意，并且其他股东均明确表示放弃优先购买权的，该股东的配偶可以成为该公司股东；

（二）夫妻双方就出资额转让份额和转让价格等事项协商一致后，其他股东半数以上不同意转让，但愿意以同等条件购买该出资额的，人民法院可以对转让出资所得财产进行分割。其他股东半数以上不同意转让，也不愿意以同等条件购买该出资额的，视为其同意转让，该股东的配偶可以成为该公司股东。

用于证明前款规定的股东同意的证据，可以是股东会议材料，也可以是当事人通过其他合法途径取得的股东的书面声明材料。

《〈民法典〉婚姻家庭编解释一》第73条对离婚配偶一方要求分割股权并取得股东资格情形规定了严格的适用条件，不仅要求夫妻双方协商一致，而且还要符合其他股东放弃优先购买权的条件，此时配偶一方才能真正取得股东资格。而在实务上，若夫妻双方无法达成一致，法院倾向于直接对该股权进行作价分割，由取得股权的一方补偿另一方配偶。而配偶方明确反对作价分割的，法院往往会判决驳回当事人诉讼请求。

在“刘某与王某卿离婚后财产纠纷再审案”［（2018）最高法民申796号］中，最高人民法院认为：卓辉公司成立于2004年，是在刘某、王某卿夫妻关系存续期间由王某卿出资设立的有限责任公司，应认定是夫妻共同财产。

因二人离婚时签订的《离婚协议书》中未就该公司股权分割问题进行处理，二审判决认定该公司股权属于离婚时未处理的夫妻共同财产，并无不当。根据《婚姻法解释二》第16条[①]的规定，人民法院审理离婚案件时，涉及分割夫妻共同财产中以一方名义在有限责任公司的出资额，另一方不是该公司股东的，若夫妻双方不能就股权分割问题达成一致意见，为了保证公司的人合性，应对另一方请求分割的股份折价补偿。因在本案二审审理过程中，刘某坚持要求分割股权，不同意折价补偿，也不同意评估股权价值，二审判决对刘某要求分割股权的诉讼请求不予支持，并无不当。

在“章某与陈某甲离婚后财产纠纷再审案”［（2015）苏民再提字第00064号］中，关于银鼎公司股权的分割问题，章某认为其一审诉讼请求是要求分割银鼎公司的股权而非现金，应当适用《婚姻法解释二》第15条[②]的规定，判令章某享有银鼎公司股权，而一审、二审判决均判令由陈某甲享有全部股权并支付章某现金补偿，超出其诉讼请求范围。对此，江苏省高级人民法院认为：《婚姻法解释二》第15条规定，夫妻双方分割共同财产中股票、债券、投资基金份额等有价证券以及未上市股份有限公司股份时，协商不成或者按市价分配有困难的，人民法院可以根据数量按比例分配。本案中，陈某甲拥有的是有限责任公司的股权而非股份有限公司的股份，鉴于有限责任公司的人合性以及股权转让的限制性条件，本案并不能适用上述司法解释的规定。由于章某在2010年7月22日一审法院庭审中明确，要求分割陈某甲在银鼎公司的股权（股权现金价值450万元），但不要求分割现金，而陈某甲要求直接按股权价值分割现金，双方当事人未能就陈某甲在银鼎公司的股权分割达成一致意见，故本案亦不能适用《婚姻法解释二》中关于分割有限责任公司出资的规定。在此情况下，人民法院可以判决股权归出资一方所有，另一方取得相应的折价补偿。出于公平原则，通常应由专业机构对公司的财产状况和财务状况进行综合评估，按照股权的实际价值决定对股东的配偶进行补偿的数额。由于本案一审时双方对该股权的价值达成一致意见即确认股

① 该法已失效，相关规定见《〈民法典〉婚姻家庭编解释一》第73条。
② 该法已失效，相关规定见《〈民法典〉婚姻家庭编解释一》第72条。

权价值为450万元，故一审、二审法院将陈某甲名下的股权判归陈某甲所有，并判令陈某甲折价补偿章某350万元，折价补偿金额已充分照顾章某的权益，该项判决并无不当。

结合《〈民法典〉婚姻家庭编解释一》第73条及实务判决立场，本书将离婚纠纷涉及有限责任公司股权的相关意见整理如图9－1所示。

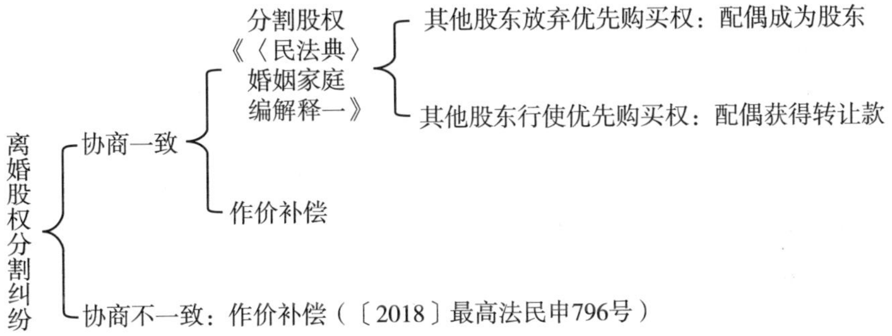

图9－1　离婚纠纷中有限责任公司股权分割处理

最后，就夫妻共同财产出资后股权登记在一方名下，一方死亡或双方离婚后，配偶方能否直接取得股东身份问题作一总结说明。从实务上来看，目前法院在这一问题上的裁判观点并不一致。对于一方死亡的，法院倾向于认为配偶方可以直接取得其财产价值相对应部分的股权，即认可其股东身份，不用征求其他股东是否行使优先购买权的意见；但对于双方离婚的，因有《〈民法典〉婚姻家庭编解释一》第73条的明文规定，即使离婚夫妻双方一致同意分割股权，配偶方要成为股东，仍要先通知其他股东，在其他股东放弃行使优先购买权后，才可以成为股东。

这种类似情形不统一处理的做法，已经引起了实务上的关注。有法官认为，离婚后不是股东的配偶拟成为股东的规则问题可参照继承人做法，具体按《公司法》第75条精神处理，并由其统一尺度加以规范。其理由如下：（1）根据法理，离婚夫妻共同财产（出资额）分割权与财产（出资额）继承权同属家事事件的财产权，两者均与特定的人身关系相联系；它们发生的根据是法律的直接规定，都是特定的法律行为，非基于当事人的协议成立。（2）按照“类似行为相同对待”的现代法治基本原则，离婚后本不是股东的配偶，其股东资格取得的条件应与继承人相同（《公司法》第75条），以保障司法公正。(3) 许多市场经济发达国家和地区的公司法，往往将上述两种情形放在同一规范同等对待。例如，《法国商事公司法》第44条规定：公司股份可通过继承方式或在夫妻之间清算共同财产自由转移，但是在章程中可规定，配偶继承人只有在按章程规定的条件获得同意后，才能成为股东。该做法值得我国公司法借鉴和吸收。[①] 但囿于立法或司法解释规定，这种不一致处理的现状还将继续存在，对此我们应保持关注，密切注意立法及实务的动态。

① 参见周建良：《离婚后非股东配偶成为股东的规则可参照继承人做法》，载《人民法院报》2018年12月5日，第7版。

第四编

公司治理编

第十章　公 司 章 程

一、公司章程概述：兼及与公司设立协议（发起人协议）的区别

《民法典》第 79 条： 设立营利法人应当依法制定法人章程。

《公司法》第 11 条： 设立公司必须依法制定公司章程。公司章程对公司、股东、董事、监事、高级管理人员具有约束力。

《浙江省高院意见》第 2 条： 公司设立协议与公司章程何者优先适用？

公司章程通常是在设立协议的基础上根据法律的规定制成，在没有争议和符合《公司法》的前提下，设立协议的基本内容通常都为公司章程所吸收，甚至设立协议的条文为公司章程原封不动地搬用，一般不会发生二者间的矛盾和冲突。但是，如果对于相同的事项，设立协议与公司章程有不同的规定，甚至产生冲突。出现此情形时，设立协议应让位于公司章程。如果设立协议中有公司章程未涉及但又属公司存续或解散之后可能会遇到的事项，相应的条款可继续有效，但效力只应限于签约的发起人或原始股东。

《山东省高院意见一》第 4 条第 2 款： 公司成立后，发起人协议或投资协议与公司章程规定不一致的，以公司章程规定为准。但发起人之间有特殊约定的除外。

公司章程是公司设立及存续过程中的必备文件，对公司、股东、董事、监事及高级管理人员均具有法律上的约束力，是公司内部组织及运行的根本准则。

关于公司设立协议与公司章程的冲突适用问题，本书赞同《浙江省高院意见》第 2 条的规定，实务中可参照适用。

二、公司章程的制定

（一）初始章程制定

对有限责任公司和发起设立的股份有限公司来说，初始章程体现了全体发起人的共同意志，所有发起人均应在初始章程上签字盖章，表示同意初始章程的内容（《公司法》第23条、第76条）。

对募集设立的股份有限公司来说，虽然初始章程由发起人起草，但须由发起人、认股人组成的创立大会以多数决的方式通过（《公司法》第90条）。

（二）初始章程的生效

1. 章程的生效时间

关于章程的生效时间，《公司法》并没有进行规定。学理上有三种不同的观点：

第一种观点以契约说为基础，认为公司章程自全体发起人签章时或创立大会通过时生效。

第二种观点以自治法说为基础，认为公司章程自公司成立时生效。

第三种观点采区分说观点，认为公司章程中调整发起设立公司的发起人的内容，相当于公司设立协议，可以适用合同法的一般规则，即签字盖章时成立并生效。章程中调整尚未成立的公司，尚未产生的董事、监事、高级管理人员以及未来可能加入公司的其他股东的那些内容，则自公司成立时生效。①

在“万某裕、丽江宏瑞水电开发有限公司股东资格确认纠纷再审案”［（2014）民提字第00054号］中，丽江宏瑞水电开发有限公司（以下简称宏瑞公司）主张，《宏瑞公司章程》第64条规定：“本章程经公司登记机关登记后生效”，但该章程事实上并未在工商部门登记，因而没有生效。最高人民法院认为，该章程除第64条规定了章程的生效问题外，还在第66条同时规定“本章程于二〇〇八年八月十日订立生效”。这就出现了同一章程对其

① 参见赵旭东主编：《公司法学》（第4版），高等教育出版社2015年版，第134页。

生效时间的规定前后不一致的情形，此时根据章程本身已经无法确定生效的时间，而只能根据相关法律规定和法理，对《宏瑞公司章程》的生效问题作出判断认定。公司章程是股东在协商一致的基础上所签订的法律文件，具有合同的某些属性，在股东对公司章程生效时间约定不明，而公司法又无明确规定的情况下，可以参照适用合同法的相关规定来认定章程的生效问题。参照合同生效的相关规定，法院认为，经法定程序修改的章程，自股东达成修改章程的合意后即发生法律效力，工商登记并非章程的生效要件，这与公司设立时制定的初始章程应报经工商部门登记后才能生效有所不同。本案中，宏瑞公司的股东在2008年8月10日即按法定程序修改了原章程，修订后的《宏瑞公司章程》合法有效，因此应于2008年8月10日开始生效，宏瑞公司关于《宏瑞公司章程》并未生效的主张，法院不予支持。宏瑞公司章程的修改，涉及公司股东的变更，宏瑞公司应依法向工商机关办理变更登记，宏瑞公司未办理变更登记，应承担由此产生的民事及行政责任，但根据《公司法》第33条①的规定，公司股东变更未办理变更登记的，变更事项并非无效，而仅是不具有对抗第三人的法律效力。综上，宏瑞公司关于《宏瑞公司章程》未生效、无效的主张，无法律及事实依据，法院不予采信。

在上述再审案中，最高人民法院认为初始公司章程须经工商部门登记，自公司成立时生效。但本书赞同区分说的观点，对全体发起人而言，自其在章程上签章后，章程即对其有拘束力；而对公司、董事、监事、高级管理人员等来说，应自公司成立后，公司章程生效。

2. 章程对内生效

《公司法》第11条：设立公司必须依法制定公司章程。公司章程对公司、股东、董事、监事、高级管理人员具有约束力。

根据公司章程性质中的自治法学说，公司章程可以约束不赞同章程的股东、不参与订立章程的管理层、未参与订立章程的后加入股东，以及无法参与订立的公司本身四类主体。

① 现为《公司法》(2018年修正)第32条。

3. 章程对外生效

在物权法上，不动产在登记机关登记后，可以产生公示效力，对抗不特定第三人。公司章程同样要在工商行政机关进行登记，这种登记能否产生公示效力？

从理论上讲，公司章程通过工商登记，使交易相对人在法律上有确定的途径获悉公司章程的内容，从而对即将进行的交易合理预期。所以，学理上有所谓的“第三人负有查阅公司章程的抽象义务（查阅义务理论）”或“公司章程一经公布，与公司交易的第三人就被推定知道公司章程的内容并理解其适当的含义（推定通知理论）”的说法。但我国公司法对于公众获悉公司章程的途径、方式缺乏可操作性规定，登记主管机关没有为公众查阅公司章程提供足够的便利。①

因此，公司章程并不具有普遍的对世效力，在一般情况下，它仅作为规范公司内部当事人的规则。但当公司法给第三人分配了对公司章程的审查义务时，此时公司章程对第三人就有了对抗效力。例如根据我国《公司法》第16条第1款的规定，公司为他人提供担保，依照公司章程规定，由公司董事会或股东会、股东大会决议，公司章程对担保总额及单项担保的数额有限额规定的，不得超过规定的限额。公司对外担保是直接涉及第三人利益的事项，而《公司法》又明确授权公司章程对公司担保事项作出规定，此时章程就成为决定公司对外担保能力的唯一规范。法律的规定是所有当事人都应知晓的，它产生当事人知道或应当知道的法律效果。因而，在公司对外担保的情况下，第三人就有审查公司章程的义务，从而了解公司董事会、股东会的担保决定以及担保的数额等。如果担保决定的作出以及担保的数额违反了公司章程的规定，则担保无效。此时，第三人就不得以没有审查公司章程为由进行抗辩。②

总结来说，我国公司章程仅仅是在工商机关备案而非登记公示，因此原

① 参见李建伟：《公司法学》（第4版），中国人民大学出版社2018年版，第106页。

② 参见赵旭东主编：《公司法学》（第4版），高等教育出版社2015年版，第126页以下。

则上没有对外效力。但当公司法规定了章程应予记载的事项时，此时章程记载内容能够产生对外效力，与公司进行交易的第三人负有审查义务。

三、公司章程的修改

（一）公司章程的修改方式

1. 特别决议修改

《公司法》第37条第1款：股东会行使下列职权：……（十）修改公司章程；……

《公司法》第43条第2款：股东会会议作出修改公司章程、增加或者减少注册资本的决议，以及公司合并、分立、解散或者变更公司形式的决议，必须经代表三分之二以上表决权的股东通过。

《公司法》第99条：本法第三十七条第一款关于有限责任公司股东会职权的规定，适用于股份有限公司股东大会。

《公司法》第103条第2款：……但是，股东大会作出修改公司章程、增加或者减少注册资本的决议，以及公司合并、分立、解散或者变更公司形式的决议，必须经出席会议的股东所持表决权的三分之二以上通过。

在“新疆豪骏贸易有限公司、张某升与乌鲁木齐市祥平实业有限公司、乌鲁木齐市祥平房地产开发有限公司公司决议撤销纠纷再审案”［（2014）新民再终字第1号］中，新疆维吾尔自治区高级人民法院认为，双方目前争议的主要是有限责任公司法定代表人变更是否须经代表2/3以上表决权的股东通过的法律适用问题。乌鲁木齐布祥平房地产开发有限公司（以下简称房地产公司）2009年9月9日章程第14条第1款规定：“股东会议由股东按照出资比例行使表决权。股东会对修改公司章程、对公司增加或减少注册资本、分立、合并、解散或者变更公司形式须经代表三分之二以上表决权的股东通过。”该内容与《公司法》规定一致。我国《公司法》虽然规定股东会会议作出修改公司章程、增加或者减少注册资本的决议，以及公司合并、分立、解散或者变更公司形式的决议，必须经代表2/3以上表决权的股东通过，但对于法定代表人变更事项的决议，并无明确规定，而房地产公司的章程对此也未作出特别约定。从立法本意来说，只有对公司经营造成特别重大影响的事项才需要经代表2/3以上表决权的股东通过。公司法定代表人一项虽属公司章程中载明的事项，但对法定代表人名称的变更在章程中体现出的仅是一种记载方面的修改，形式多于实质，且变更法定代表人时是否需修改章程是工商管理机关基于行政管理目的决定的，而公司内部治理中由谁担任法定代表人应由股东会决定，只要不违背法律法规的禁止性规定就应认定有效。此外，从公司治理的效率原则出发，倘若对于公司章程制定时记载的诸多事项的修改、变更均需代表2/3以上表决权的股东通过，则反而是大股东权利被小股东限制，若无特别约定，是有悖于确立的资本多数决原则的。若更换法定代表人必须经代表2/3以上表决权的股东通过，那么张某升、新疆豪骏贸易有限公司（以下简称豪骏公司）只要不同意就永远无法更换法定代表人，这既不公平合理，也容易造成公司僵局。因此，公司股东会按照股东出资比例行使表决权所形成的决议，理应得到尊重。公司更换法定代表人，只要股东会的召集程序、表决方式不违反法律法规和公司章程的规定，即可多数决。张某升及豪骏公司申请再审认为房地产公司法定代表人的变更须经代表2/3以上表决权的股东签署通过的理由不能成立。

该案提出了一个非常好的裁判观点，即并非公司章程中所有记载事项的修改都需要通过特别决议来实现。应认为只有对公司经营管理造成特别重大影响的事项的修改，才需要以特别决议方式修改。但何为“对公司经营管理造成特别重大影响的事项”，这是不确定概念，新疆维吾尔自治区高级人民法院在此处没有明确说明或列举。

本书认为，公司章程原则上由股东（大）会以特别决议方式进行修改，但因章程记载事项所依据的事实发生变化导致章程修改的除外。

2. 其他方式修改：章程记载事项所依据的事实发生变化

《公司法》第73条：依照本法第七十一条、第七十二条转让股权后，公司应当注销原股东的出资证明书，向新股东签发出资证明书，并相应修改公司章程和股东名册中有关股东及其出资额的记载。对公司章程的该项修改不需再由股东会表决。

修改公司章程本来只能由股东（大）会以特别决议的方式来实现。但公司章程有些记载事项以外部事实为基础，如果这些外部事实本身发生了变化，公司章程记载内容当然随之变更，而不需要股东（大）会特别决议。比如公司所在地因行政区划变更而变更公司住所、法律法规修改导致公司章程内容随之变更等。[①]

本书认为，公司章程所依赖的外部事实分为两类：一是公司外部事实变化引起的章程内容修改，如上述公司所在地因行政区划变更而变更公司住所、法律法规修改导致公司章程内容随之变更等；二是公司内部事实变化引起的章程修改，如股权移转导致公司章程中股东姓名或名称部分的修改、异议股东主张股权回购请求后导致公司章程中注册资本部分的修改等。

（二）公司修改章程的生效

对内而言，除非修改后的章程附有条件或者期限，否则，应自股东（大）会决议通过后即发生效力。在“万某裕、丽江宏瑞水电开发有限公司股东资格确认纠纷再审案”［（2014）民提字第00054号］中，最高人民法院也持这一观点。

此外，公司章程修改后，必须办理相应的变更登记。

四、公司章程的内容

从公司“成立—运作”视角来看，章程记载内容可分为绝对必要记载事项、相对必要记载事项与任意记载事项。

（一）绝对必要记载事项

《公司法》第25条：有限责任公司章程应当载明下列事项：

（一）公司名称和住所；

（二）公司经营范围；

（三）公司注册资本；

（四）股东的姓名或者名称；

① 参见柯芳枝：《公司法论》，中国政法大学出版社2004年版，第410页。

（五）股东的出资方式、出资额和出资时间；

（六）公司的机构及其产生办法、职权、议事规则；

（七）公司法定代表人；

（八）股东会会议认为需要规定的其他事项。

股东应当在公司章程上签名、盖章。

《公司法》第81条：股份有限公司章程应当载明下列事项：

（一）公司名称和住所；

（二）公司经营范围；

（三）公司设立方式；

（四）公司股份总数、每股金额和注册资本；

（五）发起人的姓名或者名称、认购的股份数、出资方式和出资时间；

（六）董事会的组成、职权和议事规则；

（七）公司法定代表人；

（八）监事会的组成、职权和议事规则；

（九）公司利润分配办法；

（十）公司的解散事由与清算办法；

（十一）公司的通知和公告办法；

（十二）股东大会会议认为需要规定的其他事项。

公司章程必须记载的事项，一般都是与公司设立、组织有重大关系的基础性事项，如公司的名称、住所、经营范围、资本额、公司机关、法定代表人等。公司法关于绝对必要记载事项的规定属于强制性规范，体现了公司法中的国家干预理念。从法理角度讲，绝对必要记载事项之于公司章程，宛如必备条款之于合同，是不可缺少的，如有缺失，会导致公司章程不能成立，进而可能导致公司设立失败。①

关于绝对必要记载事项，还有如下两点说明：

第一，公司设立时，登记机关仅对章程进行形式审查，即审查章程是否

① 参见李建伟：《公司法学》（第4版），中国人民大学出版社2018年版，第111页；王军：《中国公司法》（第2版），高等教育出版社2017年版，第266页。

记载了上述事项，记载内容是否有相关证明或者资料支持。至于内容是否合法、真实、充分，登记机关不作实质性审查。

第二，有限责任公司的股东应在公司章程上签名、盖章，但股份有限公司无此要求。

（二）相对必要记载事项

相对必要记载事项意味着公司法规定的可以记载，也可以不记载于公司章程的事项。公司法有关相对必要记载事项的规定属于授权性规范。这些事项一旦载入章程，就要产生约束力；没有载入，当然不生效。相对必要记载事项载入与否不影响章程的效力，但其缺失会影响公司正常的运作。①

由此可知，相对必要记载事项不记入章程，虽不妨碍章程有效获得登记备案，但会有碍公司正常运作。相对必要记载事项有如下三类，本书列举部分相关法条，以有助于理解章程相对必要记载事项。

1. 章程根据《公司法》规定作出选择

《公司法》第16条第1款：公司向其他企业投资或者为他人提供担保，依照公司章程的规定，由董事会或者股东会、股东大会决议；公司章程对投资或者担保的总额及单项投资或者担保的数额有限额规定的，不得超过规定的限额。

《公司法》第45条第1款：董事任期由公司章程规定，但每届任期不得超过三年。董事任期届满，连选可以连任。

《公司法》第51条第2款：监事会应当包括股东代表和适当比例的公司职工代表，其中职工代表的比例不得低于三分之一，具体比例由公司章程规定。……

《公司法》第169条第1款：公司聘用、解聘承办公司审计业务的会计师事务所，依照公司章程的规定，由股东会、股东大会或者董事会决定。

这种类型是《公司法》已经对相关事项划定了范围，公司章程可以在《公司法》划定的范围内作出相应的规定。

---

① 参见李建伟：《公司法学》（第4版），中国人民大学出版社2018年版，第107页；赵旭东主编：《公司法学》（第4版），高等教育出版社2015年版，第130页。

2. 章程根据《公司法》授权作出规定

《公司法》第37条第1款：股东会行使下列职权：……（十一）公司章程规定的其他职权。

《公司法》第39条第2款：定期会议应当依照公司章程的规定按时召开。……

《公司法》第43条第1款：股东会的议事方式和表决程序，除本法有规定的外，由公司章程规定。

《公司法》第44条第3款：……董事长、副董事长的产生办法由公司章程规定。

《公司法》第46条：董事会对股东会负责，行使下列职权：……（十一）公司章程规定的其他职权。

《公司法》第48条第1款：董事会的议事方式和表决程序，除本法有规定的外，由公司章程规定。

《公司法》第53条：监事会、不设监事会的公司的监事行使下列职权：……（七）公司章程规定的其他职权。

这种类型是《公司法》明确授权公司章程可以就相关事项作出规定。

3. 章程根据公司正常运作作出规定

对于这一类型，《公司法》没有任何规定或说明，但公司章程应予规定相关内容，以保证公司正常运行。如有限责任公司股东会会议的提案权、股东会决议通过比例要求、有限责任公司董事会的会议通知方式及时限等，《公司法》均无明文，但公司章程应予详细规定。

（三）任意记载事项

任意记载事项意味着公司可以选择记载，也可以选择不记载。这一点和相对必要记载事项相同。但与之不同的地方在于，任意记载事项即使不记载，也不会妨碍公司正常运作。这是真正体现章程内容自主的地方。

须注意的是，章程根据《公司法》授权作出的规定，有时难以区分究竟是相对必要记载事项还是任意记载事项，须视具体规定对公司正常运行是否必须。

1.《公司法》已作相关规定

在《公司法》已作相关规定情形下，公司章程如未规定，可直接适用《公司法》相关条文，不至于对公司正常运行造成妨碍。这一类型下有两个子类型：

（1）已规定“章程另有规定的除外”。

《公司法》虽然有规定，但条文后会说明章程可以另行约定。此时，公司章程可以作出与《公司法》不一样的规定。

“章程另有规定的除外”主要出现在下列条文中：公司分红与优先认缴增资比例（第34条）；股东会会议的通知时间（第41条第1款）；股东是否按照出资比例表决（第42条）；经理的具体职权（第49条第2款、第113条第2款）；股权转让（第71条第4款）；股东资格继承（第75条）；公司分红比例（第166条第4款）。

在《公司法》中，“章程另有规定的除外”条款大致有以上几条。除最后一条外，其余仅适用于有限责任公司。

（2）未规定“章程另有约定除外”。

这种情形在公司法上有很多。有疑问的是，此时公司章程能否作出与《公司法》不一样的规定？这在实务上有许多争议，涉及对《公司法》条文性质的理解。

①股份有限公司章程规定持股5%以上股东才有临时提案权。

《公司法》第102条第2款规定，单独或者合计持有公司3%以上股份的股东，可以在股东大会召开10日前提出临时提案并书面提交董事会。有疑问的是，公司能否在章程中改变股东提出临时提案的持股比例要求？

在“湖南盛宇高新材料有限公司诉湘乡市村镇银行股份有限公司董事会决议效力确认纠纷案”［（2012）湘法民二初字第134号］中，湖南省湘乡市人民法院认为，《公司法》第11条规定：“设立公司必须依法制定公司章程。公司章程对公司、股东、董事、监事、高级管理人员具有约束力。”这一规定表明，公司章程首先是规范股东之间及公司内部关系的准绳，相当于公司发起人或股东间的合同，对股东和股东会议、董事会、监事会等公司机关及其成员均具有约束力。《湘乡市村镇银行股份有限公司章程》第33条“股东大会依法行使下列职权”第10项对股东提出提案的条件作出了明确的规定，即审议代表本行有表决权股份总数的5%以上的股东的提案，《湘乡市村镇银行股份有限公司股东大会议事规则》也作出了相同的规定，被告的董事会和包括原告在内的公司股东均应当遵守。本案原告仅持有湘乡市村镇银行股份有限公司4%的股份，未达到公司章程和议事规则规定的5%以上的股份的要求，股东大会不审议原告提出的议案，被告董事会作出不予提交2011年度股东大会审议的决定，符合公司章程和议事规则的规定。因此被告的答辩理由成立，本院予以采纳。《公司法》第103条第2款①规定，持有公司3%以上股份的股东可以提出提案。而股东大会在这法律规定的范围内决定将持有公司5%以上股份的股东才能提交提案写入公司章程，并不违法。因此，原告的诉讼主张不能成立，其请求依法不能支持。

②公司章程规定董事会行使股东（大）会部分职权。

在“姜某年诉上海申华实业股份有限公司案”［（1998）沪一中民终字第171号］中，涉案公司在其公司章程中规定股东大会闭会期间，董事会可以增补不超过董事总数1/3的董事。对此，该案两审法院均认为：该章程规定超越了我国股份有限公司董事会的权限，违反法律，侵害了股东的权益，该章程条款不具有法律效力。

从该案其实引申出一个问题：《公司法》规定了股东（大）会与董事会10项法定职权，这些职权规定是不是强制性规定，公司章程能否规定将股东（大）会的职权部分交给董事会行使？之前法院倾向性观点认为这种做法无效，股东（大）会和董事会的法定职权事关公司治理之根本，不得授权董事会行使。不过近年来实务上的裁判观点倾向于有限度地认可这种授权。

在“袁某、潘某损害公司利益责任纠纷再审案”［（2017）最高法民申1794号］中，最高人民法院认为：《公司法》第37条、第46条分别是有关股东会和董事会职权的相关规定，并不属于效力性强制性规定。而且根据《公司法》第4条规定，公司股东依法享有选择管理者的权利，相应地，该

① 现为《公司法》（2018年修正）第102条第2款。

管理者的权限也可以由公司股东会自由决定，《公司法》并未禁止有限责任公司股东会自主地将一部分决定公司经营方针和投资计划的权力赋予董事会。故珠峰商贸公司《公司章程》第 27 条有关应由股东大会作出决议的重大事项中“公司自主对公司资产开发，由董事会决定并向股东大会报告，不受上述金额（300 万元）限制”的例外规定，并不存在因违反法律、行政法规的强制性规定而无效的情形。且《公司章程》系由公司股东共同制定，在未被依法撤销之前，不仅对公司具有约束力，公司股东、董事、监事、高级管理人员也应严格遵守《公司章程》的规定。二审认定《公司章程》依法有效，并无不妥。

在“徐某霞与安顺绿洲报业宾馆有限公司、第三人贵州黔中报业发展有限公司公司决议效力确认纠纷二审案”［(2015) 黔高民商终字第61号］中，贵州省高级人民法院认为，本案的争议焦点在于安顺绿洲报业宾馆有限公司（以下简称报业宾馆）章程内容是否部分无效。《公司法》第 38 条、第 47 条①分别以列举的形式规定了股东会和董事会的职权，从两条法律规定来看，董事会、股东会均有法定职权和章程规定职权两类。无论是法定职权还是章程规定职权，强调的都是权利，在没有法律明确禁止的情况下，权利可以行使、可以放弃，也可以委托他人行使。但《公司法》第 44 条第 2 款②规定：“股东会会议作出修改公司章程、增加或者减少注册资本的决议，以及公司合并、分立、解散或者变更公司形式的决议，必须经代表三分之二以上表决权的股东通过。”从此条规定中的法律表述用语“必须”可以看出，修改公司章程、增加或者减少注册资本的决议，以及公司合并、分立、解散的决议有且只有公司股东会才有决定权，这是股东会的法定权利。报业宾馆章程第 7 条第 8、10、11 项，第 32 条第 2 项将股东会的法定权利规定由董事会行使，违反了上述强制性法律规定，应属无效。

根据目前实务上的裁判观点，本书对这一问题建议如下：

第一，尽可能按照《公司法》的规定确定股东（大）会与董事会的各自

---

① 现为《公司法》(2018 年修正）第 37 条、第 46 条。

② 现为《公司法》(2018 年修正）第 43 条第 2 款。

职权。公司章程超越《公司法》规定的做法可能会被法院认为无效。

第二，如要作出授权规定，尽可能取得股东一致同意。如无法取得一致同意，也要符合《公司法》规定，以股东（大）会特别决议的方式作出章程规定。

第三，关于授权事项范围，目前还未有统一的规定或理解。但至少不得将修改公司章程、增加或者减少注册资本，公司合并、分立、解散以及变更公司组织形式等事关公司根本性变化的事项交由董事会决议。

2. 章程自主作出规定

在《公司法》规定之外，公司基于自治原则，可自由作出相关章程规定。但这些章程自主规定往往会涉及效力争议。

（1）公司章程规定对股东罚款条款。

在“南京安盛财务顾问有限公司诉祝某股东会决议罚款纠纷案”① 中，江苏省南京市鼓楼区人民法院认为：公司章程是公司自治的载体，既赋予股东权利，亦使股东承担义务，是股东在公司的行为准则，股东必须遵守公司章程的规定。本案中，原告南京安盛财务顾问有限公司（以下简称安盛公司）公司章程第36条虽主要是关于取消股东身份的规定，但该条第2款明确记载有“股东会决议罚款”，根据章程本身所使用的文义进行解释，能够得出在出现该条第1款所列8种情形时，安盛公司的股东会可以对当事股东进行罚款。鉴于上述约定是安盛公司的全体股东所预设的对违反公司章程股东的一种制裁措施，符合公司的整体利益，体现了有限责任公司的人合性特征，不违反公司法的禁止性规定，被告祝某亦在章程上签字予以认可，故包括祝某在内的所有股东都应当遵守。据此，安盛公司的股东会依照《公司法》第38条第11项②之规定，享有对违反公司章程的股东处以罚款的职权。

最高人民法院提取裁判摘要认为：公司章程关于股东会对股东处以罚款的规定，系公司全体股东所预设的对违反公司章程股东的一种制裁措施，符

① 本案为《最高人民法院公报》2012年第10期案例。

② 现为《公司法》（2018年修正）第37条第11项。

合公司的整体利益，体现了有限责任公司的人合性特征，不违反公司法的禁止性规定，应合法有效。但公司章程在赋予股东会对股东处以罚款职权时，应明确规定罚款的标准、幅度，股东会在没有明确标准、幅度的情况下处罚股东，属法定证据不足，相应决议无效。

（2）公司章程规定离职、退休股东转让股权条款。

在“仇某荣与江苏扬农化工集团有限公司工会委员会、江苏扬农化工集团有限公司等请求公司收购股份纠纷再审案”［（2015）苏审二商申字第00441号］中，江苏省高级人民法院认为：职工持股会作为一项改革试点制度，我国法律、法规目前尚无明确规定，供企业参照适用的是《江苏省现代企业制度试点企业职工持股会暂行办法》和《江苏省国有企业内部职工持职暂行办法》（以下简称1999年暂行办法）两个规范性文件，1999年暂行办法第24条规定“职工持股会章程须经职工持股会员大会表决通过”，其基本精神在于持股会章程的通过须经过民主审议程序。江苏扬农化工集团有限公司经过民主选举产生职工代表，并将持股的职工代表确定为持股会会员代表，结合企业自身员工众多、职代会代表与持股会代表人员重合的特点，合并召开职工代表大会和持股会会员代表大会，在2003年1月18日十七届一次职工暨三届一次持股会会员代表大会上以鼓掌方式审议、表决通过2003年持股会章程，合乎民主审议这一程序性本质要求，能反映全体持股会会员的民意。企业职工持股的本质是企业给予在职员工的福利，是建立在企业与职工间劳动关系基础上的激励机制。2003年持股会章程第19条规定：“职工在辞职、解除或终止劳动合同时，其所持股份中的量化和奖励股份视为自动放弃，由持股会收回，个人出资认购的股份由持股会按其出资额购回，均转作预留股份。”该章程对离职职工股的处理体现了企业职工持股的本质特征，符合前述文件规定及相关精神。因此，2003年持股会章程应当认定为合法有效并对所有持股职工具有约束力。职工持股卡仅仅是股东权利的记载凭证，股权内容及行使方式应当遵守章程规定，依据2003年持股会章程，基于仇某荣离职行为，其所持量化、奖励股份被无偿收回，出资股份已经被购回，所应得的价款冲抵了其欠公司的购房补贴借款，仇某荣认为持股会章程因通过主体、程序与内容违法而无效，其未退出持股会，江苏扬农化工集团有限公司工会委员会应购回其所持股份并支付对价及利息的请求无事实和法律依据。

五、公司章程的效力及异议股东的救济途径

公司章程效力争议主要出现在章程修改情形下。章程修改主要有两种类型：一是对公司内部组织事务修改，二是对股东权利的修改，包括股东表决权、股权转让、股权继承、利润分配等。前者通常不涉及私权性质的股权，与股东个别意思无关，一般是有效的；而后者任何对个别股东权的不同安排，本质上都属于对股东私权的一种处分，其修改的效力如何，值得研究。①

应说明的是，本部分主要是本书对这一问题的原理性梳理，不代表实务上的适用观点。

（一）公司章程的效力

1. 公司章程无效

修改后的章程无效是仅指章程内容违反法律、行政法规的效力性强制性规定，或者违反了公序良俗。这里强调的是绝对无效观点。实务上动辄以无效来认定章程的修改，明显是对法律行为效力瑕疵体系的误用，比如常见的公司章程对股东权利的不当限制，应更多适用相对无效规则。

2. 公司章程有效

只要章程内容没有违反法律、行政法规的效力性强制性规定，或违反公序良俗，公司章程内容原则上是有效的，具体如下：

对有限责任公司和发起设立的股份有限公司而言，初始制定的章程经过股东一致同意通过，故对全体股东有效，除非因情势变更，股东丧失预期，该股东可以正当理由要求章程内容对其不适用或对其无效。

修改后的公司章程对同意股东及弃权股东有效，这一点无异议。对后加入股东有效，因为该后加入股东已知晓修改内容，其加入公司即默认为同意。而对于异议股东而言，修改后的公司章程原则上对其也有约束力，但异议股东有数种救济手段。

---

① 参见钱玉林：《公司法实施问题研究》，法律出版社2014年版，第161页。

（二）异议股东的救济途径

1. 异议股东主张评估权：针对重大交易（变更）

《公司法》第74条第1款：有下列情形之一的，对股东会该项决议投反对票的股东可以请求公司按照合理的价格收购其股权：

……

（二）公司合并、分立、转让主要财产的；

（三）公司章程规定的营业期限届满或者章程规定的其他解散事由出现，股东会会议通过决议修改章程使公司存续的。

《公司法》第142条第1款：公司不得收购本公司股份。但是，有下列情形之一的除外：……（四）股东因对股东大会作出的公司合并、分立决议持异议，要求公司收购其股份；……

从公司角度来说，如果章程修改将导致公司发生重大变更（重大交易），在章程有效的前提下，该股东可以丧失预期为由主张评估权。①

2. 异议股东主张相对无效：针对股东压制

学理上有观点认为，非经股东同意，章程修改不得变更该股东既得权益；非经股东签署书面同意书，章程修改不得给股东设定新义务；非经股东一致同意，章程修改不得给部分股东设定新权利。②

本书不赞同上述观点。根据德国联邦最高法院的判决，如果章程修改虽然侵犯了股东的表决权，但是多数股东认为这一限制是必要的，那么它就是合法的。只是对股东权利进行限制，必须是为了公司整体利益等正当目的，且不违背股东平等原则。③

本书结合法理，认为公司章程内容可以对股东权利进行限制或增加义务负担，但有两个前提，一是该内容必须是为了公司整体的战略或利益，二是

---

① 我国《公司法》对股东评估权范围限制过窄，本书在第八章第六节有过讨论。学理上的分析可参见施天涛：《公司法论》（第4版），法律出版社2018年版，第571页以下；吴飞飞：《论公司章程的决议属性及其效力认定规则》，载《法制与社会发展》2016年第1期。

② 参见李建伟：《公司法学》（第4版），中国人民大学出版社2018年版，第111页。

③ 参见［德］托马斯·莱塞尔、［德］吕迪格·法伊尔：《德国资合公司法》（第6版），高旭军等译，上海人民出版社2019年版，第154页。该书对股东平等原则的阐发，甚具启发意义。

必须坚持股东平等原则，不区别对待。① 如果违反前面任一前提条件，相关股东可主张章程内容相对无效，即该内容对其不适用。②

在前述情形下，异议股东也可以不主张相对无效，而是主张股东评估权或提起公司解散之诉。有观点认为，实际上，宣告修改无效或者撤销修改不应该是异议股东唯一的救济渠道：一方面，绝大多数表决权支持这一修改，仅因极少数股东利益减损并提出反对就阻止这项修改是不妥当的；另一方面，对呼吁救济的小股东的利益也不应当置之不理。③

综上所述，本书将本部分内容简化如下：

第一，同意章程修改的股东，可以情势变更或丧失预期等正当理由主张章程对其不适用。

第二，对章程修改持有异议的股东，如涉及经营管理和组织架构上的重大变更（交易），可以主张股东评估权。

第三，对章程修改持有异议的股东，如涉及股权权益且符合股东压制情形的，可以主张章程修改相对无效，或者主张股东评估权，或者提起司法解散之诉。

---

① 公司法上股东平等分为绝对性平等和比例性平等。绝对性平等从公司与股东关系角度来看，公司平等对待每一个股东；比例性平等是从股东与股东关系角度来看，股东之间按照股权比例享有相应的权利。这里所提及的股东平等原则，指的是绝对性平等，参见［韩］李哲松：《韩国公司法》，吴日焕译，中国政法大学出版社2000年版，第222页以下。

② 相对无效是与绝对无效相对的一个概念，绝对无效意在保护公共利益，既可以由法院依职权认定，也可以由任何人主张。但相对无效仅涉及个体利益，与社会公共利益无涉，因此法律只授予受特定保护的当事人主张无效的权利。

③ 相关论述可参见王军：《中国公司法》（第2版），高等教育出版社2017年版，第272页。这里涉及的股东压制理论及其救济途径，本书将在后面详细探讨。

第十一章　公司机关及其成员

第一节　股东（大）会

根据《公司法》的表述，股东会或股东大会是公司最高权力机构，但其权力其实受到了很大的限制。

第一，股东会或股东大会无权设立或变更公司内部管理架构。股东会或股东大会、董事会、监事会甚至经理的职权，都是法定的。

第二，股东会或股东大会的职权，须通过其他机构配合来实现。股东会或股东大会审议事项通常须由董事会提出议案，通过的决议需要通过法定代表人或业务执行机构来对外实现。这样来看，股东会或股东大会是被动地行使其职权，只能就董事会的议案予以赞同或否决。

此外应注意的是，根据《公司法》第61条、第66条的规定，一人有限责任公司与国有独资公司不设股东会。

一、股东（大）会法定职权

《公司法》第16条：公司向其他企业投资或者为他人提供担保，依照公司章程的规定，由董事会或者股东会、股东大会决议；公司章程对投资或者担保的总额及单项投资或者担保的数额有限额规定的，不得超过规定的限额。

公司为公司股东或者实际控制人提供担保的，必须经股东会或者股东大会决议。

前款规定的股东或者受前款规定的实际控制人支配的股东，不得参加前款规定事项的表决。该项表决由出席会议的其他股东所持表决权的过半数通过。

《**公司法**》**第37条**：股东会行使下列职权：

（一）决定公司的经营方针和投资计划；

（二）选举和更换非由职工代表担任的董事、监事，决定有关董事、监事的报酬事项；

（三）审议批准董事会的报告；

（四）审议批准监事会或者监事的报告；

（五）审议批准公司的年度财务预算方案、决算方案；

（六）审议批准公司的利润分配方案和弥补亏损方案；

（七）对公司增加或者减少注册资本作出决议；

（八）对发行公司债券作出决议；

（九）对公司合并、分立、解散、清算或者变更公司形式作出决议；

（十）修改公司章程；

（十一）公司章程规定的其他职权。

对前款所列事项股东以书面形式一致表示同意的，可以不召开股东会会议，直接作出决定，并由全体股东在决定文件上签名、盖章。

《**公司法**》**第99条**：本法第三十七条第一款关于有限责任公司股东会职权的规定，适用于股份有限公司股东大会。

《**公司法**》**第121条**：上市公司在一年内购买、出售重大资产或者担保金额超过公司资产总额百分之三十的，应当由股东大会作出决议，并经出席会议的股东所持表决权的三分之二以上通过。

关于股东（大）会的法定职权，实务上有如下两方面争议问题。

（一）股东（大）会法定职权能否通过章程规定或决议方式授权董事会行使

将股东（大）会职权授予董事会行使，其具体有两种形式：一种是在章程中规定股东（大）会的某项职权由董事会行使；另一种是股东（大）会决议将某项职权交由董事会行使。

根据上一章节的介绍，之前法院倾向性观点认为这种做法无效，股东（大）会和董事会的法定职权事关公司治理之根本，不得授权董事会行使。不过近年来实务上的裁判观点倾向于有限度地认可这种授权。

（二）股东（大）会能否否决董事会的决议

根据《公司法》规定，股东（大）会作出的大多数决议均须董事会先提出具体方案。例如，股东（大）会要分配利润，须先由董事会制订并提出利润分配方案；股东（大）会拟减资或者增资，也须先由董事会提出方案。股东（大）会虽然掌握重要事项的最终决定权，但通常情况下，它本身并不能启动具体议案的审议。未经董事会提议而作出的股东（大）会决议，可能因程序违法而被判无效。

这种规制方式产生了公司的权力分野，股东（大）会与董事会并非上下级关系，而是平等的授权委托关系。例如，股东（大）会认为董事会或董事行为不当，可以主张董事会决议瑕疵，可以追究董事的违信责任，也可以解任董事职务，但是不得直接通过股东（大）会决议方式直接否决董事会决议。

二、股东（大）会会议类型

《公司法》第 39 条：股东会会议分为定期会议和临时会议。

定期会议应当依照公司章程的规定按时召开。代表十分之一以上表决权的股东，三分之一以上的董事，监事会或者不设监事会的公司的监事提议召开临时会议的，应当召开临时会议。

《公司法》第 100 条：股东大会应当每年召开一次年会。有下列情形之一的，应当在两个月内召开临时股东大会：

（一）董事人数不足本法规定人数或者公司章程所定人数的三分之二时；

（二）公司未弥补的亏损达实收股本总额三分之一时；

（三）单独或者合计持有公司百分之十以上股份的股东请求时；

（四）董事会认为必要时；

（五）监事会提议召开时；

（六）公司章程规定的其他情形。

股东（大）会的会议类型分为定期会议和临时会议两种。须注意临时会议的提议召集权利。

（一）会议类型

1. 定期会议

对有限责任公司来说，定期会议应当依照公司章程的规定按时召开。

对股份有限公司来说，股东大会应当每年召开 1 次年会。

2. 临时会议

对有限责任公司来说，代表 1/10 以上表决权的股东，1/3 以上的董事，监事会或者不设监事会的公司的监事提议召开临时会议的，应当召开临时会议。

对股份有限公司来说，有下列情形之一的，应当在两个月内召开临时股东大会：（1）董事人数不足《公司法》规定人数或者公司章程所定人数的 2/3 时；（2）公司未弥补的亏损达实收股本总额 1/3 时；（3）单独或者合计持有公司 10% 以上股份的股东请求时；（4）董事会认为必要时；（5）监事会提议召开时；（6）公司章程规定的其他情形。

（二）有权提议召集临时会议的主体

定期会议应按法定或章程规定按时召开，一般不涉及提议召集主体问题。但临时会议没有确定的召集期限，因此会涉及有权提议召集临时会议的权限问题。

在有限责任公司，有权提议主体是代表 1/10 以上表决权的股东，1/3 以上的董事，以及监事会（监事）。

在股份有限公司，有权提议主体是（单独或合计）持有公司 10% 以上股份的股东，董事会，以及监事会。

此外，提议召开临时会议只是一种提议权利，须向召集人主张（公司第一顺序的召集人是董事会或执行董事），由召集人召集股东（大）会临时会议。

三、股东（大）会会议召集和主持

《公司法》第 40 条：有限责任公司设立董事会的，股东会会议由董事会召集，董事长主持；董事长不能履行职务或者不履行职务的，由副董事长主持；副董事长不能履行职务或者不履行职务的，由半数以上董事共同推举一名董事主持。

有限责任公司不设董事会的，股东会会议由执行董事召集和主持。

董事会或者执行董事不能履行或者不履行召集股东会会议职责的，由监事会或者不设监事会的公司的监事召集和主持；监事会或者监事不召集和主持的，代表十分之一以上表决权的股东可以自行召集和主持。

《公司法》第101条：股东大会会议由董事会召集，董事长主持；董事长不能履行职务或者不履行职务的，由副董事长主持；副董事长不能履行职务或者不履行职务的，由半数以上董事共同推举一名董事主持。

董事会不能履行或者不履行召集股东大会会议职责的，监事会应当及时召集和主持；监事会不召集和主持的，连续九十日以上单独或者合计持有公司百分之十以上股份的股东可以自行召集和主持。

《上市公司章程指引》第47条：监事会有权向董事会提议召开临时股东大会，并应当以书面形式向董事会提出。董事会应当根据法律、行政法规和本章程的规定，在收到提案后10日内提出同意或不同意召开临时股东大会的书面反馈意见。

董事会同意召开临时股东大会的，将在作出董事会决议后的5日内发出召开股东大会的通知，通知中对原提议的变更，应征得监事会的同意。

董事会不同意召开临时股东大会，或者在收到提案后10日内未作出反馈的，视为董事会不能履行或者不履行召集股东大会会议职责，监事会可以自行召集和主持。

《上市公司章程指引》第48条：单独或者合计持有公司10%以上股份的股东有权向董事会请求召开临时股东大会，并应当以书面形式向董事会提出。董事会应当根据法律、行政法规和本章程的规定，在收到请求后10日内提出同意或不同意召开临时股东大会的书面反馈意见。

董事会同意召开临时股东大会的，应当在作出董事会决议后的5日内发出召开股东大会的通知，通知中对原请求的变更，应当征得相关股东的同意。

董事会不同意召开临时股东大会，或者在收到请求后10日内未作出反馈的，单独或者合计持有公司10%以上股份的股东有权向监事会提议召开临时股东大会，并应当以书面形式向监事会提出请求。

监事会同意召开临时股东大会的，应在收到请求5日内发出召开股东大会的通知，通知中对原提案的变更，应当征得相关股东的同意。

监事会未在规定期限内发出股东大会通知的，视为监事会不召集和主持股东大会，连续90日以上单独或者合计持有公司10%以上股份的股东可以自行召集和主持。

《上市公司章程指引》第51条：监事会或股东自行召集的股东大会，会议所必需的费用由本公司承担。

《九民会议纪要》第29条【请求召开股东（大）会不可诉】：公司召开股东（大）会本质上属于公司内部治理范围。股东请求判令公司召开股东（大）会的，人民法院应当告知其按照《公司法》第40条或者第101条规定的程序自行召开。股东坚持起诉的，人民法院应当裁定不予受理；已经受理的，裁定驳回起诉。

股东（大）会召集人与主持人的顺序如图11－1所示。

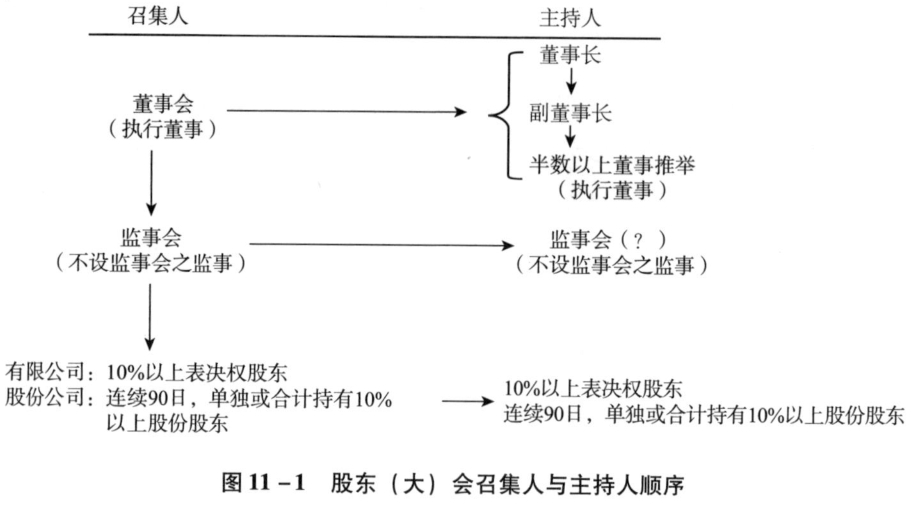

图11－1　股东（大）会召集人与主持人顺序

关于股东（大）会的召集和主持，有如下五点说明：

第一，有限责任公司和股份有限公司在股东（大）会召集和主持方面的规定类似。

第二，股东（大）会召集有先后顺序，只有前一顺序召集人不能履行或不履行召集职责的，后一顺序召集人才可以召集。但是公司法并没有说明“不能履行或者不履行职责（职务）”的认定标准。建议公司章程明确认定标准及履责（职）期限，以避免争议，这方面可参考《上市公司章程指引》相关规定。

第三，监事会召集时，“监事会是股东（大）会的主持人”这样的说法明显不具有可操作性，解释上应认为由监事会主席主持。

第四，会议主持人的角色是大会主席，负责维持会议秩序、指挥会议进程、宣布会议结果。

第五，根据《九民会议纪要》的规定，股东不得诉请公司召开股东（大）会，可根据《公司法》规定请求公司相关机构或在符合条件的情况下自行召集股东（大）会。

四、股东（大）会会议通知与公告

《公司法》第41条第1款： 召开股东会会议，应当于会议召开十五日前通知全体股东；但是，公司章程另有规定或者全体股东另有约定的除外。

《公司法》第102条第1款： 召开股东大会会议，应当将会议召开的时间、地点和审议的事项于会议召开二十日前通知各股东；临时股东大会应当于会议召开十五日前通知各股东；发行无记名股票的，应当于会议召开三十日前公告会议召开的时间、地点和审议事项。

（一）会议通知的期限

根据《公司法》第41条的规定，有限责任公司应在股东会会议召开15日前通知股东。

根据《公司法》第102条的规定，对于股份有限公司定期会议，应在会议召开20日前通知股东；对于临时会议，应在会议召开15日前通知股东；但对于持无记名股票的股东，应在会议召开30日前公告。

（二）会议通知的内容

会议通知的内容主要包括开会时间、地点、参会人员、审议事项等。一般来说，通知中不会遗漏时间、地点及参会人员，但经常会遗漏审议事项

(议题)。实践中的争议是：如果股东（大）会会议通知遗漏审议事项（议题）时，该股东（大）会会议的效力如何？

对于股份有限公司而言，这一问题争议较小。由于《公司法》第102条第1款已有明确规定，如股份有限公司股东大会会议通知遗漏审议事项（议题）或者超出通知范围审议其他事项（议题），则属于召集程序和表决方式存在瑕疵，该会议决议可以被撤销。

但对于有限责任公司而言，由于《公司法》没有明确规定，实务上对此尚未有统一的裁判观点。

在“上海斯必克钢球有限公司诉陈某峰公司决议撤销纠纷二审案”［（2017）沪01民终428号］中，上海市第一中级人民法院认为：股东会的召集程序违反法律、法规或者公司章程规定的，股东可以自决议作出之日起60日内请求人民法院撤销。召开股东会会议，应当于会议召开15日前通知全体股东。在上海斯必克钢球有限公司召开2015年度股东会通知函中，并未列明监事会架构及其成员改选和董事会成员改选两项议程，但是却形成了该两项相关决议，属于会议召集程序存在违法，应予撤销。上诉人斯必克公司虽然举证证明在之前的股东会中已经形成相同内容的股东会决议，并由新的董事会成员召开了董事会，但该两节事实即便成立，均不影响法院对本次股东会决议撤销之诉相关决议事项的审查。

在“杨某林与国信新城投资开发有限公司公司决议撤销纠纷二审案”［（2016）沪02民终940号］中，上海市第二中级人民法院认为：《公司法》及国信新城投资开发有限公司（以下简称国信新城公司）公司章程均未规定召集股东会应当事先通知股东审议的事项，有限公司股东可在会议上讨论任何有关公司的事项并作出决议。此外，系争决议第5项涉及的是股东对于国信新城公司对外债务的承担问题，法院认为，杨某林对该项决议内容所持异议属于是否违反法律、法规的效力问题，并非本案系争临时股东会决议撤销纠纷的审理范畴，杨某林可依法另行主张。

（三）会议通知的方式

对于会议通知方式，《公司法》未作规定。会议通知方式主要涉及两个方面：一是通知送达地址，二是通知送达方式。前者包括户籍所在地、工作单位所在地、实际居住地、公司注册地、公司实际经营地等；后者包括口头或电话通知、邮寄通知、电子邮件通知、短信通知、微信通知等。

鉴于实际情况中五花八门的通知送达地址和通知送达方式，本书建议做到如下三点：

第一，公司在公司章程或者股东名册等文件中就明确规定或记载所有股东有效送达地址及联系方式。

第二，无法满足前者的情况下，会议通知主体应确保会议通知发出的地址是股东实际可以接收到的地址，并采用多种送达方式，留存好通知送达的证据。比如通过邮政特快专递服务（EMS）邮寄的，应妥善保管好邮寄凭证。

第三，在穷尽所有可能的送达方式后，会议通知主体仍未能将会议通知送达给股东的，可采用类似公告送达的方式，在当地省级有影响力的报纸上刊登会议通知。

（四）会议通知的主体

《公司法》对此未作规定，一般认为由会议召集人担任会议通知主体，将会议通知送达各个股东。

五、股东（大）会会议提案

《公司法》第53条：监事会、不设监事会的公司的监事行使下列职权：……（五）向股东会会议提出提案。

《公司法》第102条第2款：单独或者合计持有公司百分之三以上股份的股东，可以在股东大会召开十日前提出临时提案并书面提交董事会；董事会应当在收到提案后二日内通知其他股东，并将该临时提案提交股东大会审议。临时提案的内容应当属于股东大会职权范围，并有明确议题和具体决议事项。

《公司法》第118条第1款：本法第五十三条、第五十四条关于有限责任公司监事会职权的规定，适用于股份有限公司监事会。

《上市公司章程指引》第53条第1款：公司召开股东大会，董事会、监事会以及单独或者合并持有公司3%以上股份的股东，有权向公司提出提案。

对于股东（大）会会议提案，有如下三点须为说明：

第一，提案权有一般提案权和临时提案权。临时提案权规定在《公司法》第102条，但没有规定有限责任公司股东是否有临时提案权，解释上可以参照适用。对于一般提案权，《公司法》部分进行了规定，参考《上市公司章程指引》第53条第1款，一般认为董事会、监事会以及单独或者合并持有公司3%以上股份（权）的股东享有一般提案权。

第二，提案应向召集人提出，并且提案的内容应当属于股东（大）会职权范围，并有明确议题和具体决议事项，这是提案的适当性要求。但只要符合前述要求，召集人应当将该提案列入股东（大）会议案。

第三，召集人发出股东（大）会通知后，除了符合要求的临时提案外，不得修改通知中已经列明的提案或新增提案。如果股东（大）会对通知中未列明的事项作出决议，可因程序瑕疵而导致股东（大）会决议不成立或者被撤销。

六、股东（大）会会议召开和表决

《公司法》第41条第2款：股东会应当对所议事项的决定作成会议记录，出席会议的股东应当在会议记录上签名。

《公司法》第42条：股东会会议由股东按照出资比例行使表决权；但是，公司章程另有规定的除外。

《公司法》第43条：股东会的议事方式和表决程序，除本法有规定的外，由公司章程规定。

股东会会议作出修改公司章程、增加或者减少注册资本的决议，以及公司合并、分立、解散或者变更公司形式的决议，必须经代表三分之二以上表决权的股东通过。

《公司法》第103条：股东出席股东大会会议，所持每一股份有一表决权。但是，公司持有的本公司股份没有表决权。

股东大会作出决议，必须经出席会议的股东所持表决权过半数通过。但是，股东大会作出修改公司章程、增加或者减少注册资本的决议，以及公司合并、分立、解散或者变更公司形式的决议，必须经出席会议的股东所持表决权的三分之二以上通过。

《公司法》第105条：股东大会选举董事、监事，可以依照公司章程的规定或者股东大会的决议，实行累积投票制。

本法所称累积投票制，是指股东大会选举董事或者监事时，每一股份拥有与应选董事或者监事人数相同的表决权，股东拥有的表决权可以集中使用。

《公司法》第106条：股东可以委托代理人出席股东大会会议，代理人应当向公司提交股东授权委托书，并在授权范围内行使表决权。

《公司法》第107条：股东大会应当对所议事项的决定作成会议记录，主持人、出席会议的董事应当在会议记录上签名。会议记录应当与出席股东的签名册及代理出席的委托书一并保存。

前面已经介绍了股东（大）会的会议主持，这里主要分析一下股东（大）会会议的表决。

（一）有限责任公司股东会会议的表决规则

1. 一般情形：按照出资比例行使表决权

一般情况下，有限责任公司股东会会议由股东按照出资比例行使表决权。这里要说明两点：

第一，这里的“出资比例”是按照“认缴出资比例”还是“实缴出资比例”计算？对于这一问题一直以来争议很大，《九民会议纪要》作了部分规定，本书结合实务及学理观点，已在第八章第二节进行分析。

第二，《公司法》没有规定股东会一般决议事项的通过比例是多少（特别决议事项有通过比例规定）。对此，参考股份有限公司部分的规定并结合一般公司法原理，可解释为经全体股东所持表决权过半数通过。

2. 章程另有规定情形

有限责任公司章程如对表决规则具体规定，可存在多种分类组合方式。

（1）出席数还是全体数？

章程可以规定按出席股东人数或者出席股东股权数计算通过比例，也可以按全体股东人数或者全体股东股权数计算通过比例。这里其实存在两种不同表决计算方式，即所谓的“资本决”或“人头决”。

应注意的是，如果某股东在股东会表决时应进行回避，此时该股东是否应计入出席数或全体数中？一般认为，在计算表决结果时，该股东或其股权数不应计入出席数或全体数中。

（2）通过比例要求。

章程可以规定决议通过比例要求，如半数以上，或者过半数，或者2/3以上等。

此外，在规定了资本多数决的情况下，章程还可以再约定出资数与表决权数不一致，这事实上属于双重股权结构安排了。

（二）股份有限公司股东大会会议的表决规则

《公司法》规定股份有限公司股东大会表决采一股一票规则，章程不能另行规定。

无论是一般决议事项还是特别决议事项，《公司法》都规定了通过比例要求。应注意的是，这两种决议类型都是按出席数来计算通过比例，其中一般决议事项以出席数的过半数表决权通过，特别决议事项以2/3以上表决权通过。

此外，股份有限公司股东大会选举董事、监事时，可以依照公司章程的规定或者股东大会的决议，实行累积投票制。应注意的是，实行累积投票制意味着股东大会对选举董事、监事实行合并表决而不是逐项表决。

第二节　董　事　会

一、董事会概述

（一）董事会与董事的关系

董事会的权力不能分解给董事个人，任何董事均不能以个人名义行使董事会的权力，只能通过召开会议形成表达董事会集体意思的决议。董事会会议实行委员会制，依多数决原则形成董事会的意思。[①]

（二）董事会与股东（大）会的关系

董事会和股东（大）会的关系问题是公司法上的难点。我国《公司法》对董事会、股东（大）会均规定了10项法定职权，并都有兜底条款“公司章程规定的其他职权”。学理上讨论较多的是我国公司法究竟采“股东（大）会中心主义”还是“董事会中心主义”。[②]

从传统公司法理论来看，股东（大）会和董事会分别享有公司所有权和经营权，并认为现代公司法建立了两权分离原则。但这种说法太过笼统。股东（大）会固然享有所有权，董事会享有经营权，但对公司经营管理真正起决定性作用的是公司控制权。[③]“股东（大）会中心主义”抑或“董事会中心主义”，其实都是在研究这个问题。然而，公司有不同类型，即使同一类型，也有不同的控制权形态，笼统地说我国公司法采纳了哪种主义是不正确的。

研究控制权在谁手里，其意义不仅在于能了解公司实际经营决策由谁作出，同时也找到了承担公司法信义义务的主体。[④]从实践中来看，控制权可能掌握在大股东（控股股东、实际控制人）手中，可能掌握在董事会手中，还有可能掌握在经理（总裁、CEO）手中。

对有限责任公司而言，其是典型的封闭公司。股东人数较少，公司董事会及高管职位往往由股东兼任，公司往往还存在大股东。对此，可认为封闭公司采“股东会中心主义”，公司控制权掌握在股东会（大股东或控股股东）手里，大股东对小股东负有信义义务。

对上市公司而言，则要区分公司是否有控股股东（或实际控制人）。有控股股东的，控制权通常在控股股东手中，除非控股股东证明自己没有影响

---

① 参见李建伟：《公司法学》（第4版），中国人民大学出版社2018年版，第298页。

② 参见许可：《股东会与董事会分权制度研究》，载《中国法学》2017年第2期。

③ 对公司法两权分离原则的反思，参见周游：《公司法上的两权分离之反思》，载《中国法学》2017年第4期。该文甚具启发意义，推荐读之。

④ 理论上对“信义义务”的概念说法不一，有称为“忠慎义务”“忠实勤勉义务”等。

董事会经营决策；没有控股股东的，控制权通常在董事会手中。这里的关键是如何判断是否存在控股股东。① 本书将控股股东认定方法整理如图 11－2 所示。

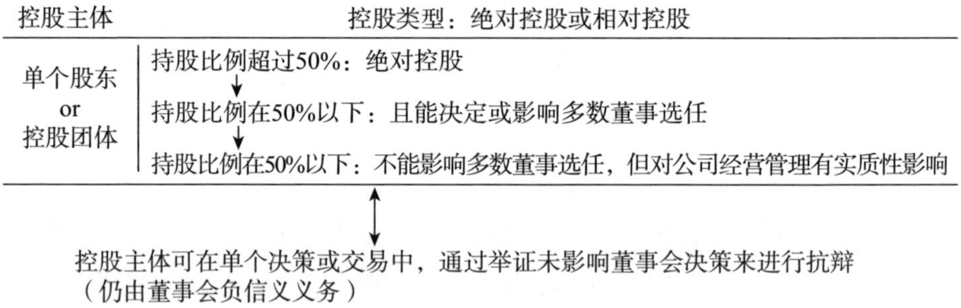

图 11－2　控股股东认定方法

注：所谓控股团体，指的是多个股东表决权一致行使，形式有表决权代理、一致行动协议等。

二、董事会法定职权

《公司法》第 46 条：董事会对股东会负责，行使下列职权：

（一）召集股东会会议，并向股东会报告工作；

（二）执行股东会的决议；

（三）决定公司的经营计划和投资方案；

（四）制订公司的年度财务预算方案、决算方案；

（五）制订公司的利润分配方案和弥补亏损方案；

（六）制订公司增加或者减少注册资本以及发行公司债券的方案；

（七）制订公司合并、分立、解散或者变更公司形式的方案；

（八）决定公司内部管理机构的设置；

（九）决定聘任或者解聘公司经理及其报酬事项，并根据经理的提名决定聘任或者解聘公司副经理、财务负责人及其报酬事项；

（十）制定公司的基本管理制度；

---

① 参见清澄君：《谁是控股股东?》，载“比较公司治理”微信公众号 2018 年 2 月 14 日。该文已和其他文章结集出版，参见张巍：《资本的规则Ⅱ》，中国法制出版社 2019 年版，第 103 页以下。这篇文章在控股股东认定上借鉴美国公司法相关理论与判例，深具启发意义。

（十一）公司章程规定的其他职权。

《公司法》第108条第4款：本法第四十六条关于有限责任公司董事会职权的规定，适用于股份有限公司董事会。

三、董事会会议类型

《公司法》第110条：董事会每年度至少召开两次会议，每次会议应当于会议召开十日前通知全体董事和监事。

代表十分之一以上表决权的股东、三分之一以上董事或者监事会，可以提议召开董事会临时会议。董事长应当自接到提议后十日内，召集和主持董事会会议。

董事会召开临时会议，可以另定召集董事会的通知方式和通知时限。

此外，根据《关于在上市公司建立独立董事制度的指导意见》的规定，全体独立董事的1/2以上同意，独立董事有权提议召开董事会。

根据上述规定，股份有限公司董事会会议分为定期会议和临时会议。须注意的是，代表1/10以上表决权的股东、1/3以上董事或者监事会享有临时会议的提议召集权。

《公司法》没有规定有限责任公司董事会的会议类型，可以借鉴股份有限公司的规定，具体由公司章程予以规范。

四、董事会会议召集和主持

《公司法》第47条：董事会会议由董事长召集和主持；董事长不能履行职务或者不履行职务的，由副董事长召集和主持；副董事长不能履行职务或者不履行职务的，由半数以上董事共同推举一名董事召集和主持。

《公司法》第109条第2款：董事长召集和主持董事会会议，检查董事会决议的实施情况。副董事长协助董事长工作，董事长不能履行职务或者不履行职务的，由副董事长履行职务；副董事长不能履行职务或者不履行职务的，由半数以上董事共同推举一名董事履行职务。

在董事会会议召集和主持的规定上，有限责任公司与股份有限公司并无不同，但是不存在由股东或监事会召集和主持董事会会议的规定。

此外，对“不能履行职务或者不履行职务”的判断上，公司章程应明确认定标准及履责（职）期限，以避免争议，这方面可参考《上市公司章程指引》相关规定，前一节已经说明，不再赘述。

五、董事会会议通知

根据《公司法》第110条的规定，股份有限公司董事会定期会议应当于会议召开10日前通知全体董事和监事。而临时会议由公司章程规定通知方式和通知时限。

根据《上市公司章程指引》第117条的规定，董事会会议通知包括如下内容：（1）会议日期和地点；（2）会议期限；（3）事由及议题；（4）发出通知的日期。

《公司法》没有规定有限责任公司董事会的会议通知方式及时限，应由公司章程规范。

六、董事会会议提案

对于有权提起董事会会议提案的主体，《公司法》没有直接规定。从解释上认为董事、经理是有权提出议案的主体。

至于提出的议案能否列入董事会议案，应由会议召集人决定，只要属于董事会职权范围内的事项，应当列入。

七、董事会会议召开和表决

《公司法》第48条：董事会的议事方式和表决程序，除本法有规定的外，由公司章程规定。

董事会应当对所议事项的决定作成会议记录，出席会议的董事应当在会议记录上签名。

董事会决议的表决，实行一人一票。

《公司法》第111条：董事会会议应有过半数的董事出席方可举行。董事会作出决议，必须经全体董事的过半数通过。

董事会决议的表决，实行一人一票。

《公司法》第112条：董事会会议，应由董事本人出席；董事因故不能出席，可以书面委托其他董事代为出席，委托书中应载明授权范围。

董事会应当对会议所议事项的决定作成会议记录，出席会议的董事应当在会议记录上签名。

董事应当对董事会的决议承担责任。董事会的决议违反法律、行政法规或者公司章程、股东大会决议，致使公司遭受严重损失的，参与决议的董事对公司负赔偿责任。但经证明在表决时曾表明异议并记载于会议记录的，该董事可以免除责任。

前面已经介绍了董事会的会议主持，这里主要分析一下董事会会议的表决。

（一）董事会会议的表决规则

股份有限公司董事会会议实行一人一票，并且在出席与表决两方面均须满足“全体过半数”要求，即全体过半数董事出席，董事会会议方可举行；全体过半数董事同意，董事会决议才能通过。

有限责任公司董事会会议也实行一人一票，但未规定出席数与表决数要求，应由公司章程予以规定。对于实务上争议较大的“董事一票否决权”（相同表述是“须经全体董事一致同意”）条款，本书认为是有效的，符合有限责任公司自治要求。在私募股权投资（PE）/风险投资（VC）等机构投资者投资有限责任公司时，这种个性化的章程条款较为常见。

但应注意的是，有限责任公司“董事一票否决权”条款在公司章程登记时，未必能获得工商行政管理机关同意通过；此外，实务上尚未对这一条款的效力形成一致性的裁判观点，这一条款被不少法院认定为无效。

（二）董事回避表决问题

当董事与决议事项存在关联关系时，该名董事应回避表决。有疑问的是，此时该董事是否需要计算在“全体董事”的基数内？本书认为，该名董事不应不计算在“全体董事”基数内。

（三）董事委托表决问题

如董事因故不能出席董事会，委托对象限于本公司其他董事，这与股东可以委托任何第三人出席股东（大）会不同，这是出于保守公司商业秘密的需要。

实践中的问题是，董事是否可以概况授权委托其他董事行使表决权？在“广西金伍岳能源集团有限公司、广西物资储备有限公司确认合同无效纠纷再审案”［（2019）最高法民再35号］中，最高人民法院认为：《公司法》第40条第1款规定：“有限责任公司设立董事会的，股东会会议由董事会召集，董事长主持；董事长不能履行职务或者不履行职务的，由副董事长主持；副董事长不能履行职务或者不履行职务的，由半数以上董事共同推举一名董事主持”；第44条第3款规定：“董事会设董事长一人，可以设副董事长。董事长、副董事长的产生办法由公司章程规定”；第47条规定：“董事会会议由董事长召集和主持；董事长不能履行职务或者不履行职务的，由副董事长召集和主持；副董事长不能履行职务或者不履行职务的，由半数以上董事共同推举一名董事召集和主持”。董事长作为董事会的负责人，对于公司的总体发展、生产经营等承担着重要的职责，因此，参照《公司法》上述条文的规定，董事长因故不能履职时，理应通过法定程序让渡权力或者进行改选，而不能通过个人总体概括授权的方式让渡董事长职权。本案中，袁某伟因被采取监视居住而不能正常履行其董事长及法定代表人职务时，其在未经公司股东会或董事会决议的情况下，向丁某顺出具《授权委托书》，委托其“代为行使物资储备公司董事长和法定代表人职权、保管公司公章印鉴并依法开展公司经营活动”，系将其公司董事长、法定代表人的职权概括授权给丁某顺，违背了《公司法》上述条文规定，丁某顺不能因此获得广西物资储备有限公司（以下简称物资储备公司）法定代表人及董事长的权限，其代表物资储备公司与广西金伍岳能源集团有限公司签订《债权转让合同》的行为属无权代表，而非物资储备公司的真实意思表示。

通过上述案例并结合公司法原理，本书对董事委托表决问题具体说明如下四点：

第一，《公司法》仅规定了股份有限公司董事委托表决，未规定有限责任公司董事委托表决问题。从原理上，该规定可类推适用于有限责任公司。

第二，一般董事委托其他董事表决必须有正当的理由，并且应限于某一次董事会会议。虽然公司法没有规定董事委托表决的次数限制，但如果事实上造成概况授权，比如长时间连续多次授权其他董事出席董事会并行使表决权，这种情况下不管该董事是否有正当理由，应认为其已无法正常履职，应由董事会建议股东（大）会予以撤换。

第三，关于董事长职权委托问题。相较于一般董事而言，董事长担任股东（大）会主持人，也是董事会召集人和主持人。此外，董事长有权检查董事会决议的实施情况。更为特殊的是，实践中绝大多数公司的董事长同时是公司的法定代表人。因董事长职权特殊，《公司法》已规定了董事长在不能履行召集和主持职责时的处理办法。对于委托表决问题，董事长可以参照一般董事处理。但董事长无权概括授权其他董事行使职权，更不得将法定代表人的权力概括授权其他人行使。

第四，由董事委托表决问题引申到监事、高级管理人员是否可以将职权委托他人行使？对此，本书认为，董事、监事及高级管理人员原则上应由自己履行相应的职责，有正当理由的可临时性委托他人代行职责，并注明授权范围，但不得概括性地授权其他人行使职责，否则有违公司法上忠实勤勉义务。

（四）董事会会议记录

董事会会议记录最大的作用是确定董事是否应当对董事会的决议承担责任。董事会的决议违反法律、行政法规或者公司章程、股东大会决议，致使公司遭受严重损失的，参与决议的董事对公司负赔偿责任。但经证明在表决时曾表明异议并记载于会议记录的，该董事可以免除责任。

第三节 监　事　会

一、监事会概述

（一）监事会的功能及其反思

监事会是公司法定常设机关，担负着监察董事、高级管理人员经营管理行为及公司财务状况两项职责（业务监察与会计监察）。

但在公司法实践中，监事会的功能很少能得到体现，许多公司的监事会只是一种摆设，并未发挥公司法立法所预期的功能。① 此外，受到美国公司法影响，我国《公司法》上还规定了独立董事会及董事会专门委员会，这些机构的职责明显与监事会存在重合。如何化解不同机构之间的冲突，值得思考。②

（二）监事会行权方式

监事会原则上是集体行使权力，与董事会一样，也是委员会制。但在例外情形下，根据《公司法》第54条的规定，监事个人有权列席董事会会议，并对董事会决议行使质询或建议的权力。

二、监事会的法定职权

《公司法》第53条：监事会、不设监事会的公司的监事行使下列职权：

（一）检查公司财务；

（二）对董事、高级管理人员执行公司职务的行为进行监督，对违反法

① 对我国监事会制度失效的反思，可参见李建伟：《公司法学》（第4版），中国人民大学出版社2018年版，第324页。

② 在日本公司法上，也同时规定了这些具有类似职能的不同机构，但其允许公司作出选择，要么选择设置监事会，要么选择设置独立董事及专门委员会。可参见赵旭东主编：《公司法学》（第4版），高等教育出版社2015年版，第300页。

律、行政法规、公司章程或者股东会决议的董事、高级管理人员提出罢免的建议；

（三）当董事、高级管理人员的行为损害公司的利益时，要求董事、高级管理人员予以纠正；

（四）提议召开临时股东会会议，在董事会不履行本法规定的召集和主持股东会会议职责时召集和主持股东会会议；

（五）向股东会会议提出提案；

（六）依照本法第一百五十一条的规定，对董事、高级管理人员提起诉讼；

（七）公司章程规定的其他职权。

《公司法》第54条：监事可以列席董事会会议，并对董事会决议事项提出质询或者建议。

监事会、不设监事会的公司的监事发现公司经营情况异常，可以进行调查；必要时，可以聘请会计师事务所等协助其工作，费用由公司承担。

《公司法》第56条：监事会、不设监事会的公司的监事行使职权所必需的费用，由公司承担。

《公司法》第118条：本法第五十三条、第五十四条关于有限责任公司监事会职权的规定，适用于股份有限公司监事会。

监事会行使职权所必需的费用，由公司承担。

监事会的职权分为实体职权和程序职权，根据《公司法》的规定，本书将其整理如图11－3所示。

根据《公司法》第54条及第56条，监事在行使监督职责时，有如下两个保障措施：

第一，监事发现公司经营情况异常时，可以聘请会计师事务所等协助其工作，费用由公司承担。

第二，监事行使职权时所必需的费用由公司承担。

- 监事会职权
  - 实体职权
    - 会计监查：检查公司财务
    - 业务监查
      - 对董事、高管执行公司职务进行监督
      - 对违法违规违章违议的董事、高管提出罢免建议
      - 要求董事、高管纠正损害公司利益的行为
  - 程序职权
    - 提议召开临时股东（大）会会议
    - 董事会不履职时召集股东（大）会
    - 向股东（大）会提出提案
    - 列席董事会会议并质询或建议
    - 对公司经营异常情况进行调查
    - 对董事、高管提起诉讼
  - 章程规定的其他职权

图 11－3　监事会的职权

三、监事会会议类型

《公司法》第 55 条第 1 款：监事会每年度至少召开一次会议，监事可以提议召开临时监事会会议。

《公司法》第 119 条第 1 款：监事会每六个月至少召开一次会议。监事可以提议召开临时监事会会议。

监事会会议同样分为定期会议和临时会议，但两类公司定期会议的规定不同，有限责任公司监事会每年度至少召开一次会议，而股份有限公司监事会每六个月至少召开一次会议。

监事有权提议召开监事会临时会议，作为监事会会议召集人的监事会主席在接到提议后，应召集临时会议。

四、监事会会议召集和主持

《公司法》第51条第3款：……监事会主席召集和主持监事会会议；监事会主席不能履行职务或者不履行职务的，由半数以上监事共同推举一名监事召集和主持监事会会议。

《公司法》第117条第3款：……监事会主席召集和主持监事会会议；监事会主席不能履行职务或者不履行职务的，由监事会副主席召集和主持监事会会议；监事会副主席不能履行职务或者不履行职务的，由半数以上监事共同推举一名监事召集和主持监事会会议。

在有限责任公司，监事会会议由监事会主席召集和主持，如其不能履行职务或不履行职务，由半数以上监事推举一名监事召集和主持。

在股份有限公司，监事会设有监事会副主席，因此在监事会会议召集和主持的顺序上，监事会副主席排在主席后面。

五、监事会会议通知

我国《公司法》对此没有规定，应由公司章程予以完善，通知内容同样应包括会议时间、地点、审议事项等内容。

六、监事会会议提案

我国《公司法》对此同样没有规定，应由公司章程予以完善，解释上应认为由监事提出。

七、监事会会议表决

《公司法》第55条：监事会每年度至少召开一次会议，监事可以提议召开临时监事会会议。

监事会的议事方式和表决程序，除本法有规定的外，由公司章程规定。

监事会决议应当经半数以上监事通过。

监事会应当对所议事项的决定作成会议记录，出席会议的监事应当在会议记录上签名。

《公司法》第119条：监事会每六个月至少召开一次会议。监事可以提议召开临时监事会会议。

监事会的议事方式和表决程序，除本法有规定的外，由公司章程规定。

监事会决议应当经半数以上监事通过。

监事会应当对所议事项的决定作成会议记录，出席会议的监事应当在会议记录上签名。

有限责任公司与股份有限公司均规定“监事会决议应当经半数以上监事通过”。这里的“监事”应当理解为全体监事而非出席会议的监事。据此，比照董事会会议的相关规定，有如下两点要说明：

第一，监事会会议应有半数以上的监事出席方可举行。

第二，监事会决议要求半数以上监事通过，而股份有限公司董事会决议要求经全体董事的过半数通过。

第四节　董事、监事及高级管理人员

一、董事、监事、高级管理人员任职资格

《公司法》第146条：有下列情形之一的，不得担任公司的董事、监事、高级管理人员：

（一）无民事行为能力或者限制民事行为能力；

（二）因贪污、贿赂、侵占财产、挪用财产或者破坏社会主义市场经济秩序，被判处刑罚，执行期满未逾五年，或者因犯罪被剥夺政治权利，执行期满未逾五年；

（三）担任破产清算的公司、企业的董事或者厂长、经理，对该公司、企业的破产负有个人责任的，自该公司、企业破产清算完结之日起未逾三年；

（四）担任因违法被吊销营业执照、责令关闭的公司、企业的法定代表人，并负有个人责任的，自该公司、企业被吊销营业执照之日起未逾三年；

（五）个人所负数额较大的债务到期未清偿。

公司违反前款规定选举、委派董事、监事或者聘任高级管理人员的，该选举、委派或者聘任无效。

董事、监事、高级管理人员在任职期间出现本条第一款所列情形的，公司应当解除其职务。

关于董事、监事、高级管理人员的任职资格，具体说明如下：

第一，董事、监事、高级管理人员只能是自然人，不能是组织。

第二，董事、监事、高级管理人员能否在其他公司兼职问题，《公司法》没有规定，一般认为与公司存在劳动关系的董事、监事、高级管理人员不能在外兼职。如不存在劳动关系，则视双方约定而定。

第三，董事、监事、高级管理人员有年龄限制，即无民事行为能力人和限制民事行为能力人不得担任。

第四，公务员不得担任董事、监事、高级管理人员。《公务员法》第59条第16项规定，公务员不得“从事或者参与营利性活动，在企业或者其他营利性组织中兼任职务”。

第五，违法选举、委派的董事、监事或者聘任的高级管理人员被解除职务后，该董事、监事、高级管理人员已领取的报酬应当退还公司，但不影响其已经作出的职务行为的效力，以维护正常的法律秩序。

二、董事相关问题

(一) 董事及董事长、副董事长的产生

1. 董事由谁产生：董事会能否选任部分董事

根据《公司法》第37条、第99条的规定，股东（大）会选举或更换董事。实务中有争议的是，章程或股东（大）会能否授权董事会选举部分董事？

理论上多持反对见解，认为立法原意赋予由全体股东所组成之股东（大）会任免公司董事之权。董事之选任权专属于股东（大）会，因此不得以章程将董事选任权委诸公司其他机关或第三人行使。①

---

① 反对的观点参见柯芳枝：《公司法论》，中国政法大学出版社2004年版，第245页；罗培新：《公司法的合同解释》，北京大学出版社2004年版，第192页以下；赞成的观点可参见蒋大兴：《公司法的展开与评判——方法·判例·制度》，法律出版社2001年版，第298页以下。

在“莫某富与姜某年、上海申华实业股份有限公司公司决议侵害股东权纠纷案”［（1998）沪一中民终字第171号］中，上海市第一中级人民法院认为：我国《公司法》明确规定了股份有限公司股东大会、董事会的性质与职权，股东大会是公司的权力机构，选举和更换董事的职权由股东大会行使；董事会对股东大会负责，执行股东大会的决议，为公司的执行和经营决策机构。上海申华实业股份有限公司（以下简称申华公司）第3届第2、3次董事会作出增补董事及常务副董事长决议的行为，是发生在我国《公司法》颁布实施之后，因此是违法的。申华公司公司章程第18条内容为“股东大会闭会期间，董事人选有必要变动时，由董事会决定，但所增补的董事人数不得超过董事总数的三分之一。”该规定不仅违反了《公司法》，而且与我国《公司法》颁布前股份有限公司设立以来的有关政策、法规亦是相悖的。因此，该公司章程规定不具有法律效力。国家对原有股份有限公司主要内容依照《公司法》进行限期规范，但这并不允许在规范期限内继续可作出违反《公司法》的行为。申华公司第3届董事会作出增补董事的决议，超越了我国股份有限公司董事会的权限，违反法律，侵害了股东的权益。因此，原审法院据此确认该行为无效，依法所作的判决，是正确的。上诉人的上诉请求，缺乏依据，二审法院不予支持。

这一问题在本书第十章中已有过初步分析，但并未涉及董事会能否选任部分董事问题。从诉讼风险角度来看，公司章程或股东（大）会授权董事会选任部分董事的做法极有可能会被法院认定为无效。

2. 董事如何产生：协商分配还是选举

《公司法》第105条第1款：股东大会选举董事、监事，可以依照公司章程的规定或者股东大会的决议，实行累积投票制。

《上市公司治理准则》第17条：董事、监事的选举，应当充分反映中小股东意见。股东大会在董事、监事选举中应当积极推行累积投票制。单一股东及其一致行动人拥有权益的股份比例在30%及以上的上市公司，应当采用累积投票制。采用累积投票制的上市公司应当在公司章程中规定实施细则。

对于有限责任公司董事的产生方式，《公司法》并无具体规定。从实务中来看，有限责任公司多协商分配董事名额，即每个股东享有一个或若干个董事提名权，股东各自委派董事，[①] 但是通常会通过股东会会议表决方式得以合法化。

而股份有限公司尤其是上市公司被鼓励采用累积投票制。证监会甚至在《上市公司治理准则》中直接规定控股股东控股比例在30%及以上的上市公司，应当采用累积投票制。

3. 董事长、副董事长的产生及职权

《公司法》第44条第3款：董事会设董事长一人，可以设副董事长。董事长、副董事长的产生办法由公司章程规定。

《公司法》第109条第1款：董事会设董事长一人，可以设副董事长。董事长和副董事长由董事会以全体董事的过半数选举产生。

有限责任公司与股份有限公司在董事长、副董事长的产生方式上存在差别：有限责任公司董事长、副董事长的产生方式由公司章程规定，而股份有限公司董事长、副董事长由董事会以全体董事过半数选举产生。

我国《公司法》并没有单独规定董事长的职权，但结合《公司法》相关条文，可将董事长的职权总结如下：第一，董事长可以担任公司法定代表人，由此行使法定代表人的相应职责；第二，担任股东（大）会主持人、董事会召集人和主持人；第三，检查董事会决议的实施情况。除此之外，董事长没有相对于其他董事的特殊权力，尤其是在董事会表决上，遵循的是全体董事一人一票原则。[②]

有疑问的是，在董事会闭会期间能否将其部分职权转授权给董事长个人行使？一般认为，原则上董事会职权不可以转授权董事长个人行使，董事既然受托经营管理，应当亲自勤勉尽责，不得擅自同意将董事会职权转委托。

4. 职工代表董事

《公司法》第44条第2款：两个以上的国有企业或者两个以上的其他国有投资主体投资设立的有限责任公司，其董事会成员中应当有公司职工代表；

---

① 参见王军：《中国公司法》（第2版），高等教育出版社2017年版，第260页。

② 参见赵旭东主编：《公司法学》（第4版），高等教育出版社2015年版，第296页；李建伟：《公司法学》（第4版），中国人民大学出版社2018年版，第300页以下。

其他有限责任公司董事会成员中可以有公司职工代表。董事会中的职工代表由公司职工通过职工代表大会、职工大会或者其他形式民主选举产生。

《公司法》第67条：国有独资公司设董事会，依照本法第四十六条、第六十六条的规定行使职权。董事每届任期不得超过三年。董事会成员中应当有公司职工代表。

董事会成员由国有资产监督管理机构委派；但是，董事会成员中的职工代表由公司职工代表大会选举产生。

董事会设董事长一人，可以设副董事长。董事长、副董事长由国有资产监督管理机构从董事会成员中指定。

《公司法》第108条第2款：董事会成员中可以有公司职工代表。董事会中的职工代表由公司职工通过职工代表大会、职工大会或者其他形式民主选举产生。

除了国有独资公司或者两个以上国资公司投资设立的有限责任公司必须有职工代表董事外，其他公司可自主决定是否安排职工代表董事。

（二）董事的人数

《公司法》第44条第1款：有限责任公司设董事会，其成员为三人至十三人；但是，本法第五十条另有规定的除外。

《公司法》第108条第1款：股份有限公司设董事会，其成员为五人至十九人。

根据上述规定，有限责任公司只要设有董事会，其人数只能在3~13人。如不设董事会，公司只有一名执行董事。

股份公司必须设有董事会，其人数只能在5~19人。

董事人数只要在上述上下限范围内即可，没有奇数或偶数的要求。

（三）董事的任期

《公司法》第45条：董事任期由公司章程规定，但每届任期不得超过三年。董事任期届满，连选可以连任。

董事任期届满未及时改选，或者董事在任期内辞职导致董事会成员低于法定人数的，在改选出的董事就任前，原董事仍应当依照法律、行政法规和公司章程的规定，履行董事职务。

《公司法》第108条第3款：本法第四十五条关于有限责任公司董事任期的规定，适用于股份有限公司董事。

根据上述规定，《公司法》规定了每届董事的最长任期，但董事任期届满可以连选连任。理论上经公司聘任，董事可以终生任职。

董事任期届满或在任期内辞职，在改选出新的董事就任前，原董事仍应按照法律法规章程规定，履行董事职务。

（四）解聘董事或董事辞职

在理解解聘董事或董事辞职相关问题前，须首先厘清董事与公司的关系。学理上有“委任说”和“信托说”两种观点，但最高人民法院认为，委任与信托本质上都属于我国合同法上所称“委托”的范畴，因此两种理论并无本质上的区别。公司聘任董事所形成的法律关系在本质上属于委托/信托关系，而非劳动或者劳务关系，董事亦非雇员。因此，虽然董事亦可能领取报酬，但并非基于劳动或者劳务合同。相应地，在董事辞职或者解聘时原则上也不适用关于劳动或者劳务的法律规定。

概括而言，我国公司法上公司与董事之间实为委托关系，依股东（大）会的选任决议和董事答应任职而成立合同法上的委托合同。①

1. 解聘董事

（1）谁有权解聘董事？

《民法典》第933条：委托人或者受托人可以随时解除委托合同。因解除合同造成对方损失的，除不可归责于该当事人的事由外，无偿委托合同的解除方应当赔偿因解除时间不当造成的直接损失，有偿委托合同的解除方应当赔偿对方的直接损失和合同履行后可以获得的利益。

《公司法解释五》第3条第1款：董事任期届满前被股东会或者股东大会有效决议解除职务，其主张解除不发生法律效力的，人民法院不予支持。

股东（大）会选举的董事，由股东（大）会解聘；职工代表大会选举的

① 参见贺小荣主编：《最高人民法院民事审判第二庭法官会议纪要——追寻裁判背后的法理》，人民法院出版社2018年版，第259页以下。

董事，由职工代表大会解聘；委派或指派的董事，由委派或指派方股东解聘。

实务上经常有争议的是，董事任期未到，股东（大）会能否解聘董事？对此，理论上有“有条件解聘”和“无条件解聘”两种说法。我国1993年《公司法》规定了有条件解聘，股份有限公司的董事在任期届满前，股东大会不得无故解除其职务，但现行《公司法》将此规定删除。

无条件解聘的观点符合前述“委托合同说”的观点，根据《民法典》第933条的规定，委托合同双方都有任意解除权。而根据《公司法解释五》第3条的规定，股东（大）会可以随时解除董事的职务，而不论其任期是否届满。

本书认为，原则上可采无条件解聘观点，但在有限责任公司中，因无条件解除股东的董事资格可能涉及股东压制问题，因此这一情形下不能直接适用无条件解聘观点。①

（2）解聘何时生效？

股东（大）会选举的董事，自股东（大）会解聘决议生效后即丧失董事职务；职工代表大会选举的董事，经职工代表大会解聘决议生效后丧失董事职务；委派或指派的董事，经委派或指派方股东发出解聘的意思后丧失董事职务。

（3）解聘后的补偿问题。

《公司法解释五》第3条第2款：董事职务被解除后，因补偿与公司发生纠纷提起诉讼的，人民法院应当依据法律、行政法规、公司章程的规定或者合同的约定，综合考虑解除的原因、剩余任期、董事薪酬等因素，确定是否补偿以及补偿的合理数额。

根据《民法典》第933条及《公司法解释五》第3条的规定，董事如被无故解聘，可根据上述规定要求解聘方承担补偿责任，除非公司证明董事是因违反忠实勤勉义务而被解聘。实践中，公司与董事的委托文件中通常也会包含董事被提前解聘的补偿条款。

① 关于股东压制问题，本书将在后续章节具体分析。

2. 董事辞职

根据法律规定，董事也可以随时解除委托合同，因此董事向公司董事会提交辞职书后，即产生辞职的法律效力，但法律或者公司章程另有规定，或者经公司董事会与辞任董事一致同意由董事撤回辞职书的除外。①

此外，董事在任期内辞职导致董事会成员低于法定人数的，在改选出的董事就任前，原董事仍应依照法律、行政法规和公司章程的规定，履行董事职务。

（五）有限责任公司执行董事

《公司法》第50条：股东人数较少或者规模较小的有限责任公司，可以设一名执行董事，不设董事会。执行董事可以兼任公司经理。

执行董事的职权由公司章程规定。

有些有限责任公司股东人数较少，或者规模偏小，此时可以只有一位执行董事，执行董事往往会兼任公司经理。

三、监事相关问题

（一）监事及监事长的产生

1. 监事的产生

《公司法》第51条第2款：监事会应当包括股东代表和适当比例的公司职工代表，其中职工代表的比例不得低于三分之一，具体比例由公司章程规定。监事会中的职工代表由公司职工通过职工代表大会、职工大会或者其他形式民主选举产生。

《公司法》第70条第1款：国有独资公司监事会成员不得少于五人，其中职工代表的比例不得低于三分之一，具体比例由公司章程规定。

《公司法》第117条第2款：监事会应当包括股东代表和适当比例的公司职工代表，其中职工代表的比例不得低于三分之一，具体比例由公司章程

① 参见贺小荣主编：《最高人民法院民事审判第二庭法官会议纪要——追寻裁判背后的法理》，人民法院出版社2018年版，第256页。

规定。监事会中的职工代表由公司职工通过职工代表大会、职工大会或者其他形式民主选举产生。

根据《公司法》第37条、第99条的规定，股东（大）会选举或更换监事。

应注意的是，《公司法》强制有限责任公司与股份有限公司必须有职工代表监事，具体比例不低于1/3。所谓职工代表监事，首先，须是公司的职工（《劳动法》意义上的劳动者）；其次，经职工大会或职工代表大会等民主程序被选举为职工代表监事。与职工代表董事相比，除了两类国资背景公司外，《公司法》并不强制公司必须有职工代表董事。

在“上海江阳水产品批发交易市场经营管理有限公司、魏某礼与上海保翔冷藏有限公司、上海长翔冷藏物流有限公司公司决议效力确认纠纷二审案”①［(2017) 沪02民终第891号］中，上海市第二中级人民法院认为：本案的主要争议焦点在于魏某礼是否具备职工代表监事资格。现二上诉人称，公司法上的职工并没有限定为劳动关系，应包括事实劳务关系、兼职人员等，故魏某礼具备担任上海长翔冷藏物流有限公司（以下简称长翔公司）职工监事的资格。法院认为，与公司签订劳动合同或者存在事实劳动关系是成为职工代表监事的必要条件，魏某礼并不具备担任长翔公司职工代表监事的资格，理由如下：第一，职工代表大会是协调劳动关系的重要制度，职工代表须与公司存在劳动关系。我国《公司法》未明确担任职工代表的条件，宜通过相关行政规章的规定对职工代表资格进行解释。《企业民主管理规定》第23条规定，“与企业签订劳动合同建立劳动关系以及与企业存在事实劳动关系的职工，有选举和被选举为职工代表大会代表的权利。依法终止或者解除劳动关系的职工代表，其代表资格自行终止”。本案中魏某礼于系争股东会决议作出时已不再担任长翔公司执行董事，且未在长翔公司领取薪水，即与长翔公司不存在劳动关系，故魏某礼不具备作为职工代表的资格。第二，职工代表监事应通过职工代表大会、职工大会等形式，从职工代表中民主选举产生。《公司法》第51条第2款规定了监事会应包括公司职工代表，说明职工代表

① 本案为《最高人民法院公报》2019年第11期案例。

资格是成为职工代表监事的前提，本案中魏某礼并非职工代表，因此不具备担任长翔公司职工代表监事的资格。另，《公司法》第 51 条第 2 款亦规定职工代表的比例不得低于 1/3，该比例系《公司法》上效力性强制性规定，本案中魏某礼不具备职工代表资格，另外两名监事系股东代表，职工代表比例为零，违反前款规定，故一审法院认定系争股东会决议中任命魏某礼为长翔公司职工代表监事的条款无效，并无不当，二审法院予以支持。至于二上诉人认为选举职工代表监事程序合法、与会职工均有表决资格一节，因魏某礼不具备职工代表资格，无论与会职工是否具有表决资格，均无法改变监事会中无职工代表的事实，亦无法补正系争股东会决议相关条款的效力，故对于二上诉人的前述主张，二审法院不再处理。

2. 监事会主席的产生

《公司法》第 51 条第 3 款：监事会设主席一人，由全体监事过半数选举产生。……

《公司法》第 70 条第 2 款：……监事会主席由国有资产监督管理机构从监事会成员中指定。

《公司法》第 117 条第 3 款：监事会设主席一人，可以设副主席。监事会主席和副主席由全体监事过半数选举产生。……

有限责任公司与股份有限公司的监事会主席产生方式相同，均由全体监事过半数选举产生。但国有独资公司的监事会主席由国有资产监督管理机构在监事会成员中指定。

（二）监事的人数

《公司法》第 51 条第 1 款：有限责任公司设监事会，其成员不得少于三人。股东人数较少或者规模较小的有限责任公司，可以设一至二名监事，不设监事会。

《公司法》第 70 条第 1 款：国有独资公司监事会成员不得少于五人，其中职工代表的比例不得低于三分之一，具体比例由公司章程规定。

《公司法》第 117 条第 1 款：股份有限公司设监事会，其成员不得少于三人。

有限责任公司与股份有限公司监事会成员不得少于3人，但股东人数较少或者规模较小的有限责任公司可以不设监事会，仅设1～2名监事。

国有独资公司监事会成员不得少于5人。

（三）监事的任期

《公司法》第52条：监事的任期每届为三年。监事任期届满，连选可以连任。

监事任期届满未及时改选，或者监事在任期内辞职导致监事会成员低于法定人数的，在改选出的监事就任前，原监事仍应当依照法律、行政法规和公司章程的规定，履行监事职务。

《公司法》第117条第5款：本法第五十二条关于有限责任公司监事任期的规定，适用于股份有限公司监事。

《公司法》规定了每届监事的任期，但监事任期届满可以连选连任。理论上经公司聘任，监事可以终生任职。

监事任期届满或在任期内辞职，其处理与董事相同，在改选出的新监事就任前，原监事仍应按照法律法规章程规定，履行监事职务。

（四）监事的限制

《公司法》第51条第4款：董事、高级管理人员不得兼任监事。

《公司法》第117条第4款：董事、高级管理人员不得兼任监事。

因监事在公司负有监督检查的职责，为防止产生利益冲突，董事、高级管理人员不得兼任监事。

四、高级管理人员相关问题

（一）高级管理人员的认定

《公司法》第216条第1项：高级管理人员，是指公司的经理、副经理、财务负责人，上市公司董事会秘书和公司章程规定的其他人员。

高级管理人员在董事会的领导下，执行公司相关决议决策，负责公司日常经营管理工作。

根据《公司法》第147条的相关规定，高级管理人员对公司负有忠实勤勉义务。此外，根据《公司法》第 11 条规定，公司章程对高级管理人员有拘束力，因此高级管理人员的身份认定至关重要。但从实务上看，高级管理人员的称谓多种多样，这给高级管理人员的身份认定造成困扰，成为实务上一大争议点。

在“王某文与神塑科技有限公司职工破产债权确认纠纷案”［（2015）宁民初字第 00004 号］中，长沙市宁乡县人民法院认为：关于原告是否系公司高级管理人员的问题，《公司法》第 216 条第 1 项规定，高级管理人员是指公司的经理、副经理、财务负责人、上市公司董事会秘书及公司章程规定的其他人员。现被告公司章程对高级管理人员没有其他特别约定，而法院认为对高级管理人员的认定应从保护公司整体利益的目的出发，凡不涉及公司整体利益，从事负责公司某一方面具体业务工作的人员，不应认定为公司高级管理人员，本案中原告所任职务为改性事务部副总监，为技术性工种，其工作并不涉及公司的整体利益，故不应认定为公司高级管理人员。

在“涂某元与苏州市施强医疗器械有限公司追索劳动报酬纠纷案”［（2016）苏 0505 民初 776 号］中，苏州市虎丘区人民法院认为：关于原告认为其不属于《公司法》第 216 条第①项规定的高级管理人员范围的意见，公司法虽然明确了高级管理人员的范围为公司的经理、副经理、财务负责人，上市公司董事会秘书和公司章程规定的其他人员，但是实践中，在确认公司高级管理人员的身份时应当结合公司的组织架构、管理人员的具体工作职责来综合进行判断，不能仅限于其具体职务名称。本案中，被告公司除了总经理以外，并未设置副经理等其他职务，原告的职务虽然为管理者代表，其职务名称属于医药行业主管质量管理体系的高层管理人员，但从被告向其颁发的任命书所载明的职责来看，其除了要履行与质量管理体系有关的管理职责以外，还负责公司日常行政管理工作及各部门的职能督导，该职能范围与被告公司的组织架构相一致，原告除了制定与公司产品质量有关的《品质手册》以外，还制定了公司的《离职管理制度》和《奖惩管理制度》等公司重要规章制度，故法院认为原告实际在履行被告公司高级管理人员的职责，应当认定属于高级管理人员的范围。

（二）经理相关问题

《公司法》第49条：有限责任公司可以设经理，由董事会决定聘任或者解聘。经理对董事会负责，行使下列职权：

（一）主持公司的生产经营管理工作，组织实施董事会决议；

（二）组织实施公司年度经营计划和投资方案；

（三）拟订公司内部管理机构设置方案；

（四）拟订公司的基本管理制度；

（五）制定公司的具体规章；

（六）提请聘任或者解聘公司副经理、财务负责人；

（七）决定聘任或者解聘除应由董事会决定聘任或者解聘以外的负责管理人员；

（八）董事会授予的其他职权。

公司章程对经理职权另有规定的，从其规定。

经理列席董事会会议。

《公司法》第68条第1款：国有独资公司设经理，由董事会聘任或者解聘。经理依照本法第四十九条规定行使职权。

《公司法》第113条：股份有限公司设经理，由董事会决定聘任或者解聘。

本法第四十九条关于有限责任公司经理职权的规定，适用于股份有限公司经理。

1. 公司法中“经理”概念

公司法上的“经理”，指的是公司高级管理团队的负责人，全面负责公司日常经营管理。但在实践中，这一职位常见的称谓是“总裁”“总经理”“首席执行官”（CEO）等。

实务上的“经理”概念，常被用于公司基层的业务人员，如“销售经理”“客户经理”等。有时候公司具体内设部门负责人也被称呼为“经理”或“总经理”，如“风险部总经理”“市场部经理”（但也有不少公司内设部门负责人用“总监”或“××官”的说法，如“法务总监”“风控官”）。

对于经理职位，《公司法》规定有限责任公司可以自主决定是否设立经理职位，但股份有限公司与国有独资公司必须设经理。

2. 经理的职权

经理的职权规定在了《公司法》第49条。关于该条，有如下几点说明：

第一，该条第2款同时规定，章程可以对经理职权另作规定。这意味着经理的上述职权均非法定职权，章程可以作出与第49条完全不同的规定。这样章程既可以将经理职权规定得非常广泛，也可能对经理职权作出严格的限制。

第二，根据第49条对经理职权规定可以看出，经理职权主要是对内管理职权，没有对外代表职权。但经理作为公司行政管理团队的负责人，需要经常对外代表公司签约，而我国《公司法》将对外代表职权授予法定代表人行使，在董事长担任法定代表人情况下，有可能产生董事长与经理之间的权力冲突。因此，经理如不是公司法定代表人，其对外签约行为属于代理行为，需要公司单独进行授权委托。

3. 经理的聘任与解聘

根据《公司法》相关规定，经理由董事会决定聘任或者解聘。经理对董事会负责。

4. 经理解聘后的劳动关系处理

（1）经理劳动关系的认定。

《关于确立劳动关系有关事项的通知》第1条：用人单位招用劳动者未订立书面劳动合同，但同时具备下列情形的，劳动关系成立。

（一）用人单位和劳动者符合法律、法规规定的主体资格；

（二）用人单位依法制定的各项劳动规章制度适用于劳动者，劳动者受用人单位的劳动管理，从事用人单位安排的有报酬的劳动；

（三）劳动者提供的劳动是用人单位业务的组成部分。

《关于确立劳动关系有关事项的通知》第2条：用人单位未与劳动者签订劳动合同，认定双方存在劳动关系时可参照下列凭证：

（一）工资支付凭证或记录（职工工资发放花名册）、缴纳各项社会保险费的记录；

（二）用人单位向劳动者发放的“工作证”、“服务证”等能够证明身份的证件；

（三）劳动者填写的用人单位招工招聘“登记表”“报名表”等招用记录；

（四）考勤记录；

（五）其他劳动者的证言等。

其中，（一）、（三）、（四）项的有关凭证由用人单位负举证责任。

经理受公司董事会聘任或解聘，与公司存在类似合同法上的委托关系（聘任关系），公司董事会可以无条件解聘经理。与此同时，外聘的经理为公司提供劳动或管理技能，接受公司的管理，与公司之间形成了劳动法上的劳动关系。此时，经理与公司之间存在双重的法律关系。在“上海家化联合股份有限公司与王某劳动合同纠纷二审案”［（2015）沪二中民三（民）终字第747号］中，上海市第二中级人民法院认为：高级管理人员目前仍属我国劳动合同法调整对象，对其行使解雇权应当符合劳动合同法的规定。对于建立劳动关系后被董事会聘任的高级管理人员而言，其作为公司员工，相关的劳动权利受劳动法保护。董事会有权聘用或解聘高级管理人员是公司法赋予董事会的权利，但董事会依公司法聘用或解聘高级管理人员应视为系对相关岗位的人事安排。对于已与公司建立劳动关系的高级管理人员而言，董事会通过决议解除其职务应视为是对其岗位进行变更，并不必然导致劳动关系的解除。董事会决议是否有效应根据公司法的规定进行审查，公司基于劳动法享有的解雇权与其基于公司法享有的对高级管理人员的解聘权虽有牵连，但并不冲突。上海家化联合股份有限公司认为基于董事会撤销王某总经理职务的决议即可与其解除劳动合同依据不足。据此，上海家化联合股份有限公司恢复与王某的劳动关系。

如公司否认与经理存在劳动关系，经理可结合《关于确立劳动关系有关事项的通知》（劳社部发〔2005〕12号）的规定来举证。

但是，如果股东基于股东间约定兼任公司经理或其他高管职务，参与公司经营管理的，因其与公司之间并无建立劳动关系的合意，一般认为这种情况下，双方不存在劳动关系。[①]

（2）经理解聘后的劳动关系处理。

经公司董事会作出解聘经理决议后，解聘即行生效。但对于公司与经理之间的劳动关系，通常有如下两种处理方式：

①解除与经理的劳动合同。

《劳动合同法》第36条：用人单位与劳动者协商一致，可以解除劳动合同。

《劳动合同法》第39条：劳动者有下列情形之一的，用人单位可以解除劳动合同：

（一）在试用期间被证明不符合录用条件的；

（二）严重违反用人单位的规章制度的；

（三）严重失职，营私舞弊，给用人单位造成重大损害的；

（四）劳动者同时与其他用人单位建立劳动关系，对完成本单位的工作任务造成严重影响，或者经用人单位提出，拒不改正的；

（五）因本法第二十六条第一款第一项规定的情形致使劳动合同无效的；

（六）被依法追究刑事责任的。

《劳动合同法》第40条：有下列情形之一的，用人单位提前三十日以书面形式通知劳动者本人或者额外支付劳动者一个月工资后，可以解除劳动合同：

（一）劳动者患病或者非因工负伤，在规定的医疗期满后不能从事原工作，也不能从事由用人单位另行安排的工作的；

（二）劳动者不能胜任工作，经过培训或者调整工作岗位，仍不能胜任工作的；

（三）劳动合同订立时所依据的客观情况发生重大变化，致使劳动合同无法履行，经用人单位与劳动者协商，未能就变更劳动合同内容达成协议的。

《劳动合同法》第46条：有下列情形之一的，用人单位应当向劳动者支

---

① 参见北京市第一中级人民法院：《公司高管和用人单位发生争议？法官：平衡保护劳资共赢！》，载微信公众号“北京市第一中级人民法院”2020年12月4日。

付经济补偿：

（一）劳动者依照本法第三十八条规定解除劳动合同的；

（二）用人单位依照本法第三十六条规定向劳动者提出解除劳动合同并与劳动者协商一致解除劳动合同的；

（三）用人单位依照本法第四十条规定解除劳动合同的；

（四）用人单位依照本法第四十一条第一款规定解除劳动合同的；

（五）除用人单位维持或者提高劳动合同约定条件续订劳动合同，劳动者不同意续订的情形外，依照本法第四十四条第一项规定终止固定期限劳动合同的；

（六）依照本法第四十四条第四项、第五项规定终止劳动合同的；

（七）法律、行政法规规定的其他情形。

《劳动合同法》第48条：用人单位违反本法规定解除或者终止劳动合同，劳动者要求继续履行劳动合同的，用人单位应当继续履行；劳动者不要求继续履行劳动合同或者劳动合同已经不能继续履行的，用人单位应当依照本法第八十七条规定支付赔偿金。

《劳动合同法》第87条：用人单位违反本法规定解除或者终止劳动合同的，应当依照本法第四十七条规定的经济补偿标准的二倍向劳动者支付赔偿金。

公司董事会在解聘经理后，如不想再与该经理保持劳动关系，可以解除劳动合同。如公司主动提出解除劳动合同，可能有如下3种法律后果：

第一，公司不需要支付任何赔偿或补偿金。这需要公司举证经理存在《劳动合同法》第39条规定的一个或数个情形。

第二，公司需要支付经济补偿金。这主要适用于如下几种情形，一是公司主动提出并与劳动者协商一致解除劳动合同；二是公司无过失辞退劳动者，即《劳动合同法》第40条规定的情形；三是公司因解散或破产而需要解除劳动合同。实务上来看，如公司无法与经理协商一致解除，一般只能举证经理存在《劳动合同法》第40条规定的情形，其中最常用的是第2项和第3项规定。

针对第2项情形，公司其实很难举证。公司先要举证经理不能胜任工作，然后要对经理进行调岗或培训，而对作为高管的经理进行培训或调岗较难实施，最后还得再证明经理经培训或调岗后不能胜任工作。这三个环节不仅耗时耗费，而且公司往往还无法举证成功。

对第3项情形而言，在“邱某红与参天制药（中国）有限公司劳动争议纠纷再审案”[（2017）吉民再296号]中，吉林省高级人民法院认为：《劳动法》和《劳动合同法》对用人单位在确实出现了“客观情况发生重大变化”时，作出了可以依法解除劳动合同的规定，用人单位可以只向劳动者支付经济补偿，而不支付经济赔偿金。但《劳动法》的立法目的主要是为了更好地保护劳动者的合法权益不受侵害，所以在法律适用上要在权衡劳动者与用人单位之间利益平衡的基础上，尽可能保护处于相对弱势的劳动者的合法权益。对于是否属于“客观情况发生重大变化”的情形不应进行扩大性解释，不可滥用。否则有可能会放纵用人单位利用组织架构调整、岗位撤并等手段随意解除与劳动者之间的劳动合同却不承担法律责任的行为，从而损害劳动者的合法权益。从《劳动法条文说明》第26条第4款列举的“客观情况”如“不可抗力”“企业迁移、被兼并、企业资产转换等”几种情形可以看出，“客观情况”确属企业无法控制或无法改变的外部事实，解除劳动合同也是企业的无奈之举。如果对“企业迁移、被兼并、企业资产转换等”中的“等”进行扩充，从逻辑上讲也只能扩充至与前述情形处于同一“重大”位阶的其他客观情况。而本案中，参天制药（中国）有限公司（以下简称参天公司）的经营状况并没有出现《劳动法条文说明》第26条第4款所提及的“发生不可抗力或出现致使劳动合同全部或部分条款无法履行的其他情况”。相反，其组织结构调整完全是出于自身的利益需要，目的在于能够成为行业龙头，属于企业根据自身经营状况选择的自主经营性调整。其原因并非与《劳动法条文说明》中的“不可抗力”及“企业迁移、被兼并、企业资产转移”在同一层次上的重大客观事实，所以不能认定参天公司进行结构调整属于《劳动法条文说明》第26条中的“客观情况发生重大变化”。

总的来说，本书认为，公司适用《劳动合同法》第40条规定解除与经理的劳动合同，并仅支付经济补偿金的策略，风险较高，实践中较难实现。

第三，公司需要支付经济赔偿金。这是公司解除与经理劳动合同成本最高的一种方式，如公司无理由或无法举证存在上述规定的情形即与经理解除劳动合同，公司须支付相当于经济补偿金双倍的经济赔偿金。在“佛山市盛诚五金制品有限公司与龙某忠劳动合同纠纷案”［（2014）佛三法西民初字第71号］中，佛山市三水区人民法院认为：被告作为原告的副总经理和法定代表人，虽未与公司签订劳动合同，但被告受原告的劳动管理，从事原告安排的有报酬的劳动，而被告提供的劳动也是原告的业务组成部分，以上符合劳动关系的要素，应确认双方之间存在劳动关系。被告的法定代表人身份，不能排除双方存在劳动关系的事实。由于原告并无提供证据证明被告工作不称职，对于被告所主张的原告无法定理由辞退被告，法院予以确认。根据《劳动合同法》第47条、第87条的规定，原告应向被告支付违法解除劳动合同赔偿金。

②调整经理的工作岗位。

《长三角研讨会纪要》第6条：用人单位未与劳动者协商或者协商未达成一致意见，调整劳动者工作岗位的有效性认定。

除《中华人民共和国劳动合同法》四十条第一项和第二项规定的用人单位可以单方调整劳动者工作岗位的法定情形外，用人单位可以按劳动合同约定或者规章制度规定对劳动者工作岗位进行调整。如劳动合同无约定或者规章制度未规定，但确属用人单位生产经营所必需，且对劳动者的劳动报酬以及其他劳动条件未作不利变更，劳动者有服从安排的义务，可以认定用人单位调整劳动者工作岗位有效。

公司解聘经理后，可对其进行调岗，这涉及两个问题，一是如何调岗？二是调岗后的工资待遇如何支付？

关于调岗，公司不得有侮辱性和惩罚性的行为，比如将原经理调岗至门卫。建议可考虑调整至与其能力相匹配的岗位或地位较高的虚职岗位。调岗中更关键的是调岗后的工资待遇问题，原则上应与原经理岗位基本相当，不得断崖式降薪。不过经理作为高级管理人员，其工资结构往往较为复杂，除普通员工工资所包含的基本工资、岗位工资、年终奖金、绩效奖金、年底加薪等项目外，还享有利润分成、租房津贴、子女教育津贴、用车补贴、探亲费用等特殊福利待遇。同时，高级管理人员年终奖金、绩效奖金的计发依据及标准也往往与普通员工存在较大差异。在经理被解除职务后，公司应对其基本工资、岗位工资、津贴补贴等固定薪资待遇部分以及相对固定发放的奖金维持不变，可对与员工绩效和公司经营情况相关联的非固定发放的各项奖金进行调整，此时经理无权主张被迫离职并要求经济补偿。

（三）其他高级管理人员相关问题

《公司法》第46条第9项：董事会对股东会负责，行使下列职权：决定聘任或者解聘公司经理及其报酬事项，并根据经理的提名决定聘任或者解聘公司副经理、财务负责人及其报酬事项。

《公司法》第108条第4款：本法第四十六条关于有限责任公司董事会职权的规定，适用于股份有限公司董事会。

第十二章 公司决议

一、公司决议概述

（一）决议的性质

决议，是指二人以上出席会议，依各自意思表示对议案进行表决，经法定或者约定的多数赞成通过，对全体有表决权人均发生拘束力的行为。

按照实施人的单复数，法律行为可分为单方法律行为、契约行为、共同行为和决议行为。较难区别的是共同行为和决议行为，学理上提出了三个区别点：共同行为只存在一个意思表示，而决议包括多个意思表示；共同行为只有一个意思表示，因而所有表意人意思一致，而决议行为绝大多数情形下适用多数决，且对反对者有拘束力；共同行为需要对外实施，以实现其目的，而决议行为仅是团体内部的意思，不对团体外部产生效力。①

（二）决议的适用范围

公司的股东（大）会、董事会、监事会这法定“三会”都是以作出决议的方式行使其权力，上述法定“三会”中的个别成员不得冒用“三会”名义而作出决议。

（三）决议的成立时间

《公司法》第41条第2款：股东会应当对所议事项的决定作成会议记录，出席会议的股东应当在会议记录上签名。

---

① 学理观点可参见朱庆育：《民法总论》（第2版），北京大学出版社2016年版，第137页以下；李适时主编：《中华人民共和国民法总则释义》，法律出版社2017年版，第42页。

《公司法》第48条第2款：董事会应当对所议事项的决定作成会议记录，出席会议的董事应当在会议记录上签名。

《公司法》第55条第4款：监事会应当对所议事项的决定作成会议记录，出席会议的监事应当在会议记录上签名。

《公司法》第107条：股东大会应当对所议事项的决定作成会议记录，主持人、出席会议的董事应当在会议记录上签名。会议记录应当与出席股东的签名册及代理出席的委托书一并保存。

《公司法》第112条第2款：董事会应当对所议事项的决定作成会议记录，出席会议的董事应当在会议记录上签名。

《公司法》第119条第4款：监事会应当对所议事项的决定作成会议记录，出席会议的监事应当在会议记录上签名。

决议依照表决规则作出之时即告成立，无法定形式。《公司法》上对有限责任公司或股份有限公司的股东（大）会、董事会、监事会要求制作的"会议记录"，仅仅是证明决议存在的证据，非决议的法定形式。[①]

（四）决议的成立方式

1. 一般成立方式：会议方式生成

决议一般成立方式是通过会议来实现的，因而立法规制的重点就是会议的程序，具体有三步：是否构成会议、会议议事方式及会议表决要求。实务上主要关注的是第一步和第三步，并通过"出席数"和"表决数"两个概念进行规制。

所谓出席数，是指由多少成员或代表多少表决权的成员参加，会议方能有效召开的比重。常见的有要求全体成员出席方可举行会议；有要求过半数成员（或代表过半数表决权的成员）出席方可举行会议；当然也有不限制出席数的，只要有成员参加就可以举行会议。

应注意的是，出席数有可能以人头数计算，也有可能以表决权数计算，视法律法规或公司章程的规定。

---

① 参见王军：《中国公司法》（第2版），高等教育出版社2017年版，第275页。

所谓表决数，是指由多少成员或代表多少表决权的成员同意，会议决议方能通过的比重。常见的有要求全体成员一致同意；有要求绝对多数成员同意或者有过半数成员同意等。

应注意的是，表决数也有可能按人头数计算，或者是按表决权数计算。此外，对于分母的统计，或者按全体数计算，或者按出席数计算，也视法律法规或公司章程的规定。

2. 特殊成立方式：书面一致同意方式生成

《公司法》第37条第2款：对前款所列事项股东以书面形式一致表示同意的，可以不召开股东会会议，直接作出决定，并由全体股东在决定文件上签名、盖章。

根据上述《公司法》的规定，有限责任公司全体股东可以通过书面一致同意的方式形成决议，这是决议的特殊成立方式。该规定有两个要点：一是书面方式，二是全体股东一致同意。由此又产生了两个问题：

第一，书面方式能否以其他形式加以体现？学理上有认为，书面方式仅是一种证据形式，如发生争议时能提供其他证据证明全体股东存在一致同意意见的，也可以成立决议。

第二，公司章程应可以规定决议以书面一致同意方式成立，但其能否规定股东以书面多数决方式成立决议？这尚未见有讨论。从原理角度看，应不允许公司章程规定股东以书面多数决方式成立决议。

（五）决议的作用方式

公司决议的作用方式根据决议适用对象的不同，分为如下三种情形。

1. 针对公司内部事项

比如股东（大）会修改公司章程的决议，批准董事会、监事会报告的决议，同意利润分配方案的决议等，针对这些内部事项，公司决议一经作出即产生效力。

2. 针对公司内部人

比如解聘董事或高管的决议、变更法定代表人的决议，针对公司内部人的决议，公司决议一经作出即产生效力，前述人员即丧失董事、高管或法定代表人职位。

3. 针对公司外部人

针对公司外部人的决议如欲发挥作用，不仅要公司作成决议，同时须公司法定代表人或授权代表以公司名义与公司外部人缔结合同，最典型的是公司对外担保，不仅需要公司股东（大）会或董事会作出担保决议，还要公司与外部债权人签署担保合同。

有争议的是，公司聘任董事或高管除了需要公司决议外，是否需要单独签署委任（委托）合同？本书认为，与解聘董事或高管不同，聘任董事或高管时，该董事或高管还不是公司内部人，公司内部决议无法对其产生约束，因此聘任董事或高管不仅需要公司聘任的决议，还须公司与之订立委任合同。当然，实践中可能公司与董事或高管并不存在书面的委任合同，但董事或高管的赴任行为其实是以默示方式与公司订立了合同。但在解聘董事或高管的情形下，董事或高管是公司内部人，公司决议对内部人有约束力，该决议一旦生效，即对董事或高管发生效力，因此不另外需要解除委任合同。

（六）决议的正当性基础——团体法视角的观察

决议对决议机构的全体成员有拘束力，不管该成员有没有参会，也不管该成员是赞成、弃权还是反对决议。由此产生的疑问是，决议对未参会及反对决议的成员具有拘束力，这一情形的正当性基础是什么？

理论上认为，决议的正当性不是来自表意的一致性，而是来自正当程序，由于决议通常实行多数决，对于表意被吸收的少数成员而言，其权益的保护主要依赖程序正义。所以，程序对于决议来说具有至关重要的价值。[①] 一般来说，决议这一法律行为的有效要件包括内容合法与程序合法两种。而程序存在瑕疵将导致决议不成立或决议被撤销，由此也可以看出程序在决议形成过程中的重要作用。

二、决议瑕疵之一：决议不成立

决议不成立，是指当事人所主张的某一决议，事实上从未作出或者不满

---

① 参见李建伟：《公司法学》（第4版），中国人民大学出版社2018年版，第91页。

足程序要求而不构成通过。

（一）决议不成立的适用范围

《公司法解释四》第5条：股东会或者股东大会、董事会决议存在下列情形之一，当事人主张决议不成立的，人民法院应当予以支持：

（一）公司未召开会议的，但根据公司法第三十七条第二款或者公司章程规定可以不召开股东会或者股东大会而直接作出决定，并由全体股东在决定文件上签名、盖章的除外；

（二）会议未对决议事项进行表决的；

（三）出席会议的人数或者股东所持表决权不符合公司法或者公司章程规定的；

（四）会议的表决结果未达到公司法或者公司章程规定的通过比例的；

（五）导致决议不成立的其他情形。

《公司法》仅仅规定了决议无效和可撤销之诉。但决议无效和可撤销之诉均系针对已经成立的决议，未能涵盖决议不成立的情形。《公司法解释四》规定了决议不成立之诉，建立了决议瑕疵三分法体系。

《公司法解释四》规定了决议不成立的五种情形，前两种是事实上不存在决议（未召开会议和未进行表决），第三种与第四种是程序上的瑕疵导致决议不成立（出席数不符合规定和表决数不符合规定）。第五种是兜底条款，一般认为部分股东签名被伪造的决议可能属于决议不成立的情形。

在“遵义市明德机动车驾驶培训有限责任公司、张某公司决议纠纷二审案”［（2018）黔民终936号］中，贵州省高级人民法院认为：遵义市明德机动车驾驶培训有限责任公司（以下简称明德公司）、张某均认可2016年4月4日的股东会决议上张某的签名不是其本人所签。明德公司称张某的签名是其口头委托赵某所签，但张某本人予以否认，且二审中明德公司仍无法提交证据证明张某的签名是其委托赵某所签。根据证据规则，当事人未能提供证据或者证据不足以证明其事实主张的，由负有举证证明责任的当事人承担不利的后果。法院认为，根据《公司法解释四》第5条“股东会或者股东大会、董事会决议存在下列情形之一，当事人主张决议不成立的，人民法院应当予以支持：（一）公司未召开会议的，但依据公司法第三十七条第二款或者公司章程规定可以不召开股东会或者股东大会而直接作出决定，并由全体股东在决定文件上签名、盖章的除外；（二）会议未对决议事项进行表决的；（三）出席会议的人数或者股东所持表决权不符合公司法或者公司章程规定的；（四）会议的表决结果未达到公司法或者公司章程规定的通过比例的；（五）导致决议不成立的其他情形”的规定，本案符合股东会决议不成立的构成要件，一审法院对案涉股东会决议不成立的认定正确。

在“马某勇、蒋某美与南京峰缘光学仪器有限公司公司决议纠纷再审案”[（2017）苏民再124号]中，江苏省高级人民法院认为：有限责任公司的股东会议，应当由符合法律规定的召集人依照法律或公司章程规定的程序，召集全体股东出席，并由符合法律规定的主持人主持会议。股东会议需要对相关事项作出决议时，应由股东依照法律、公司章程规定的议事方式、表决程序进行决议，达到法律、公司章程规定的表决权比例时方可形成股东会决议。法院认为，案涉股东会决议因下列情形，应当确认为不成立。其一，本案中，马某勇、蒋某美认为股东会决议上两人的签名系伪造，公司就决议的作出事实上并未召开过股东会。南京峰缘光学仪器有限公司（以下简称峰缘公司）虽对此予以否认，但不能提供就案涉决议曾通知、召开过公司股东会的证据，也不能证明案涉决议的作出符合《公司法》第37条之规定，即股东以书面形式对表决事项一致表示同意。故案涉股东会决议因公司未召开会议应认定为不成立。其二，退一步说，即使如峰缘公司主张就案涉股东会决议的作出确实召开过股东会，案涉股东会决议第1、2项表决事项，系公司经营范围变更及董事人员变更，依照公司章程规定，需代表1/2以上表决权的股东通过；案涉股东会决议第3项表决事项为同意修改公司章程，根据《公司法》第43条第2款的规定，股东会决议作出修改公司章程、增加或者减少注册资本的决议，必须经代表2/3以上表决权的股东通过。由于峰缘公司章程规定股东是按照出资比例行使表决权，马某勇、蒋某美的出资比例合计为51%，故两人在股东会所占表决权为51%，马某勇、蒋某美认为其并未参与表决通过案涉股东会决议，峰缘公司虽主张股东会决议上该两人的签名系其委托他人代签，但马某勇、蒋某美对此不予认可，峰缘公司也不能提供证据证明代签行为得到了马某勇、蒋某美的授权，故股东会决议的表决结果因该两人未同意通过而不能达到法律或者公司章程规定的通过比例，在此情况下，仍应认定股东会决议不成立。综上，因股东会决议尚未成立，故马某勇、蒋某美关于确认案涉股东会决议无效诉请的前提条件尚未成就，法院不予支持。

（二）决议不成立之诉的原告

《公司法解释四》第1条：公司股东、董事、监事等请求确认股东会或者股东大会、董事会决议无效或者不成立的，人民法院应当依法予以受理。

决议不成立之诉的原告与决议无效之诉的原告相同，具体分析及实务上争议点，本书将在下文探讨。

（三）决议不成立之诉的时效

《公司法》及司法解释并没有规定决议不成立之诉的时效问题。一般认为，公司决议不成立之诉与公司决议无效之诉一样，不受除斥期间或者诉讼时效的限制。

在“海城智胜镁制品有限公司、美国华盈有限公司公司决议纠纷二审案”［（2018）辽民终920号］中，辽宁省高级人民法院认为：关于美国华盈有限公司（以下简称华盈公司）的诉请是否超过诉讼时效的问题。《民法总则》第188条第1款①规定：“向人民法院请求保护民事权利的诉讼时效期间为三年。……”《诉讼时效规定》第1条规定：“当事人可以对债权请求权提出诉讼时效抗辩，但对下列债权请求权提出诉讼时效抗辩的，人民法院不予支持：（一）支付存款本金及利息请求权；（二）兑付国债、金融债券以及向不特定对象发行的企业债券本息请求权；（三）基于投资关系产生的缴付出资请求权；（四）其他依法不适用诉讼时效规定的债权请求权。”根据上述规定，向人民法院请求保护民事权利的债权请求权是受诉讼时效限制的。本案中，华盈公司系针对章程修正案、董事会决议成立与否的事实提起的诉讼，并未要求人民法院对其民事权利进行保护，只是要求人民法院对章程修正案、董事会决议是否成立的状态进行确认，故原判认定华盈公司的诉请不受诉讼

---

① 现为《民法典》第188条第1款。

时效的限制，并无不妥。另外，案涉章程修正案、董事会决议未成立，故海域智胜镁制品有限公司（以下简称智胜公司）不应依据章程修正案、董事会决议申请延长其公司的经营期限，原判根据华盈公司的诉请判令智胜公司向所属对外经济贸易主管部门、工商行政管理主管部门申请撤销依据2006年12月18日章程修正案、股东会决议所进行的外商投资企业变更登记、工商备案登记，属于要求智胜公司根据客观事实自行恢复原始状态，亦无不当。

三、决议瑕疵之二：决议无效

（一）决议无效的适用范围

《公司法》第22条第1款：公司股东会或者股东大会、董事会的决议内容违反法律、行政法规的无效。

公司决议无效事由仅指决议内容违法，但决议内容违法尚未达成共识或已完成类型化，给实务适应带来了很大的难题。《公司法解释四（征求意见稿）》曾作出过规定，该意见稿第6条规定，股东会或者股东大会、董事会决议存在下列情形之一的，应当认定无效：（1）股东滥用股东权利通过决议损害公司或者其他股东的利益；（2）决议过度分配利润、进行重大不当关联交易等导致公司债权人的利益受到损害；（3）决议内容违反法律、行政法规强制性规定的其他情形。

司法实务中常见的决议无效案件有：侵犯股东的优先认股权，侵犯股东的分红权，违法解除股东资格，非法变更股东出资额和持股比例，侵犯公司利益，侵犯公司债权人利益，选举的董事、监事、高管不具有任职资格，违反禁售期规定转让股权，未经财务核算分配公司资产，侵犯股东的经营管理权等。

下面两个是实务上典型判决决议无效的案例，分别是决议侵犯股东权益和侵犯公司利益。

在“夏某中与贵州省黔西交通运输联合有限公司、何某阳、潘某华公司决议效力确认纠纷案”［（2016）最高法民申334号］中，最高人民法院再审认为：案涉股东会决议作出于2010年，本案应适用2005年《公司法》。根据一审、二审查明的案件事实，夏某中向代某贵出具的授权委托书并不包括代其参加股东会并对决议内容发表意见的内容，故2010年3月30日、6月20日、6月24日、6月29日贵州省黔西交通运输联合有限公司召开的股东会所作出的关于增加注册资本以及修改公司章程的股东会决议内容，没有经过当时仍持有公司93.33%股权的夏某中的同意，也没有证据证明夏某中就公司的该次增资已知悉并明确放弃了优先认缴权，故上述决议内容违反了2005年《公司法》第35条关于“股东有权优先按照实缴的出资比例认缴出资”的规定，侵犯了夏某中认缴增资的合法权益，依据2005年《公司法》第22条第1款规定，应认定无效。二审判决关于是否侵害夏某中优先认购权的认定缺乏证据证明。同时，根据2005年《公司法》第44条第2款规定，无论公司章程如何规定，股东会会议作出修改公司章程、增加或者减少注册资本的决议，以及公司合并、分立、解散或者变更公司形式的决议，必须经代表2/3以上表决权的股东通过，故二审判决认定“上述股东会决议内容经潘某华、何某阳二位股东通过，符合《公司法》及黔西交通公司章程的相关规定”为适用法律错误。

在“北京恒通冠辉投资有限公司上诉杜某春等公司决议效力确认纠纷案”［（2016）京01民终6676号］中，北京市第一中级人民法院认为：《公司法》第22条第1款规定：“公司股东会或者股东大会、董事会的决议内容违反法律、行政法规的无效。”本案中，北京恒通冠辉投资有限公司（以下简称恒通公司）2016年6月4日股东会决议第1项内容约定，将恒通公司账面资金300万元分给徐某强等10名股东。因恒通公司系企业法人，有独立的法人财产，上述资产属于恒通公司资金，在未经全体股东同意的情况下，部分股东决议将公司资产分给部分股东，损害了恒通公司及其他股东的合法权益，违反《公司法》第20条第1款关于“公司股东应当遵守法律、行政法规和公司章程，依法行使股东权利，不得滥用股东权利损害公司或者其他股东的利益；不得滥用公司法人独立地位和股东有限责任损害公司债权人的利益”的规定，当属无效。

本书认为，公司决议内容主要有两种类型：一是涉及公司经营管理和内部组织事务；二是调整股东权利，包括股东表决权、股权转让、股权继承、利润分配等。

前者涉及的是公司整体利益，只要程序上符合要求，一般是有效的。但有两点值得注意：一是决议内容将导致公司发生重大变更或重大交易，在决议有效的前提下，异议股东可以丧失预期为由主张评估权；① 二是决议内容对内部组织事务进行修改的，实务上通常以违反法律、行政法规的强制性规定为由，主张决议无效。典型情况如公司股东（大）会授权董事会行使部分职权，法院通常认为该行为无效。

后者涉及的是对股东股权的调整，比如给部分股东增加义务或限制，或者对部分股东赋予额外权益。公司决议内容可以对股东股权进行调整，但有两个前提：一是该内容必须是为了公司整体的战略或利益；二是必须坚持股东平等原则，不区别对待。实务上往往以对部分股东增加义务或赋予权益为由，主张决议内容无效。本书认为，除了主张决议无效外，还可以通过其他途径，比如股权回购请求权、司法解散等进行救济，毕竟《公司法》本身提供了多元的救济渠道。

（二）决议无效之诉的原告

《公司法解释四》第1条：公司股东、董事、监事等请求确认股东会或者股东大会、董事会决议无效或者不成立的，人民法院应当依法予以受理。

提起决议无效之诉的原告原则上是公司股东、董事、监事三类人。应注意的是，对于起诉时已经不具备身份资格的原股东、董事、监事，除因公司剥夺股东资格或者解除董事、监事职务的决议外，原股东、董事、监事不再享有提起决议无效之诉的权利。②

除了上述三类人之外，上述司法解释中的“等”字还能包括哪些主体？实务上有争议的主要是如下三类人：公司高级管理人员、公司职工及公司债权人。

一般认为，公司高级管理人员在法律地位上与董事、监事类似，因此公

---

① 参见施天涛：《公司法论》（第4版），法律出版社2018年版，第571页以下。

② 参见杜万华主编：《最高人民法院公司法司法解释（四）理解与适用》，人民法院出版社2017年版，第26页以下；王军：《中国公司法》，高等教育出版社2017年版，第276页以下。

司高级管理人员可以作为原告提起公司决议无效及不成立之诉。

对于公司职工，如果公司决议侵害其利益，原则上受到《劳动法》或《劳动合同法》保护，不得提起公司决议无效或不成立之诉。但也有观点认为公司决议侵害其利益情形下，可以作为原告起诉。

实践中争议最多的是公司债权人的权益受到股东（大）会或董事会决议的侵害，其是否可以提起决议无效或不成立之诉？最高人民法院曾有支持公司债权人诉权的观点，认为决议无效之诉的原告包括公司以外的人。主要理由有两个：第一，只要有诉的利益，即有起诉权；第二，《公司法》对无效之诉的起诉权人是开放性规定，没有作出限制。① 关于公司债权人的诉的利益，常见的有如下两种：一是公司违反“无利不分”原则的股利分配决议，公司债权人可以提起公司决议无效之诉；二是基于公司章程或协议约定，公司债权人通过契约机制进入公司治理，成为享有参与、监督公司经营管理的权利主体，此时如决议内容侵犯公司债权人该等权利，公司债权人可以提起公司决议无效之诉。②

但目前强有力的反对观点认为，公司决议仅仅是公司内部意思的形成，并非公司对外的意思表示，公司意思形成后，需要依赖董事会、法定代表人、经理或者其他履行公司职务行为的人，以公司的名义将公司的意思表示转告他人，进而与他人形成合同或者其他法律关系。因此，公司外部人如债权人是与公司而不是公司股东（大）会、董事会进行交易，因此股东（大）会、董事会决议存在重大瑕疵，也只能是公司的意思表示存在瑕疵，债权人不得直接对公司内部决议提起诉讼。比如，股东（大）会决议拖延偿还公司债权人的债务，该债权人即不能提起决议无效或者不存在之诉。如果允许债权人提起此类诉讼，无异于将公司治理让与债权人参与，更何况公司决议只是一种内部法律关系的形成，与债权人不存在直接的法律关系，因此，债权人不宜作为公司决议效力之诉的原告。否则，极易引发司法实践中的滥诉问题。

---

① 参见理喻：《涉公司股东权益司法实务问题答疑——专访最高人民法院民二庭负责人》，载《法律适用》2013 年第 7 期。刘德权主编：《最高人民法院司法观点集成·商事卷Ⅰ》，中国法制出版社 2017 年版，第 567 页以下。

② 参见李建伟：《公司法学》（第 4 版），中国人民大学出版社 2018 年版，第 311 页。

（三）决议无效之诉的时效

前文已经说明，公司决议不成立之诉与公司决议无效之诉不应当受除斥期间或者诉讼时效的限制。

在“朱某清与郑州格维恩科技有限公司、纪维公司决议纠纷二审案”［（2016）豫01民终9355号］中，河南省郑州市中级人民法院认为：根据郑州格维恩科技有限公司（以下简称格维恩科技公司）的公司章程，公司增加或减少注册资本的决议，必须经代表2/3以上表决权的股东通过，2013年5月25日的股东会，作为公司股东的朱某清未被通知参加，当时作出决议的股东所代表的表决权也未达到2/3，该次股东会召开程序不合法；从股东会的决议内容来看，即便增资，朱某清、纪某、高某诚应按3人的出资比例认缴出资，纪某私自增资901万元，侵犯了朱某清的增资权利，因此该决议内容违反了公司法的相关规定，一审法院确认格维恩科技公司2013年5月25日的股东会决议无效符合法律规定。该股东会决议无效属自始无效，单纯的时间经过不能改变无效合同的违法性，朱某清向人民法院申请确认该决议效力，不适用两年①诉讼时效期间的限制，故对格维恩科技公司、纪某所称朱某清的诉求超过诉讼时效期间的上诉理由法院亦不予支持。

四、决议瑕疵之三：决议可撤销

《民法典》第85条：营利法人的权力机构、执行机构作出决议的会议召集程序、表决方式违反法律、行政法规、法人章程，或者决议内容违反法人章程的，营利法人的出资人可以请求人民法院撤销该决议。但是，营利法人依据该决议与善意相对人形成的民事法律关系不受影响。

（一）决议可撤销之诉的适用范围

《公司法》第22条第2款：股东会或者股东大会、董事会的会议召集程序、表决方式违反法律、行政法规或者公司章程，或者决议内容违反公司章程的，股东可以自决议作出之日起六十日内，请求人民法院撤销。

① 本案适用的是2009年修正的《民法通则》关于诉讼时效的规定。

1. 决议可撤销之诉的适用范围：与“决议不成立之诉”的区别

决议可撤销和决议不成立的根本区别在于制度价值不同。法律行为成立与否是事实判断问题，而法律行为的效力是法律价值判断问题。如果一项决议缺乏基本的成立要件，自无所谓效力评价的问题。二者的区别还有：第一，从瑕疵程度上看，可撤销决议的程序瑕疵严重程度相比较而言要弱于不成立的决议，后者的程序瑕疵非常严重，以至于决议不能成立；第二，从瑕疵原因看，决议可撤销的事由除了程序瑕疵外，还包括决议内容违反公司章程，后者的事由仅限于程序瑕疵。①

应予注意的是，上述仅是理论上的划分。从实务角度看，更有意义的是在个案中权衡，以确定究竟属于决议不成立还是决议可撤销。虽然决议不成立与决议可撤销的判断标尺大体重合，只是瑕疵程度不同，但在原告起诉资格、时效等方面均存在较大差异，此时倒不如说决议不成立与决议无效的制度价值更为接近。

关于决议内容违反公司章程的判断相对简单些，从实务上看，会议召集程序、表决方式违反法律、行政法规主要是如下类型。

（1）会议未通知、未送达通知或通知时限不符合法律、行政法规的规定。

公司有义务按照法律、行政法规的规定，将会议通知送达给股东、董事等有权参会主体，公司应保存好通知送达的证据，否则可能要承担不利后果。

在“上海日诞智能科技有限公司、梅某意与洪某公司决议纠纷再审案”［（2016）沪民申 2829 号］中，上海市高级人民法院认为：一审、二审法院经审理查明，2015 年 4 月 20 日，梅某意委托律师向洪某邮寄函件提议召开临时股东会，该函件于 2015 年 5 月 22 日被逾期退回，该节事实不足以证明洪某故意拒收上述函件，故法院不能认定洪某已经收到函件而未履行召集临时股东会的职责。梅某意作为公司监事，在未确定洪某收到上述函件的情况

① 参见杜万华主编：《最高人民法院公司法司法解释（四）理解与适用》，人民法院出版社 2017 年版，第 138 页。

下以洪某不履行相关职务为由，自行召集临时股东会，该临时股东会召开后形成的决议不符合上海日诞智能科技有限公司的章程规定。因梅某意召集临时股东会的程序违反日诞公司的章程规定，一审、二审法院依照《公司法》相关规定判决撤销该临时股东会决议，具有事实和法律依据。

（2）会议召集或主持主体不符合法律、行政法规的规定。

在“上海富珩置业有限公司与宋某桦公司决议撤销纠纷二审案”［（2016）沪01民终9790号］中，上海市第一中级人民法院认为：本案主要争议是涉案股东会决议的召集程序是否违反《公司法》和公司章程的规定。《公司法》第39条规定，代表1/10以上表决权的股东，1/3以上的董事，监事会或者不设监事会的公司的监事提议召开临时会议的，应当召开临时会议。第40条规定，有限责任公司不设董事会的，股东会会议由执行董事召集和主持。董事会或者执行董事不能履行或者不履行召集股东会会议职责的，由监事会或者不设监事会的公司的监事召集和主持；监事会或者监事不召集和主持的，代表1/10以上表决权的股东可以自行召集和主持。上海富珩置业有限公司（以下简称富珩公司）的章程对此也有相应规定。富珩公司2015年10月19日的股东会系股东沈某自行召集，沈某并未向公司执行董事宋某提议召集。富珩公司上诉称宋某桦实际已于2015年2月离职，不再履行其公司职责，缺乏相应证据证明。即使如富珩公司所述宋某桦已不再履职，但沈某也未向公司监事宋某桦提议召集和主持股东会。富珩公司上诉称沈某向公司监事即股东宋某桦发送关于召开临时股东会的通知即包含要求公司监事召集临时股东会的内容，与事实不符，亦于法无据。另外，关于召开临时股东会的通知中的会议地址也并非涉案股东会的实际召开地址。因此，一审法院认定富珩公司2015年10月19日股东会的召集违反《公司法》及公司章程的规定，并无不当。

（3）会议表决方式不符合法律、行政法规的规定。

在“于某港与河北航空集团天鹅国际旅行社有限公司公司决议撤销纠纷案”［（2016）冀01民终3776号］中，河北省石家庄市中级人民法院认为：董事会的召集程序、表决方式以及内容应符合公司法及公司章程的规定。本案中河北航空集团天鹅国际旅行社有限公司2016年1月8日召开的董事会会议中由田某华董事本人表决是否同意其自己负责公司的生产经营管理工作实为不妥，该董事在本次会议议题的表决上应当回避。

（4）会议决议内容超出会议通知范围。

《公司法》第102条第3款：股东大会不得对前两款通知中未列明的事项作出决议。

对于这一问题，应区分有限责任公司与股份有限公司。对股份有限公司来说，如决议内容超出会议通知范围，则违反《公司法》第102条第3款的规定，法院认为决议内容可撤销，这一点实务上没有分歧。但对有限责任公司来说，这一问题存在争议，不同法院有不同的理解。

在“上海斯必克钢球有限公司诉陈某峰公司决议撤销纠纷二审案”［（2017）沪01民终428号］中，上海市第一中级人民法院认为：股东会的召集程序违反法律、法规或者公司章程规定的，股东可以自决议作出之日起60日内请求人民法院撤销。召开股东会议，应当于会议召开15日前通知全体股东。在上海斯必克钢珠有限公司（以下简称斯必克公司）召开2015年度股东会通知函中，并未列明监事会架构及其成员改选和董事会成员改选两项议程，但是却形成了该两项相关决议，属于会议召集程序存在违法，应予撤销。上诉人斯必克公司虽然举证证明在之前的股东会中已经形成相同内容的股东会决议，并由新的董事会成员召开了董事会，但该两节事实即便成立，均不影响法院对本次股东会决议撤销之诉相关决议事项的审查。

在“杨某林与国信新城投资开发有限公司公司决议撤销纠纷二审案”［（2016）沪02民终940号］中，关于系争决议内容，杨某林主张，其事先并不知晓股东会上讨论免除其职务的议题。上海市第二中级人民法院认为：《公司法》及国信新城投资开发有限公司章程均未规定召集股东会应当事先通知股东审议的事项，有限公司股东可在会议上讨论任何有关公司的事项并作出决议。

2. 决议可撤销之诉适用的特殊要求：法院可要求提供担保

《公司法》第22条第3款：股东依照前款规定提起诉讼的，人民法院可以应公司的请求，要求股东提供相应担保。

法院应对需要提供担保的情况严格掌握，即只有在股东提起决议撤销之诉可能会给公司造成经济损失的情况下，方可要求股东提供相应的担保。

（二）决议可撤销之诉的原告

《公司法解释四》第2条：依据民法典第八十五条、公司法第二十二条第二款请求撤销股东会或者股东大会、董事会决议的原告，应当在起诉时具有公司股东资格。

根据《公司法》第22条第2款的规定，提起公司决议撤销之诉的原告限于公司股东。

《公司法解释四》则对股东起诉资格作了进一步限制，要求“在起诉时具有公司股东资格”。但被公司剥夺股东资格的决议，原股东可以提起决议撤销之诉。

（三）决议可撤销之诉的时效

《公司法解释一》第3条：原告以公司法第二十二条第二款、第七十四条第二款规定事由，向人民法院提起诉讼时，超过公司法规定期限的，人民法院不予受理。

根据《公司法》第22条第2款的规定，股东可以自决议作出之日起60日内，请求人民法院撤销。

股东行使的撤销权是形成权的一种，因而60日的期限应为除斥期间，以决议作出之日而非股东知道或者应当知道决议之日开始计算。该60日期限不得中止、中断或延长。①

在“怀某与山东汇皓利食品有限公司、张某振公司决议撤销纠纷二审案”［（2016）鲁16民终840号］中，山东省滨州市中级人民法院认为：本案系被上诉人怀某要求撤销2013年11月1日的股东会决议，对于股东会议决议，《公司法》第22条第2款规定，股东可以在自决议作出之日起60日内，请求法院撤销，被上诉人2013年12月26日向法院提起诉讼，后被上诉人撤回起诉。2014年9月19日，被上诉人再次提起诉讼，已超法定的60日内的期限，该60日内的法定期限系除斥期间，不适用诉讼时效关于中止、中

① 参见杜万华主编：《最高人民法院公司法司法解释（四）理解与适用》，人民法院出版社2017年版，第120页。

断、延长的规定。超过法定期限的，人民法院不予支持。从涉案决议作出之日起至被上诉人怀某提起本案诉讼之日止已超过60日，故应驳回被上诉人怀某的诉讼请求。

有疑问的是，如公司股东会的出席人数符合要求，并且经过符合表决权数的股东通过，但该次会议没有通知小股东，且小股东知道公司决议时已超过60日，此时该小股东是否还能提起公司决议撤销之诉？从《公司法》第22条的规范目的来看，该小股东应无法提起决议撤销之诉，但其可以股东权利受侵害，公司召集程序违法等理由主张决议无效。

在“何某华与嘉兴市聚力源典当有限责任公司股东会决议效力纠纷二审案”［（2010）浙嘉商终字第429号］中，浙江省嘉兴市中级人民法院认为：关于2008年7月24日股东会决议是否有效的问题。何某华与担保公司之间的股权转让在2006年，转让的事实早已通知嘉兴市聚力源典当有限责任公司（以下简称聚力源公司），聚力源公司明知何某华受让担保公司股权后，即成为股权实际享有人。即便在股东登记手续办理变更之前，聚力源公司也有义务保障何某华依法行使相应的股东权利。《公司法》第4条规定“公司股东依法享有资产收益、参与重大决策和选择管理者等权利”。聚力源公司承认在股东会召开之前，没有通知何某华参加会议，2008年7月24日股东会召开时何某华也未实际参加，且没有证据证明股权出让方担保公司代为出席股东会并参与了表决。而且，因聚力源公司从事的是典当行业，《典当管理办法》第7条第5项规定典当行需要“有两个以上法人股东，且法人股相对控股”，何某华受让担保公司股权时，聚力源公司的股东组成符合这一条件，但2008年7月24日股东会决议增资后，加上何某华受让的股权，股东出资比例已不符合《典当管理办法》的这一规定。综上，2008年7月24日股东会决议违反《公司法》有关保护股东权利的规定，应确认为无效。

该案主审法官撰写的评析文章认为：《公司法》第41条规定，公司召开股东会，应当于会议召开15日前通知全体股东。本案聚力源公司召开股东会前，并未通知何某华出席，显然违反公司法规定。由此作出的股东会决议效力究竟如何认定？实践中颇有争议。按照《公司法》第22条规定，股东会决议内容违反法律、行政法规的应认定无效；而股东会召集程序、表决方式违反法律、行政法规或者公司章程，或者决议内容违反公司章程的，股东可以自决议作出之日起60日内，请求人民法院撤销。本案何某华起诉请求确认股东会决议无效，无疑隐含决议内容违法的主张，二审法院支持其诉请，重要理由之一是聚力源公司未保障何某华依法行使相应股东权利，实质上也是认为股东会决议内容违反法律规定。但聚力源公司在诉讼中则提出，即使确认何某华的股东身份，未通知其出席股东会也仅属会议召集程序违法，何某华只能在决议作出之日起60日内请求撤销，由于其起诉时早已超过了法定期间，故对其确认无效的请求应予驳回。就此，笔者认为，有限责任公司股东实际参加股东会并作出真实意思表示，是决议有效的必要条件。公司未依法通知全部股东参加股东会而作出决议，剥夺个别股东就公司重大事项表达意见、参与决策等重大权利，并不单纯属于股东会召集程序违法得撤销的范畴。

首先，从法律规定的文义来看。一般而言，所谓股东会召集程序，主要包括召集权人、通知的方式方法、时间及内容等。按照《公司法》第41条规定，除非公司章程另有规定或者全体股东另有约定，否则公司在召开股东会前15日应当通知全体股东。既然通知的对象是全体股东，那就具有强制性，是否需要通知每一位股东已不言而喻，并不属于会议召集程序问题。根据该条规定的文义，“会议召开十五日前通知”才属于程序范畴。据此，笔者认为，所谓股东会“召集程序”违法，其前提是公司至少已经通知、召集全体股东，只是未在股东会召开前15日召集，或者召集权人不符合《公司法》第40条规定等情况；如果公司根本没有通知全体股东，则并不属于召集程序违法。

其次，从立法目的来看。就有限责任公司而言，股东会是股东行使权利的场所，公司通过股东会对相关事项作出决议，其实质是股东通过参加股东会行使股东权利、决定公司重要事项的过程。法律之所以规定召开股东会必须通知全体股东，主要就是为了切实保障所有股东平等参与公司决策、充分行使表决权等各项股东权利。据此，公司股东实际参与股东会并作出真实意思表示，应当是股东会决议有效的必要条件。未通知股东参加股东会，表面上看似乎属于股东会召集程序问题，但在此情况下作出的股东会决议，无论内容如何，都不能体现未到会股东意志，实质的结果就是剥夺其就公司重大事项表达意见、参与决策等重大的股东权利，这显然与立法目的相悖，应认定决议不具有法律效力。

最后，从权利救济途径来看。《公司法》第22条规定股东会召集程序违法的决议属于可撤销范畴，并且为此设定60日的除斥期间，主要是为了催促权益受侵害的股东知情后及时维护自己的权益，以保持与公司相关联的各种关系稳定性。但是，如果将通知股东参加会议纳入召集程序范畴，而公司在未通知全体股东的情况下召开股东会作出决议，那么未接到通知导致未到会股东很可能在60日内根本无从知晓自己的权益受到侵害，因而无法行使撤销权。更有甚者，到会股东如果相互串通，商定将作出决议的日期改签到开会的60日前甚至更早，就直接剥夺了未接到通知导致未到会股东的申请撤销权，从而堂而皇之地在法律掩护下“合法”侵犯未到会股东权益。因此，对于没有通知股东参加股东会的行为，若简单定性为召集程序违法，显然不利于救济相关当事人的权利。①

（四）决议可撤销之诉中的“裁量驳回”制度

《公司法解释四》第4条：股东请求撤销股东会或者股东大会、董事会决议，符合民法典第八十五条、公司法第二十二条第二款规定的，人民法院应当予以支持，但会议召集程序或者表决方式仅有轻微瑕疵，且对决议未产生实质影响的，人民法院不予支持。

上述司法解释在借鉴日本、韩国立法的基础上，新规定了决议撤销之诉中的裁量驳回制度，以避免轻微程序瑕疵导致决议被随意撤销的情形，最大限度地维护公司正常运转。

裁量驳回制度有两个构成要件。

1. 轻微程序瑕疵

决议可撤销之诉涉及程序瑕疵和内容瑕疵。而裁量驳回仅适用于程序瑕疵，不包括决议内容违反公司章程这一内容瑕疵情形。

此外，即使是程序瑕疵，也限于轻微的程序瑕疵。一般认为，轻微瑕疵

---

① 参见陈建勋：《未通知全体股东的股东会之决议效力》，载《人民司法·案例》2014年第8期。

意味着没有妨碍股东公平地参与多数意思的形成和获知对其作出意思表示所需的必要信息。比如，《公司法》第41条要求股东会应提前15日通知全体股东，但召集人可能仅提前14日通知股东；又如会议时间比预定计划延误了数个小时；或者按照公司章程规定，会议召集通知应以书面形式发出，而实际情况却是以电话或网络通信的形式发给了所有股东。[①]

在“蒋某华、成都萨伯电子应用科技有限公司公司决议撤销纠纷二审案”［（2017）川01民终3679号］中，四川省成都市中级人民法院认为：《公司法》第22条第2款规定：“股东会或者股东大会、董事会的会议召集程序、表决方式违反法律、行政法规或者公司章程，或者决议内容违反公司章程的，股东可以自决议作出之日起六十日内，请求人民法院撤销。”从该条内容看，股东会决议符合撤销情形需具备两种情形之一，即第一，召集程序、表决方式违反法律、行政法规或者公司章程；第二，决议内容违反公司章程。本案中，蒋某华请求撤销该股东会决议，就应当对成都萨伯电子应用科技有限公司本次股东会决议符合上述两种情形之一承担举证责任。在股东会的召集程序上，蒋某华主张本次股东会的召开仅提前了13日通知到其本人，违反了公司法及公司章程关于股东会应当于召开前15日通知全体股东的规定，符合撤销的情形。我国公司法关于召开临时股东会议通知时限的规定，立法本意是为了保障股东有足够的时间对股东会需要审议的事项进行准备，确保股东行使权利。本案中，蒋某华在股东会召开前13日收到了会议通知，知道了股东会的审议事项，通知时限少2日并不影响其对审议事项进行准备，也不影响其股东权利的行使，且其在2016年7月9日参加了股东会，实际行使了股东权利。因此，通知时限少2日只是在召集程序上显著轻微地违反了公司章程的规定，并未对股东会决议产生实质性的影响，对蒋某华因此瑕疵而请求撤销股东会决议的诉讼请求，二审法院不予支持，一审法院对此认定并无不当。

2. 未对决议产生实质影响

未对决议产生实质影响，指的是程序瑕疵不具有影响决议结果的可能性，

---

① 参见杜万华主编：《最高人民法院公司法司法解释（四）理解与适用》，人民法院出版社2017年版，第116页。

即该程序瑕疵的存在不改变公司决议的原定结果。

应注意的是，这两个条件缺一不可。如果仅仅关注“未对决议产生实质影响”这一要件，大股东可随意以瑕疵不影响决议结果为由侵犯小股东的权利尤其是程序性权利，决议可撤销之诉的价值也就被架空了。[①]

五、决议瑕疵之外部法律后果

《公司法解释四》第6条：股东会或者股东大会、董事会决议被人民法院判决确认无效或者撤销的，公司依据该决议与善意相对人形成的民事法律关系不受影响。

公司决议仅调整公司内部关系，如要调整公司与第三人的关系，须通过以公司名义同第三人订立合同的方式来实现。一旦公司法定代表人或授权代表依据决议与第三人订立合同，即使之后决议被确认无效、可撤销或不成立，只要第三人是善意的，该合同效力不受影响。

在公司对外承担合同义务后，对于公司决议瑕疵存在过错及执行决议过程中存在过错的主体，公司可以违反信义义务为由，向相关股东、董事、高级管理人员等人员主张损害赔偿责任。

① 参见杜万华主编：《最高人民法院公司法司法解释（四）理解与适用》，人民法院出版社2017年版，第117页。

第十三章　公司法定代表人

一、公司法定代表人概述

《民法典》第 61 条：依照法律或者法人章程的规定，代表法人从事民事活动的负责人，为法人的法定代表人。

法定代表人以法人名义从事的民事活动，其法律后果由法人承受。

法人章程或者法人权力机构对法定代表人代表权的限制，不得对抗善意相对人。

《公司法》第 13 条：公司法定代表人依照公司章程的规定，由董事长、执行董事或者经理担任，并依法登记。公司法定代表人变更，应当办理变更登记。

（一）公司代表人的性质：公司对外意思表示机关

公司股东（大）会或董事会可以依据法律或章程规定以形成决议的方式形成公司的意思，但该意思仅具有内部效力。如公司希望通过对外表示其意思进而成立合同关系，须通过相关自然人来实现，而这个代表公司对外作出意思表示的自然人，就是公司代表人。

（二）公司代表人的分类：法定代表人与约定代表人

公司代表人可分为法定代表人和约定代表人。法定代表人是根据《公司法》及公司章程规定而设置，是公司常任代表人；约定代表人是法定代表人之外，公司就特定事项授权相关自然人对外代表公司为意思表示。①

① 参见王军：《中国公司法》（第 2 版），高等教育出版社 2017 年版，第 293 页。

公司法对约定代表人未设规定，应根据民法基本原理并参考法定代表人相关理论予以处理。本书将主要分析与法定代表人有关的理论及实务问题。

（三）法定代表人权限：直接代表与授权代表

法定代表人的性质是公司对外意思表示机关，但其与作为意思形成机关的公司股东（大）会或董事会之间的关系，在日本与韩国公司法上有两种学说，分别是派生机关说和独立机关说。① 从法定代表人权限角度来看，这两种学说其实没有本质区别，虽都认可法定代表人可对外代表公司，但并非限制：对公司日常性业务，法定代表人可自己直接决定对外代表公司；对股东（大）会或董事会决议的事项（不管是法定决议事项还是自主决议事项），只能在公司决议范围内对外代表公司，本书称之为“直接代表”与“授权代表”。

直接代表与授权代表的二分观念及授权代表情形下存在的越权代表行为，是公司法理论与实务中的难点问题，本书将予以详细分析。

（四）法定代表人的消极任职资格

《公司法》第146条：有下列情形之一的，不得担任公司的董事、监事、高级管理人员：

（一）无民事行为能力或者限制民事行为能力；

（二）因贪污、贿赂、侵占财产、挪用财产或者破坏社会主义市场经济秩序，被判处刑罚，执行期满未逾五年，或者因犯罪被剥夺政治权利，执行期满未逾五年；

（三）担任破产清算的公司、企业的董事或者厂长、经理，对该公司、企业的破产负有个人责任的，自该公司、企业破产清算完结之日起未逾三年；

（四）担任因违法被吊销营业执照、责令关闭的公司、企业的法定代表人，并负有个人责任的，自该公司、企业被吊销营业执照之日起未逾三年；

（五）个人所负数额较大的债务到期未清偿。

公司违反前款规定选举、委派董事、监事或者聘任高级管理人员的，该

① 参见［日］末永敏和：《现代日本公司法》，金洪玉译，人民法院出版社2000年版，第142页；［韩］李哲松：《韩国公司法》，吴日焕译，中国政法大学出版社2000年版，第458页。

选举、委派或者聘任无效。

……

《企业法人法定代表人登记管理规定》第4条：有下列情形之一的，不得担任法定代表人，企业登记机关不予核准登记：

……

（二）正在被执行刑罚或者正在被执行刑事强制措施的；

（三）正在被公安机关或者国家安全机关通缉的；

……

《企业信息公示暂行条例》第17条第2款：……被列入严重违法企业名单的企业的法定代表人、负责人，3年内不得担任其他企业的法定代表人、负责人。

担任公司的法定代表人，首先需要满足法律法规对董事、高管的任职资格要求。目前我国法律法规合计规定了8个法定代表人的消极任职资格条款：《公司法》第146条规定了5个消极任职资格条款；《企业法人法定代表人登记管理规定》第4条规定了8个消极任职资格条款，除了最后1个兜底条款外，有5个条款与《公司法》第146条一致，剩下两个是《企业法人法定代表人登记管理规定》独有的消极任职资格条款。另外，《企业信息公示暂行条例》单独规定了1个法定代表人消极任职资格条款。

（五）法定代表人的其他相关问题

1. 法定代表人与比较法上“代表董事”的对比

比较法上，公司对外意思表示机关是代表董事，其有两个特点：一是代表董事人数可能是一个自然人董事，也可能是多个自然人董事；二是代表董事在消极代表（受动代表）时，可以是代表董事中的一人代表公司，而在积极代表（能动代表）时，必须由代表董事全体共同代表公司。这样做的目的是防止代表权被滥用或误用。①

---

① 参见［日］末永敏和：《现代日本公司法》，金洪玉译，人民法院出版社2000年版，第143页；［德］格茨·怀克、克里斯蒂娜·温德比西勒：《德国公司法》（第2版），殷盛译，法律出版社2010年版，第478页。

2. 法定代表人权限与经理权的潜在冲突

根据《公司法》第49条的规定，公司经理是由董事会聘任并对董事会负责，主持公司生产经营管理工作与组织实施董事会决议的自然人。

经理权是比较法的一个概念，指的是公司经理在法律、公司章程规定的范围内执行受托事务所需要的一切权力，具体职权包括对外的代表职能和对内的管理职能。我国公司法没有规定经理权，但列举了经理的具体职权，而列举的职权均属于内部管理权限。公司法没有赋予经理的对外代表权，经理职位本身并不是公司法定的对外代表机关。

在我国，经理不享有代表权带来的最大问题，就是经理对外开展业务经营的能力受到严重束缚，同时对保护交易安全亦不利。因为对于公司日常经营管理的总负责人而言，经理代表公司对外签约是十分正常的情况，但由于没有对外代表权（除非其担任法定代表人），经理时时受到董事长（通常是法定代表人）的掣肘，公司实践中许多董事长与总经理的冲突即由此引发。在现行公司法框架下的解决办法是：要么由公司章程规定经理担任法定代表人，要么由经理兼任董事长。①

二、公司法定代表人的产生与变更

（一）法定代表人的产生方式

根据《公司法》第13条，公司法定代表人依照公司章程的规定，由董事长、执行董事或者经理担任，并依法登记。因此，法定代表人的产生方式，须分3种情况分别讨论。

1. 公司章程规定法定代表人由执行董事担任

由于执行董事由股东（大）会选举产生，此时，公司法定代表人由股东（大）会选举产生或罢免。

2. 公司章程规定法定代表人由董事长担任

这种情况下区分有限责任公司和股份有限公司两种类型：对有限责任公

① 参见李建伟：《公司法学》（第4版），中国人民大学出版社2018年版，第319页以下。

司来说，《公司法》规定有限责任公司董事长的产生办法由公司章程规定，此时，公司法定代表人有可能由董事会任免，也有可能由股东会任免，亦可能存在其他方式，例如公司章程规定，出资最多的股东有权指定董事长。

而对股份有限公司来说，董事长由董事会全体董事过半数选举产生，此时，公司法定代表人由董事会任免。

3. 公司章程规定法定代表人由公司经理担任

不设董事会的有限责任公司执行董事可以兼任总经理，此时公司法定代表人可能由股东会任免，也可能由其他方式选举产生。

设立董事会的有限责任公司和股份有限公司的经理则由董事会任免，因此公司法定代表人由公司董事会任免。

（二）法定代表人变更中的实务难题

《公司法》第13条：公司法定代表人依照公司章程的规定，由董事长、执行董事或者经理担任，并依法登记。公司法定代表人变更，应当办理变更登记。

《公司登记管理条例》第9条：公司的登记事项包括：

……

（三）法定代表人姓名；

……

《公司登记管理条例》第27条第1款：公司申请变更登记，应当向公司登记机关提交下列文件：

（一）公司法定代表人签署的变更登记申请书；

（二）依照《公司法》作出的变更决议或者决定；

（三）国家工商行政管理总局规定要求提交的其他文件。

《公司登记管理条例》第30条：公司变更法定代表人的，应当自变更决议或者决定作出之日起30日内申请变更登记。

《企业法人法定代表人登记管理规定》第3条：企业法人的法定代表人（以下简称法定代表人）经企业登记机关核准登记，取得法定代表人资格。

《企业法人法定代表人登记管理规定》第6条：企业法人申请办理法定

代表人变更登记，应当向原企业登记机关提交下列文件：

（一）对企业原法定代表人的免职文件；

（二）对企业新任法定代表人的任职文件；

（三）由原法定代表人或者拟任法定代表人签署的变更登记申请书。

《企业法人法定代表人登记管理规定》第12条：违反本规定，应当申请办理法定代表人变更登记而未办理的，由企业登记机关责令限期办理；逾期未办理的，处1万元以上10万元以下的罚款；情节严重的，撤销企业登记，吊销企业法人营业执照。

从法定代表人的产生方式可知，法定代表人职位不是独立产生的，是在董事长（执行董事）或总经理产生后，根据章程的规定来确定法定代表人。在公司内部确定法定代表人之后，经过工商登记，可将法定代表人职位对外公示。因此，实务上有如下公式：完整意义上的法定代表人＝基础任职条件＋登记。

实务上，法定代表人的变更程序需经过如下3步：

第1步：原法定代表人不具备董事长、执行董事或者总经理职务任职资格，常见的原因有原法定代表人不具备股东资格、劳动合同解除或者产生了消极任职资格情形。在正常情况下，法定代表人或者是公司的股东，或者是与公司存在劳动合同关系的员工。一旦原法定代表人转让了股权，或者辞职、被解聘，则原法定代表人不再具备继续担任公司法定代表人的资格。

第2步：经过股东（大）会、董事会决议或者通过其他方式，确定新董事长、执行董事或总经理人选。

第3步：工商行政管理机关予以变更登记。

由于法定代表人变更程序步骤较多，因而在过程中可能存在如下风险或难题。

1. 股东（大）会或董事会迟迟未决议产生新法定代表人

这是对原法定代表人存在的风险。根据《公司登记管理条例》的规定，法定代表人属于公司登记的必备事项，虽然原法定代表人不具备任职的实质要件，但在公司尚未决议产生新法定代表人之前（许多公司甚至故意不推选或选举产生新法定代表人），工商行政管理机关往往不同意变更登记，法院判决也多不支持原法定代表人提出的变更诉请，理由往往认为支持原法定代表人的变更诉请虽然符合情理，但法院无法强制工商行政管理机关在未确定新法定代表人的情况下直接依照判决变更原法定代表人的登记信息。

在“崔某明与北京盛世久天投资基金管理有限公司请求变更公司登记纠纷案”［（2016）京0108民初18832号］中，北京市海淀区人民法院认为：公司法定代表人是依照公司章程的规定，由董事长、执行董事或者经理担任，并依法登记。公司法定代表人变更，应当办理变更登记。公司变更法定代表人的，应当自变更决议或者决定作出之日起30日内申请变更登记。本案中，崔某明起诉要求北京盛世久天投资基金管理有限公司将工商登记的法定代表人变更为陈某辰，但其并未向法院提交公司章程、变更决议或决定等证据证明盛世公司曾作出决议或决定将公司法定代表人变更为陈某辰，其应当对此承担不利的法律后果。因此，对崔某明的诉讼请求，法院不予支持。

不过也有法院基于实质正义原则，认为对于股东（大）会或董事会迟迟未决议产生新法定代表人的难题，在法律框架内尽可能予以解决。

在“沈某民诉上海蜜意食品贸易有限公司请求变更公司登记纠纷案”［（2017）沪0105民初7522号］中，上海市长宁区人民法院认为：就公司法人来说，其法定代表人与公司之间的实质关联性，就在于法定代表人要参与公司的经营管理，正如我国《公司法》第13条的规定，公司法定代表人依照公司章程的规定，由董事长、执行董事或者经理担任。一个不参与公司经营管理的人，不可能也不应成为公司的法定代表人，因其根本就不具备对外代表法人的基本条件和能力。本案沈某民2013年12月至2016年9月在上海文呈君业会务会展服务有限公司工作，没有参与过上海蜜意食品贸易有限公司（以下简称蜜意公司）的日常经营管理，且蜜意公司实际由股东程某峰控制，因此这种情况下由沈某民担任蜜意公司名义上的法定代表人，显然背离了我国《公司法》第13条的立法宗旨。本案沈某民既非蜜意公司的股东，亦非蜜意公司的员工，且除了在《公司登记（备案）申请书》的“法定代表人签字”栏目签过字外，蜜意公司没有任何证据能够证明沈某民实际参与过蜜意公司的经营管理，沈某民亦未从蜜意公司处领取任何报酬，但是，沈某民作为蜜意公司名义上的法定代表人，却要依法承担其作为法定代表人的相应责任，显然有失公允。但是，关于沈某民要求将蜜意公司的法定代表人由沈某民变更登记为程某峰的诉请事项，鉴于蜜意公司股东之间尚未就是否应由程某峰担任法定代表人形成决议，法院则不予支持，因为具体由谁担任蜜意公司的法定代表人属于蜜意公司的内部治理事项。

需要指出的是，审理期间，法院曾当庭向蜜意公司释明法律风险：一旦法院判决由其涤除沈某民作为蜜意公司的法定代表人的登记事项，而蜜意公司却不明确由谁作为继沈某民之后的法定代表人，并配合办理变更登记手续，则可能引起的风险是蜜意公司的登记事项将不符合《公司登记管理条例》规定的登记事项，存在工商行政管理部门依法吊销蜜意公司营业执照的可能性。法院希望蜜意公司现两名股东认真对待本案可能对蜜意公司产生的不利后果，并要求蜜意公司在两周内由现两名股东开会协商蜜意公司的法定代表人变更登记至何人名下，并在将来配合办理相应的变更登记事项。但蜜意公司未予答复。蜜意公司应对其行为承担相应后果。

最后，上海市长宁区人民法院判决蜜意公司应于判决生效之日起30日内到上海市长宁区市场监督管理局涤除沈某民作为蜜意公司法定代表人的登记事项。该案后上诉到上海市第一中级人民法院，二审法院维持了一审判决。

本书赞同上述法院的做法，将其判决思路简要整理如下：原法定代表人不具备任职资格，可以要求变更登记；但法院不能直接判决变更登记，因为公司内部未决议确定新法定代表人；法院给予公司一定期限自行确定新法定代表人并申请变更登记；公司在限期内未申请变更登记，法院将判决涤除原法定代表人登记事项；公司存在因登记事项不符合《公司登记管理条例》而被吊销营业执照的风险。①

同样，在“龙某丽与天津津都新天资产管理有限公司、天津天宇海丰投资有限公司请求变更公司登记纠纷案”［（2016）津0116民初2431号］中，天津市滨海新区人民法院认为：依照法律或者法人组织章程规定，代表法人行使职权的负责人，是法人的法定代表人。公司法定代表人依照公司章程的

① 实务上的见解，可参见张婧楠：《不在其位，难辞其职——法定代表人变更的困局与破局》，载微信公众号“审判研究”2018年11月19日。

规定，由董事长、执行董事或者经理担任，并依法登记。公司法定代表人变更，应当办理变更登记。本案中，原告龙某丽担任法定代表人的天津津都新天资产管理有限公司（以下简称津都公司）公司章程规定，法定代表人由董事长、执行董事或经理担任。经津都公司股东会决议，龙某丽作为公司执行董事，担任法定代表人，并在登记机关进行了相关的登记，对外代表公司行使职权。但津都公司股东为天津天宇海丰投资有限公司，龙某丽并未持有津都公司任何股权。且津都公司 2012 年 12 月 1 日的公司章程修订后明确规定执行董事任期 3 年。至 2015 年 12 月 1 日，龙某丽作为津都公司执行董事的任期已经届满，并未连选连任。另，2015 年 5 月 18 日起，龙某丽与津都公司之间的劳动关系解除。2015 年 12 月 31 日，龙某丽与天宇阳光公司的劳动关系解除。至此，龙某丽与津都公司及津都公司的关联公司之间均不存在劳动关系。后龙某丽明确提出不再担任津都公司的法定代表人。故龙某丽既非津都公司股东，亦与之不再存在劳动关系，且执行董事任期届满未获连选连任，同时明确表示不再担任法定代表人的情况下，其已无法代表公司行使法定代表人的职权，亦不能对外代表津都公司。同时，龙某丽因为担任法定代表人，在津都公司涉诉案件中均被告知需要配合法院出庭应诉或配合执行工作，在实际上已经因为法定代表人身份的存在影响到其个人信誉、生活及工作。津都公司作为一人有限公司，在明知原告多次要求变更法定代表人，在执行董事任期 3 年届满的情况下，违反公司章程规定，怠于办理变更法定代表人的相关手续。在此情况下，法院考虑到原告对此问题已无其他救济途径，故法院应当判令津都公司限期办理法定代表人的变更登记手续。

最终，天津市滨海新区人民法院判决被告津都公司于判决生效之日起 30 日内办理法定代表人变更登记。如未按期变更，视为龙某丽不再担任该公司法定代表人。

2. 原法定代表人在变更登记前仍对外代表公司

这是对公司存在的一种风险。公司从第 2 步确定新法定代表人到第 3 步完成变更登记，中间存在时间差。此时，原法定代表人可能仍以公司名义对外代表公司签订合同，在构成表见代表情况下，这些合同对公司是有效的。

在“北京公达房地产有限责任公司诉北京祥和三峡房地产开发公司房地

产开发合同纠纷案”①［（1996）一中民初字第733号］中，最高人民法院认为：本案的争议焦点是北京公达房地产有限责任公司（以下简称公达公司）与北京祥和三峡房地产开发公司（以下简称三峡公司）签订的项目转让合同是否有效。1995年4月13日刘某章作为三峡公司的法定代表人与公达公司签订了革新里项目转让协议，在该协议书上有三峡公司的公章及刘某章的签字。此时，刘某章虽然已被三峡公司上级单位停止了工作，但直至1995年4月22日，工商登记才将三峡公司的法定代表人刘某章变更为张某利。即刘某章在与公达公司签订项目转让协议时，在三峡公司的工商登记上刘某章仍为该公司的法定代表人。刘某章以法定代表人的身份与公达公司签订协议符合企业法人对外进行民事活动的形式要件，并且该协议也加盖了三峡公司的公章，因此，双方签订的项目转让协议应当依法成立并生效。刘某章在签订协议时虽已被其上级单位决定停止职务，但该决定属三峡公司内部工作调整，刘某章代表三峡公司对外进行民事活动的身份仍应以工商登记的公示内容为依据。不能以其公司内部工作人员职务变更为由，否认其对外代表行为的效力。此外，1996年1月10日，北京市城市开发建设综合开发办公室召集三峡公司和公达公司开会研究革新里项目的开发建设问题，三峡公司的时任法定代表人张某利参加了会议。此事实表明三峡公司也认可了三峡公司与公达公司签订项目转让协议的效力。原审法院以三峡公司内部人员调整为由认定刘某章与公达公司签订协议为无权代理，属认定事实错误，应予纠正。

在“东莞市利成电子实业有限公司、河源市源城区宝源房地产发展有限公司与东莞市晶隆实业发展有限公司、东莞市大岭山镇房地产开发公司、东莞市大岭山镇颜屋村村民委员会及麦某新、蔡某红项目转让合同纠纷再审案”［最高人民法院（2012）民提字第122号］中，最高人民法院认为：根据查明的案件事实，东莞市利成电子实业有限公司（以下简称利成公司）、河源市源城区宝源房地产发展有限公司（以下简称宝源公司）与长新公司签订的《转让合同书》应为有效。2008年3月26日麦某新代表长新公司与利成公司、宝源公司签订《转让合同书》时，东莞市工商局的公司档案登记的

① 本案为《最高人民法院公报》2010年第11期案例。

长新公司法定代表人仍是麦某新。虽然在2006年8月6日麦某新代表长新公司与李某签订《协议书》，约定长新公司将其全部股份及名下的“莲湖山庄”项目整体转让给李某，并将长新公司的公章、财务章、法定代表人私章及《土地使用权转让合同书》正本、登记在东莞市大岭山镇房地产开发公司（以下简称大岭山房地产公司）名下的9本国有土地使用权证书以及广东建设项目选址意见书、关于莲湖山庄房地产开发立项申请批复、建设用地规划许可证、用地红线图等原件移交给李某接收，同时授权李某代为履行其作为长新公司法定代表人一职，将长新公司全部资产委托给李某经营管理，而且二审法院（2008）粤高法民二终字第86号民事判决也判决长新公司将全部股权过户给李某，但双方并未办理股东变更工商登记，直到2008年12月24日才经东莞市工商行政管理局核准变更登记，李某成为长新公司法定代表人。《公司法》第13条规定，公司法定代表人依照公司章程的规定，由董事长、执行董事或者经理担任，并依法登记。公司法定代表人变更，应当办理变更登记；第33条第3款规定，公司应当将股东的姓名或者名称及其出资额向公司登记机关登记，登记事项发生变更的，应当办理变更登记，未经登记或者变更登记的，不得对抗第三人。据此，在2008年12月24日长新公司股权和法定代表人变更登记之前，利成公司、宝源公司有理由相信麦某新仍是长新公司的法定代表人，尽管麦某新授权李某代为履行其作为长新公司法定代表人一职，将长新公司全部资产委托给李某经营管理，但长新公司不能以此对抗合同相对人。

针对这一风险，公司在选定新法定代表人后，应及时去办理变更登记，以防止原法定代表人利用这一机会，给公司造成损失。但如确实符合表见代表情形，公司可要求原法定代表人赔偿自己的损失。

3. 法定代表人姓名记载入公司章程

实践中，一些公司大股东或实际控制人为了牢牢把控法定代表人职位，将法定代表人的姓名写入公司章程，这样要变更法定代表人时，是否需要经过股东（大）会特别决议的方式，通过修改公司章程来变更法定代表人？

在“新疆豪骏贸易有限公司、张某升与乌鲁木齐市祥平实业有限公司、乌鲁木齐市祥平房地产开发有限公司公司决议撤销纠纷再审案”［（2014）新民再终字第1号］中，新疆维吾尔自治区高级人民法院认为：双方目前争议的主要是有限责任公司法定代表人变更是否须经代表2/3以上表决权的股东通过的法律适用问题。乌鲁木齐市祥平房地产开发有限公司（以下简称房地产公司）2009年9月9日公司章程第14条第1款规定“股东会议由股东按照出资比例行使表决权。股东会对修改公司章程、对公司增加或减少注册资本、分立、合并、解散或者变更公司形式须经代表2/3以上表决权的股东通过。”该内容与《公司法》规定一致。我国《公司法》虽然规定股东会会议作出修改公司章程、增加或者减少注册资本的决议，以及公司合并、分立、解散或者变更公司形式的决议，必须经代表2/3以上表决权的股东通过。但对于法定代表人变更事项的决议，并无明确规定，而房地产公司的公司章程对此也未作出特别约定。从立法本意来说，只有对公司经营造成特别重大影响的事项才需要经代表2/3以上表决权的股东通过。公司法定代表人一项虽属公司章程中载明的事项，但对法定代表人名称的变更在章程中体现出的仅是一种记载方面的修改，形式多于实质，且变更法定代表人时是否需修改章程是工商管理机关基于行政管理目的决定的，而公司内部治理中由谁担任法定代表人应由股东会决定，只要不违背法律法规的禁止性规定就应认定有效。此外，从公司治理的效率原则出发，倘若对于公司章程制定时记载的诸多事项的修改、变更均需代表2/3以上表决权的股东通过，则反而是大股东权利被小股东限制，若无特别约定，是有悖确立的资本多数决原则的。若更换法定代表人必须经代表2/3以上表决权的股东通过，那么张某升、新疆豪骏贸易有限公司（以下简称豪骏公司）只要不同意就永远无法更换法定代表人，这既不公平合理，也容易造成公司僵局。因此，公司股东会按照股东出资比例行使表决权所形成的决议，理应得到尊重。公司更换法定代表人，只要股东会的召集程序、表决方式不违反和公司章程的规定，即可多数决。张某升及豪骏公司申请再审认为房地产公司法定代表人的变更须经代表2/3以上表决权的股东签署通过的理由不能成立。

本书将公司章程修改方式分为特别决议方式修改与其他方式修改。修改公司章程本来只能由股东（大）会以特别决议的方式来实现。但公司章程有些记载事项以相关事实为基础，如果这些事实本身发生了变化，公司章程记载内容当然随之变更，而不需要股东（大）会特别决议。比如公司所在地因行政区划变更而变更公司住所、法律法规修改导致公司章程内容随之变更等。①

如果公司法定代表人变更，记载入公司章程的法定代表人姓名须进行修改，这属于公司内部事实变化引起的章程修改，并不需要股东（大）会作出决议。因此，大股东或实际控制人确实想把控法定代表人职位，可在公司章程中明确规定“法定代表人的任免需经代表2/3以上表决权股东的同意”，这样才能达到以特别决议方式任免法定代表人的效果。

4. 公司被强制执行措施后能否变更法定代表人

《民事诉讼法》第100条第1款：人民法院对于可能因当事人一方的行为或者其他原因，使判决难以执行或者造成当事人其他损害的案件，根据对方当事人的申请，可以裁定对其财产进行保全、责令其作出一定行为或者禁止其作出一定行为；当事人没有提出申请的，人民法院在必要时也可以裁定采取保全措施。

实务上对这一问题存在争议，即“禁止工商变更登记”能否作为一种保全手段？目前不少法院从利于执行的角度，已经对被执行企业或工商登记管理部门发出了“禁止工商变更登记”的执行裁定，以此来禁止被执行企业变更其法定代表人。

在“常州高新技术产业开发区三维工业技术研究所有限公司、上海长征医院合同纠纷执行案”［（2017）苏执复52号］中，江苏省高级人民法院认为：被执行人为单位的，拒不履行生效法律文书确定的义务，执行法院可以依法对其法定代表人采取限制出境、限制消费、罚款、拘留、拘传等强制措施。在执行期间，如被执行人单位的法定代表人随意变更，则本应依法承担相应责任的人员会逃避法律的制裁。被执行人兰陵公司系有限责任公司（台港澳法人独资），虞某平作为其法定代表人应积极筹措资金，提供财产线索，

① 参见柯芳枝：《公司法论》，中国政法大学出版社2004年版，第410页。

配合常州市中级人民法院执行，积极履行生效法律文书确定的义务，本案尚未执行到位的数额较大，现变更法定代表人不利于本案的执行。常州市中级人民法院强制执行程序中对未履行义务的失信被执行人限制其法定代表人变更登记并无不当。《民事诉讼法》第100条第1款规定：“人民法院对于可能因当事人一方的行为或者其他原因，使判决难以执行或者造成当事人其他损害的案件，根据对方当事人的申请，可以裁定对其财产进行保全、责令其作出一定行为或者禁止其作出一定行为；当事人没有提出申请的，人民法院在必要时也可以裁定采取保全措施”。根据该规定，常州市中级人民法院限制兰陵公司变更其法定代表人，于法有据。

5. 被执行人的法定代表人发生变更后，执行法院能否解除对原法定代表人的限制消费措施

在下面这一案例中，被执行人在被采取强制执行措施后，仍可以变更其法定代表人。而执行法院根据被执行人的申请，还裁定解除对被执行人原法定代表人的限制高消费措施。申请执行人不服执行法院的变更裁定，一直诉至最高人民法院。

在“吉利大福木业（北京）有限公司、唐山铭友电子科技有限公司执行审查案”［（2020）最高法执监102号］中，最高人民法院认为：本案重点审查的问题是：徐某作为被执行人铭友公司的法定代表人被限制高消费后，由于被执行人铭友公司变更法定代表人，对其是否应解除限制高消费措施。具体分析如下：

第一，应依法判断徐某是否仍属于可以采取限制消费措施的人员范围。《限制高消费规定》第3条第2款规定：“被执行人为单位的，被采取限制消费措施后，被执行人及其法定代表人、主要负责人、影响债务履行的直接责任人员、实际控制人不得实施前款规定的行为。因私消费以个人财产实施前款规定行为的，可以向执行法院提出申请。执行法院审查属实的，应予准许。”即在执行过程中，被执行人的法定代表人发生变化时，要判断原法定代表人是否为被执行人的主要负责人或者影响债务履行的直接责任人员。本案中，徐某系被执行人的原法定代表人，在被执行人法定代表人已变更为王某梅且徐某已将62%股权进行转让的情况下，执行法院变更对王某梅限制消

费，解除了对徐某的限制消费措施并无不当。如申请执行人认为仍应对徐某继续限制消费，应当提供充分证据证明徐某系被执行人的主要负责人或影响债务履行的直接责任人员，或者证明徐某与王某梅之间的转让股权行为虚假。

第二，申诉人现有证据可以证明徐某与王某梅之间的股权转让合同属无效合同，损害其合法利益。申诉人提交的新证据唐山市中级人民法院（2019）冀02民终6365号民事判决，确认徐某与王某梅于2018年10月26日签订的唐山铭友电子科技有限公司（以下简称铭友公司）股权转让合同系双方恶意串通，损害了第三人利益，应为无效合同，故唐山市中级人民法院执行异议、河北省高级人民法院复议裁定书中认定的“徐某已不是铭友公司的法定代表人，且其持有的股份已全部转让给现法定代表人王某梅，并有证据支持”的裁定依据已发生变化。执行异议及复议裁定驳回吉利木业的异议、复议请求确有不当，应予撤销。执行法院应根据案件执行情况，决定对徐某是否继续采取限制高消费措施。

如果被执行人不履行法律文书确定的义务，并将法定代表人变更的，债权人举证主张原法定代表人仍为被执行人的主要负责人或者影响债务履行的直接责任人员，进而请求法院对原法定代表人采取限制消费措施。

在“侯某炘申请复议案”［（2017）最高法执复73号］中，最高人民法院认为：本案的争议焦点为山东省高级人民法院对侯某炘采取限制出境措施是否不当，具体分析如下：《民事诉讼法》第255条规定：“被执行人不履行法律文书确定的义务的，人民法院可以对其采取或者通知有关单位协助采取限制出境，在征信系统记录、通过媒体公布不履行义务信息以及法律规定的其他措施。”《执行程序解释》第37条①规定：“被执行人为单位的，可以对其法定代表人、主要负责人或者影响债务履行的直接责任人员限制出境。”据此，在被执行人不履行法律文书确定的义务的情况下，人民法院经审查认为确有必要的，可以对被执行人及其法定代表人、主要负责人或者影响债务履行的直接责任人员采取限制出境措施。具体到本案而言，根据本案据以执行的（2014）鲁民四初字第8号民事判决查明的事实，侯某炘原为新大地公

① 现为《执行程序解释》（2020年修正）第24条第1款。

司的法定代表人、股东及董事。而后，新大地公司将公司的法定代表人变更为鞠某治，而侯某炘本人也向执行法院表示其为新大地公司与日本水产公司案涉贸易项目的经办人，在本案执行中曾协调新大地公司的关联公司代为清偿本案债务，并实际负责与申请执行人沟通债务偿还方案。综合上述事实，可以认定侯某炘仍实际负责新大地公司的管理运营，并对该公司的债务清偿安排产生直接影响。此外，虽然侯某炘主张其积极配合法院执行工作，但其提出的债务偿还方案尚未得到申请执行人的认可，即截至目前新大地公司尚未履行法律文书确定的义务，且未与申请执行人达成执行和解，限制其出境有利于保障法院执行程序顺利进行，维护债权人合法权益。因此，山东高院根据日本水产公司的申请，认定侯某炘为新大地公司的主要负责人、影响债务履行的直接责任人员，在本案执行中对其采取限制出境措施具有事实和法律依据，并无不当。

三、公司法定代表人的越权行为：类型及效力

《民法典》第61条第3款：法人章程或者法人权力机构对法定代表人代表权的限制，不得对抗善意相对人。

《民法典》第504条：法人的法定代表人或者非法人组织的负责人超越权限订立的合同，除相对人知道或者应当知道其超越权限外，该代表行为有效，订立的合同对法人或者非法人组织发生效力。

本书前文已经指出，法定代表人的权限分为直接代表和授权代表。授权代表情况下，法定代表人须在权限范围内从事代表行为。如果法定代表人超越权限限制对外代表，该行为的法律效果如何？理论上将这一问题与第三人善意（是否有审查义务）联系在一起。如果第三人没有审查义务，法定代表人代表公司与第三人所为的任何越权行为都是有效的；如果第三人有审查义务，法定代表人代表公司与第三人的任何越权行为只有在第三人尽到审查义务的前提下，该行为才是有效的。

这两种当然都是极端情形，实践中须结合法定代表人的越权行为类型，来具体确定越权行为的效力。

本书将所有对法定代表人权限限制类型归纳为如下三种：第一种是因公

司经营范围或目的而产生权限限制；第二种是因公司法规定而产生的权限限制；第三种是因公司章程或公司决议而产生的权限限制。这三种权限限制类型对应着三种法定代表人越权行为类型，须逐一分析。

（一）超越公司经营范围（目的）而产生的越权行为

《公司法》第12条：公司的经营范围由公司章程规定，并依法登记。公司可以修改公司章程，改变经营范围，但是应当办理变更登记。

公司的经营范围中属于法律、行政法规规定须经批准的项目，应当依法经过批准。

《民法典》第505条：当事人超越经营范围订立的合同的效力，应当依照本法第一编第六章第三节和本编的有关规定确定，不得仅以超越经营范围确认合同无效。

从《民法典》第504条规定的字面表述看，所谓“法定代表人超越权限”，意指超越公司对于法定代表人的授权，而经营范围则是公司的目的事业，二者判然有别。但原则上，法定代表人有权全面代表公司，法定代表人的权限范围往往同于公司的经营范围。此时，法定代表人的越权行为，其实也就是公司的超营行为。如果法定代表人的越权行为依照《民法典》第504条对善意相对人有效，公司超营行为自应同其效力，反之亦然。这意味着，公司超营行为亦在第504条的效力界域之内。因此，结合《民法典》第504条、第505条可知，若相对人为善意，则所涉合同即使超越经营范围，亦因构成表见代理而有效；若相对人为恶意，则适用狭义无权代理规则，效力待定。①

实务上通常将《民法典》第504条解释为规范超越公司内部授权之法定代表人行为。但学理上扩大了该条的适用范围，使其可适用于规范超越公司经营范围（目的）而产生的越权行为，这一观点值得肯定。②

既然公司章程或工商行政部分已经登记了公司经营范围，那相对人

---

① 学理上的观点可参见朱庆育：《民法总论》（第2版），北京大学出版社2016年版，第472页以下。

② 法人目的理论可参见朱庆育：《民法总论》（第2版），北京大学出版社2016年版，第467页以下；李建伟：《公司法学》（第4版），中国人民大学出版社2018年版，第79页以下。

善意的判断是法定代表人越权行为效力的关键之处。从保护交易目的角度看，相对人没有进行审查或查阅的义务，更何况我国未对公司经营范围的登记内容作详细要求，相对人即便查阅，亦未必能够知晓具体的交易是否超越经营范围，因而，法律即便课予审查或查阅义务，恐仍于事无补。[①]

（二）超越公司法规定而产生的越权行为

法定代表人超越公司法规定而产生的越权行为，指的是公司法规定某些交易事项须由公司股东（大）会或董事会决议，[②] 但法定代表人超越决议内容越权对外代表。这种越权行为效力如何？本书以《公司法》第 16 条（法定代表人越权担保问题）为例来展开分析。

根据《公司法》第 16 条，公司为他人提供担保，依照公司章程的规定，由董事会或者股东会、股东大会决议。本条是关于公司向他人提供担保的规定，但该条并没有规定对应的法律后果，即公司没有依照章程规定，在未经董事会或者股东会、股东大会决议情况下，法定代表人径行对外担保，这一行为的效力如何？实务上对该问题产生了极大的争议，有认为该条是管理性强制规定，公司越权担保行为有效；有认为应适用无权代表规则，公司越权担保行为效力待定，这其中又区分是否结合《公司法》第 16 条来进行论证分析。

1. 立法机关对公司越权担保问题的立场

1993 年通过的《公司法》对公司能否以公司财产为他人提供担保，如果公司可以为他人提供担保，由谁决定、按照什么程序决定等问题均未作规定。只是规定公司董事、经理不得以公司财产为本公司的股东或者其他个人债务提供担保。之后的实践中，因学理及实务上对公司对外担保问题有不同的理解，引发了很多纠纷。

立法机关经调查研究认为，公司为他人提供担保，包括为本公司股东提

---

① 参见朱庆育：《民法总论》（第 2 版），北京大学出版社 2016 年版，第 474 页。

② 典型如《公司法》第 16 条的规定，此外，《公司法》第 37 条、第 44 条、第 99 条、第 108 条规定的股东（大）会或董事会职权，集中体现了必须由公司相关机构决议的事项。《公司法》第 148 条对董事、高管行为的限制，也包括了须由公司决议的几种事项。

供担保，并非都对本公司不利，法律不宜一律禁止。公司能否为他人提供担保，对担保的对象、担保是否要有限额等，可由公司章程规定。但以公司财产为他人提供担保，可能给公司财产带来较大风险，应当慎重。公司法应对此作出严格的程序规定。据此，2005 年修订后的《公司法》第 16 条增加规定：公司为他人提供担保，按照公司章程的规定由董事会或者股东会、股东大会决议。①

立法机关在该条释义部分强调，公司为他人提供担保，是公司的重大经营行为和民事活动，有较大的风险；如果决策不当，将会给公司、公司的股东和债权人造成损失。对这类行为，公司应当充分考虑其风险，进行合理判断，作出决策。因此，有必要对公司为他人提供担保作出严格的限制：首先，应当在公司章程中作出明确规定；其次，应当按照公司章程的规定由董事会或者股东会、股东大会作出决议。②

立法机关基于公司对外担保可能对公司经营产生不利影响，故规定公司对外担保须按照公司章程规定，经相关公司机关进行决议。但《公司法》第 16 条没有规定违反该条的法律后果，从相关立法背景及法律规定释义中也未能探明立法机关在这一问题上的立场。

2. 学理上关于公司越权担保问题的主流观点

目前学理上较为主流的观点认为，《公司法》第 16 条是对公司法定代表人权限的限制，如果法定代表人未经公司相关机构决议而对外提供担保，该行为属于越权代表。在构成越权代表的情况下，应适用《民法典》第 504 条的规定，若相对人为善意，则法定代表人行为构成表见代表，担保合同有效，公司需承担担保责任；如相对人为恶意，表见代表不成立，担保合同无效。当然，如果公司进行追认，则无须讨论相对人善意或恶意，担保合同有效。

至于相对人善意的判断标准问题，多数学者观点认为相对人只负有形式

---

① 参见安建主编：《中华人民共和国公司法释义》，法律出版社 2013 年版，第 10 页以下。

② 参见安建主编：《中华人民共和国公司法释义》，法律出版社 2013 年版，第 39 页以下；宋燕妮、赵旭东主编：《中华人民共和国公司法释义》，法律出版社 2019 年版，第 25 页以下。

审查义务。①

3. 司法实务对公司越权担保问题的裁判意见

对于公司越权担保的效力，实务上存在巨大争议，一种观点是从《公司法》第16条的规范性质角度来探讨，主要认为该条是管理性强制性规定，公司即使违反该条对外进行担保，该担保也是有效的。另一种观点是应从民法无权代表角度来理解公司法定代表人的越权行为，这其中又区分是否结合《公司法》第16条来进行论证分析。

本部分所选取的案例或观点来自最高人民法院典型裁判或最高人民法院相关法官著述，从最高人民法院这些不一致的判决或观点中也能窥见这一问题的巨大争议性。

（1）公司越权担保有效：《公司法》第16条是管理性强制规定。

部分最高人民法院裁判观点认为，《公司法》第16条是法律强制性规定中的管理性规定。比如在"襄阳骏盛置业有限公司、湖北裕景担保有限公司与加某杰等保证合同纠纷案"［（2016）最高法民申字1006号］中，最高人民法院认为：虽然《公司法》第16条第1款、第2款规定："公司向其他企业投资或者为他人提供担保，依照公司章程的规定，由董事会或者股东会、股东大会决议；公司章程对投资或者担保的总额及单项投资或者担保的数额有限额规定的，不得超过规定的限额。公司为公司股东或者实际控制人提供担保的，必须经股东会或者股东大会决议。"但是该规定属于公司对内的程序性规定，其并未规定公司以外的第三人对此负有审查义务，公司对外提供担保是否经股东会或者股东大会决议，并不影响其对外签订的合同效力。应严格区分公司的对内关系与对外关系，否则会损害交易安全。与公司交易的第三人应当不受公司内部程序性规定的约束。《公司法》第16条的规定，意

① 参见赵旭东主编：《公司法学》（第4版），高等教育出版社2015年版，第146页；施天涛：《〈公司法〉第16条的规范目的：如何解读、如何适用？》，载《现代法学》2019年第3期；高圣平、范佳慧：《公司法定代表人越权担保效力判断的解释基础——基于最高人民法院裁判分歧的分析和展开》，载《比较法研究》2019年第1期；李游：《公司越权担保效力判定路径之辨识》，载《河北法学》2017年第12期；梁上上：《公司担保合同的相对人审查义务》，载《法学》2013年第3期；李游：《公司担保中交易相对人合理的审查义务——基于458份裁判文书的分析》，载《政治与法律》2018年第5期。

在防止公司的实际控制人或者高级管理人员损害公司、小股东或者其他债权人的利益，公司是否召开股东会以及股东会的决议，是公司的内部控制程序，不能约束与公司交易的第三人。第三人无义务审查是否已经召开股东会，亦无义务对于股东会决议进行审查。该规定不属于效力性强制性规定，不能据此主张合同无效。是否提交股东会决议以及股东会决议上签名是否为公司股东，均不影响担保责任的承担。

从近5年最高人民法院二审或再审作出的判决来看，绝大多数判决倾向认为《公司法》第16条规定是管理性强制性规定，属于公司内部控制程序，不能约束公司外部第三人，第三人没有审查公司章程及相关会议决议的义务。[①]

最高人民法院王东敏法官对该种观点有过较为详细的阐述，她认为：从《民法总则》[②]《公司法》的规定看，民事主体签订担保合同不需要审核担保公司内部文件，只需要按照《合同法》[③] 的规定尽到一般的注意义务，即签订合同时仅需要审核法定代表人签字或者加盖公章的真实性。如果要求债权人审核担保公司内部文件，一方面，没有法律规定可循；另一方面，要改变交易习惯，加重交易负担，会使交易变得烦琐、不便捷。再有，债权人没有甄别公司内部文件真伪的能力，在担保人有故意提供虚假文件可能的情况下，要求没有审核能力的债权人去承担审核义务，对债权人不公平，同时也没有实际意义。在担保人故意提供虚假文件误导债权人与其签订担保合同，事后又以其自身行为虚假、未经授权、违反公司内部规定、公司担保侵犯公司内部中、小股东利益等为由要求减免担保责任的情况下，担保人的请求不论从

① 最高人民法院所持“管理性强制性规定”观点的裁判，另可参见“鼎邦实业投资江苏有限公司、江苏银行股份有限公司盐城亭湖支行金融借款合同纠纷案”[（2017）最高法民申2032号]；“重庆赞立置业有限公司、何某某买卖合同纠纷案”[（2017）最高法民申1696号]；“重庆甘家桥生态农业开发有限公司、重庆市渝中区汇通小额贷款股份有限公司企业借贷纠纷案”[（2017）最高法民申1802号]；“山东兴康医疗器械有限公司与薛某某等民间借贷纠纷案”[（2016）最高法民再194号]；“绿能高科集团有限公司、孙某某企业借贷纠纷案”[（2016）最高法民再301号]。

② 现被《民法典》吸收。

③ 现被《民法典》吸收。

立法上还是司法层面上均不应当获得支持。[①]

（2）公司越权担保效力待定：适用无权代表规则。

第一种情形：不分析《公司法》第 16 条的性质而直接适用无权代表规则。该种裁判观点不纠结《公司法》第 16 条的性质，而是认为该条构成了公司对担保的限制，如未经决议，公司法定代表人对外签订担保协议属于无权代表行为，只有在第三人构成善意的情况下，公司越权担保行为才有效。

在“河北敬业担保有限公司与永年县圣帝隆房地产有限公司、邯郸市兆亿贸易有限公司等追偿权纠纷案”［（2016）最高法民申 2633 号］中，最高人民法院认为：关于公司对外担保问题，《公司法》第 16 条第 1 款规定：“公司向其他企业投资或者为他人提供担保，依照公司章程的规定，由董事会或者股东会、股东大会决议……”该规定在公司对外担保事项上对法定代表人的代表权进行了法定限制，因此在判断公司法定代表人违反该规定越权签订担保合同是否对公司有效时，还应考察该行为是否构成《合同法》第 50 条[②]规定的表见代表，相对人是否尽到了合理的审查义务，是否为善意。具体到本案，谢某明在代表永年县圣帝隆房地产有限公司（以下简称圣帝隆房地产公司）向河北敬业担保有限公司（以下简称敬业担保公司）出具《反担保保证书》时未提供《公司法》第 16 条第 1 款规定的圣帝隆房地产公司董事会或者股东会决议等相关文件，而敬业担保公司作为专门从事担保业务的专业机构，本应对谢某明是否越权尽到更为谨慎的审查义务，但其并未进行形式上的审查，因此不构成善意。[③]

最高人民法院杨心忠法官认为：《公司法》第 16 条究竟是任意性规范还是强制性规范，或者效力性规范还是管理性规范，并不能直接成为认定公司

① 参见王东敏：《公司法审判实务与疑难问题案例解析》，人民法院出版社 2017 年版，第 340 页以下。最高人民法院民一庭也曾有倾向性意见认为：《公司法》第 16 条第 2 款的规定属于公司内部的管理性规范，对公司以未经股东会或股东大会决议为由主张对外担保无效的，人民法院不予支持。最高人民法院民一庭的主要观点及理由可参见杜万华主编：《民事审判指导与参考》（总第 63 辑），人民法院出版社 2016 年版，第 143 页以下。

② 该法已失效，相关规定见《民法典》第 61 条第 2 款、第 3 款，第 170 条。

③ 裁判观点类似案件可参见“江西宏安房地产开发有限责任公司、南昌县兆丰小额贷款股份有限公司企业借贷纠纷再审案”［（2017）最高法民再 209 号］。

与第三人之间法律行为效力的裁判依据，从规范性质的角度分析对外担保或投资的效力，有悖于《公司法》第16条的立法目的。与其将问题放在《公司法》第16条的性质争议上，还不如着眼于公司法定代表人行使权限的限制，认定公司提供的担保是否有效，因为公司对外担保绝大多数是由法定代表人而为的。就此而言，回到本问题中来，我们似乎更应当看重《合同法》第50条，而非仅考虑第52条。《合同法》第50条规定："法人或者其他组织的法定代表人、负责人超越权限订立的合同，除相对人知道或者应当知道其超越权限的以外，该代表行为有效。"另外，《担保法解释》第11条①规定："法人或者其他组织的法定代表人、负责人超越权限订立的担保合同，除相对人知道或者应当知道其超越权限的以外，该代表行为有效。"因此，如果公司违规为股东提供担保的，其法律效果如何确定，关键是要看担保权人是否知道公司违规担保。譬如，公司法定代表人持一份虚假的股东会决议以公司的名义为股东提供担保，担保权人尽了合理审查义务，但并未发现该股东会决议系虚假，此时即应当认定该担保行为有效。可见，公司提供担保尽管有违《公司法》第16条的规定，但对于善意的担保权人而言，该担保仍为有效；相反，对于非善意的担保权人，该担保则无效。这与《公司法》第16条究竟是管理性规范抑或效力性规范无涉。②

第二种情形：分析《公司法》第16条的性质并适用无权代表规则。在"招商银行股份有限公司大连东港支行与大连振邦氟涂料股份有限公司、大连振邦集团有限公司借款合同纠纷案"③［（2012）民提字第156号］中，最高人民法院认为：《公司法》第16条第2款规定："公司为公司股东或者实际控制人提供担保的，必须经股东会或者股东大会决议。"上述公司法规定已然明确了其立法本意在于限制公司主体行为，防止公司的实际控制人或者高级管理人员损害公司、小股东或其他债权人的利益，故其实质是内部控制

① 该解释已失效，相关规定见《〈民法典〉担保解释》第7条。

② 参见杨心忠等：《民间借贷纠纷裁判精要与规则适用》，北京大学出版社2016年版，第16页以下；类似见解可参见虞政平：《公司法案例教学（上）》（第2版），人民法院出版社2018年版，第156页。

③ 本案为《最高人民法院公报》2015年第2期案例。

程序，不能以此约束交易相对人。故此上述规定宜理解为管理性强制性规范。对违反该规范的，原则上不宜认定合同无效。另外，如作为效力性规范认定将会降低交易效率和损害交易安全。譬如股东会何时召开，以什么样的形式召开，何人能够代表股东表达真实的意志，均超出交易相对人的判断和控制能力范围，如以违反股东决议程序而判令合同无效，必将降低交易效率，同时也给公司动辄以违反股东决议主张合同无效的不诚信行为留下了制度缺口，最终危害交易安全，不仅有违商事行为的诚信规则，更有违公平正义。

但最高人民法院同时认为：大连振邦氟涂料股份有限公司（以下简称振邦股份公司）法定代表人周某良超越权限订立抵押合同及不可撤销担保书，是否构成表见代表，招商银行股份有限公司大连东港支行（以下简称招行东港支行）是否善意，亦是本案担保主体责任认定的关键。《合同法》第50条①规定："法人或者其他组织的法定代表人、负责人超越权限订立的合同，除相对人知道或者应当知道其超越权限的以外，该代表行为有效。"本案再审期间，招行东港支行向法院提交的新证据表明，振邦股份公司提供给招行东港支行的股东会决议上的签字及印章与其为担保行为当时提供给招行东港支行的签字及印章样本一致。而振邦股份公司向招行东港支行提供担保时使用的公司印章真实，亦有其法人代表真实签名。且案涉抵押担保在经过行政机关审查后也已办理了登记。至此，招行东港支行在接受担保人担保行为过程中的审查义务已经完成，其有理由相信作为担保公司法定代表人的周某良本人代表行为的真实性。《股东会担保决议》中存在的相关瑕疵必须经过鉴定机关的鉴定方能识别，必须经过查询公司工商登记才能知晓，必须谙熟公司法相关规范才能避免因担保公司内部管理不善导致的风险，如若将此全部归属于担保债权人的审查义务范围，未免过于严苛，亦有违合同法、担保法等保护交易安全的立法初衷。担保债权人基于对担保人法定代表人身份、公司法人印章真实性的信赖，基于担保人提供的股东会担保决议盖有担保人公司真实印章的事实，完全有理由相信《股东会担保决议》的真实性，无须也不可能进一步鉴别担保人提供的《股东会担保决议》的真伪。因此，招行东

① 该法已失效，相关规定见《民法典》第504条。

港支行在接受作为非上市公司的振邦股份公司为其股东提供担保过程中，已尽到合理的审查义务，主观上构成善意。本案周某良的行为构成表见代表，振邦股份公司对案涉保证合同应承担担保责任。[①]

在该公报案例中，最高人民法院认为《公司法》第16条是管理性强制性规定或内部控制程序，违反该条的法律后果是不会导致合同无效，[②] 但这样表述出来的法律后果是不明确的。在未深入分析违反《公司法》第16条应有什么样法律后果的情况下，最高人民法院话锋一转，认为在债权人构成善意的情况下，公司越权担保构成表见代表，担保行为有效。本书认为，该公报案例在公司越权代表问题上已经开始有意识地统合《公司法》第16条及民法无权代表规则，遗憾的是，未能深刻理解《公司法》第16条的性质及其与民法无权代表规则之间的关联，裁判结果在逻辑上有些混乱，未能发挥应有的指导功能。

（3）最高人民法院新近立场。

①《最高人民法院民事审判第二庭法官会议纪要——追寻裁判背后的法理》中的观点。

最高人民法院民二庭在2017年12月2日第7次法官会议纪要中对公司越权担保问题作出了回答。法官会议纪要观点认为，公司依照《公司法》第16条规定的程序为他人提供担保且不具有其他合同无效情形的，应认定担保合同有效。公司的法定代表人、其他人员等行为人未按《公司法》第16条的规定以公司名义为他人提供担保，但符合《合同法》第49条、第50条[③]的规定或者公司事后予以追认的，应认定该担保行为有效；依法不构成表见代表、表见代理或者公司不予追认的，应认定该担保合同对公司不发生效力。[④]

① 类似案件可参考“河南恒和置业有限公司、潘某某等民间借贷纠纷再审案”［（2017）最高法民申1475号］。

② 关于效力性规定与管理性规定之区分及违反管理性规定后果之演变，可参见朱庆育：《〈合同法〉第52条第5项评注》，载《法学家》2016年第3期。

③ 该法已失效，相关规定见《民法典》第172条、第504条。

④ 参见贺小荣主编：《最高人民法院民事审判第二庭法官会议纪要——追寻裁判背后的法理》，人民法院出版社2018年版，第193页。

②《九民会议纪要》中的观点。

《九民会议纪要》（六）关于公司为他人提供担保：关于公司为他人提供担保的合同效力问题，审判实践中裁判尺度不统一，严重影响了司法公信力，有必要予以规范。对此，应当把握以下几点：

《九民会议纪要》第17条【违反《公司法》第16条构成越权代表】：为防止法定代表人随意代表公司为他人提供担保给公司造成损失，损害中小股东利益，《公司法》第16条对法定代表人的代表权进行了限制。根据该条规定，担保行为不是法定代表人所能单独决定的事项，而必须以公司股东（大）会、董事会等公司机关的决议作为授权的基础和来源。法定代表人未经授权擅自为他人提供担保的，构成越权代表，人民法院应当根据《合同法》第50条关于法定代表人越权代表的规定，区分订立合同时债权人是否善意分别认定合同效力：债权人善意的，合同有效；反之，合同无效。

《九民会议纪要》第18条【善意的认定】：前条所称的善意，是指债权人不知道或者不应当知道法定代表人超越权限订立担保合同。《公司法》第16条对关联担保和非关联担保的决议机关作出了区别规定，相应地，在善意的判断标准上也应当有所区别。一种情形是，为公司股东或者实际控制人提供关联担保，《公司法》第16条明确规定必须由股东（大）会决议，未经股东（大）会决议，构成越权代表。在此情况下，债权人主张担保合同有效，应当提供证据证明其在订立合同时对股东（大）会决议进行了审查，决议的表决程序符合《公司法》第16条的规定，即在排除被担保股东表决权的情况下，该项表决由出席会议的其他股东所持表决权的过半数通过，签字人员也符合公司章程的规定。另一种情形是，公司为公司股东或者实际控制人以外的人提供非关联担保，根据《公司法》第16条的规定，此时由公司章程规定是由董事会决议还是股东（大）会决议。无论章程是否对决议机关作出规定，也无论章程规定决议机关为董事会还是股东（大）会，根据《民法总则》第61条第3款关于"法人章程或者法人权力机构对法定代表人代表权的限制，不得对抗善意相对人"的规定，只要债权人能够证明其在订立担保合同时对董事会决议或者股东（大）会决议进行了审查，同意决议的人数及签字人员符合公司章程的规定，就应当认定其构成善意，但公司能够证明债权人明知公司章程对决议机关有明确规定的除外。

债权人对公司机关决议内容的审查一般限于形式审查，只要求尽到必要的注意义务即可，标准不宜太过严苛。公司以机关决议系法定代表人伪造或者变造、决议程序违法、签章（名）不实、担保金额超过法定限额等事由抗辩债权人非善意的，人民法院一般不予支持。但是，公司有证据证明债权人明知决议系伪造或者变造的除外。

《九民会议纪要》第19条【无须机关决议的例外情况】：存在下列情形的，即便债权人知道或者应当知道没有公司机关决议，也应当认定担保合同符合公司的真实意思表示，合同有效：

（1）公司是以为他人提供担保为主营业务的担保公司，或者是开展保函业务的银行或者非银行金融机构；

（2）公司为其直接或者间接控制的公司开展经营活动向债权人提供担保；

（3）公司与主债务人之间存在相互担保等商业合作关系；

（4）担保合同系由单独或者共同持有公司三分之二以上有表决权的股东签字同意。

《九民会议纪要》第20条【越权担保的民事责任】：依据前述3条规定，担保合同有效，债权人请求公司承担担保责任的，人民法院依法予以支持；担保合同无效，债权人请求公司承担担保责任的，人民法院不予支持，但可以按照担保法及有关司法解释关于担保无效的规定处理。公司举证证明债权人明知法定代表人超越权限或者机关决议系伪造或者变造，债权人请求公司承担合同无效后的民事责任的，人民法院不予支持。

《九民会议纪要》第21条【权利救济】：法定代表人的越权担保行为给公司造成损失，公司请求法定代表人承担赔偿责任的，人民法院依法予以支持。公司没有提起诉讼，股东依据《公司法》第151条的规定请求法定代表人承担赔偿责任的，人民法院依法予以支持。

《九民会议纪要》第22条【上市公司为他人提供担保】：债权人根据上市公司公开披露的关于担保事项已经董事会或者股东大会决议通过的信息订立的担保合同，人民法院应当认定有效。

《九民会议纪要》第23条【债务加入准用担保规则】：法定代表人以公司名义与债务人约定加入债务并通知债权人或者向债权人表示愿意加入债务，该约定的效力问题，参照本纪要关于公司为他人提供担保的有关规则处理。①

③《〈民法典〉担保解释》中的观点。

《〈民法典〉担保解释》第7条：公司的法定代表人违反公司法关于公司对外担保决议程序的规定，超越权限代表公司与相对人订立担保合同，人民法院应当依照民法典第六十一条和第五百零四条等规定处理：

（一）相对人善意的，担保合同对公司发生效力；相对人请求公司承担担保责任的，人民法院应予支持。

（二）相对人非善意的，担保合同对公司不发生效力；相对人请求公司承担赔偿责任的，参照适用本解释第十七条的有关规定。

法定代表人超越权限提供担保造成公司损失，公司请求法定代表人承担赔偿责任的，人民法院应予支持。

第一款所称善意，是指相对人在订立担保合同时不知道且不应当知道法定代表人超越权限。相对人有证据证明已对公司决议进行了合理审查，人民法院应当认定其构成善意，但是公司有证据证明相对人知道或者应当知道决议系伪造、变造的除外。

《〈民法典〉担保解释》第8条：有下列情形之一，公司以其未依照公司法关于公司对外担保的规定作出决议为由主张不承担担保责任的，人民法院不予支持：

（一）金融机构开立保函或者担保公司提供担保；

（二）公司为其全资子公司开展经营活动提供担保；

（三）担保合同系由单独或者共同持有公司三分之二以上对担保事项有表决权的股东签字同意。

上市公司对外提供担保，不适用前款第二项、第三项的规定。

《〈民法典〉担保解释》第9条：相对人根据上市公司公开披露的关于担

---

① 2018年8月9日，网上曾流传有最高人民法院印发的最高人民法院《关于审理公司为他人提供担保纠纷案件适用法律问题的解释（稿）》，对公司对外越权担保问题作出了详细规定。该意见稿的内容与上述最高人民法院民事审判第二庭会议纪要精神及征求意见稿大致相同。

保事项已经董事会或者股东大会决议通过的信息，与上市公司订立担保合同，相对人主张担保合同对上市公司发生效力，并由上市公司承担担保责任的，人民法院应予支持。

相对人未根据上市公司公开披露的关于担保事项已经董事会或者股东大会决议通过的信息，与上市公司订立担保合同，上市公司主张担保合同对其不发生效力，且不承担担保责任或者赔偿责任的，人民法院应予支持。

相对人与上市公司已公开披露的控股子公司订立的担保合同，或者相对人与股票在国务院批准的其他全国性证券交易场所交易的公司订立的担保合同，适用前两款规定。

《〈民法典〉担保解释》第10条：一人有限责任公司为其股东提供担保，公司以违反公司法关于公司对外担保决议程序的规定为由主张不承担担保责任的，人民法院不予支持。公司因承担担保责任导致无法清偿其他债务，提供担保时的股东不能证明公司财产独立于自己的财产，其他债权人请求该股东承担连带责任的，人民法院应予支持。

《〈民法典〉担保解释》第11条：公司的分支机构未经公司股东（大）会或者董事会决议以自己的名义对外提供担保，相对人请求公司或者其分支机构承担担保责任的，人民法院不予支持，但是相对人不知道且不应当知道分支机构对外提供担保未经公司决议程序的除外。

金融机构的分支机构在其营业执照记载的经营范围内开立保函，或者经有权从事担保业务的上级机构授权开立保函，金融机构或者其分支机构以违反公司法关于公司对外担保决议程序的规定为由主张不承担担保责任的，人民法院不予支持。金融机构的分支机构未经金融机构授权提供保函之外的担保，金融机构或者其分支机构主张不承担担保责任的，人民法院应予支持，但是相对人不知道且不应当知道分支机构对外提供担保未经金融机构授权的除外。

担保公司的分支机构未经担保公司授权对外提供担保，担保公司或者其分支机构主张不承担担保责任的，人民法院应予支持，但是相对人不知道且不应当知道分支机构对外提供担保未经担保公司授权的除外。

公司的分支机构对外提供担保，相对人非善意，请求公司承担赔偿责任的，参照本解释第十七条的有关规定处理。

《〈民法典〉担保解释》第12条：法定代表人依照民法典第五百五十二条的规定以公司名义加入债务的，人民法院在认定该行为的效力时，可以参照本解释关于公司为他人提供担保的有关规则处理。

最高人民法院对公司对外担保问题新近立场是：不分析《公司法》第16条的性质，[①] 而直接适用无权代表规则，并在此认定基础上对该问题进行了细化规定。本书基本赞同上述会议纪要及最新《〈民法典〉担保解释》中的观点，但对部分问题再着重说明如下：

第一，相对人构成表见代表的要件：仅关注相对人善意与否。

根据表见代理理论，构成表见代理需要从代理人、被代理人、相对人三方角度来进行论证分析。但根据《民法典》第504条规定，表见代表的构成要件主要就是相对人善意。

此外，无权代表中的相对人善意不区分善意有过失与善意无过失。

第二，相对人善意判断相关问题。

公司法定代表人越权担保问题中，相对人善意的判断标准在于是否尽到了形式审查义务。

关于善意相对人的形式审查义务，需要着重说明如下六点：

其一，相对人善意的举证责任在相对人，而非公司。

其二，形式审查义务的对象包括有权机关出具的决议、决议符合法定或章程规定的通过方式、参加决议的表决人员身份适格、参加决议的表决人员已签字或盖章等。

有争议的是，在非关联担保的情况下，按照《九民会议纪要》的观点，无论章程是否对决议机关作出规定，也无论章程规定决议机关为董事会还是股东（大）会，只要债权人能够证明其在订立担保合同时对董事会决议或者股东（大）会决议进行了审查，同意决议的人数及签字人员符合公司章程的

---

① 最高人民法院认为其在《九民会议纪要》中对《公司法》第16条的规范性质采纳了“代表权限制说”观点，但代表权限制说法仅是公司担保的效力或后果，并不是对法律条文性质的分析，参见最高人民法院民事审判第二庭编著：《〈全国法院民商事审判工作会议纪要〉理解与适用》，人民法院出版社2019年版，第180页以下。

规定，就应当认定其构成善意。

本书不赞同这种观点，一般而言，公司章程规定的事项不得对抗善意第三人。但是公司担保情形下，公司法已经明确非关联担保依照公司章程的规定，由董事会或者股东（大）会决议。此时，相对人就有义务去查公司章程，如果公司章程没有规定，那么董事会决议或股东（大）会决议都可以；如果公司章程规定了有权决议机关，那么应按照公司章程规定来确定形式审查标准。

其三，《九民会议纪要》及《〈民法典〉担保解释》规定了 4 种“无须机关决议”的情形，此时只要公司法定代表人在与相对人的担保合同上签章，公司就应对外承担担保责任。

在“山西商融融资担保股份有限公司、陕西博融中创科技有限公司金融借款合同纠纷二审案”［（2019）最高法民终 1791 号］中，最高人民法院认为：关于山西商融融资担保股份有限公司（以下简称商融担保公司）与民生银行太原分行所签《最高额保证合同》的效力问题。原审中，民生银行太原分行提交了 2014 年 5 月 11 日商融担保公司董事会决议，证明商融担保公司董事会“授权法定代表人刘某子 3000 万元以下对外提供贷款担保及其他法律规定的担保并签署与担保事宜有关的合同和文件”，商融担保公司对该决议的真实性提出异议，主张刘某子系越权代表，且该证据系刘某子通过拼接方式伪造，并申请对证据进行鉴定。对此法院认为，上述《最高额保证合同》除具备有效的形式要件（加盖商融担保公司有效公章，并由时任法定代表人刘某子签字）外，商融担保公司另向民生银行太原分行提供了加盖该公司公章的董事会决议复印件，可以证明民生银行太原分行在签订上述《最高额保证合同》时对商融担保公司董事会决议进行了形式审查，已尽到必要的注意义务，应当认定其构成善意。即使刘某子的行为越权，因其时为商融担保公司的法定代表人，在民生银行太原分行为善意的情况下，也应认定其行为构成表见代表，对商融担保公司仍发生法律效力。且商融担保公司性质系以为他人提供担保为主营业务的担保公司，案涉担保业务属于商融担保公司主要业务范围，无论商融担保公司机关决议是否对刘某子进行了授权，均不能认定担保合同的签订违反了商融担保公司的真实意思表示。故有关商融担保公司董事会决议的真实性问题，对案涉《最高额保证合同》的效力并不构成影响，因此原审判决就此问题不存在可能影响案件正确处理的违反法定程序之情形，商融担保公司二审中就此提出的鉴定申请亦缺乏必要性，法院不予准许。

在“中新房南方集团有限公司与中国工商银行股份有限公司鹰潭分行委托贷款合同纠纷案”［（2017）最高法民终369号］中，最高人民法院认为：本案中，中新房南方集团有限公司（以下简称中新房南方公司）为其控股子公司履行合同项下的义务提供担保，其担保行为不损害中新房南方公司的自身利益，应认定为中新房南方公司的真实意思表示。据此，中新房南方公司虽未提供其公司董事会决议，但根据本案相关证据可以认定案涉《担保函》的出具系其真实意思表示，中新房南方公司关于案涉《担保函》无效的上诉理由，明显违反诚信原则，依法不能成立。

应注意的是，《九民会议纪要》规定的是“公司为其直接或者间接控制的公司开展经营活动向债权人提供担保”的，无须提供决议。但最高人民法院在《九民会议纪要》公布后的一个裁判案例中将受到同一主体控制的数个关联公司之间的担保也认定为无须提供决议的情形，实质上扩大了该条的适用范围。

在“安徽华信国际控股股份有限公司、焦作市中站区亿利小额贷款有限公司企业借贷纠纷案”［（2019）最高法民终1529号］中，最高人民法院认为：从安徽华信国际控股股份有限公司（以下简称安徽华信公司）庭后提交的股权结构图和亿利公司提交的安徽华信公司2017年、2018年公司年度报告中可见，本案担保人之一上海华信出资100%成立本案主债务人华信装备公司，出资60.78%控股本案上诉人安徽华信。根据安徽华信2018年年报显示，安徽华信的实际控制人为苏某忠、李某和郑某斌，三者并未对安徽华信直接持股，而是通过三者为股东的上海中安联合投资基金股份有限公司（其中苏某忠持股50%、李某持股49%、郑某斌持股1%）实际控制上海华信，进而实现对安徽华信的控制，年度报告显示实际控制人通过信托和其他资产管理方式控制公司。本案中，主债务人华信装备公司和保证人安徽华信、上海华信之间系关联公司，几个公司的法定代表人均为另一保证人李某。安徽华信在上诉理由中亦自述：华信装备公司对于安徽华信而言，属于“实际控制人的关联方”。而华信系各关联公司之间，长期存在为彼此的经营活动向债权人提供担保的商业行为。因此，本案中安徽华信为华信装备公司提供担保，属于“公司为其直接或者间接控制的公司开展经营活动向债权人提供担保”的情形。符合这一情形的，公司担保无须经过股东大会决议，即便债权人知道或者应当知道没有公司股东大会决议，也应当认定担保合同符合公司的真实意思表示，合法有效。

其四，公司如下抗辩相对人非善意的理由不成立：以机关决议系法定代表人伪造或者变造、决议程序违法、签章（名）不实、担保金额超过法定限额等事由。

其五，关于上市公司对外担保中的形式审查义务标准。因上市公司合规对外担保都须公开披露，因此，最高人民法院倡导相对人看到上市公司公开披露的信息后再与公司订立担保合同。如相对人无法举证上市公司公开披露的担保决议信息而与之订立担保合同的，原则上不应认可相对人善意。[①] 这意味着相对人审查义务以上市公司公开披露的决议为准，而非审查上市公司或法定代表人直接提供的相关决议。现在，最高人民法院这一倾向态度通过《〈民法典〉担保解释》第9条得以明文体现。

其六，关于公司分支机构以自己名义对外提供担保中的形式审查义务标准。根据《〈民法典〉担保解释》第11条的规定，相对人同样有义务审查公司的担保决议。如公司分支机构负责人未经公司决议同意而提供担保，且公司不追认的，则担保无效。但对于金融机构与担保公司的分支机构而言，其负责人可依据授权对外提供担保，而不需要提供金融机构或担保公司的担保决议，此时相对人的审查对象仅是授权文书。

第三，担保合同无效后的法律效果。

《〈民法典〉担保解释》第17条：主合同有效而第三人提供的担保合同无效，人民法院应当区分不同情形确定担保人的赔偿责任：

① 参见最高人民法院民事审判第二庭编著：《〈全国法院民商事审判工作会议纪要〉理解与适用》，人民法院出版社2019年版，第195页以下。

（一）债权人与担保人均有过错的，担保人承担的赔偿责任不应超过债务人不能清偿部分的二分之一；

（二）担保人有过错而债权人无过错的，担保人对债务人不能清偿的部分承担赔偿责任；

（三）债权人有过错而担保人无过错的，担保人不承担赔偿责任。

主合同无效导致第三人提供的担保合同无效，担保人无过错的，不承担赔偿责任；担保人有过错的，其承担的赔偿责任不应超过债务人不能清偿部分的三分之一。

如果法定代表人越权担保后，公司追认或相对人善意的，担保合同有效。但法定代表人的行为给公司造成的损失，公司可以请求法定代表人承担赔偿责任。

如果法定代表人越权担保后，公司不追认或相对人非善意，则担保无效。此时争议之处在于公司是否要承担相关责任？这种情形如在无权代理场合，因被代理人没有追认，被代理人不需要承担责任。但在无权代表情形下，因公司是拟制主体，法定代表人是公司的机关，法定代表人的意思就是公司的意思，在担保合同无效的情况下，除非公司证明相对人明知法定代表人越权或决议系伪造或变造，否则公司应当承担担保合同无效后的部分责任。最高人民法院认为，根据《担保法解释》第 7 条①的规定，主合同有效而担保合同无效，债权人（没对决议进行形式审查）、公司（法定代表人越权）有过错的，公司承担民事责任的部分，不应超过债务人不能清偿部分的 1/2。但实践中的情况非常复杂，既有关联担保，又有非关联担保，债权人与担保人之间的关系各异，债权人的法律知识不同、审查能力有别等，人民法院应当根据案件的各种具体情况作出判决，而不应一律判公司承担债务人不能清偿部分的 1/2。这时法官要拿捏好自由裁量权。②

在“深圳市联泰投资集团有限公司、深圳航空有限责任公司保证合同纠纷二审案”［（2019）最高法民终 267 号］中，最高人民法院认为：本案无证

① 该解释已失效，相关规定见《〈民法典〉担保解释》第 17 条。

② 参见最高人民法院民事审判第二庭编著：《〈全国法院民商事审判工作会议纪要〉理解与适用》，人民法院出版社 2019 年版，第 193 页以下。

据证明深圳市联泰投资集团有限公司（以下简称联泰公司）在与深圳航空有限责任公司（以下简称深航公司）签订该5份《保证协议》过程中对深航公司相关股东会决议进行了审查。联泰公司作为债权人，明知深航公司系为其控股股东提供担保，且知道或应当知道深航公司没有相关股东会决议及其法定代表人越权代表，仍然与深航公司订立保证合同，对于保证合同无效具有重大过错，对于保证合同无效所造成的损失，应当承担主要责任。深航公司未尽到对其法定代表人、公章的管理和注意义务，对于保证合同无效所造成的损失，应当承担次要责任。因此，法院综合实际情况及双方当事人过错程度，依法酌定深航公司就汇润公司不能清偿的债务承担1/3的赔偿责任。

在“上海赛影企业管理咨询有限公司重庆市渝中区分公司与徐某飞李某新等民间借贷纠纷案”［（2019）渝0103民初19829号］中，重庆市渝中区人民法院认为：本案所涉借款产生在鑫威机械公司的两年担保期限内，且鑫威机械公司在两年担保期限内，还为徐某飞在（2019）渝0103民初19830号案中借款169 200元提供了最高额担保。但由于徐某飞本系鑫威机械公司的股东，故鑫威机械公司就案涉担保所形成的股东会决议应由其余股东徐某福、徐某华签字确认，现股东会决议中并无徐某福、徐某华签字，上海赛影企业管理咨询有限公司重庆市渝中区分公司（以下简称赛影渝中分公司）未尽到基本的审查义务，其自身并不存在善意，故鑫威机械公司在本案中对于徐某飞的担保无效，而股东会决议形式上的缺陷可推定债权人和担保人均知道股东会决议不符合法律规定，故两者对于鑫威机械公司担保无效均有过错，且无过错大小之分，鑫威机械公司理应按照法律规定对徐某飞案涉债务不能清偿部分的1/2承担连带赔偿责任，且赔偿责任范围以最高额连带保证担保函所确认的最高额保证担保金额330 000元的1/2即165 000元为限。

4.《公司法》第16条性质的再分析

《九民会议纪要》及《〈民法典〉担保解释》已对公司越权担保问题作了较为细致的规定，但没有厘清《公司法》第16条的性质。

本书认为，《民法典》第153条所谓的“法律、行政法规的强制性规定”，本质上属于转介条款，作为通道引入公法（管制法）上的强制性规定，公法上的强制性规定区分为效力性规定与管理性规定，两者对公共秩序的违反程度不同：违反效力性规定的合同无效，是因为效力性规定所代表的公共秩序不得被违背；而违反管理性规定往往并不导致合同无效，管理性规定虽然背后同样代表了公共秩序，但因违反其导致的违法性程度较轻，通常不需要将合同认定为无效，而可通过行政处罚等方式实现管理性规定的价值。两者共同的理念是在介入私人领域时，通过否定合同效力或运用其他公法手段，以强制管制方式实现公共秩序的维持。

私法上虽然同样存在看似强制性规定的各种表述，如“不得”“必须”等，实际上其是源于中文的多义而产生的误解，两者背后的理念完全不同。私法上的强制性规定（权能规定）不是对行为的管制（强制），多数是有关自治的门槛规定，如不符合私法强制性规定的要求，其后果只是无权而不生效力，只要得到有权者追认或嗣后满足条件即可补正，可以适用或类推适用无权处分法理。[①]

根据上述分析可得知，《公司法》第 16 条应属于私法上强制性规定，该规定的目的如立法释义所说：公司为他人提供担保，是公司的重大经营行为和民事活动，有较大的风险；如果决策不当，将会给公司、公司的股东和债权人造成损失。对这类行为，公司应当充分考虑其风险，进行合理判断，作出决策。因此，有必要对公司为他人提供担保作出程序限制。再结合违反私法强制性规定的法律后果，公司如违反《公司法》第 16 条的规定，未经公司有关机关决议而对外提供担保，该公司法定代表人对外签订担保协议应认定为无权代表行为，该担保协议效力待定。通过对《公司法》第 16 条作如此定性可实现与民法无权代表规则理论上的衔接。

综上所述，既往学理研究或实务观点有的将《公司法》第 16 条理解为效力性规定或管理性规定，有的则回避对该条性质及后果的讨论。前者定性不正确，导致对法律效果处理模糊不清；后者则无法将《公司法》规定与民法无权代表规则合乎逻辑地衔接起来。《公司法》第 16 条要求公司对外提供担保须经决议，这构成对法定代表人对外代表权限的限制，如果法定代表人

① 公法与私法虽都有强制性规定，但其所蕴含的理念完全不同，法律后果也大相径庭，这一点很少为学理或实务所注意。相关原理分析可参见苏永钦：《寻找新民法》（增订版），北京大学出版社 2014 年版，第 370 页以下。

违反这一私法上的强制性规定，未经决议即对外签订担保协议，这一行为构成无权代表，其法律后果是担保协议效力待定。这样解释可实现公司越权担保问题理论逻辑自洽。

（三）超越公司章程或公司决议而产生的越权行为

《民法典》第61条第3款是对超越公司章程或公司决议而产生的越权行为效力的规定，其难点同样在于相对人善意的判断。

学理上认为，公司章程限制代表权条款虽然随章程的登记公示而公示，但与法律、行政法规的限制不同，为了保护交易安全，这并不足以构成“相对人知道或者应当知道”的证据。而股东（大）会或董事会限制法定代表人权力的决议一般不对外公示。所以，通常情形下相对人不知道或者不应当知道该决议的限制内容，除非公司举证某特定相对人经过特定渠道知道或应当知道该决议的限制。①

最高人民法院认为，对法定代表人代表权的限制有两种情形：一是意定限制，包括公司章程对代表权事先所作的一般性限制，以及股东会、股东大会等公司权力机构对代表权所作的个别限制；二是法定限制，即法律对代表权所作的限制。根据《民法典》第61条第3款的规定，意定限制仅具有内部效力，不得对抗善意相对人。② 此外，法定限制与意定限制下，证明第三人善意的负担是不同的。在法定限制场合，相对人的善意需要自己举证证明；而在意定限制场合，交易相对人的善意是被依法推定的。③

在“唐山宏成房地产开发有限公司、中国农业银行股份有限公司三河市燕郊支行合同纠纷二审案”［（2019）最高法民终2号］中，最高人民法院认为：高某成在《合同权利转让合同书》上是以唐山宏成房地产开发有限公司（以下简称宏成公司）的名义签字并盖章，在《补充协议》上是以宏成公司的名义签字。宏成公司上诉主张高某成的上述行为是个人行为，不能代表宏

---

① 参见李建伟：《公司法学》（第4版），中国人民大学出版社2018年版，第87页。

② 参见最高人民法院民事审判第二庭编著：《〈全国法院民商事审判工作会议纪要〉理解与适用》，人民法院出版社2019年版，第181页。

③ 参见沈德咏主编：《〈中华人民共和国民法总则〉条文理解与适用（上）》，人民法院出版社2017年版，第478页。

成公司。根据已查明的事实，在《合同权利转让合同书》及《补充协议》签订时，高某成是宏成公司的法定代表人。依据《民法通则》第38条[①]规定“依照法律或者法人组织章程规定，代表法人行使职权的负责人，是法人的法定代表人”、第43条[②]规定“企业法人对它的法定代表人和其他工作人员的经营活动，承担民事责任”，思菩兰公司有理由相信高某成作为法定代表人有权代表宏成公司对外签订合同。宏成公司主张其公司章程中对高某成的权限有所限制，但是公司章程为公司内部文件，宏成公司没有提交证据证明思菩兰公司在签订《合同权利转让合同书》时已知道公司章程中的相关规定。宏成公司主张高某成已经不是宏成公司的股东、所持有的公章不是宏成公司的新公章，故思菩兰公司应当知道高某成不再有代表宏成公司签署合同的权限，但是依据上述法律规定，代表法人行使职权的是法定代表人而非股东，是否股东和能否代表公司不能等同；宏成公司虽然已经启用新公章，但是根据已查明的事实，在新公章启用后，宏成公司仍在向当地政府提交的多份土地登记审批表、建设项目环境影响登记表等文件上加盖旧公章和高某成的个人印章，这说明宏成公司存在新公章、旧公章并用的情形。故仅凭公章的新旧，也不足以证明思菩兰公司应当知道高某成超越权限。综上，根据《合同法》第50条[③]规定“法人或者其他组织的法定代表人、负责人超越权限订立的合同，除相对人知道或者应当知道其超越权限的以外，该代表行为有效”，高某成的签署行为可以代表宏成公司，宏成公司是《合同权利转让合同书》及《补充协议》的一方合同当事人。

在“天马轴承集团股份有限公司、德清县中小企业金融服务中心有限公司民间借贷纠纷再审案”［（2019）最高法民申5052号］中，天马轴承集团有限公司（以下简称天马公司）主张《借款担保合同》未经其公司决策、披露及追认，非系其真实意思表示，其与德清县中小企业金融服务中心有限公司（以下简称德清金融服务公司）间不存在借贷关系。据《借款担保合同》所载，天马公司因生产经营需要向德清金融服务公司借款，双方对借款金额

---

① 该法已失效，相关规定见《民法典》第61条。
② 该法已失效，相关规定见《民法典》第61条。
③ 该法已失效，相关规定见《民法典》第504条。

期限等内容进行约定，内容明确具体，其上加盖有德清金融服务公司及天马公司印章，天马公司时任法定代表人亦在其上签字。天马公司在《借款担保合同》中指定食乐淘公司作为借款款项的接收人，德清金融服务公司亦依该指定向天马公司履行了款项交付义务，天马公司应向德清金融服务公司履行还本付息义务。天马公司以其未使用款项为由主张其非借款人不能成立。

天马公司主张其是一家在深交所挂牌的上市公司，《公司章程》向全社会公开公示。德清金融服务公司作为《借款担保合同》的相对人，对天马公司章程规定的公司对外借款必须经公司董事会批准的规定知道或应当知道。故在本案借款担保合同的法律效力方面，德清金融服务公司非善意相对人。对此，最高人民法院认为，与《公司法》规定公司增减股本、向其他企业投资或者为他人提供担保等必须经股东会或者董事会决议等情形不同，并未有相关的法律、行政法规规定公司向外借入款项必须经过股东会或者董事会的同意。故天马公司认为德清金融服务公司知道或应当知道且必须按照该公司章程的规定审查该公司对外借款是否经公司董事会批准，否则其作为款项出借人即非善意相对人缺乏法律依据，其据此请求依据《合同法》第50条①规定认定《借款担保合同》无效不能成立，法院不予支持。

本书认为，超越公司章程或公司决议而产生的越权行为与超越公司法规定而产生的越权行为，从公司决议角度来看，似乎并无不同。但前者是公司自主作出决议或章程规定进行限制，而后者是公司基于公司法的职权规定而作出的决议，两者在越权行为法律效果上存在不同。从法律效力上来看，倒是第一种越权行为类型与第三种越权行为类型是一致的。

四、公司法定代表人的法律风险

公司法定代表人具有特殊的身份和职权，如其违反法律、行政法规、公司章程的规定，或者违反忠实、勤勉义务，可能会就公司的行为承担相应的民事、行政或刑事责任。

---

① 该法已失效，相关规定见《民法典》第504条。

（一）法定代表人承担赔偿损失责任

《公司法》第149条：董事、监事、高级管理人员执行公司职务时违反法律、行政法规或者公司章程的规定，给公司造成损失的，应当承担赔偿责任。

法定代表人由董事长、执行董事或总经理担任，这些人在执行职务时，故意或过失给公司造成损失的，须向公司赔偿损失。

（二）法定代表人被采取强制措施

1. 公司不履行生效法律文书确定的义务，法院可以对其法定代表人采取罚款、拘留、限制出境、限制高消费等强制性措施

《民事诉讼法》第241条：被执行人未按执行通知履行法律文书确定的义务，应当报告当前以及收到执行通知之日前一年的财产情况。被执行人拒绝报告或者虚假报告的，人民法院可以根据情节轻重对被执行人或者其法定代理人、有关单位的主要负责人或者直接责任人员予以罚款、拘留。

《执行程序解释》第24条第1款：被执行人为单位的，可以对其法定代表人、主要负责人或者影响债务履行的直接责任人员限制出境。

《限制高消费规定》第3条：被执行人为自然人的，被采取限制消费措施后，不得有以下高消费及非生活和工作必需的消费行为：

（一）乘坐交通工具时，选择飞机、列车软卧、轮船二等以上舱位；

（二）在星级以上宾馆、酒店、夜总会、高尔夫球场等场所进行高消费；

（三）购买不动产或者新建、扩建、高档装修房屋；

（四）租赁高档写字楼、宾馆、公寓等场所办公；

（五）购买非经营必需车辆；

（六）旅游、度假；

（七）子女就读高收费私立学校；

（八）支付高额保费购买保险理财产品；

（九）乘坐G字头动车组列车全部座位、其他动车组列车一等以上座位等其他非生活和工作必需的消费行为。

被执行人为单位的，被采取限制消费措施后，被执行人及其法定代表人、

主要负责人、影响债务履行的直接责任人员、实际控制人不得实施前款规定的行为。因私消费以个人财产实施前款规定行为的，可以向执行法院提出申请。执行法院审查属实的，应予准许。

根据《民事诉讼法》《执行程序解释》《限制高消费规定》的规定，如果公司不履行生效法律文书确定的义务，法院可以对其法定代表人采取罚款、拘留、限制出境以及限制高消费等强制措施。

2. 公司进入破产程序，法定代表人未经法院许可不得离开住所地

《企业破产法》第15条：自人民法院受理破产申请的裁定送达债务人之日起至破产程序终结之日，债务人的有关人员承担下列义务：

（一）妥善保管其占有和管理的财产、印章和账簿、文书等资料；

（二）根据人民法院、管理人的要求进行工作，并如实回答询问；

（三）列席债权人会议并如实回答债权人的询问；

（四）未经人民法院许可，不得离开住所地；

（五）不得新任其他企业的董事、监事、高级管理人员。

前款所称有关人员，是指企业的法定代表人；经人民法院决定，可以包括企业的财务管理人员和其他经营管理人员。

根据《企业破产法》第15条的规定，一旦公司进入破产程序，未经法院许可，法定代表人不得离开住所地。

3. 公司欠缴税款，税务机关可以限制其法定代表人出境

《税收征收管理法》第44条：欠缴税款的纳税人或者他的法定代表人需要出境的，应当在出境前向税务机关结清应纳税款、滞纳金或者提供担保。未结清税款、滞纳金，又不提供担保的，税务机关可以通知出境管理机关阻止其出境。

根据《税收征收管理法》第44条的规定，公司欠缴税款，税务机关可以通知出境管理机关，限制公司法定代表人出境。

（三）法定代表人承担刑事责任

《刑法》第150条【单位犯本节规定之罪的处罚规定】：单位犯本节第一百四十条至第一百四十八条规定之罪的，对单位判处罚金，并对其直接负责

的主管人员和其他直接责任人员，依照各该条的规定处罚。

《**刑法**》**第211条【单位犯危害税收征管罪的处罚规定】**：单位犯本节第二百零一条、第二百零三条、第二百零四条、第二百零七条、第二百零八条、第二百零九条规定之罪的，对单位判处罚金，并对其直接负责的主管人员和其他直接责任人员，依照各该条的规定处罚。

《**刑法**》**第220条【单位犯侵犯知识产权罪的处罚规定】**：单位犯本节第二百一十三条至第二百一十九条之一规定之罪的，对单位判处罚金，并对其直接负责的主管人员和其他直接责任人员，依照本节各该条的规定处罚。

《**刑法**》**第231条【单位犯扰乱市场秩序罪的处罚规定】**：单位犯本节第二百二十一条至第二百三十条规定之罪的，对单位判处罚金，并对其直接负责的主管人员和其他直接责任人员，依照本节各该条的规定处罚。

因公司涉嫌前述犯罪，法定代表人可能会被认定为公司的直接负责主管人员，进而会依照前述的规定承担刑事责任。

第十四章　公司证照、印章

一、公司证照、印章概述

公司证照主要包括营业执照、企业组织机构代码证、税务登记证、社保登记证、银行开户许可证等。

公司印章主要包括公章、财务专用章、法定代表人名章、合同专用章、发票专用章等。

公司证照、印章一般具有对外代表公司意思的表象，事关公司的日常生产经营活动。在实务上，公司证照、印章引发的纠纷主要有两种：一种是公司证照、印章使用纠纷，包括合同生效争议与合同效力争议；另一种是公司证照、印章争夺纠纷，主要涉及公司证照、印章返还诉讼，这种纠纷通常和公司控制权问题密切相关。

因公司公章相关纠纷是公司证照、印章纠纷中最常见的类型，本书主要以公司公章为代表来分析公司证照、印章相关法律问题，如无特殊说明，公司证照、其他印章引起的纠纷可适用公司章程的相关规则。

二、公司公章的刻制

（一）申请刻制公章的方式

2017 年 1 月，国务院公布第三批取消中央指定地方实施的行政许可事项目录，其中第 9 项是“公章刻制审批”，具体内容是“取消审批后，实行公章刻制备案管理，继续保留公安机关对公章刻制企业的审批”。这意味着我国现行行政法规取消了公章刻制审批，实行公章刻制备案管理，而所谓的

"备案"，是指"公章刻制企业在刻制公章后，将用章单位、公章刻制申请人、印模等基本信息报公安机关备案"。

（二）申请刻制公章的主体

如果公司公章或公司证照、印章管理办法已有规定，按照规定办理。

如果没有上述规定，在实务中，公司股东（大）会、董事会（执行董事）以及法定代表人都有可能被认为是印章刻制与作废的有权主体，这些主体可以作出公司公章刻制决议（决定），在市场监管局办理工商变更手续。

（三）伪造公司印章罪的认定

《刑法》第280条第2款：伪造公司、企业、事业单位、人民团体的印章的，处三年以下有期徒刑、拘役、管制或者剥夺政治权利，并处罚金。

伪造公司印章罪，是指没有制作权限的人，擅自伪造公司印章的行为。公司、企业为了方便刻制多枚公司、企业印章的，不应认定为本罪。[①] 由这一释义可以看出，伪造公司印章罪认定的前提是行为人是否"有权"刻制公司公章。若刻制主体有权刻制公司印章，则无论其刻制的印章与公司印章是否相同，都不存在伪造印章的行为，也就不构成犯罪或行政违法。所以这一问题又回到了申请刻制公章主体的认定上。

在"马某其等伪造公司、以伪造公司印章案"[（2016）苏刑再1号]中，江苏省高级人民法院认为：马某其因李某柱谎称印章丢失，决定召开香港新世纪公司董事会并决议重新刻制印章的行为符合《香港新世纪公司章程》，马某其按照董事会决议让周某龙刻制公司印章，主观上是为了公司及股东利益免遭李某柱进一步损害，系公司行为。

关于周某龙在再审中提出"刻制香港新世纪公司印章是董事会决议的，其按董事会决议刻制印章的行为不构成伪造公司印章罪。请求撤销原裁判，宣告其无罪的问题。江苏省高级人民法院认为，马某其依照董事会决议让周某龙刻制香港新世纪公司新印章，周某龙受公司正当的工作安排刻制公司印

① 参见张明楷：《刑法学》（第5版），法律出版社2016年版，第1041页。

章，不属于犯罪行为。

而对于公司股东［参见（2017）冀02刑终457号］或公司经理［参见（2018）沪01刑终315号］，实务上通常认为其没有自主决定刻制公司印章的权力，其私自刻制公司印章可构成伪造公司印章罪。

（四）刻制多枚公司公章的法律效力

《印章管理规定》第23条：印章制发机关应规范和加强印章制发的管理，严格办理程序和审批手续。国家行政机关和企业事业单位、社会团体刻制印章，应到当地公安机关指定的刻章单位刻制。

《印章管理规定》第24条：国家行政机关和企业事业单位、社会团体的印章，如因单位撤销、名称改变或换用新印章而停止使用时，应及时送交印章制发机关封存或销毁，或者按公安部会同有关部门另行制定的规定处理。

根据上述规定，公司只能拥有一枚公章且该枚公章已在公安部门备案，但该规定没有明确公司刻制多枚公章的违法后果。实践中，不少公司会刻制多枚公章以备使用，如交易合同中所加盖的公章系非备案公章，此时有公司会否认该合同的效力。对于该争议，目前最高人民法院的观点比较统一：在公司实际经营过程中，如果公司使用过多枚印章，那么无论这些印章是否经过备案，对外同样具有效力，不能以印章未备案为由否定交易的有效性。

在“中国新型房屋集团有限公司、中国建筑西南勘察设计研究院有限公司建设工程施工合同纠纷再审案”［（2020）最高法民申116号］中，最高人民法院认为：中国新型房屋集团有限公司（以下简称中新房集团公司）申请再审的主要理由是被申请人中国建筑西南勘察设计研究院有限公司（以下简称西南勘察公司）提供的《授权委托与承诺书》已经被证实是伪造的，并且申请人已经申请将该涉嫌伪造公司公章的犯罪线索移送公安机关查处。根据原审查明的事实，《授权委托与承诺书》上加盖的中新房集团公司印章与中新房集团公司在公安机关备案印章确实存在不一致的情形。法院认为，在此情况下，中新房集团公司仍应当对本案所涉中新房投资公司债务承担连带责任。主要依据如下：首先，一审法院已查明，中新房集团公司在北京市公安局印鉴留存印章与《授权委托与承诺书》上加盖的印章，编号仅有一位之差，仅凭视觉难以判断印章编号不一致。其次，中新房集团公司中标四川巴万高速公路项目确为真实，且中新房集团公司向中新房投资公司出具《关于投资建设四川省巴中至万源项目的批复》亦为真实，据此，西南勘察公司有足够理由相信《授权委托与承诺书》的真实性，要求西南勘察公司再将该《授权委托与承诺书》上加盖的中新房集团公司印章与中新房集团公司在北京市公安机关备案印章予以核对，不符合一般交易惯例，亦加重了其注意责任和成本。综上，西南勘察公司在合同审查签订过程中已经尽到了善意相对人的合理注意义务。中新房集团公司应对案涉债务承担连带责任。原审法院虽认定两枚印章不一致，但认为该事实不影响中新房集团公司承担连带责任，该认定具有事实和法律依据。

在“青海创新矿业开发有限公司、洪某与青海创新矿业开发有限公司、洪某等民间借贷纠纷申请再审案”［（2015）民申字第2537号］中，最高人民法院认为：《担保保证书》上加盖的“青海创新矿业开发有限公司”印文虽经青海创新矿业开发有限公司（以下简称青海创新公司）自行委托的鉴定机构认定与其在西宁市公安局备案的印章不符，但青海创新公司确认其曾使用过的公司印章不止一枚，洪某难以有效识别《担保保证书》上加盖的“青海创新矿业开发有限公司”印章是否为青海创新公司曾使用过或正在使用或在公安局备案登记的印章。本案并非最高人民法院《关于在审理经济纠纷案件中涉及经济犯罪嫌疑若干问题的规定》第5条第1款规定的情形。因此，二审判决认定两份《担保保证书》均对青海创新公司具有法律约束力、青海创新公司应当向洪某承担担保责任，并无不妥。

三、公司公章的保管

根据实务上的众多裁判案例，本书将公司公章的保管规则总结为以下几点：

1. 公司章程或公司证照、印章管理办法可以规定公章的合法保管主体

在“王某蒙诉香港雷成时装有限公司公司证照返还纠纷二审案”［（2017）沪01民终4938号］中，上海市第一中级人民法院认为：涉案公司章程第19条约定：“公司印章应由董事会保管，并且未经董事会授权不得使

用。”2014 年 11 月 24 日，经香港注册处登记，王某蒙不再担任涉案公司候补董事职务。梁某德为该公司唯一董事。故香港雷成时装有限公司有权要求王某蒙返还涉案公章及登记证。

在“许某曦与北京外贸新创经贸发展有限公司公司证照返还纠纷民事二审案”[（2017）京 03 民终 2223 号]中，北京市第三中级人民法院认为：从诉讼中的情况来看，许某曦对持有北京外贸新创经贸发展有限公司（以下简称新创公司）涉诉印章、证照没有异议，只是认为其有权保管涉诉印章、证照。对于许某曦是否有权保管涉诉印章、证照，应当按照公司对印章、证照的相关管理的规定来处理。从新创公司的《印章使用管理制度》来看，公司印章的保管，是由确定的印章管理员保管，许某曦虽然属于行政负责人，但其不属于公司确定的印章管理员，且其也是擅自从他人处取得印章、证照，非经公司同意，故许某曦认为其是行政负责人就应当保管印章、证照的意见没有依据。对于许某曦在二审诉讼中提交的《临时股东会决议》，因该决议只涉及“公司公章”，而非本案诉争的印章、证照，故该证据不足以证明新创公司授权其保管涉诉印章、证照，法院不予采纳。综上所述，许某曦的上诉理由不能成立，对其上诉请求，法院不予支持。

2. 如无上述规定，公司股东（大）会或董事会可以作出决议，确定公章的合法保管主体

在“佛山市绿缘生态科技有限公司、张某勇公司证照返还纠纷二审案”[（2017）粤 06 民终 5313 号]中，广东省佛山市中级人民法院认为：由于公司证照、印章由谁掌管和占有，属于公司的内部管理事务，应由公司股东自行决定，非但不是政府机构能够插手的事务，同样亦非司法机构应介入的事务。因此，对于股东在股东会议上讨论公章规范管理问题，从而决定由张某勇保管公章这一属于公司在自治范围内决定的内部事项，法院不宜进行司法干涉，即使张某勇在公司的职务被撤销，但亦不影响其基于股东会决议而持有公司印章。在该股东会决议的效力并未被撤销或确认为无效的情况下，佛山市绿缘生态科技有限公司（实质是法定代表人罗某辉）要求张某勇交出公章的诉讼请求于法无据，法院不予支持。

3. 如无上述规定或决议，仅可推定公司法定代表人是公章合法保管主体，其他人员如股东、董事、监事、高级管理人员等都不是公章合法保管主体

在“何某刚、陈某与人马某基公司证照返还纠纷再审案”［（2012）民申字第1205号］中，最高人民法院认为：公司公章归公司所有，由相关工作人员根据公司授权保管使用，法定代表人是代表法人行使职权的负责人。根据原审查明的事实，马某基是年富公司法定代表人，年富公司的合资合同、章程或相关管理制度均未对公章由谁保管作出明确规定，在此情况下，一审、二审法院判令将公章交由法定代表人马某基收执保管并无不当。

在“高某坚与苏州艾达电器有限公司公司证照返还纠纷再审案”［（2014）苏审二商申字第0285号］中，江苏省高级人民法院认为：公司营业执照、公章等物品系公司财产，依法属于公司所有，公司股东、董事、监事、经理等未经公司授权均不得侵占。高某坚认为其作为监事亦有权持有上述物品，一审、二审判决适用法律错误的申请再审理由，不能成立。

4. 公章合法保管主体可授权公司其他人员保管公章，但该人员仅仅是公章的辅助占有人，公章仍视为在合法保管主体的占有之下

在“成某德、胡某昌与中青投资咨询（无锡）有限公司公司证照返还纠纷二审案”［（2013）苏商外终字第0035号］中，江苏省高级人民法院认为：根据《公司法》第148条规定，成某德作为中青投资咨询（无锡）有限公司（以下简称中青无锡公司）的执行董事、法定代表人，胡某昌作为总经理，对公司负有忠实义务和勤勉义务。法院认为成某德、胡某昌负有保管公司证照、印鉴章和财务账册的义务。成某德、胡某昌对其履行保管义务的情况应承担举证责任，即负有说明公司证照、印鉴章和财务账册去向的义务。在成某德、胡某昌未能举证证明的情况下，应视为其实际占有公司证照、印鉴章和财务账册。成某德、胡某昌主张其并未参与公司的实际经营管理，由其他人员直接保管证照、印鉴章和财务账册。对此，法院认为，即使由他人保管，也是受成某德、胡某昌的指示，辅助其管领公司证照、印章和财务账册，因此仍应视为成某德、胡某昌实际占有。成某德、胡某昌被免去中青无锡公司的职务后，无权继续占有公司证照、印鉴章和财务账册。依据《物权法》第

34 条[①]规定，成某德、胡某昌应当返还公司证照、印鉴章和财物账册给所有权人中青无锡公司。

5. 公司可根据公司章程、公司证照、印章管理办法或公司相关决议，要求公章合法保管人返还公章；如法定代表人是合法保管主体，在失去相应职务进而不再担任法定代表人后，应主动向公司返还公章

在“王某杰、中山诚信达税务师事务所有限公司公司证照返还纠纷二审案”［（2017）粤20民终2982号］中，广东省中山市中级人民法院认为：印章、证照等是公司人格的象征，公司使用印章、证照，具有证明和确定其主体资格和能力的法律效果，故公司对印章、证照享有专用权、使用权和支配权。王某杰作为中山诚信达税务师事务所有限公司的法定代表人持有公司公章、财务专用章是基于公司的授权，为有权掌管和占有。因此，在股东会决议通过解除王某杰的授权后，王某杰已无权继续掌管和占用公司公章、财务专用章，其应向公司返还。

在“潘某某与甲公司公司证照返还纠纷二审案”［（2013）沪一中民四（商）终字第1109号］案中，上海市第一中级人民法院认为：公司法定代表人、董事长的变更应按照公司章程的约定执行，现甲公司各股东按照章程约定召开了股东会，选举产生新的董事会成员；新任董事会成员亦召开了董事会，选举吕某敏为甲公司董事长、法定代表人，故潘某某已不是甲公司法定代表人，其已无合理理由持有甲公司的公章、证照等公司物品，现甲公司起诉要求潘某某移交甲公司公章、证照等物品的诉讼请求，有事实和法律依据，应予支持。潘某某认为公司法定代表人以工商登记为准的主张无法律依据，法院不予采信。综上，潘某某的上诉请求无事实和法律依据，法院不予支持。

6. 在公司公章被侵占期间，公司法定代表人可通过签字方式起诉或应诉

《山东省高院意见一》第85条：股东、董事、经理及他人侵占公司印鉴，公司起诉要求其返还印鉴并赔偿损失的，人民法院应予支持。

前款之诉讼，以及印鉴被侵占期间公司需要参加的其他诉讼，公司以法

① 该法已失效，相关规定见《民法典》第235条。

定代表人签署之文件起诉或应诉的，人民法院应予准许。公司法定代表人变更但未办理工商登记变更手续的，新法定代表人可以持有关变更决议证明其法定代表人身份。

公司公章被侵占期间，公司起诉或应诉的文书中无法加盖公司印章，公司法定代表人可以通过签字方式起诉或应诉，这一点没有疑问。

四、公司公章的质押

关于公司将公章（有时还包括公司证照等）质押给债权人的效力，还没有统一的裁判。实务上有两种不同的观点：一种观点认为公司公章并非适格的质押客体，无法形成有效的质押关系，债权人应当将公章返还给公司。另一种观点认为公司既然将公章出质，在没有履行完毕债务前，无权要求债权人返还公章。在“广州市天河区石牌饮水思园酒家与广州顺盛物业管理有限公司公司证照返还纠纷二审案”［（2017）粤01民终1434号］中，广东省广州市中级人民法院认为：本案的争议焦点是广州顺盛物业管理有限公司（以下简称顺盛物业）持有被上诉人广州市天河区石牌饮水思园酒家（以下简称饮水思园酒家）的涉案证照是否应当归还。顺盛物业收取并持有涉案证照，是基于2016年4月25日宋某军出具的保证书并自动履行其承诺的结果。被上诉人饮水思园酒家在一审起诉时主张涉案证照是被骗走的没有事实依据，法院不予采信。宋某军之所以将涉案证照交付给顺盛物业，是因为其“长期违约欠租”，故以此向某物业作出“保证”，该行为在本质上具有债的担保性质。现被上诉人饮水思园酒家拖欠的租金尚未解决，而主张归还证照，明显有违其承诺，不符合民事行为所应遵循的诚实信用原则，故不应得到支持。

无论公司公章出质是否有效，公司将公章交给债权人占有保管，存在相当大的风险，债权人可能以该公章对外签订合同，公司面临不可预知的法律责任。因此，本书不建议公司将自己的公章出质或者说交给债权人保管占有，公司如欲提供担保，可提供其他担保或第三人保证。

五、公司公章的出借

对于公司出借公章这一行为，多数法院认为公司应对借用公章一方的债务承担连带责任。

在“鹤岗市新亚房地产开发有限公司与张某、韩某民间借贷纠纷二审案”［（2015）长民五终字第9号］中，吉林省长春市中级人民法院认为：韩某借用鹤岗市新亚房地产开发有限公司（以下简称新亚公司）资质在榆树市开发亿鑫家园小区，以新亚公司名义向张某借款，新亚公司违反法律规定出借资质给韩某，并允许其刻有、使用公司公章，应对韩某以新亚公司名义所借款项承担责任。新亚公司上诉称其不应对未加盖公章的借据和案外人沈某嵩签名的借据承担连带责任。韩某在借用资质经营期间，以新亚公司名义多次向张某借款，其中两枚借据虽未加盖公章，但标明了借款用途为“工程款”或借款人为新亚公司，且韩某本人均在借据上签字，鉴于本案争议的7笔借款的连续性及借据上所载的借款用途及借款人，此未加盖公章的借据所对应的借款应认定为韩某经营期间的职务行为，新亚公司应对其出借资质期间韩某的借款承担责任。关于新亚公司主张韩某与公司交接时所有账目均已结清，财务账面根本不体现本案借款，各方明确约定韩某名下的所有债务均由韩某自己负责，并提交《榆树亿鑫家园三方协商同意达成如下协议》及《情况说明》予以证实。无论韩某与新亚公司是否达成该协议，因合同具有相对性，该约定不能对抗其他善意债权人，新亚公司的内部账目亦不能对抗外部债权人，双方如有约定，新亚公司可另行向韩某主张权利。因此，新亚公司应对出借资质期间韩某以公司名义所借债务承担连带责任。

在“刘某江与刘某、奥峰公司提供劳务者受害责任纠纷一审案”［（2017）陕1024民初1130号］中，陕西省山阳县人民法院认为：自然人的健康权依法受法律保护，行为人因过错侵害他人民事权益，应当承担侵权责任。原告刘某江在被告刘某经营的山阳县猛柱山石粉场工作，二人形成劳务关系。《侵权责任法》第35条①规定，个人之间形成劳务关系，提供劳务一方因劳务造成他人损害的，由接受劳务一方承担侵权责任。提供劳务一方因劳务自己受到损害的，根据双方各自的过错承担相应的责任。原告刘某江在石粉生产过程中受到伤害，应由接受劳务的被告刘某承担侵权责任。原告刘

---

① 该法已失效，相关规定见《民法典》第1192条。

某江作为成年人，其并不具备从事石粉生产设备操作维修的经验和技术，其应当预见到在石粉生产设备运行过程中可能存在的危险，但其仍然操作机械导致自己受到伤害，其存在一定过错，也应承担相应的责任。被告奥峰公司将公章出借给并不具备相应安全生产条件的自然人刘某使用，由刘某挂靠奥峰公司对外签订合同，违反了我国法律、行政法规的规定，其存在过错，应对原告刘某江的损害后果承担连带责任。

六、公司公章的使用

（一）合同生效争议："签章"、"签字盖章"、"签字、盖章"与"签字并盖章"的区别

在签订书面合同时，对于合同生效的约定，当事人在合同最后往往有这么一句："本合同自双方当事人签章（'签字盖章''签字、盖章''签字并盖章'）之日起生效"。这4种表述究竟是同时要求签字与盖章还是签字与盖章有其一即可？本书根据司法实务裁判观点，总结如下。

1. "签章"通常认定为签字或盖章

在"宁夏三友顺达化工有限公司与宁夏三友环保设备制造有限公司承揽合同纠纷再审案"［（2015）民申字第885号］中，最高人民法院认为：就约定价款为128万元的《环保治理施工合同》是否成立并生效的问题，根据该合同约定，合同经双方当事人签章后生效，但并未明确要求合同生效需要同时具备当事人的签字、盖章。根据《合同法》第32条[①]的规定，当事人采用合同书形式订立合同的，自双方当事人签字或者盖章时合同成立。公司法定代表人代表法人行使职权，其在合同上签字的行为，代表法人的意思表示，并不要求再加盖公司公章而使合同成立。

2. "签字盖章"通常认定为签字或盖章

在"黄某涛、北京建工集团有限责任公司建设工程施工合同纠纷二审案"［（2018）最高法民终611号］中，最高人民法院认为：《停工前工程结算协议》第5条约定，协议自三方签字盖章之日起生效。前述约定一般可以

① 该法已失效，相关规定见《民法典》第490条。

理解为签字或盖章后协议即属生效，而非必须同时具备签字与盖章两个条件后协议方生效力。因此，原审判决基于黄某涛其时身份及其签字行为认定《停工前工程结算协议》已经生效，并无不当。北京建工集团有限责任公司仅从前述协议条款表述的词语文字组合关系，即分析主张协议必须签字并加盖公章后方才生效，并由此主张《停工前工程结算协议》尚未生效，协议确认的工程欠款数额故而不足采信，理据不足。

在“北京大有克拉斯家具商城与中国机床总公司、北京牡丹园公寓有限公司进口代理合同纠纷再审案”[（2013）民申字第72号]中，案涉《协议书》约定“此协议双方签字盖章后生效”。再审申请人认为《协议书》的生效条件应当是双方“签字”和“盖章”。对此，最高人民法院认为，根据一审期间司法鉴定结论，《协议书》上北京大有克拉斯家具商城（以下简称家具商城）印章印文与工商档案材料中印章印文是同一枚印章盖印，家具商城对该鉴定结论予以认可。《协议书》上盖有家具商城真实的公章，虽无家具商城法定代表人或其委托代理人的签字，但足以表明《协议书》是家具商城的真实意思表示。《协议书》上虽只有中国机床总公司（以下简称机床公司）法定代表人签字，而无机床公司的公章，但机床公司并不否认《协议书》的真实性。据此，一审、二审判决认定《协议书》真实有效并无不当，家具商城否定《协议书》的真实性及其效力的再审申请理由不能成立。

3. “签字、盖章”通常认定为签字或盖章

这种情形还是存在争议的，目前较新的实务观点认为“签字、盖章”应认定为签字或盖章。

在“浙江顺风交通集团有限公司与深圳发展银行宁波分行借款合同纠纷二审案”[（2005）民一终字第116号]中，最高人民法院认为：关于该协议中“签字、盖章”之间的顿号应如何理解，即签字与盖章应同时具备还是具备其一即可认定协议生效。双方当事人签订的协议中所表述的“签字、盖章”中的顿号，是并列词语之间的停顿，其前面的“签字”与后面的“盖章”系并列词组，它表示签字与盖章是并列关系，只有在签字与盖章均具备的条件下，该协议方可生效。双方当事人该项约定意思表示清楚、真实，应认定为有效。另从双方当事人签订的《还款协议》内容看，其专门设定了双

方加盖公章与负责人签字栏目，在该协议中深圳发展银行宁波分行（以下简称宁波分行）既签署了负责人姓名也加盖了单位印章，而浙江顺风交通集团有限公司（以下简称顺风公司）仅有法定代表人签名未加盖单位印章。由于顺风公司未在《还款协议》上加盖单位印章，不具备双方约定的生效条件，因此，宁波分行依据该协议主张权利，事实依据不足，二审法院不予支持。

但在“肖某学与广州七喜集团有限公司、关某婵股权转让纠纷二审案”［（2016）粤01民终14171号］中，广东省广州市中级人民法院认为：本案二审争议的焦点在于涉案《股权转让协议书》是否已生效。关于协议的生效条件，涉案《股权转让协议书》第8条的约定为：“本协议书自甲乙双方签字、盖章后生效”。现涉案《股权转让协议书》已经由甲方法定代表人易某忠和乙方肖某学签字，但未加盖甲方公章。对此，肖某学认为，签字及盖章二者缺一不可，仅有甲方广州七喜集团有限公司（以下简称七喜集团公司）法定代表人签字，而无加盖该公司公章，则该协议未生效。七喜集团公司则对此持相反意见，认为满足签字、盖章之一的条件合同即生效。

《民法通则》第38条[①]规定：“依照法律或者法人组织章程规定，代表法人行使职权的负责人，是法人的法定代表人。”第43条[②]规定：“企业法人对它的法定代表人和其他工作人员的经营活动，承担民事责任。”由此规定可知，法定代表人在行使职权时，其行为所产生的法律责任由公司承担。本案中，易某忠在《股权转让协议书》上以甲方七喜集团公司法定代表人的身份在“转让方”处签字，显然是职务行为，该行为所产生的法律后果自然约束七喜集团公司。此举应视为七喜集团公司（原广州七喜资讯产业有限公司）已与肖某学达成股权转让的合意，并自愿受此协议的约束。虽然七喜集团公司（原广州七喜资讯产业有限公司）未在《股权转让协议书》上加盖公章，但七喜集团公司从未否认过《股权转让协议书》的效力，并接受了肖某学的股权转让款，以实际履行协议的行为进一步认可了易某忠作为公司法定代表人签署协议的效力和法律后果。由此可见，在肖某学提起本案诉讼前，双方

---

① 该法已失效，相关规定见《民法典》第61条。

② 该法已失效，相关规定见《民法典》第61条。

当事人对于协议的成立和生效并未产生分歧，并以实际履行和接受履行的行动认可协议已经生效。

虽然《股权转让协议书》第8条约定“本协议书自甲乙双方签字、盖章后生效”，但是该约定并未明确签字、盖章系择一即可还是缺一不可。对此约定的理解，双方在诉讼中产生争议。在合同约定不明的情况下，法院认为理应参照法律规定、按照社会公众的通常理解、采取有利于维护交易稳定和实现合同目的的方式来进行解释。《合同法》第32条[①]规定：“当事人采用合同书形式订立合同的，自双方当事人签字或者盖章时合同成立。”第44条第1款规定：“依法成立的合同，自成立时生效。”七喜集团公司据上述法律规定认为涉案《股权转让协议书》自法定代表人签字后即成立生效并无不当。更何况在协议签订后、诉讼发生前，肖某学已向七喜集团公司支付了股权转让款，七喜集团公司也接受了肖某学的履行，双方均认可协议的效力并依约进行了履行。在此情况下，肖某学主张涉案《股权转让协议书》未生效显然没有事实和法律依据。

至于肖某学一方所提及的最高人民法院（2005）民一终字第116号民事判决与本案案情并无关联性和相似性。并且，该116号案系未盖章一方当事人主张其未盖章故合同尚未生效，并否认合同效力，自始至终拒绝履行合同。而本案中，七喜集团公司虽未在涉案《股权转让协议书》中加盖公章，但明确表示认可其法定代表人易某忠签字的效力，并在易某忠签订协议后接受了肖某学的股权转让款，以实际履行的行为进一步认可该协议已经发生法律效力。故肖某学以最高人民法院（2005）民一终字第116号民事判决否定本案《股权转让协议书》的生效显然理据不足，广州市中级人民法院不予采纳。

4. “签字并盖章”要求签字与盖章同时具备

这种情形不存在争议。在“太原市城区农村信用合作联社兴华街分社、山西郡宇房地产开发有限公司保证合同纠纷再审案”［（2018）最高法民再94号］中，最高人民法院认为：2013年9月22日太原市城区农村信用合作社兴华街分社（以下简称兴华街信用社）与山西郡宇房地产开发有限公司（以

① 该法已失效，相关规定见《民法典》第490条。

下简称郡宇公司）签订的《保证合同》明确约定“本合同经签约双方法定代表人（负责人）或授权代理人签字并加盖公章或合同专用章之日起生效”。该条约定的“法定代表人（负责人）或授权代理人签字”与“加盖公章或合同专用章”系并列关系，且《保证合同》末尾部分专门设定了双方加盖公章与法定代表人签字的栏目，说明只有在法定代表人（负责人）或授权代理人签字与加盖公章或合同专用章同时具备的条件下，《保证合同》才生效。双方当事人该约定意思表示清楚，不存在歧义。因《保证合同》上郡宇公司仅有法定代表人签字而未加盖公司印章，不具备双方约定的生效条件，二审法院认定《保证合同》生效要件未成立并无不当。虽然在签订《保证合同》之前，郡宇公司曾向兴华街信用社提交了郡宇公司《股东会议决议》及《情况说明》，有拟对兴锴悦公司案涉借款提供担保的意思表示，但在双方就担保形成合意且生效之前，郡宇公司签约过程中有放弃盖章拒绝签约的权利，兴华街信用社主张郡宇公司拒不加盖公章属于恶意阻却《保证合同》生效的理由，缺乏足够的证据支持。《保证合同》因不符合合同约定的生效条件而未生效，兴华街信用社依据《保证合同》主张郡宇公司承担保证责任依据不足。

（二）合同效力争议：“人章不一致”的法律处理

《九民会议纪要》第41条【盖章行为的法律效力】：司法实践中，有些公司有意刻制两套甚至多套公章，有的法定代表人或者代理人甚至私刻公章，订立合同时恶意加盖非备案的公章或者假公章，发生纠纷后法人以加盖的是假公章为由否定合同效力的情形并不鲜见。人民法院在审理案件时，应当主要审查签约人于盖章之时有无代表权或者代理权，从而根据代表或者代理的相关规则来确定合同的效力。

法定代表人或者其授权之人在合同上加盖法人公章的行为，表明其是以法人名义签订合同，除《公司法》第16条等法律对其职权有特别规定的情形外，应当由法人承担相应的法律后果。法人以法定代表人事后已无代表权、加盖的是假章、所盖之章与备案公章不一致等为由否定合同效力的，人民法院不予支持。

代理人以被代理人名义签订合同，要取得合法授权。代理人取得合法授权后，以被代理人名义签订的合同，应当由被代理人承担责任。被代理人以代理人事后已无代理权、加盖的是假章、所盖之章与备案公章不一致等为由否定合同效力的，人民法院不予支持。

这里的“人章不一致”主要分为两种情形。

1. “真人假章”

“真人假章”是指在合同上，有公司法定代表人或授权代表的签字，但没有加盖公司公章，或者加盖了假的公章，又或者加盖了与备案不一致的公章等情形。此时相对方常常以公章瑕疵为由，主张合同无效。

2. “假人真章”

“假人真章”是指在合同上，没有公司法定代表人或授权代表的签字，或者伪造公司法定代表人或授权代表的签字，但加盖了真实有效公章的情形。此时公司以签字瑕疵为由，主张合同无效。

对于这两种情形下的争议，最高人民法院在2018年的《最高人民法院民事审判第二庭法官会议纪要——追寻裁判背后的法理》及2019年的《九民会议纪要》中统一了观点，均强调要以代表公司签约之人是否有权代表公司从事法律行为来判断合同的效力，这就是所谓的“看人不看章”规则。由此，合同中加盖的公章之真假对于合同效力的判断，实质上演化为如何认定盖章之人是否具有代表权或者代理权的问题，进而认定合同行为是否属于职务行为，公司应否承受合同上的权利义务。

最高人民法院认为，在合同书上加盖公司公章的法律意义在于：盖章之人所为的是职务行为，即其是代表或代理公司作出意思表示。但章有真假之分，人也有有权无权之别，不可简单根据加盖公章这一事实就认定公章显示的公司就是合同当事人，关键要看盖章之人有无代表权或代理权。盖章之人为法定代表人或有权代理人的，即便其未在合同上盖章甚至盖的是假章，只要其在合同上的签字是真实的，或能够证明该假章是其自己加盖或同意他人加盖的，仍应作为公司行为，由公司承担法律后果。反之，盖章之人如无代表权或超越代理权的，则即便盖章的是真公章，该合同仍然可能会因无权代表或无权代理而最终归于无效。①

最高人民法院在新近裁判案例中已彻底贯彻上述会议纪要规定的精神。在“中国五矿深圳进出口有限责任公司、李某河借款合同纠纷二审案”［（2019）最高法民终 702 号］中，最高人民法院认为：认定公章显示的公司是否为合同当事人，关键要看盖章之人有无代表权或代理权。盖章之人为法定代表人或有代理权的人，即便在合同上未盖章甚至盖的是非备案公章，只要其在合同上的签字真实，或能够证明该公章是其本人加盖或同意他人加盖的，表明其是以公司名义签订合同，除《公司法》第 16 条等法律对其职权有特别规定的情形外，由公司承担相应的法律后果。反之，盖章之人如无代表权或超越代理权的，则即便加盖的公章真实，该合同效力仍然可能会因无权代表或无权代理而受影响。就本案而言，在案涉《借款协议》《指定付款书》上加盖中国五矿深圳进出口有限责任公司（以下简称五矿公司）章印的人是谁，其在加盖五矿公司印章时有无五矿公司代表权或代理权等相关事实，是影响本案裁判结果的基本事实。案涉两份《借款协议》上分别加盖了公章 B、公章 C、五矿公司法定代表人私章。一般而言，只有法定代表人可以对外代表公司签订合同，其他人代表公司对外签订合同均需公司授权。本案中，李某河明确表示其未接触过五矿公司的人员，案涉协议并非由五矿公司当面盖章，而是在其签字后，由陈某明将协议带给五矿公司盖章的。因此，案涉《借款协议》《指定付款书》上五矿公司的印章是在何种情形下、由谁加盖需要进一步核实。

在“宁夏远洲矿业有限公司、陈某利合同纠纷再审案”［（2020）最高法民申 615 号］中，最高人民法院认为：关于宁夏远洲矿业有限公司（以下简称远洲公司）是否应承担本案还本付息的责任的问题。本案中，案涉《土石方剥离工程承包协议书》和《承诺书》以远洲公司名义签订并加盖远洲公司的合同专用章，有时任法定代表人王某玲的签字，《收据》亦加盖远洲公司的财务专用章。基于王某玲法定代表人的身份，其本案中使用的合同专用章、

① 参见贺小荣主编：《最高人民法院民事审判第二庭法官会议纪要——追寻裁判背后的法理》，人民法院出版社 2018 年版，第 308 页以下。

财务专用章即使为私自刻制，也不影响其职务行为的成立和远洲公司对外责任的承担。二审据此认定，王某玲以远洲公司法定代表人的身份从事的上述行为为职务行为，远洲公司对此应承担相应民事责任，该认定并无不当，法院予以维持。

“假人真章”案例：在“达某燕、甘肃子辰房地产开发有限公司民间借贷纠纷再审案”［（2020）最高法民申1328号］中，最高人民法院认为：达某燕和骆某槐自2014年3月起开始发生借款关系，双方未签订书面协议。2014年5月27日，甘肃子辰房地产开发有限公司（以下简称子辰公司）的法定代表人由骆某槐变更为石某世。2014年11月14日，达某燕和骆某槐对前期借款数额核对后签订《借款合同书》，约定达某燕向骆某槐、子辰公司出借款项人民币300万元，月息4%，借款期限两个月，达某燕签字、骆某槐签字并加盖子辰公司公章。虽然该合同上加盖了子辰公司的公章，但骆某槐并未取得子辰公司的授权，仅凭其持有的子辰公司原营业执照和公章，不足以证明其实际身份。营业执照具有公示效力，其真实性完全可以通过工商查询予以核对，达某燕未履行审慎注意义务，由此产生的后果应由其自行承担。同日，骆某槐向达某燕出具《借条》。案涉接收借款和偿还借款的账户均为骆某槐个人账户，案涉借款未转入子辰公司的账户，子辰公司未偿还过借款。达某燕未提交证据证实前期借款主体是子辰公司，也没有证据证明案涉借款用于子辰公司。二审根据前述事实认定本案借款人是骆某槐，由骆某槐承担还款责任，子辰公司并非本案借款人，该认定并无不当，最高人民法院予以维持。

七、公司证照返还之诉

《江西省高院意见》第70条：法定代表人、股东、董事、经理及他人侵占公司印鉴、证照的，属于损害公司权益纠纷，公司起诉要求其返还印鉴、证照并赔偿损失的，人民法院应予支持。

前款之诉讼，以及印鉴、证照被侵占期间公司需要参加的其他诉讼，公司以法定代表人签署文件起诉或应诉的，人民法院应予准许。公司法定代表人变更但未办理工商登记变更手续的，新法定代表人可以持有关变更决议证明其法定代表人身份。

（一）案由

最高人民法院《民事案件案由规定》在“第八部分　与公司、证券、保险、票据等有关的民事纠纷”中的“二十一、与公司有关的纠纷”项下列了一个第三级案由“272、公司证照返还纠纷”。

（二）公司证照返还之诉原告：公司

因公司证照、印章所有权属于公司，所以公司有权作为原告提起公司证照返还之诉。应注意的是，实务上有如下几种情况须区分讨论：

第一，法定代表人可代表公司起诉并且公章在公司控制之下，则起诉状由法定代表人签字并加盖公司公章。

第二，法定代表人可代表公司起诉但公章在被告控制之下，则起诉状由法定代表人签字即可。

在“周某、威远县金马商贸有限公司公司证照返还纠纷二审案”[（2017）川10民终819号]中，四川省内江市中级人民法院认为：本案的争议焦点是周某是否应向威远县金马商贸有限公司（以下简称金马商贸公司）返还公章一枚。公司是企业法人，有独立的法人财产，享有法人财产权。案涉公章属于金马商贸公司财物，其由何人、何部门保管，应根据公司内部规章制度或公司章程等规定处理。周某现持有金马商贸公司公章并无合法根据，系无权占有。根据《物权法》第34条①“无权占有不动产或者动产的，权利人可以请求返还原物”之规定，周某应当将持有的公章返还给金马商贸公司。金马商贸公司的起诉状虽然没有加盖公司公章，但有其法定代表人刘某明的签字确认。刘某明作为金马商贸公司法定代表人有权以法定代表人名义代表金马商贸公司对外行使职权、履行职务，亦可以代表金马商贸公司提起民事诉讼。金马商贸公司法定代表人变更为刘某明虽然未完成登记，但根据《民事诉讼法解释》第50条第2款“法定代表人已经变更，但未完成登记，变更后的法定代表人要求代表法人参加诉讼的，人民法院可以准

① 该法已失效，相关规定见《民法典》第235条。

许”之规定，刘某明可以代表金马商贸公司参加本案诉讼。因此，周某认为本案起诉状没有加盖公章，一审法院不应受理以及刘某明无权代表金马商贸公司进行诉讼的上诉理由不能成立。

第三，法定代表人是被告并且公章在其控制之下，公司或股东可通过如下途径救济。

方法一：公司作出相应股东（大）会或董事会决议，免除原法定代表人的职务，选举产生新的法定代表人，进而由新法定代表人在起诉状上签字。

在“苏龙（沭阳）畜牧苗猪市场有限公司与郑某华公司证照返还纠纷二审案”［（2015）宿中商终字第00185号］中，江苏省宿迁市中级人民法院认为：公司的诉讼代表权专属于公司法定代表人，在名义上法定代表人与实质法定代表人发生冲突时，应以实质的法定代表人作为公司的诉讼代表人。本案中，苏龙（沭阳）畜牧苗猪市场有限公司（以下简称苏龙苗猪公司）原法定代表人郑某华被罢免法定代表人职务后，无权占有公司公章，拒不配合办理公司变更登记，影响公司正常经营管理，顾某根作为股东会决议新选任的法定代表人，方是代表公司真实且最高意思表示的实质的法定代表人，其当然有权签字以公司的名义提起诉讼，即本案原告主体资格适格。据此，本案中，郑某华在苏龙苗猪公司2014年10月8日股东会决议并通知其后，其已不再担任该公司的法定代表人，其也不再有权持有公司的证照，其继续占有公司证照属于无权占有，公司作为证照的所有权人，有权要求其立即返还。郑某华应当根据股东会决议要求向公司移交营业执照原件、公章、财务章、合同专用章、税务登记证、组织机构代码证和财务资料等公司证照。

方法二：公司作出股东（大）会或董事会决议，授权某一股东或者高管人员作为公司的诉讼代理人提起诉讼。

方法三：在符合股东代表诉讼构成的情况下，股东可以提起代表诉讼，以股东自己的名义提起公司证照返还之诉。

在“张某强、林某琼公司证照返还纠纷再审案”［（2018）最高法民申2951号］中，最高人民法院认为：公司印章是每一个公司合法设立的象征，在公司存续过程中，印章起着代表单位意志的作用，成为公司意思与行为的象征。在公司证照返还纠纷案件中，通常由公司作为原告进行诉讼。本案中，禾山公司法定代表人形式上已变更为张某天，公司相关印章及证照均由张某天控制，因此，张某强、林某琼作为禾山公司成立时的股东，在禾山公司系本案第三人参与诉讼的情况下，有权向张某天提起公司证照返还之诉。虽然禾山公司股东变更为张某天与张某强，但根据已生效判决，此次股权变更系张某天伪造股权转让协议，该股权变动系无效行为，从法律上看，张某强、林某琼仍是禾山公司股东，其有权提起本案诉讼。即便从股东代位诉讼内部前置程序来看，张某强、林某琼除系禾山公司股东外，在禾山公司股权变更前，林某琼为该公司唯一监事，而股权变更后，张某强为该公司监事，林某琼、张某强作为现行登记以及股权变更无效前的公司唯一监事亦有权提起诉讼。因此，原审法院认定张某强、林某琼有权作为原告提起诉讼正确，最高人民法院予以确认。

（三）公司证照返还之诉被告：公章无权占有人

通常情况下，公司证照返还之诉的被告是控制公司证照、印鉴章的保管人，公司法定代表人，公司股东、董事、经理等高管人员或其他人。

公司证照返还之诉有一个核心关键点，即作为原告的公司须负担证明公章实际占有主体的举证责任。

一般而言，作为原告的公司在两种情况下仅承担初步举证责任：一是被告是公司的法定代表人，因为法定代表人是被推定为公司证照、印章的占有人及使用人；二是公司有完整的印章保管规定及交接规则，可直接证明公司公章的合法保管人。

在“杭州创兴云智能设备科技股份有限公司与楼某证照返还纠纷二审案”［（2018）浙01民终7294号］中，浙江省杭州市中级人民法院认为：杭州创兴云智能设备科技股份有限公司（以下简称创兴云公司）提供的股东会决议、董事会决议表明，创兴云公司已经免去了楼某的公司法定代表人、总经理的职务。从上述决议作出至今已经长达一年多时间，但上述决议效力并未被否定，故创兴云公司依据上述决议要求楼某移交公司相关事务控制权具有事实和法律依据。楼某作为公司原法定代表人、总经理，在被免去职务后应当将其控制的公司印章及财务资料等物品移交给公司。本案中，楼某虽辩称其不直接持有上述材料，但其作为公司原法定代表人、总经理对上述资料享有控制权。楼某提供的有关公司内部管理制度也显示，公司印章使用须经总经理审批，公司公章的管理部门、公司会计档案的管理部门均受公司总经理领导并对总经理负责，故楼某对公司公章及会计档案享有实际控制权，其亦负有被公司免职后向公司移交上述材料控制权的义务。楼某以自身并不实际持有上述材料为由拒绝返还其实际控制的公司物品，有违其自身职责以及对公司的忠实义务，法院不予认同。

除了这两种情形外，公司在起诉前须先固定证据（如人证、录音证据等），即能够充分证明公司公章在被告的保管占有之下。否则，法院极有可能以原告证据无法证明公司公章在被告处，进而驳回原告公司或股东的诉讼请求。

在“北京富卓创业房地产开发有限公司等与施某亘等公司证照返还纠纷再审案”［（2018）京民申1819号］中，北京市高级人民法院认为：《物权法》第34条①规定：“无权占有不动产或者动产的，权利人可以请求返还原物。”就本案而言，有权占有北京富卓创业房地产开发有限公司（以下简称富卓公司）印鉴、证照等物品的权利人可以请求无权占有上述物品的主体返还原物。本案中，富卓公司主张上述物品被孙某胜、张某海、施某亘非法占有，但孙某胜、张某海、施某亘不予认可，主张上述物品由富卓公司相关部门进行保管，现富卓公司并未提交证据证明其按照法律规定就上述物品的管理使用问题作出相应规定，也没有证据证明上述物品被孙某胜、张某海、施某亘非法占有，在此情况下，富卓公司主张公司法定代表人于某江或者于某江指定的人有权占有公司上述物品，孙某胜、张某海、施某亘应将上述物品交由于某江或者于某江指定的人保管，缺乏依据。

在“广州联牌生物科技有限公司、熊某之公司证照返还纠纷二审案”［（2017）粤01民终12538号］中，广东省广州市中级人民法院认为：熊某之作为广州联牌生物科技有限公司（以下简称联牌公司）的股东，联牌公司要求熊某之返还公司公章及证照、账册资料。但熊某之并非联牌公司法定代

---

① 该法已失效，相关规定见《民法典》第235条。

表人，联牌公司也未能提交直接证据证实公司公章、证照、账册资料由熊某之占有、控制。至于熊某之经营 ZNG 品牌之事实，并不能充分证实熊某之使用了联牌公司的公章及证照、账册；熊某之与联牌公司另一股东商谈公司注销的问题，也未能明确是由熊某之办理注销登记手续。因此，联牌公司关于熊某之占有、控制公司公章、证照、财务账册的主张缺乏事实依据，其要求熊某之返还公司公章、证照、财务账册的主张不能成立，一审予以驳回正确，广州市中级人民法院予以维持。

（四）公司证照返还之诉管辖法院

对这一问题，目前实务上还没有形成统一的见解。

一种裁判观点认为公司证照返还之诉属于与公司有关的诉讼，根据《民事诉讼法》第 26 条，应由公司住所地人民法院管辖。在“广州日彩化工贸易有限公司与刘某爱公司证照返还纠纷二审案”［（2015）穗中法立民终字第 1361 号］中，广东省广州市中级人民法院认为：本案为公司证照返还纠纷，《民事诉讼法解释》第 22 条规定：“因股东名册记载、请求变更公司登记、股东知情权、公司决议、公司合并、公司分立、公司减资、公司增资等纠纷提起的诉讼，依照民事诉讼法第二十六条规定确定管辖”。《民事诉讼法》第 26 条规定：“因公司设立、确认股东资格、分配利润、解散等纠纷提起的诉讼，由公司住所地人民法院管辖。”

另一种裁判观点认为公司证照返还之诉属于侵权纠纷，应适用侵权纠纷案件管辖规定，由侵权行为地或者被告住所地人民法院管辖。在“谭某英、广州市善心养老院有限公司公司证照返还纠纷二审案”［（2017）粤 01 民辖终 3969 号］中，广东省广州市中级人民法院认为：根据《民事诉讼法》第 28 条的规定：“因侵权行为提起的诉讼，由侵权行为地或者被告住所地人民法院管辖。”本案的诉讼因被上诉人诉上诉人谭某英拒不返还其公司公章、营业执照副本及开户许可证而引起，即本案的侵权行为地在被上诉人住所地广州市花都区，在原审法院辖区内，故广州市花都区人民法院对本案具有管辖权。

本书认为，如果公司公章被无权占有人占有控制，对公司而言，最有效的途径也许并不是提起公司证照返还之诉。通过诉讼途径解决，一则诉讼过程可能比较久，二则存在执行不能的问题。所以本书建议采取的方法是公司申请重新刻制新的公章，不过为了一次性能够申请成功，公司最好提供相对全面的材料，如公司相关机关的决议、公章遗失公告、营业执照及法定代表人相关证明，并由法定代表人或授权人申请办理。不过实践中这样做能否成功，还得视各地公安机关审查的松紧程度。

另一个值得注意的点是，如果公安机关同意重新刻制新的公章，公司最好将其重新刻制新公章的情况告知银行及经常往来的客户。

第十五章 公司法信义义务

在我国《公司法》上，并没有信义义务的提法。《公司法》第147条使用的提法是忠实义务和勤勉义务。但《公司法》没有对忠实义务与勤勉义务进行定义。

在学理上，信义义务又称为“忠慎义务”“受信义务”“诚信义务”等，指的是享有公司控制权的主体基于其控制公司的事实而应当对公司及相关利益方（如股东、公司债权人）承担的一种义务，主要表现为忠实、诚信、谨慎地经营管理公司，不能作出违背公司利益的事情。

一、公司控制权问题概述：从与信义义务关系角度来展开

在展开信义义务规则具体内容之前，须首先了解公司控制权的有关问题。一般认为，信义义务规则与公司控制权是一个问题的两个方面，即只有享有公司控制权的主体才应承担信义义务。

（一）公司控制权的研究意义：联结公司治理结构与信义义务规则

20世纪30年代，伯利和米恩斯在《现代公司与私有财产》一书中提出了“所有权与经营权分离”的命题，此后两权分离成为公司治理结构的经典表述。我国公司法立法之初甚至认为这是现代企业制度应有的特征，因而在《公司法》条文中严格区分规定股东（大）会和董事会各自的职权。但是，两权分离将导致公司产生高昂的代理成本，① 这本是公司法应解决的问题，却反被我国立法机关认为是公司的特征或优点，这种立法观

① 公司法上3大代理成本的详细阐述，可参考［美］莱纳·克拉克曼、亨利·汉斯曼等：《公司法剖析：比较与功能的视角》（第2版），罗培新译，法律出版社2012年版，第37页。

念是错误的。[①]

不可否认的是，两权分离确实是公司治理结构中的典型现象，尤其是在股权分散的公众公司中。但是，两权分离并不应该是公司治理结构研究的重点：一则封闭公司通常不存在两权分离情形；二则两权分离仅仅是公众公司治理结构的表象，对任一公司类型来说，只有公司控制权归属问题才是公司治理结构（也是团体法或组织法）的核心问题。了解公司控制权的归属，不仅能了解公司实际经营管理决策由谁作出，更找到了需要负担信义义务的责任主体。[②] 本书将公司治理结构、公司控制权归属与信义义务规则的关系整理如图 15－1 所示。

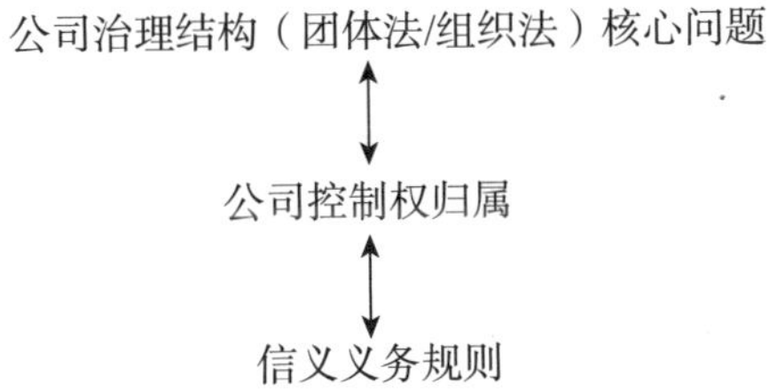

图 15－1　公司治理结构、公司控制权归属与信义义务规则的关系

（二）公司控制权的定义

所谓公司控制权，是指能够直接或间接决定公司某项经营（决策或交易）的权力。

学理上有观点认为，公司控制权意味着能够决定或影响多数董事的选任，但是能够决定或影响多数董事选任并不是认定公司控制权的可靠标准。一来选任出来的董事未必会听命于公司控制权人，二来实践中也存在即使未能决定或影响多数董事选任，但公司控制权人同样能够决定公司某项经营或决策。

（三）公司控制权的归属

学理上认为，基于公司性质（公众性与封闭性）与规模（大型、中型、

---

① 对两权分离原则的检讨，可参见周游：《公司法上的两权分离之反思》，载《中国法学》2017 年第 4 期。

② 类似见解，可参见清澄君：《谁是控股股东》，载“比较公司治理”微信公众号 2018 年 2 月 14 日。

小型）的差异，不同类型的公司应有不同的公司治理结构，因此会有不同的公司控制权归属。

1. 封闭公司

对于封闭公司来说，股东往往兼任董事、监事或高级管理人员职位。所以，封闭公司中的两权分离往往是一种假象。[①] 封闭公司的控制权往往掌握在控股股东（实际控制人）手中。对控股股东的认定，本书在前面已经分析过，具体整理如图 15－2 所示。

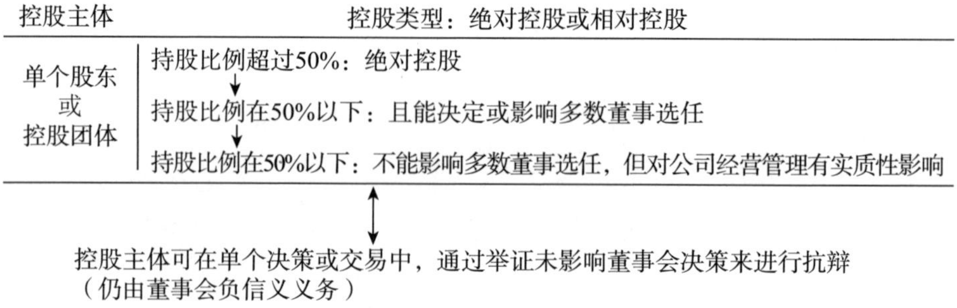

图 15－2　控股股东的认定

注：所谓控股团体，指的是多个股东表决权一致行使，形式有表决权代理、一致行动协议等。

2. 公众公司

在公众公司中，一般董事会掌握了公司控制权。但这也并不绝对，比如我国股份有限公司中，同样存在控股股东的现象，此时，董事会和高管层难谓控制了公司，此时其也不是承担信义义务的主要对象。[②]

此外，在一些大型公众公司中，公司董事会可能也不掌握公司控制权，

① 当然不能一概而论，有些大型封闭公司，可能也会做到两权分离，外聘的董事或高级管理人员能作出日常经营决策。

② 在我国公司法实践中，大多数股份公司都有控股股东，过于集中的股权结构导致一系列问题。现代公司立法的根基——股东和管理层的代理问题，在我国股份公司中被取而代之为少数股东与多数股东之间的代理问题。可参见李建伟：《公司法学》（第 4 版），中国人民大学出版社 2018 年版，第 280 页。最高人民法院也认可这一说法，认为在我国现实经济生活中，国有股“一股独大”现象在大公司中尤其是上市公司中普遍存在。中国除封闭公司中存在控制股东操纵公司谋取私利的现象外，股份公司因股权相对集中，控制股东滥权问题亦十分严重。可参见最高人民法院民事审判第二庭编：《公司案件审判指导》，法律出版社 2014 年版，第 527～528 页。

公司控制权会进一步下沉到高管层甚至是总经理个人。①

本书将公司控制权归属整理如图 15 – 3 所示。

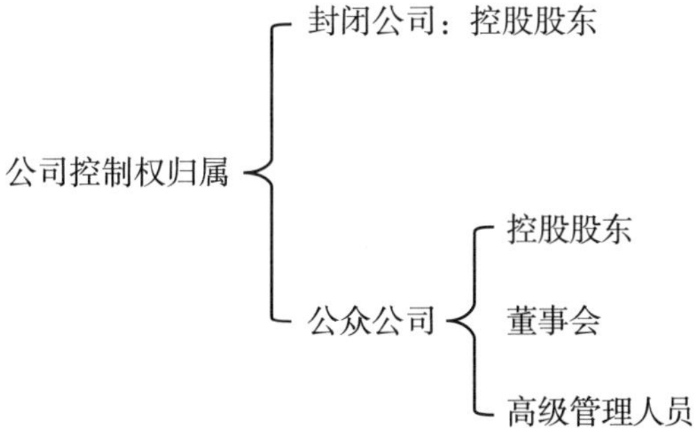

图 15 – 3　公司控制权归属

对于公司控制权归属，本书仍有如下几点须说明：

首先，该表仅仅反映了公司控制权归属的一般情形，实践中还会有公司控制权归属于其他主体的类型。

其次，该表反映了公司控制权归属的静态性，即如被认定为公司的控制权主体，则被推定负有信义义务。但公司控制权主体可以举证在特定经营（决策或交易）中，其并没有决定该项经营（决策或交易），进而免于承担信义义务，比如控股股东举证证明其未影响董事会决策或者董事会违背控股股东意志而独立作出决策。

最后，公司控制权归属的认定其实非常复杂，并没有整齐划一的标准，需要结合理论和个案情况作出综合分析。

二、公司法信义义务的内容

大陆法系国家公司法理论一般认为，公司管理者与公司是一种处理他人事务的合同关系，该类合同准用委托合同规范。因此，董事违反忠实、注意等义务而产生的责任首先是违反委托合同的债务不履行责任，但也可能同时构成对公司的侵权。

① 参见李建伟：《公司法学》（第 4 版），中国人民大学出版社 2018 年版，第 276 页。

英美法系国家公司法理论则认为，公司管理者是公司的受信人，公司管理者与公司是信托关系。信托法上的受信义务不同于合同义务和侵权法上的注意义务。目前英美法上公司管理者的义务类型已显示出独立性，判例已倾向于发展出专用于公司管理者的义务标准和规范。①

我国公司法理论多赞同委托合同关系说，认为公司与公司管理者之间有委派和接受委派、聘任和接受聘任的合意，应适用《合同法》上的委托合同规范，双方的权利义务依据二者之间的协议、公司章程、法律规范予以确定。②

本书不赞同委托合同关系说，公司管理者（控制权主体）并不一定会与公司签订委托合同，即使真的有，该合同也不可能将公司管理者的义务约定清楚，所以委托关系说仅仅是一种比喻。此外，不仅公司管理者负有信义义务，公司控股股东同样适用信义义务规则，而其应负担的信义义务与管理者所负的信义义务还是存在区别的。

本书倾向采信托关系说，公司法上的信义义务是基于控制公司而产生的团体法（组织法）上的义务，与交易法上的委托义务并不相同。而这一团体法上的受信义务具有非常丰富的内容，目前尚未见有体系化的整理。③

本书认为，信义义务规则应包括如下四方面内容：第一，不得侵害公司债权人利益；第二，不得侵害股东利益；第三，不得与公司利益相冲突；第四，审慎从事经营管理事务。

（一）不得侵害债权人利益

公司控制权主体侵害债权人利益的情形其实很多，比如控股股东与公司人格混同导致无力清偿到期债务，控股股东瑕疵出资或抽逃出资导致无力清偿到期债务等。

---

① 参见王军：《中国公司法》（第2版），高等教育出版社2017年版，第364页以下。

② 参见赵旭东主编：《公司法学》（第4版），高等教育出版社2015年版，第312页；王军：《中国公司法》（第2版），高等教育出版社2017年版，第366页。

③ 学理上有认为：很多时候，争执“信托还是委托”是没有意义的。委托代理与信托一样，均存在信赖因素，委托代理中的代理人亦如信托中的受托人一样，受信义义务的约束。所以，重要的是信义义务的内涵。当然，信义义务的特点就是规则抽象性，需要在各种具体场景中加以具体化。参见刘燕：《大资管“上位法”之究问》，载《清华金融评论》2018年第4期。

这部分内容本书已在多处单独分析过，在此不赘述。

（二）不得侵害股东利益：压制行为

侵害股东利益通常存在于公司控制权主体是控股股东的情形，尤其以封闭公司控股股东的压制行为为典型。

（三）不得与公司利益相冲突：忠实义务

忠实义务概念来自英国信托法，是处理受托人与受益人之间利益冲突的规范。它包含两个主要的规则：一是避免利益冲突规则，即受托人应避免其个人利益与受托义务相冲突；二是不牟利规则，即受托人不得利用其受托人地位牟利。《公司法》第 147 条、第 148 条对忠实义务的具体情形进行了列举。

（四）审慎从事经营管理事务：勤勉义务

《广西壮族自治区高院意见》第 37 条【勤勉义务的基本依据】：勤勉义务的具体内容原则上应限于法律法规、公司章程所规定的职责职权，但人民法院在适用相关职责规范时，可通过解释与类推方法适当地扩展、细化，并适当加入对行为人善管义务、注意义务的裁量判定。

勤勉义务往往又被称为注意义务，指的是受信人在决定公司经营管理决策时，应在知晓相关决策信息的基础上，保持一名在相同职位上的人同样能有的谨慎。

《公司法》没有对勤勉义务进行定义，也没有列举勤勉义务的典型情形。不过，注意义务应只是勤勉义务的一个方面，针对的是公司受信人在对外经营管理决策时应有的注意或谨慎。勤勉义务的另一个方面是公司受信人对内管理时应当遵守法律、行政法规或公司章程的规定，履行好相应的管理职责，此即善管义务。比如按规定召集或主持股东（大）会、董事会、监事会；催收公司股东的出资并且不得协助抽逃出资；按规定制作、保持相关文件资料等。[①] 这是学理和实务上容易忽略的一个方面。不过，本书主要以争议较大

---

① 参见云闯：《公司法司法实务与办案指引》（第 2 版），法律出版社 2016 年版，第 275 页以下。

的注意义务为内容来分析勤勉义务，如图 15 –4 所示。

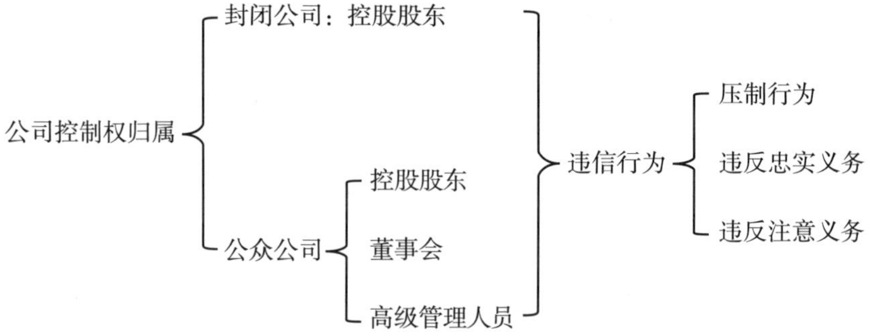

图 15 –4　公司控制权归属

三、控股股东违反信义义务：以封闭公司股东压制行为为例

《公司法》第 20 条：公司股东应当遵守法律、行政法规和公司章程，依法行使股东权利，不得滥用股东权利损害公司或者其他股东的利益；不得滥用公司法人独立地位和股东有限责任损害公司债权人的利益。

公司股东滥用股东权利给公司或者其他股东造成损失的，应当依法承担赔偿责任。

公司股东滥用公司法人独立地位和股东有限责任，逃避债务，严重损害公司债权人利益的，应当对公司债务承担连带责任。

《公司法》第 21 条：公司的控股股东、实际控制人、董事、监事、高级管理人员不得利用其关联关系损害公司利益。

违反前款规定，给公司造成损失的，应当承担赔偿责任。

《公司法》第 216 条：本法下列用语的含义：

……

（四）关联关系，是指公司控股股东、实际控制人、董事、监事、高级管理人员与其直接或者间接控制的企业之间的关系，以及可能导致公司利益转移的其他关系。但是，国家控股的企业之间不仅因为同受国家控股而具有关联关系。

（一）控股股东违反信义义务的类型

控股股东违反信义义务主要表现为控股股东对少数股东的压制行为，这是一种复合型或结构型的权益侵害，涉及公司经营管理的方方面面，如关联交易、资产重组、资金运用、股利分配、董事会席位分配等。

股东压制缺乏明确的定义，其类型也不可能通过列举的方式得以穷尽，只能根据对股东压制描述性的定义，对较为常见的压制类型进行列举。

1. 剥夺少数股东的知情权

少数股东通过行使知情权，可以了解公司经营管理状况，这是维护自己利益的手段，也是参与公司监督或管理的前提。

但是控股股东常常会拒绝少数股东行使知情权，有时其有正当的理由，比如防止少数股东泄露公司秘密。但更多时候，控股股东为了掩盖其不当经营管理公司的事实（如滥用公司资产、不当关联交易、抽逃出资等），会拒绝少数股东行使知情权。甚至有时候，控股股东仅仅因其与少数股东有矛盾而拒绝少数股东行使知情权。

控股股东剥夺少数股东的知情权的手段有很多，直接拒绝其行使知情权一般是最直接的一种方式，实践中还有其他方式，比如控股股东以各种理由故意拖延时间导致少数股东知情权迟迟无法实现，还有的控股股东提供虚假文件、报告或账簿，变相剥夺了股东知情权。

在“北京阿格蕾雅科技发展有限公司与金某国股东知情权纠纷二审案”［（2018）京01民终2778号］中，北京市第一中级人民法院认为：《公司法解释四》第9条规定：“公司章程、股东之间的协议等实质性剥夺股东依据公司法第三十三条、第九十七条规定查阅或者复制公司文件材料的权利，公司以此为由拒绝股东查阅或者复制的，人民法院不予支持。”股东知情权是公司股东基于其出资和股东身份享有的固有权利，是股东参与公司决策、参与经营管理和进行分配利润的基础，除了公司法规定的限制条件外，不应以任何形式剥夺或者以多数决形式对股东的知情权予以限制。北京阿格蕾雅科技发展有限公司（以下简称阿格蕾雅公司）公司章程规定股东行使知情权需召开临时股东会会议，并经2/3以上表决权股东同意，是以资本多数决的形式对小股东的知情权进行限制，将导致小股东无法行使知情权，无法了解公司的经营、管理情况，一审法院认定公司章程的上述规定在实质上剥夺了股东知情权，对阿格蕾雅公司的主张未予支持，并无不当。另外，金某国、阿格蕾雅公司亦陈述，金某国并未同意并签署2015年3月29日的公司章程，仅因其他股东同意对股东知情权进行限制即剥夺金某国的股东知情权，其本身构成资本多数决的滥用，亦有悖公司法的基本原则。综上，北京市第一中级人民法院对阿格蕾雅公司的该项上诉意见不予采信。

2. 拒不分配股利

股东分红权是股权财产权益的重要体现，但在不同类型的公司，股东分红权的重要性是不同的。公众公司股东可以通过公开交易市场实现股权的价值，但封闭公司的股权流动性很差，很难进行变现，这又促使封闭公司控股股东有动力不分配股利，导致封闭公司少数股东的股权财产价值难以实现。

如果公司已经作出分配股利的决议，但没有实际履行的，股东可以提起具体股利分配请求权之诉，法院通常会予以支持。实践中更常见的拒不分配股利，往往是指公司未形成分配股利的决议且不分配股利，或仅仅将极少部分的利润进行分配。对于这一情形下的抽象股利分配请求权，法院一般持谨慎态度，多认为即使在公司有利润可以分配的情形下，公司是否分配股利，分配多少股利，应当属于股东会的职权范围，法院不应过多干预。

不过，《公司法解释四》第15条开始承认股东抽象股利分配请求权，该条规定，股东未提交载明具体分配方案的股东会或者股东大会决议，请求公司分配利润的，人民法院应当驳回其诉讼请求，但违反法律规定滥用股东权利导致公司不分配利润，给其他股东造成损失的除外。

但何为“滥用股东权利导致公司不分配利润”？该解释并未细化规定，而这正是认定控股股东拒不分配股利，压制少数股东的关键要件。最高人民法院的观点是：公司有盈利并且符合公司法规定的利润分配条件，但控股股东拒不分配股利，而是通过其他方式变相对自己进行股利分配，比如给在公司任职的股东或者其指派的人发放与公司规模、营业业绩、同行业薪酬水平明显不符的过高薪酬，变相给该股东分配利润的；购买与经营不相关的服务或者财产供股东消费或者使用，变相给该股东分配利润的；为了不分配利润隐瞒或者转移公司利润的；以及其他行为。①

本书尚有的疑问是：如果公司有盈利并且符合公司法规定的利润分配条件，但控股股东拒不分配股利，也不变相对自己进行股利分配，此时少数股东能否提起抽象利润分配请求权之诉？本书认为，如果控股股东有正当理由保留这些利润在公司的，则对少数股东的抽象利润分配请求权之诉不应支持，否则仍应当支持少数股东的诉请。

3. 剥夺少数股东的任职及报酬

在封闭公司中，股东通常愿意以工作和任职报酬的方式取得股权投资收益，相较于公司直接对股东分配利润，股东通过任职报酬方式取得收益有利于避免被双重课税。② 这种通过在公司任职而获得工作报酬的方式，被认为是一种事实上的股利分配。

但实践中，控股股东有时通过剥夺少数股东任职及报酬的方式，压制小股东，此时再配合以“拒不分配股利”的手段，将导致少数股东无法从公司获得与股权相应的投资收益，而少数股东退出封闭公司又非常难。

在“李某军诉上海佳动力环保科技有限公司决议撤销纠纷案”③［（2010）沪二中民四（商）终字第436号］中，原告李某军系被告上海佳动力环保科技有限公司（以下简称佳动力公司）的股东，并担任总经理。佳动力公司股权结构为：葛某乐持股40%，李某军持股46%，王某胜持股14%。三位股东共同组成董事会，由葛某乐担任董事长，另两人为董事。公司章程规定：董事会行使包括聘任或者解聘公司经理等职权；董事会须由2/3以上的董事出席方才有效；董事会对所议事项作出的决定应由占全体股东2/3以上的董事表决通过方才有效。2009年7月18日，佳动力公司董事长葛某乐召集并主持董事会，三位董事均出席，会议形成了“鉴于总经理李某军不经董事会同意私自动用公司资金在二级市场炒股，造成巨大损失，现免去其总

---

① 参见杜万华主编：《最高人民法院公司法司法解释（四）理解与适用》，人民法院出版社2017年版，第328页以下。

② 公司取得盈利再向股东分配股利将产生两个环节的税负，一是企业所得税，二是个人所得税。而公司支付的工作报酬能够在缴纳企业所得税环节扣减。

③ 本案为最高人民法院指导案例10号。

经理职务，即日生效”等内容的决议。该决议由葛某乐、王某胜及监事签名，李某军未在该决议上签名。

二审上海市第二中级人民法院认为：董事会决议解聘李某军总经理职务的原因如果不存在，并不导致董事会决议撤销。首先，公司法尊重公司自治，公司内部法律关系原则上由公司自治机制调整，司法机关原则上不介入公司内部事务；其次，佳动力公司的章程中未对董事会解聘公司经理的职权作出限制，并未规定董事会解聘公司经理必须要有一定原因，该章程内容未违反公司法的强制性规定，应认定有效，因此佳动力公司董事会可以行使公司章程赋予的权力作出解聘公司经理的决定。故法院应当尊重公司自治，无须审查佳动力公司董事会解聘公司经理的原因是否存在，即无须审查决议所依据的事实是否属实，理由是否成立。综上，原告李某军请求撤销董事会决议的诉讼请求不成立，依法予以驳回。

最高人民法院赞同二审法院的立场，其提取的裁判要点如下：人民法院在审理公司决议撤销纠纷案件中应当审查：会议召集程序、表决方式是否违反法律、行政法规或者公司章程，以及决议内容是否违反公司章程。在未违反上述规定的前提下，解聘总经理职务的决议所依据的事实是否属实，理由是否成立，不属于司法审查范围。

不过，有学者对二审法院及最高人民法院的观点提出了反对意见，认为其没有发现隐藏在该案后的理论问题，从而导致裁判结果未必是公正的。该学者认为：在一般情况下，聘任和解聘公司总经理只是一个商业决策，因为这主要涉及担任总经理的人选是否具有相应的资质和是否契合本公司的环境。但这是在管理权和公司所有权相分离的股份公司下的假设，在这个假设中，股东只提供资本，并不参与公司的经营管理，只通过股东大会对涉及公司的重大事项做出决定。公司由以职业经理人为代表的管理层负责经营，董事会则负责监控公司的管理层。在这种公司治理结构下，董事会聘任和解聘总经理职务的决议，只是一个简单的商业决策，不涉及公司内部的权力和利益分配。但本案所涉及的佳动力公司并非一个典型的股份公司，而是有限公司，并且是股东参与公司经营的有限公司。在类似佳动力公司这种公司治理结构下，作为公司所有者的股东同时担任公司的管理者，并且这很可能构成了他们主要从事的事业和主要的收入来源。这时，聘任和解聘某个股东所担任的公司职务，就不简单是一个商业决策，而可能构成了对股东权益的重新调整和分配。

实际上，本案揭示了更为复杂、也更为困难，但也更符合现实的有限公司经营困境——大股东对小股东的压迫问题。在本案所争议的董事会上，两名小股东联手，罢免了第一大股东的总经理职务，这实际上可能构成了大股东排挤小股东的一种手段——剥夺了李某军在公司的任职及相应的报酬。虽然李某军提供了最多的出资，其合理的期盼可能就是以公司总经理的身份负责公司的日常经营，结果却因为关系不和，被其余两个股东联手以“莫须有”的理由罢免了总经理职位。可以预期的是，被罢免总经理职位之后的李某军，尽管还是第一大股东并保留了董事席位，却无法参与公司经营，其能否在此后顺利得到投资回报实在是前景堪忧，而由于其持股量虽大却未到控股程度，此股权也很难转让给别人，最终结果可能只能以低价卖给控股股东，甚至完全“打水漂”。①

4. 稀释少数股东的持股比例

控股股东会通过增资扩股方式来稀释少数股东的持股比例，具体方法有两种：

（1）少数股东被动放弃优先认股权。

在公司增资过程中，如少数股东自愿放弃优先认股权，则其股权比例被稀释尚不构成股东压制。而如果是少数股东被动放弃优先认股权，则会构成控股股东的压制。从实务上来看，少数股东被动放弃优先认股权的情形有：控股股东趁少数股东财务困难之际进行增资；控股股东故意要求少数股东在极短的规定时间内缴纳认缴增资款；控股股东故意隐瞒公司真实经营或财务情况，导致少数股东违背真意而放弃优先认股权；控股股东利用少数股东因客观情况无法行使优先认股权而进行增资等。②

---

① 参见彭冰：《理解有限公司中的股东压迫问题——最高人民法院指导案例10号评析》，载《北大法律评论》第15卷第1辑，北京大学出版社2014年版。

② 这些事由其实和法律行为可撤销事由类似，如符合欺诈、胁迫、乘人之危等情形。

在“聂某英诉天津信息港电子商务有限公司、天津信息港发展有限公司、天津市银翔经济发展中心、天津市朗德信息服务有限公司公司决议侵害股东权纠纷案”［（2006）津高民二终字第0076号］中，被告公司故意只给予小股东很短的时间筹资参与公司的增资扩股，并以不正当理由认定小股东未按照增资扩股协议规定的时间认缴出资，进而将此视为自动放弃行使优先认股权的行为，以此试图达成稀释少数股东持股比例的目的。

（2）少数股东主动放弃优先认股权但控股股东增资价格不当。

实践中，有少数股东因自身财力限制或其他原因，在公司增资时主动放弃了优先认股权。而此时公司经营良好，公司净资产已远超注册资本，但控股股东不是以净资产比例，反而以注册资本比例计算增资后的股权比例，不仅稀释了少数股东的持股比例，而且变相剥夺了少数股东在公司的对应持股权益。

在“董某与上海泰富置业发展有限公司、上海致达建设发展有限公司股东权利损害赔偿案”［（2008）沪二中民三（商）初字第238号］中，被告上海泰富置业发展有限公司（以下简称泰富公司）于1995年7月12日设立，注册资本2100万元。2004年8月30日，原告出资315万元，受让被告泰富公司15%的股权；被告泰富公司的另一股东为被告上海致达建设发展有限公司（以下简称致达公司），占公司85%的股权。2005年11月29日，经被告致达公司操纵和提议，被告泰富公司没有作财务审计和净资产评估的情况下，依据公司的原注册资本比例增资至5000万元。

上海市静安区人民法院认为：客观上，被告泰富公司的增资决定，并未按照当时公司的净资产额进行，而是按照大大低于当时公司净资产额的公司注册资本进行增资，显著降低了泰富公司的小股东即本案原告所持股权的价值，侵害了原告的权益，造成了原告的损失。被告致达公司是掌握被告泰富公司控制权的大股东，凭借其控制的多数表决权，将自己的增资意志拟制为公司的意志，对该决议的通过起到了决定性作用，且在实施股东会决议时未能客观、公正地对被告泰富公司的净资产进行必要的审计、评估，致使原告的股权价值蒙受了巨额损失。被告致达公司的行为属于滥用股东权利，违反了大股东对小股东的信义义务，故被告致达公司对原告因此所受的损失应承担赔偿责任；被告泰富公司不应承担赔偿责任。被告致达公司应当按照被告泰富公司作出增资决定时即2005年12月31日的公司净资产（155 360 385.30元）为基准，以原告在增资扩股前后其所持股权价值的实际减少部分为计算标准，赔偿原告的损失，具体为原告在增资扩股前的股权价值［（155 360 385.30元－29 000 000元）×15%］，减去原告在增资扩股后的股权价值（155 360 385.30元×6.3%）。

在这种情形下，少数股东一般有两种手段进行救济，一种是按照净资产数额重新计算增资后的各个股东的持股比例；另一种是按照注册资本数计算增资后的各个股东的持股比例，但由控股股东而非公司赔偿少数股东因股权被稀释产生的损失。上面静安区人民法院的裁判结果正是采用了后一种救济方式。

总结来说，控股股东违反信义义务的行为其实远远不止股东压制这一种情形，由于控股股东往往在公司中任职，其也可能会违反忠实义务和勤勉义务，这部分内容将在下文分析。

（二）控股股东违反信义义务时的救济途径

控股股东如对少数股东实施压制行为，少数股东可通过对应的股东知情权诉讼、股东利润分配请求权诉讼、股东优先认股权诉讼或确认公司决议瑕疵等途径进行救济，这是公司法上明文规定的救济途径。

值得注意的是，学理借鉴比较法的经验，认为还有两种股东压制情形下的救济途径，一是股东评估权，二是司法解散之诉。

《公司法》第74条第1款第1项已经被不少学者认为是公司拒不分红情形下的股东救济条款，但是该条适用条件严格，在实际中容易为控股股东所规避，如控股股东在第5个年度进行少量分红，因此并不是对少数股东特别有效的救济手段。有学者主张以该项为基础，对其进行扩张解释，并将其类推适用于其他“股东压制”行为，但由于立法并未直接规定，这样扩张解释及类推适用的方法通常难以得到法院的认可。①

至于股东压制情形下提起司法解散之诉的做法，由于立法及司法解释并

---

① 最高人民法院有法官认同将股权回购请求权适用于股东压制情形，其观点可参见虞政平：《公司法案例教学》（第2版），人民法院出版社2018年版，第1148页以下。

未规定，虽然学理上已从法学方法论角度多方论证了其合理性，[①] 但实务上对此几乎没有肯定的回应。当事人如以股东压制或类似理由（如大股东利用控制地位进行不公平关联交易，强制剥夺小股东的经营管理权、知情权、分红权）请求司法解散公司，法院通常会以此类事由不属于法定解散事由或者可以通过其他方式单独解决而不必提起公司解散之诉为由，驳回原告的诉请。[②]

四、董事、监事、高级管理人员违反忠实义务

《公司法》第147条：董事、监事、高级管理人员应当遵守法律、行政法规和公司章程，对公司负有忠实义务和勤勉义务。

董事、监事、高级管理人员不得利用职权收受贿赂或者其他非法收入，不得侵占公司的财产。

《公司法》第148条：董事、高级管理人员不得有下列行为：

（一）挪用公司资金；

（二）将公司资金以其个人名义或者以其他个人名义开立账户存储；

（三）违反公司章程的规定，未经股东会、股东大会或者董事会同意，将公司资金借贷给他人或者以公司财产为他人提供担保；

（四）违反公司章程的规定或者未经股东会、股东大会同意，与本公司订立合同或者进行交易；

（五）未经股东会或者股东大会同意，利用职务便利为自己或者他人谋取属于公司的商业机会，自营或者为他人经营与所任职公司同类的业务；

（六）接受他人与公司交易的佣金归为己有；

（七）擅自披露公司秘密；

（八）违反对公司忠实义务的其他行为。

---

① 学理上的论证分析可参见李建伟：《司法解散公司事由的实证研究》，载《法学研究》2017年第4期；耿利航：《公司解散纠纷的司法实践和裁判规则改进》，载《中国法学》2016年第6期；张学文：《有限责任公司股东压制问题研究》，法律出版社2011年版。

② 不过近来实务上似有认可的趋势。最高人民法院新近有判决认为如符合股东压制并且公司经营困难特征的，小股东也可以提起司法解散之诉。具体可参见本书第二十章。

董事、高级管理人员违反前款规定所得的收入应当归公司所有。

我国《公司法》对董事、监事、高级管理人员的义务规范包括概括性条款和列举性条款，概括性条款规定在第147条（忠实义务、勤勉义务）、第149条（注意义务）；列举性条款规定在第147条第2款、第148条。

从义务类型角度来看，忠实义务是不作为义务，而勤勉义务是作为义务。本书对董事、监事、高级管理人员违反忠实义务作如下几点分析。

（一）自我交易

一般认为，自我交易是指董事、监事、高级管理人员与公司之间发生的交易。控股股东或实际控制人与公司交易，同样应受自我交易规则的规制。

1. 直接禁止方式

《公司法》第115条：公司不得直接或者通过子公司向董事、监事、高级管理人员提供借款。

这是《公司法》上唯一一处直接禁止自我交易或关联交易的立法规定。

2. 批准交易方式

《公司法》第124条：上市公司董事与董事会会议决议事项所涉及的企业有关联关系的，不得对该项决议行使表决权，也不得代理其他董事行使表决权。该董事会会议由过半数的无关联关系董事出席即可举行，董事会会议所作决议须经无关联关系董事过半数通过。出席董事会的无关联关系董事人数不足三人的，应将该事项提交上市公司股东大会审议。

《公司法》第148条：董事、高级管理人员不得有下列行为：

……

（四）违反公司章程的规定或者未经股东会、股东大会同意，与本公司订立合同或者进行交易；

……

根据上述规定，自我交易主要适用批准交易方式。这种规制方式要求自我交易须符合公司章程的规定，或者经过股东（大）会的决议。这意味着如果自我交易不符合前述规定或未经决议，该交易行为效力待定，如果公司事后未予追认，将直接导致该交易无效。而既然公司法已经对自我交易有明确规定，任何相对人都被推定知道或应当知道法律规定，该相对人在与公司交易时负有审查义务（仅形式审查），如果相对人未尽到此种审查义务，就不得主张善意。

而根据《公司法》第124条规定的精神，此种批准交易的规制方式必然要求存在关联关系的相关股东、董事回避表决，其表决权不计入股东（大）会或董事会的出席数与表决数的计算中。

（二）关联交易

《民法典》第84条：营利法人的控股出资人、实际控制人、董事、监事、高级管理人员不得利用其关联关系损害法人的利益；利用关联关系造成法人损失的，应当承担赔偿责任。

《公司法》第216条：本法下列用语的含义：

……

（四）关联关系，是指公司控股股东、实际控制人、董事、监事、高级管理人员与其直接或者间接控制的企业之间的关系，以及可能导致公司利益转移的其他关系。但是，国家控股的企业之间不仅因为同受国家控股而具有关联关系。

关联交易，是指董事、监事、高级管理人员的关联人与公司之间发生的交易，这是从公司管理层角度来看关联交易。实际上关联交易的范围十分广泛，是实务上常见的现象，本书分为如下几个方面来分析关联交易。

1. 关联方的认定

《上市公司信息披露管理办法》第71条：本办法下列用语的含义：

……

（三）上市公司的关联交易，是指上市公司或者其控股子公司与上市公司关联人之间发生的转移资源或者义务的事项。

关联人包括关联法人和关联自然人。

具有以下情形之一的法人，为上市公司的关联法人：

1. 直接或者间接地控制上市公司的法人；

2. 由前项所述法人直接或者间接控制的除上市公司及其控股子公司以外

的法人；

3. 关联自然人直接或者间接控制的、或者担任董事、高级管理人员的，除上市公司及其控股子公司以外的法人；

4. 持有上市公司5%以上股份的法人或者一致行动人；

5. 在过去12个月内或者根据相关协议安排在未来12月内，存在上述情形之一的；

6. 中国证监会、证券交易所或者上市公司根据实质重于形式的原则认定的其他与上市公司有特殊关系，可能或者已经造成上市公司对其利益倾斜的法人。

具有以下情形之一的自然人，为上市公司的关联自然人：

1. 直接或者间接持有上市公司5%以上股份的自然人；

2. 上市公司董事、监事及高级管理人员；

3. 直接或者间接地控制上市公司的法人的董事、监事及高级管理人员；

4. 上述第1、2项所述人士的关系密切的家庭成员，包括配偶、父母、年满18周岁的子女及其配偶、兄弟姐妹及其配偶，配偶的父母、兄弟姐妹，子女配偶的父母；

5. 在过去12个月内或者根据相关协议安排在未来12个月内，存在上述情形之一的；

6. 中国证监会、证券交易所或者上市公司根据实质重于形式的原则认定的其他与上市公司有特殊关系，可能或者已经造成上市公司对其利益倾斜的自然人。

……

《企业会计准则第36号——关联方披露》第3条：一方控制、共同控制另一方或对另一方施加重大影响，以及两方或两方以上同受一方控制、共同控制或重大影响的，构成关联方。

控制，是指有权决定一个企业的财务和经营政策，并能据以从该企业的经营活动中获取利益。

共同控制，是指按照合同约定对某项经济活动所共有的控制，仅在与该项经济活动相关的重要财务和经营决策需要分享控制权的投资方一致同意时存在。

重大影响，是指对一个企业的财务和经营政策有参与决策的权力，但并不能够控制或者与其他方一起共同控制这些政策的制定。

《企业会计准则第36号——关联方披露》第4条：下列各方构成企业的关联方：

（一）该企业的母公司。

（二）该企业的子公司。

（三）与该企业受同一母公司控制的其他企业。

（四）对该企业实施共同控制的投资方。

（五）对该企业施加重大影响的投资方。

（六）该企业的合营企业。

（七）该企业的联营企业。

（八）该企业的主要投资者个人及与其关系密切的家庭成员。主要投资者个人，是指能够控制、共同控制一个企业或者对一个企业施加重大影响的个人投资者。

（九）该企业或其母公司的关键管理人员及与其关系密切的家庭成员。关键管理人员，是指有权力并负责计划、指挥和控制企业活动的人员。与主要投资者个人或关键管理人员关系密切的家庭成员，是指在处理与企业的交易时可能影响该个人或受该个人影响的家庭成员。

（十）该企业主要投资者个人、关键管理人员或与其关系密切的家庭成员控制、共同控制或施加重大影响的其他企业。

《企业会计准则第36号——关联方披露》第5条：仅与企业存在下列关系的各方，不构成企业的关联方：

（一）与该企业发生日常往来的资金提供者、公用事业部门、政府部门和机构。

（二）与该企业发生大量交易而存在经济依存关系的单个客户、供应商、特许商、经销商或代理商。

（三）与该企业共同控制合营企业的合营者。

本书根据《企业会计准则第36号——关联方披露》及《上市公司信息

披露管理办法》，将关联方的认定整理如图 15－5 所示。

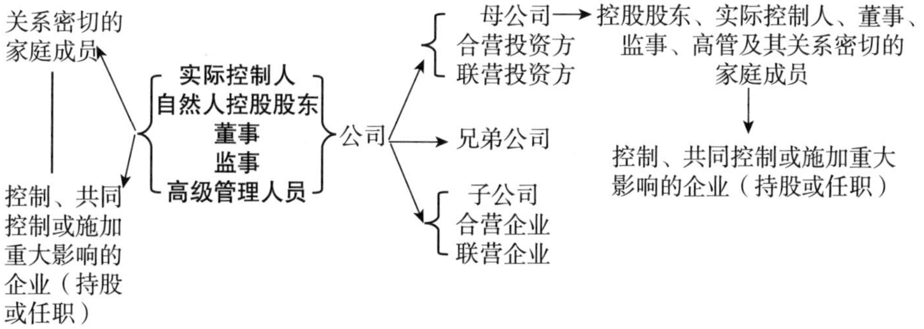

图 15－5　关联方的认定

注：1. 子公司属于“控制”型关联；合营企业属于“共同控制”型关联；联营企业属于“重大影响”型关联。

2. 公司法一般认为，加粗黑体字各主体与公司的交易属于自我交易，其他主体与公司的交易属关联交易。

关联方的认定是理解关联交易的前提。自我交易本质上也是一种关联交易，不过因两者的规制方式不同，因此有必要将其区分开。

关联方的认定其实有两个维度，一个是公司的关联方，另一个是公司控制权主体的关联方，图 15－5 中左边部分是公司控制权主体的关联方，右边部分是公司的关联方。本书限于主题，主要以公司控制权主体的关联方为对象来展开关联交易的分析。

实务有争议的是，董事、高级管理人员的近亲属，如配偶、父母、子女等与公司发生交易纠纷，究竟适用自我交易规则还是关联交易规则？目前较为主流的看法是作为关联交易来处理。①

2. 关联交易的类型

《企业会计准则第 36 号——关联方披露》第 7 条：关联方交易，是指关联方之间转移资源、劳务或义务的行为，而不论是否收取价款。

《企业会计准则第 36 号——关联方披露》第 8 条：关联方交易的类型通

① 这一争议问题，可参见最高人民法院民事审判第二庭编：《公司案件审判指导》，法律出版社 2014 年版，第 538 页；王军：《中国公司法》（第 2 版），高等教育出版社 2017 年版，第 384 页。

常包括下列各项：

（一）购买或销售商品。

（二）购买或销售商品以外的其他资产。

（三）提供或接受劳务。

（四）担保。

（五）提供资金（贷款或股权投资）。

（六）租赁。

（七）代理。

（八）研究与开发项目的转移。

（九）许可协议。

（十）代表企业或由企业代表另一方进行债务结算。

（十一）关键管理人员薪酬。

3. 关联交易的规制方式

（1）批准交易方式：针对关联担保。

《公司法》第16条第1款前段：公司向其他企业投资或者为他人提供担保，依照公司章程的规定，由董事会或者股东会、股东大会决议。

《公司法》第16条第3款：前款规定的股东或者受前款规定的实际控制人支配的股东，不得参加前款规定事项的表决。该项表决由出席会议的其他股东所持表决权的过半数通过。

从《公司法》的规定来看，目前仅有关联担保这一种关联交易适用批准交易方式，其他关联交易适用损害赔偿方式。在自我交易一节中，本书已经对批准交易方式的要点作了说明。简言之，就是经过公司决议批准且相关关联股东或董事表决权回避。

（2）损害赔偿方式。

《民法典》第84条：营利法人的控股出资人、实际控制人、董事、监事、高级管理人员不得利用其关联关系损害法人的利益；利用关联关系造成法人损失的，应当承担赔偿责任。

《公司法》第21条：公司的控股股东、实际控制人、董事、监事、高级管理人员不得利用其关联关系损害公司利益。

违反前款规定，给公司造成损失的，应当承担赔偿责任。

《公司法解释五》第1条：关联交易损害公司利益，原告公司依据民法典第八十四条、公司法第二十一条规定请求控股股东、实际控制人、董事、监事、高级管理人员赔偿所造成的损失，被告仅以该交易已经履行了信息披露、经股东会或者股东大会同意等法律、行政法规或者公司章程规定的程序为由抗辩的，人民法院不予支持。

公司没有提起诉讼的，符合公司法第一百五十一条第一款规定条件的股东，可以依据公司法第一百五十一条第二款、第三款规定向人民法院提起诉讼。

根据上述规定，损害赔偿的规制方式适用于绝大多数的关联交易。这种规制方式即表明：关联交易即使不符合公司章程规定或未经股东（大）会、董事会决议，[①] 该关联交易仍然是有效的，但关联交易不得损害公司利益，否则应对公司损失进行赔偿。

4. 关联交易在实务上的难点

本部分难点仅与适用损害赔偿方式规制的关联交易有关，具体有如下几点。

（1）关联交易是否要事先披露，是否要经过公司决议？

在“中国某有限公司诉被王某、上海某代理有限公司关于公司高级管理人员损害公司利益赔偿纠纷案”［（2010）卢民二（商）初字第690号］中，上海市卢湾区人民法院认为：关联交易中双方当事人地位不平等，一方对另一方的经营决策能够直接或间接控制，从而会在相对方之间产生利益的不公平、不均衡。因此，法律对关联交易作了特别的规制，要求关联交易在其产生过程中必须履行特殊的程序。具体而言，关联交易的缔约人必须将该项关联关系向公司股东会披露、报告，由股东会批准决定是否进行交易，唯有充分的信息披露，才能保障关联交易公正与公平。本案中，原告与某公司间涉及货物运输的关联交易，无论是否由被告王某利用职权促成，王某作为公司

① 公司章程可以规定某些关联交易事项须符合公司章程规定或者须先经过股东（大）会或董事会决议。但此种章程规定并不具有对外效力。

的副总裁，同时又分管公司的外贸进出口业务，当然负有将此项关联关系向公司股东会报告的义务。然而，本案尚未证据证明王某履行了报告义务，因此，其行为构成对公司忠实义务的违反。

本案其实提出了一个非常好的问题，即董事或高级管理人员是否有义务将涉及其的关联交易事先披露给公司，进而由公司批准是否进行交易？

在“济南玉清制水有限公司、山东尚志投资咨询有限公司股权转让合同纠纷再审案”［（2016）最高法民申724号］中，最高人民法院认为：济南玉清制水有限公司（以下简称玉清公司）主张本案《股权转让协议书》系关联交易应为无效，并向原审法院和再审法院提交证据，欲证明本案《股权转让协议书》签订时玉清公司的法定代表人王某是远耀公司的实际控制人、远耀公司与玉清公司具有关联关系、本案股权转让损害了玉清公司利益等事实。但是，《公司法》第21条规定，“公司的控股股东、实际控制人、董事、监事、高级管理人员不得利用其关联关系损害公司利益。违反前款规定，给公司造成损失的，应当承担赔偿责任”。根据该规定，当公司的控股股东、实际控制人、董事、监事、高级管理人员利用其关联关系且损害了公司利益时，其法律后果是承担赔偿责任，而不是关联交易行为无效，因此玉清公司主张的事实并不能成为本案《股权转让协议书》无效的依据，玉清公司举证的证明目的与《股权转让协议书》效力的认定并无关联性。

在“亿达信煤焦化能源有限公司、四平现代钢铁有限公司买卖合同纠纷二审案”［（2017）最高法民终87号］中，最高人民法院认为：《公司法》第21条规定：“公司的控股股东、实际控制人、董事、监事、高级管理人员不得利用其关联关系损害公司利益。违反前款规定，给公司造成损失的，应当承担赔偿责任。”第216条第4项规定：“关联关系，是指公司控股股东、实际控制人、董事、监事、高级管理人员与其直接或者间接控制的企业之间的关系，以及可能导致公司利益转移的其他关系。但是，国家控股的企业之间不仅因为同受国家控股而具有关联关系。”依据上述规定，公司法限制大股东及公司高级管理人员与公司进行关联交易，损害公司利益，但并非对关联交易一律禁止，对于不损害公司利益的关联交易在一定程度上是允许的，故《公司法》第21条所规定的赔偿责任，应以关联交易损害公司利益为前提。

而且，关联交易所产生的责任，是从事关联交易的公司控股股东及高级管理人员对公司的损害赔偿责任，责任的受偿主体是公司而不是公司的债权人。

本书认为，《公司法》并未规定关联交易须符合公司章程规定或经公司决议，实务上要求董事、高级管理人员披露关联交易并经公司决议的做法是对关联交易的限制，没有区分自我交易与关联交易。

本书认为，为防止关联交易损害公司利益，立法上可规定关联交易披露义务，至于是否需要经过公司决议，应由公司章程规定。此时，董事或高级管理人员如违反章程规定未经公司决议，或者未履行披露义务，其法律后果是忠实义务的违反（章程可规定相应的责任），但并不能直接导致关联交易的无效，前面已经说过，关联交易规制的方式并不是从关联交易的效力角度着手，而是对不正当关联交易要求相关主体承担相应的赔偿责任。这一点为许多实务裁判所混淆而导致误判，现《公司法解释五》第 1 条已进行纠正，值得赞同。

（2）不当关联交易的认定标准。

在“东莞市真功夫餐料生产有限公司与蔡某标、王某斌公司关联交易损害责任纠纷二审案”［（2015）东中法民二终字第 1913 号］中，广东省东莞市中级人民法院认为：我国公司法并无禁止关联交易，我国公司法仅对“利用关联关系损害公司利益”的行为进行规范。合法有效的关联交易应当同时满足以下三个条件：交易信息披露充分、交易程序合法、交易对价公允。案涉交易是否属于合法有效的关联交易，法院围绕上述 3 个条件审查分析如下：首先，从 2008 年 4 月 19 日的真功夫公司《2008 年第三次董事会记录》、2009 年 1 月 5 日《临时董事会纪要》载明的参加会议人员以及议案情况来看，东莞市真功夫餐料生产有限公司（以下简称真功夫公司）的各股东对于蔡某标存在关联交易的行为是知晓的，没有证据显示蔡某标隐瞒或未充分披露案涉交易信息。其次，从《异动提议审批表》记录情况以及冼某祥在《询问笔录》中的陈述可知，真功夫公司采购货物由专门的采购委员会审核通过，现无证据显示蔡某标影响采购委员会选定供应商或采购货物的价格。最后，现无证据显示案涉交易存在价格不公允的情况，且编号为 PB0812012、采购委员会日期为 2009 年 4 月 20 日的《异动提议审批表》显示志利源经营部最终供货价格比其他供应商“温氏”还要便宜0.1元。综合以上3个交易条件分析，原审法院认定现有证据显示案涉交易均为合法有效的关联交易并无不当。东莞真功夫公司主张案涉关联交易损害了其利益，依据《民事诉讼法》第64条第1款规定，真功夫公司应举证证明案涉关联交易损害了其利益，否则真功夫公司应自行承担举证不能的不利后果。

本书认为，本案也是一例对关联交易规制方式认识错误的案例。虽然法院认识到“我国公司法并未禁止关联交易，我国公司法仅对利用关联关系损害公司利益的行为进行规范”，但在分析说理时却存在错误。

本书认为，关联交易是否不当，应从关联交易条件是否公允角度来展开，如果关联交易不符合市场上平等交易时的公允标准，公司因此受到了损害，则可认定为不正当的关联交易，相关主体应承担损害赔偿责任。

当然，不正当的关联交易还可能是涉及无效、可撤销等效力瑕疵事由的关联交易，此时关联交易可能被认定为无效或可撤销，但这已经和《公司法》上关联交易的规制方式无关，已超出本文讨论的范畴，此点再次提醒注意。

（3）谁是关联交易损害赔偿的主体？

在“无锡精汇天成精密测量技术有限公司诉李某岭、北京精汇天成精密测量技术有限责任公司高级管理人员损害公司利益赔偿纠纷案”［（2009）锡法民二初字第1098号］中，无锡市锡山区人民法院认为：首先，李某岭在无锡精汇天成精密测量技术有限公司（以下简称无锡精汇天成公司）担任总经理职务证据确实，并经双方认可无误，从公司章程及无锡精汇天成公司成立时的一系列协议及股东会、董事会决议来看，李某岭在无锡精汇天成公司中全面主持经营管理工作，包括公司运营工作计划、组织机构设置均为李某岭所作，公司财务负责人也为无锡精汇天成公司聘请董事会同意，因此，应认定李某岭具备控制无锡精汇天成公司经营及财务之职权；其次，从事实上看，李某岭同时兼有北京精汇天成精密测量技术有限责任公司（以下简称北京精汇天成公司）之法定代表人及无锡精汇天成公司之总经理的特殊身份，并据上分析，李某岭具备控制无锡精汇天成公司经营及财务之职权，因此，北京精汇天成公司、李某岭存在关联关系，如李某岭无正当理由利用职权将无锡精汇天成公司的资金转移至北京精汇天成公司所有，应认定为利用关联关系损害无锡精汇天成公司利益之行为。如李某岭利用关联关系损害无锡精汇天成公司利益之事实成立，则作为关联关系方北京精汇天成公司收取无锡精汇天成公司汇款之行为应认定为侵害无锡精汇天成公司之权益，对所侵占财产应予返还，而李某岭也应对其侵权行为承担对无锡精汇天成公司的赔偿责任，故应由北京精汇天成公司承担相应的返还义务，如不能返还对无锡精汇天成公司造成损失的，由李某岭承担相应的赔偿责任。

据此，无锡市锡山区人民法院判决北京精汇天成公司于判决生效后三日内向无锡精汇天成公司返还34万元，李某岭对北京精汇天成公司的上述还款承担补充赔偿责任。

本书赞同上述法院判决思路，应主要由关联交易受益方承担关联交易损害赔偿责任，公司董事、高级管理人员等承担补充责任。

5. 自我交易与关联交易区分规制的缘由

《上海市高院研讨综述一》第2条：关于公司董事、高管的关联人与本公司交易应适用《公司法》第21条关联交易的规定还是第149条第1款第4项自我交易的规定的问题

《公司法》第21条规定，“公司的控股股东、实际控制人、董事、监事、高级管理人员不得利用其关联关系损害公司利益。违反前款规定，给公司造成损失的，应当承担赔偿责任”。《公司法》第149条第1款第4项规定，董事、高级管理人员不得“违反公司章程的规定或者未经股东会、股东大会同意，与本公司订立合同或者进行交易”，否则，第2款规定董事、高级管理人员需将所得收入归公司所有。上述两个法条分别对关联交易和自我交易作了规定，两者有不同的构成要件。但由于自我交易是关联交易的一种，两者客观上存在一定程度的交叉，在审理因公司董事、高管的关联人如配偶、子女、父母等，与公司交易产生纠纷的案件中，是通过对董事、高管进行扩张解释而适用公司法第149条第1款第4项的规定，还是直接适用公司法第21条的规定，存在争议。

第一种观点认为，董事、高管利用其关联人规避其应履行的忠实义务，与公司发生交易，因关联人是为该董事、高管的利益服务，故该项交易的实

质即为董事、高管与任职公司的自我交易。公司主张交易收入归公司所有时，应适用《公司法》第 149 条第 1 款第 4 项的规定。

第二种观点认为，《公司法》第 149 条所列八项内容是关于董事、高管忠实义务的规定，仅针对董事、高管本人，其关联人不属于该法条的规制主体。公司、董事、高管和其关联人之间的关系属于《公司法》第 217 条所称的关联关系，该关联人与公司进行交易，即为关联交易，应适用《公司法》第 21 条的规定。

鉴于适用不同法条决定了依据不同要件审理该类案件的不同走向，需要对此问题予以厘清并准确适用法律。

研讨中，对于除配偶以外的董事、高管关联人与公司交易的法律适用问题，意见比较一致。对董事、高管配偶与公司交易的法律适用问题，意见有所分歧。有意见认为，基于配偶关系的特殊性，可按上述第一种观点处理。但研讨会总体意见倾向于上述第二种观点，认为应适用《公司法》第 21 条规定。理由是：

公司法关于关联交易与自我交易的立法目的有区别。关联交易本身是一个相对中性的概念，它既可能产生损害公司利益的结果，也可能给交易各方都带来利益，甚至降低交易成本和风险。因此，《公司法》第 21 条规定的目的不在于禁止关联交易，而在于防止因关联交易导致公司利益受损，侧重于交易的公正性。而《公司法》第 149 条对于未经披露的董事、高管自我交易则是采取禁止的态度，因为相比于一般交易，董事、高管更容易倾向自身利益而置公司利益于不顾，该规定有利于避免公司与董事、高管之间发生利益争议冲突。

依据《公司法》第 149 条第 1 款第 4 项规定提起的自我交易归入权诉讼与依据第 21 条提起的关联交易损害赔偿诉讼，均为涉及损害公司利益的责任纠纷，应具备侵权责任的一般构成要件。但由于两个法条的规制内容各有侧重，构成要件存在不同的特征。自我交易归入权主体要件针对的是负有忠实义务的董事、高管本人，行为要件强调的是董事、高管与本公司交易行为发生在违反章程规定或者未经股东会同意的前提下，且董事、高管因自我交易而获得收入；而第 21 条关联交易损害赔偿规制的主体更为广泛，可以涵盖法律所界定的与公司有关联关系的一切主体。在主客观要件上，强调的是关联人故意利用关联关系实施损害公司的行为，使公司因关联交易而受到实质上的损害。综上可以看出，两类诉讼的构成要件既具有侵权责任的某些共性，又在主体和客观行为方面各具特征，审判实践应当注意区分，避免产生法律适用的混淆。

《公司法》关于关联交易与自我交易的立法目的有区别。关联交易本身是一个相对中性的概念，它既可能产生损害公司利益的结果，也可能给交易各方都带来利益，甚至较低交易成本和风险。因此，《公司法》第 21 条规定的目的不在于禁止关联交易，而在于防止因关联交易导致公司利益受损，侧重于交易公正性。而《公司法》第 148 条对于未经披露的董事、高管自我交易则是采取禁止的态度，因为相比于一般交易，董事、高管更容易倾向自身利益而置公司利益于不顾，该规定有利于避免公司与董事、高管之间发生利益争议冲突。[①]

本书认为，对于自我交易，公司法经历了从严格禁止到逐步放松的过程，现代公司法往往并不禁止董事、高级管理人员与公司的自我交易，但是须经过公司批准，其目的仍在防止董事、高管层在与公司交易时损害公司的利益。

但是关联交易则不同，由于董事、高级管理人员虽与关联方存在关联关系，但毕竟无法直接控制关联方，而董事或高级管理人员通过关联方来损害公司利益时通过事后救济即可，并无必要对每项关联交易都通过事前披露进行规制。

（三）谋取公司商业机会

《公司法》第 148 条第 1 款：董事、高级管理人员不得有下列行为：

……

（五）未经股东会或者股东大会同意，利用职务便利为自己或者他人谋取属于公司的商业机会，自营或者为他人经营与所任职公司同类的业务。

……

① 参见最高人民法院民事审判第二庭编：《公司案件审判指导》，法律出版社 2014 年版，第 538 页。

从上述规定来看，构成“谋取公司商业机会”有3个要件：未经股东会或者股东大会同意、利用职务便利、谋取属于公司的商业机会。不过3要件过于原则，在实务上不容易认定。本书结合如下两个案例，总结出认定“谋取公司商业机会”的具体方法。

在“常州三立环保设备工程有限公司与邹某、戴某苹等损害公司利益责任纠纷二审案”［（2012）苏商外终字第0050号］中，江苏省高级人民法院认为：在本案中，各方当事人争议的核心问题是涉案来自日本企业的业务是否属于常州三立环保设备工程有限公司（以下简称三立公司）的商业机会。我国《公司法》仅规定未经公司股东会同意，公司高管人员不得谋取属于公司的商业机会，并未对认定公司商业机会的标准作出明确规定。法院认为，认定公司商业机会应当考虑以下几个方面的因素：一是商业机会与公司经营活动有关联；二是第三人有给予公司该商业机会的意愿；三是公司对该商业机会有期待利益，没有拒绝或放弃。三立公司提供的证据足以证明涉案来自日本企业的业务属于三立公司的商业机会。

1. 涉案来自日本企业的业务与三立公司的经营活动存在关联。第一，涉案来自日本企业的业务属于三立公司的经营范围。涉案来自日本企业的业务主要是环保配套设备加工制造业务。三立公司系环保设备工程公司，其经营范围为工程设备、机电设备的设计、开发、制造和技术咨询服务及工程设备、机电设备的安装施工，销售自产产品。因此，涉案来自日本企业的业务属于三立公司的经营范围。第二，为三立公司承接涉案来自日本企业的业务系三立公司董事邹某的职责。邹某作为三立公司的董事，其职责是为三立公司开拓日本市场，为三立公司承接涉案来自日本企业的业务是其履行职责的具体体现。第三，提供涉案业务的日本企业系三立公司的股东和三立公司股东介绍给三立公司的客户。法院据此认定，涉案来自日本企业的业务与三立公司经营活动存在关联。

2. 日本企业有给予三立公司该商业机会的意愿。涉案业务主要来自TNJ公司和住友公司，这两家日本企业均有将其业务给予三立公司的意愿。首先，TNJ公司是三立公司的股东，其在入股三立公司的出资经营合同中明确承诺，积极向三立公司提供委托设计、委托制造加工业务，对三立公司有能力做到的业务，杜绝出现中国其他公司与三立公司经营同类业务。其次，TNJ 公司原委派到三立公司的董事高桥某某，在 2009 年 4 月 15 日就 TNJ 公司股权转让事宜与三立公司法定代表人陈某淮的谈话中确认，TNJ 公司入股三立公司以来，一直按照出资经营合同上的义务条款在履行。最后，包括 TNJ 公司在内的三立公司的股东在 2011 年 6 月 15 日的三立公司股东会决议中一致确认，在开拓日本市场出口环保设备的项目上，TNJ 公司向三立公司提供了大量的环保设备配套产品委托设计和委托制造业务，并介绍和引荐住友公司等其他日本企业向三立公司提供了相关环保设备的委托设计、委托制造业务。上述事实表明，日本企业有给予三立公司该商业机会的明确意愿。

虽然 TNJ 公司及高桥某某在本案一审、二审中均称，TNJ 公司的业务是提供给世界之窗公司的，但法院认为，TNJ 公司及高桥某某的这一陈述系 TNJ 公司与三立公司发生矛盾即将退出三立公司之时以及退出三立公司之后所作，且与 TNJ 公司之前在涉案《出资经营合同》中的承诺、高桥某某关于 TNJ 公司一直按照《出资经营合同》约定履行的陈述，以及 2011 年 6 月 15 日三立公司股东会决议中关于 TNJ 公司向三立公司提供了大量委托制造业务的记载不符，不足采信。

3. 三立公司从未放弃该商业机会。如果邹某、戴某苹、士通公司、世界之窗公司认为涉案业务不属于三立公司的商业机会，其应当提供证据证明三立公司放弃了该商业机会，但其并未提供证据予以证明。尽管邹某、戴某苹、士通公司、世界之窗公司认为，三立公司与士通公司之间存在技术服务合同关系，并提供了部分技术服务费发票和技术服务合同为证，但法院认为，上述证据不足以证明三立公司与士通公司之间存在技术服务合同关系，也不足以证明三立公司放弃了该商业机会。首先，第一份技术服务合同只有简短的一句话，仅约定了士通公司向三立公司支付服务费的数额，并未约定具体的技术服务项目以及期限，且无签订时间。其次，其余 5 份技术服务合同签订时间是 2006 年 8 月至 2007 年 2 月，虽然内容较为完整，但有三份合同出现如下情况：首部的项目名称与其后出现的项目名称（均显示为 ONC 项目）不一致、付费义务主体系三立公司而不是士通公司。最后，三立公司对上述技术服务费发票和技术服务合同作出了合理解释。三立公司解释称，技术服务合同是根据发票制作的，当时由于日本客户的业务属于三立公司，但具体资金由士通公司掌握，所以相关款项支付给三立公司需要开具发票做账，之所以开具地税发票，对士通公司来说，增值税发票已经由第三方直接向士通公司开具，不需要三立公司再开具，开具增值税发票的税率高于地税发票，但三立公司是外商投资企业，不具备开具地税发票的资格，所以到地税部门进行代开，上述协议系为代开发票制作。因此，上述证据不能证明三立公司与士通公司之间是技术服务合同关系。法院据此认定，三立公司从未放弃该商业机会。

本案是一起损害公司利益责任纠纷，而不是委托加工合同纠纷，因此，审理本案应适用我国《公司法》而不是《合同法》。一审法院未能准确把握认定公司商业机会的标准，综合分析认定三立公司提供的证据是否足以证明涉案来自日本企业的业务系三立公司的商业机会，而是从《合同法》的角度出发，孤立地对待三立公司的各类证据，以三立公司提供的每一类证据都不足以证明其与日本企业之间存在委托加工合同关系为由，认定涉案业务不属于三立公司的商业机会，有失妥当。法院对此予以纠正。综上，法院认定，涉案来自日本企业的业务属于三立公司的商业机会。

在“孙某才与侯某滨、山西联邦制药有限公司等损害公司利益责任纠纷二审案”［（2016）鲁民终 1454 号］中，山东省高级人民法院认为：根据《公司法》第 148 条第 1 款第 5 项规定，认定董事违反忠实义务，利用职务便利谋取属于所任职公司的商业机会，或者经营与所任职公司同类的业务，存在两个前提条件，一是担任公司董事并实际从事公司的经营决策等管理行为，二是没有经过股东会的同意而实施上述行为。本案中，首先，侯某滨虽系山东圣鲁制药有限公司董事，但未参与公司经营决策。根据一审法院（2011）济商初字第 57 号民事判决的记载，孙某才和山东圣鲁制药有限公司自认侯某滨在山东圣鲁制药有限公司设立以后从未参与公司经营管理，侯某滨与山东圣鲁制药有限公司之间仅仅是药品委托加工关系，且侯某滨由于无暇过问山东圣鲁制药有限公司事务而委托孙某才等人负责于 2003 年、2008 年两次办理了股权变更事宜。根据一审法院（2011）济商初字第 57 号民事判决的记载，孙某才和山东圣鲁制药有限公司提交了对该案中第三人张某成的调查笔录，张某成称山东圣鲁制药有限公司系其和孙某才、侯某滨三人合伙设立，张某成认可侯某滨不参与山东圣鲁制药有限公司的任何经营管理，侯某滨设立山东圣鲁制药有限公司的目的是在山东圣鲁制药有限公司开设加工厂，侯某滨另行设立的公司一直与山东圣鲁制药有限公司进行业务往来。本案中，孙某才和山东圣鲁制药有限公司虽然主张侯某滨作为董事参与了山东圣鲁制药有限公司的经营决策，但未能提供有效证据予以证实。其次，对于侯某滨经营与山东圣鲁制药有限公司同类的业务，孙某才及山东圣鲁制药有限公司知情且认可。侯某滨自 2002 年 1 月至 2005 年 5 月以山东希尔康泰有限公司的名义委托山东圣鲁制药有限公司加工药品，自 2005 年 6 月至 2014 年 11 月又以江西希尔康泰制药有限公司的名义委托山东圣鲁制药有限公司加工药品，上述事实与孙某才在一审法院（2011）济商初字第 57 号纠纷案件中所陈述的“在侯某滨与孙某才成立山东圣鲁制药有限公司后，侯某滨分别在山西晋中、江西萍乡注册了公司，且由侯某滨担任法定代表人，对山东圣鲁制药有限公司的业务无暇过问，便同意由山东圣鲁制药有限公司为其加工产品，山东圣鲁制药有限公司的股权等事宜由孙某才等被告负责办理变更事宜”“侯某滨与山东圣鲁制药有限公司的代加工业务从来没有停止”相互对应，与该案中第三人张某成在调查笔录中陈述的“山东圣鲁制药有限公司一直与侯某滨有业务联系，为侯某滨加工了价值四五千万元的业务，而且侯某滨的业务代表一直住在公司”相互对应。以上情况充分表明，孙某才和山东圣鲁制药有限公司对于侯某滨先后设立经营同类业务的其他公司是知情并认可的，且接受侯某滨的委托代为加工药品。综合以上情况判断，侯某滨虽然被选举为山东圣鲁制药有限公司董事，但并未实际参与公司的经营管理等具体事务，且自 2008 年 7 月被取消了董事资格，而孙某才等其他股东对于侯某滨经营同类业务也是同意的，直到 2014 年 11 月仍然代为侯某滨加工药品。因此，孙某才虽然主张，侯某滨的行为违反《公司法》第 148 条第 1 款第 5 项的规定，应当承担董事损害公司利益的相应责任，但其所提供的证据不足以证实该主张，应当承担举证不能的不利后果。

本书结合上述两个案例，认为构成“谋取公司商业机会”须同时满足如下 4 个因素。

（1）业务角度：商业机会在公司业务经营范围内且公司有能力完成。

如果该商业机会不属于公司业务经营范畴，或者公司没有能力利用该商业机会，则董事或高级管理人员获取该商业机会便不违反忠实义务。

（2）公司角度：未明确表示放弃该商业机会。

公司股东（大）会已经决议同意利用该商业机会自不必说，即使公司股东（大）会尚未决议，董事或高级管理人员也不得先谋取该商业机会。在股东（大）会表决时，与利害关系相关的股东不得参与表决。

（3）相对方角度：未明确表示反对公司获得该商业机会。

相对方明确同意公司获得该商业机会自不必说，即使相对方尚未表明是否同意公司获得该商业机会，董事或高级管理人员也不得先谋取该商业机会。

（4）董事、高级管理人员角度：商业机会与其职责有关。

学理上有观点认为，董事或高级管理人员应将任何商业机会都要报告给公司，但这明显是不合理的。《公司法》仅要求董事、高级管理人员不得“利用职务便利”，这其实是对董事、高级管理人员报告义务的限制。本书结合上面案例，认为董事、高级管理人员只要将与其职责有关的商业机会报告给公司即可，对于董事、高级管理人员职责之外的商业机会，其获取行为并不违背忠实义务。这也意味着，实践中存在的“有名无实”的董事，即徒有头衔或挂名的、不参与公司管理决策的董事也不负有报告商业机会的义务。

（四）同业竞争：违反竞业禁止义务

《公司法》第148条第1款：董事、高级管理人员不得有下列行为：

……

（五）未经股东会或者股东大会同意，利用职务便利为自己或者他人谋取属于公司的商业机会，自营或者为他人经营与所任职公司同类的业务。

……

从上述规定来看，构成“同业竞争”也有3个要件：未经股东会或者股东大会同意、利用职务便利、自营或者他人经营与所任职公司同类的业务。不过三要件同样过于原则，在实务上不容易认定。本书结合如下两个案例，总结出认定构成“同业竞争”的具体方法。

在“新加坡乐维有限责任公司与宗某后侵害企业出资人权益纠纷上诉案”[（2009）辽民三终字第17号]中，辽宁省高级人民法院认为：本案的争议焦点是被上诉人宗某后设立沈阳乳品公司并担任该公司董事长的行为是否违反了竞业禁止义务，是否侵害了厦门娃哈哈公司的权益。

首先，关于上诉人对被上诉人宗某后在沈阳乳品公司任职行为是否知晓并同意的问题。厦门娃哈哈公司和保健食品公司及杭州娃哈哈食品有限公司都是上诉人的母公司达能集团通过不同的全资子公司与娃哈哈集团有限公司等成立的合资公司。在合资企业中，外方股权比例均为51%，外方董事任职人员和在董事会表决比例一致，企业生产经营范围一致，企业具体经营决策机制一致，采用董事会联席会议、协调生产、共同销售的模式进行日常生产经营。在5位董事中，外方占3席，中方占2席，双方董事自公司成立自上诉人起诉时均一致。2005年9月和12月外方更换董事为范某谋、秦某和嘉某霖，但更换后的董事仍是合资公司的固定董事。故合资企业的实际控制人、管理层组成、经营决策机制、经营业务及利益均一致。

依据被上诉人提供的2005年度和2006年度保健食品公司会计报表和审计报告能够确认沈阳乳品公司的存在，并注明为关联交易方，受同一关键管理人员控制。而审计报告均应送交给各股东，通过这一途径，作为股东的新加坡乐维有限责任公司（以下简称乐维公司）应当知晓对宗某后在沈阳乳品公司的任职。2005年3月保健食品公司等合资公司召开董事会会议，决定对原许可合同中有关被许可公司的定义作修正，并更新再被许可公司的名单。2005年10月娃哈哈集团公司与食品公司签订了商标许可合同的修订协议，该协议许可包括沈阳乳品公司等非合资企业使用娃哈哈商标，范某谋在该协议上签字。上述事实证明，对于沈阳乳品公司的存在，上诉人是明知的，外方股东及其委派的董事在本案争议发生前从未提出过异议，表明上诉人对于被上诉人宗某后在沈阳乳品公司的任职是认可的。

其次，关于沈阳乳品公司与厦门娃哈哈公司之间是否存在竞争关系的问题。竞争关系主要表现在原材料供应、产品生产、销售市场等方面。本案中依据保健食品公司的审计报告可以看出，保健食品公司作为专门负责整个娃哈哈产品原材料供应和市场销售的企业，采用统购统销的管理模式，厦门娃哈哈公司和沈阳乳品公司生产的产品均由保健食品公司统一收购和销售，两者工商登记的经营范围虽有重叠，但沈阳乳品公司生产乳制品，销售范围限于沈阳及周边地区，厦门娃哈哈公司生产水和果蔬饮料，销售地域位于厦门及周边地区。因此在原材料采购和产品销售等方面，沈阳乳品公司与厦门娃哈哈公司不存在竞争关系，沈阳乳品公司在合资公司协调安排的经营体系中获取正常经营收益，并未对厦门娃哈哈公司造成损害。

最后，关于适用法律问题。《公司法》第149条第1款第5项规定，董事、高级管理人员不得未经股东会或者股东大会同意，利用职务便利为自己或他人谋取属于公司的商业机会，自营或者为他人经营与所任职公司同类的业务。但并非董事在从事同类业务的企业中任职均构成对竞业禁止义务的违反。在取得任职公司认可并同意的情形下或两公司不具有竞争关系，不会引起利益冲突时，则不在法律禁止范围之内，不构成对竞业义务的违反。原审将存在竞争关系作为判断董事是否违反竞业禁止义务的前提，并无不当。

在“王某村、烟台众联实业有限责任公司损害公司利益责任纠纷再审案”［（2017）鲁民申48号］中，山东省高级人民法院认为：本案中，瑞和丰公司与烟台众联实业有限责任公司（以下简称众联公司）均经营床上用品系列，属于经营同类业务，王某村任众联公司的副总经理，系公司的高级管理人员，是竞业竞争的适格主体，瑞和丰公司是王某村之妻张某瑜设立的一人公司。通过对众联公司提交的一系列邮件进行分析，结合众联公司与瑞和丰公司之间存在加工业务关系，可以认定王某村在部分邮件中系代表瑞和丰公司与联众公司的工作人员进行加工业务中的退布与损耗问题进行协商，对瑞和丰公司的运费支付问题作出指示或要求，而上述业务或事项不属于王某村在众联公司任职期间的职权范围，可以认定王某村在众联公司任职期间对瑞和丰公司的事务具有一定的决策权。因此，原审认定王某村未尽到其作为众联公司高级管理人员所承担的忠实和勤勉义务，存在违反竞业限制的行为，认定事实清楚，适用法律正确。对于王某村违反规定所得的收入，依法应归众联公司所有。

本书结合上述两个案例，认为构成“同业竞争”须同时满足如下四个因素（下文所说的同业公司即董事、高级管理人员在外持股或任职的公司）：

1. 业务角度：同业公司与公司业务经营范围相同或类似

同业公司与公司业务经营范围相同或类似是认定董事、高级管理人员违反竞业禁止义务的前提。

2. 公司角度：董事、高级管理人员在同业公司持股或任职未经公司同意

《公司法》规定董事、高级管理人员在同业公司持股或任职须经过股东（大）会的同意。不过如董事或高级管理人员能够举证证明所有股东或持有多数股权的股东对董事或高级管理人员在同业公司持股或任职知情且未提出异议，则可视为公司同意。

3. 同业公司角度：与公司是业务竞争关系

业务竞争关系主要表现在原材料供应、产品生产、销售市场等方面。虽然公司与同业公司业务经营范围相同或类似，但在业务竞争关系几个方面都不存在冲突的情况下，可认为董事、高级管理人员并未违反竞业禁止义务。

4. 董事、高级管理人员角度：能实质性影响同业公司的经营管理

对于董事、高级管理人员在同业公司持股多少，或者担任何种职位可构成违反竞业禁止义务的问题，实务上争议非常大。本书认为，无论董事、高级管理人员在同业公司持股多少，或者在同业公司担任何种职位，只要董事或高级管理人员能够实质性地影响同业公司的经营管理，就可以构成董事、高级管理人员违反竞业禁止义务的认定，而不应从形式上的持股比例或担任何职来判断。①

对于董事、高级管理人员同业竞争行为（竞业禁止义务），尚有如下两个问题须单独说明：

第一，董事、高级管理人员“谋取公司商业机会”与“自营或者为他人经营同类业务”在实践中会存在大量重叠的情形，原告会在诉讼中举证被告同时从事了这两种行为。但这两种违反忠实义务的行为是相互独立的，有各自独立的认定标准，虽有两种行为重叠的案例，但仍有不少案例中，被告只

---

① 争议的观点，可参见王军：《中国公司法》（第2版），高等教育出版社2017年版，第378～389页。实务中，董事还有1条免除竞业禁止义务的情形，即徒有头衔或挂名的、不参与公司管理决策的董事不负有竞业禁止义务，这种类型的董事也不负有上文提到的商业机会报告义务。

有一种违反忠实义务的行为。

第二，监事是否负有竞业禁止义务（报告商业机会义务）？多数法院的立场是监事并非《公司法》第148条的规制对象，不负有竞业禁止义务。

在“武汉正科电力技术有限公司、王某军损害公司利益责任纠纷二审案”［（2017）鄂01民终4552号］中，湖北省武汉市中级人民法院认为：根据《公司法》第148条第1款第5项规定，董事、高级管理人员未经股东会或者股东大会同意，利用职务便利为自己或者他人谋取属于公司的商业机会，自营或者为他人经营与所任职公司同类的业务的，应承担赔偿责任。此项规定已明确将股东、监事排除在竞业禁止的主体范围之外。从审理情况看，王某军除股东身份和担任监事经审查属实以外，其董事、高管身份并不属实。武汉正科电力技术有限公司对此应承担举证不能的法律后果，本案不属于《公司法》第148条第1款第5项规定的情形。

在“深圳市正能量科技有限公司与吴某煌、鲍某秀、深圳市能量电工有限公司损害公司利益责任纠纷二审案”［（2017）粤03民终2664号］中，广东省深圳市中级人民法院认为：公司监事受股东委托对公司的经营管理行使监督职权，以维护公司和股东利益为己任，相对于董事和高级管理人员，应当对作为监督者的监事苛以更高的行为合规性和道德廉洁性，才符合立法和公司治理制度的本意。《公司法》第148条罗列了损害公司利益的具体行为，虽然仅要求公司董事、高级管理人员不得从事上述行为，但并不意味着监事从事上述损害公司利益的行为而无须承担相应的法律责任，否则，即与监事的职责、立法和公司治理制度的本意相悖，而且，监事从事上述行为同样违反《公司法》第147条第1款关于监事对公司负有的忠实和勤勉义务的规定，须承担相应的法律责任。因此，一审法院关于《公司法》第148条的适用对象仅为公司董事和高级管理人员、公司监事即使违反该条规定也无法律依据要求其承担法律责任的认定属理解法律有误，二审法院予以纠正。

本书赞同学理上的观点，对于监事有无竞业禁止义务的问题，法院似不应局限于《公司法》第148条的文义，而应以第147条的概括性规定为准，重点审查监事是否与公司发生利益冲突，以及其是否利用职务之便损害公司利益。[①]

（五）其他忠实义务

上面提到的3项忠实义务在实务上比较常见并且往往争议较大，本书结合立法及实务作了重点分析。除此之外，根据《公司法》第148条的规定，董事、高级管理人员尚有如下几条忠实义务条款，包括不得挪用公司资金、不得将公司资金私存、不得违法决定对外借贷或担保、不得收受佣金[②]、不得泄露公司秘密等。

五、董事、监事、高级管理人员违反勤勉义务

《公司法》第147条第1款：董事、监事、高级管理人员应当遵守法律、行政法规和公司章程，对公司负有忠实义务和勤勉义务。

《公司法》第149条：董事、监事、高级管理人员执行公司职务时违反法律、行政法规或者公司章程的规定，给公司造成损失的，应当承担赔偿责任。

《广西壮族自治区高院意见》第34条【责任主体的范围及实质判断标准】：勤勉义务的法定主体限于：董事、监事、经理、副经理、财务负责人以及上市公司董事会秘书和公司章程规定的其他人员（《公司法》第216条）。

但任何实际上享有或行使董事高管职权的人员，都可以属于勤勉义务的责任主体。具体有两类情形：(1) 名义不适格但实质适格。例如，名为公司部门经理（负责人）或办公室主任（负责人），但实际上享有总经理或副经理的职位或职权。(2) 不显名的实质适格。例如股东、控股股东或实际控制人未在公司中显名任职，但在公司经营中却实际享有管控与决策权，他们实质上行使了公司董事高管的职权，因为股权本身并无直接参与公司经营管理的权能，故不应简单依据《公司法》第20条来判断其是否滥用股东权利而

① 参见王军：《中国公司法》（第2版），高等教育出版社2017年版，第382页。

② 关于“佣金”和“回扣”概念的区分，一般认为佣金是交易一方或双方给中介服务商的正当报酬；而回扣是交易中卖方从买方支付的价款中退回给买方经办人（代理人）的款项，在法律上属于非法收入，可能会构成《刑法》第163条第2款或第385条第2款规定的犯罪事项。因董事、高级管理人员是公司的代理人，并不是独立于公司与交易方的中介服务商，故不得收受佣金。

承担相关责任，而是应当以公司法及章程关于董事高管的忠实与勤勉义务作为判断标准。

勤勉义务，又称为注意义务，是指董事、监事、高级管理人员须以一理性人在类似岗位与类似情形下所应有的谨慎态度和专业技能来管理公司事务。

勤勉义务最大的特点在于，其建立的理性标准人不是社会中的普通人，而是公司的管理者，相较于普通理性人标准，一方面，对董事、监事、高级管理人员的管理技能提出了更高的要求，要求其应有相应管理技能下的谨慎态度；另一方面，免除前者之外仍发生商业风险时的勤勉义务，以防止过分限制其经营决策，令其丧失应变、冒险和进取精神。不过这两个方面仍非常抽象，对实务理解与适用意义有限。①

对于勤勉义务，《公司法》第147条仅仅是原则性的规定，而第149条虽然可以作为适用条款，但其适用范围有限，如董事、监事、高级管理人员在履行管理职责时没有违反法律、法规或公司章程，但仍有违反勤勉义务的情形，此时该如何处理？实务上一般是对该条做扩张解释。

（一）违反勤勉义务的典型实务案例

在“上海川流机电专用设备有限公司诉李某华高级管理人员损害公司利益纠纷案”［（2009）沪一中民三（商）终字第969号］中，上海市第一中级人民法院认为：判断董事等高级管理人员是否履行了勤勉义务，应该从三个方面加以辨别：（1）须以善意为之；（2）在处理公司事务时负有在类似的情形、处于类似地位的具有一般性谨慎的人在处理自己事务时的注意；（3）有理由相信是为了公司的最大利益的方式履行其职责。被告在全面负责原告经营期间，作为UV手机外壳涂装线项目原告一方的具体经办人，仅以口头协议的方式与日华真空电子（天津）有限公司发生交易行为，在离职时亦无法向原告提供经交易对象确认的文件资料。按照经营的一般常识，采用口头协议交易的方式，一旦与交易对象产生纷争时，无法明确各自的权利义务关系，故对于不能即时完成交易的民事行为，交易双方一般均采取签订书面协议或

① 学理上的检讨，可参见叶金强：《董事违反勤勉义务判断标准的具体化》，载《比较法研究》2018年第6期。

由交易相对方对相关内容作出确认，因而被告应有理由相信采用口头协议方式的经营判断与公司的最佳利益不相符合，然而被告无视该经营风险的存在，没有以善意（诚实）的方式，按照其合理地相信是符合公司最佳利益的方式履行职务；并且，以一种可以合理期待一个普通谨慎的人，在同样的地位上，类似的状况下能够尽到的注意，履行一个高级职员的职责。因此，被告明显违反了勤勉义务。

在“北京妙鼎矿泉水有限公司诉王某春公司高级管理人员损害公司利益纠纷案”［（2009）门民初字第4号］中，原告是销售桶装饮用水的公司，被告是其聘任的总经理。因为有的客户拉走水桶后没有送回，导致公司丢失了100只空桶，于是公司要求总经理赔偿损失。双方争议的焦点是被告应否对此承担赔偿责任。法院适用普通谨慎人标准，认为被告可以通过预收押金的方式避免此类情况的发生，这样的要求对于一个处于相同地位的普通、合理谨慎的人来说并非苛刻，被告没有尽到应有的谨慎与注意义务，应当赔偿。

（二）勤勉义务的阻却事由：商业判断规则

美国特拉华州法院将商业判断规则描述为：推定董事作出商业决策系基于充分信息、善意、并真诚地相信所采取行动符合公司最佳利益，除非原告能够推翻推定，否则法院会尊重董事的决策，董事不会面临个人责任。对于商业判断规则的正当性基础，一般认为有3个：鼓励董事敢于冒险、避免司法侵入商业决策、维护董事会在公司治理中的决策中心地位。①

商业判断规则不是要求法官用商业思维分析问题，而是要求法官在特定条件下推定董事、监事、高级管理人员的决策合理，从而提高原告的证明要求，降低对董事、监事、高级管理人员勤勉义务的要求。

这意味着，商业判断规则其实更多的是一种程序规则，当适用前提满足，其主要着眼于举证责任。按照“谁主张，谁举证”的原则，虽然原告本身就需要负担举证责任，但商业判断要求法院尊重董事、监事、高级管理人员所作决策，并推定决策合理，因此对董事、监事、高级管理人员的判断提出质疑的原告将面临更高的举证责任，直到推翻上述推定。原告的证明需要达到

---

① 参见叶金强：《董事违反勤勉义务判断标准的具体化》，载《比较法研究》2018年第6期。

的证明标准可能不仅仅是“优势证据标准”，而是达到诸如“清晰和令人信服”这样更高的标准。[①]

在“上海泰琪房地产有限公司损害公司利益责任纠纷二审案”［（2019）沪02民终11661号］中，上海市第二中级人民法院认为：本案的争议在于迈某作为上海泰琪房地产有限公司（以下简称泰琪公司）董事有无违反高管忠实勤勉义务、有无损害泰琪公司利益。对此，法院分析如下：

首先，董事损害公司利益责任纠纷，实质系一种侵权责任，当事人首先应证明行为人存在主观过错。根据本案查明的事实，迈某向兴业银行发函要求暂停账户对外支付功能的行为，是在泰琪公司中外方股东就账户控制权发生争议、账户预留印鉴发生变更的背景下实施；迈某向法院提起诉讼的原因亦是基于泰琪公司目前的股东争议，希望通过诉讼恢复账户的联合控制。因此，不论是向兴业银行发函还是提起诉讼，迈某的两项行为，主要的目的均是为了防止账户发生单方变动，保持账户和资金现状并等待进一步协商处理。况且，诚如迈某所述，其所代表的外方股东在泰琪公司持股95%，除非为获取个人利益，否则其作为外方股东委派的董事，缺乏侵害泰琪公司利益的主观动机。故从本案目前情况来看，迈某并不具备侵权过错。

其次，就行为本身来讲，《公司法》第149条规定，董事执行公司职务时违反法律、行政法规或公司章程规定，给公司造成损失的，应当承担赔偿责任。本案中，迈某被诉两项行为，并没有违反法律、行政法规规定，且鉴于泰琪公司章程并未对办理存款及账户控制问题进行规定，故亦不能认定为违反公司章程，行为违法性不能成立。从行为的合理性来看，根据前述分析，迈某向兴业银行发函、提起诉讼要求恢复预留印鉴和保全账户属于特定情形下采取的救济措施，从该措施的目的和实际效果来看，并未超过合理的限度和范围，也没有违反正常的商业道德和职业伦理，既不属于故意实施侵权以侵害公司利益的行为，也未违反我国法律规定的董事应尽的忠实义务和勤勉义务。

---

① 参见白翔飞：《公司董事、监事、高管勤勉义务的理论与实务分析》，载微信公众号“审判研究”2018年1月26日。

最后，关于泰琪公司上诉提出的有关迈某拒不召开董事会等意见，一则其未提供证据加以证实，二则该事项与本案所争议的办理结构性存款及发生利息损失等事实并无直接关联，不能佐证其诉请成立。泰琪公司在二审中提交的2019年12月18日董事会决议，因迈某及其代表的外方股东对该董事会决议的效力持有异议，且该董事会决议形成于本案所诉两项行为之后，故不影响本案处理结果。泰琪公司该项上诉意见，亦不能成立。

法院进一步认为，泰琪公司作为中外合资经营企业，其中方、外方股东本应按照公司章程，本着真诚合作、互惠互利的原则共同经营合资公司。即便在经营过程中发生矛盾和争议，也应在相互尊重和信任的前提下进行友好协商，或者采取合法、正当手段主张权利，防止因单方不当行为破坏合营双方之间的信赖基础，并最终对合资公司及股东利益造成损害。

综上所述，上诉人泰琪公司的上诉请求不能成立，应予驳回。

（三）勤勉义务争议时的判断标准

从学理和实务案例来看，当发生董事、监事、高级管理人员是否违反勤勉义务的争议时，其判断标准通常须经过如下三个步骤：

首先，调查董事、监事、高级管理人员与相关决策或交易是否有法律上的利益冲突，如有则直接适用忠实义务条款。

其次，在没有利益冲突的情况下，董事、监事、高级管理人员对相关决策或交易是否搜集了必要的信息，并在此基础上作出了决策或交易。如否，则直接认定构成违反勤勉义务，如是，则进入下一步。

最后，原告能够举证证明董事、监事、高级管理人员的决策或交易行为完全是不合理的。这一条其实是商业判断规则适用认定问题，从学理及实务上看，对商业判断规则宜宽松认定，只要董事、监事、高级管理人员认为决策或交易对公司有一定的合理性，即使大部分人都认为风险太大，对公司不利，但只要有小部分人仍认为值得冒险，董事、监事、高级管理人员即可免责。[1]

---

① 参见朱锦清：《公司法学》（修订本），清华大学出版社2019年版，第582页。

在“慈溪富盛化纤有限公司、宁波全盛布艺有限公司诉施某平损害股东利益责任纠纷案”［（2007）慈民二初字第519号］中，浙江省慈溪市人民法院认为：一般认为，公司法中的勤勉义务与侵权法中的注意义务相似，指董事、监事、高级管理人员必须像一个正常谨慎之人在类似处境下应有的谨慎那样履行义务，为实现公司的最大利益努力工作。据此，管理者在作出某一经营判断之前，应当收集足够的信息，诚实而且有正当的理由相信该判断符合公司的最佳利益。本案被告在作出赔偿行为时已尽到了勤勉义务，原因在于，首先，相关证据已经证明，被告为赔偿问题多次赴东海翔公司协商，说明被告为解决该问题采取了积极的行动，在多次协商的情况下，被告不可能对产品是否存在质量问题以及损失的大小没有了解。其次，2005年9月，被告与王某定、叶某方为赔偿问题一起去过东海翔公司，虽然最终未就质量问题达成一致意见，但至少王某定和叶某方对东海翔公司要求赔偿的事是知情的，股东之间必然也就质量问题商量过。最后，从被告的文化程度和从业经历来看，其业务水平显然远高于其他几位股东，被告基于其对自身业务水平的信任，认为造成质量问题的原因不经过鉴定也能够判断出来，这种自信在无相反证据的情况下应可推定为合理。

该案主审法官在裁判之后专门写过案件评析文章，认为原告对被告违反勤勉义务承担证明责任，可以从以下几个方面举证：（1）经营判断另有所图，并非为了公司的利益；（2）在经营判断的过程中，没有合理地进行信息搜集和调查分析；（3）站在一个通常谨慎的董事的立场上，经营判断的内容在当时的情况下存在明显的不合理。如果法官对上述任意一点形成心证，那么原告就完成了对义务违反要件的举证，若再能完成对损失和因果关系的举证，举证责任便可转移至被告。①

① 参见何琼、史久瑜：《董事违反勤勉义务的判断标准及证明责任分配》，载《人民司法·案例》2009年第14期。本书认为，该案裁判及案例评析内容值得赞同。对于勤勉义务违反的举证责任分配问题，该案不仅确定了由原告负担结果意义上的举证责任，而且对原告举证要点进行了层次性的罗列。

六、董事、监事、高级管理人员违反信义义务时的民事责任

董事、监事、高级管理人员违反信义义务，公司可要求其承担侵权责任。如董事、监事、高级管理人员违反其与公司间的合同，则公司还可以要求其承担相应的违约责任。这是公司从民法角度寻求救济的请求权基础。

从《公司法》角度来看，《公司法》对违反信义义务的董事、监事、高级管理人员专门规定了两个责任条款：一是违反忠实义务所得收入应当归公司所有（《公司法》第148条第2款）；二是违反勤勉义务而给公司造成损失的，应当赔偿公司损失（《公司法》第149条）。

（一）归入权：收入归公司所有

《公司法》第148条第2款：董事、高级管理人员违反前款规定所得的收入应当归公司所有。

董事、高级管理人员违反忠实义务而取得收入，应当归公司所有，公司的这项权利，叫作归入权。关于归入权，实务上尚有如下争议问题须解决。

1. 是否要求公司受有损失

实务上有案例认为只有在公司实际受有损失的情况下，公司才可以行使归入权。但本书认为，从信托法角度来说，受益人有权要求受托人向其归还任何未经授权、利用信托财产而取得的利润或财产。受益人违反忠实义务而取得任何收益都被认为是一项推定信托，其中的财产利益当然应归属公司，而不论公司是否实际发生损失。

在“张某、中瑞检验有限公司广州分公司损害公司利益责任纠纷二审案”［（2020）粤01民终4015号］中，广东省广州市中级人民法院认为：首先，中瑞检验有限公司广州分公司（以下简称中瑞广州分公司）为证明其损失，一审时提交了志凯公司与中瑞广州分公司之间发生16 985笔业务的财务凭证。张某对于中瑞广州分公司与志凯公司之间发生17 328 938.52元交易的事实无异议，但认为中瑞广州分公司实收12 814 550.98元的原因为其在权限内给予了7折优惠。由上述事实来看，中瑞广州分公司已为其主张的损失提供了凭证，并非张某所称没有举证。其次，根据中瑞广州分公司为证明其主

张提交的访谈视频及笔录来看，不仅张某本人实施了侵害中瑞广州分公司利益的行为，在其影响下中瑞广州分公司原员工王某某、李某某、黄某某也参与了中瑞广州分公司与志凯公司之间的关联交易，而且从中收取了数额不等的佣金。张某的行为完全违背了高级管理人员对公司最基本的忠诚义务，因此张某应对其该行为承担相应的民事责任。一审法院基于张某的行为已侵害了中瑞广州分公司的利益，且给中瑞广州分公司造成了损失，因此参考王某某、李某某、黄某某等人所述的回扣数额，酌情认定张某在涉案交易（2016年4月1日至2017年6月13日）中的获益数额为551 000元公平合理，法院予以维持。

2. 是否有时效或期间限制

我国《公司法》对行使归入权的期限未作规定。实务上认为，归入权纠纷属于损害公司利益责任纠纷，本质上属于侵权纠纷，因而应适用诉讼时效的规定，从公司知道或者应当知道其权利被侵害之日起计算，根据《民法典》第188条的规定，一般诉讼时效期限为3年。

在“黄山西园置业有限公司、朱某洪公司关联交易损害责任纠纷再审案”［（2017）最高法民申2810号］中，最高人民法院认为：根据《民法通则》第137条“诉讼时效期间从知道或者应当知道权利被侵害时起计算”的规定，侵权之诉中，启动诉讼时效应以知道或者应当知道权利被侵害为标准，而非以侵权行为造成具体损害结果的确定为标准。本案诉讼时效期间应当从黄山西园置业有限公司知道或者应当知道公司权利因关联交易被侵害时起计算。

3. 股东能否提起代表诉讼

在“李某孝等诉金某中等公司董事、监事、高级管理人员损害公司利益赔偿纠纷案”［（2006）南川法民初字第538号］中，重庆市南川区人民法院认为：董事、监事、高级管理人员挪用公司资金或者行使违反对公司忠实义务的其他行为所得的收入应当归公司所有。本案中，公司股东在公司监事不起诉的情况下以自己的名义起诉符合《公司法》第151条规定的股东代表诉讼的条件。

董事、高级管理人员违反忠实义务时，原则上只有公司才能对其提起诉讼，公司股东不得提起。但如果公司怠于收取违反忠实义务的董事、高级管理人员的收入，公司股东可以依据《公司法》第151条的规定以自己的名义对相关董事、高级管理人员提起代表诉讼。

4. 归入金额如何计算

归入权中的收入有非常多的类型，工资性收入、利息收入、佣金或实物财产等类型还是比较容易计算并归入的，实务中较难的是竞业禁止纠纷中的股权收益如何计算归入金额？如果公司已经分红，则分红应认定为收入（但投资形成的股份本身不属于收入）；如果未获得分红，法院往往采取推定分红的方式计算被告的收入，主要有两种方式：一种是以同业公司年度未分配利润（或净利润）为基础，乘以被告的持股比例计算推定分红；另一种是参照同行业的平均利润率来酌定计算分红。①

5. 管辖法院

归入权纠纷不是独立的民事案件案由，实务认为这属于损害公司利益责任纠纷，因而本质上属于侵权纠纷，不应适用《民事诉讼法》关于公司纠纷专属管辖的规定。

在“海南省丝绸集团有限公司、深圳市庆鹏石油化工经销有限公司公司关联交易损害责任纠纷二审案”［（2017）最高法民辖终233号］中，最高人民法院经审查认为：《民事诉讼法》第26条规定：“因公司设立、确认股东资格、分配利润、解散等纠纷提起的诉讼，由公司住所地人民法院管辖。”《民事诉讼法解释》第22条规定：“因股东名册记载、请求变更公司登记、股东知情权、公司决议、公司合并、公司分立、公司减资、公司增资等纠纷提起的诉讼，依照民事诉讼法第二十六条规定确定管辖。”上述条款规定的纠纷类型大多关涉公司组织行为，存在与公司组织相关的多数利害关系人，涉及多数利害关系人的多项法律关系变动，且作出的判决往往具有对世效力。本案纠纷源于海南省丝绸集团有限公司（以下简称丝绸集团公司）作为丝绸投资公司的股东，代表丝绸投资公司向庆鹏实业公司主张偿还借款本息，并由深圳市庆鹏石油化工经销有限公司（以下简称庆鹏化工公司）、同源公司

① 参见王军：《中国公司法》（第2版），高等教育出版社2017年版，第399页。

及郑桂泉承担连带责任，性质上属于股东代表诉讼。该诉讼虽与公司有关，但并不涉及公司的组织变更和组织行为。因此，本案纠纷的性质与《民事诉讼法》第26条确定特殊地域管辖的案件性质不同，本案不适用该规定。丝绸集团公司关于本案应依据《民事诉讼法》第26条确定管辖法院的上诉理由不成立，法院不予支持。

《民事诉讼法》第28条规定："因侵权行为提起的诉讼，由侵权行为地或者被告住所地人民法院管辖。"《民事诉讼法解释》第24条规定："民事诉讼法第二十八条规定的侵权行为地，包括侵权行为实施地、侵权结果发生地。"即便如丝绸集团公司所诉本案属于侵权纠纷，侵权结果发生地亦在广东省深圳市，海南省高级人民法院并不具有管辖权。在侵权结果发生地的认定上，应具体分析侵权行为的表现形态，以侵权行为产生的直接结果发生地作为侵权结果发生地，而不能简单地认为侵权结果的承受地即为侵权结果发生地。本案丝绸集团公司主张的侵权行为的主要表现形态为，庆鹏化工公司借款后未按约定将款项转给丝绸投资公司，而是由庆鹏实业公司占用，之后又未履行承诺，及时返还借款本息。上述借款行为、占用行为均发生在深圳市，该行为一旦实施即发生侵权结果，侵权行为实施与侵权结果发生密不可分，侵权结果发生地在广东省深圳市。故依据《民事诉讼法》第28条的规定，广东省深圳市中级人民法院亦对本案具有管辖权。丝绸集团公司该项上诉请求不成立，最高人民法院不予支持。

（二）损害赔偿

《公司法》第149条：董事、监事、高级管理人员执行公司职务时违反法律、行政法规或者公司章程的规定，给公司造成损失的，应当承担赔偿责任。

董事、监事、高级管理人员违反勤勉义务给公司造成损失的，应当承担赔偿责任。但从《公司法》第149条规定来看，其适用范围有限，如董事、监事、高级管理人员在履行管理职责时没有违反法律、法规或公司章程，但有其他违反勤勉义务的行为而对公司造成损害的，也要对公司承担赔偿责任。[①]

此外，对于该损害赔偿的责任性质，学理上有“侵权责任说”与“违约责任说”两种不同的观点。[②] 实务上目前倾向于侵权责任说的观点。

本书之前已经指出，公司法上的勤勉义务是基于组织法或团体法而产生的一种管理义务，违反该义务而承担的责任既不是违约责任，也不是侵权责任，而是组织法或团体法上的管理责任[③]。

违反勤勉义务时的损害赔偿责任有如下几个构成要件。

1. 勤勉义务违反行为

《广西壮族自治区高院意见》第36条【侵害行为的特定性】：董事高管人员违反勤勉义务侵害公司利益的方式具有特定性，正是由于他们拥有超出其他人员的对公司各项事务的决定性管控权，故特定的侵害方式体现在董事高管人员实际运用该决定性管控权侵害公司合法利益。

勤勉义务的违反行为有两种：一种是《公司法》第149条中提及的“执行公司职务时违反法律、行政法规或者公司章程的规定”的行为，只要违反法律法规或章程，则直接可认定违反勤勉义务；另一种是其他违反勤勉义务的行为，前面已经详细阐述了三步骤的认定方法。

2. 损害结果

《广西壮族自治区高院意见》第40条【利益损失的已然性】：承担违反勤勉义务责任的前提是公司已实际遭受利益损失，这不仅指物权、知识产权等公司固有利益遭受实际损失，也包括债权性利益达到已遭受损失的程度。

债权性利益属于金钱给付或可转化为金钱给付的债权，金钱之债的债务人暂遇经济困难而无资力给付的，仅导致履行迟延，并无给付不能。只有当

---

① 在韩国公司法中，董事作出违反法令或章程的行为，或者懈怠其任务时，对公司负连带赔偿损害的责任，参见［韩］李哲松：《韩国公司法》，吴日焕译，中国政法大学出版社2000年版，第488页以下。

② 参见王军：《董事对公司之赔偿责任研究》，载王保树主编：《商事法论集》（总第24卷），法律出版社2014年版。

③ 比较法上，也有认为该种责任是公司法的特别规定，是与民法上的违约责任或侵权责任不同的特殊的责任。只不过在认定上与侵权责任类似，可认为侵权责任与该管理责任的竞合，参见［韩］李哲松：《韩国公司法》，吴日焕译，中国政法大学出版社2000年版，第488页以下。本书对该种责任形态尚未完全思考清楚，留待以后再分析。

债务人确定无可供执行财产或遗产之后，或在确定破产财产分配方案或确定重整清偿率之后，未完全受偿的金钱本息债权才具备“已然性”，就此方能认定相关董事高管的职务行为已导致了公司利益损失，进而明确损失具体数额。

损害结果意味着公司因董事、监事、高级管理人员违反勤勉义务而产生了财产上的不利益，并且这种不利益已实际发生。这一点可参照侵权法上的认定方法，不再赘述。[①]

3. 因果关系

《广西壮族自治区高院意见》第39条【因果关系规则】：判断职务行为与损失之间的因果关系时，原则上可不采纳一般侵权责任中的“相当因果关系”规则，而应主要采“事实因果”或“条件因果”规则，即决策行为与公司利益损失具有事实上的直接因果关系即可，而无须具备“相当性”所要求的通常性或高度盖然性。

在因果关系学说中，相当因果关系说是目前主流学说，由“条件关系”和“相当性”两个层次构成，具体可参照侵权法上相关学说。[②] 不过实务有司法意见仅要求具备“条件关系”即可，可不对“相当性”作出要求。

需要说明的是，勤勉义务违反行为有两类，对于违反法律法规或章程的行为，其在违反勤勉义务的认定上很简单，但在对公司产生损害时，尤其要关注该行为与损害结果之间是否存在因果关系，这是实务上极容易被忽略的地方。[③]

在“北京北大学园教育投资有限公司与曹某伟损害公司利益纠纷二审案”[④] 中，被告曹某伟在担任原告北大学园教育投资有限公司总经理期间，未经董事会、股东会批准，将原告资金300万元出借给第三人。借款到期后，

---

① 参见王泽鉴：《损害赔偿》，北京大学出版社2017年版，第60页以下。

② 参见王泽鉴：《侵权行为》（第3版），北京大学出版社2016年版，第226页以下。

③ 后一种“其他违反勤勉义务的行为”在违反勤勉义务认定时已做过一次判断，因此在因果关系认定上相对简单些。

④ 本案例未找到案号，案例内容及学者评释可参见王军：《中国公司法》（第2版），高等教育出版社2017年版，第403页以下。

第三人仅偿还50万元。原告起诉第三人，法院判定借款合同因违反禁止企业间拆借的“金融管理法规”而无效，同时责令第三人向原告返还未还的本金。经强制执行，第三人尚有62万元未清偿，法院因其无可供执行财产而裁定终结执行。原告获得法院颁发的“债权凭证”，得随时申请法院继续执行。基于上述事实，原告起诉被告，要求其赔偿损失，包括62万元借款本金和起诉第三人所产生的案件受理费、律师代理费。

一审法院认为，本案的争议焦点在于公司经理曹某伟的行为是否违法，该违法行为是否给北大学园最终造成了损害。原告虽然暂时无法收回第三人的欠款，但持有债权凭证，因此在没有证据证明第三人完全丧失偿还债务能力的情况下，难以认定未还款项构成原告的最终损失。鉴于原告的损失数额目前无法确定，一审法院判决驳回诉讼请求。

二审法院认为，承担赔偿责任应当同时具备两个条件，一是执行公司职务时违反法律、行政法规或者公司章程的规定；二是给公司造成损害。尽管借款合同被判断无效，但第三人依法仍须反馈原告借款本金，因此，原告不能收回借款本金（损失）与被告令公司从事非法拆借行为之间没有因果关系。

两级法院的审理都是从损害角度来展开，一审法院认为损害无法确定，故不支持原告诉请。二审法院认为没有损害，进而就没有因果关系，故不支持原告诉请。有观点认为，原告损失已经发生，即使清偿不能只是暂时的。虽然原告对第三人拥有受生效判决认可的债权，看似未丧失利益，但难以确定该债权能否实现，这一风险本身就是对原告财产利益的侵损。至于损失数额，至少是原告所减少的可支配之现金的数额，即原告起诉被告时尚不能收回的借款金额。所以损害数额可以确定。

本书赞同上述观点，原告损失已经实际发生且数额是可以确定的。本书还想引申的一点是，如果被告的行为违反了法律法规或公司章程规定，那么被告是否需要承担损害赔偿的关键在于因果关系的判断①；如果被告的行为

① 被告虽然违反了勤勉义务，但如已经审慎考察了第三人的资产负债情况，并采取了担保措施等预防风险，则即使原告仍发生损失，似不应认定被告行为与原告损失之间的因果关系。当然，原告可在公司内部认定被告违反勤勉义务的相关责任，与此处损害赔偿无涉。

未违反法律法规或公司章程的规定，那么被告是否需要承担损害赔偿的关键在于勤勉义务违反的认定，这种区分思路上文已有提及。

实务上还有一个难题，是被告（董事、监事、高级管理人员）与第三人之间的责任关系问题，究竟是连带责任还是补充责任抑或其他？实务判决一般是让第三人先承担责任，在第三人无力清偿的情况下再由被告承担，这是补充责任的思路。[①]

① 这一点在关联交易损害赔偿部分已经有过说明。相关分析可另参见王军：《中国公司法》（第2版），高等教育出版社2017年版，第406页以下。

第十六章　公司法人人格否认之诉

《民法典》第83条：营利法人的出资人不得滥用出资人权利损害法人或者其他出资人的利益；滥用出资人权利造成法人或者其他出资人损失的，应当依法承担民事责任。

营利法人的出资人不得滥用法人独立地位和出资人有限责任损害法人债权人的利益；滥用法人独立地位和出资人有限责任，逃避债务，严重损害法人债权人的利益的，应当对法人债务承担连带责任。

《公司法》第20条：公司股东应当遵守法律、行政法规和公司章程，依法行使股东权利，不得滥用股东权利损害公司或者其他股东的利益；不得滥用公司法人独立地位和股东有限责任损害公司债权人的利益。

公司股东滥用股东权利给公司或者其他股东造成损失的，应当依法承担赔偿责任。

公司股东滥用公司法人独立地位和股东有限责任，逃避债务，严重损害公司债权人利益的，应当对公司债务承担连带责任。

《公司法》第63条：一人有限责任公司的股东不能证明公司财产独立于股东自己的财产的，应当对公司债务承担连带责任。

《九民会议纪要》【关于公司人格否认】：公司人格独立和股东有限责任是公司法的基本原则。否认公司独立人格，由滥用公司法人独立地位和股东有限责任的股东对公司债务承担连带责任，是股东有限责任的例外情形，旨在矫正有限责任制度在特定法律事实发生时对债权人保护的失衡现象。在审判实践中，要准确把握《公司法》第20条第3款规定的精神。一是只有在股东实施了滥用公司法人独立地位及股东有限责任的行为，且该行为严重损害了公司债权人利益的情况下，才能适用。损害债权人利益，主要是指股东滥用权利使公司财产不足以清偿公司债权人的债权。二是只有实施了滥用法人独立地位和股东有限责任行为的股东才对公司债务承担连带清偿责任，而其他股东不应承担此责任。三是公司人格否认不是全面、彻底、永久地否定公司的法人资格，而只是在具体案件中依据特定的法律事实、法律关系，突破股东对公司债务不承担责任的一般规则，例外地判令其承担连带责任。人民法院在个案中否认公司人格的判决的既判力仅仅约束该诉讼的各方当事人，不当然适用于涉及该公司的其他诉讼，不影响公司独立法人资格的存续。如果其他债权人提起公司人格否认诉讼，已生效判决认定的事实可以作为证据使用。四是《公司法》第 20 条第 3 款规定的滥用行为，实践中常见的情形有人格混同、过度支配与控制、资本显著不足等。在审理案件时，需要根据查明的案件事实进行综合判断，既审慎适用，又当用则用。实践中存在标准把握不严而滥用这一例外制度的现象，同时也存在因法律规定较为原则、抽象，适用难度大，而不善于适用、不敢于适用的现象，均应当引起高度重视。

一、公司法人人格否认之诉的体系定位：公司法上债权人保护体系之一环

债权人在公司资本结构中具有重要的法律地位，其为优化公司资本结构作出了贡献，为公司提供了大量的资源，其贡献甚至可能超过股东。

对于公司债权人的利益，一方面，受到以大陆法系债法为代表的交易法提供的一般性制度保护，具体包括债的清偿、债的保全、债的担保等。另一方面，还受到来自公司组织法的规则保护，如公司“资本三原则”、公司分立时的提前清偿或担保规则、公司破产清算时的优先受偿权等。公司法人人格否认之诉也是这样一种规则，是公司组织法上债权人保护体系之一环。而公司组织法之所以要对公司债权人进行特殊保护，乃源于公司法人独立人格与股东有限责任制度的内在缺陷。作为公司内部人的股东如恶意滥用公司法人独立人格与股东有限责任制度，会给公司债权人带来严重的损失。[①] 因此，

① 对股东有限责任之弊的分析，可参见李建伟：《公司法学》（第 4 版），中国人民大学出版社 2018 年版，第 379 页以下。

为了保护公司债权人利益，公司法在例外情况下否定公司法人人格，此时相关股东须对公司债务承担连带清偿责任。

二、公司法人人格否认之诉中的股东责任与其他股东责任的区分

（一）公司法人人格否认之诉中的股东责任与股东出资责任的区分

《公司法解释三》第13条第2款：公司债权人请求未履行或者未全面履行出资义务的股东在未出资本息范围内对公司债务不能清偿的部分承担补充赔偿责任的，人民法院应予支持；未履行或者未全面履行出资义务的股东已经承担上述责任，其他债权人提出相同请求的，人民法院不予支持。

《公司法解释三》第14条第2款：公司债权人请求抽逃出资的股东在抽逃出资本息范围内对公司债务不能清偿的部分承担补充赔偿责任、协助抽逃出资的其他股东、董事、高级管理人员或者实际控制人对此承担连带责任的，人民法院应予支持；抽逃出资的股东已经承担上述责任，其他债权人提出相同请求的，人民法院不予支持。

《公司法解释二》第22条：公司解散时，股东尚未缴纳的出资均应作为清算财产。股东尚未缴纳的出资，包括到期应缴未缴的出资，以及依照公司法第二十六条和第八十条的规定分期缴纳尚未届满缴纳期限的出资。

公司财产不足以清偿债务时，债权人主张未缴出资股东，以及公司设立时的其他股东或者发起人在未缴出资范围内对公司债务承担连带清偿责任的，人民法院应依法予以支持。

股东未履行出资义务、未全面履行出资义务或抽逃出资的，公司债权人有权请求该股东在未出资本息或抽逃出资本息范围内对公司债务不能清偿的部分承担补充赔偿责任。这是司法解释从公司债权人角度对股东违反出资义务所确定的责任。此种责任与公司法人人格否认之诉中的股东连带责任完全不同。前者是股东对公司的出资义务，仍在股东有限责任的范畴之内；后者是股东在出资义务之外的责任，是股东有限责任的例外。

实务上曾有误将股东未履行出资义务或抽逃出资认定为公司“资本显著不足”，属于股东滥用公司法人独立地位和股东有限责任，进而认为其符合

公司法人人格否认的法律构成，这曾是非常流行的错误观点。

（二）公司法人人格否认之诉中的股东责任与股东清算责任的区分

《公司法解释二》第18条：有限责任公司的股东、股份有限公司的董事和控股股东未在法定期限内成立清算组开始清算，导致公司财产贬值、流失、毁损或者灭失，债权人主张其在造成损失范围内对公司债务承担赔偿责任的，人民法院应依法予以支持。

有限责任公司的股东、股份有限公司的董事和控股股东因怠于履行义务，导致公司主要财产、账册、重要文件等灭失，无法进行清算，债权人主张其对公司债务承担连带清偿责任的，人民法院应依法予以支持。

上述情形系实际控制人原因造成，债权人主张实际控制人对公司债务承担相应民事责任的，人民法院应依法予以支持。

《公司法解释二》第19条：有限责任公司的股东、股份有限公司的董事和控股股东，以及公司的实际控制人在公司解散后，恶意处置公司财产给债权人造成损失，或者未经依法清算，以虚假的清算报告骗取公司登记机关办理法人注销登记，债权人主张其对公司债务承担相应赔偿责任的，人民法院应依法予以支持。

《公司法解释二》第20条第1款：公司解散应当在依法清算完毕后，申请办理注销登记。公司未经清算即办理注销登记，导致公司无法进行清算，债权人主张有限责任公司的股东、股份有限公司的董事和控股股东，以及公司的实际控制人对公司债务承担清偿责任的，人民法院应依法予以支持。

清算义务人怠于履行清算义务的责任有两种，一种是相应赔偿责任，另一种是连带清偿责任。前者是在公司清算仍可以开展的情况下，因清算义务人原因导致公司单项或数项资产损失，清算义务人以造成的损失范围为限承担相应的赔偿责任。后者因清算义务人原因导致公司无法进行清算，清算义务人对公司债务承担连带清偿责任。

实务上有相当部分裁判观点认为清算义务人怠于履行清算义务进而对公司债务承担连带责任的基础是公司法人人格否认理论。在“深圳市华恒达石油化工有限公司、中国信达资产管理股份有限公司深圳市分公司合同、无因管理、不当得利纠纷二审案”［（2019）粤03民终4340号］中，广东省深圳市中级人民法院认为：公司人格独立和股东有限责任是公司法的基本原则。否认公司独立人格，由滥用公司法人独立人格地位和股东有限责任的股东对公司债务承担连带责任，是股东有限责任原则的例外和补充情形。司法实务中，公司人格否认有着严格的适用条件。《公司法解释二》第18条第2款规定因股东怠于履行清算义务致使公司无法清算时应对公司债务承担连带清偿责任。其法理基础是公司人格否认制度，法律依据是《公司法》第20条第3款关于“公司股东滥用公司法人独立地位和股东有限责任，逃避债务，严重损害公司债权人利益的，应当对公司债务承担连带责任”的规定。该条款旨在通过事后救济的方式，明确和强化清算义务人的清算责任和民事责任，推动有限责任公司解散后清算义务人及时启动清算程序和依法进行清算，规范法人的退出机制，保护债权人的合法权益。但是，如前所述，公司人格否认制度只是股东有限责任原则的例外和补充，有其严格的适用条件。因此，在认定有限责任公司股东应否对公司债权人承担侵权责任时，应当根据前述法律和司法解释的具体规定及侵权责任的一般原理，结合具体案件的事实，综合考虑股东怠于履行清算义务的情节及过错程度、导致公司未能依法清算的情形、公司及债权人利益受损情况、股东怠于履行义务与债权人利益受损之间的因果关系等因素加以认定。

本书认为，股东清算责任与公司法人人格否认之诉中的股东连带责任应予区分，所谓“股东怠于履行清算义务致使公司无法清算时应对公司债务承担连带清偿责任，其法理基础是公司人格否认制度”，这种说法是不正确的。这两种责任有如下两个区别：

第一，责任主体不同。公司法人人格否认之诉中的责任主体只能是公司股东，而公司清算过程中的责任主体不仅包括有限责任公司股东，还包括股份有限公司董事及控股股东。

第二，责任后果不同。公司法人人格否认之诉中，责任主体承担的是连带责任；而公司清算过程中，责任主体有可能承担相应的赔偿责任，也有可能承担连带清偿责任，视其造成公司财产损失的程度而定。

综合以上两点，应将公司清算过程中的清算责任与公司法人人格否认之诉中的股东连带责任加以区分，两者有各自的构成要件和责任后果，应在个案中具体适用，不可在论证分析时相互混淆。

不过，也应注意到，这两种责任形态确实有共同的基本原理，即均属于广义上信义义务范畴。所谓广义上的信义义务，是指享有公司控制权的主体，基于其控制公司的事实而应当忠于职守，依法履职，不得因故意或过失而损害公司债权人的利益。① 也许正是因为这一点，导致实务上的裁判观点因未厘清这两种责任而产生误判。

三、公司法人人格否认之诉的法律构成

（一）主体要件：从股东类推适用到关联公司、实际控制人

1. 公司的股东

公司法人人格否认之诉的适用主体主要是公司股东，这个无异议。从实务案例统计角度来看，通常仅针对有限责任公司的股东，并且股东人数往往都没有超过5人。②

2. 公司的关联公司、实际控制人

从《公司法》条文来看，公司法人人格否认之诉应仅适用于公司股东。但从实务裁判来看，不少法院已将公司法人人格否认之诉的被告范围扩大适用到公司的关联公司及实际控制人。

在“徐工集团工程机械股份有限公司诉成都川交工贸有限责任公司等买卖合同纠纷案”③［（2011）苏商终字第0107号］中，最高人民法院提取的裁判要点认为：关联公司的人员、业务、财务等方面交叉或混同，导致各自财产无法区分，丧失独立人格的，构成人格混同。关联公司人格混同，严重损害债权人利益的，关联公司相互之间对外部债务承担连带责任。

在“柳某金、马某兰采矿权转让合同纠纷二审案”［（2020）最高法民终

① 参见施天涛：《公司法论》（第4版），法律出版社2018年版，第401页以下。

② 参见黄辉：《中国公司法人格否认制度实证研究》，载《法学研究》2012年第1期；英美法上的统计结果与此类似，可参见朱锦清：《公司法学》（修订本），清华大学出版社2019年版，第164页。

③ 本案为最高人民法院指导案例15号。

185 号］中，柳某金、马某兰主张山能贵州公司与肥矿光大公司人格混同，应对肥矿光大公司的债务承担连带责任。最高人民法院认为：《公司法》第 20 条第 3 款规定，“公司股东滥用公司法人独立地位和股东有限责任，逃避债务，严重损害公司债权人利益的，应当对公司债务承担连带责任”。该条确立的公司人格否认制度主要适用于公司及公司股东之间，对于非公司股东但与公司存在关联或控制关系的主体是否适用未予明确。法院认为，公司人格否认制度旨在矫正有限责任制度在特定情形下对债权人利益保护的失衡。非公司股东但与公司存在关联或控制关系的其他主体通过操作或控制公司而损害公司债权人利益，与公司股东滥用公司人格损害债权人利益具有同质性。对此应基于公平及诚信原则，类推适用《公司法》第 20 条第 3 款规定予以规制，以实现实质公正。本案中，肥矿光大公司的控股股东肥矿能源公司是山能贵州公司的全资子公司，山能贵州公司与肥矿光大公司存在关联关系，应根据公司人格否认制度的法律规定判断山能贵州公司应否对肥矿光大公司的债务承担连带责任。

（二）行为要件：股东有滥用公司独立人格地位和股东有限责任的行为

学理及地方实务上很早就对股东滥用公司独立人格地位和股东有限责任的行为进行了总结，其中以上海市高级人民法院的司法意见为典型，该院民二庭在 2009 年发布的《关于审理公司法人人格否认案件的若干意见》第 6 条规定，公司存在资本显著不足，或者股东与公司人格高度混同，或者股东对公司进行不正当支配和控制情形的，可以认定属《公司法》第 20 条第 3 款规定的股东滥用公司法人独立地位和股东有限责任的行为。

经过多年实务经验积累，《九民会议纪要》通过 3 个条文对股东 3 种滥用行为作出了系统性的规定。

1. 资本显著不足

《九民会议纪要》第 12 条【资本显著不足】：资本显著不足指的是，公司设立后在经营过程中，股东实际投入公司的资本数额与公司经营所隐含的风险相比明显不匹配。股东利用较少资本从事力所不及的经营，表明其没有从事公司经营的诚意，实质是恶意利用公司独立人格和股东有限责任把投资风险转嫁给债权人。由于资本显著不足的判断标准有很大的模糊性，特别是要与公司采取“以小博大”的正常经营方式相区分，因此在适用时要十分谨慎，应当与其他因素结合起来综合判断。

(1)《九民会议纪要》前的实务主流观点：股东出资瑕疵。

实务上曾有种倾向性观点认为，资本显著不足指的是股东未缴纳或缴足出资，或股东在公司设立后抽逃出资。比如《上海市高院法人人格否认意见》第7条规定，股东未缴纳或缴足出资，或股东在公司设立后抽逃出资，致使公司资本低于该类公司法定资本最低限额的，人民法院应当认定公司资本显著不足。

在“吴某琴、刘某民间借贷纠纷再审案”［（2018）赣民申402号］中，江西省高级人民法院认为：关于奥丰公司与股东之间是否存在混同的问题。依据《公司法》第20条的规定，如果公司与股东之间存在财产混同、业务混同和人员混同的情况，或者存在股东利用关联交易、非法隐匿、转移公司财产等行为，或者存在股东未缴纳或缴足出资、抽逃出资等导致公司资本显著不足情形，可以否认公司法人人格，并由股东承担相应的连带责任，但是公司债权人应当提供初步证据证明公司存在上述情况。而本案吴某琴并没有提供相关证据证实其主张，其不能仅仅以奥丰公司已严重亏损为由来主张奥丰公司与股东存在混同，否认奥丰公司的法人人格。

在“临汾市鸿基房地产开发有限公司、常某宏等与山西尧都农村商业银行股份有限公司、二审被上诉人等借款合同纠纷再审案”［（2018）晋民再230号］中，山西省高级人民法院认为：公司人格否认通常是指股东存在未缴纳或未足额缴纳出资、抽逃出资的，股东个人与公司财产、业务等长期、广泛存在混同，非法隐匿、转移公司财产等行为，被申请人虽然提供了临汾市尧都区人民法院（2012）临尧法执字第140－4号执行裁定书用以证明鸿基公司的股东抽逃出资，但临汾市中级人民法院（2018）晋10民终1971号民事判决书中认为李某强、常某宏系受让取得股权，并非公司发起人，无充分证据证明其两人未履行受让股权义务而未将两人追加为被执行人，因此也不能证明鸿基公司存在抽逃出资的行为。

从笔者阅读的多个“资本显著不足”的案例来看，曾有非常多的法院持上述观点。股东违反出资义务而应对公司债权人承担的补充赔偿责任与公司法人人格否认之诉中股东对公司债权人承担的连带责任，完全是两种不同的股东责任形态，前者是在股东有限责任情形下应正常履行的出资义务，后者是股东滥用有限责任而应对公司债务承担超过出资义务部分的连带赔偿责任。

（2）《九民会议纪要》后的实务主流观点：公司资本与公司经营风险不匹配。

在“上海福佩克石油化工有限公司、中海外赛宝（上海）实业有限公司买卖合同纠纷二审案”［（2019）最高法民终1069号］中，最高人民法院认为：关于张某、李某如应否对茂昌公司的涉案债务承担补充赔偿责任问题。本案中，茂昌公司的注册资本尽管为2000万元，但股东的认缴出资期限则为2038年10月25日，到二审庭审之时其实缴出资仍为0元。而其从事的经营行为，仅与本案有关的合同纠纷标的额就高达1亿多元。茂昌公司在设立后的经营过程中，其股东实际投入公司的资本数额与公司经营所隐含的风险相比明显不相匹配。股东利用较少资本从事力所不能及的经营，表明其没有从事公司经营的诚意。不仅如此，在股东没有任何实际出资，而茂昌公司的股东张某又在缺乏合法原因的情况下，擅自转走茂昌公司的账内资金408.3万元，势必导致茂昌公司缺乏清偿能力，从而严重损害公司债权人的利益，其实质是滥用公司独立人格和股东有限责任把投资风险转嫁给债权人。根据《公司法》第20条第3款之规定，张某应当在其转走的408.3万元范围内与茂昌公司承担连带责任。

在“谭某萍与佛山市富艺置业有限公司、广东富艺广告有限公司商品房销售合同纠纷案”［（2018）粤0605民初13746号］中，佛山市富艺置业有限公司（以下简称佛山富艺公司）与购房人签署《商铺买卖合同》，后佛山富艺公司逾期交房，购房人要求佛山富艺公司承担违约金、商铺使用费等费用，并且佛山富艺公司两股东广东富艺广告有限公司（以下简称广东富艺公司）、宝轮公司承担连带责任。佛山市南海区人民法院认为：根据《公司法》第20条第3款“公司股东滥用公司法人独立地位和股东有限责任，逃避债务，严重损害公司债权人利益的，应当对公司债务承担连带责任”的规定，被告佛山富艺公司向开发商购买本案涉讼商铺所在的“风度国际西铁时尚广场”时，涉及过亿资金，而该公司仅由被告广东富艺公司、宝轮公司各出资50万元成立，资本显著不足，在存在如此巨额资金出入的情况下，三被告完全有可能也有义务提供被告佛山富艺公司的财务账册用以查核被告广东富艺公司、宝轮公司与被告佛山富艺公司的财产是否混同，以厘清上述两股东的法律责任，但三被告在诉讼中未能提供，三被告对此应承担举证不能的法律责任。原告诉请被告广东富艺公司、宝轮公司对本案债务承担连带清偿责任，应予以支持。

在“乌鲁木齐时代命之运企业咨询管理有限公司、杨某然合同纠纷案”［（2019）新01民终3909号］中，乌鲁木齐时代命之运企业咨询管理有限公司（以下简称时代命之运公司）与赵某秀签署《合作协议》，赵某秀投资40万元与时代命之运公司开设美容院，后时代命之运公司在合作中根本违约，赵某秀要求根据协议返还投资款，同时要求时代命之运公司两股东杨某然、于某霞对该债务承担连带责任。乌鲁木齐市中级人民法院认为：时代命之运公司与案外多人以与本案美容院合作协议相同的模式合作经营，收取的投资款数额极大地超过了股东投入公司的资金，导致公司设立后在经营过程中，股东实际投入公司的资金数额与公司经营所隐含的风险相比明显不匹配。时代命之运公司经营过程中存在资本显著不足，经营模式不符合商事行为的基本原则，公司资产明显不足以偿还公司债务，严重损害了公司债权人赵某秀的利益。

在“上海冠旭投资管理咨询有限公司昆明分公司、上海佳青文化传播有限公司合同纠纷案”［（2019）云民终1035号］中，上海冠旭投资管理咨询有限公司昆明分公司（以下简称冠旭公司昆明分公司）与上海佳青文化传播有限公司（以下简称佳青公司）签订了《嘉年华活动合作协议》，后佳青公司违约，冠旭公司昆明分公司要求佳青公司承担违约责任，佳青公司股东崔某对此承担连带责任。云南省高级人民法院认为：崔某是否应当承担连带清偿责任的问题。虽然佳青公司主张系应冠旭公司昆明分公司的要求将案涉合同运营管理费支付到崔某的个人账户，但佳青公司、崔某并未提交证据证明崔某收取款项后又交还给佳青公司及该款项的实际具体去向。在此，崔某作为股东，其自身收益与公司盈利并未加以区分，存在公司与股东之间利益不清，公司财务与个人财务产生混同。此外，经法院核实，佳青公司的注册资本仅为100 000元，表明崔某实际投入公司的资本数额与本案佳青公司经营所隐含风险相比明显不匹配，存在资本显著不足。崔某本人在佳青公司与冠旭公司昆明分公司本案纠纷解决前，将其股份全部转让他人，亦存在明显逃避责任意图。根据《公司法》第63条规定，崔某作为佳青公司的唯一股东，未能证明其财产与公司财产相独立，应当对佳青公司本案债务承担连带清偿责任。对冠旭公司昆明分公司主张崔某承担本案连带清偿责任的诉请，应予以支持。

（3）本书观点。

《九民会议纪要》纠正了之前实务上对“资本显著不足”的错误认识。真正的“资本显著不足”的认定，应从公司所从事的行业性质和该行业容易发生的风险事件的性质来看资本额是否足以支付风险损失，其判断标准是将公司经营过程中的事业规模和隐含的风险相比较。如果风险可投保，则保险金额应当计算为资本。公司资本显著不足，表明股东缺少从事公司经营的诚意，而意欲利用较少资本从事力所不及的经营，利用公司人格独立和股东有限责任把投资风险转嫁给债权人。[①] 对于这一点，《九民会议纪要》发布后的数个判决中已经得到了体现。

但应注意的是，无论是最高人民法院还是地方人民法院，对“资本显著不足”仍存在认识不足，导致“资本显著不足”在实践中被误用乃至滥用。

本书认为，“资本显著不足”如要构成公司人格否认之诉，须同时满足如下3个条件：

第一，“资本显著不足”导致的人格否认之诉原则上适用于公司侵权案件。对于合同案件而言，即使公司“资本显著不足”，但债权人在经济活动中，基于自己的商业判断，可以自行选择交易对手，并由自己承担债权能否实现的风险。债权人可以通过多种方式审查债务人公司的资信、财务状况，

---

① 参见朱锦清：《公司法学》（修订本），清华大学出版社2019年版，第165页；李建伟：《公司法学》（第4版），中国人民大学出版社2018年版，第381页。

同时还可以利用多种手段防范交易风险，比如通过设定担保、放弃交易、合同条款约束等保护自己的权利。如公司债权人未尽注意义务或者存在误判，应由自己承受相应的不利后果，而不得以之为由否认公司独立人格，除非自己能够证明在交易时存在欺诈、胁迫等因素，从而影响了交易的判断。而在公司侵权案件中（包括其他法定之债的案件），公司债权人属于被动债权人或非自愿债权人，公司股东利用公司独立人格，以较少的资本数额从事与公司经营所隐含的风险明显不匹配的事业，当公司无力清偿债务时，实质是将自己的经营风险转嫁给了社会不特定第三人，此时由公司股东对该债务承担连带责任便是正当的。①

上述数个《九民会议纪要》后的裁判案例都是在合同纠纷背景下，法院以“资本显著不足”为理由（之一）来否定公司法人人格，但案件中没有看到公司债权人证明自身受到了欺诈或胁迫，因此这些判决本质上都是错误的。从这些案件也可以看出，我们对“资本显著不足”存在重大认识误区，实务上对此应引起高度重视。

第二，判断公司“资本显著不足”的时点是公司从事该项营业时，而非在公司经营过程中。公司在设立后可能会变更营业范围，因此判断时点并不是公司初始设立时，而是公司从事某项具体营业的初始之时。此外，公司从事该项具体营业时的资本是充足的，但在经营过程中发生了正常的经营亏损，那么即使在侵权行为发生时资本显著不足，也不能否认公司独立人格而要求股东承担连带责任。② 最高人民法院将“资本显著不足”理解为公司经营过程中的现象，这种说法过于模糊，没有明确的判断时点标准。按照最高人民法院的理解，似乎在公司经营过程中，公司须始终保持与公司经营风险相匹配的资本数额，这对公司要求过高，是明显不合理的要求。③

---

① 笔者认为，这本质上是一个风险分配问题，公司资本显著不足本身就是公司制度一项非常重要的功能，如果公司只能从事与其资本额相当的经营事业，会极大扼杀公司的活力。当公司资本显著不足时，合同领域的风险由合同债权人判断与承担，侵权领域的风险由公司股东承受。

② 部分类似见解可参见朱锦清：《公司法学》（修订本），清华大学出版社2019年版，第165页；［韩］李哲松：《韩国公司法》，吴日焕译，中国政法大学出版社2000年版，第47页。

③ 最高人民法院民事审判第二庭编著：《〈全国法院民商事审判工作会议纪要〉理解与适用》，人民法院出版社2019年版，第156页。

第三，公司“资本显著不足”中的资本概念，似应认为是净资产。[①] 如果公司在从事某项营业时拥有与经营风险相匹配的净资产数额，此时公司可以承受相应的经营风险。在“重庆易泰永道商贸有限公司与王某平等租赁合同纠纷案”［（2013）南中法民终字第811号］中，四川省南充市中级人民法院认为：重庆易泰永道商贸有限公司（以下简称重庆易泰公司）最初出资投入南充易泰公司的注册资本为10万元，增加股东后注册资本为50万元，南充易泰公司的股权资本与经营“新俪女人时尚城”所收取的费用，存在股权资本显著不足的现象，其股权资本显著低于所从事的行业性质、经营规模。在该案中，法院以案涉公司的注册资本显著低于所从事的行业性质、经营规模，因此否定了该公司法人人格。本书认为该裁判观点有待商榷，注册资本仅仅是净资产中的一部分，不能仅从注册资本角度来认定公司“资本显著不足”。净资产中的资本公积、盈余公积、未分配利润等，都应作为公司偿债能力的保证。

从实务上看，虽然有不少法院对“资本显著不足”的认识从一个误区走到了另一个误区，但也有法院认为公司资本额的设置属于公司的商业判断，无论公司资本额多寡，只要未违反《公司法》规定，就不应支持合同纠纷领域内的公司人格否认诉请。这种裁判观点虽是在《九民会议纪要》之前作出，但却暗合了公司制度理念及“资本显著不足”相关原理，值得赞同。

在“捷佳贸易有限公司与汕头市广大轻工材料有限公司、方某淳、方某泓、林某喜借款合同纠纷案再审案”［（2011）民申字第1220号］中，最高人民法院认为：本案系涉港借款合同纠纷，争议焦点在于汕头市广大轻工材料有限公司（以下简称广大公司）的股东方某淳和林某喜应否就广大公司对捷佳贸易有限公司（以下简称捷佳公司）的欠款承担连带责任。捷佳公司称广大公司存在资本显著不足以及多次更名等欺诈行为。虽然广大公司存在注

① 本书认为，《九民会议纪要》第12条所规定的“股东实际投入公司的资本数额与公司经营所隐含的风险相比明显不匹配”，这种表述并不正确。“资本显著不足”中的“资本”概念，应从“认缴”角度加以理解，股东是否足额出资，受出资期限及出资瑕疵规则约束，与“资本显著不足”所要调整的是两个不同的领域，此点在前书已强调过。而“股东实际投入公司的资本数额”似从“实缴”角度来理解这里的“资本”概念，这是另一种容易引起误解的表述。

册资本低于其从事的交易数额以及多次更名等行为，但是上述行为均不违反法律规定，不能由此认定广大公司及其股东存在欺诈进而否定广大公司的法人人格并追究其股东责任。二审判决认为广大公司股东不应因此对公司的债务承担连带责任是正确的。

在“中国银河投资管理有限公司与合肥非凡投资咨询有限责任公司、深圳市沃原投资咨询有限公司、深圳市莽原投资发展有限公司、罗某华、马某萍追偿权纠纷上诉案”［（2011）皖民二终字第00111号］中，安徽省高级人民法院认为：关于合肥非凡投资咨询有限责任公司（以下简称非凡公司）是否存在资本显著不足的问题，非凡公司的注册资本为100万元，分别由股东沃原公司（原深圳市大愚投资有限公司）出资70万元和股东合肥金达利娱乐有限公司出资30万元，沃原公司和合肥金达利娱乐有限公司已出资到位，并通过验资，没有出资不实或不足的情形。公司作为具有独立意志的经营实体，有权自主决定资金借贷规模及投向，故非凡公司借贷规模与注册资本额的大小不是否认其法人人格的依据。

除了一些特定行业和特定公司类型，目前《公司法》已基本取消了最低注册资本额的限制，因而难以法定最低资本额作为判断“资本显著不足”的参照标准。即使有最低资本作为参照，其实也难以判断资本额与实际经营风险之间的对应关系。由于公司资本显著不足的判断标准具有极大的模糊性，加之适用范围有限，实务上在认定时应当慎之又慎。《九民会议纪要》后个别法院对此有误用和滥用，这一现象应引起重视。

2. 人格混同

《九民会议纪要》第10条【人格混同】：认定公司人格与股东人格是否存在混同，最根本的判断标准是公司是否具有独立意思和独立财产，最主要的表现是公司的财产与股东的财产是否混同且无法区分。在认定是否构成人格混同时，应当综合考虑以下因素：

（1）股东无偿使用公司资金或者财产，不作财务记载的；

（2）股东用公司的资金偿还股东的债务，或者将公司的资金供关联公司无偿使用，不作财务记载的；

（3）公司账簿与股东账簿不分，致使公司财产与股东财产无法区分的；

(4) 股东自身收益与公司盈利不加区分，致使双方利益不清的；

(5) 公司的财产记载于股东名下，由股东占有、使用的；

(6) 人格混同的其他情形。

在出现人格混同的情况下，往往同时出现以下混同：公司业务和股东业务混同；公司员工与股东员工混同，特别是财务人员混同；公司住所与股东住所混同。人民法院在审理案件时，关键要审查是否构成人格混同，而不要求同时具备其他方面的混同，其他方面的混同往往只是人格混同的补强。

人格混同属于抽象概念，须结合具体事实要素进行认定。实务上公司人格要素包括财产、业务、成员、住所等。因此，人格混同具体包括财产混同、业务混同、成员混同、住所混同等。① 下面这一案例较为典型地分析了各种混同的认定方法。

在"山东临淄农村商业银行股份有限公司与淄博明珠物资有限公司、淄博泉泰经贸有限公司等金融借款合同纠纷再审案"［(2015) 鲁民再字第23号］中，山东省高级人民法院认为：本案再审争议的焦点是淄博明珠物资有限公司（以下简称明珠物资公司）与金旗瑞公司是否人格混同。(1) 在公司股东方面。淄博泉泰经贸有限公司（以下简称泉泰公司）与山东临淄农村商业银行股份有限公司（以下简称临淄农商行）签订流动资金借款合同的时间为2012年7月，该时间点明珠物资公司与金旗瑞公司的股东之间存在亲属关系。在公司的管理人员方面，明珠物资公司和金旗瑞公司的高管存在姻亲等关系。在工作人员方面，明珠物资公司与金旗瑞公司的工商登记均由吕某经办，吕某在办理工商登记手续时系淄博正龙公司的销售人员，而淄博正龙公司的法定代表人程某亦是明珠物资公司法定代表人王某刚、金旗瑞公司法定代表人程某甲的亲属；程某乙则是淄博正龙公司的财务负责人，明珠物资公司、金旗瑞公司的共同出纳。2009年1月8日，明珠旗瑞公司（系金旗瑞公司的前身）新旧股东共同参与了股东会决议的形成。即明珠物资公司、金旗瑞公司在公司股东、管理人员及财务人员等方面具有关联性。(2) 在业务方

① 各种混同情形在实务中的表现形式，可参见李宇：《民法总则要义：规范释论与判解集注》，法律出版社2017年版，第225页以下。

面。明珠物资公司与金旗瑞公司的经营场所、办公地址均在同一地址，且对外联系电话相同。两公司对外宣传中均称代理销售奇瑞品牌汽车。但根据山东省工商行政管理局2009年6月22日、9月27日印发的《关于做好品牌汽车销售企业变更登记工作的通知》的规定，奇瑞汽车有限公司授权在淄博市从事奇瑞、开瑞品牌汽车销售的公司仅为金旗瑞公司，并未授权明珠物资公司销售。即两公司在公司外观、公司经营范围上存在混同。（3）在财务方面，程某乙是明珠物资公司、金旗瑞公司共同的出纳，两公司在财务管理人员上存在同一性。明珠物资公司、金旗瑞公司在伪造虚假买卖合同进行票据贴现的违法行为中，存在交叉出票、贴现，使用共同银行账户的行为，明珠物资公司、金旗瑞公司在法人意志、财务等方面丧失独立性。同时，明珠物资公司在金旗瑞公司2007年设立时向淄博市开发区工商局出具证明载明“我公司自愿将中心路186号展厅无偿同意给淄博明珠奇瑞汽车销售有限公司使用，特此证明”。而金旗瑞公司却在2012年12月将库存价值973万余元的215辆汽车以整车销售的方式转到明珠物资公司名下，虽称是用以抵顶明珠物资公司的租赁费，但金旗瑞公司、明珠物资公司并未提供租赁协议且在两公司的财务报表中并无租赁费用的任何记载，并且程某甲、程某乙对租赁的时间、标准等陈述均不一致。因此，金旗瑞公司将215辆价值973万余元的车转移至明珠物资公司名下并无合同及法律依据。即明珠物资公司、金旗瑞公司在公司财务上存在混同。

根据上述认定结果，山东省高级人民法院认为，临淄农商行提供的证据已证明明珠物资公司与金旗瑞公司在人员、业务、财务等方面存在交叉或混同，使正常交易主体对明珠物资公司与金旗瑞公司在公司意志、公司财产等方面存在混同产生合理怀疑。

关于人格混同，再说明如下3点：

首先，人格混同有多种表现形式，须结合多种形式进行综合判断，根据《九民会议纪要》的观点，目前以财产混同作为认定人格混同最重要的标准。如果公司债权人无法证明公司与股东存在财产混同，那么即使其他方面存在混同，法院可能也不会支持公司债权人的人格混同主张。

在“柳某金、马某兰采矿权转让合同纠纷二审案”［（2020）最高法民终185号］中，对于柳某金、马某兰主张山能贵州公司与肥矿光大公司在业务、人员、办公场所等方面交叉混同。最高人民法院认为：肥矿光大公司的控股股东肥矿能源公司是山能贵州公司的全资子公司，该三家公司在业务、工作人员等方面存在一定重合是投资关联关系的正常表现，不违反法律规定。如前所述，适用公司人格否认制度的关键是审查公司人格是否混同。公司其他方面是否混同只是人格混同的补强。在现有证据不能证明山能贵州公司与肥矿光大公司人格混同的情况下，仅凭两公司在人员、业务等方面的关联表象不能认定肥矿光大公司人格已形骸化而成为山能贵州公司牟取利益的工具。柳某金、马某兰要求山能贵州公司与肥矿光大公司承担连带责任的主张依据不足，依法不予支持。

其次，人格混同应具有相当的持续性和广泛性。一次性、暂时性、个别性的人员重合、场所重合等行为，属于公司的正常活动范畴，不应认定为人格混同。

最后，从实务上看，人格混同是认定构成公司法人人格否认之诉最常见的理由。

人格混同具体包括两种类型，分别是纵向人格混同和横向人格混同。

（1）纵向人格混同。

所谓纵向人格混同，是指公司与其股东或实际控制人，通常是母子公司之间在财产、业务、人员等方面“混同”，难分彼此，事实上无从区分。

在“亚之羽航空服务（北京）有限公司等与金远房地产开发有限公司居间合同纠纷再审案”［（2016）最高法民申2096号］中，最高人民法院认为：《公司法》第20条第3款规定，“公司股东滥用公司法人独立地位和股东有限责任，逃避债务，严重损害公司债权人利益的，应当对公司债务承担连带责任”，这是对公司法人人格否定制度或揭开公司面纱规则的规定。司法实践中，违背股东与公司分离原则是公司法人人格否定的重要情形，在违背股东与公司分离原则下存在人格混同和财产混同两种情况。本案中，宽甸金远房地产开发有限公司（以下简称金远公司）与亚之羽航空服务（北京）有限公司（以下简称亚之羽公司）签订合同后，应亚之羽公司的要求将前期费用500万元打入了公司股东刘某宇个人账户，刘某宇收到款项后并未将全部款项转入公司账户，在刘某宇个人账户的款项，刘某宇主张亦用于公司支出，可见刘某宇作为股东的资产与公司资产难分你我，互为所用，公司财产与股东财产难以分辨，属于财产混同，公司已经丧失了独立性，原判决从保护债权人利益的角度出发，认定刘某宇滥用公司法人独立地位，并判决其承担连带责任，适用法律并无不当。

（2）横向人格混同。

所谓横向人格混同，是指数个公司受同一主体（既可能是自然人，也可能是数个公司的母公司）控制，在财产、业务、人员等方面混同，不分彼此，事实上无从区分。

在“徐工集团工程机械股份有限公司诉成都川交工贸有限责任公司等买卖合同纠纷案”① ［（2011）苏商终字第0107号］中，法院生效判决认为：成都川交工贸有限责任公司（以下简称川交工贸公司）与川交机械公司、瑞路公司人格混同。一是3个公司人员混同。3个公司的经理、财务负责人、出纳会计、工商手续经办人均相同，其他管理人员亦存在交叉任职的情形，川交工贸公司的人事任免存在由川交机械公司决定的情形。二是3个公司业务混同。3个公司实际经营中均涉及工程机械相关业务，经销过程中存在共用销售手册、经销协议的情形；对外进行宣传时信息混同。三是3个公司财务混同。3个公司使用共同账户，以王某礼的签字作为具体用款依据，对其中的资金及支配无法证明已作区分；3个公司与徐工机械公司之间的债权债务、业绩、账务及返利均计算在川交工贸公司名下。因此，3个公司之间表征人格的因素（人员、业务、财务等）高度混同，导致各自财产无法区分，已丧失独立人格，构成人格混同。

川交机械公司、瑞路公司应当对川交工贸公司的债务承担连带清偿责任。公司人格独立是其作为法人独立承担责任的前提。《公司法》第3条第1款规定：“公司是企业法人，有独立的法人财产，享有法人财产权。公司以其

---

① 本案为最高人民法院指导案例15号。

全部财产对公司的债务承担责任。”公司的独立财产是公司独立承担责任的物质保证，公司的独立人格也突出地表现在财产的独立上。当关联公司的财产无法区分，丧失独立人格时，就丧失了独立承担责任的基础。《公司法》第20条第3款规定：“公司股东滥用公司法人独立地位和股东有限责任，逃避债务，严重损害公司债权人利益的，应当对公司债务承担连带责任。”本案中，3个公司虽在工商登记部门登记为彼此独立的企业法人，但实际上相互之间界线模糊、人格混同，其中川交工贸公司承担所有关联公司的债务却无力清偿，又使其他关联公司逃避巨额债务，严重损害了债权人的利益。上述行为违背了法人制度设立的宗旨，违背了诚实信用原则，其行为本质和危害结果与《公司法》第20条第3款规定的情形相当，故参照《公司法》第20条第3款的规定，川交机械公司、瑞路公司对川交工贸公司的债务应当承担连带清偿责任。

最高人民法院提取的裁判要点认为：关联公司的人员、业务、财务等方面交叉或混同，导致各自财产无法区分，丧失独立人格的，构成人格混同。关联公司人格混同，严重损害债权人利益的，关联公司相互之间对外部债务承担连带责任。

应说明的是，《公司法》第20条第3款规定的“人格否认”，指的是纵向否认，即否定公司人格，否定股东以出资为限对公司债务承担有限责任，而判令股东对公司债务承担连带责任。而横向否认是指控股股东或实际控制人控制下的子公司或关联公司间相互否认人格，相互承担连带责任。最高人民法院在上述指导性案例中提炼了横向人格混同规则，并在《九民会议纪要》第11条（股东过度支配与控制）确定了关联公司之间可适用公司法人人格否认制度。

3. 股东过度支配与控制

《九民会议纪要》第11条【过度支配与控制】：公司控制股东对公司过度支配与控制，操纵公司的决策过程，使公司完全丧失独立性，沦为控制股东的工具或躯壳，严重损害公司债权人利益，应当否认公司人格，由滥用控制权的股东对公司债务承担连带责任。实践中常见的情形包括：

（1）母子公司之间或者子公司之间进行利益输送的；

（2）母子公司或者子公司之间进行交易，收益归一方，损失却由另一方承担的；

（3）先从原公司抽走资金，然后再成立经营目的相同或者类似的公司，逃避原公司债务的；

（4）先解散公司，再以原公司场所、设备、人员及相同或者相似的经营目的另设公司，逃避原公司债务的；

（5）过度支配与控制的其他情形。

控制股东或实际控制人控制多个子公司或者关联公司，滥用控制权使多个子公司或者关联公司财产边界不清、财务混同，利益相互输送，丧失人格独立性，沦为控制股东逃避债务、非法经营，甚至违法犯罪工具的，可以综合案件事实，否认子公司或者关联公司法人人格，判令承担连带责任。

在《九民会议纪要》发布前，实务上已有不少裁判适用了“股东过度支配与控制”原理来否定公司法人独立人格。

在“汕头市澄海区全量电池有限公司、全某刚与新乡市恒力电源有限公司买卖合同纠纷案”［（2012）豫法立二民申字第01680号］中，河南省高级人民法院认为：汕头市澄海区全量电池有限公司（以下简称全量公司）系全某刚与李某平二位股东组成的有限公司，从一审、二审法院认定的事实看，全某刚不仅将公司盈利作为自己的财产随意调用，导致公司法人独立意思被全某刚过度控制的情形，而且事实上形成了全某刚与全量公司的人格混同，在此情况下，一审、二审法院判决全某刚对公司债务承担连带责任，与我国法人制度的设立宗旨并不矛盾，更符合民事法律关系的公平原则。全某刚申请称，股东与公司的财产没有混同，全某刚不应承担连带责任，该项理由事实依据不足，河南省高级人民法院不予支持。

在“叶某阳、海南晟钢物资贸易有限公司股东损害公司债权人利益责任纠纷再审案”［（2017）粤民申7587号］中，广东省高级人民法院认为：本案争议的焦点是叶某阳是否应当对涉案债务承担连带责任。经查，川晓公司成立于2009年12月2日，法定代表人叶某阳，注册资本为50万元，其中叶某阳出资30万元，占投资比例60%。2013年12月16日，湖北省黄石市黄石港区人民法院作出判决，认定川晓公司须支付海南晟钢物资贸易有限公司

(以下简称晟钢公司)经济损失597 546.85元及代垫费用10 837元，该案经二审已发生法律效力，上述债权经申请强制执行，后川晓公司歇业无财产可供执行。叶某阳在经营川晓公司期间，通过个人账户代收川晓公司的款项再转交给川晓公司，且从川晓公司多个账户一定时期内的交易流水可知，叶某阳与川晓公司多个账户之间持续发生数额巨大的资金往来，叶某阳也自认，其常以个人账户为川晓公司代收代付货款及其他费用。根据《公司法》第20条第1款、第3款“公司股东应当遵守法律、行政法规和公司章程，依法行使股东权利，不得滥用股东权利损害公司或者其他股东的利益；不得滥用公司法人独立地位和股东有限责任损害公司债权人的利益。公司股东滥用公司法人独立地位和股东有限责任，逃避债务，严重损害公司债权人利益的，应当对公司债务承担连带责任”的规定，公司财产是公司债权人的债权得以清偿的保障，叶某阳违反了上述规定，对川晓公司的资金存在过度控制，导致其个人财产与川晓公司的财产界限模糊，存在财产混合的事实，叶某阳也未能在判决作出前提供股东会决议、财务账册、司法审计报告等证据，其在二审提供的账户信息、银行流水，均不足以证明其所主张的与川晓公司账目资产界限明晰。叶某阳对此应当承担举证不能的不利后果。因此，一审、二审判令叶某阳应当对涉案债务承担连带清偿责任，并无不当。最终，广东省高级人民法院认为叶某阳的再审申请理由不成立，驳回了叶某阳的再审申请。

对于“股东过度支配与控制”的认定，不仅是上述两个典型案例，在本书作者阅读的其他多个“股东过度支配与控制”案例中，多数案情与“人格混同”类似，表述方式也大体相同，实际上导致了“股东过度支配与控制”与“人格混同”难以区分。最高人民法院在对《九民会议纪要》第11条进行解释时认为，“股东过度支配与控制”表现为控制股东滥用控制权使多个子公司或关联公司财产边界不清、财务混同，利益相互输送，丧失人格独立性。[①] 因此，本书认为，“股东过度支配与控制”实际上可归入“人格混同”类型中，三分法并不是逻辑严密的划分。其实这也比较好理解，公司人格否

① 参见最高人民法院民事审判第二庭编著：《〈全国法院民商事审判工作会议纪要〉理解与适用》，人民法院出版社2019年版，第155页。

认案件主要适用对象就是人数较少的有限责任公司，而我国有限责任公司多数存在控制股东，正是这些控制股东“过度支配与控制”，造成控制股东、公司及其关联公司之间“人格混同”。因此，“股东过度支配与控制”与“人格混同”不过是同一事物的两个方面而已。

（三）结果要件：严重损害公司债权人利益

所谓严重损害公司债权人利益，是指公司无力清偿对其债权人所负的到期债务。这意味着，即使公司股东有前述滥用法人独立地位和股东有限责任的行为，只要公司仍能够清偿其到期债务，或者通过债的担保、保全等途径仍能使公司对外清偿债务，公司债权人就不得提起公司法人人格否认之诉。这一要件具有防止公司法人人格否认之诉滥用的效果。

（四）因果关系

所谓因果关系，指的是公司股东滥用公司独立人格地位和股东有限责任的行为导致公司无力清偿自身的到期债务，严重损害了公司债权人利益。这里股东实施“滥用”行为是“因”，公司债权人受到“严重”损害是“果”。虽然公司债权人受到“严重”损害，如果不是股东“滥用”行为造成的，而是其他原因，如市场原因、公司经营管理不善等原因，那么就不能突破公司法人独立地位和股东有限责任的原则。

在“李某、陈某华、姚某与庄某、刘某宏等合同纠纷二审案”［（2014）皖民二终字第00164号］中，安徽省高级人民法院认为：《公司法》第20条第3款规定“公司股东滥用公司法人独立地位和股东有限责任，逃避债务，严重损害公司债权人利益的，应当对公司债务承担连带责任”，该规定亦称为“公司法人人格否认”。根据上述条文的文义解释，适用该条认定公司法人人格否认应符合以下条件：第一，存在不当行为，即公司股东存在滥用公司法人独立地位和股东有限责任的行为；第二，主观条件，即不当行为人的目的是逃避债务；第三，客观结果条件，即不当行为严重损害了公司债权人的利益。本案中，首先，刘某宏作为阳光公司的股东、法定代表人，其以阳光公司名义签订《联合投资协议书》，但在投资款的筹措、收回以及领取合作项目分红的过程中，存在股东与公司财产不清、人格混同的情形，该种行为属于滥用公司法人独立地位的行为，故刘某宏的行为符合上述第一个条件。其次，刘某宏以阳光公司的土地抵押贷款的目的在于履行案涉《联合投资协议书》；阳光公司“阳光家园”项目账目虽记载刘某宏领取投资款，但李某、陈某华、姚某同样从该项目收回投资款；“阳光家园”账目记载刘某宏分红，而领款条据上加盖阳光公司印章并未减少阳光公司的资产；将“阳光家园”项目收入以阳光公司名义出借给阜台公司亦属公司经营行为。从以上分析可以看出，刘某宏在履行阳光公司职务的过程中虽存在不当行为，但不能证明该不当行为是为了逃避债务，故不符合上述第二个条件。最后，李某、陈某华、姚某未能提供证据证明刘某宏的上述行为造成了其利益受到严重损害，即刘某宏的上述行为导致阳光公司无法支付李某、陈某华、姚某项目合作利润款。因此，原审判决适用该条认定刘某宏对阳光公司应支付李某、陈某华、姚某项目的合作利润款承担连带责任不当，法院予以纠正。基于此，庄某亦无须对阳光公司应支付的合作利润款承担连带责任。

在“宜兴市工业设备安装有限公司与连云港海鸥可可食品有限公司、上海天坛国际贸易有限公司等建设工程施工合同纠纷二审案”［（2015）苏民终字第0069号］中，江苏省高级人民法院认为：公司股东滥用公司法人的独立人格和股东有限责任，或者利用对关联企业的控制，造成关联企业人格混同，严重侵害债权人利益的，债权人可以要求股东对公司债务承担连带责任。但是债权人适用法人人格否认制度，需满足以下要件：首先，股东须有滥用法人独立地位的行为，即使公司的核心人格特征如人员、机构、经营业务、财务、财产与股东或者关联企业间混同。其次，股东滥用权利的行为与债权人损失之间须存在因果关系，且唯有否认法人的人格方能保护债权人的利益，如果债权人的债权之上已经设立了保证、质押等债的担保，债权人的债权基本能够通过债的担保而获得救济，则没有适用法人人格否认的必要。本案中，双林集团和上海天坛均系连云港海鸥可可食品有限公司（以下简称海鸥可可）的股东，双林集团又系上海天坛国际贸易有限公司（以下简称上海天坛）的股东，三公司之间互有关联，但宜兴市工业设备安装有限公司（以下简称宜兴安装）所举证据仅能证明海鸥可可与双林集团及关联企业间有较为频繁的资金往来，却不足以证明三公司间在公司员工、机构、经营业务、财务、财产上已构成混同，且资金的往来已实际侵害了宜兴安装的本案债权。宜兴安装在本案中已主张工程价款优先受偿权，江苏省高级人民法院对其主张已予以了支持，而工程价款优先受偿权具有法定抵押权的性质，宜兴安装完全可以通过行使优先权使自己的本案债权获得救济。故宜兴安装援引法人人格否认制度，主张双林集团与上海天坛对海鸥可可的债务承担连带责任，缺乏事实和法律依据。江苏省高级人民法院最终未予支持宜兴安装该项上诉请求。

对于因果关系要件，应予注意的是：实务上存在一种非常不正确的倾向，即在认定公司法人人格否认之诉的法律构成时，往往只认定“人格混同”等股东滥用有限责任的行为，而对于公司是否已无力清偿债务，以及股东滥用行为与公司无力清偿债务之间是否存在因果关系，则往往没有进行查明或未予以具体的说明，这极容易造成对公司法人人格否认之诉的不当适用。

有学者通过对最高人民法院多个判决进行分析，发现在审判实践中，“严重损害”结果要件和因果关系要件似乎都是推定成立的。比如在“中国信达资产管理公司成都办事处与四川泰来装饰工程有限公司、四川泰来房屋开发有限公司、四川泰来娱乐有限责任公司借款担保合同纠纷二审案”①［（2008）民二终字第55号］中，最高人民法院判决书用较多篇幅说明、论证了被告三公司的行为构成“人格混同”，但对“严重损害债权人的利益”要件却几乎没有任何说明。一审判决指出，四川泰来装饰工程有限公司（以下简称装饰公司）无法偿还到期大量债务，损害了贷款人的合法权益”，这似乎表明，法院认为债权人的债权未得到清偿本身就证明其利益受到损害。至于装饰公司“无法偿还”债务的事实依据、是否构成清偿能力的丧失以及“无法偿还”是不是“人格混同”引起的，判决书未加阐释。而二审判决亦认为称被告三公司的行为“损害了债权人利益”，但未说明任何理由。

实际上，债务人不履行债务未必总是因为其与其他公司存在“人格混同”。例如，债务人可能与债权人对货款金额存在分歧（如最高人民法院指导案例15号即存在这一情节），或者对合同效力有不同看法（如上述《最高

① 本案为《最高人民法院公报》2008年第10期案例。

人民法院公报》2008年第10期案例），或者主张对方违约而行使抗辩权。这些因素都可能导致债务人不依约履行合同。而这些情形也与债务人的清偿能力没有直接联系。因此，不能因被告与其他公司“人格混同”，同时其又未履约或者未完全履约，就得出其“人格混同”的不当行为“严重损害债权人的利益”的结论。[①] 然而，这种不当做法具有相当代表性。一项对2006年年初至2010年年底的99个股东滥用公司法人独立地位案例的统计研究表明：对于公司是否给债权人造成严重损害的问题，判决书不作任何讨论。在所有案件中，法院的态度似乎是：既然债务无法履行并且争议已经诉诸法院，损害当然是严重的。[②]

综上所述，在论证分析公司法人人格否认之诉的构成要件时，应对实务上的不当做法保持高度警惕。在解释适用时，必须重视对结果要件及因果关系要件的论证分析，以防止公司法人人格否认制度的不当适用。

（五）公司法人人格否认之诉的法律效果

《公司法》第20条第3款：公司股东滥用公司法人独立地位和股东有限责任，逃避债务，严重损害公司债权人利益的，应当对公司债务承担连带责任。

公司法人人格否认之诉中，相关股东应当对公司债务承担连带清偿责任，这是《公司法》明文规定的，这一点没有任何疑问。

（六）公司法人人格否认之诉的阻却事由

1. 公司债权人知道股东存在滥用行为

公司债权人明知或应当知道股东实施了滥用公司法人独立地位和股东有限责任行为，但仍与公司进行交易。这种情况下由公司债权人承担不利后果是正当的。

2. 公司未丧失清偿能力

股东虽然存在滥用公司法人独立地位和股东有限责任的行为，但公司并

---

① 参见王军：《人格混同与法人独立地位之否认——评最高人民法院指导案例15号》，载《北方法学》2015年第4期。

② 参见黄辉：《中国公司法人格否认制度实证研究》，载《法学研究》2012年第1期。

未丧失清偿债务的能力，因此尚不构成严重损害债权人利益。

3. 通过债的担保、保全等途径可维护公司债权人利益

公司法人人格否认之诉是公司法人独立人格地位和股东有限责任的例外规则，所以必须在“非常地谨慎”和“极端的情况下”才能适用。如果债权人的债权之上已经设定了保证、质押等债的担保，债权人的债权基本上能够通过债的担保而获得救济，则没有必要适用法人人格否认。另外，如果作为债务人的公司对外还有未获清偿的债权，公司债权人可以通过行使代位权或撤销权使自己的债权受偿，同样没有必要适用法人人格否认制度。①

在上文提到的“宜兴市工业设备安装有限公司与连云港海鸥可可食品有限公司、上海天坛国际贸易有限公司等建设工程施工合同纠纷二审案”[（2015）苏民终字第0069号]中，江苏省高级人民法院同样认为：如果债权人的债权之上已经设立了保证、质押等债的担保，债权人的债权基本能够通过债的担保而获得救济，则没有适用法人人格否认的必要。

四、公司法人人格否认之诉的程序问题

（一）案由

公司法人人格否认纠纷并不是一个独立案由，其被包含在“股东损害公司债权人利益责任纠纷”案由中，作为其中的一种情形，其本质上是侵权纠纷案件。

（二）诉讼地位

《九民会议纪要》第13条【诉讼地位】：人民法院在审理公司人格否认纠纷案件时，应当根据不同情形确定当事人的诉讼地位：

（1）债权人对债务人公司享有的债权已经由生效裁判确认，其另行提起公司人格否认诉讼，请求股东对公司债务承担连带责任的，列股东为被告，公司为第三人；

（2）债权人对债务人公司享有的债权提起诉讼的同时，一并提起公司人

---

① 参见裴莹硕、李晓云：《关联企业人格混同的法人人格否认》，载《人民司法》2009年第2期。

格否认诉讼，请求股东对公司债务承担连带责任的，列公司和股东为共同被告；

（3）债权人对债务人公司享有的债权尚未经生效裁判确认，直接提起公司人格否认诉讼，请求公司股东对公司债务承担连带责任的，人民法院应当向债权人释明，告知其追加公司为共同被告。债权人拒绝追加的，人民法院应当裁定驳回起诉。

《九民会议纪要》已对公司法人人格否认之诉中数种不同情形下当事人的诉讼地位进行了明确的规定，本书不赘述。

（三）诉讼时效

债权人提起公司法人人格否认之诉，要求股东对公司债务承担连带责任，其诉讼适用普通诉讼时效。

该诉讼时效应自债权人知道或者应当知道股东有滥用行为，且公司无力清偿其债务时起算。

在“三亚嘉宸房地产开发有限公司与海马汽车集团股份有限公司股东损害公司债权人利益责任纠纷一审案”［（2014）琼民二初字第10号］中，海南省高级人民法院认为：关于三亚嘉宸房地产开发有限公司（以下简称嘉宸公司）向海马汽车集团股份有限公司（以下简称海马公司）主张本案债权是否超过诉讼时效的问题。海马公司抗辩称嘉宸公司从知道或者应当知道其所谓“债权被侵害”时起已远远超过二年①，本案的诉讼请求已过诉讼时效。对此，海南省高级人民法院认为，本案为股东损害公司债权人利益责任纠纷，诉讼时效应自债权人知道或者应当知道股东的滥用行为对其债权构成侵害时起算，该时效的起算有两个条件：一是股东存在滥用行为，二是该行为导致公司的负债无力清偿。本案庭审中嘉宸公司述称其在2011年10月查询通海公司工商档案时才发现海马公司存在滥用相关权利的问题。另外，最高人民法院（2011）民二终字第83号民事判决于2011年12月2日作出后，嘉宸公司合法取得了对通海公司的债权，该判决生效后，通海公司无力偿还该笔债务，故本案诉讼时效应从最高人民法院生效判决确定的债务通海公司无力清

---

① 该案适用《民法通则》（2009年修正）的诉讼时效规定。

偿时起计算。嘉宸公司曾于2012年9月3日向海南省高级人民法院提起诉讼，根据《民法通则》第140条[①]“诉讼时效因提起诉讼、当事人一方提出要求或者同意履行义务而中断。从中断时起，诉讼时效期间重新计算”之规定，本案诉讼时效期间从2012年9月3日起重新起算，嘉宸公司于2014年8月25日向法院提起本案诉讼并未超过二年诉讼时效期间。海马公司关于本案超过诉讼时效的抗辩没有事实依据，海南省高级人民法院最终没有支持海马公司的抗辩理由。

（四）举证责任

《上海市高院法人人格否认意见》第10条【举证责任】：公司债权人主张股东滥用公司法人独立地位和股东有限责任的，对股东滥用公司法人独立地位和股东有限责任的事实承担举证责任。

公司债权人能够提供初步证据证明股东滥用公司独立法人地位和股东有限责任。但确因客观原因不能自行收集公司账簿、会计凭证、会议记录等相关证据，申请人民法院调查取证的，法院应当依据《最高人民法院关于民事诉讼证据的若干规定》的规定，进行必要的审查。

一人公司的债权人主张股东财产与公司财产混同的，由股东就公司财产独立于股东的财产承担举证责任。

《上海市高院法人人格否认意见》第11条【拒证责任】：公司债权人有证据证明公司及股东持有证据但无正当理由拒不提供，如果公司债权人主张该证据的内容不利于证据持有人的，可根据《最高人民法院关于民事诉讼证据的若干规定》第七十五条之规定，推定债权人的主张成立。

在“河南省伟祺园林有限公司、王某军合资、合作开发房地产合同纠纷再审案”［（2020）最高法民申1106号］中，最高人民法院认为：关于王某军、张某甲、张某乙、伟民置业公司、伟祺置业公司是否应对案涉债务承担连带责任的问题。原审已查明，张某甲、张某乙为河南省伟祺园林有限公司（以下简称伟祺园林公司）的股东，张某甲担任伟祺园林公司的监事和财务负责人，张某乙担任伟祺园林公司的执行董事。唐某亮提交的伟祺园林公司

---

① 该法已失效，相关规定见《民法典》第195条。

两个银行账户交易明细以及张某甲个人多个银行账户的交易明细显示，鹿邑县财政国库支付中心汇入伟祺园林公司账户的多笔款项转入了张某甲个人账户内，张某甲个人账户与伟祺园林公司及张某乙的账户之间存在频繁、巨额的资金往来，张某甲、张某乙以及伟祺园林公司在原审中未对此进行举证说明或作出合理解释，在伟祺园林公司对唐某亮的债务未予清偿情形下，二审依据《公司法》第20条第3款关于“公司股东滥用公司法人独立地位和股东有限责任，逃避债务，严重损害公司债权人利益的，应当对公司债务承担连带责任”的规定，判决张某甲、张某乙对伟祺园林公司的债务承担连带责任并不缺乏证据证明，适用法律亦无不当。

在“山东临淄农村商业银行股份有限公司与淄博明珠物资有限公司、淄博泉泰经贸有限公司等金融借款合同纠纷再审案”〔（2015）鲁民再字第23号〕中，山东省高级人民法院认为：考虑到债权人处于信息劣势而举证困难等因素，根据最高人民法院《关于民事诉讼证据的若干规定》第7条的规定，在债权人用以证明股东或关联公司滥用公司法人独立地位和股东有限责任的证据令人产生合理怀疑情形的前提下，应将没有滥用的举证责任分配给被诉股东或关联公司。本案中，山东临淄农村商业银行股份有限公司（以下简称临淄农商行）提供的证据已证明淄博明珠物资有限公司（以下简称明珠物资公司）与金旗瑞公司在人员、业务、财务等方面存在交叉或混同，使正常交易主体对明珠物资公司与金旗瑞公司在公司意志、公司财产等方面存在混同产生合理怀疑。在此情况下，明珠物资公司负有举证证实其与金旗瑞公司系独立法人单位的义务，但是明珠物资公司在本案中并无足够证据证实其与金旗瑞公司之间系独立的法人单位，即无法证实两公司之间在公司意志、公司财产上存在独立性。最终山东省高级人民法院支持了临淄农商行关于明珠物资公司与金旗瑞公司存在人格混同的观点。

举证责任是公司法人人格否认之诉的难点。在公司法人人格否认之诉中，结果意义上的举证责任在原告一方，即由公司债权人承担事实不清时的举证不利后果。但在公司债权人能够提供初步证据而使法官产生合理怀疑的前提下，行为意义上的举证责任转移至被告方。被告方如不能提出有利证据证明己方不符合法人人格否认的构成时，将承担举证不利的后果。

（五）股东或公司自认禁止：股东或公司不得提起公司法人人格否认之诉

《广东省高院意见》第5条：公司法人格否认案件的原告为债权人，公司或股东不能请求自我否定法人格。

公司法人人格否认制度的立法本意是保护公司债权人，防止股东滥用公司法人独立人格和股东有限责任而致公司债权人利益受损。因此，公司法人人格否认制度是专为公司债权人利益而设。如果股东或公司利用该制度，自认构成滥用行为以逃避债务的，法院一般不予支持。

在“孙某鹤、李某林等申请执行人执行异议之诉案”［（2015）苏商终字第00605号］中，江苏省高级人民法院认为：基于人格混同而产生的股东与公司之间的连带责任，系公司法赋予公司外部债权人直索股东责任的权利，目的在于防止公司股东滥用公司法人独立地位和股东有限责任，逃避自身债务，严重损害公司债权人利益。孙某杉是长盛公司的股东，孙某鹤是新创公司、恒兴公司的股东，两方在本案诉讼中主动承认公司与股东发生人格混同并非出于主动为公司承担债务的目的，其目的在于将个人债务与公司债务混同后，以证明债务人公司与其中一个债权人为该债务设立抵押的合理性，其自认混同的目的是对抗债务人公司的其他债权人，该行为的结果是降低债务人公司的清偿能力、损害该公司其他债权人的利益，故应认定孙某鹤关于公司与股东财产混同的主张明显出于恶意。

五、反向公司法人人格否认之诉：公司对股东债权人承担连带责任

“反向法人人格否认”，又称为“逆向法人人格否认”，其构成要件与公司法人人格否认之诉一致，只不过是股东债权人提起而要求公司对股东的债务承担连带责任。立法上对此虽未作规定，不过法院已有不少持赞同观点的判决。

在“王某山与刘某安、王某堂、昌吉市晋煤煤矿有限责任公司、平某生股权转让纠纷案”［（2011）新民二初字第5号］中，新疆维吾尔自治区高级人民法院认为：昌吉市晋煤煤矿有限责任公司（以下简称“新晋煤公司”）系由王某堂出资设立的一人有限责任公司。根据《公司法》第64条①的规

① 该案适用的《公司法》（2005年修订）已修改，现为《公司法》（2018年修正）第63条。

定："一人有限责任公司的股东不能证明公司财产独立于股东自己的财产的，应当对公司债务承担连带责任。"本案中，刘某安所交付的股权转让款由"新晋煤公司"出具收据，王某堂也不能提交证据证明"新晋煤公司"的财产独立于王某堂自己的财产，因此在本案法律关系中适用一人公司法人人格否认的有关规定。对一人公司适用法人人格否认，可以产生两种结果：一是导致一人公司股东的无限责任，即由股东承担公司的责任；二是在否认公司拥有独立人格的情况下，将本应作为相互独立的公司及其背后的股东视为同一主体，由公司为其单独股东负担责任，以保护债权人的合法利益。因此，该院认定"新晋煤公司"应当连带承担王某堂向刘某安返还股权转让款 7150 万元及垫付费用 85.5 万元的责任。

在"南京市雨花台区豪顶吊顶材料销售中心与南京鎏通建筑安装工程有限公司、南京安都贸易有限公司买卖合同纠纷二审案"［（2017）苏 01 民终 346 号］中，江苏省南京市中级人民法院认为：本案中，两公司虽在工商登记部门登记为彼此独立的企业法人，但实际上相互之间界线模糊、人格混同，违背了法人制度设立的宗旨，违背了诚实信用原则，其行为本质和危害结果与《公司法》第 20 条第 3 款规定的情形相当。公司人格否认制度包括顺向否认，即股东为公司之债承担连带责任；逆向否认，即公司对股东的债务承担连带责任；横向否认，即对关联公司的债务承担连带责任。虽然《公司法》第 20 条第 3 款仅规定了顺向否认，但从保护债权人的权益、规范关联公司的经营行为、促进企业依法生产经营和健康发展的角度而言，仅适用顺向否认模式，并不能阻止滥用公司法人人格的行为，难以形成对公司债权人的有效救济，故参照《公司法》的前述规定，根据《民法通则》第 4 条规定的诚实信用原则，鎏通公司应对安都公司的债务承担连带清偿责任。

本书认为，在构成人格混同情况下，公司财产与股东个人财产实质上无法进行区分，两者应视为统一的责任财产，共同对外承担责任。此时，无论是公司的债权人还是股东的债权人，都应该有权利就前述混为一体的责任财产要求承担连带责任。

六、公司法人人格否认规则在一人公司案件中的适用

《公司法》第62条：一人有限责任公司应当在每一会计年度终了时编制财务会计报告，并经会计师事务所审计。

《公司法》第63条：一人有限责任公司的股东不能证明公司财产独立于股东自己的财产的，应当对公司债务承担连带责任。

对一人有限责任公司而言，公司法人人格否认规则具有不同于一般公司的特点，即由股东证明公司财产独立于自己的财产，简单来说就是举证责任倒置。在实务适用中，仍有如下几个问题需要进一步分析。

（一）公司债权人是否要提供初步证据证明股东与公司存在人格混同

在“陈某交、佳亿（漳州）纸业有限公司股东损害公司债权人利益责任纠纷再审案”［（2020）最高法民申463号］中，最高人民法院认为：《公司法》第20条第3款规定：“公司股东滥用公司法人独立地位和股东有限责任，逃避债务，严重损害公司债权人利益的，应当对公司债务承担连带责任。”公司法人人格是公司有限责任制度的基石，只有在符合前述规定的情况下才能予以适用，就此而言，陈某交申请再审主张的“若要否定其独立人格，需要严格审查并适用，不得任意扩大适用范围”有相应的理论依据。就本案而言，佳亿（漳州）纸业有限公司（以下简称佳亿公司）主张陈某交滥用公司法人独立地位和股东有限责任，应与易达公司连带承担案涉债务，为此提供了易达公司的相关工商注册信息，2012年度易达公司年检报告表、资产负债表，漳州市中级人民法院协助执行通知书、执行庭证明，转账电子回单及陈某交个人出具的《收条》等证据材料，可以证明陈某交为易达公司控股股东、易达公司2012年年末资产总额565.05万元、易达公司没有财产可供执行、陈某交个人账户直接收取易达公司的工程款等基本事实。基于佳亿公司提供的前述证据材料以及所证明的事实，二审判决认为“足以让人对易达公司与陈某交财产是否相互独立产生合理怀疑”，有相应的依据。而且，基于陈某交提交的反驳证据，易达公司在2013年、2014年1～3月的审计报告和2013年、2014年的记账凭证，进一步证明易达公司的财务账册资料不

仅缺失严重（易达公司目前仅存2013年和2014年1~3月的记账凭证，2013年以前和2014年4月之后公司的财务账簿资料，陈某交均以公司搬迁遗失为由未予提供），而且易达公司的资产从2012年的565.0538万元到2013年的650.0215万元再到2014年3月底的14.4125万元，变化巨大。而对于2014年易达公司资产锐减的事实，陈某交目前所能提供的记账凭证均为收款收据，未附相关款项支出凭证，无法证明易达公司的资产是如何合理损耗的。由此，一审、二审判决基于陈某交为易达公司法定代表人、绝对控股股东，易达公司财务账簿缺失、财务管理混乱，公司资产流向不明，陈某交代收公司工程款，致使佳亿公司对易达公司债权至今无法清偿等案件事实，认定佳亿公司主张陈某交滥用公司法人独立地位和股东有限责任，损害公司债权人利益的理由成立，判决陈某交对易达公司欠付佳亿公司的债务承担连带责任，有基本的事实和法律依据，并无明显不当。

在“封某浦、姚某生等与临沂澜泊湾实业有限公司、临沂澜泊湾体育休闲俱乐部有限公司等服务合同纠纷二审案”［（2016）鲁民终1857号］中，山东省高级人民法院认为：针对一人有限责任公司在股东设置、章程制定、公司决策以及财会制度方面的特殊性，我国公司法在一人有限责任公司的法人人格否认方面采取了举证责任倒置的举证原则。结合本案来看，临沂澜泊湾体育休闲俱乐部有限公司（以下简称澜泊湾体育公司）为临沂澜泊湾实业有限公司（以下简称澜泊湾实业公司）独资的有限责任公司，符合一人有限责任公司的特征，当封某浦等29人主张澜泊湾体育公司与澜泊湾实业公司之间存在人格混同的事实时，应由澜泊湾实业公司举证证明其法人财产独立于澜泊湾体育公司法人财产，但澜泊湾实业公司并未向法庭提供证据证明其法人财产独立于澜泊湾体育公司财产的事实，应承担举证不能的法律后果。因此，一审认定澜泊湾实业公司对澜泊湾体育公司的债务承担连带责任，是正确的。

从上述案例可以看出，虽然一人有限责任公司在公司法人人格否认问题上采取了举证责任倒置规则，即一人公司债权人只要提出公司与股东存在人格混同，此时完全由公司或股东对不存在人格混同的事实承担举证责任。但有些法院认为公司债权人仍应承担初步举证义务，应证明公司与股东之间存在人格混同。只不过对这种初步举证义务要求并不高，比如公司债权人证明股东个人账户接收公司应收款项，这足以使法官合理怀疑公司与股东存在人格混同，进而要求股东证明自己与公司不存在人格混同。

（二）公司债权人是否需要证明公司已“严重损害公司债权人利益”这一结果要件

在“江苏南通二建集团有限公司、天津国储置业有限公司建设工程施工合同纠纷二审案”［（2019）最高法民终1093号］中，一审天津市高级人民法院认为：《公司法》第20条第3款规定：“公司股东滥用公司法人独立地位和股东有限责任，逃避债务，严重损害公司债权人利益的，应当对公司债务承担连带责任。”第63条规定：“一人有限责任公司的股东不能证明公司财产独立于股东自己的财产的，应当对公司债务承担连带责任。”上述条款都是关于公司法人人格否认制度的法律规定，目的是在承认公司具有独立人格的前提下，在特定法律关系中对公司的法人人格及股东有限责任加以否定，以制止股东滥用公司法人人格及有限责任，保护公司债权人利益。其中，第20条第3款属于一般规定，确立了适用法人人格否认制度应当满足的条件；第63条属于特别规定，明确了在一人公司情形下对于股东财产是否独立于公司财产实行举证责任倒置。但两条规定的范畴不完全相同，不宜简单采取特别法优于一般法原则，在确定是否适用公司法人人格否认规则时，对于上述条款应当结合适用。具体到本案，江苏南通二建集团有限公司（以下简称南通二建）以法人人格否认为由主张能源公司与睿拓公司对天津国储置业有限公司（以下简称置业公司）的债务承担连带责任，首先应当提供证据证明置业公司已丧失偿债能力导致其作为置业公司债权人的利益受到严重损害。然而南通二建未能提供相关证据。而根据一审法院查明的事实，置业公司至少尚有国储中心大厦1.6万余平方米房屋的财产，且已处于本案财产保全之中。置业公司虽未依约履行付款义务已构成违约，但其仍有清偿债务的可能，尚不构成严重侵害债权人利益的情形，故本案不满足公司法人人格否认之条件，南通二建依此主张能源公司与睿拓公司承担连带清偿责任，缺乏事实依据，不予支持。

而二审最高人民法院认为：《公司法》第20条是否认公司法人人格的原

则性规定，适用于所有的公司形式，而一人有限责任公司为有限责任公司中的特殊形式。因一人有限责任公司只有一个自然人或者一个法人股东，股东与公司联系更为紧密，股东对公司的控制力更强，股东与公司存在人格混同的可能性也更大，因此，在债权人与股东的利益平衡时，应当对股东课以更重的注意义务。《公司法》第 63 条对一人有限责任公司财产独立的事实，确定了举证责任倒置的规则，即一人有限责任公司的股东应当举证证明公司财产独立于股东自己的财产。在其未完成举证证明责任的情况下，应当对公司债务承担连带责任。此为法律对一人有限责任公司的特别规定，应当优先适用。本案中，从举证情况看，能源公司虽提交了置业公司 2013 年度和 2014 年度的审计报告以及所附的部分财务报表，但从审计意见的结论看，仅能证明置业公司的财务报表制作符合规范，反映了公司的真实财务状况，无法证明能源公司与置业公司财产是否相互独立，不能达到能源公司的证明目的。而且，根据审计报告所附的资产负债表，2013 年 10 月 15 日置业公司成立后，即有对张家口华富财通公司投资款 2900 万元，与能源公司在二审庭审中关于置业公司只开发案涉国储大厦，无其他业务和对外活动的陈述相矛盾。从能源公司与睿拓公司的《股权转让合同》第 3 条约定看，无论是能源公司还是睿拓公司，与置业公司的财务均不是独立的，在股权转让中，双方又将置业公司的财产进行了处置。因此，在能源公司未能提供充分证据证明的情况下，其应当对置业公司的债务承担连带责任。对于睿拓公司，其在二审庭审中自认，在受让能源公司股权时对置业公司欠付工程款一事知情，这与《股权转让合同》第 2 条“乙方陈述与保证”中睿拓公司“已知悉天津国储置业有限公司全部债务情况”的约定一致。而且，案涉工程竣工验收备案与签订《支付协议》均在睿拓公司受让能源公司股权，成为置业公司一人股东之后。在其未提供证据证明置业公司财产独立于自己财产的情况下，应当就置业公司债务承担连带责任。一审判决适用法律错误，二审法院予以纠正。南通二建该项上诉请求，有法律依据，二审法院予以支持。

虽然一审法院要求公司债权人证明公司已丧失偿债能力导致其作为公司债权人的利益受到严重损害的事实，也就要证明存在法人人格否认之诉中的结果要件。但二审法院认为《公司法》第 63 条是特别规定，应优先适用。

这意味着，在一人有限责任公司法人人格否认的认定上，并不需要“严重损害公司债权人利益”这一结果要件，同时也就不需要因果关系要件。从这个角度来看，一人公司的债权人几乎没什么举证义务。

（三）股东如何证明公司财产独立于股东自己的财产

在“绍兴滨海新城游艇产业开发投资有限公司、绍兴曹娥江游艇码头开发投资有限公司申请执行人执行异议之诉二审案”［（2019）浙民终 876 号］中，浙江省高级人民法院认为：就绍兴滨海新城游艇产业开发投资有限公司（以下简称游艇产业公司）财产是否独立于游艇俱乐部公司财产的问题。首先，游艇俱乐部公司系以自己名义对外签订合同，并支付工程款。根据在案证据，游艇俱乐部公司以自己的名义与舟山市海军华东工程建设局签订《曹娥江游艇俱乐部泊位工程》施工合同，并支付相应工程款。而根据游艇俱乐部公司提交的银行单据，截至 2015 年 10 月 19 日，其共向舟山市海军华东工程建设局共支付工程款 6216 万元。绍兴曹娥江游艇码头开发投资有限公司（以下简称游艇码头公司）虽对游艇俱乐部公司实际支付的工程款金额存在异议，但是认可游艇俱乐部公司以自身名义向舟山市海军华东工程建设局支付工程款的事实。绍兴市中级人民法院委托资产评估时，亦明确评估对象为游艇俱乐部公司建设的曹娥江大闸管理区内游艇停靠码头的资产，经评估该资产评估价值为 62 077 000 元。其次，游艇俱乐部公司名下主要财产权属明晰。经游艇码头公司盖章确认，至 2015 年 6 月底游艇俱乐部投入资金合计 46 690 573. 84 元，包括固定资产、在建工程、长期待摊费用、营业费用、管理费用、财务费用、6 月费用。此外，游艇俱乐部公司还持有游艇码头公司 30% 的股权，拥有两艘游艇。结合绍兴市中级人民法院对（2018）浙 06 执 437 号案件的执行情况，上述财产即游艇俱乐部公司可供执行的主要财产，均独立于游艇产业公司。最后，在（2019）浙 06 执异 11 号案件中，游艇码头公司申请的证人金某和许某亦出庭作证陈述，游艇产业公司与游艇俱乐部公司票据分开审批、财务分开入账，两家公司以各自名义购买材料分别报销。因此，游艇俱乐部公司以自己的名义对外开展经营，具有独立的财产。故根据游艇产业公司二审提供新的证据材料，游艇产业公司已举证证明其与游艇码头公司之间的财产相互独立具有高度可能性。游艇码头公司要求根据《变更、追加当事人规定》第20条规定追加游艇产业公司为被执行人，于法无据。原审以“游艇产业公司与游艇俱乐部公司管理人员混同，公司登记地址相近，营业范围无本质区别，人格存在高度混同”为由，认定本案应追加游艇产业公司被执行人，与法律规定不符。

在“北京尤斯隆贸易有限公司与义乌市丽德塑胶工贸有限公司、黄某丽等财产损害赔偿纠纷申诉、申请民事裁定案”［（2016）浙民申2050号］中，浙江省高级人民法院认为：至于黄某丽的责任承担问题，义乌市丽德塑胶工贸有限公司（以下简称丽德公司）系一人有限责任公司，根据《公司法》第63条之规定，一人有限责任公司的股东不能证明公司财产独立于股东自己的财产的，应当对公司债务承担连带责任。本案中，北京尤斯隆贸易有限公司（以下简称尤斯隆公司）与丽德公司签订的租赁合同中注明的收款账户系黄某丽个人账户，相应租金由黄某丽个人收取，可以表明，丽德公司与黄某丽的财产在一定程度上相互混同，原审判令黄某丽对丽德公司的债务承担连带责任，亦无不当。

在“饶某生与广东劼豪建筑装饰工程有限公司、廖某胜承揽合同纠纷案”［（2016）赣0730民初169号］中，江西省宁都县人民法院认为：本案中，由于被告广东劼豪建筑装饰工程有限公司（以下简称劼豪公司）系由被告廖某胜一人设立的独资公司，被告廖某胜未举证证明自己的财产独立于该公司，且公司应付原告的报酬被告廖某胜曾从自己个人的账户中支付过部分，也可视为其个人与公司财务混同。故原告请求判决被告廖某胜对该债务承担连带责任合法正当，亦应予支持。

结合上述多个案例可以发现，一人公司的股东如要证明公司财产独立于股东自己的财产，确实非常困难，仅仅是股东个人账户替公司支出或收取相关款项即会被认为公司与股东存在财务混同。

所以，对出资人或股东而言，最重要的建议是不要设立一人有限责任公司。对这种公司类型，股东往往很难证明公司财产与股东自己财产相互独立，因而极容易被公司债权人提起公司法人人格否认之诉，进而要求股东对公司债务承担连带责任。

如股东确实要设立一人有限责任公司，建议做到如下3点：

第一，公司建立独立规范的财务制度。

第二，公司财务与股东财产相互独立，公司对外经营交易保存完整的财务账册资料，包括总账、明细账及现金、银行对账单等，公司与股东交易须有正当理由并有合乎逻辑的交易证明。

第三，公司按照法律规定在每一会计年度终了时编制财务会计报告，并经会计师事务所审计。

这3点，尤其是后两点缺一不可，否则法院不会采信公司或股东关于两者不存在混同的主张。

（四）股东并不因股权转让而免除人格混同产生的连带责任

在“张某正、原某华与济南市历下区国有资产运营有限公司案外人执行异议之诉再审案”［（2020）最高法民申3767号］中，最高人民法院认为：济南仲裁委员会（2017）济仲裁字第1248号裁决书生效后，大润公司并未履行生效裁决确定的债务，济南市历下区国有资产运营有限公司（以下简称历下国有资产运营公司）向一审法院申请执行，并申请追加大润公司股东张某正、原某华为被执行人。大润公司为一人有限责任公司，原某华、张某正系母子关系，其二人先后为大润公司唯一股东，张某正、原某华提起本案诉讼主张不应对大润公司的债务承担责任，依据《公司法》第63条关于“一人有限责任公司的股东不能证明公司财产独立于股东自己的财产的，应当对公司债务承担连带责任”的规定，张某正、原某华应对其二人财产独立于大润公司财产承担举证证明责任。

根据一审查明的事实，自大润公司变更为由张某正一人持股的一人有限责任公司后，张某正个人账户与大润公司账户之间进行频繁转账，如大润公司进账后很快向张某正转账、而大润公司对外支出则先从张某正个人账户转入大润公司账户。此外，本应由大润公司收取的租金，也由大润公司众多租户直接汇入张某正个人银行账户。上述事实表明，张某正与大润公司财产事实上已经无法区分。（2017）济仲裁字第1248号案件仲裁期间，张某正将其持有的大润公司全部股权转让给其母原某华，张某正、原某华提交的《破产审计报告》《审计报告》系张某正、原某华方单方委托作出，且上述审计报告并非依据《公司法》第62条规定的一人有限责任公司应当于每一会计年度终了时依法进行的专门审计，一审、二审判决认定《破产审计报告》《审计报告》不能客观反映大润公司财务状况，张某正、原某华未能提交有效证据证明其二人的个人财产与大润公司财产相互独立，故对张某正、原某华的诉讼请求不予支持，并无不当。

在“李某、天津德威涂料化工有限公司船舶物料和备品供应合同纠纷再审案”［（2018）最高法民申2416号］中，最高人民法院认为：如果一人有限责任公司出现财产混同的情形，该一人公司股东转让股权后，其连带责任不因股权转让而消灭。但如果该股东能够证明其作为一人公司股东持股期间的公司财产独立于股东个人财产，则无须对公司债务承担连带责任。

本书认为，对于诉讼发生时已经转让股权的原股东，其是否需要依照《公司法》第63条的规定，对公司债务承担连带责任，需同时考虑如下两个因素：第一，诉争债务是否发生在其作为一人有限责任公司股东期间；第二，原股东能否证明在此期间其个人财产与公司财产相互独立。

（五）夫妻公司可以类推适用一人公司法人人格否认规则

在“高某霞、宁夏金特嘉工贸有限公司合同纠纷再审案”［（2020）最高法民申1515号］中，最高人民法院认为：本案高某霞与张某于2003年9月25日登记结婚，金特嘉公司成立于2010年3月12日，股东系张某与高某霞。高某霞与张某在设立有限责任公司时，并未能向工商登记部门提交分割财产证明。鉴于案涉债务纠纷发生在2014年，虽然张某与高某霞于2015年12月1日协议离婚，但股东高某霞不能证明其个人财产独立于金特嘉公司，即不能证明公司财产独立于股东自己的财产，故原审判决以“高某霞系张某妻子，涉案债务发生于双方婚姻存续期间”为由，判决高某霞承担共同付款责任并无不当。

在“熊某平、沈某霞申请执行人执行异议之诉再审案”［（2019）最高法民再372号］中，最高人民法院认为：《公司法》第57条第2款规定：“本法所称一人有限责任公司，是指只有一个自然人股东或者一个法人股东的有限责任公司。”本案中，青曼瑞公司虽系熊某平、沈某霞两人出资成立，但熊某平、沈某霞为夫妻，青曼瑞公司设立于双方婚姻存续期间，且青曼瑞公司工商登记备案资料中没有熊某平、沈某霞财产分割的书面证明或协议，熊某平、沈某霞亦未补充提交。《婚姻法》第 17 条①规定，除该法第 18 条②规定的财产及第 19 条③规定的约定财产制外，夫妻在婚姻关系存续期间所得财产归夫妻共同共有。据此可以认定，青曼瑞公司的注册资本来源于熊某平、沈某霞的夫妻共同财产，青曼瑞公司的全部股权属于熊某平、沈某霞婚后取得的财产，应归双方共同共有。青曼瑞公司的全部股权实质来源于同一财产权，并为一个所有权共同享有和支配，该股权主体具有利益的一致性和实质的单一性。另外，一人有限责任公司区别于普通有限责任公司的特别规定在于《公司法》第 63 条，该条规定：“一人有限责任公司的股东不能证明公司财产独立于股东自己的财产的，应当对公司债务承担连带责任”。即一人有限责任公司的法人人格否认适用举证责任倒置规则。之所以如此规定，原因系一人有限责任公司只有一个股东，缺乏社团性和相应的公司机关，没有分权制衡的内部治理结构，缺乏内部监督。股东既是所有者，又是管理者，个人财产和公司财产极易混同，极易损害公司债权人利益。故通过举证责任倒置，强化一人有限责任公司的财产独立性，从而加强对债权人的保护。本案青曼瑞公司由熊某平、沈某霞夫妻二人在婚姻关系存续期间设立，公司资产归熊某平、沈某霞共同共有，双方利益具有高度一致性，亦难以形成有效的内部监督。熊某平、沈某霞均实际参与公司的管理经营，夫妻其他共同财产与青曼瑞公司财产亦容易混同，从而损害债权人利益。在此情况下，应参照《公司法》第 63 条规定，将公司财产独立于股东自身财产的举证责任分配给股东熊某平、沈某霞。综上，青曼瑞公司与一人有限责任公司在主体构成和规范适用上具有高度相似性，二审法院认定青曼瑞公司系实质意义上的一人有限责任公司并无不当。

这是最高人民法院新近的裁判观点。从这些裁判观点可以发现，不仅一

---

① 该法已失效，相关规定见《民法典》第 1062 条。

② 该法已失效，相关规定见《民法典》第 1063 条。

③ 该法已失效，相关规定见《民法典》第 1065 条。

人公司股东须承担较高的举证义务，夫妻档公司现在也极有可能会被法院类推适用一人公司相关规则，这是夫妻档公司在实务上将面临的一个风险。

七、公司法人人格否认规则在破产案件中的适用

（一）“深石规则”——股东债权劣后清偿规则

1. 概念

“深石规则”又称为“衡平居次规则”，是美国公司法实务上发展出来的一项衡平规则，指的是在公司破产案件中，如实际控制人或控股股东对公司有不当行为，那么其对公司的债权应劣后于其他债权人获得清偿①。

2. 最高人民法院发布的典型案例——“沙港公司诉开天公司执行分配方案异议案”

我国公司法并未规定衡平居次规则，不过实务上已经开始有这方面的探索，其中以最高人民法院发布的“沙港公司诉开天公司执行分配方案异议案”②（以下简称“沙港案”）为典型。以下内容节选自最高人民法院发布的案例。

（1）基本案情

2010年6月11日，上海市松江区人民法院作出（2010）松民二（商）初字第275号民事判决，茸城公司应当向沙港公司支付货款以及相应利息损失。275号案判决生效后进入执行程序，因未查实茸城公司可供执行的财产线索，终结执行。茸城公司被注销后，沙港公司申请恢复执行，上海市松江区人民法院裁定恢复执行，并追加茸城公司股东开天公司及7名自然人股东

---

① 与“衡平居次规则”相关的一个概念是“自动居次规则”，两者并称为“次级债权”或“债权居次”、“股东债权劣后清偿规则”。它们都主张在破产程序中，实际控制人或控股股东对公司的债权应劣后于其他普通债权人。不过与“衡平居次规则”不同的是，“自动居次规则”认为实际控制人或控股股东的债权应一律劣后于公司其他股东获得清偿，所以又被称为“绝对居次”。由于“自动居次规则”不区分实际情况，“一刀切”的做法明显矫枉过正，对实际控制人或控股股东过于苛责，因而并未获得美国公司法理论与实务的支持。相关介绍可参见李建伟：《公司法学》（第4版），中国人民大学出版社2018年版，第384页以下。

② 最高人民法院：《最高人民法院发布的四起典型案例》，载《人民法院报》2015年4月1日，第3版。

为被执行人，并在各自出资不实范围内向沙港公司承担责任，扣划到开天公司和4个自然人股东款项共计696 505.68元（包括开天公司出资不足的45万元）。2012年7月18日，该院分别立案受理由开天公司提起的两个诉讼：（2012）松民二（商）初字第1436号案和（2012）松民三（民）初字第2084号案，开天公司要求茸城公司8个股东在各自出资不实范围内对茸城公司欠付开天公司借款以及相应利息、房屋租金以及相应逾期付款违约金承担连带清偿责任。该两案判决生效后均进入执行程序。

2013年2月27日，沙港公司收到上海市松江区人民法院执行局送达的《被执行人茸城公司追加股东执行款分配方案表》。分配方案表将上述三案合并，确定执行款696 505.68元在先行发还三案诉讼费用后，余款再按31.825%同比例分配，今后继续执行到款项再行分配处理。沙港公司后向上海市松江区人民法院提交《执行分配方案异议书》，认为开天公司不能就其因出资不到位而被扣划的款项参与分配，且对分配方案未将逾期付款双倍利息纳入执行标的不予认可。开天公司对沙港公司上述执行分配方案异议提出反对意见，要求按原定方案分配。上海市松江区人民法院将此函告沙港公司，2013年4月27日，上海市松江区人民法院依法受理原告沙港公司提起的本案诉讼。

另查明，上述三案裁判文书认定了茸城公司股东各自应缴注册资本金数额和实缴数额的情况。

（2）裁判结果

法院一审认为，本案是一起执行分配方案异议之诉。原告、被告双方在本案中围绕相关执行分配方案存在的争议焦点之一是针对开天公司出资不实而被法院扣划的45万元，开天公司能否以对公司也享有债权为由与沙港公司共同分配该部分执行款。一审法院认为，公司法律明确规定有限责任公司的股东以其认缴的出资额为限对公司承担责任。开天公司因出资不实而被扣划的45万元应首先补足茸城公司责任资产向作为公司外部的债权人原告沙港公司进行清偿。开天公司以其对茸城公司也享有债权要求参与其自身被扣划款项的分配，对公司外部债权人是不公平的，也与公司股东以其出资对公司承担责任的法律原则相悖。696 505.68元执行款中的45万元应先由原告受偿，余款再按比例进行分配的意见予以采纳。一审判决后，当事人均未提出上诉，一审判决生效。

（3）典型意义：最高人民法院的理解

本案当事人对执行分配方案的主要争议在于：出资不实股东因向公司外部债权人承担出资不实的股东责任并被扣划款项后，能否以其对于公司的债权与外部债权人就上述款项进行分配。对此，我国法律尚未明确规定，而美国历史上的“深石案”所确立的衡平居次原则对本案的处理具有一定的借鉴意义。在该类案件的审判实践中，若允许出资不实的问题股东就其对公司的债权与外部债权人处于同等受偿顺位，既会导致对公司外部债权人不公平的结果，也与公司法对于出资不实股东课予的法律责任相悖。故本案最终否定了出资不实股东进行同等顺位受偿的主张，社会效果较好，对同类案件的处理也有较好的借鉴意义。

3. 本书观点

简言之，在上述最高人民法院发布的“沙港案”中，股东对公司出资不实（瑕疵出资），后公司破产，法院强制扣划了股东应缴纳的出资款。这部分扣划的出资款现已归入公司财产，但对于想要获得清偿的公司债权人而言，股东（对公司的）债权仍应劣后于公司其他债权。

（1）“沙港案”的裁判误区

本书认为，最高人民法院对“沙港案”的理解，其实背离了“深石规则”（衡平居次规则）。按照美国公司法司法实务的理解，“深石规则”与公司法人人格否认的适用依据在本质上具有同一性，只不过“深石规则”是一种较为温和的救济方式。[①] 就此而言，“深石规则”典型适用类型同样是“资本显著不足”和“人格混同”。而“沙港案”混淆了股东出资不实责任与公司“资本显著不足”情形下的股东责任，这一点，本书在前面已重点区分过。

① 参见潘林：《论出资不实股东债权的受偿顺位——对最高人民法院典型案例“沙港案”的反思》，载《法商研究》2018年第4期。

(2)“深石规则”的理解

“深石规则”与公司法人人格否认之诉的适用标准相同，总体上可借鉴公司法人人格否认之诉的法律构成，不过仍有如下细微差异：

对“资本显著不足”类型而言，如要求股东债权劣后于其他债权人获得清偿，应以股东债权发生时作为判断公司资本是否充足的标准，这与公司法人人格否认之诉中“资本显著不足”的判断标准不同。

对“人格混同”类型而言，如要求股东债权劣后于其他债权人获得清偿，应以股东的滥用行为导致公司与股东人格混同，股东进而不当获得了对公司的债权为标准。

总的来说，“深石规则”与公司法人人格否认规则均以股东滥用公司法人独立地位和股东有限责任为前提，只不过“深石规则”另有两个限制：一是仅适用于破产案件；二是以股东对公司债权为限，并被要求劣后于公司其他债权人获得清偿。因此，可认为“深石规则”是公司法人人格否认之诉的一种特殊情形，是对公司债权人权益的一种温和救济方式。

（二）关联企业实质合并破产规则

所谓关联企业实质合并破产规则，指的是关联企业因人格混同，致使无法个别破产清算的，法院可将数个关联企业作为一个企业整体合并清算，通知各关联企业各自的全体债权人参加破产程序。目前该规则在我国立法上尚无明文规定，系法院的实务创造，[①] 将公司法领域的法人人格否认理论延伸至破产法领域。

1. 关联企业实质合并破产的认定

关于关联企业实质合并破产规则的实务运用，无锡市中级人民法院早在2010年就已开始进行有益探索。在该院主审的“无锡市奥特钢管有限公司与无锡市沪通焊管有限公司合并破产清算案”中，无锡市奥特钢管有限公司、无锡市沪通焊管有限公司以不能清偿到期债务，并且资产不足以清偿全部债务为由，分别向无锡市中级人民法院申请进行破产清算。无锡市中级人民法

① 关联企业实质合并破产规则在美国法上有较为成熟的经验，对美国法的介绍以及对我国实务的评析，可参见徐阳光：《论关联企业实质合并破产》，载《中外法学》2017年第3期。

院受理后指定无锡华安达投资顾问有限公司同时担任两公司的管理人。管理人在管理人工作报告中，书面申请对两公司合并进行破产清算，理由是：经会计师事务所审计，确认两公司明显资不抵债，并且两公司存在共用厂区、实际控制人为同一人、资金管理混同、资产管理混同、财务人员是一套班子、共用一套财务软件、财务电子账套在同一计算机中、债权债务管理混同等混同管理情况（资产、债权债务并未严格按照独立的会计主体和财务制度进行划分，存在随意入账、随意划转等现象）。无锡市中级人民法院确认了上述情况，裁定两公司破产，合并进行破产清算，并创造性地采用了分别受理、集中清偿的方法。这种方法要求以“分别受理”为程序入口，防止在仅有混同嫌疑而无混同依据的情况下，滥用实质合并原则。但在确定合并进行破产清算后，以集中清偿为合并方法，涤除关联企业之间的债权债务，将关联企业的资产负债合并，以整体资产清偿合并债务。此处的“涤除”并非仅将关联企业之间的债权债务抵销而以余额计入破产债权；而是不分数额地从关联企业的资产负债中全部抹去，视为关联企业之间不存在债权债务关系。①

2018 年 3 月，最高人民法院发布《全国法院破产审判工作会议纪要》（法〔2018〕53 号），对关联企业合并破产进行了细化规定。会议纪要认为，关联企业实质合并破产应审慎适用。人民法院在审理企业破产案件时，应当尊重企业法人人格的独立性，以对关联企业成员的破产原因进行单独判断并适用单个破产程序为基本原则。当关联企业成员之间存在法人人格高度混同、区分各关联企业成员财产的成本过高、严重损害债权人公平清偿利益时，可例外适用关联企业实质合并破产方式进行审理。

而人民法院一旦裁定采用实质合并方式审理破产案件的，各关联企业成员之间的债权债务归于消灭，各成员的财产作为合并后统一的破产财产，由各成员的债权人在同一程序中按照法定顺序公平受偿。②

---

① 具体案情及解说可参见陆晓燕、肖俊杰：《无锡市奥特钢管有限公司、无锡市沪通焊管有限公司合并破产清算案——分别受理、集中清偿模式下的实质合并》，载最高人民法院中国应用法学研究所编：《人民法院案例选》总第 92 辑，人民法院出版社 2016 年版。

② 最高人民法院在《全国法院破产审判工作会议纪要》发布同时，公布了全国法院十大破产典型案例，其中的“江苏省纺织工业（集团）进出口有限公司等六家公司破产重整案”，是探索关联企业实质合并重整、实现企业集团整体脱困重生的典型案例。

此后，关联企业实质合并破产规则在实务上得到了越来越多的运用。新近在“九江银行股份有限公司与上海华信集团财务有限公司等申请破产清算申诉案”［（2020）沪破监1号］中，上海市高级人民法院认为：《企业破产法》有关破产清算的规定，主要针对的是单个破产企业如何进行破产清算，并未规定不同企业合并破产清算。人民法院在审理关联企业破产案件时，既要通过实质合并审理方式处理法人人格高度混同的关联关系，确保全体债权人公平清偿，也要避免不当采用实质合并审理方式，损害相关利益主体的合法权益。当关联企业成员之间存在法人人格高度混同、区分各关联企业成员财产的成本过高、严重损害债权人公平清偿利益时，可以适用关联企业实质合并破产方式进行审理。

关于九江银行股份有限公司（以下简称九江银行）的复议理由，上海市高级人民法院认为，首先，根据现已查明的事实，4家公司在公司人员、经营管理、资产财务、债权债务等方面持续高度混同，严重丧失法人意志独立性和财产独立性，4家公司法人人格高度混同。其次，上海华信、海南华信和上海华信集团财务有限公司（以下简称华信财务）在财务管理及决策上均受中国华信统一管控和审批，在资金来源及处分上均由中国华信统一调配和使用，相互之间有大量资金调拨及无偿担保等行为，并有大量资金被中国华信占用。4家公司之间互负巨额债务，但又缺乏相关合同或业务凭证，无法区分交易的性质和实际使用的公司，难以对债务的基础事实作出准确判断。因此，4家公司的财产客观上无法区分，单独清算存在资产负债区分成本过高的困难，影响债权人合法权益。最后，九江银行认为实质合并破产清算会损害其利益，但其所主张的在海南华信、中国华信单独破产清算程序下可能获得的高清偿率，实际源于中国华信对各“华信系”关联企业在经营决策、资金或财产调配等方面的统一安排以及不当滥用关联交易。若对4家公司分别破产清算，必然由于互负债务、关联担保等错综复杂的债权债务关系，影响全体债权人的公平受偿。实质合并破产清算可以客观、真实地反映4家公司的资产和对外债务，有效解决企业运用关联交易逃废债务损害债权人利益的情况。合并清算后，4家公司之间互负债务抵销，债权人以合并后的资产按法定程序公平受偿，能保护绝大部分债权人的利益。同时实质合并破产清算有利于降低清算成本、提高清算效率，保障包括债务人、全体债权人在内的各方当事人之间的实质公平，从而实现整体上的公平。

2. 关联企业实质合并破产中破产债权停止计息时间点

在“郑某锋、湖州镭宝投资有限公司普通破产债权确认纠纷再审案”［（2019）最高法民申265号］中，最高人民法院认为：湖州镭宝投资有限公司（以下简称镭宝公司）、天外公司等7家关联公司资金使用和收益难以按各个企业进行区分，人财物高度混同，无法准确界定各企业资产、债权债务的对应性，构成法人人格高度混同，符合关联企业实质合并的要件。7家企业均不能清偿到期债务，本案进行合并破产清算，统一各个合并破产企业的普通债权清偿率，有利于保障债权人等各方当事人之间的实质公平，也有利于厘清各公司债权债务，提高破产清算效率。原判决有关“孳息债权计算统一截至先破产企业镭宝机械破产裁定受理日”的做法符合《企业破产法》第1条“公平清理债权债务，保护债权人和债务人的合法权益，维护社会主义市场经济秩序”的立法目的，也不违反该法第46条第2款“附利息的债权自破产申请受理时起停止计息”的规定，并且充分保障了全体债权人能公平有序受偿的立法目的。而且原判决已经释明，本案所涉债务，主债务人为唐某松、胡某琴，镭宝公司、天外公司仅为担保人，对担保人停止计息，并不影响郑某锋向主债务人唐某松、胡某琴继续主张清偿剩余孳息债权的权利。

第五编

公司变更编[①]

① 公司变更，尤其是公司并购部分涉及非常复杂的商事交易结构，属于非诉业务领域。本书主要以公司纠纷（诉讼）为写作对象，这部分仅作简要介绍。

第十七章　公 司 合 并

《民法典》第 67 条第 1 款：法人合并的，其权利和义务由合并后的法人享有和承担。

《公司法》第 37 条第 1 款：股东会行使下列职权：

……

（九）对公司合并、分立、解散、清算或者变更公司形式作出决议；

……

《公司法》第 43 条第 2 款：股东会会议作出修改公司章程、增加或者减少注册资本的决议，以及公司合并、分立、解散或者变更公司形式的决议，必须经代表三分之二以上表决权的股东通过。

《公司法》第 46 条：董事会对股东会负责，行使下列职权：

……

（七）制订公司合并、分立、解散或者变更公司形式的方案；

……

《公司法》第 99 条：本法第三十七条第一款关于有限责任公司股东会职权的规定，适用于股份有限公司股东大会。

《公司法》第 103 条第 2 款后段：但是，股东大会作出修改公司章程、增加或者减少注册资本的决议，以及公司合并、分立、解散或者变更公司形式的决议，必须经出席会议的股东所持表决权的三分之二以上通过。

《公司法》第 108 条第 4 款：本法第四十六条关于有限责任公司董事会职权的规定，适用于股份有限公司董事会。

《公司法》第 172 条：公司合并可以采取吸收合并或者新设合并。

一个公司吸收其他公司为吸收合并，被吸收的公司解散。两个以上公司合并设立一个新的公司为新设合并，合并各方解散。

《公司法》第173条：公司合并，应当由合并各方签订合并协议，并编制资产负债表及财产清单。公司应当自作出合并决议之日起十日内通知债权人，并于三十日内在报纸上公告。债权人自接到通知书之日起三十日内，未接到通知书的自公告之日起四十五日内，可以要求公司清偿债务或者提供相应的担保。

《公司法》第174条：公司合并时，合并各方的债权、债务，应当由合并后存续的公司或者新设的公司承继。

《公司法》第179条第1款：公司合并或者分立，登记事项发生变更的，应当依法向公司登记机关办理变更登记；公司解散的，应当依法办理公司注销登记；设立新公司的，应当依法办理公司设立登记。

一、公司合并的类型

公司合并分为吸收合并与新设合并。

吸收合并是A公司吸收B公司，被吸收的B公司解散，而A公司继续存续。吸收合并支付的对价通常是现金或股份。

新设合并是A公司与B公司合并为一个新设的C公司，A公司和B公司均解散。

二、公司合并的程序

（一）两公司董事会制订公司合并方案

根据《公司法》第46条及第108条的规定，制订公司合并方案属于董事会的职权范围。实践中一般是公司高管层制订草案，然后由董事会讨论通过正式的方案。一般来说，合并方案内容主要有合并形式、合并后公司的注册资本、合并各方的债权债务处理方案、公司职工安置方案等。

（二）两公司股东（大）会以特别决议方式通过公司合并方案

根据《公司法》第37条、第43条、第99条以及第103条的规定，批准公司合并方案是股东（大）会的特别决议事项。

（三）两公司分别编制资产负债表和财产清单

编制资产负债表及财产清单的目的是方便公司债权人查阅了解公司的财务、财产情况。债权人如对合并有异议的，可要求公司提前清偿债务或者提供相应的担保。

（四）两公司分别通知债权人并公告

因公司合并可能影响公司的偿债能力，与公司分立不同，根据《公司法》第173条的规定，公司应当自作出合并决议之日起10日内通知债权人，并于30日内在报纸上公告。债权人自接到通知书之日起30日内，未接到通知书的自公告之日起45日内，可以要求公司清偿债务或者提供相应的担保。

（五）两公司签订合并协议

实践中，如果两公司是先签订合并协议，后经公司股东（大）会批准的，为了防止承担严重的违约责任，一般会在协议中附上生效条件，即本协议经合并双方公司股东（大）会特别决议通过后生效。

（六）两公司完成公司合并工作并办理工商登记

签完合并协议后，两公司配合完成公司合并具体工作。如果是吸收合并的，被吸收的公司办理注销登记、吸收一方公司办理变更登记；如果是新设合并的，新设的公司办理设立登记，两个被合并的公司办理注销登记。

三、公司合并的效力

公司合并时，合并各方的债权、债务，应当由合并后存续的公司或者新设的公司承继。

四、公司合并过程中对利害关系人的保护问题

（一）对公司债权人的保护

根据《公司法》第173条的规定，公司合并时，应当编制资产负债表及财产清单。公司应当自作出合并决议之日起10日内通知债权人，并于30日内在报纸上公告。债权人自接到通知书之日起30日内，未接到通知书的自公

告之日起45日内，可以要求公司清偿债务或者提供相应的担保。

因此，公司债权人在接到合并通知或知晓合并公告内容后，可以在法定期限内要求公司在合并前提前清偿债务或提供相应的担保。

（二）对公司小股东的保护

《公司法》第74条第1款：有下列情形之一的，对股东会该项决议投反对票的股东可以请求公司按照合理的价格收购其股权：

……

（二）公司合并、分立、转让主要财产的；

……

《公司法》第142条第1款：公司不得收购本公司股份。但是，有下列情形之一的除外：

……

（四）股东因对股东大会作出的公司合并、分立决议持异议，要求公司收购其股份；

……

小股东该项权利属于异议股东评估权，前述相关章节已经分析，不再赘述。

（三）对劳动者的保护

《劳动合同法》第34条：用人单位发生合并或者分立等情况，原劳动合同继续有效，劳动合同由承继其权利和义务的用人单位继续履行。

合并后，由合并后存续或者新设的公司承继原有的劳动关系，继续履行已注销公司与其劳动者的劳动合同。

第十八章 公 司 分 立

《民法典》第67条第2款：法人分立的，其权利和义务由分立后的法人享有连带债权，承担连带债务，但是债权人和债务人另有约定的除外。

《公司法》第37条第1款：股东会行使下列职权：

……

（九）对公司合并、分立、解散、清算或者变更公司形式作出决议；

……

《公司法》第43条第2款：股东会会议作出修改公司章程、增加或者减少注册资本的决议，以及公司合并、分立、解散或者变更公司形式的决议，必须经代表三分之二以上表决权的股东通过。

《公司法》第46条：董事会对股东会负责，行使下列职权：

……

（七）制订公司合并、分立、解散或者变更公司形式的方案；

……

《公司法》第99条：本法第三十七条第一款关于有限责任公司股东会职权的规定，适用于股份有限公司股东大会。

《公司法》第103条第2款：……但是，股东大会作出修改公司章程、增加或者减少注册资本的决议，以及公司合并、分立、解散或者变更公司形式的决议，必须经出席会议的股东所持表决权的三分之二以上通过。

《公司法》第108条第4款：本法第四十六条关于有限责任公司董事会职权的规定，适用于股份有限公司董事会。

《公司法》第175条：公司分立，其财产作相应的分割。

公司分立，应当编制资产负债表及财产清单。公司应当自作出分立决议之日起十日内通知债权人，并于三十日内在报纸上公告。

《公司法》第176条：公司分立前的债务由分立后的公司承担连带责任。但是，公司在分立前与债权人就债务清偿达成的书面协议另有约定的除外。

《公司法》第179条第1款：公司合并或者分立，登记事项发生变更的，应当依法向公司登记机关办理变更登记；公司解散的，应当依法办理公司注销登记；设立新公司的，应当依法办理公司设立登记。

一、公司分立的类型

公司分立分为派生分立、新设分立。

派生分立是A公司分立出B公司，A公司继续存续，B公司是从A公司获得部分营业后新设立的公司。

新设分立是A公司解散，同时分立为B公司和C公司，实际上是B公司和C公司分割掉A公司的营业而新设立的两个公司。

二、公司分立的程序

（一）公司董事会制订公司分立方案

根据《公司法》第46条及第108条的规定，制订公司分立方案属于董事会的职权范围。实践中一般是公司高管层制订草案，然后由董事会讨论通过正式的方案。一般来说，分立方案内容主要有分立形式、财产分割方案、分立各方对债权债务处理方案、公司职工安置方案等。

（二）公司股东（大）会以特别决议方式通过公司分立方案

根据《公司法》第37条、第43条、第99条以及第103条的规定，批准公司分立方案是股东（大）会的特别决议事项。

（三）公司编制资产负债表和财产清单

编制资产负债表及财产清单的目的是方便公司债权人查阅了解公司的财务、财产情况。

（四）公司通知债权人并公告

根据《公司法》第175条的规定，公司应当自作出分立决议之日起10日内通知债权人，并于30日内在报纸上公告。

（五）公司股东签订分立协议

公司分立协议的签约当事人是公司的股东，而非公司。因此，一般是由同意分立的各个股东签订分立协议。

（六）公司完成公司分立工作并办理工商登记

签完分立协议后，公司完成分立具体工作，如果是派生分立的，原公司办理变更登记，派生出的新公司办理设立登记。

如果是新设分立的，新设的公司办理设立登记，原公司办理注销登记。

三、公司分立的效力

公司分立前的债务由分立后的公司承担连带责任。但是，公司在分立前与债权人就债务清偿达成的书面协议另有约定的除外。

四、公司分立过程中对利害关系人的保护问题

（一）对公司债权人的保护：公司通知债权人并公告

根据《公司法》第175条的规定，公司应当自作出分立决议之日起10日内通知债权人，并于30日内在报纸上公告。而《公司法》第176条规定，公司分立前的债务由分立后的公司承担连带责任。

根据上述规定，公司分立并不会影响其对公司债权人的偿债能力。因此，公司分立过程中，公司债权人并没有要求公司提前清偿债务或者提供担保的权利。

（二）对公司小股东的保护

《公司法》第74条第1款：有下列情形之一的，对股东会该项决议投反对票的股东可以请求公司按照合理的价格收购其股权：

……

（二）公司合并、分立、转让主要财产的；

……

《公司法》第142条第1款：公司不得收购本公司股份。但是，有下列

情形之一的除外：

……

（四）股东因对股东大会作出的公司合并、分立决议持异议，要求公司收购其股份；

……

小股东该项权利属于异议股东评估权，前述相关章节已经分析，不再赘述。

（三）对劳动者的保护

《劳动合同法》第34条：用人单位发生合并或者分立等情况，原劳动合同继续有效，劳动合同由承继其权利和义务的用人单位继续履行。

分立后，由分立后存续或者新设的公司承继存有的劳动关系。

第十九章　公司组织形态变更

《公司法》第9条：有限责任公司变更为股份有限公司，应当符合本法规定的股份有限公司的条件。股份有限公司变更为有限责任公司，应当符合本法规定的有限责任公司的条件。

有限责任公司变更为股份有限公司的，或者股份有限公司变更为有限责任公司的，公司变更前的债权、债务由变更后的公司承继。

《公司法》第37条第1款：股东会行使下列职权：

……

（九）对公司合并、分立、解散、清算或者变更公司形式作出决议；

……

《公司法》第43条第2款：股东会会议作出修改公司章程、增加或者减少注册资本的决议，以及公司合并、分立、解散或者变更公司形式的决议，必须经代表三分之二以上表决权的股东通过。

《公司法》第46条：董事会对股东会负责，行使下列职权：

……

（七）制订公司合并、分立、解散或者变更公司形式的方案；

……

《公司法》第99条：本法第三十七条第一款关于有限责任公司股东会职权的规定，适用于股份有限公司股东大会。

《公司法》第103条第2款：……但是，股东大会作出修改公司章程、增加或者减少注册资本的决议，以及公司合并、分立、解散或者变更公司形式的决议，必须经出席会议的股东所持表决权的三分之二以上通过。

《公司法》第108条第4款：本法第四十六条关于有限责任公司董事会

职权的规定，适用于股份有限公司董事会。

根据《公司法》的规定，有限责任公司可以变更为股份有限公司，股份有限公司也可以变更为有限责任公司。

一、公司组织形态变更的程序

（一）公司董事会制订公司组织形态变更的方案

根据《公司法》第46条及第108条的规定，制订公司组织形态变更方案属于董事会的职权范围。实践中一般是公司高管层制订草案，然后由董事会讨论通过正式的方案。

（二）公司股东（大）会作出特别决议通过公司组织形态变更的方案

根据《公司法》第37条、第43条、第99条以及第103条的规定，批准公司组织形态变更方案是股东（大）会的特别决议事项。

（三）公司办理工商变更登记

公司组织形态变更后，无论是有限责任公司变更为股份有限公司，还是股份有限公司变更为有限责任公司，公司都要办理工商变更登记。

应注意的是，根据《公司法》第95条的规定，有限责任公司变更为股份有限公司时，折合的实收股本总额不得高于公司净资产额。因此，有限责任公司变更为股份有限公司时的净资产额必须为正值，否则不得变更为股份有限公司。因为如果为零或负值，将导致折合的实收股本总额也为零或负值，这是不可能的。

二、公司组织形态变更的效力

虽然公司组织形态可以发生变更，但变更前后的公司仍具有同一的法人人格，因而公司变更前的债权、债务由变更后的公司承继。

第六编

公司终止编

第二十章　公 司 解 散

一、公司终止、解散与清算关系概述

《民法典》第68条：有下列原因之一并依法完成清算、注销登记的，法人终止：

（一）法人解散；

（二）法人被宣告破产；

（三）法律规定的其他原因。

法人终止，法律、行政法规规定须经有关机关批准的，依照其规定。

《民法典》第69条：有下列情形之一的，法人解散：

（一）法人章程规定的存续期间届满或者法人章程规定的其他解散事由出现；

（二）法人的权力机构决议解散；

（三）因法人合并或者分立需要解散；

（四）法人依法被吊销营业执照、登记证书，被责令关闭或者被撤销；

（五）法律规定的其他情形。

《公司法》第180条：公司因下列原因解散：

（一）公司章程规定的营业期限届满或者公司章程规定的其他解散事由出现；

（二）股东会或者股东大会决议解散；

（三）因公司合并或者分立需要解散；

（四）依法被吊销营业执照、责令关闭或者被撤销；

（五）人民法院依照本法第一百八十二条的规定予以解散。

《公司法》第182条：公司经营管理发生严重困难，继续存续会使股东利益受到重大损失，通过其他途径不能解决的，持有公司全部股东表决权百分之十以上的股东，可以请求人民法院解散公司。

《公司法》第183条：……公司因本法第一百八十条第（一）项、第（二）项、第（四）项、第（五）项规定而解散的，应当在解散事由出现之日起十五日内成立清算组，开始清算。

公司终止，是指公司根据法定程序结束营业并消灭法人资格的事实状态和法律结果。公司终止有两大主要事由：解散和破产。其中解散又分为自愿解散和强制解散。《公司法》第180条前3项规定的是自愿解散，后两项规定的是强制解散。

公司在发生解散或破产事由后，除了合并或分立而解散外，均须经过清算程序。因此，公司终止实质上是一个过程，一般包括如下3个步骤：公司终止事由（解散或破产）+清算程序+注销登记手续。①

本书将公司终止过程整理为如图20－1所示。

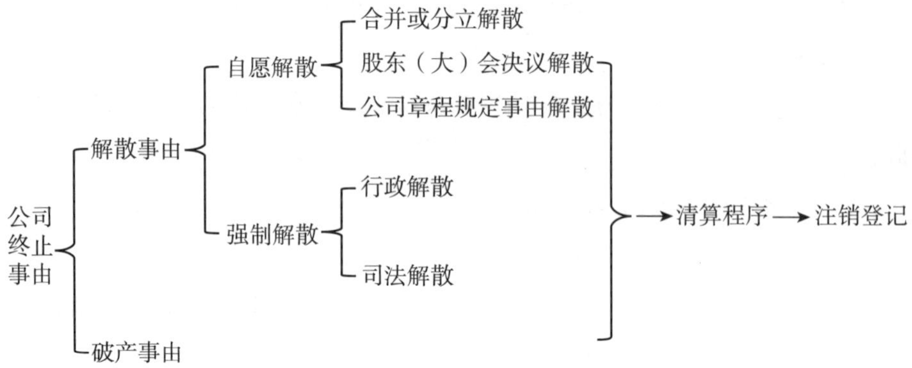

图20－1　公司终止过程示意

从图20－1可以看出，司法解散是公司终止事由之一。本书也主要以实务中争议最多的司法解散纠纷来展开。

① 关于公司终止、解散及清算等关系，具体可参见李建伟：《公司法学》（第4版），中国人民大学出版社2018年版，第130页以下。

二、司法解散之诉的实体要件

《公司法解释二》第1条：单独或者合计持有公司全部股东表决权百分之十以上的股东，以下列事由之一提起解散公司诉讼，并符合公司法第一百八十二条规定的，人民法院应予受理：

（一）公司持续两年以上无法召开股东会或者股东大会，公司经营管理发生严重困难的；

（二）股东表决时无法达到法定或者公司章程规定的比例，持续两年以上不能做出有效的股东会或者股东大会决议，公司经营管理发生严重困难的；

（三）公司董事长期冲突，且无法通过股东会或者股东大会解决，公司经营管理发生严重困难的；

（四）经营管理发生其他严重困难，公司继续存续会使股东利益受到重大损失的情形。

股东以知情权、利润分配请求权等权益受到损害，或者公司亏损、财产不足以偿还全部债务，以及公司被吊销企业法人营业执照未进行清算等为由，提起解散公司诉讼的，人民法院不予受理。

根据《公司法》第182条的规定，股东提起司法解散之诉有4个条件，股东起诉资格要件将单独分析。这里主要分析司法解散之诉启动的另外3个构成要件。

（一）"公司经营管理发生严重困难"的理解

所谓"公司经营管理发生严重困难"，无论是学理上还是实务上，均认为包括了两方面的含义：一是经营困难，二是管理困难。经营困难指的是公司经营异常，发生重大亏损或经营瘫痪。而管理困难则包括股东压制和公司僵局，但立法及实务上主流观点认为管理困难仅指公司僵局，而对公司僵局的含义，实务上也有不同理解。

既然"公司经营管理发生严重困难"有两方面的含义，那么实务适用时的认定标准，究竟是经营困难还是管理困难抑或须两者兼而有之？

1. 立法机关的理解：公司僵局

从立法者的角度来看，"公司经营管理发生严重困难"，是指因股东间或者公司管理人员之间的利益冲突和矛盾导致公司的有效运行失灵，股东会或者董事会因对方的拒绝参加会议而无法有效召开，任何一方的提议都不被对方接受和认可，即使能够举行会议也无法通过任何议案，公司的一切事务处于一种瘫痪状态。① 从这一定义可以看出，立法者似乎是从管理困难（公司僵局）角度来认定“公司经营管理发生严重困难”。

2. 最高人民法院司法解释的观点：公司僵局

从《公司法解释二》第 1 条规定的 4 种情形来看，最高人民法院认为“公司经营管理发生严重困难”也是指管理困难（公司僵局），主要包括股东（大）会僵局和董事会僵局两种情形，并从时间和方式上对僵局作了细化规定，即持续两年以上无法召开股东（大）会会议或持续两年以上无法作出有效的股东（大）会决议。

最高人民法院民二庭负责人在答记者问时还特别强调，如果股东在提起解散公司诉讼时，其起诉理由表述为公司经营严重亏损，或者其股东权益受到侵害，或者公司被吊销营业执照后未进行清算等，因不属于公司法所规定的解散公司诉讼案件提起的事由，因此，在受理环节即应将之拒之门外。②

另需说明的是，对于董事长期冲突导致董事会陷入僵局，并不必然导致股东解散公司诉权的产生，因为董事之间的冲突往往是可以通过股东（大）会来化解的，在很多情况下，董事会的僵局与股东的意志有关。股东的意志往往能够影响董事会的运作，股东能够通过股东（大）会的途径化解董事会的僵局状态，如股东（大）会可以修改公司章程、将董事人数变为单数等。司法机关在受理股东请求解散公司诉讼之前，应该允许、甚至要求股东做出这样的努力。③

---

① 参见安建主编：《中华人民共和国公司法释义》，法律出版社 2013 年版，第 283 页以下。

② 参见最高人民法院民事审判第二庭编著：《最高人民法院关于公司法司法解释（一）、（二）理解与适用》，人民法院出版社 2015 年版，第 18 页。

③ 参见最高人民法院民事审判第二庭编著：《最高人民法院关于公司法司法解释（一）、（二）理解与适用》，人民法院出版社 2015 年版，第 123 页。学理上也持这一观点：公司僵局可能表现为股东之间的冲突或者管理层内部的对峙。但管理层层面的僵持如能通过股东改选董事、监事或任命新高管得以化解，则说明公司并未陷入自有机制无法解决自身问题的困境，也就不构成僵局。僵局的根源通常是股东之间发生了不可调和的矛盾，参见王军：《中国公司法》（第 2 版），高等教育出版社 2017 年版，第 498 页。

3. 最高人民法院的裁判观点

(1) 最高人民法院裁判观点一：公司僵局。

在“林某清诉常熟市凯莱实业有限公司、戴某明公司解散纠纷案”[①][（2010）苏商修字第0043号]中，常熟市凯莱实业有限公司（以下简称凯莱公司）成立于2002年1月，林某清与戴某明系该公司股东，各占50%的股份，戴某明任公司法定代表人及执行董事，林某清任公司总经理兼公司监事。凯莱公司章程明确规定：股东会的决议须经代表1/2以上表决权的股东通过，但对公司增加或减少注册资本、合并、解散、变更公司形式、修改公司章程作出决议时，必须经代表2/3以上表决权的股东通过。股东会会议由股东按照出资比例行使表决权。2006年起，林某清与戴某明两人之间的矛盾逐渐显现。同年5月9日，林某清提议并通知召开股东会，由于戴某明认为林某清没有召集会议的权利，会议未能召开。同年6月6日、8月8日、9月16日、10月10日、10月17日，林某清委托律师向凯莱公司和戴某明发函称，因股东权益受到严重侵害，林某清作为享有公司股东会1/2表决权的股东，已按公司章程规定的程序表决并通过了解散凯莱公司的决议，要求戴某明提供凯莱公司的财务账册等资料，并对凯莱公司进行清算。同年6月17日、9月7日、10月13日，戴某明回函称，林某清作出的股东会决议没有合法依据，戴某明不同意解散公司，并要求林某清交出公司财务资料。同年11月15日、25日，林某清再次向凯莱公司和戴某明发函，要求凯莱公司和戴某明提供公司财务账册等供其查阅、分配公司收入、解散公司。

江苏常熟服装城管理委员会（以下简称服装城管委会）证明凯莱公司目前经营尚正常，且愿意组织林某清和戴某明进行调解。从2006年6月1日起，凯莱公司未召开过股东会。服装城管委会调解委员会于2009年12月15日、16日两次组织双方进行调解，但均未成功。

江苏省苏州市中级人民法院于2009年12月8日作出一审判决，认为本案中，虽然两股东陷入僵局，但凯莱公司目前经营状况良好，不存在公司经营管理发生严重困难的情形。

---

① 本案为最高人民法院指导案例8号。

江苏省高级人民法院在二审判决中却认为，凯莱公司的经营管理已发生严重困难。根据《公司法》第 183 条[①]和《公司法解释一》第 1 条的规定，判断公司的经营管理是否出现严重困难，应当从公司的股东会、董事会或执行董事及监事会或监事的运行现状进行综合分析。“公司经营管理发生严重困难”的侧重点在于公司管理方面存有严重内部障碍，如股东会机制失灵、无法就公司的经营管理进行决策等，不应片面理解为公司资金缺乏、严重亏损等经营性困难。本案中，凯莱公司仅有戴某明与林某清两名股东，两人各占 50% 的股份，凯莱公司章程规定“股东会的决议须经代表 1/2 以上表决权的股东通过”，且各方当事人一致认可该“1/2 以上”不包括本数。因此，只要两名股东的意见存有分歧、互不配合，就无法形成有效表决，显然影响公司的运营。凯莱公司已持续 4 年未召开股东会，无法形成有效股东会决议，也就无法通过股东会决议的方式管理公司，股东会机制已经失灵。执行董事戴某明作为互有矛盾的两名股东之一，其管理公司的行为，已无法贯彻股东会的决议。林某清作为公司监事不能正常行使监事职权，无法发挥监督作用。由于凯莱公司的内部机制已无法正常运行、无法对公司的经营作出决策，即使尚未处于亏损状况，也不能改变该公司的经营管理已发生严重困难的事实。

最高人民法院提取的裁判要点认为：《公司法》第 183 条将“公司经营管理发生严重困难”作为股东提起解散公司之诉的条件之一。判断公司经营管理是否发生严重困难，应从公司组织机构的运行状态进行综合分析。公司虽处于盈利状态，但其股东会机制长期失灵，内部管理有严重障碍，已陷入僵局状态，可以认定为公司经营管理发生严重困难。

在该指导性案例中，一审苏州市中级人民法院强调公司虽已陷入僵局，但仍要结合公司经营状态来认定公司经营管理是否发生严重困难。但江苏省高级人民法院及最高人民法院认为仅从公司僵局角度即可进行认定，不需要公司经营情况。仅从立法及司法解释角度来看，江苏省高级人民法院的生效判决与最高级人民法院的裁判要点是合法合理的。

不过，最高人民法院并没有一直坚持上述立场。在不少裁判中，最高人

---

① 现为《公司法》（2018 年修正）第 182 条。

民法院对“公司经营管理发生严重困难”产生了其他理解，与上述立法、司法解释以及指导案例的观点明显不同。

（2）最高人民法院裁判观点二：公司僵局+经营困难。

在“仕丰科技有限公司与富钧新型复合材料（太仓）有限公司、第三人永利集团有限公司解散公司纠纷案”①［（2011）民四终字第29号］中，最高人民法院经审查认为：首先，关于富钧新型复合材料（太仓）有限公司（以下简称富钧公司）经营管理是否发生严重困难。公司经营管理严重困难包括两种情况：一是公司权力运行发生严重困难，股东会、董事会等权力机构和管理机构无法正常运行，无法对公司的任何事项作出任何决议，即公司僵局情形；二是公司的业务经营发生严重困难，公司经营不善、严重亏损。如公司仅业务经营发生严重困难，不存在权力运行严重困难的，根据《公司法解释二》第1条第2款的规定，不符合《公司法》第183条的解散公司条件。

本案中，根据富钧公司公司章程第17条、第21条的规定，富钧公司董事会是公司最高权力机关，仕丰科技有限公司（以下简称仕丰公司）和永利集团有限公司（以下简称永利公司）均以委派董事的形式对富钧公司进行经营管理，即由董事会直接行使董事会和股东会的双重职能。同时，根据富钧公司章程第19条的规定，生产销售计划、财务预算决算方案、财务决算盈利和亏损的处理方法、经理级以上高级职员的任免等公司经营管理事项均需要全体董事同意才能生效。富钧公司治理结构由股东特别约定而实行的严格一致表决机制，使得人合性成为富钧公司最为重要的特征。自2005年4月起，永利公司和仕丰公司因富钧公司的厂房租赁交易、公司治理结构安排、专利权许可使用等问题发生了实质分歧，股东之间逐渐丧失了信任和合作基础。富钧公司董事会不仅长期处于无法召开的状态，而且在永利公司和仕丰公司各自律师的协调下召开的唯一一次临时董事会中，也因为双方股东存在重大分歧而无法按照章程规定的表决权比例要求形成董事会决议。富钧公司权力决策机制长期失灵，无法运行长达7年时间，属于《公司法解释二》第1款

---

① 本案为《最高人民法院公报》2014年第2期案例。

第 1 项、第 2 项规定的经营管理严重困难的公司僵局情形。

本案中，最高人民法院在论证了富钧公司已发生公司僵局后，还分析了富钧公司的经营情况。最高人民法院认为，从富钧公司经营情况看，富钧公司僵局形成后，公司经营即陷入非常态模式。在永利公司单方经营管理期间，富钧公司业务虽然没有停顿，但持续亏损，没有盈利年度，公司经营能力和偿债责任能力显著减弱，股东权益已大幅减损至不足实收资本的 1/2。富钧公司关于其生产经营正常，亏损额正在减少，有望扭亏转盈的上诉理由没有充分证据证明，法院不予采信。另从富钧公司注册资本到位情况看，仕丰公司和永利公司至今均未足额出资。在双方股东不愿意共同经营富钧公司、冲突对立无法调和的情况下，富钧公司注册资本难以充实，无法实现预期的经营目的。综合上述情况，富钧公司不仅丧失了人合基础，权力运行严重困难，同时业务经营也处于严重困难状态。

最后，最高人民法院通过该案，在公报案例裁判摘要中指出：公司僵局并不必然导致公司解散，司法应审慎介入公司事务，凡有其他途径能够维持公司存续的，不应轻易解散公司。当公司陷入持续性僵局，穷尽其他途径仍无法化解，且公司不具备继续经营条件，继续存续将使股东利益受到重大损失的，法院可以依据《公司法》第 183 条的规定判决解散公司。

从上述公报案例中可看出，最高人民法院改变了指导案例 8 号中的观点，将公司的经营状况也纳入判决公司解散的考量因素，这与此前只强调公司僵局的态度，明显不同。

（3）最高人民法院裁判观点三：经营困难。

在下面这个案例中，再审申请人的请求明显与司法解释及指导案例精神相符，但最高人民法院却直接以不符合经营困难为由，驳回了再审申请。

在“马某与王某芬、山西鑫四海纯净水有限公司公司解散纠纷再审案”［（2014）民申字第 1023 号］中，马某申请再审称：判断公司经营管理是否发生严重困难，应从公司组织机构的运行状态进行综合分析。公司虽处于盈利状态，但其股东会机制长期失灵，内部管理有严重障碍，已陷入僵局状态，可以认定为公司经营管理发生严重困难。根据案件事实，应认定山西鑫四海纯净水有限公司（以下简称鑫四海公司）经营管理发生严重困难，判决解散。

首先，鑫四海公司仅有王某芬与马某两名股东，两人各占50%的股份，而股东会的决议须经代表1/2以上表决权的股东通过，因此，只要两名股东的意见存有分歧、互不配合，就无法形成有效表决，显然影响公司的运营。执行董事王某芬作为互有矛盾的两名股东之一，其管理公司的行为，已无法贯彻股东会的决议。马某作为公司监事不能正常行使监事职权，无法发挥监督作用。因此，应认定鑫四海公司的经营管理已发生严重困难。

其次，由于鑫四海公司的内部运营机制早已失灵，马某的股东权、监事权长期处于无法行使的状态，其投资鑫四海公司的目的无法实现，利益受到重大损失，且鑫四海公司的僵局通过其他途径长期无法解决。王某芬将从关联公司（山西鑫四海煤炭经销有限公司）转来的2796万元，分别转至其子女名下。王某芬利用控制公司的便利，如此大肆侵吞、转移公司资产已造成对鑫四海公司、马某权益的极大损害。如公司继续存续，马某的权益除了受到以上重大损害外，还将承担鑫四海公司不良经营的风险。

最后，马某在提起公司解散诉讼之前，希望通过其他途径解决鑫四海公司的僵局问题，并多次要求鑫四海公司及王某芬召开股东会，均未得到任何答复。在长达4年多的时间里马某无法参加股东会、未分配公司利益，双方根本无法达成和解，已穷尽其他解决途径，无法结束僵局状态。

综上所述，马某认为二审判决认定鑫四海公司经营管理并未发生严重困难，属认定事实和适用法律错误，导致判决错误。因此，其向最高人民法院申请再审，请求撤销原判，改判鑫四海公司予以解散。

最高人民法院经审查认为：本案再审审查主要涉及鑫四海公司是否应予解散。《公司法》第182条规定："公司经营管理发生严重困难，继续存续会使股东利益受到重大损失，通过其他途径不能解决的，持有公司全部股东表决权百分之十以上的股东，可以请求人民法院解散公司。"可见，解散公司必须具备公司经营管理发生严重困难，继续存续会使股东利益受到重大损失，且通过其他途径不能解决等条件。而鑫四海公司目前尚在正常运营，马某提供的证据也不足以证明鑫四海公司的经营管理发生严重困难，继续存续会使股东利益受到重大损失。且解散公司既涉及公司股东利益，也涉及公司债权人、公司员工等相关方的利益，解散公司对公司而言，是最严厉、最具破坏性的结果，若非万不得已，不宜选择解散公司的办法来解决股东之间的争议，以保持市场主体的稳定性、严肃性，本案现有证据不足以证明股东之间的争议必须通过解散公司才能解决。最终，最高人民法院驳回了马某的再审申请。

4. 地方人民法院的裁判观点：以“经营困难”标准取代“公司僵局”

《广西壮族自治区高院意见》第16条第1款【在公司解散纠纷中如何判断公司经营管理发生严重困难】：股东请求解散公司的，在认定“公司经营管理发生严重困难”这一要件时，应注意从两个维度判断：(1) 从公司的股东会、董事会或执行董事等机构的运行现状进行综合分析，侧重点在于股东会或董事会是否因矛盾激化而处于僵持状态，造成公司管理层无法有效开展经营管理。(2) 注意排除一种特殊情形：即使股东会或董事会发生运行困难，但执行董事或经理层等仍然能够正常作出经营管理指示，使得公司日常经营实际上也能够正常运行。公司应当同时存在公司内部机关（股东会或董事会）僵局以及日常经营完全瘫痪，方符合“经营管理发生严重困难”的要件。

从地方人民法院的裁判观点来看，多数法院已倾向于从公司经营状况角度来决定是否同意司法解散：对于经营正常、经营状况良好的公司，即使发生公司僵局，法院通常也不会判决解散；而对于经营困难，乃至营业停顿、亏损严重的公司，即使没有达到《公司法解释二》第1条规定的公司僵局标准，法院也多同意判决公司解散。这就意味着，地方人民法院在审理公司解散案件时，会选择性地适用最高人民法院该条司法解释，能用时以该规定作为法条依据，不能用时则以其他理由来论证而刻意回避司法解释。[①]

本书将地方人民法院的裁判观点整理如图20－2所示，并选取两个与司法解释观点不一致的典型裁判，以佐前述之观点。

---

① 对地方实务裁判的大数据分析，可参见耿利航：《公司解散纠纷的司法实践和裁判规则改进》，载《中国法学》2016年第6期；类似观点，可参见张学文：《市场理性与法院自制——公司裁判解散的实证研究》，载《法学评论》2012年第1期。该文实证研究也表明，法院在审理公司解散纠纷案件时，存在明显的自制倾向，不会轻易解散具有持续营业价值的公司。即使法院判决解散仍具有持续营业价值的公司，股东通常还是会通过谈判避免公司最终被清算。

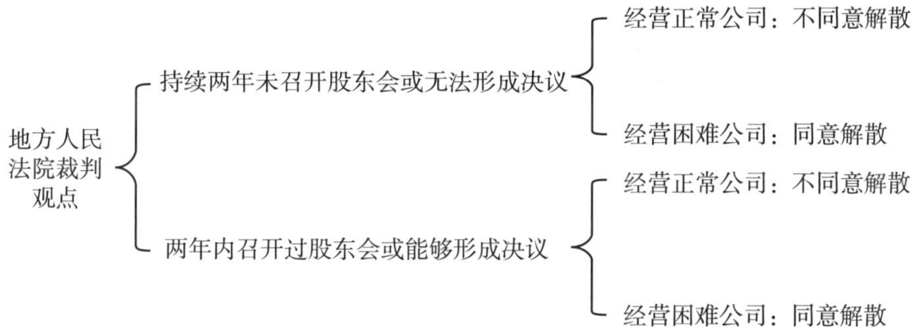

图 20－2　地方人民法院裁判观点

（1）符合公司僵局标准但经营正常的公司：法院不同意解散。

在“荣某平与安阳市豫龙锻压设备有限公司、原审第三人陈某星公司解散纠纷二审案”［（2015）安中民三终字第 507 号］中，公司经营情况良好，但股东矛盾非常大，已经连续 4 年无法正常召开股东会。河南省安阳市中级人民法院认为：上诉人荣某平以安阳市豫龙锻压设备有限公司（以下简称豫龙锻压公司）存在公司僵局而提起解散公司之诉，但其提交的证据和主张的理由不能充分证明豫龙锻压公司存在《公司法解释二》第 1 条规定之应当解散的情形。关于上诉人要求解散理由之一即原审第三人陈某星累计向公司借款数额较大，股东间矛盾逐步升级、无法调和，最终导致股东会无法正常召开。豫龙锻压公司未按公司章程规定定期召开股东会，并非解散公司的充要条件，上诉人提交的证据仅能证明豫龙锻压公司 4 年未召开股东会的事实，但并不能证明豫龙锻压公司无法召开股东会，上诉人作为豫龙锻压公司股东，出资比例 55%，亦有权通过提议召开临时股东会的方式予以解决公司僵局问题，故上诉人的上述主张不能作为解散公司的法定理由；关于上诉人称第三人陈某星出资注册安阳豫泰锻压设备有限公司存在业务竞争，违反公司法竞业禁止条款、违反忠实勤勉义务的问题。上诉人作为豫龙锻压公司的大股东，如认为第三人的上述行为侵犯了公司的权利，给公司或股东造成了损失，其可以提起相应的损害公司利益责任诉讼来主张权利。综上，因上诉人起诉公司解散前可以通过变更公司章程、撤销公司决议或行为、股东查账、股东转股、退股等方案解决公司僵局或股东僵局，公司仍有继续存续的可能，但是，上诉人并没有通过其他途径解决公司僵局问题，豫龙锻压公司不符合解散条件，上诉人荣某平主张公司解散理由不能成立。最终法院没有支持荣某平的上诉请求。

（2）不符合公司僵局标准但经营困难的公司：法院同意解散。

在“姜某利与吴某沂、湘潭县金鸿石灰石有限公司、赵某良公司解散纠纷二审案”［（2013）潭中民三终字第91号］中，一审法院认定的事实包括湘潭县金鸿石灰石有限公司（以下简称金鸿公司）在1年前曾经召开过股东会并形成了相关决议。但二审湖南省湘潭市中级人民法院认为：金鸿公司在最近1年多的生产经营过程中，长期处于停产歇业状态。各股东无法就公司经营管理达成一致意见，特别是公司流动资金严重短缺，公司股东又不能就公司继续生产筹措资金达成一致，而通过高成本的民间借贷方式来维持周转资金，且这些债务均已到期却无力偿还，公司无法继续正常生产经营，公司经营管理发生严重困难。公司3个股东均无其他办法解决公司经营困难，公司继续存续会使股东利益受到重大损失。原告吴某沂所占公司注册资本股份的29%，超过公司全部股东表决权的10%，具备提起解散公司之诉的资格。上诉人姜某利虽不同意公司解散，但无其他方法解决公司僵局，经调解，股东也无法达成一致意见。因此，被上诉人吴某沂要求解散公司的诉讼请求，应予支持。上诉人提出的“不符合公司解散条件”上诉理由不成立。最终，二审法院维持了一审法院关于金鸿公司解散的判决。

5. “股东压制”能否认定为“公司经营管理发生严重困难”

（1）公司僵局与股东压制的二元划分。

公司经营管理可从经营角度和管理角度两个方面进行区分，从经营角度可划分为公司经营正常（正常运营并盈利）和公司经营困难（公司严重亏损、停歇业乃至破产）；从管理角度可划分为股东压制和公司僵局，而公司管理障碍其实也就这两种情形，前者是股东强弱分明下的压制，后者是股东相互制约下的僵局。

所谓股东压制，是指公司中多数股东利用股东会上的表决权优势或者董事会的多数席位而实质性地剥夺后者参与公司经营管理的权益，与单个权益受侵害相比，股东压制往往意味着股东权益全方位受到侵害。[①]

（2）实务上的主流裁判观点。

《陕西省高院意见》第4条：……人民法院适用新公司法第一百八十三条[②]判决公司强制解散时，应当着重审查以下三个方面：（1）公司僵局或董事、实际控制人压迫的确存在。主要是指公司经营管理发生严重困难并陷入僵局，股东对打破这种僵局无能为力，公司僵局的继续存续将使股东和公司遭受不可弥补的重大损失；或者公司董事、实际控制人正在或将以非法的、压制的方式行事，使公司财产的管理或处分显著失策，危及公司存立等情形。……

《广西壮族自治区高院意见》第16条第2款：股东因与其他股东分歧而被排斥参与公司日常管理的，不必然意味着公司经营管理发生严重困难，股东的股权并不当然包含管控公司的权能，某些股东无法参与日常管理的情况属于股东之间的自治范畴，如果涉及侵害股东权利，例如参会权、表决权、知情权等，则另有法律救济制度或异议股东退出机制，但股东无权直接请求解散公司。

目前，立法及司法解释都未规定股东压制及其相应的救济途径，但学理上多有将“股东压制”作为一种司法解散事由的观点，并从法学方法角度论证前述观点的合理性。[③]

与学理上积极支持相比，实务上对此多持反对意见。当事人如以股东压制或类似理由（如大股东利用控制地位进行不公平关联交易，强制剥夺小股东的经营管理权、知情权、分红权等）请求司法解散公司，法院通常会以此类事由不属于法定解散事由或者可以通过其他方式单独解决而不必提起公司解散之诉为由，驳回原告的诉请。最高人民法院即认为，从境外立法例来看，股东压制作为司法解散的事由主要存在于英美等国。大陆法系国家，典型的

---

① 如股东单个权利受损，如被拒绝分配红利、被剥夺知情权等，可通过对应的救济渠道获得救济，尚不涉及股东压制，这也是《公司法解释二》第1条第2款的态度。

② 2005年修订版《公司法》条文。

③ 学理上的分析可参见李建伟：《司法解散公司事由的实证研究》，载《法学研究》2017年第4期；耿利航：《公司解散纠纷的司法实践和裁判规则改进》，载《中国法学》2016年第6期；张学文：《有限责任公司股东压制问题研究》，法律出版社2011年版；邓江源：《有限责任公司股东压制的困境与出路》，人民法院出版社2015年版。

包括德国、日本、韩国等国家并没有明文将股东压制作为公司司法解散的理由。在我国，公司股东的合法权益受到控制股东的严重压制，使股东无法直接参与公司的经营管理，也无法得知公司的经营状况，只要公司的经营管理正常运行，一般不能认定为“经营管理发生严重困难”。即如果存在股东压制的情形，但是在公司的经营管理状况良好的情况下，不宜启动司法解散程序。①

在“高某青与康得新电（北京）科技有限公司、康得投资集团有限公司公司解散纠纷案”［（2008）海民初字第15743号］中，原告高某青要求解散康得新电（北京）科技有限公司（以下简称新电公司），其诉称：在康得投资集团有限公司（以下简称康得投资公司）成为控股股东以后，就开始独揽公司大权，排挤小股东，使小股东高某青在公司里逐渐丧失了所有权利：（1）2006年1月15日，撤销了高某青总经理的职务，任命高某青为公司副总经理，主管市场。（2）2007年2月9日，免去了高某青的副总经理职务，并解除了与高某青的劳动关系。（3）作为新电公司股东、董事的高某青，参加董事会、股东会的权利也被剥夺。董事会从来没有通知过高某青参加，股东会也基本不通知高某青参加。2006年以来，公司所有的董事会决议、股东会决议都是在高某青没有出席的情况下作出的。（4）高某青作为股东的知情权也被剥夺。为此，高某青于2007年11月5日向法院提起诉讼，请求判决被告新电公司提供2006年1月至2007年9月公司的财务会计报告（包括：资产负债表、损益表、财务状况变动表、财务情况说明书）给高某青查阅、复制；请求判决新电公司向高某青提供2002年1月至2007年8月期间的全部会计账簿供高某青查阅。法院于2008年1月31日作出了（2008）海民初字第3555号民事判决书，依法支持了高某青的全部诉讼请求。但新电公司不服，提起了上诉，致使高某青的知情权至今无法实现。（5）新电公司曾经进行过分红，但分红款至今不支付给高某青。这些事实说明新电公司股东之间的矛盾已经很深了。

北京市海淀区人民法院认为：我国法律规定的公司解散事由必须是“公

---

① 参见最高人民法院民事审判第二庭编著：《最高人民法院关于公司法司法解释（一）、（二）理解与适用》，人民法院出版社2015年版，第134～135、143页。

司经营出现严重困难，继续存续会使股东利益受到重大损失”。司法解释列明的4种情形主要体现的是股东僵局和董事僵局所造成的公司经营管理上的严重困难，即公司处于事实上的瘫痪状态，体现公司自治的公司治理结构完全失灵，不能正常进行经营活动。如果单纯因为公司经营严重亏损或者股东权益受到侵害，则不属于《公司法》规定的解散公司诉讼事由。本案中，高某青持有新电公司25%的股东表决权，符合法律规定提起公司解散之诉的主体资格。诉讼中，高某青要求解散新电公司的理由是：其作为小股东不能正常行使其股东权利，包括参加股东会、知情权、分红权等；大股东转移公司资产，造成公司资不抵债、经营困难；股东之间矛盾不可调和等。该院认为，高某青主张的上述解散公司事由均不属于我国《公司法》第183条及相关司法解释中规定的公司解散的法定事由，高某青如认为其股东权利或者新电公司的利益受到损害，其可以通过其他途径寻求救济。事实上，高某青已经陆续通过向法院提出股东知情权、分红权、要求确认股东会议决议效力等一系列诉讼主张权利。最终，法院认为高某青在案件中要求解散新电公司的事由不属于法律规定的解散公司事由，高某青亦未提交相关证据证明“公司经营出现严重困难，继续存续会使股东利益受到重大损失”事实的存在，驳回了原告高某青的诉讼请求。

（3）最高人民法院新近裁判观点。

但应注意的是，最高人民法院新近有判决开始认可股东压制情形下，小股东有权提起司法解散之诉。但对于是否需要同时符合公司经营困难特征，尚未有一致的观点。①

在“董某琴与长春东北亚物流有限公司公司解散纠纷再审案”②［（2017）最高法民申2148号］中，最高人民法院提取的裁判摘要认为：公司解散目的是维护小股东的合法权益，其实质在于公司存续对于小股东已经

---

① 实务上现隐然有主张公司司法解散应包含股东压制情形，参见周成：《公司司法解散制度实证研究——基于100份公司解散纠纷裁判文书的分析》，载《人民司法·应用》2020年第31期。作者周成系江苏省高级人民法院法官。不过目前所见案例在符合股东压制情形下，法院会关注公司是否已经经营困难。这与纯粹符合股东压制进而要求司法解散公司的学理观点存在差异。

② 本案为《最高人民法院公报》2018年第7期案例。

失去了意义，表现为小股东无法参与公司决策、管理、分享利润，甚至不能自由转让股份和退出公司。在穷尽各种救济手段的情况下，解散公司是唯一的选择。公司理应按照公司法良性运转，解散公司也是规范公司治理结构的有力举措。

在这一公报案例中，最高人民法院认为：本案的焦点问题是长春东北亚物流有限公司（以下简称东北亚公司）是否符合公司解散的法定条件。

首先，关于法律适用问题。2004 年 9 月 20 日东北亚公司注册成立，至 2015 年 12 月东北亚公司工商登记显示，荟冠公司持股 44%，董某琴持股 51%，东证公司持股 5%。荟冠公司以东北亚公司经营管理发生严重困难、其股东利益受到重大损害、通过其他途径不能解决僵局等事实为由，请求解散东北亚公司。需要指出的是，有限责任公司系具有自主决策和行为能力的组织体，虽然公司会由于内部成员间的对抗而出现机制失灵、无法运转，公司决策和管理无法形成有效决议而陷入僵局，但是基于公司永久存续性的特征，国家公权力对于股东请求解散公司的主张必须秉持谨慎态度。当股东之间的冲突不能通过协商达成谅解，任何一方都不愿或无法退出公司时，为保护股东的合法权益，强制解散公司就成为唯一解决公司僵局的措施。因此，《公司法》第 182 条规定："公司经营管理发生严重困难，继续存续会使股东利益受到重大损失，通过其他途径不能解决的，持有公司全部股东表决权百分之十以上的股东，可以请求人民法院解散公司"。并且，《公司法解释二》第 1 条第 1 款规定了人民法院受理解散公司诉讼案件形式要件及判决是否解散公司实体审查标准的 4 种情形：（1）公司持续两年以上无法召开股东会或者股东大会，公司经营管理发生严重困难的；（2）股东表决时无法达到法定或者公司章程规定的比例，持续两年以上不能作出有效的股东会或者股东大会决议，公司经营管理发生严重困难的；（3）公司董事长期冲突，且无法通过股东会或者股东大会解决，公司经营管理发生严重困难的；（4）经营管理发生其他严重困难，公司继续存续会使股东利益受到重大损失的情形。在公司解散案件中，法律并未设置主张解散公司的股东需要行使某项权利作为请求人民法院解散公司的前置程序。一审、二审法院依照《公司法》第 182 条、《公司法解释二》第 1 条第 1 款之规定，根据查明的案件事实，在多次调解未果的情况下，为充分保护公司股东合法权益，依法规范公司治理结构，促进市场经济健康发展，作出解散东北亚公司的判决，适用法律并无不当。

其次，关于东北亚公司是否符合公司解散的法定条件的问题。（1）东北亚公司的经营管理已发生严重困难。判断公司的经营管理是否出现严重困难，应当从公司组织机构的运行状态进行综合分析，公司是否处于盈利状态并非判断公司经营管理发生严重困难的必要条件。其侧重点在于公司经营管理是否存在严重的内部障碍，股东会或董事会是否因矛盾激化而处于僵持状态，一方股东无法有效参与公司经营管理。就本案而言，可以从董事会、股东会及监事会运行机制 3 个方面进行综合分析。根据一审、二审法院查明的事实：关于董事会方面，东北亚公司董事会有 5 名成员，董某琴方 3 人，荟冠公司方 2 人。公司章程第 53 条规定：董事会会议由董事代股东行使表决权，董事会会议对所议事项作出决议，决议应由代表 3/5 以上（含本数）表决权的董事表决通过。根据以上规定，董某琴方提出的方案，无须荟冠公司方同意即可通过。荟冠公司曾 3 次提出修改公司章程，均遭到董某琴的拒绝。此外，荟冠公司向东证公司转让部分股权一事，东北亚公司拒绝配合，最终通过诉讼才得以实现。2013 年 8 月 6 日起，东北亚公司已有两年未召开董事会，董事会早已不能良性运转。关于股东会方面，自 2015 年 2 月 3 日至本案审理时，东北亚公司长达两年没有召开股东会，无法形成有效决议，更不能通过股东会解决董事间激烈的矛盾，股东会机制失灵。关于监事会方面，东北亚公司成立至本案审理时从未召开过监事会，监事亦没有依照公司法及公司章程行使监督职权。综上，客观上东北亚公司董事会已由董某琴方控制，荟冠公司无法正常行使股东权利，无法通过委派董事加入董事会参与经营管理。东北亚公司的内部机构已不能正常运转，公司经营管理陷入僵局。（2）东北亚公司继续存续会使荟冠公司股东权益受到重大损失。公司股东依法享有选择管理者、参与重大决策和分取收益等权利。本案中，荟冠公司已不能正常委派管理者。2007 年 8 月 29 日，荟冠公司推荐常某某出任总经理，2015 年 3 月 11 日，荟冠公司委派宋某某、徐某某出任董事并担任副董事长和副总经理，东北亚公司均以未达到公司章程规定的 3/5 决策比例为由拒绝，东北亚公司人事任免权完全掌握在董某琴一方。荟冠公司不能正常参与公司重大决策，东北亚公司向董某琴个人借款7222万元，没有与之对应的股东会或董事会决议，另外审计报告显示董某琴的关联方从东北亚公司借款近1亿元。2014年10月，东北亚公司向中国工商银行申请了5000万元贷款，而荟冠公司对于该笔贷款的用途并不知晓。2015年东北亚公司粮油市场改造扩建一事，荟冠公司及其委派的董事也并未参与。荟冠公司未能从东北亚公司获取收益，东北亚公司虽称公司持续盈利，但多年并未分红。荟冠公司作为东北亚公司的第二大股东，早已不能正常行使参与公司经营决策、管理和监督以及选择管理者的股东权利，荟冠公司投资东北亚公司的合同目的无法实现，股东权益受到重大损失。（3）通过其他途径亦不能解决东北亚公司股东之间的冲突。基于有限责任公司的人合性，股东之间应当互谅互让，积极理性地解决冲突。在东北亚公司股东发生矛盾冲突后，荟冠公司试图通过修改公司章程改变公司决策机制解决双方纠纷，或通过向董某琴转让股权等退出公司的方式解决公司僵局状态，但均未能成功。即使荟冠公司向东证公司转让部分股权，也由于荟冠公司与董某琴双方的冲突历经诉讼程序方能实现。同时，一审法院基于慎用司法手段强制解散公司，多次组织各方当事人进行调解。在二审法院调解过程中，荟冠公司、东证公司主张对东北亚公司进行资产价格评估，确定股权价格后，由董某琴收购荟冠公司及东证公司所持东北亚公司的股权，荟冠公司及东证公司退出东北亚公司，最终各方对此未能达成一致意见，调解未果。东北亚公司僵局状态已无法通过其他途径解决。综合来看，东北亚公司股东及董事之间长期冲突，已失去继续合作的信任基础，公司决策管理机制失灵，公司继续存续必然损害荟冠公司的重大利益，且无法通过其他途径解决公司僵局，荟冠公司坚持解散东北亚公司的条件已经成就。

但在“吉林省金融资产管理有限公司与宏运集团有限公司公司解散纠纷再审案”［（2019）最高法民申1474号］中，最高人民法院论述了公司经营困难，设立目的落空等事实。最高人民法院认为：对于公司经营管理发生严重困难可以提起司法解散的情形，有关法律、司法解释作出了明确规定。《公司法》第182条规定，公司经营管理发生严重困难，继续存续会使股东利益受到重大损失，通过其他途径不能解决的，持有公司全部股东表决权10%以上的股东，可以请求人民法院解散公司。《公司法解释二》第1条规定，单独或者合计持有公司全部股东表决权10%以上的股东以下列事由之一提起解散公司诉讼，并符合《公司法》第182条规定的，人民法院应予受理：（1）公司持续两年以上无法召开股东会或者股东大会，公司经营管理发生严重困难的；（2）股东表决时无法达到法定或者公司章程规定的比例，持续两年以上不能作出有效的股东会或者股东大会决议，公司经营管理发生严重困难的；（3）公司董事长期冲突，且无法通过股东会或者股东大会解决，公司经营管理发生严重困难的；（4）经营管理发生其他严重困难，公司继续存续会使股东利益受到重大损失的情形。本案中，认定吉林省金融资产管理有限公司（以下简称金融管理公司）经营管理是否发生严重困难、应否司法解散即以此为据。根据一审、二审判决查明的事实，最高人民法院认为，一审、二审判决认定金融管理公司经营管理发生严重困难符合司法解散的条件并无不当。

首先，从公司经营方面看。金融管理公司作为吉林省人民政府批准设立的省内唯一一家地方资产管理公司，主营业务为不良资产批量收购、处置，以防范和化解地方金融风险。但金融管理公司成立后不久，在未经股东会、董事会审议决定的情况下，宏运集团有限公司（以下简称宏运集团公司）即利用对金融管理公司的控制地位，擅自将10亿元注册资本中的9.65亿元外借给其实际控制的关联公司宏运投资控股有限公司、辽宁足球俱乐部股份有限公司及宏运商业集团有限公司，这是股东之间产生矛盾乃至其后公司人合性丧失的诱因。虽然此后金融控股公司及吉林省金融监管部门多次催促宏运集团公司解决借款问题、保障公司回归主营业务，宏运集团公司也承诺最迟于2015年年底前收回外借资金，但截至2016年12月31日，金融管理公司的对外借款问题仍未解决，其银行存款余额仅为2 686 465.85元。由于金融管理公司的经营资金被宏运集团公司单方改变用途作为贷款出借且长期无法收回，导致公司批量收购、处置不良资产的主营业务无法正常开展，也使公司设立的目的落空，公司经营发生严重困难。

其次，从公司管理机制运行方面看。金融管理公司于2015年2月28日成立后，除2015年4月27日召开过董事会之外，未按公司章程规定召开过股东年会和董事会例会。2015年12月18日召开的股东会、董事会，是在股东双方发生分歧之后召开的临时股东会和董事会临时会议。此后直至金融控股公司于2017年10月提起本案诉讼，虽然股东双方之间已经出现矛盾，公司经营也已出现严重困难，但金融管理公司未能召开股东会、董事会对存在的问题妥善协商加以解决。金融控股公司提起本案诉讼后，金融管理公司虽于2017年11月先后召开了董事会和股东会，但董事出席人数不符合章程规定的董事会召开条件，股东会也仅有宏运集团公司单方参加。金融控股公司完全否认该次股东会、董事会召集程序的合法性和决议的有效性，且股东双方已经对簿公堂，证明股东之间、董事之间的矛盾已经激化且无法自行调和，股东会、董事会机制已经不能正常运行和发挥作用。在此情形下，继续维持公司的存续和股东会的非正常运行，只会产生大股东利用其优势地位单方决策，压迫损害另一小股东利益的后果。

（二）"继续存续会使股东利益受到重大损失"的理解

"继续存续会使股东利益受到重大损失"也是认定构成司法解散的重要要件，不过从实务上来，该要件的实际价值并不大。股东利益分为管理性权益和财产性权益。如果公司经营困难，则往往可以推导出股东财产性权益受损；而发生管理困难（公司僵局），则意味着公司管理性权益受损。比如在前述"林某清诉常熟市凯莱实业有限公司、戴某明公司解散纠纷案"[（2010）苏商终字第0043号]中，常熟市凯莱实业有限公司能够正常经营并盈利，但江苏省高级人民法院认为公司内部股东会运行机制长期失灵，原告无法正常行使股东权，那么公司继续存续会使原告股东利益受到重大损害。①

此外，"股东利益受到重大损失"通常不是股东利益的具体、个别、直接、有形的损害，而是股东利益将来、可能、间接、整体、全面遭受的损害。因为根据《公司法解释二》第1条第2款的规定，某项具体股东权利，如知情权、利润分配请求权受损害的，可以通过单项诉讼求得救济，不必诉诸解

① 参见耿利航：《公司解散纠纷的司法实践和裁判规则改进》，载《中国法学》2016年第6期；李建伟：《司法解散公司事由的实证研究》，载《法学研究》2017年第4期。

散之诉，前书已作说明。[①]

（三）“通过其他途径不能解决”的理解

《公司法解释二》第5条：人民法院审理解散公司诉讼案件，应当注重调解。当事人协商同意由公司或者股东收购股份，或者以减资等方式使公司存续，且不违反法律、行政法规强制性规定的，人民法院应予支持。当事人不能协商一致使公司存续的，人民法院应当及时判决。

经人民法院调解公司收购原告股份的，公司应当自调解书生效之日起六个月内将股份转让或者注销。股份转让或者注销之前，原告不得以公司收购其股份为由对抗公司债权人。

《公司法解释五》第5条：人民法院审理涉及有限责任公司股东重大分歧案件时，应当注重调解。当事人协商一致以下列方式解决分歧，且不违反法律、行政法规的强制性规定的，人民法院应予支持：

（一）公司回购部分股东股份；

（二）其他股东受让部分股东股份；

（三）他人受让部分股东股份；

（四）公司减资；

（五）公司分立；

（六）其他能够解决分歧，恢复公司正常经营，避免公司解散的方式。

《公司法》第182条“通过其他途径不能解决”这一要件是从公司永久存续角度考虑，即当公司经营管理发生严重困难，继续存续会使股东利益受到重大损失时，仍寄希望于公司能够通过公司自治等方式解决股东、董事之间的僵局，从而改变公司瘫痪的状态，而不轻易赋予股东通过司法程序强制解散公司的权利。对于何为“通过其他途径不能解决”，人民法院可能更多的是形式审查，对于起诉股东而言，其声明应归结为其已经采取了能够采取的其他方法而不能得到解决，“不得不”寻求司法救济的表述，该要件的意

① 参见李建伟：《司法解散公司事由的实证研究》，载《法学研究》2017年第4期。

义更多在于其导向性。[①]

由于这一要件在操作上具有较大的裁量空间，因此最高人民法院有此说明，将其仅仅作为导向性要求以避免地方法院受理原告起诉时因严格认定而极度限缩司法解散之诉的适用空间。实务上，原告如在起诉时能提供被告公司不同意回购股权或其他对立股东不肯受让股权的证据，法院便会予以受理。而在诉讼过程中，法院会进一步判断是否构成公司解散的标准。即使符合司法解散之诉的构成，法院也会根据《公司法解释二》第5条及《公司法解释五》第5条规定在庭审中主持双方调解，以确保用尽了“其他途径”仍不能解决争议而不得不判决公司解散。从这个意义上说，“通过其他途径不能解决”这一要件，不仅是司法解散之诉的前置性的解决程序要求，也是诉讼过程中判决公司解散时的实质性要件。[②]

在“吉林省金融资产管理有限公司与宏运集团有限公司公司解散纠纷再审案”［（2019）最高法民申1474号］中，最高人民法院认为：金融控股公司与宏运集团有限公司因资金外借出现矛盾后，双方自2015年起即开始协调解决，但直至本案成讼仍未妥善解决，股东间的信任与合作基础逐步丧失。其间，双方也多次沟通股权结构调整事宜，但始终未能就股权转让事宜达成一致。在本案诉讼期间，一审法院于近10个月的时间内，多次组织双方进行调解，试图通过股权转让、公司增资、公司控制权转移等多种途径解决纠纷，但股东双方均对对方提出的调解方案不予认可，最终未能达成调解协议。在司法解散之外的其他途径已经穷尽仍无法解决问题的情形下，一审、二审法院判决解散吉林省金融资产管理有限公司，于法于理均无不当。

应注意的是，如果法院不同意当事人申请公司解散，可能会通过这一要件来设置障碍。在前述“荣某平与安阳市豫龙锻压设备有限公司、原审第三人陈某星公司解散纠纷二审案”［（2015）安中民三终字第507号］中，公司经营情况良好，但股东矛盾非常大，已经连续4年无法正常召开股东会，此时法院不同意判决解散公司。河南省安阳市中级人民法院就认为：因上

---

① 参见最高人民法院民事审判第二庭编著：《最高人民法院关于公司法司法解释（一）、（二）理解与适用》，人民法院出版社2015年版，第19页。

② 对此可参见李建伟：《司法解散公司事由的实证研究》，载《法学研究》2017年第4期。

诉人起诉公司解散前可以通过变更公司章程、撤销公司决议或行为、股东查账、股东转股、退股等方案解决公司僵局或股东僵局，公司仍有继续存续的可能，但是，上诉人并没有通过其他途径解决公司僵局问题，豫龙锻压公司不符合解散条件，上诉人荣某平主张公司解散理由不能成立，法院依法不予支持。

三、司法解散之诉的程序要件

（一）诉讼主体

1. 原告

关于司法解散之诉的原告股东起诉要求，有如下6点说明：

第一，根据《公司法》第182条的规定，“持有公司全部股东表决权百分之十以上的股东”，可以请求人民法院解散公司。而《公司法解释二》第1条则进一步细化规定，“单独或者合计持有公司全部股东表决权百分之十以上的股东”就可以提起解散公司诉讼。

第二，原告股东应自起诉时开始，至整个审理过程中都要保持10%以上的股权，否则法院将裁定驳回起诉。但对起诉前的持股时间不作要求。

第三，法院仅对原告股东的持股事实进行形式审查，只要股东能够依据工商登记、股东名册等资料证明其所持股份情况即可。这意味着出资瑕疵股东也可以提起司法解散之诉。①

第四，对引起司法解散之诉事由的一方股东，仍有权作为原告提起诉讼。在“仕丰科技有限公司与富钧新型复合材料（太仓）有限公司、第三人永利集团有限公司解散公司纠纷案”［（2011）民四终字第29号］中，最高人民法院提取的裁判摘要认为：公司能否解散取决于公司是否存在僵局且符合《公司法》第183条②规定的实质条件，而不取决于公司僵局产生的原因和责任。即使一方股东对公司僵局的产生具有过错，其仍然有权提起公司解散之

---

① 参见最高人民法院民事审判第二庭编著：《最高人民法院关于公司法司法解释（一）、（二）理解与适用》，人民法院出版社2015年版，第142页以下。

② 该案适用的是《公司法》（2005年修订）已被修改，相关规定见《公司法》（2018年修正）第182条。

诉，过错方起诉不应等同于恶意诉讼。

第五，根据《公司法解释二》第4条规定，原告股东提起解散公司诉讼应当告知其他股东，或者由人民法院通知其参加诉讼。其他股东或者有关利害关系人申请以共同原告或者第三人身份参加诉讼的，人民法院应予准许。

第六，公司章程不能对原告起诉资格作更严格的限制。根据《江西省高院意见》第76条规定，公司章程规定股东不得请求解散公司，或对解散条件作出较《公司法》更严格的限制的，该规定无效。

2. 被告

《公司法解释二》第4条： 股东提起解散公司诉讼应当以公司为被告。

原告以其他股东为被告一并提起诉讼的，人民法院应当告知原告将其他股东变更为第三人；原告坚持不予变更的，人民法院应当驳回原告对其他股东的起诉。

……

公司解散之诉的被告应为公司，而不能以其他股东为被告发起解散之诉。

（二）管辖法院

《公司法解释二》第24条： 解散公司诉讼案件和公司清算案件由公司住所地人民法院管辖。公司住所地是指公司主要办事机构所在地。公司办事机构所在地不明确的，由其注册地人民法院管辖。

基层人民法院管辖县、县级市或者区的公司登记机关核准登记公司的解散诉讼案件和公司清算案件；中级人民法院管辖地区、地级市以上的公司登记机关核准登记公司的解散诉讼案件和公司清算案件。

公司司法解散案件的管辖法院是公司住所地人民法院。此外应注意的是，基层人民法院与中级人民法院对公司司法解散案件有各自管辖范围。

（三）判决效力

《公司法解释二》第6条： 人民法院关于解散公司诉讼作出的判决，对公司全体股东具有法律约束力。

人民法院判决驳回解散公司诉讼请求后，提起该诉讼的股东或者其他股东又以同一事实和理由提起解散公司诉讼的，人民法院不予受理。

法院对司法解散公司之诉作出的判决，对公司所有股东具有法律效力，尤其强调对“其他股东”，包括未参加诉讼的股东和作为第三人的股东，具有法律约束力。

四、司法解散之诉与特别清算程序的区别

《公司法》第183条：公司因本法第一百八十条第（一）项、第（二）项、第（四）项、第（五）项规定而解散的，应当在解散事由出现之日起十五日内成立清算组，开始清算。有限责任公司的清算组由股东组成，股份有限公司的清算组由董事或者股东大会确定的人员组成。逾期不成立清算组进行清算的，债权人可以申请人民法院指定有关人员组成清算组进行清算。人民法院应当受理该申请，并及时组织清算组进行清算。

《公司法解释二》第2条：股东提起解散公司诉讼，同时又申请人民法院对公司进行清算的，人民法院对其提出的清算申请不予受理。人民法院可以告知原告，在人民法院判决解散公司后，依据民法典第七十条、公司法第一百八十三条和本规定第七条的规定，自行组织清算或者另行申请人民法院对公司进行清算。

《公司法解释二》第7条：公司应当依照民法典第七十条、公司法第一百八十三条的规定，在解散事由出现之日起十五日内成立清算组，开始自行清算。

有下列情形之一，债权人、公司股东、董事或其他利害关系人申请人民法院指定清算组进行清算的，人民法院应予受理：

（一）公司解散逾期不成立清算组进行清算的；

（二）虽然成立清算组但故意拖延清算的；

（三）违法清算可能严重损害债权人或者股东利益的。

司法解散之诉与特别清算程序无法并存，主要有如下3个理由：

第一，司法解散之诉是诉讼程序，而特别清算程序是非讼程序。

第二，司法解散之诉由股东提起，而特别清算程序可由公司债权人、股东、董事以及其他利害关系人发动。

第三，即使法院判决公司解散后进入清算程序，《公司法》及司法解释均要求先进行普通清算，即由公司自行组成清算组并开始清算。只有在公司逾期不成立清算组等相关情况下，才由公司债权人等申请法院进行特别清算。①

① 普通清算和特别清算是学理上的概念划分，前者是指由公司自行组织清算组进行清算，后者是因普通清算无法实现而由公司债权人、股东、董事或其他利害关系人申请法院指定有关人员成立清算组进行清算。在性质上，特别清算是介于普通清算和破产清算之间的一种“中间制度”，是结合了普通清算与破产清算若干特点的混合物。参见李建伟：《公司法学》（第4版），中国人民大学出版社2018年版，第140页。

第二十一章 公 司 清 算

一、公司清算概述

（一）清算的类型

公司清算分为解散清算和破产清算，解散清算又分为自愿解散清算与强制解散清算。这种分类在前一章节已说明。

破产清算受《破产法》调整，本章节介绍的是常规的解散清算。

（二）“清算中公司”概念：同一法人说

《民法典》第72条第1款：清算期间法人存续，但是不得从事与清算无关的活动。

《公司法》第186条第3款：……清算期间，公司存续，但不得开展与清算无关的经营活动。

《公司法解释二》第10条：公司依法清算结束并办理注销登记前，有关公司的民事诉讼，应当以公司的名义进行。

公司成立清算组的，由清算组负责人代表公司参加诉讼；尚未成立清算组的，由原法定代表人代表公司参加诉讼。

根据《公司法》第186条规定，清算中的公司与原公司为同一法人，公司清算并不会导致其人格消灭，只是在清算阶段，公司权利能力限于清算相关事务。此外，公司清算前已存在的法律关系也不因清算而有所变更，这是学理上“同一法人说”的观点。

二、清算的启动主体

（一）普通清算：清算义务人启动

《公司法解释二》第7条第1款：公司应当依照民法典第七十条、公司法第一百八十三条的规定，在解散事由出现之日起十五日内成立清算组，开始自行清算。

《公司法解释二》第18条：有限责任公司的股东、股份有限公司的董事和控股股东未在法定期限内成立清算组开始清算，导致公司财产贬值、流失、毁损或者灭失，债权人主张其在造成损失范围内对公司债务承担赔偿责任的，人民法院应依法予以支持。

有限责任公司的股东、股份有限公司的董事和控股股东因怠于履行义务，导致公司主要财产、账册、重要文件等灭失，无法进行清算，债权人主张其对公司债务承担连带清偿责任的，人民法院应依法予以支持。

上述情形系实际控制人原因造成，债权人主张实际控制人对公司债务承担相应民事责任的，人民法院应依法予以支持。

《公司法解释二》第19条：有限责任公司的股东、股份有限公司的董事和控股股东，以及公司的实际控制人在公司解散后，恶意处置公司财产给债权人造成损失，或者未经依法清算，以虚假的清算报告骗取公司登记机关办理法人注销登记，债权人主张其对公司债务承担相应赔偿责任的，人民法院应依法予以支持。

《公司法解释二》第20条：公司解散应当在依法清算完毕后，申请办理注销登记。公司未经清算即办理注销登记，导致公司无法进行清算，债权人主张有限责任公司的股东、股份有限公司的董事和控股股东，以及公司的实际控制人对公司债务承担清偿责任的，人民法院应依法予以支持。

公司未经依法清算即办理注销登记，股东或者第三人在公司登记机关办理注销登记时承诺对公司债务承担责任，债权人主张其对公司债务承担相应民事责任的，人民法院应依法予以支持。

《公司法解释二》第21条：按照本规定第十八条和第二十条第一款的规

定应当承担责任的有限责任公司的股东、股份有限公司的董事和控股股东，以及公司的实际控制人为二人以上的，其中一人或者数人依法承担民事责任后，主张其他人员按照过错大小分担责任的，人民法院应依法予以支持。

公司清算分为普通清算和特别清算，前者是指由公司自行组织清算组进行清算，后者是因普通清算无法实现而由公司债权人或股东申请法院指定有关人员成立清算组进行清算。

应注意的是，根据《公司法》及司法解释，普通清算虽由公司启动清算程序，但真正有义务启动普通清算程序的是公司清算义务人。

此外，清算义务人和清算组是不同的概念，前者是启动清算程序的主体，后者是具体实施清算事务的主体，两者虽有可能存在人员上的重合，但内外法律关系均存在不同，下文详述。

1. 清算义务人的认定

根据《公司法解释二》第 18 条的规定，有限责任公司的清算义务人是公司股东，股份有限公司的清算义务人是公司董事、控股股东。①

而《公司法解释二》第 18 条第 3 款又规定了实际控制人的赔偿责任，实务上有争议的是实际控制人是不是清算义务人？

根据最高人民法院的理解，公司解散后，如果实际控制人利用其控制地位，导致公司不能在法定期间内组成清算组依法对公司进行清算，造成公司财产损失或者无法清算的，根据《公司法》的规定和侵权责任一般原理，应当承担相应的民事责任。但是应当明确的是，实际控制人不是法定清算义务人，因为公司实际控制人在公司解散后没有对公司组织清算的法定义务。可以说，有限责任公司的股东、股份有限公司的董事和控股股东在公司解散后承担的是积极作为的清算义务，而实际控制人在公司解散后承担的则是消极的不作为义务，只要其不作出阻止公司进行清算的行为，或者其行为并未造成公司未依法组织清算或无法清算的后果，其就不用承担民事责任。

---

① 关于有限责任公司的清算义务人，在《民法总则》（已失效）出台后曾存在争议，最高人民法院目前的观点仍是以《公司法解释二》第 18 条规定来认定清算义务人，参见最高人民法院民事审判第二庭编著：《〈全国法院民商事审判工作会议纪要〉理解与适用》，人民法院出版社 2019 年版，第 163 页以下。

此外，即使因实际控制人原因导致公司未及时清算或无法清算，有限责任公司的股东、股份有限公司的董事和控股股东也不能免除清算义务，因为他们是法定的清算义务人。[①]

2. 清算义务人怠于履行清算义务的责任

清算义务人怠于履行清算义务的责任有两种，一种是“赔偿责任”，另一种是“清偿责任”。

（1）清算义务人承担相应赔偿责任。

清算义务人承担相应赔偿责任的前提是公司清算仍可以开展，只是因清算义务人原因导致公司单项或数项资产损失，清算义务人以造成的损失范围为限承担相应的赔偿责任，主要是如下两种情形：

一是清算义务人逾期清算，导致资产贬损、流失、毁损、灭失。

二是清算义务人恶意处置财产，导致资产贬损、流失、毁损、灭失。

（2）清算义务人连带清偿责任。

清算义务人承担连带清偿责任的前提是由于清算义务人的原因导致公司无法进行清算，清算义务人对公司债务承担连带清偿责任，主要包括如下两种情形：

第一，由于清算义务人的原因致使公司财产、账册、文件灭失，无法清算。

第二，由于清算义务人的原因致使未经清算直接注销登记，无法清算。

从实务中发生的案例来看，由于清算义务人的原因致使公司财产、账册、文件灭失而无法清算的情形更为常见。下文以《九民会议纪要》观点为主轴，分析清算义务人如何提出免责抗辩事由，避免对公司债务承担连带清偿责任。

3. 清算义务人的免责抗辩事由

《九民会议纪要》【（五）关于有限责任公司清算义务人的责任】：关于有限责任公司股东清算责任的认定，一些案件的处理结果不适当地扩大了股东的清算责任。特别是实践中出现了一些职业债权人，从其他债权人处大批

---

① 参见最高人民法院案例指导工作办公室：《指导案例9号〈上海存亮贸易有限公司诉蒋志东、王卫明等买卖合同纠纷案〉的理解与参照》。

量超低价收购僵尸企业的“陈年旧账”后，对批量僵尸企业提起强制清算之诉，在获得人民法院对公司主要财产、账册、重要文件等灭失的认定后，根据公司法司法解释（二）第18条第2款的规定，请求有限责任公司的股东对公司债务承担连带清偿责任。有的人民法院没有准确把握上述规定的适用条件，判决没有“怠于履行义务”的小股东或者虽“怠于履行义务”但与公司主要财产、账册、重要文件等灭失没有因果关系的小股东对公司债务承担远远超过其出资数额的责任，导致出现利益明显失衡的现象。需要明确的是，上述司法解释关于有限责任公司股东清算责任的规定，其性质是因股东怠于履行清算义务致使公司无法清算所应当承担的侵权责任。……

应首先说明的是，《九民会议纪要》中的免责抗辩事由主要适用于有限责任公司的清算义务人，即有限责任公司的股东，尤其是小股东。从实务发生的争议案件来看，清算义务人怠于履行清算义务纠纷确实主要发生在有限责任公司。

关于有限责任公司清算义务人的免责抗辩事由，本书从侵权责任构成要件角度展开整理。

（1）股东主张没有怠于履行清算义务的行为。

《九民会议纪要》第14条【怠于履行清算义务的认定】：公司法司法解释（二）第18条第2款规定的“怠于履行义务”，是指有限责任公司的股东在法定清算事由出现后，在能够履行清算义务的情况下，故意拖延、拒绝履行清算义务，或者因过失导致无法进行清算的消极行为。股东举证证明其已经为履行清算义务采取了积极措施，或者小股东举证证明其既不是公司董事会或者监事会成员，也没有选派人员担任该机关成员，且从未参与公司经营管理，以不构成“怠于履行义务”为由，主张其不应当对公司债务承担连带清偿责任的，人民法院依法予以支持。

所谓“清算义务”，是指清算义务主体按要求启动清算程序成立清算组并且保护好公司主要财产、公司账册、重要文件等义务。

在《九民会议纪要》之前，对于清算义务人怠于履行清算义务的认定，法院通常认为，只要是清算义务人未按照法律规定没有启动清算程序，成立清算组清算的，公司股东即属于怠于履行清算义务。

在“上海存亮贸易有限公司诉蒋某东、王某明等买卖合同纠纷案”[①]［（2011）沪一中民四（商）终字第130号］中，法院生效裁判认为：上海存亮贸易有限公司（以下简称存亮公司）按约供货后，拓恒公司未能按约付清货款，应当承担相应的付款责任及违约责任。房某福、蒋某东和王某明作为拓恒公司的股东，应在拓恒公司被吊销营业执照后及时组织清算。因房某福、蒋某东和王某明怠于履行清算义务，导致拓恒公司的主要财产、账册等均已灭失，无法进行清算，房某福、蒋某东和王某明怠于履行清算义务的行为，违反了《公司法》及其司法解释的相关规定，应当对拓恒公司的债务承担连带清偿责任。拓恒公司作为有限责任公司，其全体股东在法律上应一体成为公司的清算义务人。《公司法》及其相关司法解释并未规定蒋某东、王某明所辩称的例外条款，因此无论蒋某东、王某明在拓恒公司中所占的股份为多少，是否实际参与了公司的经营管理，两人在拓恒公司被吊销营业执照后，都有义务在法定期限内依法对拓恒公司进行清算。最高人民法院提取的裁判要点认为，有限责任公司的股东、股份有限公司的董事和控股股东，应当依法在公司被吊销营业执照后履行清算义务，不能以其不是实际控制人或者未实际参加公司经营管理为由，免除清算义务。[②]

在“北京广播公司与北京贝盟国际建筑装饰工程有限公司股东损害公司债权人利益责任纠纷二审案”［（2018）京03民终10635号］中，北京市第三中级人民法院认为：本案中，宏广公司早已于1999年8月2日被依法吊销了营业执照，北京市工商行政管理局于1999年9月30日作出的处罚决定书中还明确该公司的债权债务由股东组成清算组负责清算，宏广公司出现了法定的解散事由，北京广播公司作为宏广公司的股东有义务在解散事由出现之日起15日内成立清算组，清算宏广公司的债权债务。但北京广播公司和另一股东均未主动成立清算组进行清算，也没有申请公司强制清算，明显怠于履

---

① 本案为最高人民法院指导案例9号。

② 《九民会议纪要》发布后，最高人民法院指导案例9号中的裁判要点事实上已经没有参考效力。2020年12月29日，最高人民法院发布《关于部分指导性案例不再参照的通知》（法〔2020〕343号），决定9号指导性案例不再参照，但该指导性案例的裁判以及参照该指导性案例作出的裁判仍然有效。

行清算义务，致使宏广公司已支出4000余万元拆迁补偿费的土地处于闲置状态，最终于2000年3月31日被北京市国土资源和房屋管理局无偿收回。而北京贝盟国际建筑装饰工程有限公司（以下简称贝盟公司）自1999年开始申请执行宏广公司的案件，在长达十几年的时间里仍无法查询到宏广公司的其他可供执行的财产，执行案件至本案审理时未能终结，北京广播公司上述怠于履行清算义务的行为与宏广公司的重要财产流失存在直接的因果关系。诉讼中，北京广播公司明确表示现宏广公司无法进行清算，且其无义务进行清算，北京广播公司称是因为其将宏广公司的财务账册移交执行法院尚未取回所致，但执行案件中审计工作早已于2003年结束，在长达十几年的时间里，并无证据显示北京广播公司曾积极为清算宏广公司的债务而有所作为。最终，北京市第三中级人民法院维持了原判，北京广播公司作为宏广公司的股东应对宏广公司的债务承担连带清偿责任。

在《九民会议纪要》之前，公司债权人可根据《公司法解释二》第7条第2款规定，认为股东可以通过提起清算申请，请求法院指定清算组对公司进行清算。即使小股东提出“不经营管理公司”“非控股股东或实际控制人”“不掌握公司账册或重要文件”等抗辩理由，法院仍会认为，即使存在各种困难，但小股东完全可以通过申请法院指定清算组的方式进行清算，未做到这一步就可以认为小股东“怠于履行清算义务”。这是《九民会议纪要》发布前实务上常见的裁判思路。

《九民会议纪要》发布后，规定了两种免责抗辩事由。从最高人民法院的立场来看，主要是给有限责任公司的小股东提供免责的机会。这两个免责抗辩事由如下：

第一，小股东举证证明其已经为履行清算义务采取了积极措施，比如请求控股股东或其他股东对公司进行清算。

第二，小股东举证证明其既不是公司董事会或者监事会成员，也没有选派人员担任该机关成员，且从未参与公司经营管理。①

① 最高人民法院认为这里的理论基础是公司人格否认制度，小股东不存在滥用公司法人独立地位和股东有限责任的机会。参见最高人民法院民事审判第二庭编著：《〈全国法院民商事审判工作会议纪要〉理解与适用》，人民法院出版社2019年版，第166页以下。

最高人民法院甚至认为，《公司法解释二》第7条第2款中公司股东申请人民法院指定清算组对公司进行清算，并不是法律规定的股东的义务。没有哪部法律规定出现这3种情况，公司股东有义务申请人民法院指定清算组对公司进行清算。既然不是公司股东的法律上的“义务”，那就谈不上“怠于履行”的问题。①

但是在《九民会议纪要》发布后，最高人民法院仍有与上述会议纪要观点不一致的判决，这表明小股东如欲避免承担清偿责任，可能要负担较高的证明义务。在“中昊北方涂料工业研究设计院有限公司、张某康与中国建设银行股份有限公司甘肃省分行营业部公司清算责任纠纷案”［（2019）最高法民申3686号］中，中昊北方涂料工业研究设计院有限公司（以下简称中昊公司）主张其在金樱公司执照吊销当年，曾试图注销或转让公司股权而多次联系张某康未果，其作为占金樱公司出资比例2.66%的小股东，无权提请公司召开临时股东大会和提请人民法院解散公司，不存在怠于履行义务的行为。最高人民法院认为：根据《公司法》第180条第4项、第183条的规定，有限责任公司的股东应在公司被吊销营业执照后15日内成立清算组进行清算。对被吊销营业执照的公司负有清算义务的是全体股东，并不因持股比例不同而有所区分，并且法律并未限制小股东在清算事由发生时提起清算的权利，中昊公司该项抗辩不能成立。中昊公司、张某康还主张金樱公司主要财产在公司被吊销营业执照之前已由外界原因导致灭失，金樱公司财务资料保存完好，具备清算的条件，并非属于股东怠于履行义务造成主要财产、账册、重要文件等灭失而无法进行清算。经查，二审庭审中张某康认可金樱公司租用了地毯厂厂房，2005年地毯厂被拆迁时金樱公司机器设备仍在该厂房内，中昊公司、张某康无法证明上述资产灭失的时间和原因。由兰州市中级人民法院（2016）甘01民算1号民事裁定可知，人民法院未在法定期限内收到金樱公司用于清算的财产状况说明、债务清册、债权清册、有关财务会计报表以及支付职工工资和缴纳社会保险费用等相关资料，是金樱公司无法清算并终

① 参见最高人民法院民事审判第二庭编著：《〈全国法院民商事审判工作会议纪要〉理解与适用》，人民法院出版社2019年版，第167页以下。

结清算程序的主要原因。中昊公司、张某康虽然称资料保存完好，但其并未在强制清算程序期间内提交，导致金樱公司无法进行清算。故二审法院认定中昊公司、张某康存在怠于履行清算义务的行为并无不当。最高人民法院最终驳回了中昊公司、张某康的再审申请。

（2）股东主张不存在因果关系。

《九民会议纪要》第15条【因果关系抗辩】：有限责任公司的股东举证证明其“怠于履行义务”的消极不作为与“公司主要财产、账册、重要文件等灭失，无法进行清算”的结果之间没有因果关系，主张其不应对公司债务承担连带清偿责任的，人民法院依法予以支持。

实务上常见的争议点是：如果法院在清算事由发生前已出具了终结本次执行裁定，股东能否抗辩公司在清算事由发生前已经没有财产，即使公司未经清算，也无法对债权人造成损害，以此来切断因果关系，即怠于履行清算义务的行为与公司无法清算并造成债权人的损失之间不存在因果关系？

在“上海丰瑞投资咨询有限公司与上海汽车工业销售有限公司、扬州市机电设备总公司企业借贷纠纷案”［（2016）最高法民再37号］中，最高人民法院认为：尽管案涉被清算公司扬州公司在2001年11月2日被吊销了营业执照后应予解散并清算，至今作为其清算义务人的两个股东上海汽车工业销售有限公司（以下简称上汽公司）和扬州市机电设备总公司（以下简称机电公司）均未履行清算义务，但对于上汽公司而言，本案并不符合《公司法解释二》第18条第2款规定的清算义务人应履行连带清偿责任的条件，上汽公司不应承担案涉上海丰瑞投资咨询有限公司（以下简称丰瑞公司）对上汽扬州公司债权的连带清偿责任。主要有两个理由：第一，从上汽公司在主张自己对上汽扬州公司享有债权而申请强制执行的行为可以得出，上汽公司已对上汽扬州公司的资产进行了清理，其未履行清算义务与丰瑞公司的损失之间并无因果关系。1999年12月21日作出的（1999）扬经初字第163号民事判决书，判令上汽扬州公司给付上汽公司货款9 424 216.95元。根据上汽扬州公司工商档案显示，该公司最后一次年检是1999年度，相关表格中显示该公司此时的资产总额426万元，负债总额663万元。该时，上汽扬州公司负债大于资产。根据再审查明的事实，扬州公司实际运作中，没有独立聘用工作人员，其财务的具体的业务由扬州机电公司的汽车科工作人员负责；也没有专门的财务管理部门，其财务管理实际由机电总公司财务科代管。财务也由扬州机电公司管理。被清算公司的董事长由机电公司的人担任。上汽公司申请强制执行后，在强制执行程序中，负责上汽扬州公司财务的机电公司以及上汽扬州公司也向法院出具了《上海汽车扬州销售有限公司现状汇报》《资产负债表》《损益表》《上汽扬州公司债权清单》等证据，用以核查公司资产，清偿债务。上述证据表明，该公司当时已无资产可供还债。正因为此，扬州市中级人民法院于2000年12月27日作出的（2000）扬执字第96号民事裁定书载明："在执行过程中查明，被执行人扬州公司因经营亏损，已处于歇业状态，对外债权因其债务人均歇业或者破产而难以收回。本院曾于2000年9月1日裁定中止执行，其间申请人销售公司亦提供不出被执行人的财产线索"。该院据此裁定终结执行。由上述事实可见，基于保护自己债权的考虑，上汽公司在强制执行案中已尽其所能清查上汽扬州公司的责任资产，机电公司也提供了相关财务报表和说明，但该公司已无偿债资产。在上汽扬州公司于2001年已无偿债能力且被吊销营业执照的情形下，即使当时进行清算，其也无责任资产偿还丰瑞公司的案涉债权，故上汽公司未履行清算义务的行为并未造成丰瑞公司的损失，上汽公司未履行清算义务的行为与丰瑞公司案涉债权未得到清偿所致损失并无因果关系。第二，从法律、司法解释的规定、司法实务的现实以及避免当事人滥用连带责任规定的角度进行分析。在2008年，《公司法解释二》颁布实施前，我国并无关于清算义务人未履行清算义务应承担连带清偿责任的规定。本案被清算公司发生清算事由在2001年。在当时，尽管公司法有关于清算义务的规定，但并没有关于未履行清算义务应承担何种责任的明确规定，故在司法实务中，对清算义务人追究法律责任的案例极少。虽然根据"补缺例外"的法无溯及力的除外原则，本案应适用《公司法解释二》的规定，但考虑到对于当事人期限利益的保护，让当事人根据法律事实出现多年之后才颁布实施的《公司法解释二》的规定承担连带清偿责任，有失公正，尤其是在清算义务人已尽其所能未能在强制执行程序中使自己对被清算主体的900万元债权得到清偿的情形下。最终，最高人民法院维持了原审判决。

对于股东以法院终本裁定来切断因果关系的观点，公司债权人或法院可能会进行反驳，认为执行法院裁定终结本次执行程序并不能说明公司无财产，公司存在隐匿财产或其他潜在资产的可能。

在“上海存亮贸易有限公司诉蒋某东、王某明等买卖合同纠纷案”［（2010）沪中民四（商）终字第130号］中，法院生效裁判认为：关于蒋某东、王某明辩称拓恒公司在被吊销营业执照前已背负大量债务，即使其怠于履行清算义务，也与拓恒公司财产灭失之间没有关联性。根据查明的事实，拓恒公司在其他案件中因无财产可供执行被中止执行的情况，只能证明人民法院在执行中未查找到拓恒公司的财产，不能证明拓恒公司的财产在被吊销营业执照前已全部灭失。拓恒公司的3名股东怠于履行清算义务与拓恒公司的财产、账册灭失之间具有因果联系，蒋某东、王某明的该项抗辩理由不成立。

在“深圳市兄弟能源有限公司、李某股东损害公司债权人利益责任纠纷案”［（2015）闽民终字第977号］中，李某、康乾公司在二审时辩称，其并不掌控公司的账务账册等文件资料，而由谢某县掌握。且深圳市兄弟能源有限公司（以下简称兄弟能源公司）在其起诉雄盛公司船舶物料供应合同纠纷一案时，就未保全到雄盛公司的相关资产，执行法院也未找到雄盛公司的任何资产。雄盛公司早在法定清算事由出现前就已无任何资产。李某、康乾公司由此主张，雄盛公司清算与兄弟能源公司的债权得以实现之间不存在因果关系，康乾公司等股东也无须对雄盛公司无法清算承担责任。对此，福建省高级人民法院认为：《公司法解释二》第18条第2款规定：“有限责任公司的股东……因怠于履行义务，导致公司主要财产、账册、重要文件等灭失，无法进行清算，债权人主张其对公司债务承担连带清偿责任的，人民法院应依法予以支持。”该条款规定的“怠于履行义务”，既包括怠于履行及时启动清算程序的义务，也包括怠于履行妥善保管公司财产、账册、重要文件等的义务。原审判决认为该条款中“怠于履行义务”是指“怠于履行清算义务”有误，应予以纠正。康乾公司等公司股东，并未在法定期限内组成清算组对雄盛公司进行清算。在本案审理过程中，到庭的股东李某、康乾公司均明确表示，不知道公司资产的去向，亦无法提供公司账册等文件材料。对于雄盛公司的资产问题，由于公司可能存在应收账款等资产，故诉讼及执行时未查找到雄盛公司的财产，并不能证明雄盛公司已无任何资产。雄盛公司于 2011 年 3 月 21 日出具的《资产情况说明》仅是雄盛公司单方面的陈述。且如果《资产情况说明》中所述的公司“连年亏损”“难以为续”属实，则雄盛公司也应当根据公司章程及法律的规定申请破产清算。由于雄盛公司未经法定程序进行清算，其在清算义务发生之时是否已经资不抵债无法确认。因此，法院认为康乾公司、李某主张雄盛公司早在清算义务发生前，已无任何财产的主张依据不足，不能成立。

从上述案例中可以看出，股东为切断因果关系，可能会主张清算事由发生前法院已出具了终本裁定，或清算事由发生前法院经过执行已查无财产，即使公司未经清算，也无法对债权人造成损害。但这样的理由法院极有可能不采纳。

不过，如果股东能举证证明在公司产生清算事由前后，法院已经多次出具终本裁定，此时法院认为公司确无资产的可能性将更高，从而更容易否定因果关系。

（3）股东主张诉讼时效已经过。

《九民会议纪要》第 16 条【诉讼时效期间】：公司债权人请求股东对公司债务承担连带清偿责任，股东以公司债权人对公司的债权已经超过诉讼时效期间为由抗辩，经查证属实的，人民法院依法予以支持。

公司债权人以公司法司法解释（二）第 18 条第 2 款为依据，请求有限责任公司的股东对公司债务承担连带清偿责任的，诉讼时效期间自公司债权人知道或者应当知道公司无法进行清算之日起计算。

《九民会议纪要》第 1 款是诉讼时效的应有之义，《九民会议纪要》进行了重申。实务上意义较大的是第 2 款规定，如公司债权人要求有限责任公司的股东对公司债务承担连带责任，诉讼时效从公司债权人知道或者应当知道公司无法进行清算之日起计算。问题是如何来认定“公司债权人知道或者应当知道公司无法进行清算”？

在“袁某平、许某成股东损害公司债权人利益责任纠纷案”［（2019）粤 01 民终 18897 号］中，广东省广州市中级人民法院认为：关于郑某起诉是否超过诉讼时效的问题。本案系郑某基于股东清算义务提起的赔偿请求权，在性质上属于债权请求权，应受诉讼时效制度的约束。诉讼时效期间从知道或者应当知道权利被侵害时起计算。即本案诉讼时效，应从债权人知道或者应当知道因恒和公司股东不履行清算义务而致其债权受到损害之日起计算。2016 年 8 月 22 日法院作出（2015）穗中法民二破（算）字第 1 号民事裁定书，认为因恒和公司及其人员下落不明，管理人未能接收恒和公司的任何财务账册或财产，债务人的财产不足以清偿破产费用，裁定宣告恒和公司破产，终结恒和公司破产程序。故应认定郑某于 2016 年 8 月 22 日为郑某得知恒和公司股东不履行清算义务而致其债权受到损害之日。2018 年 8 月 15 日郑某向一审法院提起本案诉讼并未超过诉讼时效。

在前述“中昊北方涂料工业研究设计院有限公司、张某康与中国建设银行股份有限公司甘肃省分行营业部公司清算责任纠纷案”［（2019）最高法民申 3686 号］中，中昊北方涂料工业研究设计院有限公司（以下简称中昊公司）、张某康主张应以兰州市城关区人民法院裁定中止执行时作为诉讼时效起算点，至迟应当于《公司法解释二》正式实施赋予债权人追究股东清算赔偿责任的权利时起算诉讼时效。最高人民法院认为：相关案件中止执行而非终结执行，此时金樱公司是否无法清算、是否侵害到中国建设银行股份有限公司甘肃省分行营业部（以下简称建行省分行营业部）的债权尚不确定，而《公司法解释二》正式实施亦不代表建行省分行营业部知道或应当知道金樱公司无法进行清算。本案中建行省分行营业部依据《公司法解释二》第 18 条第 2 款的规定请求中昊公司、张某康对金樱公司的债务承担连带清偿责任，诉讼时效期间应自建行省分行营业部知道或应当知道金樱公司无法进行清算之日起开始计算。建行省分行营业部向一审法院申请对金樱公司进行强制清算，一审法院于 2016 年 6 月 3 日作出终结强制清算的裁定，建行省分行营业部收到该裁定才知道金樱公司无法清算的事实，其于 2017 年 3 月 30 日提起本案诉讼，未超过法定诉讼时效。

从程序上看，应由股东举证公司债权人连带责任请求已经过诉讼时效，但并非从公司债权人知道公司清算事由开始计算，而是从公司债权人知道公司“无法进行清算”的事实之日起算。在实务中，通常是因法院作出相关裁定，而裁定文书中记载有类似“公司主要财产、账册、重要文件等灭失，无法进行清算”等表述，在裁定文书送达后，推定公司债权人知道公司无法清算事实，进而开始起算清算义务人清偿责任的诉讼时效。

（二）特别清算：公司债权人或股东申请法院启动

《公司法解释二》第7条第2款：有下列情形之一，债权人、公司股东、董事或其他利害关系人申请人民法院指定清算组进行清算的，人民法院应予受理：

（一）公司解散逾期不成立清算组进行清算的；

（二）虽然成立清算组但故意拖延清算的；

（三）违法清算可能严重损害债权人或者股东利益的。

1. 特别清算的启动事由

公司清算应以普通清算为原则，但如普通清算遇到障碍，《公司法解释二》第7条第2款特别规定了3项可启动特别清算的事由，具体如下。

（1）公司解散逾期不成立清算组进行清算。

根据《公司法》第183条的规定，在公司出现解散事由之日起15日内，公司即应成立清算组。如果公司未在前述期限内成立清算组，一方面，公司债权人、股东、董事以及其他利害关系人可申请法院指定清算组，开始特别清算；另一方面，清算义务人可能因怠于履行清算义务而须向公司债权人承担清偿责任。

（2）公司虽然成立清算组，但故意拖延清算。

根据最高人民法院《关于审理公司强制清算案件工作座谈会纪要》第14条的规定，申请人提供被申请人自行清算中故意拖延清算，或者存在其他违法清算可能严重损害债权人或者股东利益的相应证据材料后，被申请人未能举出相反证据的，人民法院对申请人提出的强制清算申请应予受理。

在“黄某华与甘肃金昱房地产开发有限公司申请公司清算案”［（2016）甘民终498号］中，甘肃省高级人民法院认为：故意拖延清算，是指清算组成立后，进入清算程序，但怠于履行清算义务。故意拖延清算表现为清算组在进行公司清算过程中，其行为并不违反《公司法》及其司法解释中明确规定的时间要求，但清算组在履行清算职责过程中违背效率原则，怠于履行义务。虽然相关法律法规并未明确规定自行清算的期限，但公司清算作为终结已解散公司现存法律关系，处理其剩余财产，使公司法人资格归于消灭的法律行为，理应坚持效率原则，没有效率的清算实际上构成了对公司各利害关系人利益的变相侵害。本案中，甘肃金昱房地产开发有限公司（以下简称金昱房地产公司）清算组自 2015 年 6 月 30 日成立后，进行了制定清算组各项工作制度、刊登清算公告、发送债权申报通知书、登记债权人申报情况、聘请会计师事务所及律师事务所参与清算等清算前的基础工作，但至本案一审法院 2016 年 9 月 2 日召开听证会前，历时 1 年多，仍未完成清理公司财产、编制资产负债表和财产清单等实质清算工作，据此，并不能排除金昱房地产公司清算组存在怠于清算的情形。金昱房地产公司清算组不能及时有效地推进清算工作，可能导致自行清算无法顺利、按时完成，从而损害债权人、股东的利益。故上诉人黄某华认为金昱房地产公司清算组故意拖延清算的上诉理由成立。

根据《公司法解释二》第 16 条规定，特别清算原则上应当自清算组成立之日起 6 个月内清算完毕。虽然《公司法》及司法解释没有规定普通清算的清算期限，但结合上述案例及司法解释的规定，对于普通清算中清算组故意拖延清算的认定，可参考特别清算 6 个月期限的规定。

（3）违法清算可能严重损害债权人或者股东利益。

违法清算可能严重损害债权人或者股东利益，是指清算组在对公司清算过程中，不忠于职守、依法履行清算义务，实施了违反法律、行政法规或者公司章程的行为，导致公司债权人或者股东的利益可能遭受严重损害。

2. 特别清算的启动主体

特别清算的启动主体包括公司债权人、股东、董事以及其他利害关系人，2020 年修订的《公司法解释二》第 7 条扩大了启动主体的范围。应注意的是，《公司法解释二》第 7 条第 2 款规定的公司股东，通常是对公司没有控制权的小股东，毕竟掌握公司账簿、文件、印章的大股东可以主动启动并组织清算。

三、清算的实施主体

清算组是具体负责公司清算事务的主体。

（一）清算组的性质

清算组在性质上属于清算中公司的机关，对内处理清算事务，对外以公司的名义进行活动。

（二）清算组的组成

1. 普通清算：公司选任

《公司法》第183条：公司因本法第一百八十条第（一）项、第（二）项、第（四）项、第（五）项规定而解散的，应当在解散事由出现之日起十五日内成立清算组，开始清算。有限责任公司的清算组由股东组成，股份有限公司的清算组由董事或者股东大会确定的人员组成。……

关于清算组的成员组成，有限责任公司由股东组成，这里并不是要求全部股东均作为清算组成员，部分股东也可以组成清算组；股份有限公司由董事或者股东大会确定的人员组成。

2. 特别清算：法院指定

《公司法》第183条：……逾期不成立清算组进行清算的，债权人可以申请人民法院指定有关人员组成清算组进行清算。人民法院应当受理该申请，并及时组织清算组进行清算。

《公司法解释二》第8条：人民法院受理公司清算案件，应当及时指定有关人员组成清算组。

清算组成员可以从下列人员或者机构中产生：

（一）公司股东、董事、监事、高级管理人员；

（二）依法设立的律师事务所、会计师事务所、破产清算事务所等社会中介机构；

（三）依法设立的律师事务所、会计师事务所、破产清算事务所等社会中介机构中具备相关专业知识并取得执业资格的人员。

特别清算时法院可以指定的清算组成员主要是如下三类：公司股东及董

事、监事、高级管理人员；社会中介机构；社会中介机构中的执业人员。

（三）清算组的职权

《公司法》第184条：清算组在清算期间行使下列职权：

（一）清理公司财产，分别编制资产负债表和财产清单；

（二）通知、公告债权人；

（三）处理与清算有关的公司未了结的业务；

（四）清缴所欠税款以及清算过程中产生的税款；

（五）清理债权、债务；

（六）处理公司清偿债务后的剩余财产；

（七）代表公司参与民事诉讼活动。

《公司法》第184条已经对清算组职权作了较为详细的规定，主要是七项职权，基本涵盖了公司在清算期间可能涉及的事务。

（四）清算组的赔偿责任

《公司法》第189条：清算组成员应当忠于职守，依法履行清算义务。

清算组成员不得利用职权收受贿赂或者其他非法收入，不得侵占公司财产。

清算组成员因故意或者重大过失给公司或者债权人造成损失的，应当承担赔偿责任。

《公司法解释二》第11条第2款：清算组未按照前款规定履行通知和公告义务，导致债权人未及时申报债权而未获清偿，债权人主张清算组成员对因此造成的损失承担赔偿责任的，人民法院应依法予以支持。

《公司法解释二》第15条第2款：执行未经确认的清算方案给公司或者债权人造成损失，公司、股东、董事、公司其他利害关系人或者债权人主张清算组成员承担赔偿责任的，人民法院应依法予以支持。

《公司法解释二》第23条：清算组成员从事清算事务时，违反法律、行政法规或者公司章程给公司或者债权人造成损失，公司或者债权人主张其承担赔偿责任的，人民法院应依法予以支持。

有限责任公司的股东、股份有限公司连续一百八十日以上单独或者合计持有公司百分之一以上股份的股东，依据公司法第一百五十一条第三款的规定，以清算组成员有前款所述行为为由向人民法院提起诉讼的，人民法院应予受理。

公司已经清算完毕注销，上述股东参照公司法第一百五十一条第三款的规定，直接以清算组成员为被告、其他股东为第三人向人民法院提起诉讼的，人民法院应予受理。

在“欧某强、蔡某荣合同、无因管理、不当得利纠纷案”[（2017）最高法民申4056号]中，最高人民法院认为：关于佳旭公司清算时未直接通知通力公司参与清算，是否存在故意或重大过失损害通力公司利益的问题。虽然申请人认为通力公司与佳旭公司之间已经钱货两清，因此不需要直接通知，但是本案通力公司的已付款金额为26 558 850元，佳旭公司的运费收据、结算凭证、增值税专用发票计算出的总金额为20 726 546.17元，两者之间存在明显差异，且通力公司与佳旭公司之间也没有最终确认账目已经结清。在此情况下，根据《公司法解释二》第11条第1款关于“公司清算时，清算组应当按照《公司法》第一百八十五条的规定，将公司解散清算事宜书面通知全体已知债权人，并根据公司规模和营业地域范围在全国或者公司注册登记地省级有影响的报纸上进行公告”之规定，申请人作为佳旭公司的清算组成员负有书面通知通力公司参加清算的义务，仅发布公告不符合法律规定。由此，根据《公司法解释二》第11条第2款关于“清算组未按照前款规定履行通知和公告义务，导致债权人未及时申报债权而未获清偿，债权人主张清算组成员对因此造成的损失承担赔偿责任的，人民法院应依法予以支持”之规定，原审要求申请人作为佳旭公司清算组成员对通力公司未获清偿的债权承担赔偿责任，符合法律规定。申请人认为其公告通知符合法律规定，以及作为股东应在清算所获利润范围内承担责任的申请理由，与法律规定不符，法院不予支持。

在“张某松、陈某明与日照广融贸易有限公司执行异议之诉二审案”[（2019）苏02民终5425号]中，江苏省无锡市中级人民法院认为：《变更、追加当事人规定》第21条规定，作为被执行人的公司，未经清算即办理注销登记，导致公司无法进行清算，申请执行人申请变更、追加有限责任公司的股东、股份有限公司的董事和控股股东为被执行人，对公司债务承担连带清偿责任的，人民法院应予支持。依照上述法律规定，有限责任公司在清算时，应当严格依照《公司法》以及相关司法解释规定的程序进行。若公司虽然进行了清算，但清算程序未依法进行，从而导致债权人利益受损的结果发生，则仍应当认定相关义务人未尽到清算责任。

具体到本案，原被执行人尚书坊公司在清算时，公司股东张某松、陈某明存在以下未依法尽责的问题。首先，尚书坊公司清算组未履行应尽的通知义务。依照《公司法》第185条规定，清算组应当自成立之日起10日内通知债权人，并于60日内在报纸上公告。《公司法解释二》第11条又规定，公司清算时，清算组应当按照《公司法》第185条的规定，将公司解散清算事宜书面通知全体已知债权人，并根据公司规模和营业地域范围在全国或者公司注册登记地省级有影响的报纸上进行公告。但尚书坊公司在清算时不仅未偿还本案欠款，甚至未向已经生效判决确定的已知债权人广融公司履行书面通知义务，仅在相关报纸刊登清算公告，违反了法律强制性规定，存在逃废债务的主观故意。其次，尚书坊公司未按照法律规定正确履行清算职责，其并未积极偿还已知债务，却在清算报告中声称已通知所有债权人，对债权债务已全部清理完毕，并报请登记机关核准公司注销。此举属于滥用公司法人独立地位和股东有限责任，侵害了包括本案申请执行人广融公司在内的债权人的合法权益。因此，尚书坊的股东张某松、陈某明对尚书坊公司未偿还的债务应当承担连带清偿责任。

最终，无锡市中级人民法院认为一审法院作出裁定追加尚书坊公司的股东张某松、陈某明为执行案件的被执行人，对尚书坊公司所欠广融公司本案所涉债务承担连带清偿责任，符合相关法律规定。

关于清算组成员的赔偿责任问题，有如下3点需要说明：

第一，清算组在性质上属于清算中公司的机关，其地位类似董事会。在清算期间，清算组成员处理清算事务时，负有与公司董事、高级管理人员类似的忠实和勤勉义务。如清算组成员违反前述义务，可能要对公司、公司债权人等承担赔偿责任。

第二，清算组成员未履行清算职责而产生的赔偿责任，其赔偿范围是公司或公司债权人等主体的全部损失。

第三，清算义务人的清偿（赔偿）责任与清算组成员的赔偿责任应予区分。前者是未履行清算义务（启动并组织清算），后者是清算实施过程中未尽到清算职责。两者虽在成员上存在重合的可能性，但毕竟是不同的责任主体。上述"张某松、陈某明与日照广融贸易有限公司执行异议之诉二审案"［（2019）苏02民终5425号］中，两审法院即明显混淆了两者。虽然该案中清算义务人与清算组成员均为有限责任公司股东，但该案赔偿责任发生在清算组清算实施过程中，应由清算组成员对公司债权人的损失承担赔偿责任。而《变更、追加当事人规定》第21条的适用对象是清算义务人，而非清算组成员。两审法院援引该条，追加有限责任公司股东为被执行人，似属适用法律错误。

四、清算的流程

（一）通知公司债权人并公告，债权人申报债权

《公司法》第185条：清算组应当自成立之日起十日内通知债权人，并于六十日内在报纸上公告。债权人应当自接到通知书之日起三十日内，未接到通知书的自公告之日起四十五日内，向清算组申报其债权。

债权人申报债权，应当说明债权的有关事项，并提供证明材料。清算组应当对债权进行登记。

在申报债权期间，清算组不得对债权人进行清偿。

《公司法解释二》第11条第1款：公司清算时，清算组应当按照公司法第一百八十五条的规定，将公司解散清算事宜书面通知全体已知债权人，并根据公司规模和营业地域范围在全国或者公司注册登记地省级有影响的报纸上进行公告。

《公司法解释二》第12条：公司清算时，债权人对清算组核定的债权有异议的，可以要求清算组重新核定。清算组不予重新核定，或者债权人对重新核定的债权仍有异议，债权人以公司为被告向人民法院提起诉讼请求确认的，人民法院应予受理。

《公司法解释二》第13条：债权人在规定的期限内未申报债权，在公司清算程序终结前补充申报的，清算组应予登记。

公司清算程序终结，是指清算报告经股东会、股东大会或者人民法院确认完毕。

《公司法解释二》第14条：债权人补充申报的债权，可以在公司尚未分配财产中依法清偿。公司尚未分配财产不能全额清偿，债权人主张股东以其在剩余财产分配中已经取得的财产予以清偿的，人民法院应予支持；但债权人因重大过错未在规定期限内申报债权的除外。

债权人或者清算组，以公司尚未分配财产和股东在剩余财产分配中已经取得的财产，不能全额清偿补充申报的债权为由，向人民法院提出破产清算申请的，人民法院不予受理。

在债权申报与登记环节，应注意补充申报债权的效力，具体分如下几点阐述：

第一，在公司清算程序终结前（清算报告经股东会、股东大会或者人民法院确认完毕），即使申报债权期限已过，尚未申报债权的公司债权人，仍可以向清算组补充申报债权，但公司债权人因故意或重大过失未在规定期限内申报债权的除外。

第二，公司债权人补充申报后，应以清算组尚未分配的公司财产为限按比例受偿，此前已分配完毕的公司财产不受补充申报债权的影响。如此时全体债权人的债权数额超出公司尚未分配的财产，股东已经分配的公司财产应予返还，由债权人按债权比例受偿。

第三，公司债权人补充申报后，即使债权人债权数额超出公司尚未分配的财产及股东返还的已分配财产，公司债权人或清算组也不得以资不抵债为由，向法院提出破产申请。这样做的目的是保护已实现债权的其他公司债权人利益，这就是“禁止补充申报债权引发破产清算”原则。这与《企业破产法》上“此前已进行的分配，不再对其补充分配”的规定是一致的。

（二）追缴出资，清理财产并制定清算方案

《公司法解释二》第15条第1款： 公司自行清算的，清算方案应当报股东会或者股东大会决议确认；人民法院组织清算的，清算方案应当报人民法院确认。未经确认的清算方案，清算组不得执行。

《公司法解释二》第22条： 公司解散时，股东尚未缴纳的出资均应作为清算财产。股东尚未缴纳的出资，包括到期应缴未缴的出资，以及依照公司法第二十六条和第八十条的规定分期缴纳尚未届满缴纳期限的出资。

公司财产不足以清偿债务时，债权人主张未缴出资股东，以及公司设立时的其他股东或者发起人在未缴出资范围内对公司债务承担连带清偿责任的，人民法院应依法予以支持。

《公司法》第186条第1款： 清算组在清理公司财产、编制资产负债表和财产清单后，应当制定清算方案，并报股东会、股东大会或者人民法院确认。

在追缴出资并制定清算方案环节，说明如下两点：

第一，公司清算事由发生后，无论股东出资是否到期，股东尚未缴纳的出资均应作为清算财产，这里也适用未到期出资加速到期原理。

第二，清算方案必须报经确认后，清算组才能执行。普通清算情形下，清算方案由股东（大）会确认；特别清算情形下，清算方案由法院确认。

（三）执行清算方案，分配剩余财产

《民法典》第72条第2款： 法人清算后的剩余财产，按照法人章程的规定或者法人权力机构的决议处理。法律另有规定的，依照其规定。

《公司法》第186条第2款： 公司财产在分别支付清算费用、职工的工资、社会保险费用和法定补偿金，缴纳所欠税款，清偿公司债务后的剩余财产，有限责任公司按照股东的出资比例分配，股份有限公司按照股东持有的股份比例分配。

《公司法》第186条第3款： ……公司财产在未依照前款规定清偿前，不得分配给股东。

执行清算方案就是对清算方案中的公司财产进行分配，上述法律规定了

法定的公司剩余财产分配顺序。

另应注意的是，根据《公司法解释三》第16条的规定，公司可根据公司章程或者股东会决议，对瑕疵出资股东（未履行出资义务、未全面履行出资义务、抽逃出资）的剩余财产分配权利作出相应合理的限制。

（四）清算终结

1. 方式一：清算完毕，制定清算报告并注销登记

《民法典》第72条第3款：清算结束并完成法人注销登记时，法人终止；依法不需要办理法人登记的，清算结束时，法人终止。

《公司法》第188条：公司清算结束后，清算组应当制作清算报告，报股东会、股东大会或者人民法院确认，并报送公司登记机关，申请注销公司登记，公告公司终止。

《公司法解释二》第16条：人民法院组织清算的，清算组应当自成立之日起六个月内清算完毕。

因特殊情况无法在六个月内完成清算的，清算组应当向人民法院申请延长。

对于特别清算，司法解释规定了清算期限，原则上应自清算组成立之日起6个月内清算完毕。而对于普通清算，《公司法》或司法解释没有清算期限。

2. 方式二：清算转破产程序

《公司法》第187条：清算组在清理公司财产、编制资产负债表和财产清单后，发现公司财产不足清偿债务的，应当依法向人民法院申请宣告破产。

公司经人民法院裁定宣告破产后，清算组应当将清算事务移交给人民法院。

《公司法》第190条：公司被依法宣告破产的，依照有关企业破产的法律实施破产清算。

《公司法解释二》第17条：人民法院指定的清算组在清理公司财产、编制资产负债表和财产清单时，发现公司财产不足清偿债务的，可以与债权人

协商制作有关债务清偿方案。

债务清偿方案经全体债权人确认且不损害其他利害关系人利益的，人民法院可依清算组的申请裁定予以认可。清算组依据该清偿方案清偿债务后，应当向人民法院申请裁定终结清算程序。

债权人对债务清偿方案不予确认或者人民法院不予认可的，清算组应当依法向人民法院申请宣告破产。

对于特别清算程序，即使已符合清算转破产情形，司法解释仍规定了协定债务清偿程序。

所谓协定债务清偿程序，是指在特别清算过程中，清算组发现公司资不抵债，具备破产原因的情况下，可通过与公司债权人协商制作有关债务清偿方案，实现债权清偿，避免进入耗时耗费的破产程序。

关于协定债务清偿程序，具体说明如下几点：

第一，协定债务清偿程序仅适用于公司特别清算情形。

第二，适用协定债务清偿程序，必须是在公司资不抵债前提下，公司实质上已经具备破产原因。

第三，债务清偿方案需经全体债权人确认同意。这里的债权人包括普通债权人、享有优先权利的债权人、职工债权人、税务机关等。

第四，债务清偿方案需经法院认可后才具有法律效力。

如不满足前述任一条件，则不能进入协定债务清偿程序，公司清算组应及时向法院申请宣告破产。

五、清算案件的管辖法院

《公司法解释二》第24条：解散公司诉讼案件和公司清算案件由公司住所地人民法院管辖。公司住所地是指公司主要办事机构所在地。公司办事机构所在地不明确的，由其注册地人民法院管辖。

基层人民法院管辖县、县级市或者区的公司登记机关核准登记公司的解散诉讼案件和公司清算案件；中级人民法院管辖地区、地级市以上的公司登记机关核准登记公司的解散诉讼案件和公司清算案件。

应注意的是，清算案件的管辖与清算过程中损害债权人利益案件（主要包括“股东损害公司债权人利益责任纠纷”和清算组“清算责任纠纷”）的管辖不同，前者是非诉案件，根据上述司法解释的规定，只能由公司住所地人民法院管辖；后者是诉讼案件，本质上属于侵权责任纠纷，应适用民事诉讼法中侵权案件的管辖规定（被告住所地、侵权行为发生地或侵权结果发生地人民法院管辖）。[①]

① 最高人民法院在《最高人民法院〈民事案件案由规定〉理解与适用》中认为清算过程中损害债权人利益案件应综合考虑公司住所地因素来确定管辖法院。不过实务上有案例认为侵权结果发生地一般就是公司住所地。

图书在版编目(CIP)数据

公司法规范适用与裁判指引 / 朱海蛟,黄超著. --
北京:法律出版社,2021
ISBN 978 - 7 - 5197 - 5773 - 1

Ⅰ.①公… Ⅱ.①朱… ②黄… Ⅲ.①公司法-中国
Ⅳ.①D922.291.91

中国版本图书馆 CIP 数据核字(2021)第 145132 号

公司法规范适用与裁判指引
GONGSIFA GUIFAN SHIYONG YU CAIPAN ZHIYIN

朱海蛟 黄 超 著

策划编辑 周 洁 朱轶佳
责任编辑 周 洁 朱轶佳
装帧设计 贾丹丹

出版发行 法律出版社
编辑统筹 司法实务出版分社
责任校对 王晓萍
责任印制 胡晓雅
经　　销 新华书店

开本 710 毫米×1000 毫米 1/16
印张 41.75 **字数** 622 千
版本 2021 年 7 月第 1 版
印次 2021 年 7 月第 1 次印刷
印刷 三河市兴达印务有限公司

地址:北京市丰台区莲花池西里 7 号(100073)
网址:www.lawpress.com.cn
投稿邮箱:info@lawpress.com.cn
举报盗版邮箱:jbwq@lawpress.com.cn
销售电话:010-83938349
客服电话:010-83938350
咨询电话:010-63939796

书号:ISBN 978 - 7 - 5197 - 5773 - 1
定价:128.00 元
凡购买本社图书,如有印装错误,我社负责退换。电话:010 - 83938349